누가복음의 이해

누가복음의 이해

•조명한 지음•

한울

조명한

서울대학교 심리학과를 졸업하고 동 대학원에서 박사학위를 받았다. 서울대학교 심리학과에서 언어심리학 교수로 일하였다. 1972년에 한국인지과학회를 세웠다. 현재 서울대학교 명예교수, 대한민국학술원 회원으로 활동하고 있다. '이야기 담화'로서 누가복음의 독자성에 주목해 깊이 공부하게 되었고, 성경의 참뜻에 다가서려면 맥락적인 이해가 수반되어야 한다는 생각 아래 이 책을 쓰게 되었다. 퇴임 후 십 년간 담론분석을 연구한 학자로서의 역량을 이 책에 담았다.

지은 책으로 《언어심리학: 언어와 인지》, 《한국 아동의 언어 획득 연구》, 《언어심리학: 언어와 사고의 인지심리학》, 《삶의 질에 대한 국가간 비교》(공저), 《언어심리학》(공저) 등이 있다. 저작의 우수성을 인정받아 〈우수학술도서상〉(문화공보부, 1982), 〈우수논저상〉(대우재단, 1986), 〈우수논문상〉(과학기술연합회, 1991)을 수상하였다.

누가복음의 이해

지은이 | 조명한
펴낸이 | 한기철
편집인 | 이희영
편집 | 우정은, 이은혜
마케팅 | 조광재, 정선경

2013년 8월 30일 1판 1쇄 박음
2013년 9월 5일 1판 1쇄 펴냄

펴낸곳 | 한나래출판사
등록 | 1991. 2. 25 제22-80호
주소 | 서울시 마포구 월드컵로3길 39(합정동 388-28) 합정빌딩 2층
전화 | 02-738-5637 · 팩스 | 02-363-5637 · e-mail | hannarae91@naver.com
www.hannarae.net

ISBN 978-89-5566-148-4 93230

* 이 도서의 국립중앙도서관 출판시도서목록(CIP)은 e-CIP홈페이지(http://www.nl.go.kr/ecip)와 국가자료공동목록시스템(http://www.nl.go.kr/kolisnet)에서 이용하실 수 있습니다.
(CIP제어번호: CIP2013013633)

재민에게, 석현에게, 현아에게

《누가복음의 이해》의 변

성경 연구는 신학자들의 전유물이 아니다. 성경 읽기는 평신도들에게 일상화되어야 마땅하지만, 실은 단순한 읽기를 넘어서 성경 공부의 경지에 들어서야 한다. 성경 읽기는 요절을 외우는 수준을 넘어 통독해야 하고, 다른 무엇보다 맥락적인 이해를 수반하여야 깊은 의미를 파악할 수 있다.

'맥락적 이해'란 어떤 표적 문장을 다른 문장들과의 정합적인 관계에서 파악하는 읽기를 말한다. 가령, "남에게 대접을 받고자 하는 대로 너희도 남을 대접하라."라는 누가복음 6장 31절의 황금률을 읽을 때 맥락적 이해를 하지 못하면 황금률은 단순히 인간관계의 예절을 위한 교훈에 불과할 따름이다. 평신도인 필자가 누가복음을 공부한 것이 이 때문이고, 공부한 나머지 책 출간의 욕심까지 생겼다.

왜 하필 누가복음인지에 관해 변명을 좀 올리겠다. 세 공관복음서 가운데 마태와 마가는 공통의 기사가 많고 상대적으로 누가는 두 복음서와 다른 특이한 기사들이 많다. 그럼에도 불구하고 (그렇기 때문인지 모르겠으나) 마태와 마가는 누가보다 더 많이 회자되고 학자들 사이에서도 더 많이 주해되고 있다. 세 공관복음서 중 누가가 독자성이 높다면 이러한 특성에 주목하고 공관복음을 비교·대조함으로써 성경의 참뜻을 읽어내야 할 것이다. 누가는 공관복음서 중 가장 뒤늦은 기록으로, 예수의 승천 후에 그의 재림을 고대하던 신자들의 애타고 지친 심정을 대변하는 복음서다. 이제 예수의 십자가가 어언간 20세기를 넘어선 오늘날의 신자들이야말로 누가복음을 통해 새삼 원기를 충전해야 할 것이다.

오늘날 주해서들은 헬라어 원문을 주해자가 직접 번역하고 해석하는 주석 주해서(exegetical commentary)가 일반적이다. 이 책에서 헬라어 원문을 대조하지 않은 것은 아니지만 섣부른 원문의 번역은 만용이다. 이 책은 개역한글판을 교본으로 하되 NIV(New International Version), NRSV(New Revised Standard Version), REB(Revised English Bible)와 같은 여러 다른 공인 번역본과 정선 참고문헌에 기록한 사역(私繹)본들을 비교함으로써 그 의미를 파악하려고 하였다. 그리고 어떤 독자적인 개별 번역을 인용한 경우에만 출처를 명시하였다. 어떤 언어든 본래 중의성(重義性)을 안고 있다. 한 문장에 대해 여러 번역이 가능한 중의성일진대, 다시 맥락적 이해의 논변을 앞세우자면, 번역은 문법적인 구문 분석보다는 의미 해석의 정합성에 더욱 의존해야 한다. 그러므로 이 책은 누가복음을 주해하기 위한 것이 아니라 '이해'하기 위한 것이다.

이 책이 《누가복음의 이해》인 또 다른 이유가 있다. 누가복음의 서술양식은 서사시가 아니라 전기적인 이야기 담화 양식으로 쓰여 있다는 것이 정설이다. 주해자인 조엘 B. 그린(Joel B. Green)은 누가의 복음이 일련의 사건의 이야기들로 구성되어 있지만 개개의 사건은 이야기가 전개되는 맥락에 의존적이라 해석한다. 다시 말해 예수의 어떤 사건은 그 배경을 이해하는 것이 필수적이란 얘기다.

누가복음이 이야기 담화라고 이해한 최초의 사람은, 실상, 17세기의 위대한 화가 렘브란트 판 레인(Rembrandt van Rijn)일 것이다. 렘브란트는 숱한 예수의 초상화들을 통해 예수가 하나님과 피조물 인간 사이의 중보자임을 여러 다른 이야기 담화로 변화시켜 보여준다. 그가 다른 어떤 복음서보다 누가복음을 교본으로 선택하여 집중적으로 그린 까닭은 누가복음이 풍부한 이야기를 담고 있기 때문이다. 예컨대 아기 그리스도를 안고 있는 시므온의 모습을 담은 동일한 배경 아래에도 여러 개의 작품이 있다. 이는 아마도 누가복음의 '시므온의 이야기'를 읽으면서 아기를 안고 축복하는 모습, 두 손 위에 아기를 올려놓고 구원에 감격하는 모습 등등 다양한 영상의 이야기가 우러나와 창출되었기(emerged) 때문일 것이다.

필자는 이 책에서 '언어심리학의 담화 처리' 방법을 취하여 누가복음에 접근하였다. 어떤 진술(기사)들이 앞뒤 맥락의 연관성에서 볼 때 서로 어떤 연결 관계를 갖는지를 구명하는 작업이 담화 처리 방법이다. 이 책의 방법론적인 목표는 기사들 사이의 일관성 있는 연결망을 찾아 정합적인 표상을 캐냄으로써 누가의 기록이 전하고자 하는 메시지가 무엇인가를 해설하는 일이다. 정합성(coherence)은 인식론에서 진리의 한 규준이기도 하다. 이 책의 목차를 훑어보면 누가의 이야기 담화가 어떠한 흐름으로 전개되고 있는지를 짐작할 수 있을 것이다. 누가는 예수 사역의 사건들을 배경으로 이야기의 밑그림을 그리고, 예수의 말씀을 전경으로 화면에 형태의 모습을 형상화한다. 말씀의 의미를 이해한다는 것은, 배경을 맥락으로 참조하여 창출 속성(emergent property)으로서의 정합성을 통해 그 의미를 추론하는 담화 이해의 일이다. 말씀과 배경에 일일이 적혀 있지 않은 속성을 창출해내는 독해이므로 그 이해는 추론이다.

필자가 성경학자가 아니기에 주석을 달지 않았다. 주석을 다는 일이 번거롭기도 하려니와 학술지의 성경 연구논문을 읽지 않고 개관서인 주해서들만 읽었기 때문이다. 대신 인용한 주해서마다 몇 쪽에 적혀 있는지를 본문에 명기해 그 출처를 분명히 밝혔다.

한나래 출판사 여러분께 감사를 드린다. 한기철 사장께서는 수익성 없는 원고인 줄 알면서도 출판하기로 선뜻 어려운 결정을 하셨다. 우정은 편집인은 빼어난 언어직관의 능력으로 어쭙잖은 글을 산뜻하게 다듬어주셨다. 한나래 출판사에 나를 데려간 이는 나의 동료 김명언 교수다. 모든 것이 합력하여 선이 이루어짐을 감사한다.

† 차례

IV 갈릴리 사역

V 예루살렘 여행

VII 수난 이야기

VIII 십자가 위의 죽음

IX 부활 이야기와 승천

일러두기

• 이 책에 인용된 성경 구절은 대한성서공회에서 펴낸 개역한글판(1961)을 기준으로 삼았다. 본문에 '개역성경'이라고 표기된 경우는 개역한글판을 일컫는 것이다.

• 본문에서 " " 안에 서술한 각각의 성경 구절은 저자가 여러 공인 번역본과 사역본을 참고하여 풀어쓴 것이다.

• 한글 맞춤법은 '한글 맞춤법' 및 '표준어 규정'(1988), '표준어 모음'(1990)을 적용하였으나 혼란이 있는 경우 출판사의 원칙을 따랐다. 성경 구절은 이 책에서 통일한 표기 사항과 일치하지 않는 경우가 있더라도 그대로 두었다.

• 외래어의 우리말 표기는 개정된 '외래어 표기법'(1996)을 원칙으로 하되, 그중 일부는 현지 발음에 따랐다.

• 서문 하단에 넣은 각주는 편집자가 작성한 것이다.

• 표지와 각 장의 시작 페이지에 실린 그림은 모두 렘브란트 판 레인의 작품이다.

누가의 케리그마를 읽다

누가복음을 올바르게 읽으려면 누가복음의 성격에 관한 사전 지식이 필수적이다. 저자는 누구인지, 저술연대는 언제인지, 다른 복음서 내지 신약의 저술들과의 관계에서 어떤 특수한 성격을 갖는지, 그리고 이 복음서의 개요 또는 내용 분해가 무엇인지를 이해하면 누가복음 독해에 큰 도움을 줄 수 있다. 우선 저자와 저술연대를 서문에서 검토하겠다. 그다음에 다른 복음서들과의 관계에서 누가복음 기록의 독자적인 출처(source)가 어디에 기원하는지 살펴보겠다. 이것은 누가복음의 독자성을 이해하는 데 매우 중요한 비중을 차지한다. 그러나 이 문제는 성서신학에 해박한 학자들이 다루어야 할 문제다. 본서에서는 이 문제를 최소한으로 검토하고, 누가복음이 갖는 특이성을 서문과 도입부(1:1-4)에서 개괄적으로 살피겠다.

저자와 저술연대 누가복음의 저자가 사도행전을 저술한 저자라는 사실은 이론의 여지가 없다. 그 이유는 첫째, 두 저술 모두가 공히 데오빌로에게 헌납한 저술이라 명기되어 있기 때문이다(눅 1:3; 행 1:1). 둘째, "내가 먼저 쓴 글에는"(행 1:1)이라는 언급에서 "먼저 쓴 글"이 누가복음을 가리킨다는 사실은 의심할 여지가 없기 때문이다. 셋째, 진술된 내용에 있어 사도행전은 누가복음의 속편이다. 누가복음은 예수의 행전이고 사도행전은 예수의 승천 이후의 사도들의 행전이다. 넷째, 여러 학자들에 의해 누가복음과 사도행전에 쓰인 희랍어의 어휘와 문체가 동일 저자의 것임이 분석적으로 판명되었기 때문이다. 그럼에도 불구하고 누가복음의 저자와 사도행전의 저자가 누가라는 문헌적인 증거는 없다. 누가복음이라는 제목은 대략 기원후 200년 전후에 이 복음서에 붙여진 후대의 이름이다. 또한 사도행전 역시 그 저자의 이름을 저술 안에서는 찾아 읽을 수 없다.

그러나 우리가 추적할 수 있는 객관적인 사실들이 있다. 학자들은 행 16:8까지는 삼인칭 복수 "그들"로 쓰여져 있던 기사가 행 16:9부터 일인칭 복수 "우리"로 바뀌어진 사실에 주목한다. 아시아에서 말씀을 전하던 바울이 환상을 보고 마게도냐로 떠나 복음을 전파할 때부터 돌연히 소위 "우리" 단원이 출현한다. 말하자면, "우리"라 함은 바울과 사도행전 저자가 동료 전도자임을 확인하는 표현이다. 게다가 바울 서한들에서도 바울의 동역자로 누가를 기록하고 있는 기사를 우연찮게 찾아 읽을 수 있다. "사랑을 받는 의원 누가와 또 데마가 너희에게 문안하느니라."(골 4:14), "또한 나의 동역자 마가, 아리스다고, 데마, 누가가 문안하느니라."(몬 1:24), "누가만 나와 함께 있느니라."(딤후 4:11a)와 같은 누가에 대한 애정 어린 표현들이 그것이다. 특히 디모데후서는 바울이 로마에서 2차 투옥을 당할 당시에 순교를 앞두고 쓴 마지막 서한이므로 누가가 심지어 바울의 순교까지 지켜보았을 가능성조차 상상케 한다.

이들 바울 서한에서 우리는 또 누가가 의사였음을 알 수 있다. 실제로 여러 학자들이 누가복음과 사도행전의 언어 분석을 통해 의학 용어들이 쓰여 있음을 알아냈다(가령, Geldenhuys, 1951). 예컨대 마태복음과 마가복음에서는 "문둥병자"라는 어휘를 사용하고 있는 반면에 누가는 "온 몸에 문둥병 들린 사람(피부 질환으로 덮힌 사람)"(눅 5:12)이라는 어휘를 사용하고 있는 데, 누가복음에 사용된 이 어휘가 실상 당시 의학 용어라는 것이다.

요컨대 누가복음과 사도행전의 저자가 동일 인물이라는 대전제 아래서, 사도행전 저자가 사도바울의 선교여행에 동반하였다는 기록과 적어도 순교 직전까지 누가와 함께 있었다는 바울의 기록은 역사적인 사실이라는 것이 중요하다. 그렇다면, "사랑을 받는 의원 누가"(골 4:14)가 사도행전을 집필했을 뿐만 아니라 누가복음 역시 동일 저자인 누가가 집필했다는 사실은 의심할 여지가 없어 보인다. 심지어 어떤 학자는 누가복음이 바울의 감수에 의존하여 누가가 쓴 것이라 해설하기도 한다(Streeter, 1930, p. 561). 그리하여 "곧 내 복음에 이른 바와 같이"(롬 2:16)에서 바울이 "내 복음"이라 일컫는 것이 다름 아닌 누가복음이라 해설하기조차 한다.

그러면 이 누가는 어떤 사람이었던가? 누가라는 이름의 신약 헬라어 표기는 루카스(Loukas)이다. 일찍이 옛 문헌인 〈반마르시온적 선언 *Anti-Marcionite Prologue*〉(기원후 175년)에 누가가 시리아의 안디옥 출신의 의사이고 미혼으로 84세까지 살았다는 기록이 있다고 한다. 그뿐만 아니라 골 4:11에 바울이 누구누구의 이름을 적고 "저희는 할례당이라…… 이런 사람들이 나의 위로가 되었느니라."라고 기록한 후에 14절에 별도로 "사랑을 받는 의원 누가와 또 데마가 너희에게 문안하느니라."라고 첨가하고 있기 때문에 누가가 유대인 할례당이 아니라는 것이 대체로 정설로 받아들여지고 있다. 그러나 할례당은 아니었지만 누가가 헬라권의 유대인 기독자였을 것이라는 새로운 가설이 최근에 제기되었다(Garland, 2011, p. 23). 이는 행전에 기록된 모든 선교사가 유대인이었고, 게다가 누가는 70인역 구약에 능통했을 뿐만 아니라 그 해석도 유대적인 방법에 준하였다는 근거에서 제기된 가설이다. 실제로 누가의 복음에 이스라엘 역사의 여러 인물들이 출현한다. 아비야와 아론의 딸들(1:5), 엘리야(1:17), 가브리엘(1:19), 다윗과 야곱과 아브라함뿐만 아니라, 아셀(2:36), 엘리야와 사랍다(4:26) 및 엘리사와 나아만(4:27), 그리고 노아와 롯의 처를 포함한 여러 인물들을 예시하고 있다. 게다가 이들에 대한 자상한 설명을 배제하고 인용한다. 마치 그의 독자들도 다 알고 있는 사실이라는 전제 아래 복음서를 적고 있는 것이다. 누가가 이방인 기독자라면 그의 복음과 행전에 보이는 자유자재로운 성서 인용에 대해 해명할 길이 막연한 것도 사실이다. 따라서 누가는 이방인이 아닌 유대인이었고 그가 이방인 독자들을 겨냥해 복음서를 쓴 것도 아닐 것이라는 데이비드 E. 갈런드(David E. Garland)의 가설은 상당한 설득력을 갖는다. 하지만 이것은 가설일 따름이고 이방인 기독자라는 것이 아직 통설이다(Fitzmyer, 1970, p. 42).

누가복음의 저작연대는 언제인가? 실상 복음서보다는 행전에서 여러 사도들의 역사적인 행적을 추적하기 용이하기 때문에 행전의 저작연대에 맞추어 복음서의 연대를 추정하는 것이 일반적이다. 그럼에도 불구하고, 행전의 어느 사건에 준거하여 연대를 추정하느냐는 학자들마다 그 기준이 다르다. 따라서 대략 초기와 중기와 후기의 세 가설로 분류해 살필 수 있다.

이때 저작연대를 일찍 앞당겨 추리하는 초기설의 한 근거는 바울이 로마에서 두 해 동안 연금 상태에 있을 때 "방해 받지 않고…… 주 예수 그리스도를 가르쳤다."(행 28:31)라고 하면서 사도행전이 끝난다는 사실이다. 말하자면, 누가가 행전을 집필하였을 당시에는 바울의 순교 사실을 모르고 있었고 순교 이전에 누가복음이 집필되었으리라는 가정 아래에서의 추정이다. 바울이 연금 상태에 있던 연도가 기원후 62년 전후라면 행전도 복음서도 이 시기에 쓰였을 것이라는 추정이 초기설의 근거다. 이 설의 대표적인 학자가 아돌프 폰 하르나크(Adolf von Harnack)이다. 그러나 마가복음이 기원후 68-70년경에 쓰였다면, 누가가 마가복음을 인용하고 있는 정황을 고려해볼 때 이 가설은 무리가 있다. 다른 한편, 누가복음의 저작시기를 언제까지 늦추어 잡을 것이냐는 시기의 하한선에 관한 문제가 있다. 이때 역시 한 지표는 사도행전의 성격에 비추어 그 연대를 추적하는 일이다. 행전에서는 이방 기독자들과 유대 기독자들 사이에 그리고 바울과 베드로 사이에 불화를 봉합하고 있으므로, 특히 튀빙겐 학파*는 그 저작시기를 1세기 내지 2세기까지 늦추어 잡기도 하는 모양이다.

위에 서술한 양극 사이에 중기설이 있다. 마가복음이 기원후 68-70년 어간에 집필되었다면 누가복음은 그 이후일 것이라는 게 대전제다. 이 중기설도 결정적인 근거가 있는 것은 아니나, 사도행전의 주요 부분에서 신자가 된 서기오 바울(행 13:4-12), 갈리오의 공평한 재판(행 18:12-17), 아그립바를 향한 전도(행 26:27-28) 등 지방 총독들이 기독교에 대한 관용을 베푼 시기에 바울이 연금 상태에서 '방해 없는' 전도를 행했으며 이 사실로 행전이 끝나고 있다는 점에 주목한다. 그리하여 기독교에 대한 로마 황제들의 심한 박해가 있기 이전인 기원후 75-85년보다 더 늦게 누가가 복음과 행전을 쓴 것은 아니라 주창한다(Garland, 2011, p. 34).

이상의 세 가설이 모두 누가복음의 저작연대에 대해 결정적인 증거를 제시하는 것은 아니다. 어느 설을 선호하느냐는 문제는 오히려 어떤 가설이 공격적인 반론에 방어력이 강하냐에 달려 있다고 보아야 한다. 초기설은 누가복음이 마가복음보다 먼저 쓰여졌느냐는 반론에

---

* 튀빙겐대학교를 중심으로 성서비판에 헤겔의 변증법적 방법론을 적용했던 일군의 신학자들을 말한다. 이들은 신약성서를 비판적으로 연구함으로써 기독교 역사를 사실에 기초해 재구성하고자 했다.

무기력해 보인다. 후기설은 누가복음과 사도행전의 저술목적을 지나치게 한정적인 시각에서 바라본다는 비판에 취약성이 있다. 복음서와 행전, 두 저술 모두 복음의 전파를 기록하는 것이 일차적인 목표이지, 이방 기독교와 유대 기독교 그리고 바울과 베드로의 화해를 의도적으로 겨냥한 것은 아닐 것이다.

그렇다면 중기설이 최선의 대안 가설일 수 있다. 게다가 여러 학자들 역시 이런저런 이유로 기원후 75-90년의 저작연대를 옹호한다. 가령, 복음서 중에서 가장 늦게 쓰인 요한복음 20장에는 마태와 마가를 참조해 쓴 것이 아니라 누가복음을 인용했다는 흔적이 있다. 특히 예수가 부활한 날에 예수의 무덤을 방문한 베드로에 대한 눅 24:12의 기사와 더불어 무덤을 방문한 다른 제자에 대한 눅 24:24의 기사를 요한이 인용하고 있다고 추측하는 학자가 있다(Streeter, 1930, p. 540). 버넷 힐먼 스트리터(Burnett Hillman Streeter)는 또 다른 예로, 막 13:14에 쓰인 막연한 표현이 누가복음에서는 로마군의 예루살렘 공격이라는 생생한 표현으로 대체되어 있으므로, 누가가 21:20-21을 썼을 때에는 기원후 70년에 일어났던 로마군에 의한 예루살렘 파멸이 이미 일어난 때라는 가설을 인용하고 있다. 여러 논의들에서 마가복음이 쓰여진 이후에 그리고 예루살렘 파멸 이후에 누가가 복음서와 행전을 집필하였다는 근거를 존중하여 기원후 80-85년일 것이라 추정한다(Fitzmyer, 1970, p. 57).

누가복음의 특이성 누가는 예수를 직접 뵙지 못하였다. 따라서 누가복음의 기록은 "처음부터 말씀의 목격자 되고 일꾼 된 자들의 전하여 준 그대로"(눅 1:2) 전수받은 것이거나 예수전의 어떤 사본들을 인용한 것일 수 있다. 당연히 학자들은 누가복음의 출처에 대해 관심한다. 김교신의 《성서개요》에는 네 복음서에 나오는 특이한 기사나 공통적인 기사를 백분율로 분석한 표가 제시되어 있다(김교신, 2001). 물론 요한복음이 특이 기사의 율이 가장 높고 공통 기사의 율이 가장 낮다. 그러나 중요한 것은 공관복음들 사이의 비교이다. 이때 공관복음서들의 출처는 주로 마가복음이므로 특히 마태복음과 누가복음을 비교하는 것이 더욱 중요하다. 마태복음에 비해 단연 누가복음이 높은 특이 기사의 율(59%)과 낮은 공통 기사의 율(41%)이 돋보인다. 말하자면, 마태복음과는 대조적으로, 누가복음은 누가만의 특이한 기사가 유의하게 많다. 한 예로, 예수가 기도하는 기사가 다른 어떤 복음서보다 많기 때문에 누가복음이 마가복음 이외에도 마태복음이 원용하는 Q문서 이외에 L문서**를 원용했으리라는 것이 일반론이다(Fitzmyer, 1985; Culpepper, 1995).

누가가 만약 안디옥 출신의 이방 크리스천이라는 통설을 믿는다면, 그가 예수 행전에 관한 자신만의 출처를 갖고 있었다는 점이 놀랍다. 예수의 어린 시절 이야기(1:5-2:52)나 나인성 과부의 아들을 살린 기적(7:11-17), 유명한 탕자의 비유(9:51-19:44) 등은 다른 복음서와의 병행기사가 없는 누가의 독자적인 이야기 구성이다. 특히 탕자의 비유 기사

** 대부분의 성서학자는 마태복음과 누가복음의 내용이 주로 마가복음에 기초한다는 데 동의한다. 그러나 한편으로 마태와 누가는 마가에 없는 상당한 내용을 공유하고 있다. 그것은 예수의 말씀이나 이야기 자료로, 거기에 사용된 단어나 기술 순서 등이 서로 비슷하다. 그리하여 성서학자들은 마가복음 이외의 출처가 있을 거라고 가정하는데, 이것을 Q문서 또는 Q자료라 한다. Q는 '근원'이라는 뜻의 독일어 Quelle에서 유래되었다. Q문서의 존재는 가설일 뿐 아직 증명된 바는 없다.
나아가 성서학자들은 마태와 누가가 또 다른 출처로 예수에 대한 구전자료를 참조했으리라 추정하는데, 이를 각각 M문서, L문서라고 일컫는다.

가 속한 9:51-19:44의 예루살렘 여행 이야기에는 누가복음의 중심 주제가 담겨 있다. 구원이 갈릴리에서 예루살렘으로 이동하는 이 여행 이야기는 메시아로서의 예수가 십자가에 못박히러 가는 종말을 위한 초석의 여정이다. 이 담론 하나만으로도 다른 복음서와는 다른 누가만의 독자적인 가치를 인정하지 않을 수 없는 복음서의 진수이다.

누가의 독자적인 이야기 구성이라 말했지만, 누가복음에서 담화의 주인공은 다른 복음서들과 마찬가지로 예수이다. 이 예수가 곧 "인자의 온 것은 잃어버린 자를 찾아 구원하려 함이니라."(19:10)라는 분임을 기록한 것이 누가의 복음이다. 이 예수의 구속 사건의 선언을 담은 누가의 기록을 다른 복음서들에 대비해 "누가의 케리그마(Kerygma)"라고 부른다(케리그마는 설교 내지 선언이지만 인류의 구원을 위한 예수 그리스도의 십자가와 부활에서의 하나님의 선언이라는 의미로 여기서 쓰이고 있다). 하나님의 구원의 종말적인 행위로서 십자가에 달림과 일으켜짐이라는 예수 그리스도의 선언이 누가의 케리그마다(Fitzmyer, 1970, p. 146). 누가는 이 종말적인 구원사의 복음을 예수의 전기(傳記)적인 사료편찬이라는 특이한 이야기 양식(장르)으로 주로 전개한다. 이 같은 전개는 복음 선언이나 서사시 장르가 아니라 이야기 담론의 형식을 갖는 것이기에 누가복음 읽기는 '담화 분석'이다(Green, 1997). 본서에서는 역사학자로서의 누가의 복음서 서문(1:1-4)을 읽으면서 이야기(narrative) 양식의 집필이 갖는 누가복음의 특이성을 다시 언급하기로 하겠다.

예수가 담화의 주인공이라 말함은 예수 행전의 서술 양식을 일컬음이다. 내용의 주요 주제에 관한 한, 누가복음의 그것 역시 다른 복음서와 마찬가지로 구세주로서의 예수이다. 그런데 다른 복음서와는 달리 구원의 보편성이 구체적으로 강조되어 있다. 누가복음의 그리스도 사건은 지리적으로 예루살렘에서 절정을 이루지만 그것은 실상 '땅 끝까지' 전파된다. 사마리아인에게도(9:51-56; 10:30-37; 17:11-19), 유대인 뿐만 아니라 이방인에게도(2:32; 3:6, 38; 4:25-27; 7:9; 24:47), 그리고 세리나 죄인 여자에게도(7:36-50) 하나님 나라의 문은 열려 있다. 하나님의 구원 계획이 모든 인류를 포함한다는 누가의 신념은 사도바울에게서 배운 것인지도 모르겠다. 여하튼, 선지자 이사야를 인용하여 "모든 육체가 하나님의 구원하심을 보리라."(눅 3:6)라고 한 말씀에서 누가복음의 특이성이 돋보인다. 이때 누가복음이 이방인을 위한 복음서라는 단정적인 결론을 앞세우지 말아야 한다. 누가는 그의 복음서를 유대인이든 이방인이든, 기독자들을 위해 썼을 따름이다(Garland, 2011).

구원의 보편성에도 불구하고, 세례요한의 탄생과 예수의 탄생에 관한 1-3장 등의 기사를 읽으면 구약의 계명과 규례를 지키는 것을 대단히 존중하고 있는 누가복음의 또 다른 특이성이 돋보인다. 이들 기사들만 독립적으로 읽으면 이스라엘 선민의 율법 전통과 예수의 보편적인 복음 사이의 경계에 혼란이 생긴다. 한데, 실상 누가복음과 사도행전 모두에서 두드러진 특이성의 또 다른 측면은 복음이 유대에서 배척받고 이방에서 수용된다는 사실을 동시에 강조하고 있다는 점이다(Schreiner, 2008, p. 700). 대표적인 누가복음의 기사 하나를 인용하면, "내가 진실로 너희에게 이르노니 선지자가 고향에서 환영을 받는 자가 없느니라."(4:24)라는 말씀에 뒤이어 예수가 이스라엘 사람들이 긍휼을 받을 수 없다는 말씀을 4:25-30에 하자 "회당에 있는 자들이 다 분이 가득하여" 예수를 "산 낭떠러지까지 끌고 가서 밀쳐 내리고자 하되"(4:29)라는 기록이다. 이 밖에도 예수가 배척받는 기사가 누가복음 곳곳에 나온다. 마찬가지로, 사도행전 여러 곳에도(행 2:22-23; 3:14-15; 4:10; 5:30) 이스라엘 사람들이 예수를 못박아 죽였다는 기사가 나온다. 그럼에도 불구하고, 예수는 한편으로 "다윗의 동네에 너희를 위하여 구주가 나셨다."(2:11)라는 말씀이 전하듯 이스라엘의 구주이고, 다른 한편으로는 "내가 온 백성에게 미칠 큰 기쁨의 좋은 소식을 너희에게 전하노라."(2:10)라는 말씀이 전하듯 보편적인 복음의 구주이다.

누가복음의 또 다른 특이성은 단순히 주인공 예수의 전기가 아니라, 이야기 배후의 중심에 언제든지 (마리아의 고백에서처럼) "하나님 내 구주"(1:47)가 계신다는 점이다. 이를테면 "너희 목숨을 위하여 무엇을 먹을까 몸을 위하여 무엇을 입을까 염려하지 말라."라는 예수의 교훈의 골자를 이루는 것은 "너희 아버지께서 그 나라를 너희에게 주시기를 기뻐하시느니라."(12:32)라는 말씀이다. 이 기반 위에서 예수는 예언자이기도 하고(4:24; 13:33; 24:19) 메시아이기도 하다(2:11). 예언자라 함은 예수가 구약의 약속의 연장선상에 있기 때문이다. 예수가 메시아인 것은 천부이신 하나님의 구원의 섭리를 신실하게 실현하는 아들이기 때문이다. 예수의 예언자성과 메시아성을 베드로는 "하나님의 그리스도시니이다."(9:20)라고 고백한다. 이러한 맥락에서 누가는 예수의 말씀이 "은혜"(4:22)이고, "권위"(4:32)이고 또 "능력"(4:36)이라 규정한다. 은혜, 권위 및 능력일 수 있는 이유는 누가의 사도행전에 의하면 예수의 말씀이 곧 "하나님의 말씀"(행 6:7; 12:24; 19:20)이기 때문이다. 그러므로 누가의 케리그마에 있어 예수는 지선의 하나님 나라를 전파하는 설교자이고 하나님 말씀의 선고자다(Fitzmyer, 1970, p. 154) 바울은 "너희는 그리스도의 것이요 그리스도는 하나님의 것이니라."(고전 3:23)라고 말씀하고 있거니와 구원의 주권자가 하나님이라는 바울의 교리가 누가의 복음이다.

누가복음의 또 다른 특이성은 종말에 대한 언급을 곳곳에서 찾아 읽을 수 있다는 점이다. 저술연대가 기원후 75-90년이라면 예수가 승천한 지 대략 40년이 경과된 시점이다. 승천한 하늘을 응시하는 제자들에게 두 천사가 "이 예수는 하늘로 가심을 본 그대로 오시리라."(행 1:11) 하였으니 이제는 예수의 재림을 기다리던 제자들이 지칠 때도 된 시점이다. 한스 콘젤만(Hans Conzelmann)은 《성 누가의 신학*The Theology of St. Luke*》에서 누가복음의 집필 목적 중 하나가 이 지연되는 재림에 대한 기존 복음서들의 구원사의 수정편집사(Redaktionsgeschichte)라 풀이하였고 이 설은 오늘날에도 누가복음 이해에 꽤 유력한 설로 통용되고 있다. 콘젤만은 구원사를 세 시기로 구분한다. 첫째 구약에 기록된 창조부터 신약의 세례요한에 이르는 이스라엘의 시기, 둘째 예수 사역의 시작부터 승천까지의 예수 사역의 중심 시기, 셋째 승천부터 재림까지의 교회 시기다. 이러한 구분 자체에 대해서는 누구든 그 합리성을 인정해야 할 것이다. 하지만, 누가가 구원사를 단절된 시기로 규정하지 않고 구약에서부터 종말 완성까지 연속된 시기로 보았다는 점에서 오늘날 학자들은 콘젤만의 과오를 비판한다(Garland, 2011, pp. 36-37; Liefeld and Pao, 2007, p. 41).

그렇다면 연속된 세 시기 사이의 관계가 앞으로 논의해야 할 과제일 것이다. 예컨대, 구원사에서 종말심판을 가장 직접적으로 다루고 있는 누가의 기사가 18:1-8이다. 여기서 누가가 전하고자 하는 메시지는 "하나님의 목적들이 완성되는 시간이 하나님의 시간(예정)표에 따르면 금방이지만 인간들에게는 괴롭고도 긴 시간일 수 있다. 그래서 기도하기를 포기하고 멈추려는 유혹을 받게 된다."(Schreiner, 2008, p. 704)는 것이며 그러므로 지금은 밤낮으로 쉼없이 기도하라는 것이다. 이 현재 시기의 관점에서 구원사의 전체 맥락을 이해하는 일이 누가복음 독해의 하나의 목표가 되어야 한다.

I

도입부

〈그리스도의 두상Head of Christ〉, 1648-1650

복음서마다 머리말의 성격이 다르다. 마태복음은 예수의 조상들 족보를 나열하여 예수가 아브라함과 다윗의 자손임을 확인하고, 마가복음은 구약을 인용하여 예수의 오심을 예비하는 서곡을 연주하고, 요한복음은 예수의 본질을 신학적으로 전개한다. 그런데 누가복음의 서문은 역사학자의 저술에서 찾아볼 수 있는 연구 방법론이다. 이 서문을 머리말이라 부르느니 차라리 도입부라 부르고 싶다. 누가복음의 초두 1-4절은 의사인 누가가 역사학도로서 예수의 전기를 어떻게 저술하였는지 밝히고 저자로서 그의 권위를 내세워 독자들이 이 전기를 어떻게 읽어야 할지를 안내하는 지침이기 때문이다. 예수와 관련된 머리말이 아니라 저자 누가의 집필 의의를 기술함으로써 독자에게 길잡이 구실을 한다.

> 1우리 중에 이루어진 사실에 대하여 2처음부터 말씀의 목격자 되고 일군 된
> 자들의 전하여 준 그대로 내력을 저술하려고 붓을 든 사람이 많은지라 3그
> 모든 일을 근원부터 자세히 미루어 살핀 나도 데오빌로 각하에게 차례대로
> 써 보내는 것이 좋은 줄 알았노니 4이는 각하로 그 배운 바의 확실함을 알게
> 하려 함이로라

■ **도입부**(1:1-4) 본래 1-4절은 하나의 단일 문장으로 복합적인 구성을 갖는 고전 희랍어 양식의 표현이다. 개역성경을 보면 1-2절의 분절을 우리말 흐름에 편하게 연결하여 나누고 있다. 본래는 "우리 가운데(중)에 이루어진 사건들(사실)에 관하여 (순서대로의) 내력을 서술하려고 여럿이 떠맡은(붓을 든)지라."가 1 절이다. "우리 가운데 이루어진 사건들"에서 "이루어졌다"라 함은 하나님의 계획과 의지가 그리스도를 통해 이미 이루어진 것이다(Meyer, 1884). 이 예수의 전승에 관한 마

가복음 등의 기록을 여러 사람이 착수하였다고 언급함으로써 누가 이전에 이미 기존 문헌들이 있음을 앞세우고 있다. 이루어진 사건들에 대해 "내력을 서술하려고 떠맡은지라."에서 "내력"이라는 단어는 의미상 적절하다. 어떤 번역본은 "이야기(narrative)"라는 단어를 취하고 있고(Geldenhuys, 1951), 이야기라는 의미를 강조하기 위해 4절에 쓰인 "차례대로"를 의도적으로 삽입함으로써 "순서대로의 기사"라고 번역하기도(Green, 1997) 하기 때문이다. "내력" 내지 "이야기", "순서대로의 기사"가 갖는 의미가 무엇인지는 3절의 해설에서 숙고하겠다.

이 1절과 3절 사이에 삽입되어 있는 "처음부터 말씀의 목격자 되고 일꾼 된 자들에 의해 우리에게 전하여준 것과 마찬가지로"라는 구절이 2절이다. "전하여준"이라 함은 공적인 전승을 전한다는 뜻이다(고전 11:2, 23; 15:3). 이 2절에서는 무엇보다 1절에 적힌 "우리 가운데 이루어진 사건들"을 어떤 사람이 전하였는지 그 기원을 적고 있다. 예수 전승의 기원은 처음부터 말씀의 목격자이고 또 말씀의 일꾼인 사람들이지만, 목격자와 일꾼이 서로 다른 사람들이 아니라 목격자가 다름 아닌 말씀을 전한 사역의 역할을 수행한 것이다(Fitzmyer, 1970, p. 294). 그리고 이 2절의 "목격자"와 "일꾼"은 바울이 아그립바 왕에게 다메섹에서 예수를 보았던 장면을 회고한 행 26:16의 표현과 같은 어휘다. 그때 예수가 바울에게 "네가 나를 본 일과 장차 내가 네게 나타날 일에 너로 사환(일꾼)과 증인(목격자)을 삼으려 함이라."라고 말씀하였다. 예수가 바울에게 일꾼과 목격자의 역할을 사역하도록 위탁한 것이다. 이때 누가복음에서도 사도행전에서도 눈으로 본 목격자가 곧 말씀을 전하는 일꾼이다.

이 1-2절을 통해 고린도전서 15장에 게바부터 시작하여 맨 나중에 바울에 이르기까지 예수의 부활을 목격하고 "그러므로 내나 저희나 이같이 전파하매 너희도 이같이 믿었느니라."(고전 15:11)라고 한 말씀을 연상하게 된다. 까닭인즉, "말씀"이 복음이라면 복음의 핵심은 부활이기 때문이며, 부활의 목격자들은 자신들이 목격한 것을 불가불 전파한 "말씀의 일꾼들"이고, 나아가서 이 역사적인 사실의 증언을 들은 사람들에게 확실한 믿음이 세워졌기 때문이다. "요컨대 2절은 복음 전체에 대한 우리의 평가에 중요한 의의를 갖는 증언들과 출처들에 대한 누가의 면밀한 역사적인 연구에 관한 진지한 주창이다" (Liefeld and Pao, 2007, p. 50). "누가의 면밀한 역사적인 연구"에 관해 3절을 읽으며 다시 음미키로 하겠다.

"그 모든 일을 시초부터 면밀하게 살핀 나 역시 당신, 데오빌로 각하에게 차례대로 써 보내는 것이 좋은 줄 알았으니 그리하여 당신이 전해 들은 가르침의 확실함을 온전히 깨닫게 하기 위함이다."라는 3-4절에서 누가는 복음서를 서술할 자신의 자질을 스스로 변명하고 있다. "우리 가운데에 이루어진 사건들"이라 1절에 적었던 그 "우리 가운데"에 누가 자신도 속해 있고, 그리고 누가 자신도 동일한 질의 전수(傳授)를 기록할 수 있다는 자신감의 피력이다(Garland, 2011, p. 54).

여기서 "살핀"이라 함은 추적하였다는 의미인데, 이 동사를 수식하는 부사가 "자세히(혹은 정확하게)"와 "차례대로(혹은 순서대로)"이므로 대부분의 영어 번역본에서 이들 부사에 적합하게 "조사하다/탐구하다"라고 쓴다. 이는 위에서 인용한 "누가의 면밀한 역사적인 연구"라는 해설과 합치하는 번역이다. 무엇을 조사해왔는가 하면 "모든 일을 시초부터" 조사해온 것이다. "모든 일"은 복음의 모든 출처를 말하며, "시초부터"라 함은 예수의 탄생 때와 어린 시절부터를 의미한다(앞의 책, p. 54.). 그리하여 "나도 데오빌로 각하에게 차례대로 써 보내는 것이 좋은 줄 알았노라."에서 "차례대로"라 함은 복음의 역사적인 연구를 사건의 앞뒤 순서대로 기록하겠다는 것이다. 그러나 사건이 일어난 연대순으로 기록하겠다는 것인지는 불분명하다(Liefeld and Pao, 2007, p. 51). 오히려 "순서대로"라는 것은 역사적인 사실의 설득력을 높이기 위해 아름답게 혹은 생생하게 기술한다는 의미일 수 있다(Green, 1997, p. 43). 이 맥락에서 조엘 B. 그린은 베드로가 무할례자의 집에서 음식 먹은 것을 추궁받자 "베드로가 저희에게 이 일을 차례로 설명"(행 11:4)하였다는 사도행전의 "차례로"라는 기록을 원용한다. 이야기가 설득력을 갖추려면 "차례대로" 전개되어야 한다는 해설이다.

잠시 샛길로 빠져 문장구성의 특성을 언급해보면, 초두 1-2절이 전제절이고 후반 3-4절이 귀결절로 구성되어 있다. 전제절의 "여럿이"와 귀결절의 "나 역시"가, 그리고 "(순서대로의) 내력을 서술하려고"와 "차례대로 써보내는 것"이 각각 대비되어 있음이 원문에서는 눈에 띄게 보인다(Fitzmyer, 1970, p. 288). 전제절의 3절에 "마찬가지"라는 연결사를 사용한 후에 귀결절의 4절에 "그러므로"라는 연결사를 사용하여 1-2절의 관계와 3-4절의 관계를 대응하고 있는 표현양식이 놀랍다. 그리고 또 수려한 문장을 구사하는 누가의 수사능력이 감탄스럽다.

누가복음의 이야기 장르가 갖는 주요 특징은 역사를 전기(傳記) 형식으로 편찬하는 것이다. 그것은 어떤 일을 일어난 과정대로 기술하는 것이므로 내력이라 부를 수 있다. 이때 이야기의 전개가 시간적인 연속성과 인과적인 관계를 갖는다. 이야기를 전개할 때 "근원부터 자세히 미루어 살핀"이라는 방법을 취하면, 달리 말해, 처음부터 정확하게 탐구한 방법을 취하면 그것은 과학적인 논문을 쓰는 것과 다름없다. 이와 동시에, 그린의 지적대로 차례대로 전개하여 독자들에게 설득력을 갖추려면 에피소드의 맥락을 강조함으로써 그 이야기가 극적인 전개일 수 있게 만들어야 한다. 예컨대 나사렛에서 예수가 배척받는 장면의 기사(4:16-30)라든가 바울을 압송하는 배가 큰 풍랑을 만나 파선되는 장면의 기사(행 27:1-28:14)에서 보는 바와 같다. 생생한 맥락의 틀에서 이야기가 전개되면 독자는 집필자의 의도에 맞추어 이야기를 읽을 수 있다. 이 이야기 장르에서 일화의 줄거리를 그 맥락적 배경의 틀 위에 전면으로 내세워 기술한 것을 담화(discourse)라 부른다. 이야기 담화는 한 문장(절) 한 문장(절)을 의미 분석하여 독해하는 것보다 전체 맥락의 틀에 맞추어 문장의 의미를 정합적으로 일관성 있게 해석할 때 더욱 효과적으로 깊이 이해할 수 있다.

"데오빌로 각하"는 누가복음에서나 사도행전에서나 실제적인 인물일 수도 있고 가상적인 인물일 수도 있다. "각하"라는 존칭을 사용하였으므로 로마의 고급 관리일 수 있겠다. 그가 로마 사람이라면 바울과 마찬가지로 누가 역시 복음의 보편화(세계화)를 자신의 선교 목표로 겨냥했음을 알 수 있다. 그가 누구이든 누가가 자신의 복음서를 읽히고 싶어 했던 대표적인 인물을 데오빌로라는 이름으로 대신했을 것이다. "이는 당신이 가르침을 받은 교의의 확실함을 온전히 깨닫게 하기 위함이다."라는 4절에서 누가는 복음을 서술하는 목표를 분명히 한다. 이 4절과 행 1:1을 읽으면, 데오빌로는 필경 이미 예수의 죽음과 부활을 전해 들어 복음을 배운 사람이지만 그 올바른 의의를 아직 제대로 깨우치지 못한 사람이다(Longenecker, 2007, p. 677). 데오빌로라는 이름은 하나님의 친애하는 사람이라는 뜻을 갖고 있다. 하나님의 친애하는 사람이 "누가의 면밀한 역사적인 연구"를 읽으면, 예수가 "하나님의 그리스도"라는 믿음의 확실성을 알게 할 수 있다고 누가는 생각하고 있다. 자신의 이 신념을 누가는 "나 역시 당신, 데오빌로 각하에게 차례대로 써 보내는 것이 좋은 줄 알았노라."(1:3b)라고 적었다. "나도 좋은 줄 알았노라."에서 무엇을 좋은 일이라 생각했느냐 하면,

4절에 적힌 데오빌로든 다른 모든 독자들이든 그들이 “전해 들은 가르침의 확실함을 온전히 깨닫게” 만들어 줄 수 있다는 것이 “좋은 줄 알았노라.”이다. 그리하여 누가는 이 목적을 위해 어떤 복음서보다도 더욱 생생한 제3공관복음서를 집필하였다.

II

탄생과 어린 시절의 이야기

〈성전의 시므온 Simeon in the Temple〉, 1628-1629

누가복음 제II부의 예수 탄생기사는 다른 복음서와 여러모로 다르다. 무엇보다, 예수의 탄생과 세례요한의 탄생을 교차하며 이야기를 전개한다. 요한의 아버지 사가랴와 예수의 어머니 마리아에게 각각 천사 가브리엘이 나타나 아들을 낳으리라는 하나님의 약속을 전한 뒤 그 약속이 이루어진다. 세례요한은 "지극히 높으신 이의 선지자"(1:76a)이고 동시에 "주 앞에 앞서 가서 그 길을 예비하는"(1:76b) 선지자다. 때로는 예수를 예언자라고도 하지만, 요한은 구약의 마지막 예언자이고 예수는 종말의 예언자로(Liefeld and Pao, 2007, p. 53), 예수는 요한과 달리 "지극히 높으신 이의 아들"(1:32)이다. 조엘 B. 그린은 누가복음의 이 두 기사와 창세기 11-21장에서 아브라함에게 이삭을 주리라는 약속의 기사를 낱낱이 비교해 구약과 신약에서의 하나님의 약속이 동일한 연장선상에서 다른 획의 이행임을 보여주고 있다(Green, 1997, pp. 53-55). 누가복음의 예수 탄생기사는 여러 관점에서 누가만의 독특한 역사관과 서술 방식을 반영한다.

한 번 더 강조하지만, 누가복음은 면밀한 역사적 연구요, 이야기 담화의 극적인 전개이기도 하다. 마리아가 요한을 임신한 엘리사벳에게 문안하니 복중에 있는 아이가 기쁨으로 뛰놀아 "내 주의 모친이 내게 나아오니 이 어찌 된 일인고?"(1:43) 하고 마리아의 예수 임신을 알아본다. 그리하여 마리아가 주 찬양을 노래한다. 그 후 엘리사벳이 아들을 낳으니 사가랴가 예언의 찬미를 노래한다. 게다가, 주 그리스도를 생전에 보리라는 약속을 받은 의롭고 경건한 사람 시므온은 예루살렘 성전에 올라온 아기 예수를 보자 품 안에 안고, "내 눈이 주의 구원을 보았다."(2:30)라는 찬송을 부른다. 그리하여 이들 세 사람이 번갈아 출연하면서 기쁨의 찬미를 노래하는 극적인 장면이 1-2장에 연출된다. 이처럼 누가복음은 독자로 하여금 "그리하여 당신이 전해

들은 가르침의 확실함을 온전히 깨닫게 하기 위함이다."(1:4)라는 말씀의 효과를 극대화해준다.

요한과 예수의 수태고지(1:5-38)

■ **세례요한의 탄생예고**(1:5-25) 요한의 탄생예고인 수태고지(受胎告知) 이야기를 전개함으로써 메시아를 이 세상에 보내시는 하나님의 주권의 새로운 통치의 서막을 연다. 그 예고는, 우선, 성전의 성소에서 분향하는 제사장 사가랴에게 주어짐으로써 구약의 배경에서 일어난다. 이 이야기 담화의 주인공은 사가랴이지만 실은 석녀인 그의 아내 엘리사벳이 은혜의 수혜자임을 이야기는 함축하고 있다. 사가랴를 담화의 주인공으로 내세우는 것은 신약이 구약의 연장선상에 있음을 함축하는 것일 터이다. 이야기가 이야기인 한, 분석적으로 읽을 필요가 없다. 구약 성서를 펼쳐 들고 전개되는 이야기의 배경을 이해하면 내용은 어렵잖게 파악할 수 있다.

> 5유대 왕 헤롯 때에 아비야 반열에 제사장 하나가 있으니 이름은 사가랴요
> 그 아내는 아론의 자손이니 이름은 엘리사벳이라 6이 두 사람이 하나님 앞
> 에 의인이니 주의 모든 계명과 규례대로 흠이 없이 행하더라 7엘리사벳이 수
> 태를 못하므로 저희가 무자하고 두 사람의 나이 많더라
> 8마침 사가랴가 그 반열의 차례대로 제사장의 직무를 하나님 앞에 행할새 9
> 제사장의 전례를 따라 제비를 뽑아 주의 성소에 들어가 분향하고 10모든 백
> 성은 그 분향하는 시간에 밖에서 기도하더니 11주의 사자가 저에게 나타나
> 향단 우편에 선지라 12사가랴가 보고 놀라며 무서워하니 13천사가 일러 가

로되 사가랴여 무서워 말라 너의 간구함이 들린지라 네 아내 엘리사벳이 네
게 아들을 낳아 주리니 그 이름을 요한이라 하라 14너도 기뻐하고 즐거워할
것이요 많은 사람도 그의 남을 기뻐하리니 15이는 저가 주 앞에 큰 자가 되며
포도주나 소주를 마시지 아니하며 모태로부터 성령의 충만함을 입어 16이스
라엘 자손을 주 곧 저희 하나님께로 많이 돌아오게 하겠음이니라 17저가 또
엘리야의 심령과 능력으로 주 앞에 앞서 가서 아비의 마음을 자식에게, 거스
리는 자를 의인의 슬기에 돌아오게 하고 주를 위하여 세운 백성을 예비하리
라 18사가랴가 천사에게 이르되 내가 이것을 어떻게 알리요 내가 늙고 아내
도 나이 많으니이다 19천사가 대답하여 가로되 나는 하나님 앞에 섰는 가브
리엘이라 이 좋은 소식을 전하여 네게 말하라고 보내심을 입었노라 20보라
이 일의 되는 날까지 네가 벙어리가 되어 능히 말을 못하리니 이는 내 말을
네가 믿지 아니함이어니와 때가 이르면 내 말이 이루리라 하더라 21백성들이
사가랴를 기다리며 그의 성소 안에서 지체함을 기이히 여기더니 22그가 나
와서 저희에게 말을 못하니 백성들이 그 성소 안에서 이상을 본 줄 알았더라
그가 형용으로 뜻을 표시하며 그냥 벙어리대로 있더니 23그 직무의 날이 다
되매 집으로 돌아가니라
24이후에 그 아내 엘리사벳이 수태하고 다섯 달 동안 숨어 있으며 가로되 25
주께서 나를 돌아보시는 날에 인간에 내 부끄러움을 없게 하시려고 이렇게
행하심이라 하더라

"유대의 왕 헤롯 때에 일어난 일이라."라고 제사장 사가랴를 언급하기 전에 세속의 시대배경을 먼저 적는다. "유대의 왕 헤롯 때"라는 시기는 막연한 때이고, 헤롯이 로마의 원로원에 의해 "유대의 왕"이라는 칭호를 수여받은 것은 사실이다. 이 배경이 "유대의 왕"을 강조하고 있기 때문에 예수의 십자가 위에 달렸던 "유대인의 왕"이라는 팻

말을 상기하게 되기도 한다(Garland, 2011, p. 64). 그리고 의인인 사가랴와 엘리사벳 부부가 등장한다. "아비야 반열에 사가랴라 이름하는 제사장이 있었다."에서 "아비야 반열"이라 함은 제사장의 24순위 중에서 상대적으로 높은 등급에 속하는 제사장 계열이다. "그 아내는 아론의 자손이고 이름은 엘리사벳이라."에서 "아론의 자손" 역시 제사장을 이어받는 가계 족보이다. 여자가 신실하면 당시 "그녀는 제사장과 결혼할 만한 분이다."라는 말이 통용되었다고 한다(Geldenhuys, 1951, p. 62). 아울러, 부부가 모두 제사장 족보의 가계에 속하면 제사장인 남편은 더욱 존경받았다. "이 두 사람이 하나님 앞에 의인이었고 주의 모든 계명과 규례대로 흠이 없이 행하였다."라고 6절에서 이들 부부가 하나님 앞에서 경건함을 진술하고 있다. 하나님 앞에서 의인인 근거를 "주의 모든 계명과 규례대로 흠이 없이" 지킨다고 말함은 여러모로 눈여겨보아야 할 대목이다. 이어서 "그런데 저희가 자식이 없었고"라고 적고 그 이유를 7절에 "엘리사벳이 임신하지 못하는 여자였기 때문이며 그들에게 자식이 없고 두 사람의 나이가 (이미) 많았다." (유희세, 2010, p. 84)라고 설명하는데, 이는 자식이 없는 까닭이 그들의 불경함에 연유한 것이 아니라는 사실을 이야기하는 것이라 이해해도 좋을 것이다.

사가랴와 엘리사벳 부부의 경건함을 서술한 다음에 이제 세례요한의 탄생을 예고하는 이야기가 전개되는데 8-11절은 그 서두이다. "마침 사가랴가 소속하는 (아비야) 조(반열)가 당번의 차례가 되어서 그가 (성전에서) 하나님 앞에 제사장의 근무를 하고 있을 때 일이다. 제사장의 관례에 따라 제비를 뽑으니 그가 주의 성소에 들어가 향을 피우게 되었다. (사가랴가) 향을 피우고 있는 동안에 많은 민중은 밖에서 기도하고 있었다"(앞의 책, p. 84). 하나님 앞에 제사장 직무를 수행할 때 제사장의 24조들의 직무 수행 차례에 따라 사가랴가 속하는 아비야 반열이 순번을 맡았다는 말이다. "제사장의 관례에 따라 제비를 뽑아"라 함은 어느 반열이건 제사장 수가 많으니까 제사장직의 관례에 따라 제비를 뽑았는데 사가랴가 성소에 들어가 분향하도록 선택되었다는 것이다. 이 10절은 제사의 관례를 서술한 부분이지만 사가랴가 분향하도록 선택되었다는 사실이 일종의 특권을 부여받았음을 시사하는 맥락이기도 하다. 민중의 온 무리가 밖에서 기도하고 있었다는 부가적인 진술은 기도 중에 유의한 일들이 일어난다는 누가와 행전의 빈번한 기록들을 상기하게 한다.

"그러자 그에게 주의 천사가 나타나 향의 제단의 우측에 섰다. 이를 본 사가랴는 당혹하였고 무서움이 그를 습격했다."가 11-12절이다. 주의 사자가 제단 우편 영광의 자리에 돌연히 나타났으니 누구든 놀라며 무서워할 터이다. "그러나 천사는 그에게 일렀다."가 13-17절에 길게 이어진다. "사가랴여, 무서워할 것 없다. 너의 간구는 들으신 바 되었기 때문이다. 그리고 너의 아내 엘리사벳은 네게 아들을 낳으리라. 너는 그 이름을 요한이라 하라."(앞의 책, p. 85)라는 13절이 느닷없이 던지는 주의 사자의 첫마디다. 사가랴는 자식을 낳게 해달라고 성소에서 기도한 것이 아니라 아마도 이스라엘을 위해 기도했을 것이다. 그러니 분향하고 있던 사가랴로서는 천사의 예고가 당혹스러울 수밖에 없었다. 엘리사벳이 네게 아들을 낳아준다는 예고와 더불어 요한이라는 이름까지 지어주는데, 그 이름은 "하나님은 자비하시다."라는 뜻이다.

이어서 "너에게 기쁨이 되고 즐거움이 되리라. 많은 사람들이 이 태어남을 기뻐하리라."라고 하는데 그 이유는 15a절에 적힌 "이는 저가 주의 앞에 큰 자가 되기 때문이다."에 있다. 하나님이 보시기에 크다는 것은 "주를 위하여 세운 백성을 예비하리라."(1:17b)라는 요한이 맡은 그의 사역 때문일 것이다. 예수에 대해서도 "저가 큰 자가 되고"라 하지만 "지극히 높으신 이의 아들이라."(1:31)라고 부연하고 있으므로, 요한은 구세주 예수와는 다른 큰 자요, 하나님께 합당하게 백성을 예비하는 큰 자다.

"그는 포도주나 강한 술을 결코 마시지 않는다. 그리고 그의 모태로부터 이미 성령의 충만함을 입어" 하고 15절은 이어진다. 포도주나 다른 술을 마시지 않는다는 이 금주 사항이 성서 내에서 예외적인 진술이다. 그리하여 수도자의 자세라 해석하는 학자들도 있으나 요한이 자신을 나실인(나지르)의 서원, 즉 여호와께 자신을 거룩하게 구별하여 자기 몸을 하나님께 드리기를(성별된 자) 맹세할 때에는 금주하라는 성서(민 6:1-21; 사 13:4)를 인용한다(Fitzmyer, 1970, p. 326). 나실인의 서원을 할 때에 몸이 정결해야 한다는 것은 마땅하고 당연한 일이다. 한데, 여기서 강조하는 것은 "모태로부터 이미 성령의 충만함을 입어"이다. 태어나기 전부터 성령의 충만함을 입어 나실인의 서원의 몸으로 태어난다는 점이다. 실제로 다른 복음서를 보아도 세례요한은 금욕 생활을 하였다. 주에게 합당하도록 백성을 예비하는 일이 구세주의 길을 걷는 것보다 더 엄격한 도덕적 수련이 필요함을 실감케 하는 부분이다.

하나님의 구원의 계획에서 세례요한이 수행할 역할을 16-17절에 "그는 이스라엘의 많은 자손들을 그들의 하나님이신 주께로 돌아가게 하리라. 그는 엘리야의 영과 능력으로 주의 앞에 선구자가 되어 아버지들의 마음을 자식들에게 돌리고 불순종한 자들의 마음을 의인의 생각으로 돌려 주를 위하여 준비된 백성을 장만하리라."(유희세, 2010, p. 85)라고 적고 있다. 요한이 수행할 임무는 예언자로서의 역할이다.

그가 많은 이스라엘 백성들을 주이신 그들의 하나님께 돌아오게 하리라는 것은 회개케 한다는 말이다(Meyer, 1884, p. 236; Garland, 2011, p. 67). 이스라엘 역사에서 이처럼 회개시킨 예언자는 누구보다 엘리야다(왕상 18:20-40). 누가는 엘리야가 환생한 것이라는 표현을 삼가고, 대신에 "엘리야의 심령과 능력으로"라고 적고 있다. 또 "주의 앞에 앞서 가서"라 적고 있다. 학자들은 이 16-17절을 주로 말라기의 인용이라 해설한다. 엘리야처럼 심판과 경고의 메시지를 전달하여 이스라엘을 꾸짖어 메시아 속에 계시된 하나님 앞에 앞장서 가는 것은 "주를 위하여 준비된 백성을 장만(예비)하리라."라는 목적을 위해서다. 여기서 주는 예수의 탄생을 사가랴에게 예고하지 않았으므로 예수가 아니다(Fitzmyer, 1970, p. 326). 다시 말하면, 주 하나님께 합당한 백성을 예비하기 위해서다. 그럼에도 불구하고, 여기서 "만군의 여호와가 이르노라 보라 내가 내 사자를 보내리니 그가 내 앞에서 길을 예비할 것이요 또 너희의 구하는 바 주가 홀연히 그 (성)전에 임하리니"(말 3:1)라는 구절을 원용해도 좋을 것이다. 구체적으로 이것은 "아버지들의 마음을 자식들에게" 돌아오게 하고 "불순종한 자들의 마음을 의인의 생각으로 돌리게" 하는 일인데, 이 구절 역시 "그가 아비의 마음을 자녀에게로 돌이키게 하고 자녀들의 마음을 그들의 아비에게로 돌이키게 하리라."(말 4:6)를 인용한 것이다. "돌이키게 한다는 것"은 하나님의 진로에서 벗어나게 한다는 것이다. "아버지들의 마음"은 "불순종한 자"인 선대의 마음으로, 말 4:6의 맥락에 비추어 "자식들에게 돌아오게" 하는 것은 세례요한의 외침을 들은 자식들, 즉 후세대의 의인의 지혜로 돌아오게 한다는 것이다(Liefeld and Pao, 2007, p. 56).

천사의 예고에 대해 18절에 사가랴가 말하기를 "어떻게 내가 이것을 알리이까? 나는 노인이요, 내 아내도 이미 나이를 먹었습니다."라고 고지식하게 반응한다. 이에 19-20절에 천사가 대답하기를 "나는 하나님 앞에 서 있는 가브리엘이다. 나는 네게 말하려 네게 이 좋은 소식을 통보하려 보냄을 받았다. 그러므로 보라, 너는 벙어리가 되어, 이 일이 이루어지는 그 날까지 말을 할 수 없게 되리라. 네가 내 말을 믿지 않은 데 대한 벌이기 때문인데 내 말은 때가 오면 이루어질 것이다."라고 한다. 천사는 다니엘에게 나타났던 가브리엘이라고(단 8-9) 자신의 이름까지 대며 하나님의 현존에 서서 심부름하는 신분을 밝히고, 무엇보다 자신이 전하는 말이 "좋은 소식"임을 알린다. 여기서 "좋은 소식"은 복음이라는 뜻이 아니라 하나님 나라의 지배가 이 땅에 영향력을 갖는 소식이라는 넓은 의미로 해석하는 것이(Green, 1997, p. 78) 적합하다. 가브리엘 천사의 반응은 사가랴를 당분간 벙어리가 되게 한다는 것으로, 여러 주해자들이 이를 사가랴의 의심에 대한 징벌이라 해설한다. 하지만 사가랴의 신실함과 경건함을 의심한 징벌은 아니었을 것이다. "때가 이르면 내 말이 온전히 이루어지리라."라는 예고가 요한의 잉태가 이루어짐을 보장해주고 있기 때문이다.

이제 이야기 장면은 성소 밖의 일로 이어진다. "사가랴를 밖에서 기다리던 무리들은 그가 성전 안에서 늦어지는 것을 이상하게 생각했다. 나왔을 때 그는 사람들에게 말할 수가 없었다. 사람들은 그가 성전 안에서 환상을 보았다는 것을 알았다. 그는 (계속) 몸짓으로 의사표시를 할 뿐이요 (계속) 벙어리였다. 그는 그의 봉사의 기한(7일)이 다 되었을 때 집으로 돌아갔다."(유희세, 2010, p. 86)가 21-23절이다. 이 부분에 대해서는 본문 이외의 해설이 필요 없다. 사가랴가 성소 안에서 환상을 보았다는 사실을 성소 밖의 백성들 역시 심증으로 인식하고 있었다는 것이 중요하다. 덧붙여, 다니엘 역시 환상을 보았을 때 벙어리가 되었다는 기록도 상기할 필요가 있다(단 10:15-17).

"내 말은 때가 오면 온전히 이루어지리라."라는 가브리엘 천사의 예고가 이루어져, 24-25절에 "얼마 후 그의 아내 엘리사벳이 임신하였는데, 그녀는 다섯 달 동안 (집에) 숨어 있으며 생각하기를 '주께서 나에게 은총으로 돌보시고 내가 사람들 사이에서 겪은 수치를 제거하기 위해 이들 날에 내게 이렇게 행하여주신 것이로다.'"라고 감사한다. 임신하고 다섯 달 동안 은둔했다는 점이 이해하기 어려우나, 25절의 맥락을 참조하여 감사에 넘치는 경건의 행위라 이해해야 할 것이다. 이 점에서 "엘리사벳은 그녀와 그녀의 연로한 남편에게 주어진 감사의 예배로 그녀의 하나님께 침묵으로 예배드리려고 고의로 은둔하였기 십상이다."(Geldenhuys, 1954, p. 69)라는 해설이 설득력이 있다.

엘리사벳은 25절에서 주께서 자신에게 행하신 일을 두 측면에서 고백하고 있다. 원문 "그가 나를 주목하신(epeiden) 이들 날에 이렇게 행하여주신 것이다."라는 표현을 여러 번역본에서 나에게 호의를 베푸시는 때라 해석한다. "내가 사람들 사이에서 겪은 수치를 제거하기 위해"라는 표현은 사람들 중에서 나에게 부끄러움을 없애주려 하신다는 의미로 해석한다. 당시 자식을 낳지 못하는 불임은 죄지은 여자라는 낙인이었다. 따라서 하나님께서 베푸신 은혜에 대한 찬미이기도 하고 임신에 대한 감사이기도 하다. 이 점에서 엘리사벳의 독백은 오로지 하나님과의 대화라는 것이 그녀의 신실성을 돋보이게 한다. 그리하여 세례요한의 탄생예고는 찬미와 감사로 마감한다.

이처럼 누가복음의 첫 시작은 "이스라엘 역사에서 경이롭게 약속하셨고 작용하셨던 바로 그 하나님께서 그 약속을 온전히 이루기 위해 현재에도 경이롭게 작용하고 계신다는 누가의 기본적인 가정을 개진하고 있다"(Garland, 2011, p. 70). 특히 말라기를 인용하며 하나님 나라의 지배가 이 땅에 이루어지리라는 약속을 의인인 제사장 부부에게 전한 천사의 메시지가 세례요한의 탄생예고의 기본 취지다. 신약은 어디까지나 구약의 연장선상에 있다.

■ **예수의 탄생예고**(1:26-38) 예수의 탄생예고는 세례요한의 그것과 동일한 이야기 담화의 맥락을 갖는다. 두 예고의 이야기가 사건 진행이 서로 병행하고 심지어 기술된 어휘조차 동일하다. 우리는 두 이야기 사이의 동일한 특질에 주목해야 한다. 그러나 각기 다른 성격의 특질에 더욱 면밀하게 주목하며 예수의 탄생예고를 읽어야 한다. 두 예고 사이의 동질적인 특질보다 이질적인 특질이 더욱 유의미한 내용이기 때문이다.

> **26**여섯째 달에 천사 가브리엘이 하나님의 보내심을 받들어 갈릴리 나사렛이
> 란 동네에 가서 **27**다윗의 자손 요셉이라 하는 사람과 정혼한 처녀에게 이르
> 니 그 처녀의 이름은 마리아라 **28**그에게 들어가 가로되 은혜를 받은 자여 평
> 안할지어다 주께서 너와 함께 하시도다 하니 **29**처녀가 그 말을 듣고 놀라 이
> 런 인사가 어찌함인고 생각하매 **30**천사가 일러 가로되 마리아여 무서워 말
> 라 네가 하나님께 은혜를 얻었느니라 **31**보라 네가 수태하여 아들을 낳으리
> 니 그 이름을 예수라 하라 **32**저가 큰 자가 되고 지극히 높으신 이의 아들이
> 라 일컬을 것이요 주 하나님께서 그 조상 다윗의 위를 저에게 주시리니 **33**영
> 원히 야곱의 집에 왕 노릇 하실 것이며 그 나라가 무궁하리라 **34**마리아가 천
> 사에게 말하되 나는 사내를 알지 못하니 어찌 이 일이 있으리이까 **35**천사가
> 대답하여 가로되 성령이 네게 임하시고 지극히 높으신 이의 능력이 너를 덮
> 으시리니 이러므로 나실 바 거룩한 자는 하나님의 아들이라 일컬으리라 **36**
> 보라 네 친족 엘리사벳도 늙어서 아들을 배었느니라 본래 수태하지 못한다
> 하던 이가 이미 여섯 달이 되었나니 **37**대저 하나님의 모든 말씀은 능치 못하

심이 없느니라 38마리아가 가로되 주의 계집종이오니 말씀대로 내게 이루어
지이다 하매 천사가 떠나가니라

"여섯째 달에"라고 하여 당시 시기가 언제인가를 요한 탄생의 예고에서와 마찬가지로 먼저 적는다. "여섯째 달"이라 함은 엘리사벳이 임신한 지 여섯 달이 지난 때이고 그녀가 은둔해 있다가 모습을 나타낸 직후이다. 사가랴에게 나타났던 "천사 가브리엘이 하나님의 보내심을 받들어 갈릴리 나사렛 동네에" 온다. 요한의 탄생예고에서는 천사가 엘리사벳에게 직접 나타난 것이 아니라 제사장인 남편 사가랴에게, 그리고 그가 성소에 있을 때 모습을 드러냈다. 반면에, 이번에는 성전이 아닌 가난한 시골 농촌 마을에, 그리고 아마도 가정집에 있었을 비천한 처녀 마리아에게 직접 나타난다. 그런 다음 "다윗의 자손 요셉이라 하는 사람과 정혼한 처녀에게 이르니 그 처녀의 이름은 마리아라."라고 27절에 그녀를 소개한다. 요셉을 다윗의 자손이라 소개한 것은 탄생할 아기의 족보를 위한 것일 터이다. 그런데 여기서 그보다 더욱 중요한 점은 마리아가 약혼은 하였지만 임신할 수 없는 처녀라는 사실이다.

"그녀에게 와서 그가 말하기를, '축복하오니, 지고의 은혜를 받은 이여! 주께서 당신과 함께 하시오이다.'"라는 28절 천사 가브리엘의 인사는 진정한 축복의 인사다. "축복하오니"라는 첫 마디는 실은 '인사드립니다/기뻐하세요'라 번역하는 것이 더욱 적합하다. '인사드립니다'이면 공손한 경의를 표현하는 것이고, '기뻐하세요'이면 축하의 표현이다. "은혜(총애)를 받은 이여!"라는 부분을 개역성경에서는 "은혜"라는 어휘를 적절하게 사용해 표현하였다. 마리아를 "지고의 은혜를 받은 이"라 호칭하는 것은 "그녀가 신의 은혜의 대상이라 일컫는 것이

다"(Green, 1997, p. 87). 그렇다면, '인사드립니다'도 '기뻐하세요'도 이 호칭에 다 어울린다. "주께서 당신과 함께 하시오이다."라는 말은 인사 이상의 축복과 격려의 표현이다. 하나님이 아브라함에게(창 26:24) 또 야곱에게(창 28:15) 축복하신 표현이고, 주께서 바울에게(행 18:9) 고린도 전도를 격려하신 표현이다. 가브리엘이 사가랴를 만났을 때는 이처럼 경의를 표현하지 않았다는 사실로 미루어 보아, 마리아가 받은 총애가 진실로 거룩한 것임을 알 수 있다.

가브리엘의 거룩한 인사를 받자 "그러나 그녀가 그 말을 듣고 난처하여 이런 인사가 어찌함인고 생각하였다."라고 한 마리아의 심정은 당연하다. "이런 인사가 어찌함인고 생각하였다."라는 표현은 감히 이런 거룩한 인사를 내가 받기에 합당한 것인지 의아해함을 함축하는 말이므로, 당시 유대 풍습으로는 남자가 여자에게 인사하는 법도가 없었기 때문이라거나(Fitzmyer, 1970, p. 346) 감격이 담긴 당혹감의 표현이라는 해석은 적절하지 않은 듯하다. "무서워하지 마세요, 마리아여, 당신이 하나님께 은혜를 받았습니다."라는 천사 가브리엘의 대꾸는 사가랴에게 대꾸한 그의 위로 "사가랴여, 무서워할 것 없다. 너의 간구는 들으신 바 되었기 때문이다."(1:13)와 맞대어 비교할 가치가 있다. 다른 구절은 같고 "너의 간구는 들으신 바 되었다." 대신에 "당신이 하나님께 은혜를 받았습니다."가 마리아에게 한 말이다. 이 말은 하나님이 마리아에게 큰 일을 하도록 위탁할 만큼 그녀를 총애하고 있다는 의미다(Garland, 2011, p. 79). 그 총애의 내용이 이제 31절부터 전개되는 천지개벽의 예고이다. 예고의 첫 마디인 31절 그 자체는 "보라, 당신이 수태하여 아들을 낳으리니 그 이름을 예수라 하세요."이니 사가랴에게 예고한 내용과 동질적이다.

그러나 32절 초두에 "저가 큰 자가 되고"에서 '크다'라는 성품만이

요한과 예수의 공통 속성이고, 32b-33절에서는 요한과 달리 예수의 메시아성을 분명히 한다(Meyer, 1884, p. 240). "지극히 높으신 이의 아들이라 일컬을 것이요 주 하나님께서 그 조상 다윗의 위를 저에게 주시리니 영원히 야곱의 집을 통치하실 것이며 그의 왕국이 무궁하리라." 라고 한다. 요한과 마찬가지로 예수가 크다고 하지만, 관사를 붙이지 않고 "지극히 높으신 이의 아들이라."라고 한 것은 절대자의 아들을 가리키는 것이며 35절의 "하나님의 아들"이라는 뜻이다. 메시아라 함은 곧 하나님의 아들임을 뜻한다(Liefeld and Pao, 2007, p. 60; Schreiner, 2008, p. 236). "주 하나님께서 그 조상 다윗의 위를 저에게 주시리니"라는 표현은 하나님이 예수의 조상 다윗에게 주었던 하나님 백성의 왕위에 지극히 높으신 당신의 아들을 앉히시겠다는 것이다(시 89:27-29; 사 55:3-5 참고). "저는 내 이름을 위하여 집을 건축할 것이요 나는 그 나라 위(位)를 영원히 견고케 하리라 나는 그 아비가 되고 그는 내 아들이 되리니"(삼하 7:13-14a)라는 구약의 언약을 예수 그리스도 안에서 이루신다는 것이다.

이때 다른 무엇보다 "그가 영원히 야곱의 집을 통치하실 것이며 그 나라가 무궁하리라."라는 33절은 구약의 언약이 온전히 이루어져서 예수의 통치가 영원히 지속되고 그의 왕국이 무궁할 거라는 의미다. 야곱의 집은 구약에서 이스라엘 나라이지만, 여기서는 이스라엘에 국한된 통치를 뜻하는 것이 아니다. "영원하다"와 "무궁하다"가 하나님의 통치와 하나님의 왕국을 표상하는 것인데, 이제 새 시대의 장을 여는 메시아의 통치와 메시아의 왕국의 성격을 표상하는 것이기도 하다. "영원히 야곱의 집을 통치하실 것이며 그의 왕국이 무궁하리라."가 뜻하는 바는 다윗가의 메시아를 훨씬 뛰어넘는 것이다(Garland, 2011, p. 80). "그 나라가 무궁하리라."가 뜻하는 통치는 절대자 하나님의 아들,

메시아의 신성의 성격을 뜻하기 때문이다.

"마리아가 천사에게 말하되 '나는 사내를 알지 못하니 어떻게 이런 일이 일어납니까?'"라는 34절은 마리아의 난처한 심정에서 나온 질문이지만 그 내용이 꾸밈이 없이 천진하다. 신체적으로 불가능한 이런 일이 일어나리라는 것을 전제한 질문이기 때문이다. 그럼에도 불구하고 마리아는 요셉과 결혼하기 전에 임신하리라는 사실을 놀랍게도 믿고 있다(Garland, 2011, p. 81). "천사가 대답하여 그녀에게 말하되 '성령이 네게 임하시고 지극히 높으신 이의 능력이 너를 덮으시리이다. 그러므로 태어나실 분은 거룩하시며 하나님의 아들이라 불러지리이다.'"가 천진한 질문에 대한 곧이곧대로의 직설적인 답변이다. 대답의 첫 마디가 "성령이 네게 임하시고"인데, 이 답변은 "그 모친 마리아가 요셉과 정혼하고 동거하기 전에 성령으로 잉태된 것이 나타났더니"(마 1:18)라는 말씀과 동일하게 해석하여야 한다. "성령"이 관사 없이 쓰이고, "지극히 높으신 이의 능력이 너를 덮으시리이다."라는 이어지는 답변에서 "지극히 높으신 이의 능력"이 "성령"과 호혜적인 의미를 보완한다(Fitzmyer, 1970, p. 350).

그리고 여기서 "덮다"는 비유적인 의미를 갖는다. '구름이 하늘을 덮다.'라는 표현에서의 '덮다' 혹은 '새가 알을 품다.'라는 표현에서의 '품다'의 비유적 의미다(Meyer, 1884, p. 241). 따라서 지극히 높으신 이의 능력이 마리아에게 충만해진다, 혹은 마리아를 감싸게 된다는 의미로 해석하여도 좋을 것이다. "그러므로 태어나실 분은 거룩하시며 하나님의 아들이라 불리리다."라는 32a절에서는 앞에서 "지극히 높으신 이의 아들"이라 불렀던 호칭이 "하나님의 아들"이라는 미래형으로 쓰여 있다. 아직 태어나지 않았으니 미래형이다. 그리고 "'하나님의 아들이라 불리리다.'는 그가 바로 '하나님의 아들'이라는 꾸밈없는 말이다"(Liefeld and Pao, 2007, p. 61).

가브리엘은 36-37절에 엘리사벳의 임신 사실까지 마리아에게 통지하면서 예수의 탄생예고를 끝낸다. "보라, 네 친족 엘리사벳도 늙어서 아들을 배었지요, 본래 수태하지 못한다 하던 이가 이미 여섯 달이 되었으니 하나님에게는 능치 못하심이 없기 때문이지요."라고 예수의 탄생예고에 대해 부가적으로 언급한다. 요지는 "하나님에게는 불가능한 것이 없다."이지만, 예수의 탄생예고에 대한 마리아의 신념에 확신을 주기 위해 엘리사벳이 임신한 사실을 덧보탰을 것이다. 여하튼, 이에 대한 마리아의 간결한 순종의 반응이 놀랍다. 마리아가 말하기를 "보세요, 주의 계집종입니다. 당신의 말씀대로 내게 이루어지이다."라고 하는데, 그녀의 온유하고 겸손한 심령이 실로 놀랍다. 마리아의 말을 다시 옮기면 "보세요, 주의 하녀(이오이다)"라고 동사 없이 말하고 순종의 뜻을 "말씀대로 내게 이루어지이다."라고 전함으로써 "하나님에게는 불가능한 것이 없다."에 대한 절대적인 아멘을 드러낸다. 필경 가브리엘도 안심하고 떠났을 것이라는 사실을 "그러자 천사는 그녀에게서 떠났다."라고 간결하게 적고 예수의 탄생예고가 끝난다.

여기서 마리아의 순수하고 온유한 심령을 읽을 수 있는 동시에 마리아를 우상화할 수 있는 가능성 또한 엿볼 수 있다. 로마 가톨릭 교회의 기도문 중에 "은총이 가득하신 마리아님, 기뻐하소서. 주님께서 함께 계시니 여인 중에 복되시며, 태중의 아들 예수님 또한 복되시나이다. 천주의 성모 마리아님, 이제와 저희 죽을 때에 저희 죄인을 위하여 빌어주소서. 아멘."이라는 〈성모송〉이 있다고 한다. 그런데 가브리엘이 마리아에게 전한 축복을 읽고 이런 기도를 드릴 수 있는 것인가? "이 기도 안에 어떤 성서적인 언어가 포함되어 있긴 하지만, 이것은 성서적인 기도가 아니다. 문제는 이 기도가 마리아를 은혜의 수혜자가 아니라 은혜의 수여자로 취급하고 있다는 점이다"(Ryken, 2009, p. 31). 가톨릭 기도문에 나오는 "은혜가 충만한 분이시여"라는 구절은 마리아에게 드리는 기도임을 분명하게 표현한다. 마리아에게 은혜와 축복을 간구하는 기도이다.

이 기도의 첫 구절은 "은혜를 받은 이여, 기뻐하세요, 주께서 당신과 함께 하시오이다."(1:28)라는 가브리엘의 인사를 복사한 것이고 또 그것에 근거해 마리아를 이렇게 호칭하는 것으로 보인다. 그러나 앞에서 이 28절을 주해하면서 "인사드립니다/기뻐하세요, 지고의 은혜를 받은 이여! 주께서 당신과 함께 하시오이다."라고 옮겨 적은 것은 마리아가 곧 은혜도 아니거니와 더군다나 은혜의 수혜자이지 수여자일 수 없다는 점을 분명히 하려는 의도였다. "마리아여, 당신이 하나님께 은혜를 받았습니다."(1:30)라는 가브리엘의 위로에서 이 점은 더욱 분명해진다. "하나님이 당신에게 은혜이십니다."라는 REB(Revised English Bible)의 30절 번역처럼 은혜는 하나님의 은혜이지 마리아의 은혜가 아니다. 도대체 마리아에게 기도를 드린다는 것 자체가 복음서에서 찾아 읽을 수 없는 마리아의 우상화다. 복음서 중에서 누가복음이 마리아에 대한 축복의 극치를 보여주지만, 그 어느 구절에서도 마리아가 축복의 대상 이상의 예배의 대상이라 진술하는 곳은 없다.

마리아와 엘리사벳의 만남(1:39-56)

■ **마리아의 엘리사벳 방문**(1:39-45) 누가복음을 "면밀한 역사적인 연구"라 하였지만, 이야기와 이야기 사이의 맥락 연결이 너무 용의주도하게 면밀하여 예수의 탄생담화는 마치 신화적인 이야기를 읽는

듯한 인상을 준다. 누가는 스스럼없이 이야기를 풀어헤치는데 "그 모든 것을 근원부터 자세히 탐구한"(1:2) 그의 의도는 복음서 마가와 마태의 기록에서 느슨한 맥락 연결을 짜임새 있게 구조화함으로써 누가복음을 읽는 독자로 하여금 "이는 당신이 가르침을 받은 교의의 확실함을 온전히 깨닫게 하기 위함이다."(1:4)에 이르도록 한다. 누가의 이러한 의도가 예수의 전기를 이야기 담화 형식으로 집필하게 하였을 것이다.

가브리엘에게서 예수의 탄생예고를 들은 마리아는 한달음에 엘리사벳을 방문한다. 그 이유는 친척 간이라는 연고보다는 두 여인의 임신 사이에 깊은 신적인 연관성을 직감하였기 때문일 것이다.

> 39이때에 마리아가 일어나 빨리 산중에 가서 유대 한 동네에 이르러 40사가
> 랴에 집에 들어가 엘리사벳에게 문안하니 41엘리사벳이 마리아의 문안함을
> 들으매 아이가 복중에서 뛰노는지라 엘리사벳이 성령의 충만함을 입어 42큰
> 소리로 불러 가로되 여자 중에 네가 복이 있으며 네 태중의 아이도 복이 있
> 도다 43내 주의 모친이 내게 나아오니 이 어찌 된 일인고 44보라 네 문안하는
> 소리가 내 귀에 들릴 때에 아이가 내 복중에서 기쁨으로 뛰놀았도다 45믿은
> 여자에게 복이 있도다 주께서 그에게 하신 말씀이 반드시 이루리라

"마리아가 이즈음 일어나 서둘러 구릉지역에 유대 한 동네로 가서 사가랴의 집에 들어가 엘리사벳에게 문안하니"라는 39-40절은 하나의 문맥이므로 함께 읽겠다. "이즈음"은 가브리엘이 떠나간 지 며칠 내의 때다. 마리아가 "일어났다"라는 동사 표현은 즉각적인 행위의 발동을 묘사하는 것일 테다. "구릉지역"인 언덕 마을에 있는 한 유대 동네에 서둘러 갔다는 것이다. 나사렛에서 예루살렘 남쪽에 있는

이 마을까지 가는 데 사흘이나 닷새 정도 걸렸으리라 추측된다. 그곳에 있는 사가랴의 집에 들어가 엘리사벳에게 문안하였다니, 두 여인들이 친족관계라 하지만, 결혼을 앞둔 젊은 처녀로서는 대단한 모험이다. 조지프 A. 피츠마이어(Joseph A. Fitzmyer)는 마리아가 이때 이미 임신하였으리라 추측한다. 그도 그럴 것이 가브리엘의 예고에 대해 이미 마리아가 "말씀대로 이루어지이다."라고 화답하였기 때문이다. 누가는 마리아가 그녀의 약혼자 요셉에게 미리 알렸다고 언급하지도 않고, 엘리사벳에게 황급하게 달려간 동기에 대해서도 아무런 언급을 하지 않는다. 그러나 41절 이하를 읽으면 이 문안이 성령으로 인한 축복의 충만한 자리임을 알 수 있다. 또 이 문안이 사람의 손으로 기획된 사건이 아님을 미루어 짐작할 수 있다.

그리하여 놀라운 극적인 장면이 40-42절에 벌어진다. "엘리사벳이 마리아의 문안함을 들었을 때 그녀의 아이가 복중에서 뛰놀았고 엘리사벳이 성령의 충만함을 입었다."라고 한다. 뒤이어 42절에 "큰 소리로 외쳐 '여자 중에 네가 복 받았으며 네 태중의 과실(아이)이 복 받았도다!'라 말하였다."라고 엘리사벳의 첫 마디가 나오는데, 이것은 축복을 넘어 하나님이 하신 일에 대한 찬미다. 이 찬미를 "축복이어라, 참으로, 여인들 중 너에게/축복이어라 네 태의 과실이!"라고 노래로 읽기도 한다(Fitzmyer, 1970, p. 356). 마리아가 자신의 방문 계기를 말하기도 전에 벌써 엘리사벳에게 모든 것이 계시되었다. "아이가 복중에서 뛰놀았다."라는 사실은 필경 엘리사벳의 복중의 아이가 마리아의 복중의 아이를 알아본 기쁨의 요동이었을 것이다. 이는 "(요한이) 모태로부터 성령의 충만함을 입어"(1:15b)라는 가브리엘의 말을 확인케 한다. 그뿐만 아니라, 요한을 모태에 품은 "엘리사벳이 성령의 충만함을 입어"(1:41b)라는 진술 역시, 요한이 성령의 충만함을 입었으니 지극히 당연한 귀결이다. 요컨대 40-42절은 엘리사벳과 마리아와의 대면이기도 하고 요한과 예수와의 태중의 대면이기도 한 극적인 장면이다.

엘리사벳이 마리아와 모태의 아기를 축복하고 이어서 "내 주의 모친이 내게 나아오니 이 어찌 된 일인고?"라고 한 43절이야말로 (앞서 42절에서도 "큰 소리로 외쳐"라 하였지만) 감탄과 놀라움이 복합된 영탄(詠嘆)이다. "주"가 하나님을 뜻할 수 있는데도 불구하고 많은 학자들이 별 다른 주해 없이 "내 주의 모친"을 메시아의 모친이라 당연하게 해석한다. 그렇다면, 나이 많은 엘리사벳이 그녀의 젊은 친척 마리아를 내 주의 모친이라 부른 것은 매우 고귀한 존칭의 표현이라 할 수 있다. "내 주의 모친"에 대한 또 다른 관점이 있다. "엘리사벳이 말한 것의 가장 중요한 점은 마리아에 대해 말한 것이 아니라 예수에 대해 말한 것이다. 마리아의 태중의 아이를 그녀의 주라 부른다. 엘리사벳이 이렇게 말하는 것이 얼마나 비범한 일인가! 그녀는 태어나지 않은 아이를 '내 주'라 불렀다"(Ryken, 2009, p. 44). 하나님에게 해당하는 '주'라는 호칭을 마리아의 태중의 아기에게 사용한 것인데, 태중에 요한을 가지고 있는 모친이 마리아를 "내 주의 모친"이라 호칭한 것이니 달리 보면 요한이 예수를 "내 주"라 불렀다고 읽어도 좋겠다.

엘리사벳이 마리아를 "내주의 모친"이라 부르는 까닭이 44절 이하에 적혀 있다(Meyer, 1884, p. 246). "보라, 네 문안하는 소리가 내 귀에 들릴 때에 아이가 내 복중에서 기쁨으로 뛰놀았도다."라는 44절이 요한이 모태로부터 성령이 충만하다는 증거요, 엘리사벳 또한 성령이 충만하다는 증거다. 앞에서 이미 임신한 상태에서 마리아가 엘리사벳을 방문하였다고 추측했지만, 태중의 요한이 태중의 예수를 알아본 것이니 임신한 사실이 석연히 해명된다.

축복의 찬미가 이어진다. "주께서 그녀에게 하신 말씀이 다 이루어지리라 믿은 여자가 복되도다."라는 45절은 42절과 어울리는 찬미의 노래라 읽을 수 있다. 그러나 어느 면에서는 찬미라기보다 42절의 축복과 대조되는 내용이다. 앞 42절에서는 마리아가 수태하였다는 사실에 대한 축복이고, 이제 45절에서는 마리아의 신실한 믿음에 대한 축복이다. "믿은 여자에게 복이 있나니"는 산상수훈의 축복과 같은 지복(至福)이다(Green, 1997, p. 96). 마리아의 믿음에 대해 엘리사벳은 "주께서 그녀에게 하신 말씀이 다 이루어지리라."라고 말하고 있거니와 이것은 가브리엘이 전한 하나님의 메시지다.

그런데 "내 주의 모친"이라는 표현이 자칫 엘리사벳이 마리아를 예배하는 것이 아닌가라는 의구심을 자아내기도 하는데, 그것은 아니다. 마리아의 태중의 아기가 주이시니 내 주이고, 마리아는 그 아기의 모친이다. 더욱 중요한 사실은 "믿은 여자가 복 되도다."라는 45a절에서 보는 것처럼 그녀가 마리아의 믿음을 축복하고 있다는 점이다. "주께서 그에게 하신 말씀이 반드시 이루어지리라."라는 45b는 45a절의 인과관계로 연결된 것이어서 전반 a와 후반 b를 개별 문장으로 독해할 것이 아니라 "그리고 복이 있나니 그 여자가, 그녀가 주께서 그녀에게 말씀하신 것이 다 이루어지리라 믿었도다."(NRSV, New Revised Standard Version)라는 관계절로 연결된 하나의 문장으로 읽어야겠다. "복이 있나니"의 근거는 주의 말씀을 믿은 마리아의 믿음에 복이 있다는 축복이다.

마리아를 향한 엘리사벳의 축복은 "질투의 기미가 하나도 없다. 심중의 겸손으로 그녀는 주의 모친의 방문을 받는 특전을 누린다는 기쁨을 표현한다. 그녀는 오시는 구세주의 크심(위대함)에 태중의 아기와 더불어 기뻐한다"(Geldenhuys, 1951, p. 83). 자신의 임신이 아니라 마리아의 임신을 찬미한다는 것이 다름 아닌 엘리사벳의 찬미 속에 담긴 그녀의 겸손이다. 그 축복은 다음에 출현하는 사가랴의 노래가 암시하듯이, 마리아의 임신과 더불어 엘리사벳과 그녀의 아기 요한에게도 마땅히 주어지는 축복과 다름없다.

■ **마리아의 노래**: The Magnificat(1:46-55) 엘리사벳의 축복에 마리아가 노래 혹은 시로 화답한다. 엘리사벳의 기쁨에 마리아가 기쁨으로 화답하고 있지만, 이 노래는 단적으로 하나님께 드리는 찬미다. 첫 구절의 "내 영혼이 주를 찬양합니다(magnificat anima mea Dominum)"의 '찬양(magnificat)'이다. 이 찬양 속에는 구약의 여러 개념과 구절이 응축되어 있지만 그중에서도 사무엘의 모친 한나의 찬송 기도(삼상 2:1-10)가 대표적이다. 마리아가 구약의 교육을 훌륭하게 받고 자랐음을 짐작케 한다.

"그리고 마리아가 말하였다."로 시작되는 〈마리아의 노래〉는 개역성경에서처럼 산문 형식으로 읽을 것이 아니라 시 형식으로 읽어야 한다. 따라서 유희세의 《신약 연구》에 기초하여 시 형식으로 번역한 본문을 여기에 옮기기로 하겠다. 그리하여야 병행하는 대구와 교차하는 대구가 살아나기 때문이다.

46나의 혼이 주를 찬양하고
47나의 영이 나의 구원자 하나님으로 인해 기뻐하오니
48a하나님이 당신의 계집종의 비천함을 총애로 돌보셨음이라
48b보라, 이제 후로는 모든 세대가 나를 복이 있다 할 것임이라
49a전능하신 이가 큰 일을 내게 행하셨음이라
49b거룩하여라 당신의 이름
50당신의 자비하심이 당신을 두려워하는 자들에게 세세토록

51a하나님은 당신의 팔로 힘을 보이셨나니

51b마음의 생각이 교만한 자들을 흩뿌리셨도다

52a하나님은 권력자들을 그들의 권좌에서 끌어내리셨고

52b겸손한 자들을 높이셨도다

53a굶주린 자들을 하나님은 좋은 것들로 채우셨고

53b부유한 자들을 빈털터리로 내쫓았도다

54a하나님이 당신의 종 이스라엘을 도우셨나니

54b자비하심을 잊지 않으셔

55a아브라함과 그 자손에게 영원히

55b우리 조상에게 말씀하셨던 바 그대로

〈마리아의 노래〉는 하나님의 거룩, 전능(권능), 그리고 자비를 찬양한다. 이 찬양의 노래를 '마그니피카트(magnificat)'라고 하는데 이 라틴어 어휘는 확장 내지 높임이라는 의미를 내포하고 있다. 하나님 중심의 하나님 모습을 큰 화폭에 담은 노래인 것이다. 전반부(1:46-50)에서는 자신의 기적적인 임신에 대해 감사와 찬양을 드리고 후반부(1:51-55)에서는 이스라엘과 모든 자손들에게 이루어진 하나님의 약속을 찬양한다.

〈마리아의 노래〉 전반부는 그녀의 임신을 노래의 배경에 둔 채 하나님만을 화폭 전면에 담는다. "나의 혼이 주를 찬양하고"라는 46절을 REB는 "나의 혼이 주의 크심을 분명히 말한다."라고 하는데, 이는 마그니피카트의 의미를 의식한 번역일 것이다. "나의 영이 내 구세주 하나님을 기뻐하오니"라는 47절 역시 46절과 마찬가지로 하나님 찬미다. "나의 혼(생명)" 특히 "나의 영"은 모두가 사람 마음의 가장 깊은 곳을 가리킨다. 엘리사벳이 말한 "내 주의 모친"(1:43)이라는 표현에서처럼 본래 하나님이 주이시지만 예수 역시 주이심을 함의하고 있고, 47절에서는 마리아가 예수의 탄생이 구원을 가져올 것을 함의하고 있다(Garland, 2011, p. 94).

임신한 마리아가 47절에 하나님을 “나의 구원자”라 부르는 호칭에서 임신한 순간부터 마리아를 원죄에서 해방된 은혜의 존재로 보는 가톨릭의 독단적 교리를 반성하게 된다. “나의 구원자”는 죄인이 하나님을 찬미하는 호칭이기 때문이다(Liefeld and Pao, 2007, p. 66; Ryken, 2009, p. 48). 마리아가 여기서 하나님을 찬양하는 까닭은 “계집종의 비천함을 총애로 돌보셨기”(1:48a) 때문이고 “겸손한 자들을 높이셨기”(1:52b) 때문이다. “비천함”과 “겸손”이 유사어인 데다가 특별히 “겸손한 자들”을 복수로 표현한 걸 보면 임신한 마리아에게만 국한된 것이 아니다. 비천과 겸손 일반을 말하는 것이지 마리아 자신에게 국한한 것이 아니다. “이제 후로는 모든 세대가 나를 복이 있다 할 것임이라.”라는 48b절 역시 마리아 숭배를 노래한 것이 아니다. “당신의 자비하심이 당신을 두려워하는 자들에게 세세토록”(1:50)이라는 구절이 보여주듯 하나님을 경외하는 경건한 사람들 일반을 노래한 것이다. “하나님이 마리아에게 하신 일은 백성에게 보이신 하나님의 자비의 표현이다”(Garland, 2011, p. 95). 노래의 전반부에도 후반부에도 마리아가 자신의 순결을 노래한 구절은 아무 데도 없다.

〈마리아의 노래〉 후반부는 “하나님은 당신의 팔로 힘을 보이셨나니”로 시작하여 이스라엘을 위해 행하신 하나님의 강력한 공적을 찬양한다. 이것은 무엇보다 출애굽에 대한 찬양이요, 앞으로 메시아에 의해 새로워질 출애굽에 대한 찬양이기도 하다(앞의 책, p. 95). 하나님이 교만한 자들과 권력자들과 부유한 자들을 낮추시고, 반면에 겸손한 자들과 굶주린 자들을 높이셨음을 찬양한다. 여기서 부유한 자들은 단순히 물질적으로 풍족한 자들을 가리키는 것이 아니므로 이 세상적인 모든 소유에서 부유함을 허무(빈털터리)로 내쫓겠다는 의미일 것이다. 이 모든 것을 문자 그대로 읽기를 하인리히 아우구스트 마이어(Heinrich August Wilhelm Meyer)는 추천한다(Meyer, 1884, p. 246). 요컨대 마리아의 노래 후반부는 예수의 탄생이 세상의 모든 가치를 거꾸로 전도시킴을 찬미한 것이다.

실상, 이 점에서 전반부와 후반부 내용의 핵심 단어는 같다. 전반부에서 "당신의 계집종"이라 번역했던 "종"이 후반부에서 "당신의 종 이스라엘"의 "종"과 같은 단어다. "비천"과 "겸손"이 유사어임을 이미 지적하였거니와, 전반부 말미 50절의 "하나님을 두려워하는 자들에게 세세토록"과 후반부 말미 55절의 "아브라함과 그의 자손에게 영원히"에서 "세세토록"과 "영원히"가 유사어다. 다름 아닌 "하나님의 자비"가 "세세토록"이고 "영원히"인 것이다. 전반부와 후반부에서 이 세상의 모든 가치가 전도(顚倒)함을 공유하면서, 노래 말미 54-55절의 결론에 이스라엘에 대해 언약하신 자비가 세대에서 세대로 이어질 뿐만 아니라 모든 백성에게 확장되리라고 찬양한다(Garland, 2011, p. 96). "마리아는 예수의 탄생과 생애와 경력을 통해 이루어질 구원이 하나님이 옛 민족(아브라함)에게 하신 언약과 관계되는 것임을 깨닫고 있다. …… (그뿐만 아니라) 이스라엘 밖의 민족은 새로운 의미를 갖게 되는데, 옛 민족에게 준 약속이 재구성되어 율법 아래 있지 않은 민족들에게도 확장되어지기 때문이다"(Fitzmyer. 1970, p. 361). 필경 하나님의 언약이 예수의 언약이기 때문일 것이다. 아울러, 이 후반부 전반에 걸쳐 단순 과거형 동사가 사용되었음에 주목해야 한다. 마리아의 임신으로 구세주의 오심이 이미 시작되었고, 그리고 앞으로 온전히 이루어질 것이기 때문이다(Geldenhuys, 1951, p. 86).

앞에서 마리아가 자신이 임신한 아기가 메시아임을 알고 있었다는 사실을 강조해 해설하였다. "이제 후로는 모든 세대가 나를 복이 있다 할"(1:48b) 터이기에, 마리아의 입에서 하나님을 찬양하는 노래가 읊어지는 것은 지극히 자연스럽다. 그런데 이때 메시아의 오심을 그림의 배경으로 깔고 그 화폭에 온통 하나님을 담은 〈마리아의 노래〉는 하나님 찬양(magnificat)이다. 다시 말하지만, 이 노래는 마리아 자신에 대한 찬미가 아니라 하나님께서 아브라함에게 주신 언약에 대한 찬양이다. 게다가 아브라함의 자손과 인류에게 주신 언약에 대한 찬양이기도 하므로 하나님의 자비가 예수로 말미암아 "세세토록" 그리고 "영원히" 이어진다면, 마리아의 통찰력에 놀라지 않을 수 없다. 인용한 1:48b 역시 실은 자신의 찬미가 아니라 하나님께서 마리아에게 베푸신 은혜에 대한 찬미다. "계집종의 비천함"의 시야가 하나님의 구원사의 전반을 포괄해 통찰할 수 있다는 사실에 경탄하지 않을 수 없고 가톨릭의 마리아 숭배가 어느 면 수긍이 간다.

그런데, 이 노래의 작사가 마리아에 의한 것인지 혹은 누가에 의한 것인지 회의하고, 나아가 〈사가랴의 노래〉(1:68-79)와 〈시므온의 노래〉(2:29-32) 역시도 작가 미상의 유랑 시편이라 회의하는 학자들이 꽤 있다. 〈마리아의 노래〉는 아마도 마리아가 구사하지 못했을 것으로 추정되는 구약의 헬라어본과 유사한 특질들을 많이 공유하고 있다고 한다. 그럼에도 불구하고, 〈마리아의 노래〉가 그녀의 작품이라는 긍정의 가능성을 함부로 부정할 수 없다(Liefeld and Pao, 2007, p. 65). 제대로 교육받지 못한 시골 소녀라 하더라도 성서를 암송하고 있던 소양으로 창작의 잠재력을 지닐 수 있는 것이며, 엘리사벳을 방문하기 위해 떠난 며칠의 여행이 그 묵상의 도정일 수 있고, 게다가 "엘리사벳이 성령의 충만함을 입은"(1:41) 것처럼 마리아가 이 노래를 작사하고 누가가 전달할 수 있었으리라 해설한다. 물론 마리아가 헬라어로 노래하였다고 생각하는 건 무리다. 그럼에도 불구하고, 누가가 이 노래들을 미사여구로 개작한 것은 아닐 수 있다(Garland, 2011, p. 88). 왜냐하면 이 작품들을 연출한 것은 하나님이시고 그렇기 때문에 신앙이 깊은 독자들은 감격으로 작품에 반응할 수 있는 것이다. "하나님이 상연(연출)한 것이다."(앞의 책, p. 88)라는 진술은, 맥락으로 보아, 하나님께서 만들어 준 각본과 무대 위에 마리아가 연기한 것이고 관중들은 감격했다는 진술이라 (과격하게) 해석할 수 있는 표현이다. 이러한 긍정의 해설을 통해 우리는 비록 마리아를 숭배하지 않더라도 마리아의 경건함 자체를 존중해야 마땅하다는 당위성을 갖게 된다.

관련하여, 또 다른 측면에서 누가복음의 특이성을 발견할 수 있다. 누가는 그의 복음서에서나 행전에서나 여성의 신앙을 대단히 존중한다. 이는 아마도 전도여행 곳곳에서 여성 신도의 신실성을 몸소 체험한 누가의 기억의 소산일 것이다. "누가복음의 여성들에 관한 평가는 그리스도 안에서 하나님의 구원의 목표가 이루어짐이라는 견지에서 해석되어져야 한다"(Schreiner, 2008, pp. 768-769). 가령, 과부된 지 오랜 계집종 안나를 누가는 선지자라 부르는데, 그 안나가 마리아처럼 "예루살렘의 구속됨을 바라는 모든 사람에게"(2:38) 아기 예수를 찬양하는 기사가 돋보인다. 경건한 과부 안나 역시 경건한 계집종 마리아와 마찬가지로 구원사 전반을 통찰할 수 있다는 사실을 누가는 기술하고 있는 것이다. 마리아에 대한 누가의 존경의 표현은 누가복음의 여성에 관한 기사들 중 단지 하나일 따름이거나 혹은 으뜸일 따름이다.

〈마리아의 노래〉가 끝나고, "마리아가 석 달쯤 함께 있다가 집으로 돌아가니라."라는 뒷이야기가 56절에 적혀 있다. 이 뒷이야기는 독자들로 하여금 여러 궁금증을 오히려 자아내게 한다. 왜 이렇게 오래 머물렀을까? 약혼자 요셉에게 달려가야 마땅한 것 아닌가? 여러 궁금증이 생기지만, 누가의 기록은 치밀하면서도 용의주도하다. 엘리사벳이 임신한 지 여섯 달 지난 후에 방문하여 석 달을 함께 보냈으니 엘리사벳이 출산하기 직전이다. 요한의 탄생기사를 미리 읽으면, "이웃과 친족이 주께서 저를 크게 긍휼히 여기심을 듣고 함께 즐거워하더라." (1:58)이니, 마리아가 일부러 자리를 떠났을 것이다. 함께 법석거리느니 마리아도 임신한 지 삼 개월이 되었으므로 조용히 물러가 "엘리사벳이 수태하고 숨어 있었던" 것과 마찬가지로 근신하기를 원했을 것이다(Green, 1997, pp. 105-106)

요한의 탄생(1:57-80)

이야기 담화의 진행은 가브리엘의 통보대로 우선 요한의 탄생으로 이어진다. 이 단원의 이야기는 요한의 출생과 반응, 세례와 이름 짓기, 그리고 부친 사가랴의 입이 열려 이스라엘의 하나나님을 찬미하는 순으로 전개된다. 누가는 요한의 탄생담화가 예수 탄생의 전주곡 성격을 지니고 있다는 특징들을 암암리에 그러나 강하게 시사하고 있다. 더욱이 〈사가랴의 노래〉에서는 요한이 아니라 예수 메시아에 대한 찬미를 명시적으로 구사하고 있다.

■ **하나님의 능력이 함께하다**(1:57-66) 마리아가 돌아간 후의 이야기 담화는 곧장 세례요한의 탄생으로 이어진다. "내 말은 때가 오면 이루어질 것이기 때문이다."(1:20b)라고 한 가브리엘의 말이 당연히 이루어질 일이므로, 요한의 탄생에 관한 한, 더 이상 군더더기 이야기가

개입할 여지가 없음을 시사하는 담화의 진행이다. 대신, 탄생한 아기의 이름 짓기라는 새로운 일화가 곧장 전개된다.

> 57엘리사벳이 해산할 기한이 차서 아들을 낳으니 58이웃과 친족이 주께서
> 저를 크게 긍휼히 여기심을 듣고 함께 즐거워하더라 59팔 일이 되매 아이를
> 할례하러 와서 그 부친의 이름을 따라 사가랴라 하고자 하더니 60그 모친이
> 대답하여 가로되 아니라 요한이라 할 것이라 하매 61저희가 가로되 네 친족
> 중에 이 이름으로 이름한 이가 없다 하고 62그 부친께 형용하여 무엇으로 이
> 름하려 하는가 물으니 63저가 서판을 달라 하여 그 이름은 요한이라 쓰매 다
> 기이히 여기더라 64이에 그 입이 곧 열리고 혀가 풀리며 말을 하여 하나님을
> 찬송하니 65그 근처에 사는 자가 다 두려워하고 이 모든 말이 온 유대 산중
> 에 두루 퍼지매 66듣는 사람이 다 이 말을 마음에 두며 가로되 이 아이가 장
> 차 어찌될꼬 하니 이는 주의 손이 저와 함께 하심이러라

"엘리사벳이 해산할 기한이 다 차서"라고 57절의 말문을 여는데, "기한이 다 차서"라는 말은 가브리엘이 사가랴에게 "내 말이 때가 오면 이루어질 것이다."(1:20b)라고 했을 때의 "이루어지다"라는 말과 같다. 전자인 1:20b에서는 미래형으로 쓰고 후자인 1:57에서는 과거형으로 표현한 것만 다른데, 담화를 기술하는 누가의 방식이 얼마나 치밀한지를 여실히 짐작할 수 있다. 20절과 맥락을 공유함으로써 독자들이 57절의 이 표현을 읽었을 때 엘리사벳이 아들을 낳으리라는 가브리엘의 예고가 이루어졌다는 사실을 단숨에 알아차릴 수 있도록 담화를 구성하고 있는 것이다. "이웃과 친족이 주께서 그녀를 크게 자비하게 여기심을 듣고 그녀와 함께 즐거워하더라."라는 58절 역시 앞서 기술한 "많은 사람이 이 태어남을 기뻐하리라."(1:14b)라는 구절과 같은

맥락을 공유한다.

이야기는 아기의 이름 짓기라는 새로운 주제를 전개한다. "팔 일이 되매 아이를 할례하러 와서 그 부친의 이름을 따라 사가랴라 하고자 했더니"가 59절이다. "이 두 사람이 하나님 앞에 의인이니 주의 모든 계명과 규례대로 흠이 없이 행하더라."(1:6)라고 기록했던 대로 하나님과 아브라함 사이의 언약(창17:9-14)인 할례의 규례를 준수한다. 이 규례에 따르면 출생 후 팔 일째 되는 날 할례를 받고 공식적인 이름도 부여받는다. 개역성경에는 생략되었지만 본래 59절에는 "그들이"라는 주어가 적혀 있다. 그들이 누구인지는 명시되어 있지 않지만, 필경 요한의 출생을 함께 즐거워하는 "이웃과 친족"일 것이다. 그들이 아기의 이름을 "부친의 이름을 따라 사가랴라 하고자 하였다."라는 것이다. 이에 대해 60절에 "그 모친이 반응하여 말하기를 '아니라, 요한이라 할 것이라.' 하매" 61절에 "저희가 가로되 네 친족 중에 이 이름으로 이름한 이가 없다."라는 반론이 이어진다.

그리하여 "그 부친께 형용하여 무엇으로 이름하려는가 물으니"라고 사건의 다른 국면을 기술하고 있거니와, 벙어리는 귀머거리를 수반하는 것이 상례다. 이 62절에 "형용하여"라는 표현은 "신호를 보내었다."는 것으로 수화로 물었다는 말이다. "저가 서판(書板)을 달라 하여 '요한이 그의 이름이라.' 쓰매 다 기이히 여기더라."가 63절이다. "그의 이름은 요한이라."라는 반응은 의견이 아니라 천명이다. 가브리엘을 통해 하나님이 주신 작명을 단호하게 통고한 표현이다. 이웃과 친족들 편에서는 "그들이 모두 기이히 여기지 않을 수 없었을 것이다. 부부가 미리 짜서 입맞춤이라도 한 듯이 부창부수하였으니 말이다. "기이히 여겼다."는 이상하게 생각했다는 의미보다는 놀라서 감탄했다는 의미로 해석해야 할 것이다. 이 대목에서는 무엇보다 사가랴가 가브리엘의 예고에 순종하는 태도가 돋보인다.

이제 이 대목의 전개는 사가랴의 입이 열리는 새 장면으로 이어진다. 하여, "곧장 그의 입이 열렸고 혀가 풀리며 말을 하여 하나님을 찬송하여 말하기 시작했다."라는 64절이 새 장면의 시작이다. 엘리사벳과 사가랴가 일치하여 자신들의 아기를 요한이라 이름한다는 사실도 감탄할 일이고 벙어리 사가랴의 말문이 트인 것도 놀라운 일이다. 따라서 "두려움이 모든 그들의 이웃들에게 엄습했고 이 모든 일들이 유대 구릉지대(사가랴의 집 동네)에 두루 퍼지매"라는 것 역시 당연한 귀결이다. "두려움"이라는 어휘는 누가와 행전에서 기적에 맞닥뜨린 사람들의 정서적인 반응이다(Green, 1997, p. 110). 그러니 66절에서 "들은 모든 사람들이 다 (이 말을) 마음에 두며 가로되 '이 아이가 장차 어찌될꼬?' 하니" 하고 궁금해하는 것 또한 당연한 귀결이다. 궁금해하는 정도가 아니라 원문에는 곰곰이 생각한다는 뜻으로 적혀 있다.

"이는 주의 손이 그와 함께 하셨기 때문이다."(1:66c)라는 말미 진술은 개역성경의 "하시다"라는 현재형이 아니라 본래 "하셨다"라는 과거형의 서술이다. 하나님의 능력이 갓난아기 요한의 탄생과 함께 하셨다는 말이다. 이 과거형 서술은 "이 아이가 장차 어찌 될꼬?"(1:66b)라는 미래형 서술과 짝을 이룬다. 하나님의 능력이 요한의 탄생 이적과 함께 하셨다는 사실을 인식한 사람들은 "이 아이가 장차 어찌될꼬?" 하고 요한의 미래를 궁금해하는 이들과 같은 사람들이다(Meyer, 1884, p. 252). "주의 손이 그와 함께 하셨다."라는 66b절과 "이 아이가 장차 어찌할꼬?"의 66c절을 이적을 접한 배경과 같은 심정으로 요한의 장래에 대해 궁금해하는 것이라 이해하여야겠다.

사가랴의 노래: The Benedictus(1:67-79) 앞에서 〈마리아의 노래〉를 읽었다. 이제 〈사가랴의 노래〉가 출현하는데, 이 노래는 하나님의 거룩한 언약이 이루어짐을 찬양하는 노래다. 이 노래를 베네딕투스(Benedictus)라 일컫는 이유는 마그니피카트(Magnificat)의 명칭이 그랬던 것처럼, 노래의 첫 구절 "찬송/축복하리로다"에 해당하는 라틴어가 베네딕투스이기 때문이다. 〈마리아의 노래〉와 마찬가지로 〈사가랴의 노래〉 역시 두 부분으로 나누어 읽을 수 있다. 전반부(1:68-75)는 메시아의 구속에 대한 하나님을 향한 찬미이고, 후반부(1:76-79)는 구속의 사역에서 주 앞에 앞서 가는 세례요한의 역할에 대한 축복이다. 〈마리아의 노래〉의 전반부와 후반부 내용이 여기서는 전후가 바뀐 것이다.

이 노래의 서두를 "그 부친 사가랴가 성령의 충만함을 입어 예언하여 가로되"(1:67)라고 적고 있다. 그런데 〈마리아의 노래〉 서두가 "마리아가 말하였다."인 것과 대조하면, "성령이 충만하여 예언하여"가 첨가되어 있다. 본래 성령이 충만하지 않고는 예언할 수 없는 것이지만, 특히 여기서는 적어도 아홉 달 동안 벙어리로 지낸 사가랴가 입을 연 것이다. 이제 혀가 풀려 말하는 첫 말이 성령이 충만하여져 하나님을 찬양하는 예언의 노래다. 이때 당시에 랍비와 서기관의 예언은 기존의 계시에 대한 해석 이상의 예언을 삼갔다고 한다. 그런데 성령이 충만해진 사가랴는 제사장답게 구약의 언약의 기반에서 장차의 일들을 예언한다(Garland, 2011, p. 106). 〈사가랴의 노래〉 역시 산문이 아니라 운문으로 옮겨 읽겠다.

68찬송하리로다, 주 이스라엘의 하나님이여,
　당신이 오셔서 당신의 백성을 구속하셨음이라

69우리를 위해 구원의 뿔을 세우셨음이라
당신의 종 다윗의 집 안에
70당신이 옛적부터 당신의 거룩한 예언자들의 입으로 말씀하신 대로
71구원을 우리의 원수들로부터
우리를 미워하는 모든 자들의 손으로부터
72우리의 조상들에게 자비를 베푸시고
당신의 거룩한 언약을 기억하셔
73이 맹세를 당신이 우리의 조상 아브라함에게 기약하셨으니
74우리의 원수들의 손으로부터 우리를 구출하여
두려움에서 벗어나 당신을 섬길 수 있도록
75 당신 앞에서 성결과 의 안에서 종신토록

76그리고 너는, 아이여, 지극히 높으신 이의 예언자라 일컬음을 받으리니
주의 앞에 먼저 가서 주의 길을 예비하리라
77그들의 죄를 용서함으로써
주의 백성에게 구원의 앎을 주리라
78우리 하나님의 애정 어린 자비하심으로써
높은 곳에서 여명이 우리에게 임하여
79어두움과 죽음의 그늘에 앉아 있는 자들에게 비추리니
우리의 발걸음을 평화의 길로 인도하시도다

이 노래에서 특히 1:68-75은 구약의 이야기를 배경으로 갖는다. “찬송하리로다 이스라엘의 주 하나님이여”에서 “찬송하리로다”는 직역하면 축복하리로다이니, 축복의 의미를 취하면 하나님이 은혜를 베푸신 백성에게 복이 있다는 뜻으로 읽힌다. 그렇게 해석할 수도 있

으나, 본서에서는 하나님께 드리는 찬양이라 해석하여 개역성경이나 REB와 같이 '찬송하리로다'라는 표현을 취하겠다. 찬송하는 이유는 "당신이 오셔서 당신의 백성을 구속하셨음이라."에 있다. 하나님께서 방문하셨고 구속하셨다는 것은 구약의 배경으로 미루어 볼 때, 필경 하나님이 방문하셔서 사라에게 아들을 주신 창세기의 은총 장면을 원용한 것이다(Green, 1997, p. 116).

"우리를 위해 구원의 뿔을 세우셨음이라."도 구약의 배경에서 "당신의 집 다윗의 집 안에"이다. "뿔"은 구약에서 권능 혹은 힘의 은유적인 의미로 쓰인다. 이 1:69은 "그 곳에서 한 뿔이 다윗을 위하여 돋아나게 하리라."(시 132:17)의 인용인데, 이 시편 구절은 "너희 나라에 탁월한 통치자가 나타나게 된다는 뜻으로 해석할 수 있다. 이 시편 말씀을 메시아 그리스도의 탄생 예언이라고 보는 해석도 있다"(유희세, 2007, p. 405). 마땅히 이 해석에 따라 〈사가랴의 노래〉를 읽어야 할 것이다. 이 노래가 하나님 찬양인 것은 분명하지만, "당신이 오셔서 구속하셨다."(1:68)도 "구원의 뿔을 세우셨다."(1:69)도 하나님께서 메시아를 보내시어 그를 통해 하신 일이기 때문이다. 또 "다윗의 집"이라 함은 예수가 다윗의 후손이라는 의미로 해석할 수 있기 때문이다(Ryken, 2009, p. 60).

"당신이 옛적부터 당신의 거룩한 예언자들의 입으로 말씀하신 대로"라는 70절을 NIV(New International Version)는 괄호 속에 적고 있다. 아마도 하나님이 주어로 강하게 부각됨을 피하려는 의도일지도 모르겠다. 또 1:69의 "구원의 뿔"과 1:71의 "우리에게 구원을 주십니다." 에서 "구원"을 서로 강하게 연결시키려는 의도가 있을지도 모르겠다. 여하튼, 70절을 히 1:1에 의거하여 독해하기로 하겠다(Liefeld and Pao, 2007, p. 71). "옛적에 선지자들로 여러 부분과 여러 모양으로 우리 조상들에게 말씀하신 하나님이 이 모든 날 마지막에 아들로 우리에게 말씀하셨으니"라는 히 1:1-2a은 하나님이 옛적에는 예언자들을 통해 말씀하셨으나 이제는 아들을 통해 말씀하신다는 진술이다. 그러므로 "우리의 원수들로부터, 우리들을 미워하는 모든 자들의 손으로부터 우리에게 구원을 주십니다."라는 71절과 71절 이하의 구원의 말씀이 옛적에는 예언자들을 통해 말하여진 것이지만 이제는 메시아의 입으로 전하여진다는 해석을 취할 수 있다. 71절의 구원은 원수들과 증오하는 자들에게서 구출하는 것이므로 학자들은 이 구원의 직접적인 의미가 정치적인 해방을 의미한다고 풀이한다. 그리하여 원수들과 증오하는 자들을 이교도라 해석하며(Meyer, 1884, p. 253), 구체적으로 이 구출은 출애굽을 축하하는 시편 106편의 어투를 채용한 것이라 한다 (Green, 1997, p. 116).

여전히 72절 이하도 구약의 배경에서 하나님을 찬미한다. "우리의 조상들에게 자비를 베푸시고"에서 하나님의 능동적 행위인 "자비"를 강조하고 "당신의 거룩한 언약을 기억하며"에서 자비와 언약을 교차대구(交叉對句)함으로써 하나님의 능동적 행위인 "거룩한 언약"을 강조한다. 능동적으로 베푸신 자비와 잊지 않고 능동적으로 기억하신 언약은 출애굽의 구출을 함의하는 구원의 또 다른 표현일 것이다. 하지만, "사가랴에게 있어서는 현재의 (구원의) 사건들은 과거의 신성의 행위와 연속성을 지닌다"(Green, 1997, p. 117). "이 맹세는 당신이 우리의 조상 아브라함에게 기약하셨으니"라는 73절에서 "맹세"는 아브라함이 그의 독자 이삭을 아끼지 아니하였은즉 여호와께서 그에게 맹세하신 축복을 뜻한다(창 22:16-18). 이처럼 "언약"과 "맹세"를 교차하면서(Liefeld and Pao, 2007, p. 71) 사가랴는 하나님의 신실성을 찬미한다.

이제 1:74-75에서는 메시아를 이 땅에 보내시는 하나님의 찬미를 마감한다. "우리의 원수들의 손으로부터 우리를 구출하여"를 반복하여 말하고 이어서 "두려움에서 벗어나 당신을 섬길 수 있도록/당신 앞에서 성결과 의로 종신토록"이라고 노래한다. 첫 구절 자체는 71절과 마찬가지로 정치적인 해방을 말하지만, 후속 구절은 "훨씬 더 영광스러운 어떤 것을 의미한다. 즉 죄, 죄책감, 징벌, 저주, 사탄 및 파멸의 모든 속박에서 벗어난 완전한 자유 안에서 온 마음으로 주를 섬기는 것이 그것이다"(Geldenhuys, 1915, p. 94). 하나님을 섬긴다는 것은 예배를 통해 하나님께 영광을 드리는 일이다. "이것이 〈사가랴의 노래〉인 바, 그것은 구원의 노래다. 당신께서 약속하신 모든 것이 이제 예수 그리스도 안에서 이루어졌다. 그리스도는 하나님께로부터 오신 구원이시다"(Ryken, 2009, p. 60).

사가랴가 아무리 경건한 제사장이라 하더라도 어떻게 그의 아들이 탄생했을 때 아직 태어나지 않은 예수를 향하여 메시아의 구원을 찬양할 수 있었는지 의아하게 생각할 필요는 없다. 사가랴는 벙어리로 지내는 동안 "그는 엘리야의 영과 능력으로/주의 앞에 선구자가 되어/아버지들의 마음을 자식들에게 돌리고/불순종한 자들의 마음을 의인의 생각으로 돌려/주를 위하여 준비된 백성을 장만하리라."(1:17)라는 가브리엘의 예고를 "성령의 충만함을 입어" 깨우쳤을 것이다.

이제 〈사가랴의 노래〉는 76절에 아들 요한을 "그리고 너, 아이여," 라는 호칭으로 부르며 후반부에 접어든다. 전반부와는 달리 미래형 동사를 사용해 앞으로 요한이 해야 할 일들을 내용으로 담고 있다. 이 후반부야말로 67절에 적힌 대로 예언이요, 찬미라기보다는 68절에 적힌 대로 세례요한에게 주는 축복(benedictus)의 노래다. "그리고 너는, 아이여, 지극히 높으신 이의 예언자라 일컬음을 받으리니"에서 "지극히 높으신 이의 예언자"는 물론 예수의 예언자다. 메시아 예수의 예언자가 해야 할 일은 "주의 앞에 먼저 가서 주의 길을 예비"하는 것이다. 전반부의 "주"는 하나님이었다. 이제 "주"는 슬그머니 예수를 지칭하는 것으로 그 맥락적인 의미가 바뀌고 있다(Green, 1997, p. 118). "지극히 높으신 이의 예언자"라 함은 사 40:3과 말 3:1, 4:5에 기록된 바대로 요한이 곧 엘리야임을 증거하는 것이라 설득력 있게 해설하기도 한다(Liefeld and Pao, 2007, p. 72). "그들의 죄를 용서함으로써 주의 백성에게 구원의 앎을 주리라."라는 77절에서 "죄를 용서함으로써"라는 진술도 전반부와는 다른 구원의 성격을 지닌다. 전반부에서 구원은 정치적인 해방을 가리켰으나 여기서는 죄의 용서를 뜻한다. 이 구원에 있어 요한의 역할은 "죄 사함을 얻게 하는 회개의 세례를 전파하는"(3:3) 일이고, 회개한 하나님의 백성에게 "죄를 용서하는" 구원을 주시는 이는 그리스도이다.

"우리 하나님의 애정 어린 자비하심으로써"로 시작되는 78절과 79절은 사 9:2의 인용으로 메시아의 오심을 찬미하는 〈사가랴의 노래〉의 꽃봉오리다. 이 하나님의 자비는 72절에서 이스라엘 조상들에게 베푸셨던 자비인데 이제 예수의 탄생과 함께 밝아오는 새 시대의 새 날이 동 트는 자비다. "높은 곳에서 여명이 우리에게 임하여/어두움과 죽음의 그늘에 앉아 있는 자들에게 비추리니/우리의 발걸음을 평화의 길로 인도하시도다."가 "찬송(축복)하리로다"로 시작한 〈사가랴의 노래〉의 절정이다. "하나님의 애정 어린 자비"는 "죄를 용서함으로써 주의 백성에게 구원의 앎을 주리라."를 통해 새 시대의 새 날이 동트는 빛과 평화이다. "구원의 뿔"을 "높은 곳에서 여명"이라 바꿔 표현하고(Garlannd, 2011, p. 108), "여명이 우리에게 임하여"라고 미래형으로 표현하는 것은 하늘나라로부터 해돋이가 우리에게 나타나리라는 말이다. 달리 말하면, 영원 전부터 계시던 메시아가 우리에게 오심을 의미한다(Schreiner, 2008, p. 194). 이 해석의 정당함을 "어두움과 죽음의 그늘에 앉아 있는 자들에게 비추리니"라는 구절에서 확인할 수 있다. 이 구절은 메시아의 탄생과 통치를 예언하는 사 9:2의 인용이기 때문이다. 그리고 〈사가랴의 노래〉는 초두부터 계속 "우리"를 강조하고 있거니와 "우리의 발걸음을 평화의 길로 인도하시도다."라는 마지막 구절에서도 다시 "우리"를 강조한다. 이는 사가랴 개인의 노래가 아니라 하나님의 백성을 축복하는 노래임을 분명하게 하려는 의도일 것이다. 흑암 속에 헤매던 자들이 죄의 용서를 받음으로써 우리가 이제 그리스도의 빛 속에 거하며 하나님과 화목하여 평화의 길을 걷는다는 메시지를 담고 있는 것이다.

요약컨대, 〈사가랴의 노래〉는 메시아의 오심을 찬송 내지 축복하는 노래다. 전반부에서 거룩한 언약을 기억하고 계시는 하나님을 찬미하고 있지만 그것은 어디까지나 그리스도 안에서 우리를 위해 약속하신 구원에 대한 찬양이다. 후반부에서 사가랴가 자기 아들을 축복하고 있지만 그것은 어디까지나 1:76의 "주의 길을 예비하리라."라는 문맥 안에서의 축복이다. 핵심 단어가 메시아는 아니지만 내용의 본질은 메시아다. "높은 곳에서 여명이 우리에게 임하여"라는 1:78b에서 보는 바와 같이 메시아 예수는 직접 하늘에서 땅에 오신 것이다. 땅에 오신 목적을 "주 이스라엘의 하나님이여, 당신이 오셔서 당신의 백성을 구속하셨음이라."라고 1:68에 노래한다. "오셔서"를 직역하면 "방문하셨다"이므로 내려오셨다 다시 올라가신다는 뜻이며, 게다가, 당신의 백성을 구속하기 위해 오신 이는 축어적으로 해석하면 하나님 자신을 뜻한다.

토마스 R. 슈라이너(Thomas R. Schreiner)는 세 공관복음서 모두 예수가 영원 전부터 하나님과 함께 선재(先在)해 계신 분임을 일치하여 증언한다고 해설한다. 그러므로 우리는 〈사가랴의 노래〉에서 "아이여" 하고 그의 아들을 부르고 있음에도 불구하고 메시아의 오심을 찬송하고 있다는 사실에 주목해야 한다. 이 노래는 요한의 임신을 축복하는 것이 아닐 뿐만 아니라 마리아의 임신을 축복하는 것도 아니다. 예수의 오심은 "그의 기원이 인간의 영역 밖으로부터 오심이다" (Schreiner, 2008, p. 195). 예수가 열두 살 때 유월절에 부모를 따라 예루살렘에 올라갔다가 부모만 귀갓길에 들어 미아가 되었다가 사흘 후 성전에서 다시 만나게 된다. 그때 예수가 "어찌하여 나를 찾으셨나이까? 내가 내 아버지 집에 있어야 될 줄을 알지 못하셨나이까?"(2:49)라고 하는데, 이 대답의 의미를 먼저 살펴보아야겠다. 이때 요셉과 마리아의 어리둥절한 반응 역시 시사하는 바가 많다. "양친이 그 하신 말씀을 깨닫지 못하더라."(2:50)라고 했는데, 여기서 우리는 감히 말할 수 있다. 마리아의 임신을 통해 메시아가 이 땅에 오심은 이 땅에서 인류에게 구원의 사명을 역사하시는 이가 스스로를 인자라 부를 수 있게 하기 위함일 것이다.

〈사가랴의 노래〉를 끝내고 80절에 "아이가 자라고 심령이 강하여졌고 그가 이스라엘에 알려졌을 때까지 광야에 있었다."라고 요한의 소년 시절에 대해 간략하게 언급한다. 이 80a절을 "아이가 성령 안에서 성장해 강하여졌다."라고 번역하고 싶다. "심령이 강하여졌다."라고 번역할 수도 있는 근거는 앞에서 "아이가 복중에서 뛰노는지라 엘리사벳이 성령의 충만함을 입어"(1:41)라고 기록되어 있기 때문이다. 또 이 80b절은 "이는 저가 주 앞에 큰 자가 되며 포도주나 소주를 마시지 않으며 모태로부터 성령의 충만함을 입어"(1:15)를 상기케 한다. 요한이 성인이 되어 "이스라엘에 알려졌을 때까지", 즉 공적인 모습으로 하나님의 백성 앞에 나타났을 때까지 광야에서 수도하였다는 것이다.

예수의 탄생(2:1-20)

요한의 탄생에 이어 예수의 탄생 기록이다. 예수가 누구인지는 요한의 탄생에서 이미 분명해졌다. 엘리사벳이 마리아의 방문에 "내 주의 모친이 내게 나아오니 이 어찌 된 일인고?"(1:43)라고 하였고, 사가랴가 메시아 예수의 예언자인 요한이 해야 할 일을 "주의 앞에 먼저 가서 주의 길을 예비하여 그들의 죄를 용서함으로써 주의 백성에게 구원의 앎을 주리라."(1:76-77)라고 명백하게 밝혔다.

■ **예수 탄생담화의 의의**(2:1-7) 드디어 예수의 탄생기사가 출현한다. 〈마리아의 노래〉와 〈사가랴의 노래〉를 꽤 장황하게 기록한 것에 비하면 이 기사의 길이는 상대적으로 짧다. 탄생기사는 어떤 연고로 예수가 어렵사리 다윗의 고장인 베들레헴에서 탄생하였는지, 예수 탄생의 처지 내지 환경이 얼마나 비천하였는지를 기술하고 있다. 이 기사의 내용은 이 세상의 모든 가치의 전도를 찬미하는 〈마리아의 노래〉와 동일한 맥락에서 이해할 수 있다. 그런데 문제는 누가가 이 기사를 로마의 인구조사라는 정치적인 배경에서 기술하였기 때문에 이 배경이 역사적인 사실인지 그 여부가 학자들 사이의 논쟁의 불씨로 남아 있다는 점이다. 본서에서는 누가가 예수 탄생의 이야기 담화를 통해 전하는 의도가 무엇인지를 파악하며 이 기사를 읽기로 하겠다.

> 1이때에 가이사 아구스도가 영을 내려 천하로 다 호적하라 하였으니 2이 호
> 적은 구레뇨가 수리아 총독 되었을 때에 첫 번 한 것이라 3모든 사람이 호적
> 하러 각각 고향으로 돌아가매 4요셉도 다윗의 집 족속인 고로 갈릴리 나사
> 렛 동네에서 유대를 향하여 베들레헴이라 하는 다윗의 동네로 5그 정혼한

마리아와 함께 호적하러 올라가니 마리아가 이미 잉태 되었더라 6거기 있을
그때에 해산할 날이 차서 7맏아들을 낳아 강보로 싸서 구유에 뉘었으니 이
는 사관에 있을 곳이 없음이러라

"이즈음에 필히 온 세계가 인구조사를 받으라는 법령을 가이사 아구스도가 반포한 일이 일어났다. 이 인구조사는 구레뇨가 수리아 총독이었을 때에 첫 번 한 것이라."라는 1-2절이 예수 탄생의 시대적인 배경이다. "이즈음에"는 세례요한이 태어났을 때일 수도 있고(Meyer, 1884, p. 264) 혹은 4:2, 5:35, 9:36에서처럼 기이한 일이 일어난 때일 수도 있다(Green, 1997, p. 125). 그런데 누가가 이처럼 "그 모든 일을 근원부터 자세히 미루어 살핀 (바를)…… 차례대로 쓴"(1:3) 것이 오히려 학자들로 하여금 누가의 기록에 의문을 제기케 한다. 무엇보다 그 의문은 이 인구조사가 예수 탄생의 때에 실시된 것인지, 첫 번째 인구조사가 도대체 언제 실시된 것인지에 대한 논란이다. 우리는 이 의문에 대한 논의를 뒤로 미루고 누가가 가이사 아구스도를 언급한 의도를 먼저 논의키로 하겠다.

줄리어스 시저의 조카 아들이기도 하고 양자이기도 한 가이사 아구스도는 기원전 27년에 왕위를 물려받아 44년 동안 로마제국을 통치한 전제군주였다. 그는 황제일 뿐만 아니라 스스로를 "온 세계의 구세주"라 일컬을 정도로 당시에 신적인 존재였다. 아구스도 그는, 말하자면, 신의 이름으로 온 세계를 통치한 정치적인 전제군주였다. 누가는 이 정치적인 배경에서 예수가 태어났다는 사실을 드러내려 하고 있다. 아구스도라는 이름은 신성적이라는 뜻을 함의한다. 누가가 그의 본래 이름인 옥타비우스 대신 아구스도라 부르는 사실에서 우리는 그의 신성을 부각시키려는 누가의 의도를 짐작할 수 있다(Green, 1997, p. 122).

이 아구스도가 온 세계에 인구조사를 하도록 그의 권력을 휘몰았다. 누가는 이 단락에서 1-3절과 5절에서 인구조사(호적)라는 용어를 반복해 사용하고 있다. 인구조사는 세금징수와 군복무를 통제하기 위한 수단이었지만 유대인들에게는 당시 군복무 의무를 부과하지 않았다. 따라서 유대인들에게 인구조사를 강요한 것은 로마 황제 내지 국가에 대한 세금을 징수하고 충성의 맹세를 받아내기 위한 수단이었을 것이다. 누가는 바로 "이즈음"이라는 말로 암흑 역사의 정치적인 통치 배경을 말하고 있다. 온 세계의 구세주라 자칭하는 아구스도가 자신의 권세에 충성을 맹세하도록 온 세계를 통치하는 배경 속에서 예수가 탄생함을 누가는 전하고 있다.

그런데 이 극적인 배경을 어지럽게 만드는 것이 "이 인구조사는 구레뇨가 수리아 총독 되었을 때에 첫 번 한 것이라."라는 2절 진술의 역사적인 사실 여부다. 첫 번째 인구조사가 기원후 6년 구레뇨가 총독일 때 실시하였다는 역사적인 재료가 있기 때문에 여러 학자들은 2절 기사에 대해 누가가 인구조사와 그 연대에 착오를 범한 것이 아니냐는 의혹을 제기한다. 반면에 누가의 기사를 신뢰하는 학자들도 꽤 있다. 구레뇨라는 이름이 새겨진 예수 출생 당시의 동전이 근래에 발견되었다는 고고학적인 자료까지 들추어 그 동전에 수리아의 총독이라는 문구가 새겨 있다고 말한다. 또 다른 관점의 해석은 "첫 번째 인구조사"라고 할 때 "첫 번째"라는 어휘를 '먼저' 혹은 '이전'이라고 번역할 수도 있으므로 기원후 6년에 실시된 인구조사 이전에 실시된 조사라고 2절을 해석할 수도 있다는 것이다. 이들은 구레뇨라는 이름이 꽤 흔한 이름임을 참조하여 기원후 6년에도, 그리고 예수 출생 당시에도 동명이인인 구레뇨가 수리아의 총독일 수 있다고 추리한다. 달리 말하면, 기원후 6년에도 또 예수 출생 당시에도 인구조사가 있었을 것으로 추리한다(Liefeld and Pao, 2007, p. 75). 한 걸음 더 나아가 아예 2절을 "수리아를 다스린 구레뇨 이전에 일이었다."라고 번역하기도 하는데 (Garland, 2011, p. 117), 본서에서는 이 번역을 취하여 누가의 기사가 역사적인 사실과 부합한다고 읽겠다.

이 논쟁에 대해 살펴볼 때 무엇보다 중요한 것은 행 5:37에도 기원 후 6년에 실시된 인구조사에 대한 기록이 적혀 있다는 사실이다. 이것은 누가 자신이 이 역사적인 사실을 잘 알고 있었다는 증거다. 아울러, 1:1-4에 대한 해설에서 누가복음이 치밀한 역사 연구라 주해자들이 평가하고 있음을 존중해야 한다. 앞서 언급한 대로 인구조사는 누가가 이 단락에서 무려 네 번이나 언급하고 있는 핵심 단어다. 그런 누가가 의도적으로든 실수로든 2절의 인구조사 기록에 대해 오류를 범했을 리 없다. 이어서 기록된 3절 "모든 사람이 각각 고향으로 인구조사를 하러 갔다."라는 진술 역시 역사적인 사료가 이 진술이 사실임을 입증한다는 것인데, 고대 문서에 각자의 고향에 가서 인구조사를 받아야 할 것을 요구하고 있다는 기록이 남아 있다고 한다.

"요셉이 다윗의 집 족속인 고로 갈릴리 나사렛 지역에서 유대를 향하여 베들레헴이라 하는 다윗의 지역에 마리아와 함께 호적하러 갔는데 그녀는 그와 정혼한 사이였고 임신하여 있더라."라는 4-5절을 함께 읽기로 하겠다. 요셉 역시 "온 세계"를 통치하는 황제의 율령에 순응하지 않을 수 없었다. 그가 "다윗의 족속인 고로"라는 구절은 다윗 집안 사람이고 가족이기 때문이라는 뜻으로, 베들레헴이라 불리우는 다윗의 지역에 갈 수밖에 없던 이유를 말해준다. 보통 예루살렘을 다윗의 지역이라 부르는 것이 통칭인데 베들레헴을 다윗의 지역이라 부르는 것이 특이하다. 요셉이 호적하러 갔을 때 마리아와 함께였다고 적은 다음에, 마리아의 상태에 대해 약혼했다는 사실과 임신했다는 사실을 덧붙여 적고 있다. 학자들은 이러한 진술로 미루어 볼 때, 마리아도 함께 호적하기 위해 동반했다기보다는 곧 출산할 여인을 나사렛에 혼자 남겨두어 남들의 웃음거리가 되지 않도록 하기 위한 요셉의 속 깊은 배려 행위라고 해설한다(Geldenhuys, 1951, p. 101; Liefeld and Pao, 2007, p. 76). 누가는 여기서 미혼모의 임신을 지적해 요셉의 신실함을 은근히 내세운다.

"그들이 거기 있을 그 동안에 해산할 날이 차 그녀가 맏아들을 낳아 강보로 싸서 구유에 뉘었으니 이는 사관에 있을 것이 없었기 때문이었다."라는 6-7절은 간략하고 담담한 기술이지만 대단히 의미심장한 진술이다. 그 이유를 꼽아보면 다음과 같다. 첫째, 누가는 "거기 있을 그 동안에"라고 무미건조하게 기술하고 있지만, 이것은 미가 선지자의 예언이 이루어진 메시아의 탄생이다. "베들레헴 에브라다야 너는 유다 족속 중에 작을지라도 이스라엘을 다스릴 자가 네게서 내게로 나올 것이라 그의 근본은 상고(上古)에, 태초에니라."(미 5:2)라는 말씀이 이루어진 것이다. 그런데 미가의 예언을 몰랐을 리 없는데도 불구하고 누가는 한 마디 언급도 하지 않는다. 누가의 예수 탄생에 대한 이야기 담화가 어떤 맥락에서 전개되고 있는지를 생각해볼 일이다. 누가는 로마 황제 아구스도 덕분에 예수가 베들레헴에서 탄생했다는 역설을 전개하고 있는 것이다. 스스로 신격화하여 "온 세계"를 통치하는 전제군주인 아구스도가 선지자 미가의 예언을 실현시켰다는 역설이다. 하나님은 거룩하신 구원의 역사(役事)에서 이 세상의 암흑의 권세를 역이용하실 수도 있는 모양이다.

둘째, 예수의 탄생기사에서 돋보이는 사실이 비천한 상태다. "맏아들을 낳아 포대기(강보)로 싸서 구유에 뉘었으니"라고 하였는데, 아기를 여물통에 뉘었다는 것이니 이 세상 아기 중 가장 비천한 대접이라 아니할 수 없다. “이는 사관에 있을 곳이 없음이러라.”라고 하였는데, 사관(舍館)의 정확한 번역어는 객실이니, 잘 알려졌듯이 축사에서 예수가 탄생한 것이다. 〈마리아의 노래〉에서처럼 “하나님은 당신의 팔로 힘을 보이셨나니/마음의 생각이 교만한 자들을 흩뿌리셨도다/하나님은 권력자들을 그들의 권좌에서 끌어내리셨고/겸손한 자들을 높이셨도다/굶주린 자들을 하나님은 좋은 것들로 채우셨고/부유한 자들을 빈털터리로 내쫓았도다.”(1:51-53)라는 세상의 모든 가치를 전도할 “힘”을 가진 이가 “계집종의 비천함”에서 탄생한 것이다. 〈사가랴의 노래〉에서처럼 “우리를 위해 구원의 뿔을 세우셨으니/당신의 종 다윗의 집안에”(1:69)라고 찬양받아야 마땅할 메시아가 “다윗의 지역” 베들레헴이라 하지만 실상 가장 낮은 곳에서 탄생한 것이다. 축사의 여물통에 누인 비천한 마리아의 “맏아들”의 탄생을 우리는 “고요한 밤”이라 찬송하지만, 이것이야말로 철없이 무엄한 가사다.

6-7절에 대해 두 가지 의미심장한 특성을 해설하였는데, 두 번째 특성에 꼭 덧보태고 싶은 또 다른 특성이 조엘 B. 그린의 해설이다. 그는 누가의 2:7과 23:53의 문장 형식과 개념이 상사적(相似的)임에 주목한다. “(그를) 강보로 싸서 구유에 뉘었으니”(2:7)라는 구절과 함께 예수가 십자가에서 죽으시고 묻히신 장면 “세마포로 싸고…… 무덤에 넣어두니(뉘었으니)”(23:53)라는 구절을 미리 읽고, “누가의 이야기는 이러한 독해를 (즉 두 장면의 상사성을) 받아들일 여지가 충분하다.”(Green, 1997, p. 124)라고 해설한다. 아울러 데이비드 E. 갈런드도 이 해설에 공감한다(Garland, 2011, p. 120). 이 해설은 구세주 메시아 예수가 요람에서 무덤까지 이 세상에서 비천함이 이어진다는 의미일 것이다. 그린의 담화 분석도 놀랍지만, 치밀한 역사 연구를 통해 이야기 담화를 전개한 누가의 능력에 더더욱 감탄하지 않을 수 없다. 아울러 6-7절이 의미

심장하다고 말했던 첫째 이유도 여기서 다시 생각해볼 수 있다. 왜 누가가 황제 아구스도를 대립적인 배경으로 예수 탄생을 기술하고 있는지를 여기서 짐작할 수 있다. 온 세계의 구세주라 자칭한 아구스도는 이 세상에서 부귀와 영화의 화신이고, 반면에 인자라 자칭한 하나님의 아들 예수는 이 세상에서 비천과 수난의 화신이다. 전자는 팍스 로마나(Pax Romana)를, 후자는 "우리의 발걸음을 평화의 길로 인도하시도다."(1:79)라는 말씀이 나타내듯 하나님의 평화를 이 땅에 가져온다.

■ 목자들 그리고 지극히 높은 곳에 계시는 하나님께 영광: Gloria in excelsis Deo(2:8-20) 앞에서 예수의 탄생기사가 비교적 간결하다고 하였다. 간결할 뿐만 아니라 그 기사는 오히려 어두움의 그늘에 비추어진 탄생의 객관적인 상황 묘사였다. 비로소 예수 탄생의 "큰 기쁨의 좋은 소식"이 전하여지고 하나님을 찬양하는 천사들의 합창이 울려 퍼진다. 이것을 목격한 사람들은 목자들이다. 본서에서는 왜 하필 목자들에게 큰 기쁨의 좋은 소식이 들려졌는지를 생각하면서 그들이 들은 소식과 천사들의 합창을 음미해보겠다.

> 8그 지경에 목자들이 밖에서 밤에 자기 양떼를 지키더니 9주의 사자가 곁에
> 서고 주의 영광이 저희를 두루 비춰매 크게 무서워하는지라 10천사가 이르
> 되 무서워 말라 보라 내가 온 백성에게 미칠 큰 기쁨의 좋은 소식을 너희에
> 게 전하노라 11오늘날 다윗의 동네에 너희를 위하여 구주가 나셨으니 곧 그
> 리스도 주시니라 12너희가 가서 강보에 싸여 구유에 누인 아기를 보리니 이
> 것이 너희에게 표적이니라 하더니 13홀연히 허다한 천군이 그 천사와 함께
> 있어 하나님을 찬송하여 가로되
>
> 14지극히 높은 곳에서는 하나님께 영광이요

땅에서는 기뻐하심을 입은 사람들 중에 평화로다 하니라
15천사들이 떠나 하늘로 올라가니 목자가 서로 말하되 이제 베들레헴까지
가서 주께서 우리에게 알리신 바 이 이루어진 일을 보자 하고 16빨리 가서
마리아와 요셉과 구유에 누인 아기를 찾아서 17보고 천사가 자기들에게 이
아기에 대하여 말한 것을 고하니 18듣는 자가 다 목자의 말하는 일을 기이히
여기되 19마리아는 이 모든 말을 마음에 지키어 생각하니라 20목자가 자기들
에게 이르던 바와 같이 듣고 본 그 모든 것을 인하여 하나님께 영광을 돌리
고 찬송하며 돌아가니라

"그리고"라 8절의 운을 떼어 2:1-7과 연계하고 "목자들"이 주어로 등장한다. 그들이 예수가 태어난 베들레헴 가까운 지역에 있다는 의미에서 "그 지경에"라고 하고 야외에서 살면서 "밤에 그들의 양떼를 지키더니" 하고 그들의 고된 야간 근무를 소개한다. "그때 주의 천사가 그들 앞에 섰고 주의 영광이 그들 주위에 비췄고, 그들이 크게 무서워하였다."라는 8-9절은 사가랴가 성소에 들어가 분향하고 있을 때 가브리엘 천사가 나타난 장면과 같다. 여기서는 "주의 한 천사"라 하고 있지만, 말하자면, 사가랴와 마리아에게 가브리엘 천사가 나타났던 장면과 같다. 10절 이하에서는 "그러나 천사가 그들에게 말하였다."라고 천사의 말을 전한다. "두려워 말라. 보라, 내가 좋은 소식을 너희에게 전하노니 온 백성에게 미칠 큰 기쁨이라."에서, 우선, "크게 무서워하는지라(큰 두려움)"와 "큰 기쁨"이 대조를 이룬다. 대조를 이룬다고 하였지만 실제로 큰 기쁨은 큰 두려움을 수반할 수 있다. 때를 "밤"이라 명시하고 있으니 사방에 어두움이 깔려 있었을 것이고, "하나님의 영광이 그들 주위에 비췄다."라고 하니 환한 광채가 에워쌌을 것이다. 큰 두려움과 큰 기쁨이 더불어 함께 존재한 장면이 아닐 수 없다. "온 백

성에게 미칠 큰 기쁨" 그리고 "좋은 소식"을 분석적으로 읽으면, "온 백성"에게 "큰 기쁨"이 주어진다가 직접 연결되어 있고, 큰 기쁨이 주어지는 것은 "좋은 소식" 때문이다. "좋은 소식"은 곧 복음이요 이사야의 인용이므로 여기서는 구체적으로 예수 탄생의 복음이다.

학자들은 이 장면에서 "큰 기쁨"과 "좋은 소식"이 왜 하필 목자들에게 맨 처음 전해졌는지 여러 가능성을 논의한다. "다윗의 집"과 "다윗의 동네"를 여러 번 언급하고 있으니 다윗이 일찍이 목자였다든가, 렘 33:13-16의 예언으로 보아 다윗의 후손 그리스도의 오심이 이루어진 것이라든가 하고 다윗과 관련하여 논의한다. 혹은 신구약 모두에서 목자란 하나님의 백성을 지키는 보통 사람을 뜻한다는 등의 맥락에서 해석하기도 한다. 하지만, 본서에서는 목자들이 당시 이스라엘에서 최하위 계급에 속하는 비천한 백성들이었다는 해석(Ryken, 2009, p. 77)을 취하기로 하겠다. 어떤 해석도 일리가 있으나 필립 그레이엄 라이큰(Philip Graham Ryken)의 해석이 예수의 탄생과 일생이 비천한 상태였다는 앞선 해설과 부합하기 때문이다.

온 백성에게 큰 기쁨의 좋은 소식이 주어진 까닭을 11절에 "오늘 다윗의 지역에 너희를 위하여 구주가 나셨으니 곧 그리스도이고 주시니라."라고 적고 있다. "오늘"은 어제의 구약 예언이 이루어진 오늘이다(Garland, 2011, p. 123). 그리고 예수의 메시아성을 대표하는 이름들을 열거한다. 구주는 죄악과 죽음에서 구해주실 분이고, 하나님께서 기름을 부으신 그리스도는 구주 메시아에 해당하는 희랍어이며, 주는 본래 하나님의 경칭이다. 누가복음은 앞에서 하나님을 주라 불렀거니와 여기서 "그리스도이고 주"라고 부른다. "그리스도 주시니라."는 그가 "또 역시 하나님 자신이라."는 말이다(Geldenhuys, 1951, p. 111). 천사가 목자들에게 하는 마지막 말은 "너희가 가서 강보에 싸여 구유에 누인 아기를 보리니 이것이 너희에게 표적이니라."이다. "구주 곧 그리스도 주"가 오늘 나셨음을 너희에게 보여줄 표적이 "강보에 싸여 구유에 누인 아기"다. 다름 아닌 겸손과 비천함의 탄생이 구주 곧 그리스도 주의 표적이다. 비천한 백성들인 목자들은 비천함의 탄생의 표적을 보고 하나님께 영광을 돌렸다.

앞 단락 2:1-7에서 스스로 "구주"라 일컫는 권력의 화신인 가이사 아구스도가 지배하는 부귀영화의 배경에서 예수가 탄생하였다는 해설을 인용하였다. 이 단락에서도 이 배경을 다시 강조하는 학자들이 있다(Green, 1997, p. 135; Liefeld and Pao, 2007, p. 79). "주"라는 호칭도 황제 아구스도에게 사용되었다는 것이다. 이때 황제와 메시아 사이에 극명하게 다른 점이 있다. 부귀와 영화는 황제의 특질이요, 빈곤과 비천은 메시아의 특질이다. 서문에서 언급하였듯이 누가복음은 예수가 빈곤하고 비천한 사람들 편에 서 있다는 입장을 취한다. 예수가 이 세상에 올 때 그를 제일 먼저 맞이한 사람들은 가장 비천한 목자들이다. 상황이 그러하므로, 즉 그러한 이유 때문에 메시아가 이 땅에 오시어 뭇 사람들에게 배척을 받은 것이다. 그런데 실상 "그리스도, 즉 주"이므로 야훼 하나님과 대등한 위(位)의 관계를 갖는 구주가 오늘 오신 것이다. 그는 구주 아구스도에 의한 팍스 로마나가 아니라 하나님 나라의 평화(샬롬)를 가져오신 분이다. "'그리스도 주'라 함은 그리스도가 주이심의 독자성을 단언하는 것이다"(Liefeld and Pao, 2007, p. 78). 그리스도 주는 우리의 죄를 사하시기 위해 이 땅에 오신 것이다. 우리의 죄를 용서해주시기 위해 고대광실이 아닌 이 세상의 가장 낮은 곳에 태어나셔야만 했다.

유일하고 진정한 주님이 영광의 하나님의 평화를 이 땅에 가져오신다는 수많은 천군(天軍)들의 찬양이 홀연히 울려 퍼진다. "홀연히 수많은 천군이 그 천사와 함께 있어 하나님을 찬송하여 말하기를 '지극히 높은 곳에서는 하나님께 영광이요 땅 위에서는 하나님의 은총을 받은 사람들 중에 평화로다.'"라는 13-14절은 송영의 대합창이 울려 퍼지는 클라이맥스 장면이다. 이 송영이 하늘과 땅을 번갈아 노래하듯 이 합창이 하늘과 땅 모두에서 울려 퍼졌을 장면을 상상케 한다. 지극히 높은 곳과 땅, 영광과 평화가 대조되어 있다. 그리고 하나님과 그분의 은총(선한 의지)을 입은 사람들이 대조되어 있다. 대조임과 동시에 그 대조는 하나님의 의지의 완성의 조화다. 이 송영에서 "은총을 받은 사람들"을 어떻게 해석할지가 어려운 문제다. 본래 원본에서도 이 단어가 주격으로 쓰인 것도(eudokia) 있고 속격으로 쓰인 것도(eudokias) 있다고 한다. 오늘날 여러 번역본에서 그러하듯이 개역성경에서도 "(하나님의) 기뻐하심을 입은" 것이라는 의미를 취하는데 "선한 기쁨"이 고전적인 번역이다(Meyer, 1884, p. 275; Geldenhuys, 1951, p. 113). 그러므로 천군들의 대합창은 "영광이 지극히 높은 곳에 계시는 하나님께(Gloria in excelsis Deo)/땅 위에서는 평화가 하나님의 은총을 받은 사람들에게"라는 송영이다. 요컨대 대합창의 핵심은 예수의 탄생이 "영광이 하나님께/땅 위에는 평화"라는 것이다. 예수를 통한 창조주 하나님의 우주 완성이, 에덴의 실낙원으로부터 복락원이 예수 탄생의 노래다. 이 대합창의 절은 "영광이 지극히 높은 곳의 하나님께 또 땅 위에/평화가 하나님이 기뻐하시는 사람들에게"라고 분절해 읽을 수도 있다(유희세, 2010, p. 90).

"천사들이 그들을 떠나 하늘로 올라가니 목자가 서로 말하되 '이제 베들레헴까지 가서 주께서 우리에게 알리신 바 이 이루어진 일을 보자' 하고"의 15절부터 목자들의 예수 탄생을 예배하는 장면이 전개된다. 주의 깊은 독자라면, 주의 천사가 그들에게 말한 말과 천사가 그들을 떠난 후 목자들이 그들끼리 주고받는 말에 차이가 있음을 쉬이 알아차릴 수 있을 것이다. 천사는 다윗의 동네에 구주가 태어나셨다고 말하고 목자들은 이제 베들레헴에 가자고 말한다. 또 전자에서는 주의 한 천사가 말하였다고 하고 후자에서는 주께서 우리에게 알리신 바라고 말을 바꾼다. 다 같은 말이라 흘려보낼 수도 있겠으나, 하지만, 비천한 목자들이 천사의 말을 통해 주 하나님의 의지를 더욱 직접적으로 읽을 수 있었다는 사실을 실증하는 누가의 기록이라 할 수 있다. 그리하여 그들이 한달음에 달려가 "마리아와 요셉과 구유에 누인 아기를 찾아서" 경배한 것이다.

목자들이 아기 예수를 보고 "천사가 자기들에게 이 아기에 대해 말한 것을 고하니 듣는 자가 다 목자의 말하는 것을 기이히 여기되" 라는 17-18절은 장면이 모호하여 목자들이 누구한테 전했는지 궁금하게 한다. 아마도 마리아와 요셉에게 천사의 말을 전했을 테다. 또 "그것을 들은 모두가"라 적혀 있으니 그들이 만난 모든 사람에게도 전했을 것이다. 따라서 "즉각적으로 그들은 좋은 소식을 귀 기울여 듣는 누구와도 좋은 소식을 함께 나누는 첫 복음 전도자들이 되었다." (Ryken, 2009, p. 86)라고 해석할 수도 있다.

"듣는 자가 다 목자의 말하는 일을 기이히 여기되"에서 "기이히 여기다."는 대단히 놀라다의 의미로 쓰인 것이다. "구주가 나셨으니 곧 그리스도 주시니라."라는 사실을 믿든지 안 믿든지, 여하튼, 놀라지 않을 수 없었을 것이다. 그러나 그 말을 전해 들은 마리아는 놀라지 않았다. 이 19절은 "그러나 마리아는 이 모든 말을 소중히 새기고 그녀의 마음 깊이 숙고하였다."라고 번역해 읽을 수 있다. "이 모든 말을 소중히 여기고"는 마리아가 이 모든 말을 믿었다는 뜻이다. "그녀의 마음 깊이 숙고하였다."는 이 모든 말에 대해 더 생각할 것이 있다는 뜻이다. 생각의 주제는 다른 무엇보다 "구주가 나셨으니 곧 그리스도 주시니라."일 것이므로 마리아는 "구세주이신 그리스도 주"의 온전한 의미를 아직 확실하게 깨닫지 못했던 것이다(Garland, 2011, p. 124; Ryken, 2009, p. 85).

이 단락은 "목자(들이) 자기들에게 이르던 바와 같이 듣고 본 그 모든 것을 인하여 하나님께 영광을 돌리고 찬송하며 돌아가니라."라는 20절로 끝난다. "하나님께 영광을 돌리고 찬송하며"라 진술하고 있거니와 바로 이 점에서 목자들은 그들이 들은 허다한 천군들의 대합창을 복창했는지도 모른다. 또 다른 번역(Fitzmyer, 1970, p. 411)을 옮긴다.

> 영광이 지극히 높은 곳에 계시는 하나님께
> 땅 위에 평화가 하나님이 기뻐하시는 사람들에게

예수의 어린 시절 이야기(2:21-52)

이로써 예수의 탄생기사가 끝나고 어린 시절 이야기가 시작된다. 이야기는 크게 두 갈래로 구성되는데 하나는 부모가 아기 예수를 율법에 따라 할례하고, 이름을 짓고, 성전에서 봉헌하는 관례적인 절차다. 그리고 다른 하나는 시므온과 안나의 예언이라는 이례적인 사건이다. 전자는 무덤덤하고 범상한 이야기이지만, 후자는 예수의 본성을 통찰케 하는 예사롭지 않은 이야기다.

■ **성전에서 예수를 봉헌함**(2:21-24) 이 단락에서 율법이라는 어휘가 세 번 나온다. 아기가 탄생하자 신실한 부모는 율법의 관례를 지

키기 위해 아기 예수와 함께 예루살렘 성전에 올라간다. 이 단락의 내용을 이해하려면 본문 자체에 대한 해설보다 구약의 율법 규례를 아는 것이 필수적이고, 또 그것으로 족하다. 따라서 본문을 읽으면서 그것에 해당하는 구약을 인용하는 것으로 이 단락의 해설을 국한하기로 하겠다.

21할례할 팔일이 되매 그 이름을 예수라 하니 곧 수태하기 전에 천사의 일컬
은 바러라 22모세의 법대로 결례의 날이 차매 아기를 데리고 예루살렘에 올
라가니 23이는 주의 율법에 쓴 바 첫 태에 처음 난 남자마다 주의 거룩한 자
라 하리라 한 대로 아기를 주께 드리고 24또 주의 율법에 말씀하신 대로 비둘
기 한 쌍이나 혹 어린 반구 둘로 제사하려 함이더라

할례, 이름 짓기, 결례, 헌신 내지 봉헌은 유대 가정에서 첫 남자 아기가 태어나면 지켜야 하는 율법의 규례들이다. 남아가 출생한 후 8일이 되면 할례와 작명을 해야 하는 규례(창 17:9-14; 레 12:3)에 따라 가브리엘이 말한 대로 "그 이름을 예수"라 한 것이다. 예수라는 이름은 "주가 구원하시다."라는 뜻이다. "모세의 법대로 결례의 날이 차매"에서 "결례(潔禮)의 날"은 아들을 낳은 여자가 아이를 할례한 뒤 33일이 지나 해산 후 산혈에서 정결하여지는 날이다(레 12:1-5). 산모는 이 날까지 일시적으로 격리되어 있어야 했다. 따라서 "결례의 날이 차매 그들이 그(아기)를 데리고 예루살렘에 올라가니"라고 한 것이다. 원문에서는 "예루살렘에 아기를 데리고 가서 주께 드리기 위해"라고 하여 개역성경의 23b절이 실은 22절 안에 적혀 있다. 예루살렘 성전에 올라가는 이유는 두 가지다. 그 하나는, "첫 태에 처음 난 남자마다 주의 거룩한 자라 하리라."(출 13:2)라는 맏이로 태어난 사내아이를 야훼께 봉

헌하라는 율법을 따르기 위함이다. 이 봉헌(헌아례)을 위해 예루살렘에 올라가는 것이다. 또 다른 하나는, "비둘기 한 쌍이나 혹은 어린 반구(집비둘기) 둘"을 번제와 속죄의 제물로 드리기 위함이다. 성령에 의해 잉태된 아기 예수가 아담의 죄를 타고난 것이 아닐 터인데 속죄제까지 드린다는 것은 이해하기 어려운데, 학자들은 마리아의 아들이 우리의 죄를 대신 짊어지고 태어났기 때문이라 해설한다(Geldenhuys, 1951, p. 118; Ryken, 2009, p. 90). 그러나 이 해설은 아무래도 견강부회처럼 들린다. 속죄제까지 드린 것은 주의 모든 계명과 규례대로 흠이 없이 행하려는 요셉과 마리아의 유대교에 대한 경건의 소치였을 것이다. 여하튼, 여유가 있는 사람은 어린 양을 제물로 바치지만(레 12:8), 마리아와 요셉은 비둘기를 제물로 드렸으니 이들의 빈곤과 비천함을 여기서 다시 눈여겨보지 않을 수 없다.

■ **시므온의 노래**: Nunc Dimittis(2:25-35) 예루살렘 성전에서 예수를 맞이하는 대단히 감격적인 두 장면이 우연찮게 펼쳐진다. 하나는 의롭고 경건한 사람 〈시므온의 노래〉이고, 다른 하나는 주야로 금식하고 기도하던 과부 안나의 예언이다. 이들 두 장면은 너무나도 우연찮은 축복의 장면이므로 여기서는 함께 읽지 않고 별개의 단락으로 읽겠다. 앞에서도 그랬듯이, 〈시므온의 노래〉는 산문으로 읽지 않고 시 형식으로 번역해 읽겠다.

> **25**예루살렘에 시므온이라 하는 사람이 있으니 이 사람이 의롭고 경건하여
> 이스라엘의 위로를 기다리는 자라 성령이 그 위에 계시더라 **26**저가 주의 그
> 리스도를 보기 전에 죽지 아니하리라 하는 성령의 지시를 받았더니 **27**성령의
> 감동으로 성전에 들어가매 마침 부모가 율법의 전례대로 행하고자 하여 그

아기 예수를 데리고 오는지라 28시므온이 아기를 안고 하나님을 찬송하여 가
로되

29이제는 당신의 종을 놓아 주시옵소서, 주권자시여,
당신께서 말씀하신 대로 평화 속에
30내 눈이 당신의 구원을 보았사오니
31 이는 만민 앞에 예비한 것이요
32빛은 이방에 계시를 주시기 위함이요
당신의 백성 이스라엘에 영광을 주시기 위함이니다.

33그 부모가 그 아기에 대한 말들을 기이히 여기더라 34시므온이 저희에게
축복하고 그 모친 마리아에게 일러 가로되 보라 이 아이는 이스라엘 중 많은
사람의 패하고 흥함을 위하여 비방을 받는 표적 되기 위하여 세움을 입었고
35또 칼이 네 마음을 찌르듯 하리라 이는 여러 사람의 마음의 생각을 드러내
려 함이니라 하더라

"보라, 시므온이라 이름하는 사람이 예루살렘에 있었다."라고 시므온을 소개하고 사람 됨됨이를 세 측면에서 기술한다. 우선 "이 사람이 의롭고 경건하여"라고 하는데 "경건하다"는 것은 곧 독실하다는 말이다. 어떤 점에서 의롭고 신앙이 독실한가 하면 "이스라엘의 위로를 기다리는" 점에서 그러하다. "위로를 기다리는" 것은 메시아의 축복 혹은 구원을 기다린다는 의미이니(Geldenhuys, 1951, p. 118; Meyer, 1884, p. 278), 이스라엘 국가의 종말적인 구원의 장래를 바란다는 것이다. 그뿐만 아니라 의롭고 독실함에 덧보태어 "성령이 그의 위에 계셨다."라고 시므온의 예언자적 성격을 진술한다. 이러한 예언자적 성

격은 "그가 주의 그리스도를 보기 전에 죽지 아니하리라 하는 성령의 계시를 받았다."라는 26절에서 더욱 분명하여진다. "주의 그리스도"라 함은 "너희는 나를 누구라 하느냐?"라는 예수의 물음에 베드로가 "하나님의 그리스도"(9:20)라 답한 지칭과 동일하다. 하나님의 메시아가 그의 살아생전에 오시리라는 계시를 받았으므로 시므온은 그의 눈으로 구세주를 볼 날을 줄곧 기다렸을 것이다.

이제 27-28절이 시므온이 마침내 그리스도 예수를 만나는 장면의 묘사다. "성령의 감동으로 성전에 들어가매 마침 부모가 율법의 전례대로 행하고자 하여 그 아기 예수를 데리고 오는지라."에서 알 수 있듯이, 아기 예수가 부모를 따라 들어오는 바로 그 시각 그 장소에서 시므온과 아기 예수의 만남이 이루어진다. 시므온의 지성이 감천한 결과다. 그 결과 "시므온이 아기를 안고 하나님을 찬송"한다.

"이제는 당신의 종을 놓아주시옵소서, 주권자시여, 당신께서 말씀하신 대로 평화 속에"라는 29절에서는 주권자와 종을 대비하고 있다. 본래 원문의 초두는 "이제 놓아주시옵소서."이다. 이 초두를 라틴어로 옮기면 눈크 디미티스(Nunc Dimittis)이므로 시므온의 노래를 이렇게 부른다. "이제"는 메시아가 오셨다는 감탄의 부사이고, "놓아주시옵소서"는 죽게 허락한다는 의미라 한다. 피츠마이어는 원문에 충실하게 주권자 하나님의 종이 그의 의무에서 '해방하다'라고 해석하는 반면에, 리휠드와 파오는 화용적인 의미대로 '죽다'라는 의미를 취한다. 말미에 "당신께서 말씀하신 대로"가 적혀 있으므로 "이제 놓아주시옵소서."가 "그가 주의 그리스도를 보기 전에 죽지 않으리라."라는 26절에 연결되는 것이라면, "이제 죽게 허락하다."라는 의미로 해석해야 할 것이다. 물론 이때 죽게 허락한다는 것은 "평화 속에"라는 조건을 수반한다. "우리가 예수와 그의 구원을 본다는 것은 (젊었건 늙었건)

우리가 이 생에서 평화 속에 물러날 채비를 갖추는 것이고 앞으로 올 생에 들어가는 것이다."(Ryken, 2009, p. 91)라는 해석을 여기서 인용키로 하겠다. 필경 시므온은 26절의 "그가 주의 그리스도를 보기 전에 죽지 않으리라."라는 성령의 계시가 축복인 줄 알았을 것이고, 실제로 그가 "주의 그리스도" 즉 구원을 보았으니 "놓아주시옵소서"라고 노래할 수 있었을 것이다.

"내 눈이 당신의 구원을 보았사오니 이는 만민 앞에 예비한 것이요."에서 흥미로운 것은, 내 눈이 예수를 보았다고 노래하지 않고 "내 눈이 당신의 구원을 보았사오니"라고 찬미한다는 사실이다. 예수를 보았다고 하면 시므온의 개인적인 사건을 노래한 것에 그칠 수 있다. 하지만, 시므온의 노래는 이방과 이스라엘을 포함한 보편적인 구원에 대한 복음의 찬미다. "이(구원)는 만민 앞에 예비한 것"일 뿐만 아니라 빛이기도 하다. 더군다나 사 49:6을 인용하여 그 빛은 이스라엘보다 먼저 "이방에"라 적고 있는 걸 보면 강한 보편성을 지닌 것이다. "빛은 이방에 계시를 주시기 위함이요, 당신의 백성 이스라엘에 영광을 주시기 위함이니다."라는 32절의 번역은, 개역성경처럼 "빛"과 "영광"을 짝지어 번역할 수도 있지만, "계시"와 "영광"을 문법적인 동격관계로 해석하는 입장을 취하여(Fitzmyer, 1981, p. 428; Bock, 1996, p. 244) 계시와 영광이 30절의 "구원"을 뜻하는 것으로 REB처럼 번역한 것이다.

〈시므온의 노래〉를 들은 요셉과 마리아는 "그 부모가 그 아기에 관해 한 말에 대해 기이히 여기더라." 하고 놀람과 경탄의 반응을 보인다. 여하튼 시므온이야말로 진정한 예언자라 할 수 있는데, 그는 특별히 "시므온은 저희에게 축복하고 그 모친 마리아에게 일러 가로되"라고 하여 예수의 모친 마리아에게 예언한다. 34b절에 청천벽력과도 같은 그 예언이 나온다. "보라, 이 아이는 이스라엘 중 많은 사람의 패하고 흥함을 위해 그리고 배척을 받는 표적이 되도록 예정되어 있다.” 이때 “이스라엘 중 많은 사람의 패하고 흥함”을 ‘같은 한 사람이 한때 패하고 나중에 일어나다.’라는 의미로 해석하는 학자도 없지 않다. 그러나 여러 학자들이 어떤 이스라엘 사람들은 “패하고” 즉 “무너지고(ptosis)”, 다른 이스라엘 사람들은 “흥함” 즉 “일으켜지고(anastasis)”라 해석한다. 무너지고는 걸림돌에 걸려 넘어지다(Ryken, 2009, p. 96) 혹은 도덕적으로 몰락하다(Meyer, 1884, p. 280)라는 의미다. 일으켜지고는 구원받다(Geldenhuys, 1951, p. 120) 혹은 부활하다(Ryken, 2009, p. 96)라는 의미다.

요컨대 예수는 이스라엘의 많은 사람들을 무너지게도 하고, 또 다른 사람들을 일으켜지게도 하도록 예정되었다는 것이다. “그리고 배척을 받는 표적이 되도록 예정되어 있다.”는 것은 많은 사람들이 무너짐으로써 예수가 세상에서 엄청난 반발을 겪어야 할 운명을 타고났다는 뜻이다”(Meyer, 1884, p. 280). 다시 풀이하면, 누구든 자신에게 의존하면 죄값을 치르고 누구든 그리스도 안에서 회개하면 구원을 얻는다는 메시아의 징표(표적)를 많은 이스라엘 사람들이 거부하고 저항한다는 것이다(Geldenhuys, 1951, p. 120). 그러므로 시므온의 예언은 예수의 말씀 “내가 세상에 화평을 주러 온 줄로 생각지 말라 화평이 아니요 검을 주러 왔노라.”(마 10:34)와 같다.

예언은 예수의 모친에게 계속된다. “‘또 칼이 네 마음을 찌르듯 하리라(a) 이는 여러 사람의 마음의 생각을 드러내려 함이니라(b)’ 하더라.”라는 개역성경의 35절 번역은 34절과 마찬가지로 이해하기 어렵다. 여러 학자들이 35a절을 괄호 속에 넣고 별개로 읽기를 권장한다(Fitzmyer, 1970, p. 429; Garland, 2011, p. 248). 그리고 실제로 NRSV는 35a절을 문장 말미에 치환하여 “그리하여 많은 사람들의 속내 생각들을 드러나게 할 것이다. 그리고 칼이 당신(마리아) 자신의 혼 역시 꿰찌를 것이다."라고 번역한다. 이 번역은 35b절을 34절에 직접 연결해 읽도록 35a절을 말미에 치환함으로써 "그리하여"라는 접속사를 사용하여 메시아의 징표를 많은 사람들이 거부하고 배척함에 연결시킨다. "많은 사람들의 속내 생각들을 드러나게" 하는 것은 선과 악, 구원과 심판을 구별하는 것이라 해석한다. 여러 학자들이 이들 양자 중 어느 하나만 있을 수 있는 것이지 회색과 같은 중간은 없다고 해설한다.

또 다른 해석도 있다. "속내 생각들"을 편협하고 좁은 마음이라 풀이하여 죄인들과 이방인들을 포용하는 구원의 개방이 이스라엘의 증오를 드러나게 할 것이라고 해석하기도 한다(Garland, 2011, p. 137). 그리고 NRSV의 35절 말미 "칼이 당신 자신의 혼(psyche) 역시 꿰찌를 것이다."라는 무서운 예언은 마리아를 직접 겨냥한 것으로, 이때 칼은 예수가 그의 사역을 통해 휘두르는 칼, 즉 선과 악 그리고 구원과 심판 사이를 갈라놓는 칼을 가리킨다. 이 갈라놓음이 모친 마리아 역시도 견디기 어려운 고뇌를 안겨주리라는 것이다. 혹은 예수가 십자가에 못 박힐 예언이라 해설하는 학자도 없지 않으나, 예수의 십자가형에 연결하는 해설은 피하고 앞으로 닥칠 예수의 사역의 험난함과 마리아에게 미칠 파급효과를 예고하는 것이라고 보는 해석이 일반적인 것 같다(Green, 1997, p. 149; Liefeld and Pao, 2007, p. 83). 하지만, "칼이 네 자신의 영혼을 꿰찌르리라."라는 예언은 마리아에게 직접 맞대어 한 것이니, 예수의 수난에 마리아가 참여하리라는 예언이라 보아도 무리한 해석은 아닐 것이다. 이때 예수의 모친은 아무 반응이 없는데, "마리아는 이 모든 말을 소중히 새기고 그녀의 마음 깊이 숙고하였다."(2:19)라는 말씀을 떠올리며 그녀의 반응을 짐작해볼 수 있겠다.

여기에서는 신실한 청교도이자 영국 국교 가톨릭 교인인 T. S. 엘리엇이 〈시므온의 노래〉와 예언을 풀이한 시를 옮기기로 하겠다. 시의 제목은 〈시므온을 위한 노래〉(이창배 역, 2001)다.

주여, 로마 히야신스가 화분에 피어 있고
겨울의 태양이 눈 내린 동산에 기어듭니다
이 모진 계절은 멎고 있습니다
내 생명은 마치 손등에 올라앉은 깃털처럼 가볍게,
죽음의 바람을 기다리고 있습니다
햇볕 속의 먼지와 구석구석에 쌓인 기억이
죽음의 나라로 부는 찬 바람을 기다리고 있습니다

오라줄과 채찍과 비탄의 시간이 이르기 전에
당신의 평안을 베풀어 주소서
황폐한 산의 십자행로가 있기 전에
어머니의 필연적인 슬픔의 시간이 있기 전에
지금 이 죽음의 탄생의 계절에
아기 예수, 그 영원히 말이 없고, 말해지지 않은 '말씀'으로 하여금
이스라엘의 위안을 베풀어 주소서
여든의 세월을 살고도 내일이 없는 이 사람에게

당신의 종으로 하여금 떠나가게 하소서,
이제 당신의 구원을 보았으니

엘리엇의 시 1연과 3연 그리고 4연의 마지막 두 줄을 인용하였다. 특히 3연에서는 예수 수난의 죽음에서 무덤까지의 "십자행로(the stations of the cross)"와 마리아가 겪을 "필연적인 슬픔"의 비탄을 시므온의 예언을 통해 노래하면서도 영생의 구원을 확신하며 평화의 죽음을 간구하고 있다. 이 시를 인용한 까닭은 대문호의 해설에 따라 〈시므온의 노래〉를 해석하려 함이 아니다. 이를테면, 시므온은 기약 없이 죽을 나이의 여든 살 노인일 수도 있고 아닐 수도 있을 것이다. 다만, 〈시므온의 노래〉를 통해 '주의 구원'을 눈으로 보고 "손등에 올라앉은 깃털처럼 가볍게" 스스럼없이 죽음의 바람이 불기를 기다린다는 시인의 평화의 시심을 인용하고 싶었을 따름이다.

■ **안나의 예언**(2:36-38) 누가는 예루살렘 성전에서 구세주 예수를 기다리던 또 다른 예언자의 이야기를 전하는데, 그는 안나라는 이름의 여자 예언자다. 구약 시대에도 여자 예언자가 있었다는 기록을 출 15:20을 비롯해 몇몇 곳에서 찾아 읽을 수 있고 다른 누구보다 누가가 유별나게 여신도들을 존중하고 있긴 하지만, 그래도 역시 여자 예언자의 활동 기록은 이례적이다.

> 36또 아셀 지파 바누엘의 딸 안나라 하는 선지자가 있어 나이 매우 늙었더라
> 그가 출가한 후 일곱 해 동안 남편과 함께 살다가 37과부 된 지 팔십사 년이
> 라 이 사람이 성전을 떠나지 아니하고 주야에 금식하며 기도함으로 섬기더
> 니 38마침 이때에 나아와서 하나님께 감사하고 예루살렘의 구속됨을 바라
> 는 모든 사람에게 이 아기에 대하여 말하니라

"그리고 아셀 지파 바누엘의 딸 안나라 하는 여선지자가 있어" 하고 시므온 이외의 다른 예언자의 이야기를 시작한다. 그녀의 가계 내력을 적고 있다는 사실 역시 이례적인데, 아마도 누가는 그녀가 진정

한 유대인 혈통이라는 사실을 강조하고 싶었던 모양이다. 하지만 오늘날 아셀 지파가 어떤 족보인지, 부친 바누엘이 누구인지는 확인할 길이 없다고 한다. “그녀는 나이 매우 늙었더라, 그녀가 출가하여 일곱 해 동안 남편과 함께 살다가 그 후 과부로 팔십사년 동안이라.”인데 NIV와 NRSV처럼 여든넷이 될 때까지 과부였다고 번역할 수도 있는 모양이다. 여하튼, 나이 그 자체보다 중요한 것은 오랜 기간 동안 “그녀가 성전을 떠난 일이 없고 주야로 금식하며 기도함으로 섬기더니”라는 말씀에서 알 수 있듯 그녀의 경건함일 것이다. 왜냐하면 38절에 “마침 바로 이때에”라 함은 “마침 부모가…… 그 아기 예수를 데리고 오는”(2:27) 바로 그 시각 그 장소에 안나가 왔다는 사실을 가리키는 것이기 때문이다. 물론 “성령의 감동으로 성전에 들어가매”(2:27)라는 시므온의 사례가 안나에게도 해당했을 것이다.

누가는 38절에 “마침 바로 이때에 그녀가 옆에 서서 하나님께 공적으로 찬양하고 예루살렘의 구속됨을 바라며 기다리고 있던 모든 사람들에게 이 아기에 대해 말하기 시작하였다.”라고 안나가 아기 예수에 대해 누구에게 말했는지를 적고 있다. 누가의 이야기 담화는 어떤 내용을 말했는지에 관해서는 독자가 알아서 추리하라는 암시적인 전개 방식을 취하고 있다. 우리는 안나가 시므온처럼 시로 찬미하였다고 추측하고 싶다. 실제로, 안나의 예언 내용과 관련하여 그린은 시 130:5-8을 인용한다. 그 시편을 여기에 옮기기로 하겠다(유희세, 2007, p. 479).

5제가 기다립니다, 야훼여,
제 영혼이 기다립니다,
당신의 말씀을 제가 대망합니다.
6제 영혼은 파수꾼이 새벽을 기다리는 것보다도 더

주님을 대망합니다.

7이스라엘이여, 야훼를 대망하라

실로 사랑과 은혜가 야훼에게 있고

풍성한 해방도 그에게 있다.

8그렇다, 그는 이스라엘을

그의 모든 죄에서부터 해방하신다

이 시는 "기다립니다"와 "대망합니다"라는 말을 반복하고 있거니와 그것은 구세주의 오심을 기다리는 것이다. 그 기다림은 이스라엘을 그의 모든 죄에서 해방하심을 기다리는 것이기에 7절 원문의 헤세드(chesed)를 "사랑과 은혜라고 번역할 수밖에 없다"(앞의 책, p. 484). 이 해설을 읽으면 "제 영혼은 파수꾼이 새벽을 기다리는 것보다도 더 주님을 대망합니다."라고 소망해온 안나의 간절한 기다림의 심정을 읽을 수 있다. 그런 안나가 마침내 아기 예수를 만난 뒤 "예루살렘의 구속됨을 바라고 기다리던 모든 사람에게 이 아기에 대해 말하였다."는 것이니 필경 "사랑과 은혜"를 전했을 것이다.

■ **나사렛에 돌아가다**(2:39) 시므온 그리고 안나가 아기 예수를 만나 찬미한 일은 율법에 따라 예루살렘 성전에서 아기를 주께 드리는 의식에 우연히 수반된 사건이다. 그러니 2:25-38은 성전에서 예수를 봉헌함에 관한 2:21-24의 기사에 삽입된 사건이고 이제 39절에 그 기사의 결미가 적혀 있다.

39주의 율법을 좇아 모든 일을 필하고 갈릴리로 돌아가 본 동네 나사렛에 이르니라

"그들이 주의 율법이 요구하는 모든 일을 필하고"는 이 단원 초두에 "모세의 법대로 결례(潔禮)의 날이 차매 그들이 그(아기)를 주께 드리기 위해 데리고 예루살렘에 올라가니"(2:22)의 "모든 일"을 완료하였다는 말이다. 이 구절을 통해 예수의 부모가 신실한 유대주의자였음을 알 수 있다. 서두에 적은 대로 성전에서 시므온과 안나를 각각 만난 것은 예정에 없던 우연한 일이었다. 이 부모가 특히 시므온이 "이 아이는 이스라엘 중 많은 사람의 패하고 흥함을 위해 그리고 배척을 받는 표적 되기 위해 예정되었으니…… 그리고 칼이 당신(마리아) 자신의 혼 역시 꿰찌를 것이다."(2:34-35)라고 말했을 때 얼마나 충격을 받았을지 짐작이 간다. 신실한 유대주의자 요셉은 "주의 그리스도"가 온 이스라엘을 구원하리라 믿고, 마리아는 "이제 후로는 모든 세대가 나를 복이 있다 할 것임이라."(1:48b)라고 노래하지 않았던가. 충격이야 여하튼, 그들은 모세의 율법에 따라 모든 일을 완료하였으니 "갈릴리에 나사렛 그들 자신의 마을로 돌아갔다."라고 한다.

학자들은 예수의 탄생과 어린 시절 이야기에 대해 누가복음에 기록된 베들레헴에서 예루살렘으로, 예루살렘에서 나사렛으로 이르는 여정이 마태복음에 기록된 여정과 다름에 주목한다. 마태복음에 기록된 동방박사들의 경배기사와 애굽으로의 피신기사가 누가복음에 적혀 있지 않음에 주목하는 것이다. 이때 여러 학자들이 두 복음서의 기사가 다르지만 상치되는 것은 아니라고 해설한다(Liefeld and Pao, 2007; Ryken, 2009). 심지어 요셉과 마리아가 예수와 함께 예루살렘에서 다시 베들레헴으로 돌아가 한동안 거기서 살았을 것이며 그때 동방박사들의 방문을 맞이한 뒤 애굽으로 피난했다가 나사렛으로 귀향했을 가능성을 추리하기도 한다(Geldenhuys, 1951, p. 119). 이러한 추리는 두 복음서의 진술이 상치되지 않는다는 점을 보여주고 싶은 완벽주의자의 시나리오적 해설로 보인다.

이 논쟁을 통해 누가복음을 어떻게 읽어야 할 것이냐는 하나의 관점을 읽을 수 있다. 누가는 아기 예수의 여정을 추적하는 것이 아니라 구세주 탄생의 의미를 알리기 위해 치밀한 역사적 탐구를 통해 이야기 담화를 전개하고 있다. 그리하여 1:5 초두부터 요한의 출생과의 연관성에서 예수 탄생의 의미를 기술하고 있다. 〈마리아의 노래〉와 〈사가랴의 노래〉가 그 요지다. 예루살렘 성전에서 예수를 드림 역시 봉헌 의식에 대해 적고 있는 것이 아니다. 〈마리아의 노래〉와 〈사가랴의 노래〉처럼 누가 자신이 역사 탐구를 통해 발굴한 〈시므온의 노래〉와 안나의 예언이 구세주 예수 탄생의 의미를 찬미함을 드러내는 것이다. 예수의 탄생에 허다한 천군(天軍)이 영광과 평화를 찬양하듯 이들 모두가 신실한 사람들의 간절한 구원의 찬미다. 찬미는 시적인 언어로 표현되기 마련이다. 그러므로 본서에서도 시로써 그 의미를 해설하려 하였다. 이들 노래의 앞뒤 이야기는 담화를 전개하는 맥락일 따름이다. 누가가 그의 복음서를 집필할 때 이미 마태복음을 읽었을 터이니 동방박사들과 애굽 피난 이야기를 몰랐을 리 없다. 그러나 이들 이야기는 그가 전개하고자 하는 담화와 무관하지는 않지만, 엮어 맬 매듭은 아니기에 풀어 헤치지 않았을 것이다.

■ **예수의 소년 시절 이야기**(2:40-52) 네 복음서 중 누가복음만이 예수의 소년 시절에 관한 기록을 전한다. 외경에는 소년 시절의 일화가 소개되어 있다지만 정경에는 누가복음이 유일하다. 복음서 저자들이 자신들이 목격하지 않았거나 확신할 수 없는 사건은 기록하지 않는다는 엄격한 규준을 지켰음을 알 수 있다. 이러한 관점에서 오히려 누가가 치밀한 역사적인 탐구를 통해 다른 복음서 저자들이 흘려버린

소년 시절 이야기를 확인하여 그의 예수전을 기록하였다는 신뢰를 가질 수 있다. 누가복음의 예수의 소년 시절 이야기가 유일한 기사라는 사실만으로도 이 기사가 주목받기에 충분하지만, 그보다 이 기사의 내용이 예수가 누구인지 그 정체의 본질을 분명하게 밝혀준다는 점에서 대단히 귀중한 기록이다.

40아기가 자라며 강하여지고 지혜가 충족하며 하나님의 은혜가 그 위에 있
더라
41그 부모가 해마다 유월절을 당하면 예루살렘으로 가더니 42예수께서 열두
살 될 때에 저희가 이 절기의 전례를 좇아 올라갔다가 43그 날들을 마치고
돌아갈 때에 아이 예수는 예루살렘에 머무셨더라 그 부모는 이를 알지 못하
고 44동행 중에 있는 줄로 생각하고 하룻길을 간 후 친족과 아는 자 중에서
찾되 45만나지 못하매 찾으면서 예루살렘에 돌아갔더니 46사흘 후에 성전에
서 만난즉 그가 선생들 중에 앉으사 저희에게 듣기도 하시며 묻기도 하시니
47듣는 자가 다 그 지혜와 대답을 기이히 여기더라 48그 부모가 보고 놀라며
그 모친은 가로되 아이야 어찌하여 우리에게 이렇게 하였느냐 보라 네 아버
지와 내가 근심하여 너를 찾았노라 49예수께서 가라사대 어찌하여 나를 찾
으셨나이까 내가 내 아버지 집에 있어야 될 줄을 알지 못하셨나이까 하시니
50양친이 그 하신 말씀을 깨닫지 못하더라
51예수께서 한가지로 내려가사 나사렛에 이르러 순종하여 받드시더라 그 모
친은 이 모든 말을 마음에 두니라 52예수는 그 지혜와 그 키가 자라가며 하
나님과 사람에게 더 사랑스러워 가시더라

아기 예수가 예루살렘에서 나사렛으로 돌아갔다고 39절에 전한 뒤 이제 40절에서 누가는 예수의 소년 시절 이야기로 접어든다. "아이

가 성장하고 강하여져 지혜가 충족해졌고 하나님의 은총이 그의 위에 있었다."라는 40절 이야기는 앞에 39절과 함께 읽어도 좋고, 41절 이하에 나오는 소년 시절 일화의 서두로 읽어도 좋을 것이다. 동시에 이 단락의 말미인 "예수는 지혜와 그 키가 더욱 성장했고 하나님과 사람에게 더욱 총애를 받았다."라는 52절도 40절과 동일한 맥락에서 소년 예수의 총평이므로 미리 읽어도 좋겠다. 이 52절의 "키가 자라며"에서 "키"는 헬라어 헬리키아(helikia)인데 신체의 키라 직역하기보다 지혜와 더불어 심령의 성숙을 뜻하는 것으로 해석하고 싶다(엡 4:13 참고). 누가의 이야기 담화는 굽이굽이 흐르면서도 내용의 핵심은 도도하게 전개된다.

예수가 성장 과정에서 하나님과 사람에게 총애를 받는다는 사실이 2:40-52의 주요 주제가 아니다. 주요 내용은 예수가 열두 살이었을 때 유월절 축제에 참가해 일어난 사건이다. 요셉과 마리아는 매해 유월절이 되면 성전을 방문하였다고 하니, 그들이 얼마나 유대교에 신실하였는지 다시금 확인할 수 있다. 43-45절에는 사건의 경위가 적혀 있다. 유월절 축제가 끝나 부모는 돌아가고 예수는 예루살렘에 머물러 있었다. 예수가 여행자들 중에 섞여 있거니 생각했던 부모는 예수를 찾았으나 친족과 친지 중에서 그를 찾지 못하여 예루살렘으로 발길을 돌렸다.

"사흘 후에 그들이 그를 성전에서 만났더니, 그가 선생들 중에 앉으사 저희에게 듣기도 하며 묻기도 하더라. 그에게 듣는 모든 사람들이 다 그 지혜와 대답을 몹시 놀라워하였다."라는 46-47절에서 "사흘 후에"라 한 것은 예루살렘을 떠난 첫날은 일행과 함께 오고 있으리라 부모가 무심히 넘겼고, 다음 날에는 꼬박 다시 상경하였고, 셋째 날에야 성전에서 예수를 찾아냈다는 것이다. 그런 다음에 경이로운 장면을 맞닥뜨리는데 이 장면의 묘사에서 중심적인 표현이 "선생들 중에 앉으사"이다(Green, 1997, p. 155). 당시의 선생들의 가르침은 질문과 답변의 자리였는데, 성서학자인 이 선생들의 주목을 한몸에 받았다는 표현으로 보아 예수가 질문하고 답변한 것이 신적인 지혜의 대화 자리였다는 사실을 짐작게 한다. 예수의 말을 들은 모든 사람이 예수의 지성과 답변에 놀랐다는 것이다. 부모는 이 믿을 수 없는 장면을 목도하고 경악한 나머지, 48b절에 "아이야, 어찌하여 우리에게 이렇게 하였느냐? 보라, 네 아버지와 내가 근심하여 너를 찾아다녔노라!" 하고 마리아가 말하는데 이것은 감정적인 꾸지람이다.

다른 무엇보다 우리는 이 장면에서 누가가 마리아와 요셉을 칭할 때 "어머니" 그리고 "네 아버지"라는 표현을 사용하고 있다는 사실에 주목해야 한다. 이 단락 초두부터 "부모"라는 어휘가 여러 번 나왔다. 요셉과 마리아라 부르는 대신, 마리아가 예수에게 아버지와 어머니라 호칭하게 한 것은 필경 누가가 의도적으로 이 어휘를 선택해 사용한 것일 테다. "보라"라는 말로 주의를 촉구한 뒤 "어찌하여 우리에게 이렇게 하였느냐?"라고 마리아가 꾸짖자 대뜸 예수는 동일한 어법을 사용해 "어찌하여 나를 찾으셨나이까?"라고 반문한다. 게다가 "내가 내 아버지 집에 있는 것이 필연적임을 알지 못하셨나이까?" 하고 49절에 말대꾸한다. 이것이 복음서에 인용된 그의 생애에서의 예수의 첫 말이다. 마리아의 "네 아버지와 내가"에 대해 하나님을 "내 아버지"라고 칭하니 참으로 놀라운 발언이다. "내 아버지 집"은 원문에 "내 아버지의 그"라 정관사만 쓰여 있거니와 "하나님 나의 아버지가 사는 그곳"이라고 번역하는 것이 원의미에 맞다고 한다(Garland, 2011, p. 145). 구약에서도 하나님이 부친성(父親性)을 갖고 있기는 하지만 일인칭 소유격 "나의 아버지"라는 호칭으로 쓰인 곳은 아무 데도 없다. 열두 살의 소년 예수, 그는 자신의 아버지가 요셉이 아니고 (그의 부모가 요셉과 마리아가 아니라), 자신은 성육신한 하나님의 아들임을 그의 양친에게 맞대어 천명하고 있는 것이다. 내 아버지의 집에 있는 것이 "필연적"이라 번역한 것은 하나님의 계획에 복종하여야 한다는 뜻을 강조하기 위함이다(앞의 책, p. 145). 그럼에도 불구하고, "그러나 양친이 그가 한 말을 이해하지 못하였다."라고 이어진다. 가브리엘이 마리아에게 "나실 바 거룩한 자는 하나님의 아들이라."(1:35) 하고 일러주었는데도 말이다. 아마도 누가는 의도적으로 이 50절로 유월절 축제의 사건 기록을 더 이상의 논평 없이 종결한 것 같다.

이어지는 51-52절은 예수의 탄생과 유년 및 소년 시절 이야기 담화의 종결 논평이라 보는 것이 일반적이다(Green, 1997, p. 158). 그렇게 해석하는 이유는 우선, 요셉 앞에서 참으로 놀랍게도 하나님을 "내 아버지"라 칭하였으나, 하지만, 예수가 부모에게 반항한 말이 아니라는 것을 51절을 읽으면 알 수 있기 때문이다. "그리고 예수께서 그들과 함께 내려가 나사렛에 이르렀고 그들에게 순종하였다."라는 51절에서 "그들(부모)에게 순종하였다."를 개역성경에서는 "순종하여 받드시더라."라고 옮겼는데, 이는 효자로서 예수의 심정을 부각하려고 "받드시더라"라는 어휘를 일부러 첨가한 것으로 보인다.

한데, "그의 모친은 이 모든 말들을 마음에 소중히 새기고 있었다."라는 51b절은 "그러나 마리아는 이 모든 말들을 소중히 새기고 그녀의 마음 깊이 숙고하였다."라는 2:19과 동일한 문구이다. "이 모든 말들"이 두 문맥에서 각기 다르므로 가브리엘이 전한 탄생예고부터 그 후 마리아가 들었던 50절까지의 모든 말을 지칭하는 것이라 해석할 수도 있겠다. 그러나 51b절에서는 "내가 내 아버지 집에 있어야 될 줄을 알지 못하셨나이까?"라고 한 49절이 직접적인 배경 문맥일 수도 있다. 그렇다면, "칼이 당신(마리아) 자신의 영혼 역시 꿰찌를 것이다." (2:35)라는 시므온의 예언을 상기하고 마리아가 그녀의 아픈 마음을 속으로 새겼을 거라고 해석할 수도 있을 것이다.

III

공생애 사역을 위한 준비

〈설교하는 세례요한John the Baptist Preaching〉, 1634

내용을 분해해보면, 제II부(1:5-2:52)의 주제는 예수의 탄생과 어린 시절의 이야기 담화이고 앞으로 살펴볼 제III부(3:1-4:13)의 주제는 예수의 사역을 위한 준비다. 두 부 모두 예수보다 요한의 이야기를 먼저 기술하여 예수의 이야기 전개를 선도한다. 이러한 전개는 물론 "주 앞에 앞서 가서…… 주를 위하여 세운 백성을 예비하리라."(1:17)라는 말씀과 "이 아이여, 네가 지극히 높으신 이의 선지자라 일컬음을 받고 주 앞에 앞서 가서 그 길을 예비하여"(1:76)라는 말씀에서 드러나는 요한의 역할을 분명하게 보이려 함이다. 본서에서는 제III부를 세례요한의 사역과 예수의 사역 준비로 나누어 두 단원에 걸쳐 읽겠다.

세례요한의 사역(3:1-20)

■ **지극히 높으신 이의 예언자, 요한**(3:1-6) 이 단락은 예언자 요한의 사역의 목표가 무엇인지를 기술하고 있다. 예언서의 기술 양식을 좇아 우선 어느 시대에 그가 활동하였는가를 서술하고, 요한의 사역이 이사야를 통해 예견된 바와 그의 목표가 죄 사함을 얻게 하는 회개의 세례를 전파하는 일임을 기술한다.

> 1디베료 가이사가 위에 있은 지 열다섯 해 곧 본디오 빌라도가 유대의 총독
> 으로, 헤롯이 갈릴리의 분봉왕으로, 그 동생 빌립이 이두래와 드라고닛 지방
> 의 분봉왕으로, 루사니아가 아빌레네의 분봉왕으로, 2안나스와 가야바가 대
> 제사장으로 있을 때에 하나님의 말씀이 빈 들에서 사가랴의 아들 요한에게
> 임한지라 3요한이 요단 강 부근 각처에 와서 죄 사함을 얻게 하는 회개의 세
> 례를 전파하니 4선지자 이사야 책에 쓴 바

광야에 외치는 자의 소리가 있어 가로되
너희는 주의 길을 예비하라
그의 첩경을 평탄케 하라
5모든 골짜기가 메워지고
모든 산과 작은 산이 낮아지고
굽은 것이 곧아지고
험한 길이 평탄하여질 것이요
6모든 육체가 하나님의 구원하심을 보리라
함과 같으니라

우선 "하나님의 말씀이 광야에 있는 사가랴의 아들 요한에게 임한지라."(3:2b)부터 읽겠다. 요한이 탄생하여 성장해 "그가 이스라엘에 알려졌을 때까지 광야에 있었다."(1:80a)는 기록이 앞에 있었다. 이제 그가 드디어 이스라엘에 알려지는 공적인 생애의 길에 들어섰다. "하나님의 말씀이 요한에게 왔다."가 원문의 어순인데 '말씀'은 로고스(logos)가 아닌 레마(rhema)인 바, 복음의 메시지라기보다 하나님께서 지시한 실제의 말이다(Liefeld and Pao, 2007, p. 92). 달리 말하면, 요한에게 예언의 사역이 맡겨진 것이다. "하나님의 말씀이…… 요한에게 임한지라."에서 보이는 누가의 이 서술양식은 예언서 초두를 여는 "여호와의 말씀이 내게 임하니라."(사 1:4) 혹은 "여호와의 말씀이 부시의 아들 제사장 나 에스겔에게 특별히 임하고"(겔 1:3)에서 보는 바와 같이 예언의 서두를 여는 "하나님의 말씀이 (누구에게) 임한지라."와 같은 양식의 서술이다.

그뿐만 아니라, 예언서 초두에는 3:1-2a처럼 예언할 당시의 시대배경을 적는 것이 상례다. 예언자가 예언의 사역을 수행할 당시에 정치

사회적인 배경을 소개하고 하나님의 말씀이 임하였음을 기록함으로써, 누가는 요한의 사역이 전통적인 예언 활동과 같은 맥락을 갖는 것임을 이야기의 서술양식에서 밝힌다. 우선 로마제국의 여러 인물의 이름이 적혀 있는데 이들이 요한의 예언 사역에 어떤 영향력을 끼쳤는지가 헤롯을 제외하고는 불분명하다. 로마 황제 디베료가 통치하고 있은 지 15년 되었을 때 본디오 빌라도가 유대의 총독(행정 장관)이었고, 헤롯이 갈릴리 속령의 분봉왕(영주)이었고, 그의 동생 빌립이 이두래와 드라고닛 속령의 영주였고, 루사니아가 아빌레네 속령의 영주였다는 것이다. 디베료는 그의 양아버지 아구스도에게서 황제의 위를 계승받은 자로 유대인들을 로마에서 추방한 악명 높은 황제다. 그가 황제가 된 지 15년이라면 (연도의 계산법이 달라 단정하기 어려우나) 그때가 기원후 27년 내지 29년이라는 것이다. 이 시기가 공적으로 요한이 그의 예언 사역을 시작한 때이고, 아울러, 예수가 요한에게서 세례를 받은 때이기도 하다. "디베료 황제의 통치" 아래 있던 시기는 도덕적으로 퇴폐하고 정치적으로 혼란한 시기였다고 로마의 역사학자들에 의해서도 전해진다고 한다. 본디오 빌라도의 악명과 헤롯 안티파스의 잔학무도함은 복음서에서 익히 알려진 바다. 영주였던 빌립과 루사니아는 각각 기원후 34년에 죽고 37년에 퇴임하였으나 상대적으로 덜 알려진 인물들로, 학자들도 이들을 요한과 관련하여 어떻게 평해야 할지 유보하고 있다.

아울러, "하나님의 말씀이 광야에 있는 사가랴의 아들 요한에게 임하였다."의 시기가 "안나스와 가야바가 대제사장으로 있는 동안"이라고 2절에 적혀 있다. 원문에서는 대제사장 둘을 단수로 표현하여 마치 두 사람이 함께 하나의 대제사장직을 맡은 것으로 기록하고 있다(Geldenhuys, 1951, p. 135; Green, 1997, p. 169). 하지만 실상, 안나스는 기원후 6-15년 동안 대제사장으로 있다가 로마 총독에 의해 해임되었다고 한다. 종교적인 지도자들이 세속의 권력에 의해 그들의 자리를 찬탈당하는 수모를 겪은 것이다. 행 4:6-7에 대해 주해한 것을 보면(Longenecker, 2007, p. 772), 그 후 안나스의 양자인 가야바는 기원후 18-36년 동안 대제사장직을 맡았으나 가야바뿐만 아니라 산헤드린 전체가 안나스와 그의 가족의 막강한 영향력 아래 있었다는 것이다. 따라서 누가의 서술이 역사적인 오류인 것은 아니다. 무엇보다 중요한 사실은 이들 종교지도자 둘이 예수의 체포와 십자가 처형의 주모자들이고, 사도들이 예수의 도를 전하는 것을 증오하고 위협했다는 기록이 행전 4장 전반부에 적혀 있다는 것이다.

그러므로 요한의 사역이 드러내는 정치 및 종교 지배 세력의 역사적인 배경 진술은, 요한이 처한 반대세력의 위협을 의사인 누가가 역사학자답게 담화 이야기로 풀어놓은 것이라 읽어야겠다. 성서문학 비평자 샌즈(P. C. Sands)는 3:1-2b에 대해 "순서(차례)의 정신에 투철한 이 역사학자(누가)만이 주동사에 연대순으로 종속되는 일련의 구절에 특정한 한 해에 걸쳐 있는 국가 관리들의 모든 이름을 순서대로 나열하는 이런 글을 쓸 수 있었겠다."라고 자신의 논문에서 비평하였다고 한다(Ryken, 2009, p. 116). 이 인용문에서 '주동사'는 "하나님의 말씀이 요한에게 임했다."는 2b의 "임했다"이다. 이 "임했다"가 주요 내용이고, 1:1-2a은 하나님의 말씀이 임했을 때의 정치 및 종교의 역사적인 배경을 차례대로 적은 누가의 면밀한 역사적인 연구라고 평가한다. 이스라엘을 지배하고 있던 로마의 정치적 사회적 혼란의 시기(Garland, 2011, pp. 151-152)와 유대교의 최고 권위들이 이들 권력과 야합한 타락의 시기(Ryken, 2009, p. 117)에 광야에서 "독사의 자식들아! 누가 장차 올 진노를 피하라 너희를 경고했느냐?"(3:7) 하고 회개하라 외쳤던 배경을 누가가 여기에 기록하고 있는 것이다. 이 점 이 대목에서 〈마리아의 노래〉의 "하나님은 권력자들을 그들의 권좌에서 끌어내리셨고 겸손한 자들을 높이셨도다."(1:52)라는 구절을 인용하는 학자가 있다(Culpepper, 1995, p. 81).

하나님의 말씀이 요한에게 임한지라, "죄 사함을 위한 회개의 세례를 선포하며 요한이 요단강 두루 각처에 다녔다."라고 3절에 구체적인 요한의 사역을 적고 있다. 요한은 광야의 한 곳에 붙박이로 자리 잡은 것이 아니라 요단강 곳곳을 두루 돌아다니며 "죄 사함을 위한 회개의 세례를 전파하였다."는 것이다. 이 진술에서 "그 때에 세례요한이 이르러 유대 광야에서 전파하여 가로되 회개하라 천국이 가까웠느니라 하였으니"(마 3:1-2)와 "세례요한이 이르러 광야에서 죄 사함을 받게 하는 회개의 세례를 전파하니"(막 1:4)라는 진술과 대동소이하다. 이 요한의 세례의 의미는 누가가 앞에서 "그는 이스라엘 자손들을 그들의 하나님이신 주께로 돌아오게 하리라."(1:16) 혹은 "그들의 죄를 용서함으로써 주의 백성에게 구원의 앎을 주리라."(1:77) 하고 노래한 바와 같다. 요컨대, 요한의 세례는 "회개하라"이고 그 회개는 "죄의 용서를 위한" 회개인 바, 이 진술은 세 공관복음서 모두에서 동일하다. 이 "죄 사함을 위한 회개의 세례"가 "그리고 너는, 아이여, 지극히 높으신 이의 예언자라 일컬음을 받으리니 주의 앞에 먼저 가서 주의 길을 예비하리라."(1:76)라는 일이다. "죄 사함을 위한 회개의 세례"가 곧 요한의 사역인 것이다. 단순히 물속에 들어갔다 나오는 의식이 아니라 죄 사함을 위한 회개다. 무엇보다 이것이 누가복음의 구원의 제일 원리다. 제사장의 아들인 그는 성전에 가서 속죄의 제물을 바친 것이 아니라 율법에 적힌 성전과 성전 의식을 배격하고 광야에 홀로 서서 회개의 세례를 전파했을 따름이다(Garland, 2011, p. 163).

주의 길을 예비하는 요한의 사역의 의미를 누가는 “선지자 이사야의 책에 쓴 바”라 적고 사 40:4-5을 인용한다. “광야에서 외치는 자의 소리가 있어 가로되”로 시작하는데 이 첫 구절은 요한이 큰 소리로 부른다는 말이다. “위로하라”를 외치며 “아름다운(좋은) 소식”을 전하는 이사야의 예언을 마치 요한 그 자신이 예언하듯 이사야를 인용하고 있다. 실제 인용은 “주의 길을 예비하라 그의 길을 곧게 하라.”부터다. 여기서 “여호와의 길을 예비하라…… 우리 하나님의 대로를 평탄케 하라.”(사 40:3)라는 표현을 “주의 길”로 대체하고 있는 것은 야훼 대신 예수를 대체하고 있는 것이다(Garland, 2011, p. 155). 실제로 고대에서는 황제나 국빈이 어떤 도시를 방문할 때 시민들이 길을 닦고 사절을 미리 보내 그를 영접했다고 한다. 그러므로 이것은 은유적인 표현이라기보다 주를 영접하는 올곧은 요한의 실천적인 행위를 묘사한 것이다.

마찬가지 맥락으로 5절 또한 이어진다. “모든 골짜기가 메워지고 모든 산과 언덕이 낮아지고 굽은 것이 곧아지고 험한 길이 평탄하여질 것이요.”는 이사야의 본문과 대동소이하다. 그리고 “모든 육체가 하나님의 구원을 보리라.”라는 6절은 “여호와의 영광이 나타나고 모든 육체가 그것을 함께 보리라.”(사 40:5)를 변형한 표현이다. 흥미로운 것은 마태와 마가에서는 이 이사야의 말씀을 인용치 않고 있다는 사실이다. 다음 단락(3:7-20)을 보면, 요한은 “회개하라”고 단순히 외친 것이 아니라 죄의 용서를 위한 회개가 어떠해야 하는지 구체적으로 구원의 길을 가르치고 있다. 여하튼, 누가가 인용한 6절은 만인구원설이라 해석해도 좋을 만큼 보편적인 구원을 강하게 내세운다. 그러나 앞뒤 문맥으로 미루어 볼 때, 여기서 누가가 ‘회개치 않는 육체까지 하나님의 구원을 보리라.’라는 만인구원을 주창하는 것은 아닐 것이다. 온건하게 해설하면, 6절은 “하나님의 이 구원을 이방인에게 보내신 줄로 알라."(행 28:28)라는 메시지를 누가가 또 다르게 표현한 것일 수 있겠고(앞의 책, p. 155), 회개하지 않으면 이스라엘이라도 하나님의 구원을 볼 수 없다(앞의 책, p. 164)는 메시지를 담은 것일 터이다.

■ **좋은 소식을 전함 그리고 투옥**(3:7-20) 누가는 앞에서 주의 길을 예비하는 회개의 세례가 요한의 사역임을 분명히 하였다. 이제 독자는 요한이 세례를 어떻게 주었는지, 그 세례의 절차와 의식이 어떠한 것이었는지가 궁금해진다. 그러나 누가는 이사야가 말하는 "위로하라"와 "아름다운(좋은) 소식"이 무엇인지에 관해 요한이 전한 내용을 여기 7-18절에 보고하고 있다. 이것이 이 단락 말미 18절에 "여러 다른 권면으로 백성에게 좋은 소식을 선언하였다."라고 요약한 "좋은 소식" 곧 복음이다. 그리고 또 회개와 세례의 의미이기도 하다. 누가복음의 이 3:7-18의 기사는 특히 마 3:5-12의 기사와 병행하는 기사다.

> 7요한이 세례 받으러 나오는 무리에게 이르되 독사의 자식들아 누가 너희를
> 가르쳐 장차 올 진노를 피하라 하더냐 8그러므로 회개에 합당한 열매를 맺
> 고 속으로 아브라함이 우리 조상이라 말하지 말라 내가 너희에게 이르노니
> 하나님이 능히 이 돌로도 아브라함의 자손이 되게 하시리라 9이미 도끼가
> 나무 뿌리에 놓였으니 좋은 열매 맺지 아니하는 나무마다 찍혀 불에 던지우
> 리라
> 10무리가 물어 가로되 그러하면 우리가 무엇을 하리이까 11대답하여 가로되
> 옷 두 벌 있는 자는 옷 없는 자에게 나눠 줄 것이요 먹을 것이 있는 자도 그
> 렇게 할 것이니라 하고 12세리들도 세례를 받고자 하여 와서 가로되 선생이
> 여 우리는 무엇을 하리이까 하매 13가로되 정한 세 외에는 늑징치 말라 하고
> 14군병들도 물어 가로되 우리는 무엇을 하리이까 하매 가로되 사람에게 강포

하지 말며 무소하지 말고 받는 요를 족한 줄로 알라 하니라
15백성들이 바라고 기다리므로 모든 사람이 요한을 혹 그리스도신가 심중에
의논하니 16요한이 모든 사람에게 대답하여 가로되 나는 물로 너희에게 세
례를 주거니와 나보다 능력이 많으신 이가 오시나니 나는 그 신들메를 풀기
도 감당치 못하겠노라 그는 성령과 불로 너희에게 세례를 주실 것이요 17손
에 키를 들고 자기의 타작마당을 정하게 하사 알곡은 모아 곡간에 들이고 쭉
정이는 꺼지지 않는 불에 태우시리라
18또 기타 여러 가지로 권하여 백성에게 좋은 소식을 전하였으나 19분봉왕
헤롯은 그 동생의 아내 헤로디아의 일과 또 그의 행한 모든 악한 일을 인하여
요한에게 책망을 받고 20이 위에 한 가지 악을 더하여 요한을 옥에 가두니라

"그러므로 요한이 그에 의해 세례 받으러 나오는 무리들에게 말하였다."라는 초두에는 실상 "그러므로"라는 접속사가 적혀 있으나 개역성경과 대부분의 번역본에는 접속사가 생략되어 있다. 아마도 앞 부분(3:1-6)과 구태여 연관시켜 읽지 않아도 괜찮다는 생각 때문일 것이다. 하지만 여기서는 "요한이…… 죄 사함을 위한 회개의 세례를 전파하니"(3:3)와 연관된 '그러므로'의 접속 관계로 7절 이하를 읽기로 하겠다. "독사의 자식들아! 누가 장차 올 진노를 피하라고 너희를 경고했느냐?"라는 요한의 말은 그에게 세례를 받으러 나온 사람들에게 너무나도 혹독한 질타다. 요한은 세례만 받으면 장차 올 진노를 피할 수 있겠느냐고 무리를 질타한다(Garland, 2011, pp. 155-156). "무리"라는 복수 어휘는 특정한 집단이 아니라 여러 이질적인 집단을 가리키는 말이다. 마태가 "요한이 많은 바리새인과 사두개인이 세례 베푸는 데 오는 것을 보고 독사의 자식들아"(마 3:7)라고 집단의 특정성을 명기한 사실을 참고할 필요가 있다. 요컨대 이 무리 중에는 회개는 제쳐두고

세례의 물만 뒤집어쓰면 죄를 용서받을 수 있다고 모여든 무리가 있기에 이런 질타를 퍼부었을 것이다(Ryken, 2009, p. 120).

8절의 앞부분 "그러므로 회개에 합당한 열매를 맺고"와 뒷부분 "우리가 아브라함을 우리 조상으로 갖고 있다고 말하지 말라."는 본래 "그리고"로 연결된 것이지만 내용상으로는 양극의 대조를 이루고 있다. 요한의 세례는 회개의 세례이고 회개의 열매는 10-14절을 읽으면 선을 행하는 일이다. 세례 의식 그 자체가 구원의 효력을 가져오는 것은 아니다. 반면에, "아브라함이 우리 조상이라."는 것은 하나님의 선민으로서의 유대주의를 일컬음이다(Green, 1997, p. 176). 아브라함의 자손이라는 명목상의 이유로 구원을 얻는다는 이 유대주의를 요한은 통박하고 있다. 심지어 "내가 너희에게 이르노니 하나님이 능히 이 돌로도 아브라함의 자손이 되게 하시리라."라고 말한다. 유대주의에서 '의'라는 개념은 이 선민의 지위를 유지하는 일이다(Sanders, 1982). 그런데 제사장 사가랴와 제사장 집안의 엘리사벳의 아들 요한이 "이들 돌들에서 하나님이 아브라함의 자손들을 일으킬 수 있다."라고 반유대주의적인 막말을 뱉어낸다. 아울러, 도끼에 빗대어 심판이 임박하였음을 고한다. 아브라함의 자손이라도 "이미 도끼가 나무 뿌리에 놓였으니 좋은 열매 맺지 아니하는 나무마다 찍혀 불에 던지우리라." 하고 기다릴 시간이 없으니 바로 회개하라고 말한다. 이는 예수가 이미 왔고 심판이 임박하였기 때문이다.

사가랴와 엘리사벳의 아들 요한을 우리는 세례요한이라 부른다. 다시 강조하지만, 한데, 세례요한은 세례 절차와 의식에 대해 일언반구도 하지 않는다. 그가 성전 의식으로 세례를 준 것이 아니라는 점에 주목해볼 때 "요한의 사역은 하나님이 이제 성전과 제의(祭儀)를 회피하신다는 점을 보여준다"(Garland, 2011, p. 163). 그의 회개의 세례는 번제를 드린다거나 금욕의 수도를 요구하는 것과 아무런 상관이 없다(Fitzmyer, 1970, p. 469). 당시에 세례는 이스라엘의 하나님께로 돌아온 이방인들을 위한 정결 의식이요, 이방인들이 언약의 백성이 되었다는 징표였다. 하나님의 언약의 백성인 유대인들은 이미 정결하므로 세례를 받을 필요가 없었다(Ryken, 2009, pp. 121-122). 그럼에도 불구하고, 요한은 유대인들을 불러 세례를 주었다. 그들이 아브라함의 자손인 유대인이라는 이유만으로 죄에서 정결할 수 없다는 것이 요한의 신념이었다. 누구든 회개하지 않으면 죄의 용서를 받을 수 없다. "대단히 놀라운 일은 신의 도끼가 이스라엘의 나무들을 찍어버리려 들어 올려졌다(13:1-9)는 사실이다"(Garland, 2011, p. 157). 예수는 13:1-9에 회개치 않고 열매를 맺지 않으면 갈릴리 사람들이든 예루살렘 사람들이든 심판의 멸망에서 벗어날 수 없다고 말씀하고 있다. 그러므로 "회개하라, 천국이 가까왔느니라."(마 3:2)가 요한의 세례의 모든 것이다.

세례 받으러 온 사람들이 요한의 혹독한 질타에 당혹하여 "그렇다면 우리는 무엇을 해야 합니까?"라고 10-14절에 질문한다. 동일한 질문이 세 차례에 걸쳐 나오는데, 첫 번째는 이질적인 집단의 전반적인 질문이요, 두 번째는 세리들 집단의 질문이요, 세 번째는 군병들 집단의 질문이다. 요한은 이들 질문에 대한 답변으로 회개한 사람들에게 적합한 행동이 무엇이냐는 관점에서 윤리적인 가르침을 준다. 첫 번째 질문에 대해서는 옷이나 음식을 없는 사람에게 나눠주라는 것이요, 두 번째 질문에 대해서는 규정된 세금 이외에는 달리 걷어들이지(늑징치) 말라는 것이요, 세 번째 질문에 대해서는 부당하게 취득치 말고 자기 임금에 만족하라는 답변이 고작이다. 학자들은 요한이 도움, 정직 그리고 공평이라는 사회정의의 실현을 권면한다고 해석한다(Liefeld and Pao, 2007/2009; Fitzmyer, 1970, p. 465). 한데, 조엘 B. 그린은 요한이 하나님의 언약의 백성을 위한 기초와는 무관한 행동을 권면하고 있음에 주목한다. 과거의 언약에 근거한 행동을 권면하는 것이 아니라 종말의 가장자리인 현재에 요구되는 것이 무엇인지에 초점을 맞추고 있는 것이라 해설하는데(Green, 1997, p. 178), 매우 타당한 견해로 보인다. 요한의 답변 자체에만 의존하면 그것은 사회정의를 말하는 것이지만, "이들 돌에서 하나님이 아브라함의 자손들을 일으킬 수 있다."라든지 "좋은 열매 맺지 아니하는 나무마다 (도끼에) 찍혀 불에 던지우리라." 라는 말씀을 보면 요한이 종말의 맥락에서 사회정의를 권면하고 있기 때문이다.

"백성이 기대에 그득하여 모두가 요한에 대해 심중에 궁금해하기를 그가 그리스도가 아닌가 하였더라."가 15절이다. 이 궁금증에 대해 16절에 "요한이 그들 모두에게 대답하였다." 하고 그들의 그릇된 기대를 올바르게 세워준다. 대답인즉 "나는 물로 너희에게 세례를 주거니와 그러나 나보다 능력이 많으신 이가 오시고 있나니 나는 그의 신들메를 풀기도 감당치 못하겠노라."라고 함으로써 "주 앞에 앞서 가서 그 길을 예비하는" 것이 자신의 본분임을 분명히 밝힌다. 오시는 이가 자신보다 능력이 크신 이임을 "나는 그의 신들메를 풀기도 감당치 못하겠노라."라는 말로 표현하는데, 이는 자신은 오시는 분의 노예가 될 자격도 없다는 뜻이다(Geldehuys, 1951, p. 140; Ryken, 2009, p. 129).

누가의 행전과 복음을 보면 그가 세례에 대단히 소중한 의미를 부여하고 있음을 알 수 있다. 요한이 자기는 물로 세례를 주지만, 오시는 이 "그는 성령과 불로 너희에게 세례를 주실 것이요."라고 하여 16c절에 대조를 이룬다. 여기서 요한이 자신이 물로 세례를 주는 것과 오시는 이가 성령과 불로 세례를 주는 것을 분명히 다른 세례라고 구별한다는 사실이 중요하다. "물 세례는 이제 오실 바의 그림자일 따름이다"(Garland, 2011, p. 159). 누가는 행 8:9-24, 10:47-48 및 19:1-7에서 물 세례와 성령 세례의 차이를 분명히 하고 있다. 특히 바울이 에베소의 열두 제자를 만나 "너희가 믿을 때에 성령을 받았느냐?"(행 19:2) 하고 물으니, 그들이 답하기를 "요한의 세례"를 받았을 따름이라고 한다. 그리하여 그들이 "주 예수의 이름으로 세례를 (다시) 받았다."(행 19:5)는 기록이 나온다. 우리는 여기서 예수의 이름으로 받는 세례가 성령을 받는 일임을 알 수 있다. 학자들은 물 세례는 죄 사함의 정결의 외재적인 징표이고 성령의 세례는 내재적인 정화라 해설한다(Ryken, 2009, p. 130). 마찬가지로, "그(그리스도)는 (성령과 불로) 진정한 세례를 집전한다. 이 세례는 물로 주는 세례가 외적으로 상징하는 바를 내적으로 주는 세례다"(Geldenhuys, 1951, p. 140).

그런데 요한이 "그는 성령과 불로 너희에게 세례를 주실 것이요." 라고 말했기 때문에 학자들은 이때 성령의 세례와 불의 세례가 다른지를 논란하기도 한다. 하지만, "한 성령으로 세례를 받아 한 몸이 되었고"(고전 12:13)라는 세례의 기본 정신은 성령으로 잉태하신 그리스도의 몸과 하나가 된다는 것이다. 그리고 오순절에 성령이 임하실 때 불의 혀 같은 불꽃이 나타났다는 누가의 기록을 보면(행 2:2-4) 성령과 불의 세례는 다른 성질의 세례가 아닐 것이다.

마지막으로 요한은 종말적인 심판을 현재형 시제로 17절에 진술한다. "그의 키질하는 풍구가 그의 손에 쥐어져 자기의 타작마당을 정하게 하사 알곡은 모아 곡간에 들이지만 쭉정이는 꺼지지 않는 불에 태울 것이다."를 16c절 "불로 너희에게 세례를 주실 것이요."에 연결하여 불 세례가 곧 심판이라 해석하는 학자들도 있다. 그러나 세례는 성령을 받는 일이므로 심판일 수 없다. "그의 키질하는 풍구가 그의 손에 쥐어져"가 17절의 주절이므로 "그는 그의 손에 키를 들고 있다."로 번역해도 좋을 것이다. 피츠마이어는 눅 3:17을 마 3:12의 주해로 대체하여 키를 사용할 태세가 갖추어졌다는 의미로 해석한다. 말하자면, "그는 그의 손에 키를 들고 있다."를 심판이 임박하였다는 주절의 표현으로 읽는 것이다. 그린의 17절 주해는 한발 더 나아간다. 요한이 주의 길을 예비하는 일은 회개의 세례로 끝났다고 본다. 이제 남은 일은 회개에 대한 백성의 반응을 메시아가 종말심판하는 "타작마당을 정(청결)하게 하는" 일만 남았다는 것이다(Green, 1997, p. 182). 그린의 이러한 해설은 7:18-20에 적힌 뒷이야기와 정합적으로 동일한 맥락에서 담화를 이해하려는 노력이다. 요한이 그의 제자 둘을 예수에게 보내어 "오실 그 이가 당신이오니까? 우리가 다른 이를 기다리오리까?"라고 물었다. 까닭인즉, 예수가 왔는데도 심판이 즉각적으로 이루어지지 않았기 때문에 요한이 이처럼 질문한 것이라 그린은 해석한다. 요한은 예수가 이 세상에 온 그 즉시로 타작마당을 청결케 하는 심판의 주라 생각했던 것이다. 그러나 예수는 "인자가 올 때에 그가 이 세상에서 믿음을 보겠느냐?"(18:8) 하고 다시 올 때까지 종말심판을 인내로 참고 미룬다.

이제 18절에 "그러고 나서 여러 다른 권면으로 백성에게 좋은 소식을 전하였다."라고 요한의 활동을 요약한다. "좋은 소식"이란 이사야를 인용한 표현이지만, 맥락으로 보아 구원의 복음을 요한이 전하는 것은 아닐 것이고(Fitzmyer, 1970, p. 475) 예수가 가져올 복음을 예고하는 것이다. 그리고 19-20절에 세례요한의 이야기를 마무리하는데 "그러나 헤롯 분봉왕은 그의 동생의 아내 헤로디아와 관련하여 또 헤롯이 행한 모든 악한 일들과 관련하여 요한에 의해 비난을 받고, 결국 이 모든 것에 더하여 그는 요한을 옥에 가두었다."라고 헤롯이 요한에게 저지른 악행, 부당한 권력 행사를 적고 있다. 누가는 헤롯이 배다른 동생의 아내를 취한 것밖에는 그의 "모든 악한 일들"에 대해 열거하지 않고 있다. 하지만 요한은 자기를 찾아온 사람들을 "독사의 자식들아" 하고 꾸짖는 불같은 사람이었으니 통치자 헤롯의 악행을 낱낱이 공적으로 질타했을 것이다. 이처럼 세속의 악의 세력이 마의 위력으로 예언자 요한의 하나님의 사역을 구축하고 있었기 때문에, 누가가 요한의 사역을 기록하기 전에 암울한 세속과 종교의 배경부터 적었을 것이다.

예수의 사역 준비(3:21-4:13)

세례요한의 사역에 대한 기록을 끝내고 누가는 "그 모든 일을 근원부터 자세히 미루어 살핀 나도…… 차례대로 써 보내는" 일의 다음 순서로, 이제 예수의 공생애 사역을 위한 준비를 기록하고 있다. 예수가 요한에게서 세례를 받은 일(3:21-22), 예수의 족보(3:23-38), 그리고 예수가 시험받은 일(4:1-13)이 그 기록이다.

■ **죄인의 자리로 내려와 세례를 받다**(3:21-22) 누가는 요한이 투옥되기 전에 예수가 요한에게서 세례를 받은 일을 뒤늦게 하나의 문장으로 간략히 적고 있다. 본서에서는 이 단락을 마태의 병행기사와 비교하여 읽겠다. 한데, 예수가 왜 공생애를 시작하기 전에 요한의 세례를 받았는지 그것을 이해하기가 참 어렵다.

> 21백성이 다 세례를 받을새 예수도 세례를 받으시고 기도하실 때에 하늘이
> 열리며 22성령이 형체로 비둘기같이 그의 위에 강림하시더니 하늘로서 소리

가 나기를 너는 내 사랑하는 아들이라 내가 너를 기뻐하노라 하시니라

"모든 백성이 세례를 받았고 예수 역시 세례를 받았으며"라고 서두를 연다. 여기서 "모든 백성"은 요한에게로 온 모든 백성을 가리킬 것이다. 그런데 이때 예수가 누구한테서 세례를 받았는지를 누가가 명기하지 않고 있어 학자들이 여러모로 왈가왈부한다. "예수가 세례를 받았다."가 수동형의 진술이지만 중간태의 서술이어서 예수가 자신에게 세례를 주었다고 독해하기도 한다. 그러나 마태는 "요한이 말려 가로되 '내가 당신에게 세례를 받아야 할 터인데 당신이 내게로 오시나이까?'"(마 3:14b)라고 하여 요한이 세례자임을 분명히 기록하고 있다.

이 서두 21a-b절의 "모든 백성이 세례를 받았을 때"라는 표현 역시 예수가 뭇백성 중의 한 사람임을 표현하는 것처럼 들릴 수 있는 오해의 여지가 있다. 이것이 오해라는 것은 뒤이은 21c-d절 "(예수가) 기도하실 때에 하늘이 열렸다."에서 분명해진다. 무엇이라 기도하였다는 기록은 없으나 "하늘이 열렸다."는 것이 중요하다. '찢어졌다' 혹은 '갈라졌다'가 아니라 "하늘이 열렸다."이니 하늘과 땅 사이의 출입문이 열렸다는 것이다(Garland, 2011, p. 168). 말하자면, 세례를 받은 뭇백성에게는 일어날 수 없는 일이 일어난 것이다. 하늘에 계신 하나님이 이 땅에 직접 계시하였다는 사실을 기술한 것이다(Ryken, 2009, p. 134). 게다가, 세례를 받고 물 위에서 올라오자 하늘이 열린 것이 아니고, 예수가 기도하자 하늘이 열렸다고 분명하게 기술하고 있다.

하나님이 직접 이 땅 위의 예수에게 계시하는 장면을 성령이 예수에게 강림하였다고 표현한다. 그뿐만 아니라 "비둘기 같은 몸의 형태로" 강림하였다고 적고 있다. "몸의 형태"라는 표현은 마태와 마가에는 없고 누가만의 생생한 묘사다. 비둘기가 갖는 의미를 왈가왈부할

수도 있겠으나, 중요한 것은 어떤 환상이 보인 것이 아니라 눈으로 구체적인 형체를 본 생생한 묘사라는 점이다. 그리고 이 묘사는 창 1:2에 적힌 "땅이 혼돈하고 공허하며 흑암이 깊은 위에 하나님의 신(영)이 수면에 운행하시나니"와 같은 새로운 창조로 예수 사역의 시작을 알리는 것이다(Liefeld and Pao, 2007, p. 95; Schreiner, 2008, p. 437). 아울러, 하늘에서 한 소리가 들려 "너는 내 아들, 지극한 사랑이라, 너로 내가 기뻐해 마지않노라." 하고 아버지 하나님께서 직접 아들에게 하신 말씀이다. 하나님이 직접 하나님과 예수와의 관계를, 그리고 하나님이 언약하신 바를 예수가 행하리라는 두 분의 일체(一體)를 말씀하신다. 이 하나님의 말씀은 공관복음서 모두에서 동일하다.

다른 무엇보다, 이 장면에 대한 모든 학자들의 공통적인 견해는 삼위가 일체하여 예수 사역의 출발에 임하였다는 사실을 세 공관복음서가 합치하여 증거하고 있다는 사실이다. 아들은 기도하고, 성령은 강림하고, 그리고 하나님은 "너는 내 아들, 지극한 사랑"이라 직접 말씀하신다. 아마도 예수가 누구한테서 세례를 받았는지를 누가가 기술하지 않은 이유는 이 삼위일체의 장엄한 장면을 돋보이게 하기 위함일 듯싶다. 여하튼 요한에게서 세례를 받은 것은 분명한 사실인데, 그러나 백성들이 받은 회개의 세례와 예수가 받은 세례에는 큰 차이가 있다. "그 차이는 예수가 자기 자신의 죄를 위해 세례를 받은 것이 아니라는 점이다. 그게 아니라, 그는 용서받아야 할 죄인들과 자신을 동일시한 것이다. 이것은 유대감의 행위였다"(Ryken, 2009, p. 133). 달리 말하면, "그들의 죄악을 친히 담당하기 위해"(사 53:11) 그들처럼 세례를 받은 것이다. 예수가 받은 세례는 백성들의 죄를 위한 사역에 임하는 기름 부음이었다(Schreiner, 2008, p. 437).

■ **예수의 족보**(3:23-38) "너는 내 아들, 지극한 사랑이라, 너로 내가 기뻐해 마지않노라."라는 소리가 하늘에서 나온 뒤, 느닷없이 누가는 예수의 족보를 장황하게 적고 있다. 무려 75명의 인물을 열거하였는데 학자들이 아무리 캐보았지만 대부분이 알 수 없는 인물로 판명되었다. 게다가 마태가 기록한 예수 족보의 인물들과도 많이 다르다. 따라서 본서에서는 주해 없이 본문을 읽고, 대신, 누가가 예수의 족보를 기록한 의도를 추적해보겠다.

23예수께서 가르치심을 시작할 때에 삼십 세쯤 되시니라 사람들이 아는 대
로는 요셉의 아들이니 요셉의 이상은 헬리요 24그 이상은 맛닷이요 그 이상
은 레위요 그 이상은 멜기요 그 이상은 얀나요 그 이상은 요셉이요 25그 이상
은 맛다디아요 그 이상은 아모스요 그 이상은 나훔이요 그 이상은 에슬리요
그 이상은 낙개요 26그 이상은 마앗이요 그 이상은 맛다디아요 그 이상은 서
머인이요 그 이상은 요섹이요 그 이상은 요다요 27그 이상은 요아난이요 그
이상은 레사요 그 이상은 스룹바벨이요 그 이상은 스알디엘이요 그 이상은
네리요 28그이상은 멜기요 그 이상은 앗디요 그 이상은 고삼이요 그 이상은
엘마담이요 그 이상은 에르요 29그 이상은 예수요 그 이상은 엘리에서요 그
이상은 요림이요 그 이상은 맛닷이요 그 이상은 레위요 30그 이상은 시므온
이요 그 이상은 유다요 그 이상은 요셉이요 그 이상은 요남이요 그 이상은 엘
리아김이요 31그 이상은 멜레아요 그 이상은 멘나요 그 이상은 맛다다요 그
이상은 나단이요 그 이상은 다윗이요 32그 이상은 이새요 그 이상은 오벳이
요 그 이상은 보아스요 그 이상은 살몬이요 그 이상은 나손이요 33그 이상은
아미나답이요 그 이상은 아니요 그 이상은 헤스론이요 그 이상은 베레스요
그 이상은 유다요 34그 이상은 야곱이요 그 이상은 이삭이요 그 이상은 아브
라함이요 그 이상은 데라요 그 이상은 나홀이요 35그 이상은 스룩이요 그 이

> 상은 르우요 그 이상은 벨렉이요 그 이상은 헤버요 그 이상은 살라요 36그 이
> 상은 가이난이요 그 이상은 아박삿이요 그 이상은 셈이요 그 이상은 노아요
> 그 이상은 레멕이요 37그 이상은 므두셀라요 그 이상은 에녹이요 그 이상은
> 야렛이요 그 이상은 마할랄렐이요 그 이상은 가이난이요 38그 이상은 에노
> 스요 그 이상은 셋이요 그 이상은 아담이요 그 이상은 하나님이시니라

마태는 예수의 족보를 아브라함에서 시작하는 데 반하여 누가는 예수가 "요셉의 아들이니"로 시작하여 역순으로 거슬러 올라가 아브라함을 넘어 아담에까지 도달한다. 여기서는 시작의 첫 23절과 마지막 38b절만 읽기로 하겠다. 첫 23절은 "예수께서 가르치심을 시작할 때에 삼십 세쯤 되니라. 그는, 아는 대로는, 헬리의 아들 요셉의 아들이니"이다. 마지막 38b절은 "아담의 아들이고 (그 이상은) 하나님의 아들이라."이다. 유대 문화에서 공생애를 시작하는 연령이 대개 삼십 세쯤이었던 모양인데 예수도 예외는 아니었다. "요셉의 아들이요."라는 23b절 이후에 선조의 이름들을 계속 꼽아나간다. 개역성경에서는 "그 이상은"이라는 군더더기 토를 덧붙여 선조들을 열거하나, 원문에서는 선조들의 이름만 잇따라 적어 후손(아들)의 선조가 누구인가를 기록하는 양식을 취한다. 드디어 인류의 조상 아담이 나오고 마침내 하나님까지 거슬러 올라간다. 마태는 선민 이스라엘 왕국의 조상 족보를 들춰 예수의 조상을 좇는다. 반면에 누가는 원죄의 조상 아담인 인류 시조의 계보에 따라 하나님의 아들 예수의 조상을 추적한다.

요셉이 예수의 법률상의 부친임에도 불구하고, 누가가 (아마도) 의식적으로 "(사람들이) 아는 대로"라는 단서를 붙인 채 예수를 "요셉의 아들"이라 초두에 적은 이유는 분명치 않다. 누가의 예수 족보의 성격을 예수가 온전한 인간이기도 하고 하나님의 아들이기도 하다고 규

정하는 주해서가 있다(Ryken, 2009, p. 148). 아마도 누가는 예수가 온전한 인간이기도 하다는 메시지를 전하려는 의도로 "요셉의 아들"이라 적었을 것이다. 가령, 마리아의 아들이라 말하면 대뜸 '성령으로 잉태하사'가 떠오르기 마련이어서 인간 족보의 인상을 지워버린다. 말미에, 예수의 인류 시조가 아담이라 적고 있다는 사실이 이러한 해석에 부합된다. 예수의 족보를 "아브라함과 다윗의 자손"이라 기술한 마태와 달리 누가는 온 인류의 족보 안에서 예수의 위치를 기술하고 있다. 바울의 동역자였던 누가는 아마도 "아담은 오실 자의 표상이라."(롬 5:14b)는 롬 5:12-21의 바울의 말씀에 준거해 예수의 족보를 기록해야겠다고 생각했을 것이다. "첫 사람은 땅에서 났으니 흙에 속한 자이거니와 둘째 사람은 하늘에서 나셨느니라."(고전 15:47)라는 의미를 족보에 살리고 싶었을 것이다. "너는 내 아들, 지극한 사랑"이라고 하늘에서 나온 소리를 기록한 누가는 이어서 같은 맥락에서 '하나님'까지 거슬러 올라가 예수 족보의 시작을 언급함으로써, 첫 사람 아담에 대조하여 "너로 내가 기뻐해 마지않노라."라는 마지막 아담의 족보를 의도적으로 정리하고 있다.

우리는 누가의 예수 족보에 대한 서술 의도를 요한의 "죄 사함을 위한 회개의 세례"(3:3)에 예수 역시 뭇백성과 함께 참여했다는 동일한 맥락에서 이해해야겠다. 요컨대, 한편으로는 첫 사람 아담에게서 사망이, 다른 한편으로는 마지막 아담에게서 생명이 주어짐을 드러내기 위해 이들 모두를 포괄하는 방식을 의도적으로 취해 족보를 기술했을 것이다. "지금, 예수의 시기가 시작하는 즈음이므로, 이 시기는 이스라엘부터만이 아니라 인류의 기원부터 그리고 궁극적으로는 하나님 자신에서부터 기원하는 역사의 과정과 관련된 것으로 보고 있다. 태초에 인간을 창조하신 하나님의 목표가 예수 시기 자체의 고태

(古態, arche)에서의 새로운 단계에 도달하고 있음을 보여주는 것이다." (Fitzmyer, 1970, p. 498)라는 해설은 누가의 예수 족보가 곧 '구원의 역사'라는 견해를 드러낸다.

■ **마귀에게 시험받다**(4:1-13) 예수의 공생애 사역을 위한 준비에서 세례를 받은 일과 시험을 받은 일은 깊은 관계가 있다. 세례를 받을 때 "성령이 비둘기 같은 몸의 형태로 그의 위에 강림하시더니"(3:22)라 기록하고 있고, 시험받을 때 "성령의 충만함으로"(4:1) 혹은 "성령에 의해 인도되어"(4:2)라 기록하고 있는 것을 보면 성령이 주의 사역의 길을 예비하고 있음을 알 수 있다. 세례를 받을 때 "내 아들, 지극한 사랑"이라는 소리가 직접 하늘에서 내려왔고 시험받을 때 역시 (하나님이 직접 관여하신 기록은 없지만) 삼위일체의 섭리가 함께 하였음을 짐작할 수 있다. 그만큼 예수의 시험받음은 중대한 의의를 갖는다. 그런데 우리로서는 죄 없는 예수가 왜 시험을 받아야 하는지부터 시험의 의의를 이해하기 어렵다. 어려운 만큼 그리스도를 통한 하나님의 구원의 섭리의 깊이를 두루 섭렵해 읽어야 할 대목이다.

> 1예수께서 성령의 충만함을 입어 요단강에서 돌아오사 광야에서 사십 일 동
> 안 성령에게 이끌리시며 2마귀에게 시험을 받으시더라 이 모든 날에 아무것
> 도 잡수시지 아니하시니 날 수가 다하매 주리신지라 3마귀가 가로되 네가 만
> 일 하나님의 아들이어든 이 돌들에게 명하여 떡덩이가 되게 하라 4예수께서
> 대답하시되 기록하기를 사람이 떡으로만 살 것이 아니라 하였느니라 5마귀
> 가 또 예수를 이끌고 올라가서 순식간에 천하만국을 보이며 6가로되 이 모든
> 권세와 그 영광을 내가 네게 주리라 이것은 내게 넘겨준 것이므로 나의 원하
> 는 자에게 주노라 7그러므로 네가 만일 내게 절하면 다 네 것이 되리라 8예

수께서 대답하여 가라사대 기록하기를 주 너의 하나님께 경배하고 다만 그
를 섬기라 하였느니라 9또 이끌고 예루살렘으로 가서 성전 꼭대기에 세우고
가로되 네가 만일 하나님의 아들이어든 여기서 뛰어내리라 10기록하였으되
'하나님이 너를 위하여 그 사자들을 명하사 너를 지키게 하시리라' 하였고 11
또한 '저희가 손으로 너를 받들어 네 발이 돌에 부딪히지 않게 하시리라' 하
였느니라 12예수께서 대답하여 가라사대 말씀하기를 주 너의 하나님을 시험
치 말라 하였느니라 13마귀가 모든 시험을 다 한 후에 얼마 동안 떠나니라

"예수께서 성령의 충만함으로 요단강에서 돌아오사 그리고 그가 광야에서 성령에 의해 인도되어 사십 일 동안 마귀에 의한 시험을 받으셨다."(4:1-2a)인데, 이 성령은 예수가 세례를 받았을 때 강림한 것이다. 이때 "성령의 충만함을 입어"라는 개역성경의 번역과 같은 수동태 표현을 삼가야 한다고 주해하는 학자가 있다(Garland, 2011, p. 178). 세례요한이든 사가랴든 엘리사벳이든 그들이 성령 충만하였을 때 그것은 외적인 능력에 붙잡힌다는 의미의 수동태로 서술되어 있지만, 예수와 성령의 관계는 대등한 주격 관계로 여기서도 행전에서도 표현되고 있다는 것이다. 막 1:12에서는 "성령이 곧 예수를 광야로 몰아내신지라."이지만 "광야에서 성령에 의해 인도되었다."라는 누가복음의 표현은 수동태 역시도 미완료 과거 시제이고 광야에 전치사 eis(into)가 아닌 en(in)이 사용되었으므로 예수가 광야에 있는 동안 성령이 그를 인도하였다는 의미로 읽어야 한다는 것이다(앞의 책, p. 179). "마귀에 의해 시험을 받으셨다."이지만, 이때도 성령이 그를 인도하였다는 것이 중요하다. 예수가 마귀를 정복한 것은 성령의 충만함에 기인하기 때문이다(Fitzmyer, 1970, p. 513).

모든 학자들이 이 '광야'와 '사십 일'을 "네 하나님 여호와께서 이

사십 년 동안에 너로 광야에 걷게 하신 것을 기억하라."(신 8:2)라는 말씀과 비교한다. 출애굽 당시 하나님의 백성이 시험받았던 일과 비교하는 것이다. "마귀에 의해 시험을 받으셨다."를 마귀의 선제공격이라 해석하기도 한다(Ryken, 2009, p. 152). 하나님의 구원의 역사가 전개될 거라는 사실이 마귀에게는 치명적인 위협이기 때문에 그가 선제공격을 감행했을 수도 있을 것이다. 앞에서 인용한 막 1:12의 진술대로라면 성령이 예수를 마귀와 정면대결 하도록 부추긴 것이라 해석해야 할 것이다. 여하튼, 출애굽 당시 이스라엘은 하나님을 반역하였으나, 하지만, 예수는 성령의 충만함을 입고 성령의 안내를 받아 마귀와 정면대결에 임한다.

"그가 이들 날들에 아무것도 잡수시지 아니하셨고 이들 날들이 끝나니 그가 시장하셨다."라는 2b절에서 "이들 날들"은 '사십 일 동안'이고 "이들 날들이 끝나니"는 '사십 일이 지나니'이다. 또 이 "사십 일 동안"은 출애굽한 이스라엘인들이 "그 땅을 탐지한 날수 사십 일의 하루를 일년으로 환산하여 그 사십 년간"(민 14:34)이기도 하다. 마귀는 예수가 주린 기회를 영악스럽게 포착한다. 그리하여 "네가 만일 하나님의 아들이어든 이 돌에 명하여 떡덩이가 되게 하라."라고 예수에게 말한다. 영악스럽게라 하였지만, "네가 만일 하나님의 아들이어든"이라는 조건문이야말로 참으로 영악한 꼬임이다. 에덴동산에서 뱀이 여자를 유혹할 때에도 "하나님과 같이 된다."라 말했다. 더군다나 예수는 당신이 하나님의 아들임을 알고 있었고, 또 돌들에게 명하여 떡을 만들 수 있다는 것도 알고 있었다. 예수 자신이 알고 있는 사실과 할 수 있는 일을 예수 스스로 증명해 보이라는 시험으로, 참으로 교묘하게 함정의 덫을 놓아 걸려들 꾀를 만들어낸 것이다. 하지만, 예수는 이것이 마귀의 시험임을 알고 있었다. "따라서 첫째 시험에 있어서 악마의 계책은 확실히 빵 문제로 예수를 불신에 빠뜨림으로써 그의 종교를 영이 아니라 육의 종교, 빵教로 타락시키려고 한 것이 분명하다" (노평구, 1998, p. 75).

그리하여 예수가 신 8:3을 인용하여 "기록하기를 '사람이 떡으로만 살 것이 아니라.'" 하고 간략하게 대답한다. 떡으로만 살 것이 아니라면 무엇으로 사는가? 마태는 "여호와의 입에서 나오는 모든 말씀으로 사는 줄을 너로 알게 하려 하심이니라."(신 8:3)라는 신명기의 구절도 예수가 함께 대답한 것으로 기록하고 있다. 빵教로 타락시키려는 계책이 악마의 의도임을 예수가 꿰뚫어 본 것이다. 그뿐만 아니라 "네가 만일 하나님의 아들이어든"이라는 악마의 교묘한 함정에 예수는 "사람이"라는 주어를 사용해 답한다. "예수가 자신의 신성을 방어하는 것이 아니라 자신의 인간성을 강조"(Ryken, 2009, p. 156)한 것으로, 이 사실은 매우 주목할 만하다. 실로 예수는 하나님의 아들이기도 하고 온전한 사람이기도 하다. 히브리서 기자는 이를 "모든 일에 우리와 한결같이 시험을 받은 자로되 죄는 없으시니라."(히 4:15)라고 적고 있다. 우리와 매한가지로 시험을 받은 분이 곧 인간 예수이다. 연약한 인간이 할 수 있는 일은 하나님을 전적으로 신뢰하여 복종하는 일이다. 예수의 간략한 답변이 이 신뢰와 복종을 한마디로 압축하고 있다.

두 번째 시험이 이어진다. "마귀가 또 예수를 이끌고 (높은 곳에) 올라가서 순식간에 천하만국을 보였다." 마태는 "지극히 높은 산으로" 예수를 데리고 갔다고 기록하고 있다. 학자들은 이 기록을 모세가 "느보 산에 이르러 내(야훼)가 이스라엘 자손에게 기업으로 주는 가나안 땅을 바라보라."(신 32:49)라는 기사와 비교하고 있다. "순식간에 천하만국을 보였다."라고 하였으니, 세상의 온갖 곳과 모든 왕국을 한눈에 볼 수 있는 장려한 경개가 펼쳐진 것이라 상상할 수 있다. 마귀가 가로되 "너에게 내가 이 모든 것의 권위와 이것들의 영광을 주리라 이것들은 내게 넘겨준 것이므로 내가 원하는 누구에게도 줄 수 있다. 만일 네가 내게 절하면 다 네 것이 되리라."라고 호들갑을 떤다. 마귀는 로마 황제 이상으로 이 암흑의 세상을 좌지우지할 수 있는 막대한 권력을 가지고 있음을 뽐낸다. 이 세상의 "권위와 영광"이 "나(마귀)에게 주어졌고 내가 기뻐하는 누구에게라도 그것을 줄 수 있기 때문에 만일 네가 나를 경배하면 다 너의 것이 된다."라는 어마어마한 허풍의 유혹으로 윽박지른다. 시험의 요지는 예수로 하여금 하나님의 아들임을 부인하고 마귀와 손잡고 천하만국을 다스리자는 것이다. 예수가 이 세상에 온 이유는 고난을 받고 십자가에서 죽기 위해서다. 그런데 마귀의 시험은 고난과 십자가 없이 예수가 이 세상의 왕위를 누릴 수 있다는 것이다. 이 마귀의 시험은 "내게 구하라 내가 열방을 유업으로 주리니 네 소유가 땅 끝까지 이르리로다."(시 2:8)라는 하나님이 당신의 아들에게 하신 약속을 뒤집어 이용한 계략이다(Green, 1997, p. 194). "만일 네가 내게 절하면"이라는 조건절의 단서를 달고 마귀는 "지상 천국의 건설"(노평구, 1998)에 합작할 것을 예수에게 노골적으로 권하는데, 지상 천국의 건설이 유대인의 대망의 메시아관이기도 하므로 이 유혹의 값은 매우 크다.

그러나 예수는 다시 신 6:13을 인용하여 8절에 "주 너의 하나님께 경배하고 오직 그만을 섬기라." 하고 악마의 유혹을 물리친다. 오로지 하나님만을 예배하고 섬기겠다는 예수의 의지는 지상 천국의 메시아에 대한 유대인의 대망을 거부한 것이다(Geldenhuys, 1951, p. 162). 더구나, 예수는 이 세상에서 십자가의 길을 걷기를 선택한 것이다(Ryken, 2009, p. 159).

세 번째 시험이 9절에 이어진다. 마태에서는 이 시험이 두 번째다.

"마귀가 그를 예루살렘에 이끌고 가서 성전 꼭대기에 세우고 가로되 '네가 만일 하나님의 아들이어든 여기서 뛰어내리라.'라고 유혹한다. 요지인즉, "내 사랑하는 아들이라."(3:22) 했던 하늘의 소리를 악용하여 하나님이 다른 누구보다 예수를 총애하심을 만인에게 보여주라는 유혹이다. 예수가 하나님의 아들임을 만인에게 증언할 기회를 가지라는 유혹이다. 더군다나 당시 유대인들은 메시아가 와서 성전 지붕 위에 서리라 믿었다고 한다. 악마의 꾀은 교묘하기 이를 데 없다. 예수가 두 번씩이나 성경을 인용해 시험을 거부한 일을 염두에 두고 이번에는 악마 자신이 성경을 인용해 시험의 정당성을 합리화한다. 그리하여 "하나님이 너를 위하여 그 사자들을 명하사 너를 지키게 하시리라. 저희가 손으로 너를 받들어 네 발이 돌에 부딪치지 않게 하시리라."라는 시 91:11-12을 인용하여 10절에 덧붙인다. 성경을 시험의 도구로 이용함으로써 악마는 예수와의 정면대결에서 벗어나려 한다. 이 점에서 세 번째 시험이 시험 중의 시험이다. 시험의 순서와 관련하여 마태보다 누가의 순서가 더 타당하게 여겨진다. 성전 꼭대기에서 뛰어내리라는 시험은 기적을 행하라는 시험이라기보다 예수가 하나님의 아들임을 만인에게 보이라는 메시아성의 현시에 관한 시험이기에 누가는 이 시험의 무게를 다른 두 시험보다 비중이 크다고 생각하였다고 해석할 수 있다.

마귀는 예수와의 정면대결을 피하려 하지만 예수는 오히려 정면대결로 맞선다. 예수는 또다시 성경을 인용하여 "주 너의 하나님을 시험치 말라."(신 6:16)라고 간략하게 대답한다. 세 번째 시험이 메시아성에 관한 시험일진대, 예수는 그것이 아버지 하나님을 시험하는 것임을 대뜸 깨우쳤던 것이리라. 그리하여 하나님을 시험치 말라는 예수의 대답은, 하나님께서 주신 언약을 지키실지 여부를 의심하여 하나님이 내게 어떻게 해주실 것인지를 회의하지 말아야 한다는 것이다. 예수는 하나님을 경외하며 절대 복종하겠다는 단호한 천명이다.

그리하여 이 시험은 예수의 승리로 막을 내린다. 그 승리는 아버지 하나님에 대한 절대 복종이다. “세 장면들은 하나님의 아들로서 예수가 아버지의 뜻에 순종하고 그가 (이 세상에) 보내어진 어떤 다른 이유로 인해 아들로서 자신의 능력과 권위를 사용하도록 유혹받는 일을 거부하는 모습을 묘사한다”(Fitzmyer, 1970, p. 510). 학자들이 예수의 40일간의 시험을 이스라엘 백성의 40년간의 출애굽에 견주는 것은 매우 적절한 비교이다. 이스라엘 백성들은 하나님을 계속 시험하였다. “주 너의 하나님을 시험치 말라.” 명하였을 때에도 맛사에서 하나님을 시험하고 배반하였다. 예수에 대한 마귀의 시험은 어떤 극작가라도 도저히 창작해낼 수 없는, 예수를 무장 해제시키기 위한 교활한 각본이다. 예수의 공생애 사역에 즈음하여 인자로서의 영적인 무장과 하나님의 아들로서의 그것을 해제하려는 선제공격이다. 예수는 그 시험들을 차례로 물리쳤다. 이들 시험에 임한 예수의 정면대결은 마귀의 계략과 교활함에 상반되는 대단히 소박한 전략이다. “성령의 충만함으로”(4:1) 오로지 하나님께 복종하는 말씀을 통해 마귀의 간계를 무력화함으로써 예수는 승리하였다.

시성(時聖) 존 밀턴(John Milton)은 이 예수의 승리를 ‘잃어버린 낙원 에덴의 복원’이라 찬미한다. 주해서에서 읽을 수 없는 시험의 심오한 의미를 그의 시에서 찾아볼 수 있다. 첫 아담으로 말미암은 〈실락원〉의 초두를 밀턴은 아래와 같이 읊는다.

> 인간의 최초의 거역, 그 과일
>
> 저 금단의 나무 열매, 그 치명적인 맛이

죽음을 이 세상에 초래하였으니, 화 있을진저 우리 모두여
에덴을 잃게 하더니, 한층 위대하신 한 분이
우리를 구원하여 낙원을 회복하게 되었나니

밀턴은 〈실락원〉 초두에서 "한층 위대하신 한 분"의 복락원을 대망하고 있다. 그는 마지막 아담으로 말미암은 〈복락원〉에서 마귀의 시험에 대한 예수의 승리가 에덴을 다시 일으킨 것이라 아래와 같이 읊는다.

낙원을 모든 인류에게 복원하셨다
한 사람의 흔들리지 않는 복종의 온전한 견디어냄으로써
모든 시험을 통과하였으니, 마귀는 좌절되었고
그의 모든 간계에서, 패배당했고 격퇴되었다
그리하여 에덴이 불모의 광야에서 일으켜졌다

밀턴은 모든 시험을 통과한 예수의 복종이 마귀에게 패배를 안겨주어 잃었던 낙원 에덴을 되찾았다고 하나님을 찬미한다.

그러나 마귀는 아직 항복하지 않았다. "마귀는 모든 시험을 다한 후에 얼마 동안 떠나니라."라는 13절에서 "얼마 동안"은 '시의적절한 때까지'라는 의미로 다시 또 호시탐탐하겠다는 말이다. 예수가 종국에 승리하고 승천한 지금 이때 우리에게도 마찬가지다. "우리의 씨름은 혈과 육에 대한 것이 아니요, 정사와 권세와 이 어두움의 세상 주관자들과 하늘에 있는 악의 영들에게 대함이라."(엡 6:12)라고 했으니 하나님의 전신갑주를 입어야 한다.

IV

갈릴리 사역

〈갈릴리 호수의 폭풍The Storm on the Sea of Galilee〉, 1633

예수의 공생애는 제IV부 갈릴리 사역(4:14-9:50)과 제V부 예루살렘 여행(9:51-19:44) 그리고 제VI부 예루살렘 사역(19:45-21:38)의 세 시기로 나뉜다. 공생애는 복음의 선포, 비유의 가르침, 치유의 기적의 균형 잡힌 활동이다. 이 활동을 통해 갈릴리 사역에서 예수의 권위와 능력이 나타나고 메시아성의 정체까지 드러나지만, 아울러 그만큼 적대세력도 드세어진다. 갈릴리 사역의 때는 그 한가운데 수훈의 가르침이 있고 예수를 좇는 열두 제자를 얻은 사건이 있는 대단히 귀중한 시기다.

갈릴리에서의 초기 사역(4:14-30)

갈릴리 나사렛의 한 목수의 무명의 아들 예수가 이 지역 유대교의 여러 회당에서 그의 공적인 사역을 시작한다. 초기 사역이라는 제목 아래 4:14-15의 공생애의 서론, 4:16-30의 나사렛에서의 설교와 배척받음, 4:31-44의 가버나움 등에서의 치유의 기적이 펼쳐지고 예수의 권위와 능력이 이 지역 전체에 삽시간에 퍼져 나간다. 이 초기 사역에 서술되어 있는 여러 특질이 예수의 사역 전반에 걸쳐 반복되는 전형적인 특질이기도 하다.

■ **유대 회당에서 가르치다**(4:14-15) 우선 14-15 절은 4:14-9:50에 걸친 예수의 공적인 사역의 서론에 해당한다. 따라서 이 두 절을 나사렛 전도를 읽기 전에 독립적인 단락으로 읽어야 한다.

14예수께서 성령의 권능으로 갈릴리에 돌아가시니 그 소문이 사방에 퍼졌고
15친히 그 여러 회당에서 가르치시매 뭇사람에게 칭송을 받으시더라

누가는 예수의 사역을 통해 예수가 성령으로 기름 부음 바 되고 성령의 능력을 부여받은 분이라는 사실을 대단히 강조한다. 이미 예수의 잉태에(1:35), 세례에(3:22), 그리고 시험받을 때에(4:1) 성령의 충만함을 기록한 바 있다. 광야에서 시험받은 후에도 역시 "성령의 권능(능력)으로 갈릴리에 되돌아왔다."라고 하여 성령의 능력으로 무장하고 성령의 인도로 갈릴리에 되돌아왔다는 사실을 드러낸다. 사도행전 곳곳에서도 전도 사역에서는 성령의 능력이 사역을 주도한다는 기록이 있다. "우리에게 주신 성령으로 말미암아 하나님의 사랑이 우리 마음에 부은 바 되었나니"(롬 5:5)라 바울이 진술하고 있거니와, 우리의 마음에 부어주신 하나님의 사랑이 구체적으로 구원이며 이 구원의 능력은 성령의 능력이 하시는 일이기 때문이다.

"그에 대한 소문이 사방에 퍼졌다."가 14절인데 적어도 갈릴리 전역에 퍼졌다는 것일 터이니 무명의 예수의 소문이 두루 알려진 일은 손쉽게 설명할 수 있는 일이 아니다. 또 15절에 "그는 그들(유대인들)의 여러 회당에서 가르치기 시작했고 모든 사람들에 의해 찬양받았다." 라고 하는데, 예수의 가르침은 율법을 읽고 계명을 가르치는 유대교 회당 즉 성전이 아닌 모임에서 이루어졌다는 것을 알 수 있다. "소문이 사방에 퍼졌다."가 사역 초기부터 예수의 소문이 자자하였다는 사실을 기술하고 있는지 그 여부는 불확실하지만, "모든 사람들에 의해 찬양(영광)받았다."는 사실은 참으로 놀랍다. "찬양"은 시므온이 아기 예수를 만나 2:32에 경배하며 쓴 용어이고, "모든 사람들"은 이스라엘에 국한된 것이 아니라 만인에게라는 보편성을 내포하는 것으로 해석할 수 있기 때문이다(Fitzmyer, 1970, p. 522). 하나님께서 당신의 아들의 구원 사역에 처음부터 직접 관여하신 것과 다름없다.

■ **나사렛에서 좋은 소식을 선포함 그리고 배척받음**(4:16-30)

누가는 예수의 초기 사역 중에서도 나사렛 전도를 그 첫 전도 지역으로 꼽는다. 예수가 고향 나사렛에서 복음을 전하고 배척받는 누가의 이 기사는 마 13:53-58과 막 6:1-6과 병행하지만 현저한 차이를 보이는 것도 사실이다. 고향 나사렛에서 배척받았다는 사실 이외에, 두 복음서의 기록과는 다른 특징들을 누가복음은 전한다. 우선, 누가복음에서는 나사렛 전도가 사역 초기의 활동인 반면에 다른 두 복음서에서는 이미 다른 지역들에서 사역이 활발하게 진행되었다. 다른 무엇보다, 누가복음은 예수가 당신의 고향 나사렛에서 이방에 구원이 있음을 강조했다는 점을 드러낸다. 본서에서는 복음서들 사이의 차이를 논하기보다는, 누가만의 독특한 기사에 주목하여 그의 의도가 무엇인지, 다른 복음서 기자들의 기록과 어떻게 다르게 나타나는지를 고찰하겠다.

> 16예수께서 그 자라나신 곳 나사렛에 이르사 안식일에 자기 규례대로 회당
> 에 들어가사 성경을 읽으려고 서시매 17선지자 이사야의 글을 드리거늘 책
> 을 펴서 이렇게 기록한 데를 찾으시니 곧 18주의 성령이 내게 임하셨으니 이
> 는 가난한 자에게 복음을 전하게 하시려고 내게 기름을 부으시고 나를 보내
> 사 포로 된 자에게 자유를, 눈먼 자에게 다시 보게 함을 전파하며 눌린 자를
> 자유케 하고 19주의 은혜의 해를 전파하게 하려 하심이라 하였더라 20책을
> 덮어 그 맡은 자에게 주시고 앉으시니 회당에 있는 자들이 다 주목하여 보더
> 라 21이에 예수께서 저희에게 말씀하시되 이 글이 오늘날 너희 귀에 응하였
> 느니라 하시니 22저희가 다 그를 증거하고 그 입으로 나오는 바 은혜로운 말
> 을 기이히 여겨 가로되 이 사람이 요셉의 아들이 아니냐 23예수께서 저희에
> 게 이르시되 너희가 반드시 의원아 너를 고치라 하는 속담을 인증하여 내게

말하기를 우리의 들은 바 가버나움에서 행한 일을 네 고향 여기서도 행하라
하리라 24또 가라사대 내가 진실로 너희에게 이르노니 선지자가 고향에서
환영을 받는 자가 없느니라 25내가 참으로 너희에게 이르노니 엘리야 시대
에 하늘이 세 해 여섯 달을 닫히어 온 땅에 큰 흉년이 들었을 때에 이스라엘
에 많은 과부가 있었으되 26엘리야가 그 중 한 사람에게도 보내심을 받지 않
고 오직 시돈 땅에 있는 사렙다의 한 과부에게 뿐이었으며 27또 선지자 엘리
사 때에 이스라엘에 많은 문둥이가 있었으되 그 중에 한 사람도 깨끗함을 얻
지 못하고 오직 수리아 사람 나아만뿐이니라 28회당에 있는 자들이 이것을
듣고 다 분이 가득하여 29일어나 동네 밖으로 쫓아내어 그 동네가 건설된 산
낭떠러지까지 끌고 가서 밀쳐 내리치고자 하되 30예수께서 저희 가운데로
지나서 가시니라

앞 14-15절과 함께 이 단락 초두는 예수 당시 유대교 회당인 시나고그(synagogue)에서의 공적인 예배가 어떠했던가를 보여준다. "규례(관례)대로"라고 16절에 적혀 있듯이 안식일마다 사람들이 그 지역 공회에 모여 예배를 드렸는데, 랍비가 우선 성서를 읽고 그다음에 해설해주는 것이 관례였다. 랍비 대신 예수가 일어나 우선 사 61:1-2과 58:6을 읽었다. "주의 성령이 내게 임하셨으니 그가 내게 기름을 부으셨기 때문이다."가 사 61:1의 초두인데, 예수가 세례를 받았을 때 성령이 강림하고 하늘에서 한 소리가 있어 "너는 내 아들, 지극한 사랑이라, 너로 내가 기뻐해 마지않노라."(3:22)라고 한 말씀을 연상하지 않을 수 없다. 기름 부음을 받은 자가 곧 그리스도이다. 그가 "가난한 자에게 좋은 소식을 가져오고, 포로에게 석방을 선포하고, 눈먼 자에게 시력을 선포"한다는 복음을 읽었다. 그리고 사 58:6로 건너뛰어 "억눌린 자들을 석방해 보내리라."라는 복음을 읽었다. 그런 다음에 사 61:2로

되돌아와 (본래는 가나안에 들어간 50년 주기인 속죄와 안식의 요벨의 해인) "주의 은혜의 해를 선포한다."라는 19절을 읽었다.

예수가 이사야서를 읽고 시나고그의 관례대로 별다른 의식 없이 자리에 앉으니 회당의 모든 사람의 눈이 예수에게 집중되었다. 예수가 그들에게 "오늘 성서의 이 말씀이 너희 귀에 이루어졌다."라고 말씀한 21절은 완료형 시제를 사용하여 이미 이루어졌고 계속 지속된다는 사실을 선언한 것이다. 이 말씀은 가르침이라기보다 예수가 이스라엘의 메시아라는 일방적인 선포 그 자체다. 개역성경에서 이사야서를 "전파하다"라 번역하고 있지만 실상 "선포하다"라는 동사로 옮기는 것이 더욱 적절하다. "예수의 가르침은 구약 성서의 '다 이루어짐'인 바, 이것이 복음 선포의 선언이다"(Fitzmyer, 1970, p. 529). 예언자 이사야가 당시의 백성에게 선언한 제2이사야를 인용하여 예수는 가난한 사람, 포로, 눈먼 사람, 그리고 눌린 사람에게 메시아의 복음을 선포한 것이다. 누가가 예수의 갈릴리 사역에서 나사렛 사역을 앞세운 이유는 다른 무엇보다 예수의 메시아성을 전면에 내세우기 위함일 것이다.

"저희가 다 그를 증거하고 그 입으로 나오는 바 은혜로운 말을 기이히 여겨 가로되 이 사람이 요셉의 아들이 아니냐."라는 개역성경의 22절 번역은 자칫 원문의 함의를 잘못 전달하여 앞뒤 연결을 어렵게 만든다. 22a절의 초두 "저희가 다 그를 증거하고"에서 "증거하고"와 22a절의 말미 "그의 입으로부터 나오는 은혜로운 말들"에서 "입으로부터" 역시 편견적인 해석이 가능하다. 또 이어지는 "이 사람이 요셉의 아들이 아니냐?"는 22b절의 반문이 반어적이므로 22절을 부정적인 평가로 해석하는 학자도 없지 않다. 하지만, 여러 학자들과 번역본에서 예수에 대한 긍정적인 평가라 해석한다. "저희가 다 그를 증거하고"는 원문을 직역한 것으로, 오늘날 여러 번역본이 "모두가 그를 좋게 말하였다."라는 번역을 취한다. 뒤이은 구절인 "그 입에서 나온 은혜로운 말에 경탄하였다."와 정합적으로 읽으려면 "좋게 말하였다."라 의역해도 좋을 것이다. 나사렛에서의 성장 과정에서 "예수는 그 지혜와 그 키가 자라가며 하나님과 사람에게 더 사랑스러워 가시더라."(2:52)는 평가 역시 여기서 참고할 가치가 있다. "이 사람이 요셉의 아들이 아니냐?"는 자문자답 역시 경이로움의 표현이라 해석하기도 하지만(Fitzmyer, 1970, p. 535), 나사렛 사람들이 느낀 당혹감을 표현하는 것도 사실인 듯하다. 목수의 아들이 효성이 지극한 줄로만 알았지 그토록 훌륭하게 성서의 가르침을 전하는 모습을 보고 당혹했을 수 있다.

나사렛 사람들의 반문에 예수가 그들에게 말씀하는 23절의 번역 또한 개역성경에서는 난해하고 해석 또한 그러하다. "필경 너희가 내게 원용하려는 속담이 '의사여, 네 자신을 치료하라!'는 것이지"라고 말하고, 이어서 "네가 가버나움에서 행했다고 우리가 들은 바를 여기 네 고향에서도 행하라."라고 말하여 그들의 심중을 앞질러 내다본다. 이 말씀은 그들의 숨겨진 의표를 미리 찌른 것이기도 하지만 그보다는 예수의 의도적인 선제 도발로 보아야 한다(Garland, 2011, p. 203). 나사렛 사람들에게는 예수가 자기들처럼 단지 가난한 하위계층의 사람에 지나지 않았을 것이다. 어떻게 그런 예수가 가난한 사람에게 좋은 소식을 전할 수 있는지, 눌린 자에게 석방의 자유를 선포할 것인지 당연히 그들은 회의했을 것이다(Ryken, 2009, p. 182). 그렇기에 그들의 심중에 당시 사람들의 입에 흔히 오르내리던 "의사여, 네 자신을 치료하라!"라는 속담에 빗대어 비천한 예수 너부터 부귀를 누려보라는 비아냥거림이 있었을 것이다. 더군다나, 네가 네 자신에 대해 아무것도 할 수 없는 하나님의 메시아라면 우리에게 무엇을 해줄 수 있단 말인가투의 잔학한 비꼬임일 수도 있었을 것이다. 이때 "네가 가버나움에서 네가 행했다고 우리가 들은 바"라는 말은 예수가 가버나움에서 무엇을 행했다는 것인지 모호하지만 아마도 기적을 행했다는 소문을 들었다는 얘기일 것이다(Geldenhuys, 1951, p. 168). 그렇다면, "(기적을) 여기 네 고향에서 행해" 보여줄 일이지 "오늘 성서의 이 말씀이 너희 귀에 이루어졌다."는 예언자 내지 메시아 선포를 하여 말로만 때우지 말라는 비아냥거림이 그들의 심중에 있었을 것이다.

예수는 나사렛 사람들의 숨겨진 의표를 찌른 후에 "진실로(Amen) 내가 너희에게 이르노니 어떤 선지자도 고향에서 환영을 받는 자가 없다."라고 개탄한다. 어떤 사람을 너무 잘 알면 그 사람이 지닌 덕목을 놓칠 수 있다는 점에서 이 말씀은 흔히 체험하는 세상사이기도 하다. 한데, 이어지는 담화를 읽으면 예수의 이 말씀은 심각한 고뇌에서 우러나온 예언이다. 고향 나사렛에서 예수가 배척받는 것에 대한 단순한 고독의 심정이 아니라, 복음이 유대 땅에서 이방으로 갈 수밖에 없다는 예언이다.

예수는 먼저 엘리야의 사례를 들춰 이러한 예언을 한다. "내가 너희에게 말하노니 엘리야 시대에 하늘이 세 해 여섯 달을 닫히어 온 땅에 큰 흉년이 들었을 때에 이스라엘에 많은 과부가 있었으되, 엘리야가 그중 한 사람에게도 보내심을 받지 않고 대신 시돈 땅에 있는 사렙다의 한 과부에게 보내졌다."라는 25-26절은 왕상 17:8-24의 기록이다. 야훼가 엘리야를 이방 시돈에 보내어 그곳 과부로 하여금 그녀가 가지고 있는 마지막 음식으로 시중을 들게 하고 엘리야가 기적을 베풀어줌으로써, "여인이…… 당신의 입에 있는 야훼의 말씀이 진실한 줄 아노라."(왕상 17:24)라고 고백하는 이야기다. 또 다른 엘리사의 사례도 들춘다. "또 선지자 엘리사 때에 이스라엘에 많은 문둥이가 있었으되 그중에 한 사람도 깨끗함을 얻지 못하고 오직 수리아 사람 나아만

뿐이었다."라는 27절은 왕하 5:1-19의 기록이다. 이방 아람 왕의 군대 장관이던 나아만이 이스라엘로 가서 엘리사에게 그의 문둥병을 치유받고, "이제부터는 종이 번제든지 다른 제든지 다른 신에게는 드리지 아니하고 다만 야훼께 드리겠나이다."(왕하 5:17) 하고 고백한 이야기다.

결국 예수는 고향 나사렛에서 구원은 이스라엘에 있는 것이 아니라 이방에 있다는 벽력같은 예언을 선포한 것이다. 이는 이사야의 예언을 읽고 "오늘 성서의 이 말씀이 너희 귀에 이루어졌다."라고 당신이 메시아임을 선포한 다음의 예언이다. 메시아의 선포에 대해 나사렛 사람들은 "이 사람이 요셉의 아들이 아니냐?"라고 반응하였다. 메시아를 목마르게 기다리던 유대인들은 정작 예수가 오니 그를 메시아라 믿을 수 없었다. 마태와 마가의 나사렛 기사의 핵심은 예수가 고향 땅에서 배척받았다는 것이다. 반면 누가의 기사의 핵심은 믿음 없는 고향 땅에서 구원이 이방에게로 떠났다는 것이다. 관점에 차이가 있기 때문에 기사의 내용이 조금씩 다르다는 사실을 유념하며 성경을 보아야 한다. 누가는 예수가 갈릴리 전도 초두의 다른 어느 곳보다 바로 그의 고향 나사렛에서 이스라엘 사람들에게 배척받은 것뿐만 아니라, 예수의 복음의 길이 하나님의 보편적인 구원을 열어놓게 되었음을 기술하고 있다.

누가의 이야기 담화는 이때까지 엘리사벳과 마리아와 사가랴의 입을 통해, 예컨대, "찬송하리로다 주 이스라엘의 하나님이여, 그 백성을 돌아보사 속량하시며 우리를 위하여 구원의 뿔을 그 종 다윗의 집에 일으키셨으니"(1:68)라 하고 "이스라엘의 하나님"을 앞세웠다. 그러나 그 담화는 예수 탄생의 시점부터 "큰 기쁨의 좋은 소식"을 "온 백성"(2:10)에게 가져온다고 확장하고 있다. 온 백성에게 가져온 이 좋은 소식이 나사렛에 전한 좋은 소식, 즉 "이는 가난한 자에게 복음(좋은 소식)을 전하게 하시려고 내게 기름을 부으시고"(4:18)라는 복음이다. 누가는 이 확장된 복음의 선포가 다른 어느 곳보다 예수의 고향 나사렛에서 이루어졌다는 사실을 드러내며 이야기 담화를 극적으로 전개한다.

누가는 고향 사람들이 예수를 배척한 정도가 아니라 죽이려 했다고 28-30절에 적고 있다. "회당에 있는 사람들이 이것을 듣고 그들 모두가 분이 가득하여 일어나 동네 밖으로 내쫓았다. 그들은 그를 그 동네가 건설된 벼랑 언저리에 끌고 가서 밀쳐 내리고자 하였다. 그러나 예수가 그들 가운데로 지나서 자기의 길을 가셨다." 하고 이 단락을 마감한다. "회당에 있는 모든 사람들이 분이 가득하여" 예수를 나사렛 외곽으로 끌어내 (갈릴리 언덕의 남쪽 비탈에 서 있는) 산마루 벼랑에서 떨어뜨리려 하였다니 필경 죽이려 했다고 해석할 수밖에 없다. 나사렛 사람들의 분노는 그들이 하나님의 선민이라는 유대주의에 기인한다. 그들의 선민의식은 존중해야 할지 모르지만, 이방 민족의 구원을 용납하지 않는다는 사실은 유일신을 믿는 그들이 자기 민족이 유일하게 구원받아야 마땅하다는 엄청난 자가당착에 빠져 있음을 보여준다. 종국에는, "살인하지 말지니라."는 그들 자신의 율법조차 범하려는 자가당착의 낭떠러지에 서고 마는 것이다. 바울의 동료였던 누가는, 예수가 사역 초기에 자신의 고향 땅에서 겪은 독선적인 유대주의의 자기모순을 (다른 복음서와 달리 여기서) 고발하고 있다. 이어서 30절에 "그러나 그는 저희 가운데로 지나서 자기의 길을 가셨다." 하고 예수가 당당히 그들을 뚫고 나온 사실을 암시하는데, 이는 때가 아직 이르지 않았기 때문일 것이다.

다시 말하지만, 누가는 예수의 공적인 생애의 기록을 나사렛 사역부터 적고 있다. 그러나 첫 사역이 나사렛에서 시작된 것은 아닐 것이다. 누가가 나사렛 사역을 앞세운 까닭은 모든 다른 사역들의 전형적인 본보기가 나사렛이라 생각했기 때문일 것이다. 누가는 여기서 다른 어떤 사역들보다 예수의 가르침이 기름 부은 자인 메시아의 선언임을 분명히 하고, 구약의 언약이 이방의 구원으로 확장됨을 강조한다. 어떤 예언자도 그의 고향에서 환영받지 못하는 것은 물론이고 죽음까지 직면하게 되는데, 이 모든 일이 예수 사역의 전형적인 본보기들의 예다. 동네 목수의 아들을 누가 메시아로 받아들일 것인가? 유일신 하나님을 숭앙하는 이스라엘 백성들이 자신들을 제치고 이방 사람들에게 구원이 온다면 어떻게 그것을 복음이라 받들겠는가? 시온의 영광스러운 새날만을 기다리던 그들에게 동향 청년이 발에 묻은 먼지를 털어버린다면 그를 증오하지 않을 사람이 어디 있겠는가?

가버나움에서의 권위와 능력(4:31-44)

■ **안식일에 가르치다**(4:31-32) 나사렛에서 예수가 배척받은 앞 단락의 기사에 이미 가버나움에서의 사역에 대한 언급이 있었다. "네가 가버나움에서 행했다고 우리가 들은 바를 여기 네 고향에서도 행하라."(4:23b)가 그것이다. 예수의 갈릴리 전도의 진행은 마태와 마가의 기록대로 가버나움이 첫 출발지였을 것이다. 누가는 그가 전하고자 하는 의도의 중요성에 따라 예수의 이방 구원의 의지를 강조하기 위해 고의적으로 가버나움보다 나사렛에서의 사역을 앞세웠을 것이다.

가버나움 사역은 세 공관복음서에서 모두 읽을 수 있는 기사다. 진행 순서와 사건의 내용으로 보아 누가복음이 마태복음보다 마가복음에 더욱 가깝다. 하지만, 주요 사건이 예수의 기적이라는 점에서는 세

복음서가 같다. 본서에서는 예수가 행한 기적을 그의 권위(권세)와 능력이라는 관점에서 읽겠다. 누가는 예수의 사역에 대해 나사렛에서나 가버나움에서나 모든 사람들이 놀라워한 권위와 능력을 지닌 사역임을 강조하고 있다. 그럼에도 불구하고 나사렛에서는 물론이거니와 가버나움에서도 예수의 복음이 그들의 믿음이 되었다는 기록은 없다.

> 31갈릴리 가버나움 동네에 내려오사 안식일에 가르치시매 32저희가 그 가르치심에 놀라니 이는 그 말씀이 권세가 있음이러라

예수는 앞 15-16절에 적힌 것처럼 관례대로 안식일에 회당에서 가르쳤다. 그 가르침의 말씀이 권위(exousia)가 있기 때문에 듣는 이들이 놀랐다. 마가복음에는 가르침에 놀랐다는 서술 뒤에 예수가 서기관과 같지 않았기 때문이라는 단서가 붙어 있다. 서기관 혹은 랍비는 선조들의 권위와 전통에 따라 율법을 가르친 율법학자다. 반면에 예수의 말씀이 권위를 지닌 것은 선조들의 가르침을 인용한 것이 아니라 자신의 독자적인 가르침을 전했기 때문이다(Ryken, 2009, p. 191). "그 말씀"은 실상 '그의 말씀' 즉 예수의 말씀이니, 하나님의 말씀의 권위를 갖는 것이다. 여기서 누가가 (의외로) 가르침의 내용을 인용치 않은 이유는 아마도 이 단원의 주제가 가르침보다 뒤이어 기록된 치유의 기적들이기 때문일 것이다.

■ **악귀를 내쫓다**(4:33-37) 누가는 예수의 권위의 성질을 예수의 가르침에서 이미 언급하였다. 관련하여, 이제 세 치유의 기적의 사례를 기록하고 있다. 본서에서는 그중 첫 사례인 악귀 추방의 치유를 독립적인 단락으로 읽겠다. 다른 어떤 사례보다 악귀 추방의 치유에서

예수의 권위와 능력이 더더욱 분명히 드러나기 때문이다.

> 33회당에 더러운 귀신 들린 사람이 있어 크게 소리 질러 가로되 34아 나사렛
> 예수여 우리가 당신과 무슨 상관이 있나이까 우리를 멸하러 왔나이까 나는
> 당신이 누구인 줄 아노니 하나님의 거룩한 자니이다 35예수께서 꾸짖어 가라
> 사대 잠잠하고 그 사람에게서 나오라 하시니 귀신이 그 사람을 무리 중에 넘
> 어뜨리고 나오되 그 사람은 상하지 아니한지라 36다 놀라 서로 말하여 가로
> 되 이 어떠한 말씀인고 권세와 능력으로 더러운 귀신을 명하매 나가는도다
> 하더라 37이에 예수의 소문이 그 근처 사방에 퍼지니라

예수가 회당에서 가르침을 전하던 도중인지 혹은 마친 다음인지 분명치 않지만 "더러운 귀신 들린 (한) 사람"이 그 청중 속에 있었다. "귀신"은 직역하면 더러운 악마의 영이니 '악귀'라 번역하는 것이 좋겠다. 악귀가 온 힘을 다해 큰 소리로 외쳐 "아, 나사렛 예수여, 우리가 당신과 무슨 상관이 있나이까? 우리를 멸하러 왔나이까?" 하고 절규한다. 이 질문은 놀라움의 절규가 아니라 예수의 권위에 대한 공포의 절규이다. "아(ea)"를 절규의 감탄사가 아닌 eao로 읽고 "우리를 내버려두세요."라는 애절한 호소로 번역하기도 한다(NRSV). "우리가 당신과 무슨 상관이 있나이까?"가 우리를 간섭하지 말아달라는 절규라면 NRSV의 번역이 더 적절할 것이다. "우리를 멸하려 왔나이까?"는 그들의 존재가 위협받고 있다는 절규이다. "더러운 악귀에 잡힌 한 사람"이라고 적혀 있는데, 이 악귀가 "우리"라는 복수 대명사를 사용한다. 이는 악귀와 그에게 사로잡힌 사람을 한데 묶어 표현한 것일 수 있고 (Green, 1997, p. 223), 예수의 능력이 지배해야 할 적그리스도의 집합체를 표현한 것일 수도 있다(Bock, 1994, p. 432). 뒤이어 "나는 당신이 누

구인 줄 아노니 하나님의 거룩한 분이십니다!"라고 외치는 걸 보면 악귀가 예수가 누구인지를 알아본 것이다. 회당의 청중은 예수의 권위에 놀라기만 했을 뿐이다. 그러나 적그리스도인 악귀는 영은 영인지라 나사렛 예수가 자신들의 존재에 치명적인 하나님의 아들임을 알아본다.

예수의 권위와 능력은 악귀의 외침에 대한 대응에서 더욱 빛을 발한다. 달리 부연 없이, "잠잠하고 그 사람에게서 나오라!" 하는 꾸짖음 두 마디가 곧 권위와 능력을 나타낸다. 이 꾸짖음은 악귀를 쫓아내는 주문이 아니라 단순한 명령이다. "잠잠하라"는 "하나님의 거룩한 분"이라는 입방아를 찧지 말라는 명령이다(Liefeld and Pao, 2007, p. 111). 예수는 공생애 기간 동안 자신의 메시아성을 드러내는 일을 삼가했는데 하물며 악귀가 그의 메시아성을 증언하는 일은 용인할 수 없었을 것이다. "그 사람에게서 나오라."라는 소박하고 직접적인 명령에 "악귀가 그 사람을 무리 (혹은 회당) 중에 넘어뜨리고 그 사람을 상하게 하지 않고 그에게서 나왔다."라는 악귀의 즉각적인 반응이 곧 권위와 능력의 온전한 증언이다. 그리하여 놀라움이 모든 사람들에게 덮쳤다. 그들이 서로에게 말하기를 "이 어떠한 말씀인고? 권위와 능력으로 그가 더러운 영들을 명하매 그들이 나가는도다!" 하였으니, 당연히 이 소문이 그 근처 사방에 두루 퍼졌을 터이다. 예수가 악귀를 내쫓음은 말씀으로 행한 기적이다(Ryken, 2009). "예수께서 성령의 충만함을 입어"(4:1a)라 기록된 대로, 그 말씀이 권위(exousia)와 능력(dynamis)을 소유하고 있었기 때문이다. 예수의 권위는 하나님의 아들로서의 신성이고 예수의 능력은 성령의 힘의 발휘다. 그러므로 그 말씀은 죄를 사하는 권위와 구원의 은혜를 주는 능력을 지닌다.

예수의 권위와 능력을 알아본 걸 보면 악귀 역시 영적인 존재임을 알 수 있다. 이때 의사인 누가가 "더러운 귀신 들린 사람", 즉 더욱 정확하게는 "악마의 더러운 영을 가진 사람"이라 기록하고 있으니, 이 영에 사로잡힌 사람의 병명이 궁금하다. 일반적으로 통용되는 해석과 달리 그 병명이 정신질환이 아니라 진단하는 주해서가 있다 (Geldenhuys, 1951, p. 174). 이 악귀는 예수의 지상 체류 기간 동안에 흔했던 악귀로, 말도 할 수 있고 예수가 누구인지를 아는 초자연적인 지식도 가지고 있는 인격적인 존재였다는 것이다. 물론 이 악귀는 암흑의 권능을 멸하려 지상에 온 예수의 사역에 적대하기 위해 사람들 속에 침투했을 것이다. 겔덴호이스는 예수가 악귀에 사로잡힌 사람을 치유할 때 죄를 사하노라고 말한 일이 없으며, 악귀를 쫓아내고는 그것에서 해방된 사람을 기꺼이 받아드렸다는 사실(막 5:18-20; 눅 8:2)을 들추어 그의 주장의 근거로 내세운다. 무엇보다 악귀가 예수가 누구인지를 알아보고 그의 권위와 능력에 순순히 승복했다는 사실에서 이 주장의 개연성을 받아들일 수 있다. 정신질환자라면 예수가 누구인지를 알아보지 못했을 것이고 예수의 명령에 승복하지 않으려 저항했을 것이다.

다른 한편, 악귀는 공포에 질렸고 가버나움 사람들은 예수의 기적에 놀랐다. 그들은 "이 어떠한 말씀인고? 권위와 능력으로 그가 더러운 영들을 명하매 그들이 나가는도다!"라고 하여 경악과 감탄의 반응을 보인다. 의문문으로 표현된 이 반응은 예수의 말씀이 무엇인지를 몰랐다는 말이라기보다 이 일이 어찌 된 것인가라는 경악의 표현이다. 그리고 이어지는 감탄문의 반응은 예수의 권위와 능력을 인정한다는 표현이다. 여기서 가버나움 사람들이 "그(예수)가 기적을 기대하도록 우리에게 가르치기 위해 그것을 행한 것이 아니다. 그게 아니라, 그는 그리스도로서 그의 정체를 확증하기 위해 그것을 행한 것이다." (Ryken, 2009, p. 195)라고 깨달아야 할 터인데, 하지만, 그들이 예수가 그리스도임을 알았다는 증거는 없다. 만일 알았다면, 그들 역시 "당신은 하나님의 거룩한 분이십니다."(4:34)라고 고백했어야 한다. 기적은 경악과 감탄을 자아내어 예수의 권위와 능력을 인정케 하는 표적일 수는 있으나 그 이상일 수는 없는 모양이다.

■ **베드로의 장모와 뭇사람을 치유하다**(4:38-41) 예수는 가버나움 회당에 오래 머물지 않았다. 마태의 기사를 보면 악귀를 내쫓은 뒤 곧장 시몬의 집으로 향했다. 그곳에서 시몬의 장모의 열병을 치유하고, 해가 저물어 숱한 각종의 병자들이 모여들었을 때 그들을 모두 치유한다. 이 모든 일이 가버나움에서 하루 안에 생긴 일인 바, 주요 사건은 예수의 치유기적이다. 따라서 4:31-41의 기사 전체를 치유기적을 통한 예수의 권위와 능력의 발현이라는 틀 안에서 읽을 수 있다.

> **38**예수께서 일어나 회당에서 나가사 시몬의 집에 들어가시니 시몬의 장모가
> 중한 열병에 붙들린지라 사람이 저를 위하여 예수께 구하니 **39**예수께서 가
> 까이 서서 열병을 꾸짖으신대 병이 떠나고 여자가 곧 일어나 저희에게 수종
> 드니라
> **40**해 질 적에 각색 병으로 앓는 자 있는 사람들이 다 병인을 데리고 나아오
> 매 예수께서 일일이 그 위에 손을 얹으사 고치시니 **41**여러 사람에게서 귀신
> 들이 나가며 소리 질러 가로되 당신은 하나님의 아들이니이다 예수께서 꾸
> 짖으사 저희의 말함을 허락지 아니하시니 이는 자기를 그리스도인 줄 앎이
> 러라

예수가 회당을 떠나 시몬의 집에 들어갔다고 38절에 느닷없이 적고 있는데, 누가의 이 기사의 출처가 막 1:29-31이라는 것이 정설이다.

누가의 이야기 담화에서 이때까지 시몬을 언급한 일이 없고 5:1-11에서 비로소 그에 대해 언급하고 있다. 누가의 이러한 이야기 전개는 그의 글에서 종종 찾아 읽을 수 있는 방식으로(Green, 1997, p. 225), 독자로 하여금 궁금증을 북돋으려는 것인 듯하다. (여하튼 독자는 여기서 망외의 소득을 얻나니 곧 시몬이 이때 이미 결혼했다는 사실을 알게 된다.) "시몬의 장모가 심각한 열병으로 고통을 받았다."라고 하는데, 열병은 당시 전문 의학용어이고 중병이라고 한다. 사람들의 간청에 따라 예수가 치유해주는데 이 짤막하고 단순한 기사(38-39절)에서 두 가지 특징이 돋보인다. 첫째, 치유 방식이 악귀를 내쫓을 때와 마찬가지로 "열병을 꾸짖었고 열병이 그녀를 떠났다(놓아주었다)."라고 기록되어 있다. 둘째, 치유 효과가 온전하여 장모가 "곧 일어나 저희에게 수종드니라."라고 한다. 악귀를 꾸짖었듯이 열병을 꾸짖었으니 시몬의 장모가 악귀에 잡혔던 것은 아닌지 의심하는 학자도 있으나, 누가가 "시몬의 장모가 심각한 열병에 고통받았다(잡혀 있었고)…… 열병이 그녀를 놓아주었다."라는 표현을 고의적으로 사용해 중병에 시달림을 나타냈으리라 추측하는 것이 보통이다. 그리고 필경 감사의 마음이 넘쳤기에 온전히 치유된 시몬의 장모가 즉각적으로 일어나 저희에게 수종을 들었을 터이다.

"예수의 소문이 그 근처 사방에 퍼지니라."(4:37)에서 이미 예고되었던 대로, "해가 저물자 갖가지 병을 앓고 있던 자들과 함께 있던 모든 이들이 그들을 예수에게 데리고(4:40a)" 왔고, 예수가 군더더기 말씀 없이 "일일이 그 위에 손을 얹으사 그들을 고치셨다"(4:40b). 이때가 해가 질 때였다. 학자들은 이구동성으로 안식일이 끝나는 때를 이들이 기다렸던 것이라 해설한다. 안식일을 지키는 유대인들의 율법 정신은 참으로 가상하다. 병자들 중에는 악귀에 사로잡힌 자들이 꽤 있었다. 공회당에서의 악귀와 마찬가지로 악귀들은 예수가 누구인지를 알아보고 "당신은 하나님의 아들이니이다." 하고 외쳤다. 예수 역시 그때와 마찬가지로 그들을 꾸짖어 말하지 못하게 하였다. 이유인즉 "자기를 그리스도인 줄 앎았기 때문이다."라 적고 있다. 이 41b절의 기사는 마가의 기사와 동일하다. 예수가 악귀를 침묵케 하는 이유는 "지옥의 종복들로 하여금 당신의 진정한 정체를 선포하는 것을 허용할 수 없기 때문이다. 그들이 '하나님의 아들'이라 할 때에는 예수의 영광을 위함이 아니라 어떤 간계의 목적으로 말하는 것이다"(Ryken, 2009, p. 198). 이 설명의 가장 좋은 본보기를 앞서 마귀의 세 번째 시험 때에 성경을 인용하며 예수를 유혹한 일에서 읽을 수 있다. 그렇다, 마귀의 간계는 진리를 도구로 삼을 수도 있는 완악함이다.

■ **다른 동네에서도 복음을 전해야만 한다**(4:42-44) 나사렛에서는 사람들이 예수를 배척하고 쫓아내어 죽이려 했다. 반면에 가버나움에서는 예수가 떠나려 하자 만류했다. 그 차이를 누가는 "가버나움에서 행한 일을 네 고향 여기서 행하라."(4:23b)라는 말로 암시한다. 나사렛에서도 가버나움에서처럼 기적을 많이 행하였더라면 그들도 예수를 붙잡아두려 했을 거라는 얘기다. 필경 가버나움 사람들은 예수를 붙잡아놓고 더 많은 기적을 베풀어주기를 기대했을 것이다. 그러나 예수는 당신이 보냄을 받은 목적을 여기서 분명히 밝힌다.

> 42날이 밝으매 예수께서 나오사 한적한 곳에 가시니 무리가 찾다가 만나서
> 자기들에게서 떠나지 못하게 만류하려 하매 43예수께서 이르시되 내가 다른
> 동네에서도 하나님의 나라 복음을 전하여야 하리니 나는 이 일로 보내심을
> 입었노라 하시고 44갈릴리 여러 회당에서 전도하시더라

하루를 분주하게 보낸 뒤 "날이 밝으매" 예수는 외딴 곳으로 향했다. 마가에 의하면 예수가 홀로 기도하러 갔다고 하는데 매우 그럼직한 얘기다. 가버나움 사람들이 예수를 찾아와 자기들을 떠나지 말라고 간청했다. 그들이 예수의 권위와 능력을 인정한 것이다. "그러나 그가 그들에게 말씀하기를 '나는 하나님 나라의 좋은 소식을 다른 지방들에도 전해야만 하니 이 일로 내가 보내졌기 때문이다.'라고 하였다." "전하여야만 한다"는 말은 전하는 것이 나의 의무라는 강한 말씀이요, "이 일로 내가 보내졌기 때문이다."라는 말은 나의 책임이라는 강한 말씀이다. 또 "하나님 나라의 좋은 소식"이라는 말은 죄와 사망에서 해방시키는 구원의 복음이라는 말씀이다. 누가의 이야기 담화는 숱한 기적을 배경에 깔고 예수의 진정한 권위와 능력이 무엇을 위한 것인가를 여기서 비로소 명약관화하게 전면에 앞세운다. 그런데, 예수의 권위와 능력을 인정했다 하더라도 적어도 가버나움 사람들은 이 복음에 대한 예수의 의무와 책임을 깨우치지는 못했던 모양이다. 깨우쳤더라면, 최소한 그들이 예수를 자기들에게 붙잡아 매어두려 하지는 않았을 것이다. 여하튼, 예수는 "그리고 그는 유대 여러 회당에서 전도를 계속하셨다."라는 44절 말씀이 전하듯 다른 지방들에서 전도를 이어 간다. 어떤 사본에서는 "갈릴리의 여러 회당"이라 하고 다른 사본에서는 "유대의 여러 회당"이라 하는데, 근래 대부분의 번역본에서는 갈릴리 지역에 한정치 않고 넓은 지역을 포괄하는 유대의 여러 회당을 취하고 있다.

가버나움에서의 사역은 나사렛 사역과 함께 예수의 갈릴리에서의 초기 사역임을 지적하였다. 나사렛에서의 사역은 예수의 모든 갈릴리 사역의 복음 전파를 압축한 전형이고, 가버나움에서의 사역은 질병 치유 사례들을 압축한 전형이다. 의사인 누가는 질병을 신체적인 병과 악귀의 침입에 의한 정신병으로 구별하여 후자를 '더러운 악마인 영'의 소유에 잡힌 것이라 기술하고 있다(Garland, 2011, p. 219). 복음 그 자체인 예수가 악의(diabolic)의 권능 아래 있는 모든 질병에서 "억눌린 자들을 석방(4:18)"함으로써 권위와 능력을 나타냄은 지극히 당연한 일이다(Green, 1997, p. 221).

예수의 복음 선교와 충돌(5:1-6:11)

앞 단원 말미에서 "나는 하나님 나라의 좋은 소식을 다른 지방들에도 전하여야만 하니"(4:43)라 말씀하고, 예수가 가버나움을 떠나 여러 지방을 두루 다니며 선교하는 이야기가 5:1-6:11에 적혀 있다. (이 부분을 묶어 한 단원으로 읽는 내용분해 방식은 조엘 B. 그린에 따른 것이다. 이러한 단원 분류는 다른 주해자에게서는 찾아볼 수 없다.) 예수의 공적인 사역에 대한 기록은 4:14부터 시작하고 있으나 4:44까지의 단원에서는 치유의 기적을 중심으로 하는 예수의 권위와 능력에 대한 증언이다. 이 단원의 일화는 첫 제자들에 대한 예수의 부름으로 시작하지만 이상하게도 제자들의 활동에 대한 기록을 찾아볼 수 없다. 이제 5:1-6:11에 독립적인 여섯 일화가 기록되어 있으므로 각 일화를 부차적인 단원으로 분류해 읽겠다. 각각의 일화에 선교의 가르침에 대한 깊은 뜻이 담겨 있고 그 핵심단어(keyword)가 죄의 문제다. "내가 의인을 부르러 온 것이 아니요 죄인을 불러 회개시키러 왔노라."(5:32)가 예수 선교의 대표적인 특질이다. 이 구절이야말로 좋은 소식, 복음을 받아들이는 첫 관문이 무엇인가를 해명해준다. 그것은 죄를 회개하는 것이다. 다른 한편, 복음을 받아들이는 일은 새것과 옛것의 충돌이 일어나기 마련이다. "새 포도주는 새 부대에 넣어야 할 것이니라."(5:38)이므로 죄의 회개와 율법이 충돌한다. 그리하여 이 단원은 예수의 선교가 수난의 길을 걷는 십자가의 길임을 보여준다.

어부들을 제자로 부르다(5:1-11)

▪ 기적적인 고기잡이(5:1-7) 누가에 의하면 나사렛과 가버나움에서의 사역 때에는 예수가 제자 없이 활동하였다. 가버나움을 벗어나 게네사렛 호수에서 비로소 예수는 첫 번째 제자들을 부른다. 시몬과 더불어 야고보와 요한을 포함한 제자들이지만 이야기 담화는 시몬 베드로를 중심으로 전개된다. 이 이야기는 한 편의 드라마다.

> 1무리가 옹위하여 하나님의 말씀을 들을새 예수는 게네사렛 호숫가에 서서
> 2호숫가에 두 배가 있는 것을 보시니 어부들은 배에서 나와서 그물을 씻는
> 지라 3예수께서 한 배에 오르시니 그 배는 시몬의 배라 육지에서 조금 띄기
> 를 청하시고 앉으사 배에서 무리를 가르치시더니 4말씀을 마치시고 시몬에
> 게 이르시되 깊은 데로 가서 그물을 내려 고기를 잡으라 5시몬이 대답하여
> 가로되 선생이여 우리들이 밤이 맞도록 수고를 하였으되 얻은 것이 없지마
> 는 말씀에 의지하여 내가 그물을 내리리이다 하고 6그리한즉 고기를 에운 것
> 이 심히 많아 그물이 찢어지는지라 7이에 다른 배에 있는 동무를 손짓하여
> 와서 도와달라 하니 저희가 와서 두 배에 채우매 잠기게 되었더라

앞부분 1-3절은 예수가 시몬 베드로 등을 제자로 부른 주제에 대한 배경이므로 한달음에 읽기로 하겠다. "하나님의 말씀"은 누가가 즐겨 쓰는 복음이라는 말이다. 누가는 그 "하나님의 말씀을 듣기 위해

무리가 쇄도하여 예수를 둘러쌌다."라고 한다. 즉 무리가 예수에게 밀어닥치는 일이 일어났다는 표현(egeneto de)을 사용하여 새로운 사건의 전개를 전하고 있다. 그때 예수가 게네사렛 호숫가에 서 있었다. 게네사렛 호수는 갈릴리 바다의 북서쪽에 위치해 있고 시몬의 집에서 멀지 않은 곳이다. 마침 호숫가에 두 척의 배가 있었고 어부들은 작업을 끝내려 그물을 씻고 있었다. 예수가 무리와 간격을 두고자 그중 하나인 시몬의 배에 올라 호숫가에서 조금 거리를 띄우도록 부탁하였다. 예수는 배에 앉아 무리를 가르쳤다. 그러고는 가르침의 내용에 관해서는 적지 않은 채 장면이 바뀐다.

"말씀을 마치시고 시몬에게 이르시되 '깊은 물로 배를 몰고 나가서 그물을 내려 고기를 잡아라.'"(5:4) 하고 고기잡이 일을 모르는 목수의 아들 예수가 어부 시몬에게 명령하였다. "시몬이 대답하여 가로되, '선생이여, 우리들이 밤새 동안 수고는 하였으되 얻은 것이 없지마는 말씀에 따라 내가 그물을 내리리다.'"라고 하는데, 여기서 "선생(epistates)"은 그 의미로 번역할 수도 있지만 실은 선생보다 더 넓은 의미를 지닌 존경의 호칭이다. 이때 황당한 예수의 요구를 순순히 따르는 베드로의 순종이 돋보인다. "그렇게 한즉", 웬걸, "그들이 고기를 에운 것이 심히 많아 그물이 찢어지기 시작했다. 이에 다른 배에 있는 동무들을 손짓하여 도와달라 하니 저희가 와서 두 배에 가득 채우매 가라앉을 지경에 이르렀다." 하고 6-7절에 전한다. 어부들의 작업에서 이런 일은 겪어보지도 상상치도 못했을 일이므로 당시 그들이 얼마나 충격을 받았을지 짐작하고도 남는다. "명명백백한 것은 고기잡이와 말씀 전파 사이의 연계성으로, 예수의 권위 아래 행해진 고기잡이의 성공은 베드로와 다른 이들이 참여할 선교의 예언적인 상징이다(Green, 1977, p. 233).

■ **모든 것을 버려두고 예수를 좇다**(5:8-11) 그 충격의 놀라움은 세베대의 아들 야고보와 요한을 비롯해 여러 다른 어부들을 휩싼다. 충격을 받은 시몬은 행동으로 반응한다.

> 8시몬 베드로가 이를 보고 예수의 무릎 아래 엎드려 가로되 주여 나를 떠나
> 소서 나는 죄인이로소이다 하니 9이는 자기와 및 함께 있는 모든 사람이 고
> 기 잡힌 것을 인하여 놀라고 10세베대의 아들로서 시몬의 동업자인 야고보
> 와 요한도 놀랐음이라 예수께서 시몬에게 일러 가라사대 무서워 말라 이제
> 후로는 네가 사람을 취하리라 하시니 11저희가 배들을 육지에 대고 모든 것
> 을 버려두고 예수를 좇으니라

"시몬 베드로가 이를 보고 예수의 무릎 아래 엎드렸다." 누가는 단지 시몬이라 부르던 이름을 "시몬 베드로"라 하여 베드로라는 새 이름을 덧보탠다. 이는 예수와 시몬과의 새로운 관계를 함축하는 이름이다. 시몬 베드로는 예수에 의해 그의 장모가 치유받는 모습을 이미 목도한 바 있다. 무엇보다, 이제 베드로의 예수에 대한 호칭이 "선생(epistates)"에서 "주(kyrie)"로 바뀜으로써 예수와 시몬과의 새로운 관계가 확연해진다. 시몬은 이미 예수의 권위를 보고 놀랐던 사람이다. 한데, 어업이 생업인 그가 자신의 직업 영역에서 일어난 엄청난 기적을 보고 예수를 "주"라 부르지 않을 수 없었을 것이다(Geldenhuys, 1951, p. 182). 그뿐만 아니라, "나를 떠나소서, 주여, 나는 죄인이기 때문입니다!"라는 8절의 두려움의 고백에서 예수가 하나님의 아들임을 알아보았다는 사실을 확인할 수 있다. "선생"이라 함은 그의 명령에 복종해야 할 분이고, "주"라 함은 그의 거룩함이 죄인에게 도덕적인 고통을 불러일으키는 분이기 때문이다(Ryken, 2009, p. 208). 누가복

음에서 여기에 처음 등장하는 "죄인"이라는 용어는 누가에게 있어 경멸적인 것이 아니라 동정적인 용어로, 하나님의 은혜의 대상일 수 있다는 맥락을 갖는다(Liefeld and Pao, 2007, p. 117). 시몬의 고백은 단순한 고백 이상으로 그가 회개하였다는 징표이다(Ryken, 2009, p. 208). 그렇다 하더라도, 예수와 시몬은 주님과 죄인의 관계이니 "나를 떠나소서."라 하지 않을 수 없었을 터인데, 이러한 시몬의 행동과 고백은 그가 얼마나 신실한 사람인가를 분명히 보여준다.

이 장면에서 중심인물은 시몬이지만 주변의 여러 사람들이 이 놀라운 고기잡이 장면을 목격하였다. 특별히 "세베대의 아들들인 야고보와 요한"을 "시몬의 동업자"라 적은 것을 보면 이 두 사람은 시몬과 함께 한 배에서 고기잡이에 참여했을 것이다. 그런데도 예수는 시몬에게 "무서워 말라. 이제 후로는 네(혹은 너희)가 사람을 낚을 것이다."(10b)라고 하여 고기잡이 어부가 사람을 낚는 일을 하리라 말씀한다. "무서워 말라"는 시몬의 고백 "나는 죄인이로소이다!"에 대한 예수의 위로이다. "이제 후로는 네가 사람들을 낚을 것이다."에서 "낚다(zogron)"는 '잡다 혹은 낚다(agreuo)'와 '생(zoon)'의 합성어로 자구대로 번역하면 '생포하다'라는 말이다. 의역하면 "죄의 깊은 바다에서 사람들을 건져내어 구원의 해안으로 안전하게 데려오다."(Ryken, 2009, p. 209) 즉 구제한다는 말이다.

그리하여 예수의 말씀대로 "저희가 배를 육지에 대고 모든 것을 버려두고 예수를 좇으니라."라는 11절에서 "저희"는 필경 시몬과 야고보와 요한일 것이다. 예수가 제자를 부를 때 어느 누구에게도 자신의 제자가 되고자 하는지 상대의 의향을 물은 일이 없다. 단지 "나를 좇으라."라고 말씀할 따름이다. 시몬과 야고보와 요한은 그 말씀에 순종하는 것이 전부였다. 그리고 이미 10절에 "이제 후로는"이라는 예수의 말씀이 과거와의 단절을 암시하고 있다. 예수의 제자가 되는 일은 모든 소유를 버리고 예수를 따르는 일이다. “너희 중에 누구든지 자기의 모든 소유를 버리지 아니하면 내 제자가 되지 못하리라.”(14:33)라는 말씀이 전하는 바와 같다. 이들 세 사람은 자신들의 생업의 도구인 배도 버려두고 예수를 좇았다.

몇 개의 다른 장면으로 구성되어 있지만 5:1-11은 한 폭의 아름다운 그림과 같다. 하나님의 말씀을 무리에게 가르치는 일부터 시종일관 예수가 주도한다. 몰려든 무리와 거리를 두기 위해 오른 배가 우연찮게 베드로의 배다. 밤새껏 고생해 얻은 것이 없는 빈 배를 깊은 물로 끌어내 그물을 내리라고 명령한다. 이에 헛수고라 생각하면서도 예수를 선생 대접하는 시몬이 참 겸손하다. 그물이 찢어지도록 에운 고기를 보고 시몬이 엎드려 “나를 떠나소서, 주여” 하니, 예수가 “이제 후로는 네가 사람들을 낚을 것이다.”라고 응답한다. 그리하여 어부들은 엉겁결에 모든 것을 버리고 예수를 따른다. 시몬이든 다른 누구든 자신의 의사를 앞세운 일이 없고 애오라지 예수에게 이끌림을 받았을 따름이다. 이 단원에서 볼 수 있는 시몬의 반응이 앞 단원(4:31-44)의 예수의 치유 활동과 짝지어진다고 해설하는 학자도 있다(Bock, 1994, p. 464). 이 장면과 마찬가지로, 악귀에 사로잡힌 자들이나 시몬의 장모나 그 모든 치유받은 이들이 자의의 간청에 의해서가 아니라 예수의 일방적인 구속의 의지가 베푸는 권위와 능력의 소산으로 일어난 기적이라는 해설일 것이다.

▪ 문둥병 치유와 중풍병 치유(5:12-26)

이제 문둥병과 중풍병을 고친 두 기적 사건의 기록이 나오는데, 이들 두 기적은 앞 단원과 달리 각각의 병자의 간청에 예수가 응답한 치유이다. 별개의 사건이지만 두 기록의 구조적인 특징이 매우 흡사하다. 치유의 배경과 치유 후의 기록이 그 형식에 있어 매우 흡사하다. 따라서 본서에서는 두 사건을 하나의 단원으로 묶어 읽겠다.

▪ 만지지 말아야 할 병자를 만지다(5:12-16) 문둥병자 치유의 유명한 이야기다. 이 이야기를 읽기 전에 알아두어야 할 배경지식이 있다. 구약시대에는 문둥이를 "만지지 말라"라고 불렀다고 한다. 사회적으로 격리하고 천대하는 정도가 극심한 나머지, 그들은 스스로 "부정하다, 부정하다!"(레 13:45-46)라고 외치며 사체 화장 같은 일로 겨우 먹고살았다고 한다. 예수 당시에도 문둥이는 죄로 인해 하나님의 저주를 받은 병자라 믿었다.

> 12예수께서 한 동네에 계실 때에 온몸에 문둥병 들린 사람이 있어 예수를 보
> 고 엎드려 구하여 가로되 주여 원하시면 나를 깨끗케 하실 수 있나이다 하니
> 13예수께서 손을 내밀어 저에게 대시며 가라사대 내가 원하노니 깨끗함을
> 받으라 하신대 문둥병이 곧 떠나니라 14예수께서 저를 경계하시되 아무에
> 게도 이르지 말고 가서 제사장에게 네 몸을 보이고 또 네 깨끗케 됨을 인하
> 여 모세의 명한 대로 예물을 드려 저희에게 증거하라 하셨더니 15예수의 소
> 문이 더욱 퍼지매 허다한 무리가 말씀도 듣고 자기 병도 나음을 얻고자 하여
> 모여 오되 16예수는 물러가사 한적한 곳에서 기도하시니라

예수가 여러 지방에서 선교하며 어느 한 지방에 있을 때라 적고 특정한 지역을 언급하지 않은 채 "온몸에 문둥병(통째 문둥병)" 걸린 어떤 사람이 있었다고 적고 있다. "통째 문둥병"이라는 용어가 의사 누가가 사용한 당시 의학 전문용어라 한다(Geldenhuys, 1951, p. 20). 그가 어떻게 예수를 알아보았는지는 알 수 없으나 예수를 보자 얼굴을 땅에 대고 절하며 간구하였다. "주여, 당신이 원하시면 나를 깨끗케 하실 수 있나이다." 이 문둥병자는 "나는 죄인이로소이다."라고 시몬이 말할 때처럼 예수를 "주여" 하고 호칭한다. 병자의 간청이 매우 공손하고 간절하다. 예수는 지체 없이 그의 간구에 응한다. "당신이 원하시면"이라는 문둥병자의 간청에 "내가 원한다."라 응한다. 만지지 말아야 할 사람을 대뜸 손을 뻗어 만진다("대시다"). "내가 원하노니, 깨끗하여지라!" 하니 "즉각적으로 문둥병이 그를 떠났다". 아마 문둥병과 더불어 그의 죄도 깨끗해졌을 것이다. "내가 원하노니, 깨끗하여지라."라는 말씀이야말로 죄 씻음 받기를 원하는 자들에게 주는 복음이기 때문이다.

이야기 담화는 아직 끝난 것이 아니다. "그리고 예수께서 그에게 아무에게도 말하지 말라고 명하셨다."가 14a절이다. 그런 후에 "그러나 가서 제사장에게 네 몸을 보이고 또 네 깨끗케 됨을 인하여 모세가 요구한 제물을 드려 그들에게 증거하라."라고 말씀한다. 이 14b절의 말씀은 레위기 13-14장에 적힌 규례를 지키라는 것이다. 누가의 복음서와 행전에서는 구약의 율법을 지키는 보수적인 기사가 도처에 돋보인다. 한 예로, "율법의 한 획이 떨어짐보다 천지의 없어짐이 쉬우리라."(16:17) 하였다. 유대인이 아닌 누가가 율법에 보수적인 까닭은 "그(예수 그리스도)는 구약에서 예언된 바가 이루어진 분이다…… 율법이 예수 그리스도를 지향하고 있고 그분 안에서 완료한다."(Schreiner,

2008, p. 639)라는 사실에 근거한다. 말하자면, 예수 그리스도를 구약의 연속선상에서 보는 관점 때문에 누가가 율법에 대해 보수적인 태도를 취한다는 해설이다. 한편, 슈라이너는 이와 동시에 누가가 구약과의 비연속적인 관점도 취하고 있다고 해설한다. 죄에서 용서받고 의롭다 함을 얻는 것은 율법을 통해 이루어지는 것이 아니라 주 예수 그리스도의 은혜로 말미암아 완성되는 것이다. 이 비연속성의 좋은 본보기는 예수가 안식일에 치유한 사례들이다. 아울러, "문둥이에서 깨끗케 하심은 문둥이에 대한 율법들을 초월한 것이다."(Schreiner, 2008, p. 632)라는 해설은, 문둥이에 대한 다양한 율법 규례가 있지만 그 규례들이 병을 치유한 것이 아니라, 예수가 만지지 말아야 할 그를 만진 자비와 은혜로 말미암아 치유하였다는 해설일 것이다. 따라서 "네 깨끗케 됨을 인하여…… 제물을 드려 그들에게 증거하라."라는 말씀은 백성을 대표하는 제사장(들)에게 예수의 능력을 증거하라는 의미로 해석해도 좋을 것이다(Bock, 1994, p. 477). 하지만, 앞선 문장에 단수로 쓰여 있어서 이 해석에 어려움이 있다.

이제 15-16절에 "예수에 관한 말이 더욱 넓게 퍼지매 허다한 무리가 말씀도 듣고 그들의 병도 나음을 얻고자 모여 오되 예수는 한적한 곳에 물러가서 기도하시니라." 하고 문둥병 치유의 일화를 끝낸다.

■ **병 치유의 능력 그리고 죄 사함의 권위**(5:17-26) 여러 지방을 순회하며 선교하는 도중에 일어난 또 다른 일화가 사람들이 침상에 누운 중풍병자를 지붕을 뚫고 예수 앞에 내려놓은 사건이다. 이 자리에 있던 바리새인들과 율법 교사들의 비판에 대해 예수가 당신의 병 치유 능력과 죄 사함의 권위를 예시하는 장면이다.

17하루는 가르치실 때에 갈릴리 각 촌과 유대와 예루살렘에서 나온 바리새
인과 교법사들이 앉았는데 병을 고치는 주의 능력이 예수와 함께 하더라 18
한 중풍병자를 사람들이 침상에 메고 와서 예수 앞에 들여놓고자 하였으나
19무리 때문에 메고 들어갈 길을 얻지 못한지라 지붕에 올라가 기와를 벗기
고 병자를 침상채 무리 가운데로 예수 앞에 달아 내리니 20예수께서 저희 믿
음을 보시고 이르시되 이 사람아 네 죄 사함을 받았느니라 하시니 21서기관
과 바리새인들이 의논하여 가로되 이 참람한 말을 하는 자가 누구뇨 오직 하
나님 외에 누가 능히 죄를 사하겠느냐
22예수께서 그 의논을 아시고 대답하여 가라사대 너희 마음에 무슨 의논을
하느냐 23네 죄 사함을 받았느니라 하는 말과 일어나 걸어가라 하는 말이 어
느 것이 쉽겠느냐 24그러나 인자가 땅에서 죄를 사하는 권세가 있는 줄을 너
희로 알게 하리라 하시고 중풍병자에게 말씀하시되 내가 네게 이르노니 일
어나 네 침상을 가지고 집으로 가라 하시매 25그 사람이 저희 앞에서 곧 일
어나 그 누웠던 것을 가지고 하나님께 영광을 돌리며 자기 집으로 돌아가니
26모든 사람이 놀라 하나님께 영광을 돌리며 심히 두려워하여 가로되 오늘
날 우리가 기이한 일을 보았다 하니라

"하루는"이라는 말은 어느 날 있었던 일이라는 뜻으로, 5:1에서와 마찬가지로 어떤 새로운 일이 일어났다(egeneto)는 표현이다. 이때 일어난 사건의 발단에 대해 17-19절을 뭉뚱그려 요약해보겠다. 특이한 일은 갈릴리, 유대와 예루살렘 각처에서 바리새인들과 율법교사들이 몰려왔다는 사실이다. 예수의 소문을 듣고 예수의 정체를 파악하기 위해 그들은 몰려왔을 것이다. "병을 고치는 주의 능력이 예수와 함께 하더라." 하고 새삼스럽게 적은 이유는 앞 16절에서 예수가 기도하였다는 기록과 연관 지은 것이리라. 이때 사람들이 중풍병자를 침상

에 메고 와서 예수 앞에 내려놓으려 했으나 무리 때문에 들어갈 길을 찾을 수 없었다. "중풍병자"라는 어휘는 원문에 "마비된" 사람이라는 의학 전문용어로 적혀 있다. 예수에게 접근할 길이 없자 그들은 기발하게도 지붕 위로 올라가 기와를 벗기고 무리 한가운데 예수 앞에 침상과 함께 병자를 내려놓았다.

군더더기 없이 이 장면에 대한 예수의 반응은 20a절에 "예수께서 그들의 믿음을 보시고"이다. 앞에 문둥병 치유 사례와 같이 "주여, 원하시면 나를 깨끗하게 하실 수 있나이다."라는 믿음을 또다시 감지한 것이다. "그들의 믿음"이라 한 것을 보면 중풍병자를 포함해 그와 동행한 모든 사람의 믿음을 일컫는다. 물론 지붕을 뚫고 병자를 예수 앞에 내려보낸 그들 역시 예수의 치유에 대한 믿음이 굳건했을 것이다. 하지만, 그들의 믿음이 병자의 구원을 대신해준 것은 아니다(Liefeld and Pao, 2007, p. 121). 대뜸 예수가 20b절에 "이 사람아, 네 죄들이 네게서 사함을 받았느니라!"라고 말씀한 것을 보면 병자 자신의 믿음임을 확인할 수 있다. 이 말씀은 앞 사례에서 "내가 원하노니"라고 한 기적 능력의 말씀에 비해 간접적으로 들리지만, 실은 예수의 구원 사역의 본질에서 보면 치유 그 자체보다 더욱 본질적인 말씀이다. 믿음에 대응하는 죄 사함이고 그 죄 사함은 온전한 수동태로 표현되어 있다. 여러 번역본에서 "이 사람아"라는 호칭 대신에 예수가 "친구여"라 말씀한 것으로 쓰고 있는데, 이는 죄 사함을 받은 자에 대한 친근한 호칭이다(Green, 1997, p. 241).

반면에, 예수를 감시하러 온 서기관들과 바리새인들은 예수의 이 말씀에 그들의 이치를 따진다. "이런 불경한 말을 하는 자가 누구냐? 오직 하나님 외에 누가 능히 죄를 사할 수 있느냐?" 하고 예수에게 직접 대항해 의문을 던진다. 이들의 의문은 죄의 용서는 속죄 의식에 따라 하나님만이 하실 수 있다는 비난이다. 이 비난이 누가복음에 기록된 일련의 충돌 중 첫 사건이다. 예수는 그들의 의문을 알고 "왜 너희는 너희 마음에 이런 일들(의문)을 생각하느냐? '네 죄가 사함을 받았느니라.' 하는 말과 '일어나 걸어가라' 하는 말이 어느 것이 쉽겠느냐?"(22b-23) 하고 질문으로 답하는데 이 말은 언뜻 이해하기 힘들다. 또 어떤 대답이 옳은지도 판단하기 쉽지 않다. 하지만, 이 두 질문에 대해 우직하게 곧이곧대로 대답해보면 예수의 의도를 쉽게 파악할 수 있다. "네 죄가 네게서 사함을 받았다."라는 말은 듣기 좋은 덕담 같으나 그 진위는 허식인지 진정인지 판단하기 어렵다. 그런데 몸이 마비된 중풍병자더러 "일어나 걸어라"라고 말하면 그 진위는 곧장 판가름난다(Geldenhuys, 1951, p. 188; Ryken, 2009, pp. 224-225). 그러므로 예수의 질문은 서기관들과 바리새인들의 의문에 대한 참으로 깊이 있는 지혜의 대답이다. 아마도 그들의 마음은 두 가지 갈래를 헤집고 있었을 것이다. 치유하려면 "일어나 걸어라"라고 말할 것이지 오직 하나님만이 할 수 있는 "네 죄가 네게서 사함을 받았다."라고 말하는 것은 도대체 어떤 권위로 하는 것인지를 헤집고 있었을 테다. 이 속내를 꿰뚫어본 예수는 이 두 종류의 말 중 어느 말을 하면 너희 마음의 의문이 풀리겠느냐고 그들에게 반문하고 있는 것이다.

예수는 병 치유의 능력과 죄 사하는 권위를 공히 지녔으나 전자의 능력은 후자의 권위에 수반한다. 그리고 예수는 서기관들과 바리새인들이 이 점을 도무지 깨닫지 못하고 있다는 사실을 알고 있었다. 따라서 예수는 이 장면에서 24절 "그러나 인자가 땅에서 죄를 용서하는 권위를 갖고 있는 줄을 너희로 알게 하리라."를 위해 "너의 죄들이 네게서 사함을 받았다."라는 말씀을 그들에게 의도적으로 한 것이다. 누가복음에서는 여기서 처음 예수의 대명사 "인자"가 출현한다. 주목해야 할 사실은 마 9:6과 막 2:10에서도 "인자가 땅에서 죄를 사하는 권세"라는 같은 구절을 공히 찾아 읽을 수 있다는 점이다. 복음서에서 '인자'라는 말은 지상에서의 예수의 활동을 그린 장면에서 때로 사용되기도 하지만 주로 고난받는 장면에 쓰인다(마 8:20; 17:12; 막 9:12). 슈라이너는 다니엘서를 포함해 인자가 쓰인 낱낱의 맥락을 분석하고 '인자'라는 말 속에 고난과 승천의 맥락이 함께 함축되어 있다고 개관한다(Schreiner, 2008, p. 226). 이들 맥락이 십자가의 수난과 하나님 우편에 앉음이라면, 인자의 맥락적 의미는 죄의 용서가 본질이다. 여기 24 절에서 "인자"는 죄 사함이라는 의의 심판을 하는 종말적인 권위다(Liefeld and Pao, 2007, p. 123). 예수는 율법의 행위가 의라 생각하는 서기관들과 바리새인들에게 무엇보다 당신이 죄 사함의 권위임을 알게 하고 싶었던 것이다.

이야기 담화는 예수가 던진 두 질문을 넘나들며 더욱 극적으로 전개된다. 예수는 24a절을 말씀하자마자, 아마도 숨 돌릴 사이도 없이, 중풍병자에게 얼굴을 돌려 24b절 "내가 너에게 말하노니, '일어나라, 네 침상을 가지고 네 집으로 가라.'"라고 말씀한다. 이 명령의 능력은 진위가 곧장 판가름난다. "그 사람이 저희 앞에서 곧 일어나 그 누웠던 것을 가지고 하나님께 영광을 돌리며 집으로 갔다."라고 한다. 이로써 "일어나 걸어라"와 더불어 "너의 죄가 너에게서 사함을 받았다." 라고 예수가 공히 말씀하고 양자가 역시 함께 실증되었다. 이때 인자에게는 죄의 용서가 일차적이고 치유의 기적은 부수적인 것이다. 실은 바로 이 때문에 예수가 저들에게 "너의 죄들이 사함을 받았느니라 하는 말과 일어나 걸어가라 하는 말이 어느 것이 쉽겠느냐?" 하고 물었던 것이다. 저들은 "일어나 걸어가라"라는 말이 더 쉽다는 생각에 매어 있던 자들이었다. 그럼에도 불구하고, 이 장면을 목격한 서기관과 바리새인을 포함한 무리가 예수가 죄를 사하는 권위가 있는 하나님의 아들임을 믿었다는 증거는 없다. "모든 사람이 놀라 하나님께 영광을 돌리며"라고 하지만, "심히 두려워한" 것은 "오늘 우리가 기이한 일을 보았다."에서처럼 "기이한 일"은 곧 기적이기 때문이다.

레위를 제자로 부름 그리고 금식 문제의 충돌(5:27-39)

■ 레위의 잔치(5:27-32) 예수가 레위를 부르는 또 다른 이야기의 기록이다. 레위가 어떻게 회개하고 예수의 제자가 되었는지에 대해서는 정작 간략하게 소개하는 이야기 담화다. 대신, 레위가 차린 큰 잔치에서 벌어진 예수와 바리새인들 사이의 대화 내지 논쟁이 주요 주제로 전개된다. 당시 특히 바리새인들을 중심으로 식탁 만찬의 대화는 흔한 일이었으며, 게다가 이런 형식의 대화는 그레코로만의 심포지움이라는 문화의 테두리에서 종종 있었던 일이라 한다. 여하튼 이 식탁 만찬의 대화를 통해 유대주의에 대한 예수의 비판적인 구속의 개념을 읽을 수 있다.

세리인 레위가 첫 공관복음서를 집필한 마태(하나님의 은혜)라는 사실은 "예수께서…… 마태라 하는 사람이 세관에 앉은 것을 보시고……."(마 9:9)라는 기사를 보면 의심의 여지가 없는 사실이다. 마가와 누가가 레위라 부르는 마태가 세리였으므로, 본문을 읽기 전에 당시 사회에서 왜 세리를 그토록 천대하였는지 그 배경을 살피기로 하겠다. 국고세입을 걷으려는 로마 제국은 세리가 되고자 하면 누구라도 최고의 입찰가격을 부르는 자를 채용하였고, 그가 마음대로 세금을 거둬들인 후 규정액만 국고에 넣고 나머지는 제멋대로 수탈하여도 내버려두었다. 사정이 이러하니 세리가 곧 죄인이라 손가락질 받은 것은 당연한 일이다.

> 27그 후에 나가사 레위라 하는 세리가 세관에 앉은 것을 보시고 나를 좇으라
> 하시니 28저가 모든 것을 버리고 일어나 좇으니라 29레위가 예수를 위하여
> 자기 집에서 큰 잔치를 하니 세리와 다른 사람이 많이 함께 앉았는지라
> 30바리새인과 저희 서기관들이 그 제자들을 비방하여 가로되 너희가 어찌하
> 여 세리와 죄인과 함께 먹고 마시느냐 31예수께서 대답하여 가라사대 건강
> 한 자에게는 의원이 쓸데없고 병든 자에게라야 쓸데 있나니 32내가 의인을
> 부르러 온 것이 아니요 죄인을 불러 회개시키러 왔노라

레위에 관한 이야기가 중풍병자에 관한 이야기와는 다른 때, 다른 지방에서 일어난 이야기임을 27절 초두 "그 후에 그(예수)가 나가사"에서 알 수 있다. 예수가 "세금 징수소에 앉아 있는 레위라 이름하는 세리를 보았고, 그에게 '나를 따르라!'고 말씀하였다."라는 레위를 제자로 부른 이야기다. 여기서 "보셨다"는 '선발하다'라는 뜻을 갖는다고 한다. 그가 세리라는 사실을 확인하고도 예수는 그를 일부러 제자로 선택하여 "나를 따르라(좇으라)."라고 명한다. 예수는 이처럼 능동적으로 죄인을 찾아 나를 따르라 명한다. 이에 대한 레위의 반응을 개역성경에서는 앞뒤 맥락 없이 "저가 모든 것을 버리고 일어나 좇으니라."라고 적고 있다. 또 NIV와 NRSV는 "그가 일어나 모든 것을 버린 채 그를 따랐다."라고 번역하고 있다. 아마도 레위가 앉아 있다가 불시불연에 벌떡 일어난 장면을 강조하기 위한 번역일 것이다. 그런데 여기서는 단호한 결단도 돋보이지만, "모든 것을 버린 채"라고 하여 예수의 제자이기 위해 "모든 소유를 버리라."(14:33)라는 말씀을 실행했다는 사실이 매우 유의하다. 레위에게 숱한 재산이 있었을 터인데 아낌없이

버린 것을 보면 그가 물욕에 눈먼 세리는 아니었던 것 같다.

그러고는 레위가 예수를 위해 자기 집에 큰 잔치를 차리니 "다수의 무리인 세리들과 다른 사람들이 그들과 함께 기대어 앉았다."라고 29절은 전한다. 그런데 식탁에 기대어 앉은 사람들 중에는 레위의 동료인 상당수의 세리들이 함께 있었다고 하니, 거리낌없는 예수의 천연스러움이 놀랍다. 이 식탁에 예수의 제자들도 함께 기대어 앉았다는 사실은 구태여 명기할 필요가 없었을 테다. 워낙 큰 잔치라 곁다리에서 방관했는지 모르나, 여하튼 30절을 보면 "바리새인들과 그들의 서기관들" 역시 이 자리에 있었다. 한데, "그들의 서기관들"이라는 표현이 율법학자를 지칭하는 것이 아니라 율법 논쟁을 곧 맞닥뜨리는 상황을 묘사하는 것이라 해석하기도 한다(Green, 1997, p. 247). 또 REB에서는 "바리새인들, 그들 중 몇은 서기관들인데"라고 번역한다. 여하튼, 율법 논쟁을 걸고넘어진 자들은 바리새인들이라 해석해야겠다. 그들이 죄인들과 함께 식사할 리 만무하므로 식사가 끝난 다음의 사건이라 추측하기도 한다(Bock, 1994, p. 495). 그들은 예수의 제자들에게 "너희가 어찌하여 세리들과 죄인들과 함께 먹고 마시느냐?"라고 투덜거린다. 또 이들은 누가가 29절에서 "세리들과 다른 사람들"이라 적은 것을 "세리들과 죄인들"이라 부르며 종교적인 교의의 윤리전을 펼친다. 바리새인의 별명은 죄인들의 죄에 전염되지 않는 죄인과는 다른 분리주의자라고, 배타적으로 자칭 타칭 불려졌다는 것이다(Garland, 2011, p. 250).

이에 제자들 대신 예수가 "건강한 자에게는 의원이 쓸데없고 병든 자에게라야 쓸데 있나니 내가 의인을 부르러 온 것이 아니요 죄인을 불러 회개시키러 왔노라."라고 응대한다. "건강한 자"와 "의인" 그리고 "병든 자"와 "죄인"을 각각 31절과 32절에 나란히 대비한다. 병든 자에게 의사가 필요하다는 격언을 인용하며 예수 자신은 죄인을 불러 회개시키기 위해 왔다고 말한다. 회개야말로 누가복음의 핵심 주제다(3:3, 8; 13:1-5; 15:7, 10; 16:30; 17:3-4; 24:47). 누가는 18:9-14에서는 바리새인과 세리의 기도를 대조시키고 있거니와, 바리새인은 세리와 같지 않음을 감사 기도하고 세리는 "다만 가슴을 치며 가로되 하나님이여 불쌍히 여기옵소서 나는 죄인이로소이다."(18:13) 하고 기도하는데 이 세리의 기도가 곧 회개다. 바리새인들의 특질은 자신들을 스스로 의인이라 생각하는 것이다. 그러므로 그들은 "의인은 없나니 하나도 없으며"(롬 3:11)를 모르는 자들이며, 예수가 필요없는 자들이다. 누구든지 자기가 죄인임을 먼저 인정하는 것이 구원의 길에 들어서는 첫 관문이다. 필경 레위는 예수를 만나기 전부터 자기가 죄인임을 인정하고 있었음에 틀림없다. "나를 따르라!"라는 예수의 한마디에 "모든 것을 버린 채 그가 일어나 예수를 따르기 시작했다."라는 기록이 그 증거다. 레위의 잔치에 참석한 다른 세리들도 그리고 바리새인이 죄인들이라 부른 다른 사람들도 회개의 마음을 갖추었을 것이며 예수는 그들과 기꺼이 식사하였을 것이다. 어찌하여 레위가 이 큰 잔치를 예수를 위해 마련했는지, "그것을 묻는다면 이 이야기를 상하게 하고 망치는 것이다!"(Fitzmyer, 1970, p. 589).

■ **금식 문제의 충돌**(5:33-39) 먹고 마시는 논쟁으로 시작하는 이 단락 전체를 레위의 잔치 장면의 후속 이야기로 읽겠다. "너희가 어찌하여 세리들과 죄인들과 함께 먹고 마시느냐?"(5:30b)라는 진술과 "당신의 제자들은 먹고 마시나이다."(5:33b)라는 진술을 직접 연결해 읽을 수 있기 때문이다. 그런데 이 단락 후반부 36절 이하의 새것과 옛것을 대조하는 비유에서는 옛 가치와 예수가 온 후의 새 가치 사이에

건널 수 없는 깊은 골이 패어 있음을 예수가 선언한다. 따라서 어떤 학자들은 이 단락을 레위의 잔치 단락에서 떼어내 6:1-5 및 6:6-11과 함께 바리새인과 예수의 충돌이라는 새 단원에 묶어 읽기도 하지만 레위의 잔치와 함께 읽어도 아무 무리 없다.

> 33저희가 예수께 말하되 요한의 제자는 금식하며 기도하고 바리새인의 제자
> 들도 또한 그리하되 당신의 제자들은 먹고 마시나이다 34예수께서 저희에게
> 이르시되 혼인집 손님들이 신랑과 함께 있을 때에 너희가 그 손님으로 금식
> 하게 할 수 있느뇨 35그러나 그 날에 이르러 저희가 신랑을 빼앗기리니 그 날
> 에는 금식할 것이니라
> 36또 비유하여 이르시되 새 옷에서 한 조각을 찢어 낡은 옷에 붙이는 자가
> 없나니 만일 그렇게 하면 새 옷을 찢을 뿐이요 또 새 옷에서 찢은 조각이 낡
> 은 것에 합하지 아니하리라 37새 포도주를 낡은 가죽 부대에 넣는 자가 없나
> 니 만일 그렇게 하면 새 포도주가 부대를 터뜨려 포도주가 쏟아지고 부대도
> 버리게 되리라 38새 포도주는 새 부대에 넣어야 할 것이니라 39묵은 포도주
> 를 마시고 새 것을 원하는 자가 없나니 이는 묵은 것이 좋다 함이니라

바리새인들이 또 다른 트집을 잡는다. "요한의 제자들은 자주 금식하며 기도하고 바리새인의 제자들 또한 그러하되 그러나 당신의 제자들은 먹고 마시나이다."가 그들의 종교적 윤리전의 제2탄이다. 요한의 제자들까지 들추어내며 자기들의 경건한 금욕생활을 강조하고, "그러나 왜 당신의 제자들은 먹고 마시느냐?" 하고 따진다. 이에 예수가 응대하는데, 우선 34절에 "혼인집 손님들이 신랑과 함께 있을 때에 너희가 그 손님으로 금식하게 할 수 있느뇨?"라고 한다. 예수는 금식과 기도를 비하해 말하지 않는다. 다만 지금은 금식할 때가 아니라 혼

인 하례객들이 신랑과 함께 있는 동안이므로 그들을 굶길 수 없지 않느냐고 반문한다. 누가는 행 13:1-3에서 단식을 수행한 하나의 조건을 예시하고 있다. 바울의 첫 선교여행과 관련하여 그는 안디옥 교회의 사람들이 금식하고 있을 때 성령의 직접적인 계시가 있어 바나바와 사울을 첫 선교에 파견하라는 명령이 떨어졌다고 기록하고 있다. 달리 말하면, 중차대한 이방 전도를 위한 바울의 수임은 단식 중에 있던 안디옥 공동체에게 주신 성령의 계시다. 일반적으로 구약시대에서의 금식은 경사에 행한 것이 아니라 비극적 운명에 직면하여 행하는 것이었다(삼하 1:12; 3:35; 12:16-23).

그런데, “그러나 그 날에 이르러 신랑을 그들에게서 빼앗아갈 그 날들이 쉬 오리니 그러면 그때에는 그들이 금식할 것이니라.”라는 35절은 34절과 상치된다. 예수가 원수의 손에 죽임을 당하는 날이 올 것이라 예언하고 그 날들에는 제자들이 금식할 것이라고 한 말씀 자체는 이해하기 어렵지 않다. “그러나 혼인 잔치에 신랑의 죽음 가능성을 생각한다는 것은 대단히 유별나다”(Liefeld and Pao, 2007, p. 127). 이 때문에 35절이 출처불명이라 생각하는 학자들도 꽤 있다. 실상 예수가 자신의 죽음을 준비하기 위해 겟세마네에서 제자들과 함께 기도할 때에도 유월절 음식을 먹은 뒤였다. 혹은 금식 기간을 예수가 체포된 순간부터 부활의 때까지로 행적에 비추어 실증적으로 해석하기도 한다(Garland, 2011, p. 253). 어쨌든, 본서에서는 이 구절의 출처의 진위에 대해 개의치 않겠다. 비극적인 참담한 경우에 금식을 할 수도 있으나, 하지만, 금식이 금욕적인 수도는 아니라는 뜻으로 예수의 35절 말씀을 해석하겠다.

언뜻 보면, 36절 이하의 비유는 앞선 맥락과 다른 말씀으로 들린다. 비유 자체는 새것과 옛것의 관계인데, 옛것과 새것이 함께 병존할 수 없다는 것이다. "새 옷에서 한 조각을 찢어 낡은 옷에 붙이는 자가 없다."(5:36a)와 "새 포도주를 낡은 가죽 부대에 넣는 자가 없다."(5:37a)는 새것과 옛것이 병존할 수 없다는 의미의 같은 말이다. 다시 꼼꼼히 읽으면, "새 옷"과 "새 포도주"는 혼인 잔치에 입는 옷과 마시는 포도주를 연상케 한다. 그렇다면, 이 비유에서 신랑으로 온 예수는 인류의 구속주로 온 주이고(고후 11:2), 그가 "새 옷"과 "새 포도주"를 마련해 가지고 온 것이다. 반면에 "낡은 옷"과 "낡은 가죽 부대"는 기존의 종교관행을 가리킨다(Liefeld and Pao, 2007, p. 127). 그러므로 이 비유는 예수의 선교가 종래의 종교관행과 기본적으로 다르다는 말씀으로, 잔치와 금식의 대조가 그 대표적인 본보기다. 본질적으로 예수의 종교는 "금욕 종교"가 아닌 "천적(天的)인 기쁨의 종교"(노평구, 1998, p. 463)이다. 게다가 종래의 종교관행은 죄인을 외면하고 멀리하는 (자칭 의인인) 바리새인들의 태도와 같은 것이다. 반면에 새것으로서의 예수의 선교는 세리와 함께 먹고 마시는 폭넓은 구속의 힘을 갖는다. 따라서 바리새인들과의 논쟁에 뒤이어 유대주의에 대한 혹독한 비판을 여기서 예수는 선언하고 있다.

비유는 기존 관행의 그릇된 점을 부분적으로 개조하지 말아야 한다는 결론에 도달한다. "새 옷에서 한 조각을 찢어 낡은 옷에 붙인다."거나 "새 포도주를 낡은 가죽 부대에 넣는다."거나 하면, 새 옷은 찢기고 낡은 옷은 새 옷의 조각과 어울리지 않는다. 마찬가지로, 새 포도주는 (발효로 인해) 낡은 부대를 터뜨려 쏟아져버리고 부대는 못 쓰게 된다. 그러므로 38절에 "새 포도주는 반드시 새 부대에 넣어야 할 것이니라."라고 한다. 신랑이 가져온 새 포도주 즉 "기쁨의 종교"(노평구, 1998, p. 463)는 낡은 부대 즉 "죄인들을 멀리하기를 바라는 바리새인들의 종교"(Ryken, 2009, p. 239)에 담지 말고, 새 부대 즉 "새로운 형식의 하나님 예배"(Geldenhuys, 1951, p. 196)를 요구한다는 것이다. 새것과 옛것의 혼합은 결코 용납하지 말아야 한다는 아주 강한 표현이다.

그런데 39절 "묵은 포도주를 마시고 새것을 원하는 자 없나니 이는 묵은 것이 좋다 말하기 때문이다."라는 말씀을 어떤 맥락에서 읽어야 할지 어렵다. 더군다나 "묵은 것이 좋다."라는 말은 다의적인 해석이 가능하다. 이때 여러 학자들이 36절 이하의 전체 맥락을 정합적으로 해석한다. 묵은 포도주 즉 유대주의에 인이 박인 사람은 그 맛이 좋다고 말하고, 새것 즉 새 복음을 원하지 않는다는 해석이 그것이다 (Fitzmyer, 1970, p. 597; Garland, 2011, p. 255). 하긴, 오늘날에도 이스라엘이 예수의 복음을 거부하고 있다는 사실이 이를 증명한다. 금욕생활을 통해 율법을 지킴으로써 의인이 될 수 있다는 오랜 배타적인 신념이 죄의 용서라는 은혜의 향기의 미감을 거부하는 일이야말로 비극이라 아니할 수 없다.

안식일의 주(6:1-11)

누가복음과 사도행전은 신약성서 중에서 율법에 대해 가장 보수적인 태도를 갖는다는 것이 학자들의 일반적인 평가다. 그런데 이때 주요 관점은, 전체적인 흐름으로 보아 구약의 율법과 예언은 나사렛 예수 안에서, 특히 예수의 죽음과 부활에서 완성된다는 사실(눅 24:25-27; 24:44-47; 행 24:14; 26:22-23; 28:23)을 분명히 한다는 점이다. 이를테면, "율법의 한 획이 떨어짐보다 천지의 없어짐이 쉬우리라."(16:17)라는 진술의 기반은 율법과 예언자는 요한의 때까지 유효하고 그 이후로는 하나님 나라의 복음이 선포된다(16:16)는 제약을 갖는다. 하긴 제약 정도가 아니라, 예수의 복음 선교와 충돌이라는 5:1부터의 이 단원의 앞 단락들에서 이미 예수의 선교가 직접 혹은 간접으로 율법에 대립해 맞서고 있음을 읽을 수 있다.

이제 안식일 율법에 대립하는 두 기사가 적혀 있다. 더군다나 두 번째 기사는 예수가 고의로 회당에서 안식일에 치유하는 기사다. 유대교와 기독교를 모두 포괄하는 예수 자신의 당당한 말씀 "인자는 안식일의 주인이니라."를 중심으로 예수와 율법이 어떤 관계를 갖는지를 유념하며 이 단락들을 읽기로 하겠다. 제반 율법들 중에서도 안식일 율법은 제2성전 시대 동안 그 무게가 더욱 중시되어 유대주의에 대한 랍비 문서인 미쉬나(mishnah)에서 두 장의 기록을 차지할 정도로 핵심 율법이 되었다고 한다. 그러므로 예수에게 있어 율법, 특히 안식일 율법이 어떤 의미를 갖는지를 이해하는 일은 창세 이후 하나님의 구원의 역사의 진행과 종말을 이해하는 것일 수 있다.

■ **인자는 안식일의 주인이니라**(6:1-5) 제자들이 밀밭 사이로 지나가며 이삭을 잘라 먹는 모습을 보고 바리새인들이 "왜 너희들은 율법에 어긋난 일을 안식일에 행하고 있느냐?" 하고 비난한다. 반면에 예수는 "인자가 안식일의 주이다."라고 답한다.

> 1안식일에 예수께서 밀밭 사이로 지나 가실새 제자들이 이삭을 잘라 손으로
> 비비어 먹으니 2어떤 바리새인들이 말하되 어찌하여 안식일에 하지 못할 일
> 을 하느뇨 3예수께서 대답하여 가라사대 다윗이 자기와 및 함께한 자들이
> 시장할 때에 한 일을 읽지 못하였느냐 4그가 하나님 전에 들어가서 다만 제
> 사장 외에는 먹지 못하는 전설병을 집어 먹고 함께 한 자들에게도 주지 아니
> 하였느냐 5또 가라사대 인자는 안식일의 주인이니라 하시더라

안식일에 예수가 제자들과 함께 곡식밭 사이로 지나가다가 제자들이 이삭을 잘라 손으로 비벼 먹은 일이 바리새인들의 시비에 걸려 "왜 너희들은 율법에 어긋난 일을 안식일에 행하느냐?"라는 비난을 받는다. 이 1-2절에 대해 더 주해할 일이 없기에 "안식일을 기억하여 거룩히 지키라."라는 제4 십계명에 대해 설명을 보태겠다. 실은 곡식밭에서 낟알을 훑어 먹는 것은, 곡식에 낫을 대지만 않는다면 율법에 어긋나는 행위가 아니라고 한다(신 23:25). 율법에 열심이던 바리새인들은 하나님의 율법에 대해 무엇을 행해야 하고 하지 말아야 할지 숱한 세부 조항들을 규정하였다. 예컨대, "안식일을 거룩하게 지키라." 라는 계명에 대해 하지 말아야 할 항목을 무려 39개나 나열하여 거의 모든 행위를 율법적인 금기로 규정하였다. 그리하여 이 장면에서 보는 것처럼 구약 규례에서 허용된 행위조차 금기하였는데, 문제는 바리새인들의 율법의 실천 조항들이 하나님의 율법보다 우위에 서는 권세를 뽐내는 사례가 허다했다는 것이다.

바리새인들의 비난에 대해 예수가 다윗의 사례를 들추어 3-4절에 대답한다. 사무엘상 21장에 기록된 다윗의 사례는 이러하다. 다윗이 기름 부은 바 된 이스라엘의 지도자로 급부상하자 그를 시기한 사울이 죽이고자 하였다. 다윗이 도피 중에 제사장 아히멜렉을 찾아 거룩한 떡 진설병을 얻는다. 이 떡은 하나님께 봉헌한 것이므로 다윗과 그와 동행한 소년들이 먹는다는 사실 자체는 율법에 위배되는 일이다. 그러나 제사장은 생명을 보전하는 도덕적 의무가 제사법보다 우위에 있다고 판단한다. 마태의 병행기사를 읽으면 이때 예수가 "나는 자비를 원하고 제사를 원치 아니하노라."(호 6:6)라는 말씀을 인용하고 있다. 이 인용은 예수가 다윗의 사례를 통해 바리새인들에게 전하고자 했던 요지는 그들이 율법이 무엇인지를 잘못 알고 있다는 사실임을 알 수 있다. 바리새인들은 제사법이 말하는 형식만 알고 있을 따름이지 율법에 내재하고 있는 정신과 율법이 지향하는 목표를 모르고 있다는 것이다.

율법과 예수의 관계에 대한 결정적인 말씀이 "인자는 안식일의 주인이니라."라는 5절이다. 원문대로 직역하면 "주는 안식일의 인자다."라는 어순을 취한다. 이 누가의 선언이 마가의 진술 "안식일은 사람을 위하여 있는 것이요 사람이 안식일을 위하여 있는 것이 아니니 이러므로 인자는 안식일에도 주인이니라."(막 2:27-28)와 어떻게 같고 다른지가 궁금하다. 마가에서는 인자가 곧 인간 일반의 뜻으로 쓰여, 안식일에 대해 사람이 권위를 갖는다는 해석을 취하는 것이 일반적인 주해다. 그런데 본서에서 살펴본 모든 정선 참고문헌에 의하면 누가의 진술에서는 그리스도론(christology)을 강조하여, 인자가 예수의 권위를 지칭하는 것이요 그 권위는 안식일에 대해 갖는 권위다. 그리하여 예수가 안식일에 대해 주권자이므로 "제자들에게 안식일에 (이삭을) 따서 먹도록 허락하였다."(Green, 1997, p. 254)라고까지 해석하는 경우도 있다.

본서에서는 이 5절의 해석을 율법 일반에 관한 16:16-18에 대한 슈라이너의 해석으로 확장하겠다(Schreiner, 2008, p. 632). 그는 16절 "율법과 선지자는 요한의 때까지요 그 후부터는 하나님 나라의 복음이 전파되어 사람마다 그리로 침입하느니라(떠밀려 들어가느니라)."를 율법과 선지자들이 하나님 나라를 지향하는 것이라는 의미로 해석한다. 따라서 17절 "율법의 한 획이 떨어짐보다 천지의 없어짐이 쉬우리라."를 율법의 여하한 한 획이라도 예수 그리스도의 사역에서 완성이 이루어진다고 해석한다. 그리고 18절 "무릇 그 아내를 버리고 다른 데 장가드는 자도 간음함이요……."를 율법은 이제 예수 그리스도에 의해 해석되어진다는 의미로 해석한다. 요컨대, "예수가 율법의 중심 위에 있는 것이 아니라 율법이 예수의 중심 위에 있는 것이다"(Schreiner, 2008, p. 632). "율법이 예수의 중심 위에 있는 것이다."라는 슈라이너의 해설은 "내가 율법이나 선지자나 폐하러 온 줄로 생각지 말라 폐하러 온 것이 아니요 완전케 하려 함이로라."(마 5:17)라는 예수의 말씀과 다름없다. 왜냐하면 그가 16:17을 예수 그리스도의 사역 안에서 율법의 낱낱의 획(글자)이 다 이루어진다(완전케 하려 함이로다)라 해석하고 있기 때문이다. 더욱 중요한 것은 "인자가 안식일의 주이다."라는 말씀을 "율법이 예수의 중심 위에 있는 것이다."라는 그의 해설이 대변한다. 왜냐하면 그가 16:18을 율법이 예수 그리스도에 의해 해석된다고 풀이하고 있기 때문이다. "안식일의 주"이므로 예수 그리스도가 안식일의 율법 내지 윤리를 해석할 수 있는 권위를 갖는다. 율법이 하나님 나라의 목표를 지향하도록 예수 그리스도가 그의 사역 안에서 완성하고 해석함으로써 율법이 하나님 나라의 복음의 기반을 갖는다. 결국, "인자가 안식일의 주이다."라는 말씀은 예수가 율법을 복음 위에 세운다는 뜻으로 해석해야겠다.

■ **회당에서 안식일에 치유하다**(6:6-11) 안식일의 율법이 어떻게 복음의 기반을 갖는지 6-11절이 보여준다. 서기관들과 바리새인들이 예수를 송사하기 위해 안식일의 율법을 어기도록 간교한 계략을 꾸민 또 다른 안식일 일화다. 이때 예수가 이 간계를 간파하고 정면대결하는데, 이 장면은 예수가 안식일의 주임을 명약관화하게 드러낸다.

> 6또 다른 안식일에 예수께서 회당에 들어가사 가르치실새 거기 오른손 마른 사람이 있는지라 7서기관과 바리새인들이 예수를 송사할 빙거를 찾으려 하

여 안식일에 병 고치시는가 엿보니 8예수께서 저희 생각을 아시고 손 마른
사람에게 이르시되 일어나 한가운데 서라 하시니 저가 일어나 서거늘 9예수
께서 저희에게 이르시되 내가 너희에게 묻노니 안식일에 선을 행하는 것과
악을 행하는 것 생명을 구하는 것과 멸하는 것 어느 것이 옳으냐 하시며 10
무리를 둘러보시고 그 사람에게 이르시되 네 손을 내밀라 하시니 저가 그리
하매 그 손이 회복된지라 11저희는 분기가 가득하여 예수를 어떻게 처치할
것을 서로 의논하니라

이 단락에 대한 개역성경의 번역이 이해에 어려움이 없으므로 본서에서는 이 장면에서 "안식일의 주"로서 예수의 당당한 자세를 표현하는 누가의 의도를 주해가 아니라 절과 절 사이의 행간을 통해 읽겠다.

"예수께서 회당에 들어가사 가르치실새 거기 오른손 마른 사람이 있는지라."라고 하는데 오른손이 오그라들어 못 쓰게 퇴화된 사람이 회당의 눈에 띄는 장소에 서 있던 모양이다. 누가만이 손이 "오른손"임을 명세하고 있는데 생업을 위해 오른손으로 일하는 사람임을 암시하는 의도적 표현임을 짐작케 한다. "서기관과 바리새인들이 예수를 송사할 빙거를 찾으려 하여"라 적힌 걸 보면 이들이 예수의 눈에 띄도록 이 사람의 자리를 마련한 듯하다. 그러고는 예수가 안식일에 치유하는지 여부를 면밀히 지켰다("엿보다")는 것이다. 예수는 저희의 간계를 간파하고, 오히려 오른손 마른 사람에게 접근해 "일어나 한가운데 서라!" 하고 명한다. 이에 그가 "일어나 섰는데" 아마도 회중의 모든 사람이 볼 수 있는 자리 한가운데에 섰을 것이다. 그러고는 예수가 바리새인들에게 "내가 너희에게 묻노니, 선을 행하는 것과 악을 행하는 것, 생명을 구하는 것과 멸하는 것, 어느 것을 안식일에 행하는 것이 율법적이냐?"라는 통렬한 질문을 던진다. 이 질문 자체는 윤리 교

과서에 나올 법한 문제처럼 들리지만, 조엘 B. 그린은 이것을 "안식일에 무엇이 율법적인지를 누가 결정하느냐?"(Green, 1997, p. 255)라는 질문으로 풀어 해설한다.

한편 그들의 간계를 꿰뚫어 본 예수의 통렬한 질문에 허를 찔린 바리새인들은 입을 열지 못한다. "(예수가) 무리를 둘러보시고"(6:10a)를 마가는 "노하심으로 저희를 둘러보시고"(막 3:5)라 표현하고 있거니와, 올가미를 씌우려는 위선의 계략에 노한 예수가 회중의 모든 무리를 위압한다. 이어서 "'네 손을 내밀라!' 하니 저가 그리하매 그 손이 회복된지라."(6:10b)라는 대단히 간략한 치유 묘사가 나온다. 실은 손 마른 사람이 치유를 간청한 것도 아니다. 이 묘사에는 "안식일에 무엇이 율법적인지를 내가 결정한다."라는 인자의 단호한 의지가 생생하게 응축되어 있다. 이 일화가 "율법이 예수의 중심 위에 있다."라는 슈라이너의 해설을 예수가 스스로, 그리고 의도적으로 실증하는 이야기 담화다.

이 담화는 "저희가 분기가 가득하여 예수를 어떻게 처치할 것을 서로 의논하니라."라는 11절로 마감하는데, 이보다는 "바리새인들이 나가서 곧 헤롯당과 함께 어떻게 하여 예수를 죽일꼬 의논하니라."(막 3:6)라는 병행기사가 보다 사실적인 기술이다. 본서에서는 6:1 이하, 특히 6:6 이하의 이야기 담화를 맥락적인 이해 방식으로 풀이하였다. 동일한 이해 방식으로 11절을 풀이하는 주해서가 있으므로 그것을 옮겨보겠다. "5절 이하에서 우리는 예수의 적대자들이 어떻게 예수에게 반응할 것인지를 알고 싶어 기다려왔다. 우리가 더 이상 기다릴 필요도 없이 그들의 반응은 안식일에 대한 예수의 권위 주창을 즉각적으로 그리고 명백하게 거부한다는 사실이 드러났다. 그들의 '분기'는 노하는 것의 도를 넘어섰다…… 어찌할 바를 모른 채 이들 서기관들과 바리새인들은 예수가 앞으로 맞닥뜨려야 할 적대의 성질이 무엇인가를 발작적으로 발산한 것이다(Green, 1997, p. 257).”

그린은 이 기사를 읽으면서 특히 5절 “인자는 안식일의 주이시다.”라는 말씀을 예수가 하고 난 후부터 바리새인들의 반응에 마음이 조마조마했던 모양이다. 아니나 다를까, 그들이 예수를 죽이지 않고는 참을 수 없을 정도로 분한 기운을 폭발하였다는 해설이 이어진다. 요컨대, 바리새인들은 “묵은 것이 좋다.”(5:39)는 생각에 사로잡힌 이들이다. 반면에 롬 10:4에 “그리스도는 모든 믿는 자에게 의를 이루기 위하여 율법의 마침이 되시니라.”라고 하였으니, 이를 다시 옮기면 “예수는 의에 관하여 모든 믿는 자에게 율법의 마침”(Schreiner, 1998)이 되는 분이다. 그러므로 그리스도를 믿는 신자들은 그들의 의를 이루기 위해 율법에 의존하지 않고 그리스도에 의존해야 한다. 예수가 율법의 마침이라는 것은 율법의 완성이라 해석할 수 있기 때문이다.

열두 제자를 택하다(6:12-16)

예수를 죽이고자 하는 시도는 이미 나사렛에서도 있었지만(4:29-30), 안식일 치유로 종교지도자들의 음모가 더욱 구체화된다. 다른 한편, 많은 백성들이 예수의 권위와 능력에 압도되어 그를 추종하였다는 기록도 돋보인다. 이제 예수의 갈릴리 지방 사역에서 그를 좇는 사람들 중에서 열두 제자를 택함으로써 사역의 새로운 국면을 맞는다.

■ **기도로 간구하는 예수**(6:12) 누가복음 곳곳에서 기도하는 예수에 대한 기록을 볼 수 있다. 5:16에서도 그러하고, 4:42에도 “한적한 곳”이라 적혀 있는 것을 보면 그곳에서도 기도하였음을 짐작할 수 있다.

12이 때에 예수께서 기도하시러 산으로 가사 밤이 맞도록 하나님께 기도하
시고

이즈음에 예수가 기도하러 산으로 갔다. 단순히 한적한 곳이 아니라 산으로 갔고 "하나님께 기도" 드리느라 밤을 꼬박 샜다고 기록에 강조되어 있다. 모든 학자들이 예수가 제자들을 택하기 위해 밤새, 그리고 홀로 하나님의 뜻이 결실을 이루도록 기도하였다고 해설하고 있다. 그만큼 제자들을 택하는 일이 예수에게 있어 하나님께 진지하게 간구해야 할 일이었음을 짐작할 수 있다.

■ **제자들을 택하다**(6:13-16) 미리 17절을 읽으면 "그의 제자들의 허다한 무리"와 사방에서 온 "많은 백성들"이 이때 예수를 추종하고 있었다. 예수는 이 추종자들 중에서 그의 제자들을 택한 것이다.

13밝으매 그 제자들을 부르사 그 중에서 열둘을 택하여 사도라 칭하셨으니 14
곧 베드로라고도 이름 주신 시몬과 및 그 형제 안드레와 및 야고보와 요한과
빌립과 바돌로매와 15마태와 도마와 및 알패오의 아들 야고보와 및 셀롯이라
하는 시몬과 16및 야고보의 아들 유다와 및 예수를 파는 자 될 가롯 유다라

날이 밝으니 예수가 그를 추종하는 제자들 중 열둘을 택하여 그들을 사도라 이름하였다고 누가는 13절에 적고 있다. "사도라 칭하였다."는 누가만의 기사인데 "사도"라는 용어는 희랍어 '보내다(apostello)'의 동명사로 어떤 사람을 대신해 메시지를 전하는 임무를 띠거나 공적인 책무를 위임받은 사람을 말한다. 제자들은 예수의 전도 사역을 위임받았을 뿐 아니라 마 10:1과 막 3:15을 보면 치유의 능력도 부여받은

것으로 기록되어 있다. 택함을 받은 이들은 "나를 따르라."라는 예수의 말씀대로 모든 것을 버리고 (몇 해 되지 않는 기간이지만) 실제로 예수와 더불어 침식을 같이한 사람들이다.

이어서 14-16절에 열두 제자의 이름이 나열되어 있다. 그 차례가 제자의 순위는 아니더라도, 공관복음서 어디에서도 맨 처음과 마지막에 각각 시몬 베드로와 가룟 유다가 적힌 것을 보면 제자의 역할을 반영하는 것이라 읽어도 좋겠다. 첫 번째로 시몬을 적고 예수가 그에게 베드로라는 이름을 주었음을 병기하고 있다. 그리고 안드레를 적었는데 아마도 시몬 베드로와 형제인 까닭에 함께 적었을 수 있다. 또는 그가 그의 형제 시몬을 예수에게 인도한(요 1:41) 까닭일 수도 있다. 그다음에 야고보와 요한의 형제를 꼽고 있는데 이들은 시몬과 함께 모든 것을 버리고 예수를 좇은 사람들이다(5:10-11). 이어서 나오는 빌립과 바돌로매는 요 1:43-51에 나오는 빌립과 나다니엘이라 추정하는 것이 일반적인 해석이다. 또 마태는 세리인 레위이고, 디두모라 하는 도마는 부활한 예수의 못자국에 손을 넣어보겠노라 했던 제자다(요 20:24-29). 알파오의 아들 야고보는 요한의 형제 야고보와 혼동하지 않도록 누구의 아들이라 명기했을 것이다.

"셀롯이라 하는 시몬"에서 셀롯은 (달리 해석하는 학자도 없지 않으나) 로마제국으로부터의 해방을 위해 싸운 혁명적 저항파의 열심당원을 가리킨다(Liefeld and Pao, 2007, pp. 131-132). 따라서 이 구절을 "열심당원이라 불리던 시몬"이라 번역해야겠다. 마 10:4과 막 3:18에는 "가나아 인 시몬"이라 적혀 있는데 "가나아 인" 역시 열심당원을 뜻하는 별명이다. 시몬을 열심당원이라 공히 부르고 있으니 예수도 그 사실을 알고 있었을 터인데 괘념치 않은 것이 별스럽다. 여하튼, 예수가 승천한 후 제자들이 다락에 모여 기도할 때 열심당원 시몬도 그 자리에 함께 하였으니(행 1:12-14) 그가 끝까지 예수의 제자된 도리를 잘 지켰음을 알 수 있다. "야고보의 아들 유다"는 "가룟인 아닌 유다"(요 14:22)이며 그의 또 다른 이름은 "다대오"(막 3:18)이다. 마지막으로, "예수를 파는 자 될 가룟 유다"가 적혀 있다.

한눈에 알아볼 수 있는 이들 예수의 제자들의 특징은 "학문 없는 범인"(행 4:13) 즉 "교육 받지 못한 평범한 사람"(NRSV)이라는 것이다. 세리와 열심당원도 포함되어 있고 어부들이 주류를 이루고 있으니, 실상 평범한 사람 정도가 아니라 하층 계급에 속하는 자들이라 보아야 한다. 예수는 이들을 택하여 "사도들"이라 이름하였다. 이들 열둘은 이스라엘의 열두 지파를 상징하는 이스라엘 복원을 위해 사역하였다. 그리하여 오순절에 성령이 임하시기 전에 가룟 유다 대신 봉사와 사도의 직무를 수행할 맛디아를 뽑아 열둘을 채웠다(행 1:15-26). 이들 열둘은 교회의 식량 배급 등 물리적인 봉사의 일을 다른 사람들에게 맡기고 "기도하는 것과 말씀 전하는 것"에 몰두함으로써(행 6:1-6) 이스라엘의 진정한 표상이 되었다(Schreiner, 2008, p. 688). "하나님의 뜻을 따라 그리스도 예수의 사도로 부르심을 입은" 바울의 말씀을 통해 우리는 세상의 비천한 자들을 사도로 택한 예수의 뜻을 다시금 확인할 수 있다. "형제들아 너희를 부르심을 보라 육체를 따라 지혜 있는 자가 많지 아니하며 능한 자가 많지 아니하며 문벌 좋은 자가 많지 아니하도다 그러나 하나님께서 세상의 미련한 것들을 택하사 지혜 있는 자들을 부끄럽게 하려 하시고 세상의 약한 것들을 택하사 강한 것들을 부끄럽게 하려 하시며⋯⋯ 이는 아무 육체라도 하나님 앞에서 자랑하지 못하게 하려 하심이라"(고전 1:26-29).

이들 제자들이 예수가 십자가에 못박혀 죽고 승천한 이후 위대한 선교활동을 하였다는 사실이 행전에 기록되어 있다. 그러나 그 기록은 지극히 부분적인데, 최근 〈내셔널 지오그래픽〉(2012)의 탐사 기사는 행전에 기록되지 않은 세계 각처에서의 제자들의 위대한 선교활동을 보여준다. 한편 제자들 대부분이 처참한 순교를 당했다. 오늘날과 같은 기독교의 세계화는 바울과 베드로의 공적만으로 이루어진 것이 결코 아니다. 가령 의심 많던 도마는 인도에 가서 숱한 선교의 업적을 남기고 순교했고, 열심당원이라 불리던 시몬 역시 페르시아에서 선교하다가 순교했다.

예수의 수훈(6:17-49)

누가의 예수 수훈(垂訓)은 마태의 것에 비해 비교적 간결하게 집약되어 있다. 본서에서는 누가의 기록을 세 단원으로 나누어 읽겠다.

마태가 예수의 여러 설교를 한 곳에 집결해 정리해 편집했다는 사실을 인정한다 하더라도, 그러나 누가의 수훈은 마태의 산상수훈과 몇 가지 점에서 다르다. 첫째, 누가의 수훈은 산상수훈이 아니라 예수가 산에서 평지로 내려와 전한 평지설교이다. 둘째, 누가는 예수가 허다한 무리와 함께 자리하였다고 적고 있지만, 한편으로는 "예수께서 눈을 들어 제자들을 보시고 가라사대"(6:20)라 적고 있어 열둘을 택한 직후 일차적으로 그들을 겨냥해 한 훈련연수(internship) 설교임을 밝히고 있다(Ryken, 2009, p. 207). 셋째, 누가의 수훈은 축복뿐만 아니라 저주라 해도 좋을 비탄의 말씀을 축복에 짝을 맞추어 함께 적고 있다. 이러한 세 가지 차이는 단순히 마태와 누가가 예수의 설교를 편집하는 과정에서 빚어진 것이 아니라 예수가 어떤 입장에 서서 수훈을 가르쳤느냐에 대한 해석상의 차이에 기인한다.

예수 공동체의 성격(6:17-26)

누가는 5:17-6:11에서 바리새인들과 서기관들이 예수를 향해 던진 혹독한 비난을 기록하였다. 그들은 예수에게 죄인과 함께 식탁에 앉는 것, 먹고 마시며 금욕하지 않는 것, 안식일을 지키지 않는 것 등을 지적하였다. 그리고 "네 죄 사함을 받았다."라는 예수의 말씀을 "참람한 말"이라 비방하였다. 예수는 그들의 허위허식이 이 세상을 지배하고 있음을 통탄하지 않을 수 없었다. 이제 예수는 열두 제자를 택해 공동체를 형성하고, 그를 추종하는 많은 백성이 모인 자리에서 예수의 공동체가 하나님 나라를 어떻게 지향해야 할지를 가르치지 않을 수 없었을 것이다. 이것이 누가의 수훈의 배경이다(Green, 1997, pp. 260-261). 이때 함께 모인 무리도 넓은 의미에서 예수의 제자들이라고 한다면, 예수는 열둘을 포함한 모든 제자에게 이 세상에서 복음의 길을 걷는 것이 어떤 길인지를 가르쳐야 했을 것이다.

마태의 수훈의 궁극적인 목표는 "그러므로 하늘에 계신 너희 아버지의 온전하심과 같이 너희도 온전하라."(마 5:48)라는 말씀이 밝히듯 천국의 복음 그 자체를 가르치는 것에 있다. 한편 누가의 수훈의 지향점은 이 궁극적인 목표를 배제하는 것은 아니지만 그것과 정확히 일치하지는 않는다. 그의 수훈이 직접적으로 전하고자 하는 바는 바리새인들과 서기관들처럼 이 세상을 좇아 사는 사람은 예수의 제자일 수 없다는 것이다. 그리하여 누가의 수훈의 교훈적인 목표는 진정한 제자들로 구성된 공동체의 길을 가르치는 것이고, 이는 "모든 사람이 너희를 칭찬하면 화가 있도다."(6:26)라는 말씀이나 "너희 아버지의 자비하심 같이 너희도 자비하라."(6:36)라는 말씀에 잘 나타나 있다.

■ **평지로 내려오다**(6:17-19) 예수가 산에서 기도하였고 그곳에서 열둘을 택하여 사도라 칭하였다. 이제 산에서 내려와 평지에 섰다.

17예수께서 저희와 함께 내려오사 평지에 서시니 그 제자의 허다한 무리와
또 예수의 말씀도 듣고 병 고침을 얻으려고 유대 사방과 예루살렘과 및 두로
와 시돈의 해안으로부터 온 많은 백성도 있더라 18더러운 귀신에게 고난 받
는 자들도 고침을 얻으지라 19온 무리가 예수를 만지려고 힘쓰니 이는 능력
이 예수께로 나서 모든 사람을 낫게 함이러라

예수가 열두 제자들과 함께 산에서 내려와 평지에 섰다. 어떤 학자들은 마태의 산상수훈과 상치하지 않도록 "평지"를 구릉지라 해석하기도 한다. 그러나 누가는 "내려왔다"라고만 적지 않고 "평지에 섰다"라고 첨가하여 예수가 청중에 대해서도 대단히 개방적인 태도를 취하였음을 강조하고 있다. 또 그곳에 두 무리의 사람들이 모여 있었다고 하여 사람들의 부류를 나누어 적고 있다. 한 무리는 "그의 제자들"이라 적혀 있는데 아마도 자칭 제자라 부르는 추종자들까지 포함한 듯하다. 다른 무리는 "백성"이라 부르고 있는데 각 처에서 예수의 권위와 능력에 대한 소문을 듣고 온 사람들일 것이다. 이들이 온 이유는 한편으로 예수에게 말씀을 듣기 위함이었고, 또 다른 한편으로는 병을 치유받기 위함이었다. 18절에 악귀에게 고난받는 사람들이 치유받았다고 따로 적고 있다. 또한 온 무리가 예수를 만져보고자 하였는데 능력이 예수에게서 나와서 치유를 받게 되었다고 하여 말씀을 듣기 전에 병의 치유를 먼저 적고 있다.

■ **지복과 비탄**(6:20-26) 이제 예수의 가르침의 수훈이 적혀 있다. 이 수훈 20-26절은 학자들 사이에 논란이 분분한 곳이다. 마태의 산상수훈과 어떻게 같고 다른지부터 시작하여, "복이 있나니"가 가리키는 지복의 대상과 "화 있을진저"가 가리키는 비통의 대상이 누구인지까지 참으로 어려운 문제들이다. 본서에서는 누가의 이야기 담화를 맥락적 의미의 기반 위에서 해석하기로 하겠다. 아울러, "복이 있도다."라 서술하는 지복과 "화 있을진저"라 서술하는 비통을 서로 대응하는 구절이라 생각하고 함께 읽음으로써 지복의 의미를 비통의 의미에 맞대어 상대적으로 해석키로 하겠다. 본래 "화(ouai)"라는 헬라어는 저주라는 뜻보다 비통 내지 비탄의 뜻을 갖는다.

20예수께서 눈을 들어 제자들을 보시고 가라사대
가난한 자는 복이 있나니 하나님 나라가 너희 것임이요
21이제 주린 자는 복이 있나니 너희가 배부름을 얻을 것임이요
이제 우는 자는 복이 있나니 너희가 웃을 것임이요
22인자를 인하여 사람들이 너희를 미워하며 멀리하고 욕하고 너희 이름을
악하다 하여 버릴 때에는 너희에게 복이 있도다 23그날에 기뻐하고 뛰놀라
하늘에서 너희 상이 큼이라 저희 조상들이 선지자들에게 이와 같이 하였느
니라
24그러나 화 있을진저 너희 부요한 자여 너희는 너희의 위로를 이미 받았도다
25화 있을진저 너희 이제 배부른 자여 너희는 주리리로다
화 있을진저 너희 이제 웃는 자여 너희가 애통하며 울리로다
26모든 사람이 너희를 칭찬하면 화가 있도다 저희 조상들이 거짓 선지자들
에게 이와 같이 하였느니라

"가난한 자는 복이 있나니 하나님 나라가 너희 것임이요."(6:20b)와 "그러나 화 있을진저 너희 부유한 자여, 너희는 너희의 위로를 이미 취하였도다."(6:24)는 서로 대응하는 구절이기에 함께 읽겠다. 우선, 고전 연구에서부터 오늘날까지 6:20b이 "심령이 가난한 자는 복이 있나니 천국이 저희 것임이요."(마 5:3)와 병행하기는 하되, 오직 '영'의 가난이냐의 여부만 다르기 때문에, 마태와 누가의 기사의 차이가 무엇보다 논의의 표적이 되어왔다. 그리하여 누가가 말하는 가난은 문자 그대로의 물질적인 빈곤을 가리키는 것이라는 해석(Garland, 2011, p. 276; Ryken, 2009, p. 259)이 오늘날에도 통용되고 있다. 한데, 우리는 마태와 누가의 기본 차이는 "화 있을진저"의 6:24이 마태에는 없다는 견지에서서 논의를 출발하기로 하겠다. 우리는 누가가 말하는 "가난"의 의미를 오히려 부유한 자가 화 있다는 진술에서 찾기로 하겠다.

가난이 복이고 부가 화라 함은 이 세상의 가치를 전도(顚倒)한 것이다. 이 가치의 전도가 누가의 이야기 담화의 고유한, 그리고 빈번한 전개방식이다. 부가 화라는 이유는 부유한 너희가 "너희의 위로를 이미 (이 세상에서) 취했기" 때문이라면 앞으로는 더 이상 받을 위로가 너희에게 필요없다는 논리의 전개다. 반면에, 가난이 축복이라는 것은 하나님 나라에서의 잔치에 초대받는 은혜이기 때문이다. 달리 말하면, 부요함이 화라고 규정하는 전도된 가치는 종말의 가치다. "하나님 나라가 너희 것임이요."의 "너희 것이 하나님 나라이다."라는 원문의 표현은 하나님 나라가 개인적인 소유라는 하나님의 은혜의 의미를 전하는 것이므로(Bock, 1994, p. 573), 이 맥락에서 가난이 종말의 축복이다. 그렇다면, 종말에는 물리적인 부가 곧 악이고 가난이 곧 의 내지 선인가? 그럴 수는 없을 것이다.

갈런드는 "하나님의 나라"를 대부분의 성경 맥락에서 "하나님의 통치"라는 의미로 사용하고 있다고 보고(Garland, 2011, pp. 36-37) 실제로 "가난한 자는 복이 있나니 너희의 것이 하나님의 통치이기 때문이다."라고 번역한다. 현세에서라 할지라도 하나님의 지배를 받는 것이 곧 축복이라는 의미다. 그린은 예수가 나사렛에서 사 61:1 이하를 읽고 가르친 대목이 가난한 자의 정의라 생각한다. "이는 가난한 자에게 복음을 전하게 하시려고…… 포로된 자에게 자유를, 눈먼 자에게 다시 보게 함을 전파하며 억눌린 자를 석방하고"(4:18)에서 "포로된 자", "눈먼 자", "억눌린 자"가 곧 "가난한 자"라 생각한다. 그리고 가난과 부요는 각각 사회의 변두리 비주류와 핵심 주류라는 "사회적으로 정의된 구성개념"(Green, 1997, p. 267)이라 해석한다. 슈라이너 역시 그린과 유사한 맥락적인 해석을 취한다. 두 사람 모두 예수의 선교의 특유의 목표는 "가난한 자에게 복음(좋은 소식)을 전하는"(4:18a) 것이라고 해석한다. 슈라이너는 요한의 제자들이 예수에게 "오실 그이가 당신이오니까?" 물으니 예수가 소경, 앉은뱅이, 문둥이 등등의 치유의 예를 들며 맨 마지막에 "가난한 자에게 복음이 전파된다 하라."(7:22)고 답변하였다는 사실을 상기한다.

하지만, 그린과 슈라이너의 해석이 지복과 비탄에서 반드시 일치하는 것은 아니다. 슈라이너는 "여기 말씀(6:20-26)은 문자 그대로(literal)의 진술이라 해석하여 마치 빈곤으로 고난을 겪는 이 세상의 모든 개개인이 하나님에게 축복을 받는다는 식으로 이해할 수 없다. 물리적인 궁핍으로 고난 겪는 사람들이라 함은 그들의 낱낱의 결핍을 이스라엘의 하나님이 충족해주시리라 신뢰하는 사람들이다."(Schreiner, 2008, p. 758)라고 한다. 본서에서는 슈라이너의 해석을 취하여 "가난한 자"들이란 그들의 결핍으로 인해 필요로 하는 것을 하나님께서 충족해주시리라 믿고 전적으로 의존하는 사람들이라 읽겠다. 혹은 "행복은 현재 이 악한 시대에서의 외재적인 상황과 관계있는 것이 아니라 오직 하나님의 영역 안에 거함으로써 가질 수 있는 것이다."(Garland, 2011, pp. 275-276)라는 해석 역시 슈라이너의 해석과 동질적이다.

이어서 "이제 굶주린 자는 복이 있나니 너희가 충족함을 받을 것이기 때문이요."(6:21a)와 "화 있을진저 너희 이제 배부른 자여 너희가 굶주릴 것이로다."(6:25a)가 대응을 이룬다. 또 "이제 우는 자는 복이 있나니 너희가 웃을 것이요."(6:21b)와 이에 대응하는 "화 있을진저 너희 이제 웃는 자여 너희가 애통하고 울겠기 때문이요."(6:25b)가 또 다른 복과 화로써 대응한다. "굶주린 자"와 "우는 자" 그리고 이와 상반되는 "배부른 자"와 "웃는 자"는 각각 현세에 있어서 성공과 적응 그리고 실패와 부적응을 적나라하게 표현한다. 이에 각각 상응하는 마태의 산상수훈은 "의에 주리고 목마른 자는 복이 있나니 저희가 배부를 것임이요."(마 5:6)로 "의에" 주린다는 제약이 명세되어 있다. 그리고 누가에서는 우는 자의 복이 '울다'라는 물리적인 행동 혹은 정서에서 문자 그대로의 반대어인 '웃다'로 반전하는 데 반해, 마태에서는 "애통하는 자는 복이 있나니 저희가 위로를 받을 것임이요."(마 5:4)라고 한다. 요컨대, 마태는 지복인 영적인 가난에서와 마찬가지로 영적인 상태의 배고픔과 영적인 상태의 애통을 명시적으로 표현하고 있다.

마태에서는 종말의 임박이 절박한 반면에 누가에서는 절박함의 강도가 약할 뿐만 아니라(Fitzmyer, 1970, p. 630), 현세와 종말 사이의 구별을 앞세우지 않는다. 두 복음서 사이의 이러한 차이는, 갈런드가 "하나님의 나라"를 "하나님의 통치"라 번역하는 것처럼, 누가에 있어서는 "하나님의 나라는 너희 한가운데 있다."(17:21)는 이 세상 현재의 상태의 견지에서 그 근거를 읽을 수 있다. 그럼에도 불구하고, 누가에서 복과 화의 이유를 종속절에서 모두 미래형으로 기술하고 있다는 사실에 주목해야 한다. 더군다나 21a절 "너희가 충족함을 받을 것이요."는 미래형과 더불어 수동형으로 쓰여 장차 하나님께서 행하실 지복의 복과 비통의 화임을 분명하게 기술하고 있다. 결국, 누가에서는 현세와 종말을 마태에서처럼 선명하게 구별하지 않고 있으나 이 세상과 하나님 나라의 가치 전도라는 점에서는 두 복음서가 같다. 그렇다면, 예수의 수훈은 마태에서도 누가에서도 기독자들의 '현실 실천윤리'라 보아야 하지만 누가가 이 관점에 훨씬 강하다.

학자들은 여기서 〈마리아의 노래〉를 상기한다. "하나님은 당신의 팔로 힘을 보이셨나니/마음의 생각이 교만한 자들을 흩뿌리셨도다/하나님은 권력자들을 그들의 권좌에서 끌어내리셨고/겸손한 자들을 높이셨도다/굶주린 자들을 하나님은 좋은 것들로 채우셨고"(1:51-53a)라는 가치의 전도를 상기한다. 이 전도는 예수가 이 땅에 옴으로써 "하나님이 당신의 팔로 힘을 보이신" 종말적인 능력의 표출이다. 만일 종말이 한낱 경건한 꿈에 지나지 않는다면, 겸손하고 굶주린 비천한 사람들이야말로 "모든 사람 가운데 더욱 불쌍한 자리라"(고전 15:19). "이제"라는 이 세상에서의 현재의 상태에 있어 "굶주린 자"와 "우는 자"가 복이 있다는 21절의 전도와, "배부른 자"와 "웃는 자"가 화 있다는 25절의 전도는 종말적인 전도라는 해석에 모든 학자들이 합의한다. 종말적인 전도라면, 누가가 말하는 지복과 비탄에 있어 여하한 이 세상에서의 현재의 상태도 그것이 단지 물리적인 상태의 표현 그 자체일 수 없다. 마찬가지로, 전도된 종말의 상태라면 문자 그대로(literal) "배부름을 얻다(흡족하여질 것이다)"와 "웃을 것임이요(웃으리라)"의 의미를 표현한 것은 아닐 것이다. 하나님께서 충족시켜주실 흡족과 웃음은 몸과 영이 모두 요구하는 선(〈마리아의 노래〉에서 '좋은 것') 내지 은혜로 가득 채움일 것이다.

지복과 비탄의 대비를 그린이 규정한 "사회적으로 정의된 구성개념"이라는 틀에서 서로 대응하는 구절로 보고 함께 묶어 읽었다. 누가는 지복 말미 22-23절과 비통 말미 26절에 각각 지복과 비통이 대비하는 실질적인 교훈을 적고 있다. 이 교훈은 인간관계의 실례를 구상화해 적은 것으로 지복과 비탄의 개념이 사회적으로 정의된 구성개념이라는 그린의 규정을 새삼 확인할 수 있는 가르침이기도 하다. 그러면 이 대목에서 왜 인간관계라는 사회적으로 정의된 구성개념으로 지복과 비탄을 기술하고 있는지 그 근거를 논의하기로 하겠다.

"인자를 인하여 사람들이 너희를 미워하며 배척하고 매독하고 너희 이름을 중상해 추방할 때에는 너희에게 복이 있도다."라는 22절에는 인자로 인하여 사람들이 너희에게 대하는 증오와 배척의 인간관계가 적혀 있다. 이때 "인자로 인하여/인자를 위하여"라는 단서가 중요한데, "인자"라 함은 아마도 수난의 예수라는 의미로 사용하였을 것이다. 예수를 따르는 제자들에 대해 미움에서 시작하여 추방에까지 이르는 적대의 표출은 기본적으로 인자에 대한 적대에 기인하는 것이라 해석해야 한다(Bock, 1994, p. 579). "너희 이름을 중상해"의 표현도 단수의 표현이므로 개개인의 이름이 아니라 예수의 추종자들을 한 묶음으로 표현한 것이다(Garland, 2011, p. 277). 이미 누가는 앞 여러 곳에서 예수의 수난을 암시하는 사건들을 보고하고 있다. "저희는 분기가 가득하여 예수를 어떻게 처치할 것을 서로 의논하니라."(6:11)가 하나의 예다. 예수의 사역 자체가 저들의 이 세상의 가치를 전도하는 일이기 때문이다. "모든 것을 버리고 일어나 (예수를) 좇는"(5:28b) 제자의 도리도 수난의 맥락에서 이해해야 한다. 예수의 제자가 된다는 것은 예수의 수난에 충성하는 일이다. 예컨대, "저희가…… 사도들을 불러들여 채찍질하며 예수의 이름으로 말하는 것을 금하고 놓으니 사도들은 그 이름을 위하여 합당한 자로 여기심을 기뻐하면서……."(행 5:40-41)와 같다. 사도들은 예수의 이름으로 인하여 그들 자신이 고난을 받기에 합당하다는 말에 기뻐한 것이다(Longenecker, 2007, p. 801).

마찬가지로 누가는 22절에 뒤이어 "그날에 기뻐하고 기뻐 뛰놀라 하늘에서 너희 상이 큼이라, 저희 조상들이 예언자들에게 이와 같은 일들을 하였느니라."라고 23절에 적고 있다. "하늘에서 너희 상이 큼이라."가 곧 지복, 즉 예수의 수난에 참여하는 제자들에게 하나님이 베푸시는 잔치인 구원의 은혜다. 그리고 진정한 예언자를 박해한 이스라엘의 역사를 들춘다. 반면에, "모든 사람들이 너희를 칭찬하면 화가 있도다, 저희 조상들이 거짓 예언자들에게 이와 같이 하였느니라."라는 26절은 사회적인 동조의 인간관계를 묘사하고 있다. 여기서 "칭찬하다/좋게 말하다"는 뭇사람들의 옛(낡은) 가치를 동조함으로써 그들을 기쁘게 하여 얻을 수 있는 칭찬이다. 이 동조 내지 영합이 "화가 있도다"이니 구원의 은혜가 없다는 것이다. 세상과 영합하여 이미 상을 받았으니 종말의 상을 기다릴 여지가 없다는 것이다. 그리고 거짓 예언자들에 영합했던 이스라엘의 역사를 들춘다.

결론컨대, 이 대목에서 "복이 있도다"는 예수의 수난에 함께 참여하는 일이고, 반면에 "화가 있도다"는 뭇사람에게 융합하여 이 세상의 가치를 추구하는 일이다. 그런데, 이 세상에서 "굶주린 자"와 "우는 자", "배부른 자"와 "웃는 자", "너희를 미워하며"와 "너희를 칭찬하는" 자를 이처럼 인간관계의 용어로 서술하고 있으므로 "사회적으로 정의된 구성개념"이라는 그린의 분석이 수긍이 간다. 하지만, 이때 우리가 유념해야 할 사실이 있다. 지복과 비탄 그 자체를 인간관계의 수식어로 각각 개념화하여 정의하고 있는 것은 아니라는 점이다. 인간관계의 수식어 채용은 예수와 바리새인들과의 관계 묘사에서 연유된 것이라 보아야 한다. 그들은 하나님의 대변자임을 강변하면서 사람들이 즐겨 듣는 말을 골라 말해 자신들의 명성을 고양한다(Garland, 2011, p. 278).

마태의 수훈에 대비하면, 본질적으로 누가의 수훈은 가난과 부요에서 시작하여 천국의 가치와 이 세상의 가치의 전도를 줄곧 가르치고 있다. 이 전도는 하늘로부터의 상이냐 그렇지 않으면 이 세상으로부터의 상이냐를 대립시킨 종말적 관점의 설교이다. 사회적으로 정의된 구성개념에 입각해 어떤 사회계층을 분류하여 하위계층은 상을 받고 상위계층은 벌을 받는다는 해방신학의 설교가 결코 아니다. 자고로 진정한 예언자는 이 세상에서 박해를 받고 거짓 선지자는 환대를 받았다는 역사적인 사실을 추적함으로써 진정한 제자의 길을 구체적으로 가르치는 설교이다. 이 설교에서 사용한 인간관계의 수식어들은 예수의 공동체가 함께 체험할 수밖에 없는 수난의 성격을 표현한 것이다. 이 세상에서 예수를 따라 수난의 길을 걸어 "너희 것이 하나님 나라일" 수 있도록 축복하는 가르침이다.

원수 사랑과 황금률(6:27-38)

수난의 길을 걸어야만 하는 예수 공동체의 또 다른 성격이 "너희 원수를 사랑하라."(6:27; 35)이다. 따라서 앞 단원과 함께 묶어 이 단원을 읽을 수 있다. 하지만, "너희 듣는 자에게 내가 이르노니"라는 서두를 27절 이하가 새로운 시작임을 알리는 표현으로 볼 수도 있고(Green, 1997, p. 269), 앞에서 행한 제자들 대상의 설교에서 "허다한 무리"와 "많은 백성"이라는 모든 청중 전반을 대상으로 하는 설교로 전환하는 표현이라 해석할(Geldenhuys, 1951, p. 211) 수도 있다. 우리는 앞

6:17-26의 요지가 제자들이 하늘나라에서 지복의 상을 받으려면 이 세상에서 예수의 수난의 길을 걸을 수밖에 없다는 가르침이라 이해했다. 이제 6:27-38의 요지는 제자들이 이 세상에서 그들을 박해하는 사람들에게 어떻게 대해야 하는지에 관한 도덕적인 실천과 처신의 구체적인 지침이다. 그러므로 6:17-26과는 별개의 단원으로 구별해 읽겠다.

다시 말해 지복과 비탄의 단원 6:17-26에서는 예수를 따라 수난받는 사람들과 그들을 핍박하는 사람들이라는 두 유형의 사람들을 분류하고 있다면, 이제 27-38절에서는 전자가 후자를 어떻게 대해야 하는지를 설교하고 있다. 이 설교의 핵심이 다름 아닌 "너희 원수를 사랑하라."이고, 아울러 부연하여 선을 행하라(선대하라)와 돌려받지 말고 아주 주라는 권면이다. 이 설교의 한가운데에 황금률이 적혀 있다는 사실이 무엇보다 누가복음의 특이성이다. 본서에서는 이 단원을 읽으며 전체 맥락으로 볼 때 누가복음에서 황금률이 어떤 의미를 갖는지, 특히 마태복음과 비교했을 때 어떠한지를 중점적으로 해설하겠다.

■ **아가페로서의 황금률**(6:27-31) 앞서 지복과 비탄이 현실 실천윤리라 단언했지만, 이제 현재형으로 그리고 명령형으로 쓰여 있는 원수 사랑은 실천윤리의 모범이라 할 수 있다. 특히 누가의 황금률은 이 원수 사랑의 맥락에서 서술되고 있다는 특이성을 갖는다. 이 특이성은 원수 사랑의 구체적인 실천이 종국적으로 황금률을 통해서 가능하다는 사실을 진술하는 누가복음의 진수이다.

> **27**그러나 너희 듣는 자에게 내가 이르노니 너희 원수를 사랑하며 너희를 미워하는 자를 선대하며 **28**너희를 저주하는 자를 위하여 축복하며 너희를 모욕하는 자를 위하여 기도하라 **29**네 이 뺨을 치는 자에게 저 뺨도 돌려 대며 네 겉

옷을 빼앗는 자에게 속옷도 금하지 말라 30무릇 네게 구하는 자에게 주며
네 것을 가져가는 자에게 다시 달라지 말며 31남에게 대접을 받고자 하는 대
로 너희도 남을 대접하라

27절에 "그러나 경청하는 너희에게 듣는 내가 말한다."라고 하여 새로운 단원의 시작을 "그러나"로 연다. 이 대조 접속사는 지복과 비탄의 예언에 대조하여 이제 사랑을 말하겠다는 맥락을 전제하는 것이다. 그리고 "경청하는 너희에게 내가 말한다."는 사랑의 말씀의 중요성을 강조하는 수사적 표현이다. 그 사랑의 말씀의 첫마디가 "너희 원수들을 사랑하라."이다. 구약에도 "원수를 갚지 말며…… 이웃 사랑하기를 네 몸과 같이 하라."(레 19:18)라는 율법이 있지만, 유대교에서 이웃이란 적어도 종교적인 사고방식이 유사한 사람들이어서 여기서 말하는 너희를 미워하며 핍박하는(6:22) 원수들일 수 없다(Bock, 1994, p. 588). 따라서 이것은 예수의 새로운 계명이다. 이어지는 28절까지의 세 진술이 원수란 어떤 사람이고 어떻게 사랑하라는 것인지를 명세하고 있는데, 이를 통해 아가페가 무엇인가를 구체적으로 깨달을 수 있다. 첫째, "너희를 미워하는 자들에게 선을 행하라."(6:27b)라고 원수 사랑을 구체화하고 있다. 이는 단순히 감정을 누그러뜨려 양보하라는 것이 아니라 미워하는 사람들에게 선을 적극적으로 행하라는 것이다. 둘째, "너희를 저주하는 자들을 축복하라."(6:28a)라고 한다. 이 또한 단순히 화를 누그러뜨려 참으라는 것이 아니라 저주하는 사람들을 온유와 화평의 말로 위로하라는 구체적인 말씀이다. 셋째, "너희를 학대하는 자들을 위하여 기도하라."(6:28b)라고 한다. 이는 단순히 마음의 상처를 잊고 지워버리라는 것이 아니라 모욕하는 사람들을 위해 그들의 죄가 용서받기를 하나님께 간구하라는 구체적인 말씀이다.

예수는 원수 사랑의 사례 네 가지를 더욱더 구체적으로 29-30절에 예시한다. 첫째, "네 이 뺨을 치는 자에게 저 뺨도 돌려 대라."라고 한다. 둘째, "네 겉옷을 빼앗는 자에게 속옷도 주저하지 말라."라고 한다. 무엇보다, 이들 두 사례는 우리로서는 도무지 받아들이기 힘든 원수 사랑의 명령문이다. 악에는 악으로 갚지 말라면 그나마 모르겠으나, 이 말은 폭행과 강도질을 부추기는 말은 아닌지 의아스럽기조차 하다. 학자들조차 이 29절의 해석에 당혹하기는 매한가지다. 그리하여 폭행과 약탈이 갖는 성질과 강도를 논의하기도 한다. 그러나 이들 사례가 어떤 맥락에서 진술되었는가를 고려해야 한다. "인자를 인하여 사람들이 너희를 미워하며 배척하고 매독하고 너희 이름을 중상해 추방할 때에는 너희에게 복이 있도다."(6:22)라는 말씀이 그 배경의 맥락이다(Ryken, 2009, p. 272). "박해의 맥락에서는 뺨을 돌려 댄다는 것이 사도행전 14장과 16장에서 바울이 보여주는 것처럼 가일층의 박해의 위협을 무릅쓰고 (전도) 사역을 계속한다는 의미를 갖는다"(Bock, 1994, p. 591). "선교여행은 강도들이 한길에 어슬렁거리기 때문에 위험이 잠재해 있으나, 그 일을 멈출 수는 없는 것이다"(Bock, 1994, p. 593). 이와 같은 맥락으로 읽으면, 29절의 구체적인 사례는 "항상 주의 일에 더욱 힘쓰는 자들이 되라."(고전 15:58)라는 능동적인 자세를 격려하는 일이기 때문에, 지복의 역설과 동일한 이해의 틀에서 그것의 긍정성을 이해할 수 있다.

"무릇 네게 구하는 모든 자에게 주며"(6:30a)라는 셋째 사례와 "네 것을 가져가는 모든 자에게 다시 달라지 말며"(6:30b)라는 넷째 사례는 비교적 이해의 폭이 넓다. 동사가 모두 현재형으로 쓰여 있는 평서문이어서 항상 그렇게 행위할 준비를 갖추라는 의미로 이해할 수 있다. 달리 말하면, 맥락 제약적이 아니라 상황 일반에 통용되는 권면이다. 어떤 번역본에서는 6:30a의 "구하다"를 구걸하다의 의미로 거지에게 주는 것으로 번역하고 있으나, 실은, 필요해서 요구하는 사람이면 누구에게든 주라는 권면이다. 그리고 6:30b의 "가져가다"를 도둑질하다의 의미라기보다 빌려 가다의 의미를 취하여 되돌려 받지 말라고 해석한다(Ryken, 2009, p. 273). 따라서 셋째 및 넷째 사례는 거저 달라고 요청하는 사례이든 꾸어 달라고 요청하는 사례이든 자신의 소유를 오직 주기만 하라는 말씀이다. 어떤 경우에도 원수를 사랑하라는 아가페의 기본 정신의 토대 위에서 누구에게든 친구처럼 대하여 그들의 행위를 구걸이나 도둑질이라 생각지 말고 주기만 하라는 말씀이다 (Green, 1997, p. 272).

"너희 원수를 사랑하라."라고 구체적으로 예시한 후에 "너희가 사람들이 너희에게 행하기를 원하는 바로 그대로 그들에게 행하라."라는 31절 황금률로 그 실천요강을 압축하고 있다. 한데, 이 31절이 어떻게 황금률인지를 이해하기가 그다지 쉽지 않다. 당시 혹은 그 이전부터 이와 유사한 격률이 꽤 통용되었기 때문이다. 그런데 이 격률들은 논어에 적힌 "네 자신이 원치 않는 일을 남에게 시키지 말라."라는 구절처럼 부정문으로 표현되어 있다. 부정으로 표현되는 한, 이 격률들은 남들에게 해악 내지 해코지를 삼가라는 도덕경일 따름이다. 그러나 예수의 황금률은 긍정으로 사랑을 표현하고 있다. 그뿐만 아니라, "다른 사람들이 너희에게 행하기를 원하는 바 그대로 (그렇게 너희가) 그들에게 행하라."라고 사랑의 긍정적 행동을 실천할 것을 요구한다. "사람들이 너희에게 행하기를 원하는 바 그대로"라 함은 남들이 너희를 친구처럼 사랑으로 대해주기를 원하는 것이다. 마찬가지로 "그렇게 너희가 그들에게 행하라."라고 하는데, 이때 "우리가 원치 않는 방식으로 그들이 계속 우리를 취급할 줄을 심지어 안다 하더라도"(Ryken,

2009, p. 275)라는 전제 조건이 수반되어야만 한다. 왜냐하면 누가복음에서 이 황금률은 원수 사랑의 맥락이기 때문에 "그렇게 너희가 그들(원수들)에게 행하라."인 것이다. 황금률은 너희를 사랑하는 사람들을 너희가 사랑하라는 호혜(互惠)적인 규칙이 아니니다.

같은 말씀이라 하더라도 맥락에 따라 그 의미가 다를 수 있다. 마태는 황금률을 율법과 예언서의 요약이라 진술한다. "(너희도 그러하거늘) 하물며 하늘에 계신 너희 아버지께서 구하는 자에게 좋은 것으로 주시지 않겠느냐!"(마 7:11)라는 맥락에서 황금률을 적고 있다. 하지만, 많은 학자들이 마태의 맥락보다 누가의 맥락을 더욱 존중한다. "누가에 있어서 이것(황금률)은 율법과 예언들을 요약해놓은 것이 아니라 원수 사랑(27-30절)에 대한 명령이다"(Fitzmyer, 1970, p. 639). 심지어 예수가 황금률을 여러 다른 상황에서 반복해 말씀하였다고 추측하는 학자도 있다(Bock, 1994, p. 595). 말하자면, 마태의 황금률과 누가의 황금률은 다른 상황의 말씀이라 추측하기도 한다. 여하튼, 누가의 황금률은 "친구와 원수 사이의 경계가 허물어진 것이다(Liefeld and Pao, 2007, p. 137). 이러한 점이 32절 이하에서 더욱 분명해진다.

■ **너희 아버지의 자비하심 같이 너희도 자비하라**(6:32-36) 이 단락에서는 아가페의 사랑이 무조건적으로 주는 것임을 밝힌다. 그럼으로써 하나님의 자비를 본받아 지극히 높으신 이의 자식들이 되는 큰 상을 얻을 수 있다는 축복이다. 우리는 이 단락을 다시 황금률과 관련하여 읽기로 하겠다.

> 32너희가 만일 너희를 사랑하는 자를 사랑하면 칭찬받을 것이 무엇이뇨 죄인들도 사랑하는 자를 사랑하느니라 33너희가 만일 선대하는 자를 선대하

면 칭찬받을 것이 무엇이뇨 죄인들도 이렇게 하느니라 34너희가 받기를 바라
고 사람들에게 빌리면 칭찬받을 것이 무엇이뇨 죄인들도 의수히 받고자 하
여 죄인에게 빌리느니라 35오직 너희는 원수를 사랑하고 선대하며 아무것도
바라지 말고 빌리라 그리하면 너희 상이 클 것이요 또 지극히 높으신 이의 아
들이 되리니 그는 은혜를 모르는 자와 악한 자에게도 인자로우시니라 36너
희 아버지의 자비하심 같이 너희도 자비하라

황금률이 호혜적인 주고받기가 아님을 32-34절에 세 측면에서 분명히 한다. "너희가 만일 너희를 사랑하는 자를 사랑하면 칭찬받을 것이 무엇이뇨?", "너희가 만일 너희에게 선대하는(선을 행하는) 자를 선대하면 칭찬받을 것이 무엇이뇨?", "너희가 만일 받기를 바라고 빌려주면 칭찬받을 것이 무엇이뇨?"라는 세 질문이 주어진다. 이 세 질문에서 "칭찬하다"에 해당하는 희랍어 카리스(charis)는 은혜의 의미에서 총애한다는 뜻이므로 하나님이 너희에게 은혜의 반응을 보이겠느냐는 답을 미리 함의한 질문이다. 이 세 질문에 대한 자문자답이 각각 "죄인들도 사랑하는 자를 사랑하느니라."와 "죄인들도 이렇게 하느니라.", "죄인들도 의수(依數)히(고스란히) 받고자 하여 죄인에게 빌려주느니라."이다. 여기서 "죄인들도"는 "죄인들조차"라 번역하는 것이 더 적절하다. 이 대답의 특이성은 사랑과 선과 대여에서 호혜적인 주고받는 자들을 "죄인들"이라 부르고 있다는 사실이다. 죄인이라는 용어 자체는 마태가 병행기사에서 "세리" 혹은 "이방인"이라 부르고 있으니 마태복음과 의미상 별 다름없지만 누가의 용어가 더 포괄적이다. 그런데 "죄인들도 고스란히 되돌려 받고자 하여 죄인들에게 빌려주느니라."라는 34b절은 이해하기 어렵다. 아마도 이자까지 고스란히 되돌려 받는 이기적인 행위를 강조하여, 그런 일이라면 죄인들과 죄인들 사이의

거래와 무엇이 다를 바 있느냐는 의미로 쓰인 것 같다. 그러므로 사랑하고 선을 행하는 일은 무조건적이어야 하고, 주고받는 호혜적인 대여가 아니라 기부해야 한다는 말씀이다.

"그러나 너희는 원수를 사랑하여, 아무것도 되돌려 받지 말고 선대하며 빌리라." 하고 35절 초두에 27-34절을 요약하면서, 이 단락의 말씀의 무게를 의도적인 중언부언을 통해 강조하고 있다. NRSV는 "아무것도 되돌려 받을 것을 기대하지 말고"가 세 동사에 모두 연결되는 것으로 번역한다. 호혜성의 주고받기가 아닌 무조건적인 주기가 빌려주는 행위뿐만 아니라 원수를 사랑하다와 선을 행하다에도 마찬가지로 적용되어야 한다는 것은 당연하다. 불연이라면 주고받는 것이기에, 그것은 사랑도 선도 아니다. 마찬가지로 대여가 곧 베푸는 기부이어야 한다. 이와 관련하여 황금률의 "너희가 사람들이 너희에게 행하기를 원하는 바 그대로"에 대해 반추해보면, 이 구절은 자칫 남들이 너희에게 대접하거나 보상해줄 것을 바라는 만큼이라고 독해하기 쉽다. 그러나 이 독해가 오해라는 것을 35절 초두의 요약이 또다시 강조하고 있는데, 그것은 무조건적인 주기와 보상을 배제한 베풀기를 강조하는 진술이다.

무조건적인 주기라면 그 행위에는 도무지 보상이 없는가? 하지만, 그리하면 "너희 상이 클 것이요."로 시작하여 35절 후반에 "지극히 높으신 이의 아들들이 되리니"라고 하여 어마어마한 상이 주어지리라고 미래형으로 서술한다. 앞에서 호혜적인 사랑과 선과 대여에 대해 "칭찬받을 것이 무엇이뇨?"라 반문 형식으로 표현함으로써 무조건적인 주기에는 큰 상이 있음을 넌지시 암시하였다. 하나님의 아들이라는 상은 하나님의 칭찬, 즉 은혜로우신 총애(charis)의 극치다. 그런데 이 상은 인간의 행위에 대한 하나님의 호혜적인 보상이 아니라 하나님의 성품의 표현이라 해설하는 학자들이 있다(Bock, 1994, pp. 603-604; Green, 1997, p. 274). 이 상이 주어지는 까닭을 "그는 은혜를 모르는 자와 사악한 자에게도 역시 인자로우시기 때문이다."라고 적고 있다. 그러므로 36절에 "너희 아버지의 자비하심 같이 너희도 자비하라."라고 하는데, 하나님을 아버지라 부르는 아들들은 마땅히 아버지를 닮아야 한다는 뜻이다. "은혜를 모르는 자와 사악한 자에게도 인자로우심"이 하나님의 성품인 것과 마찬가지로 하나님의 성품이 자비(oiktirmon)하심이며, 이 하나님의 성품을 본받는 사람들이 곧 하나님의 아들들이라는 뜻이다.

27절부터 이어져온 '원수 사랑'이라는 주제가 누가에서는 결론적으로 "자비하라"라는 논변을 전개하기까지 이르렀다. 여기서는 이 36절에 상응하는 마태의 기사 "그러므로 하늘에 계신 너희 아버지의 온전하심과 같이 너희도 온전하라."(마 5:48)를 비교하며 읽겠다. 마태는 원수 사랑의 결론으로 "온전하라(teleios)"라고 하는데 이는 의의 온전한 성숙 내지 완전함을 뜻하는 것이다(Bock, 1994, p. 604). 실제로 마태는 산상수훈에서 "내가 너희에게 이르노니 너희 의가 서기관과 바리새인보다 낫지 못하면 결단코 천국에 들어가지 못하리라."(마 5:20) 하고 의를 강조한다. 학자들은 마태의 온전함과 누가의 자비가 각각 어떤 것이 본래적인 기원인가를 논의한다. 대신, 본서에서는 온전함과 자비 중 어떤 것이 원수 사랑에 더욱 합당한 성질인가를 생각해 보겠다. 친절하다 혹은 선하다라는 의미로 번역할 수 있는 인자하다(chrestos)와 더불어 '자비하다'는 하나님의 구원의 역사(役事)를 기술하는 충만한 은혜의 행위다(Hoehner, 2002, pp. 338-339). 아울러, '온전하다'가 의의 충만한 성숙을 뜻하는 것이라면 그것은 더군다나 하나님의 구원을 직접적으로 표현하는 어휘다. 이 점에서 '자비하다'와 '온

전하다'는 서로 상보적으로 혹은 교환적으로 사용될 수 있는 의미의 용어이므로, 누가와 마태가 같은 내용을 다르게 표현하고 있다고 보아도 무방하다.

하지만, 학자들이 해석하는 바대로 "너희 아버지의 자비하심 같이 너희도 자비하라."가 하나님을 닮는 것을 의미한다면, 사람이 하나님의 자비를 닮을 수는 있어도 사람의 의지로 하나님의 온전함과 의를 닮을 수는 없다는 차이가 있다. 의는 하나님의 본질이고 일방적인 은혜의 선물이기 때문이다. 따라서 "은혜를 모르는 자와 사악한 자에게도 자비로우신" 하나님을 닮는 것이 "온전(완전)하라"에 가까이 가는 일보다 그나마 현재의 우리에게는 접근 가능할 터이다. 어찌 보면, 누가는 황금률을 의가 아닌 자비의 토대 위에서 근접 가능한 원수 사랑의 격률로 제시하고 있는 듯싶다.

장황한 해설을 한 이유는 실은, 누가처럼 황금률을 원수 사랑의 테두리에서 기술하는 것이 적절한지 아니면 마태처럼 율법과 예언서의 요약이라 읽는 것이 적절한지를 음미하고 싶었기 때문이다. 이때 독자들은 어느 복음서의 어떤 기사가 옳으냐 그르냐를 따질 일이 아니라 각각이 어느 맥락에 적합한지를 헤아려 읽어야 할 것이다. 어떤 맥락적인 의미로 예수의 어떤 말씀을 취하여 기술하느냐는 복음서 기자의 책무이지 독자가 판단할 문제가 아니기 때문이다.

마태의 황금률은 "너희 아버지의 온전하심과 같이 너희도 온전하라."라는 완성의 맥락에서 율법과 예언서의 완성이다. 그리하여 "이것(황금률)이 율법과 예언서들을 요약한다."(NIV 마 7:12b)라고 쓰여 있다. 한편, 누가의 황금률은 원수 사랑의 맥락에서 적합성을 갖는다. 그리하여 원수 사랑의 테두리에서 황금률을 다시 읽으면 "남들에게 행하라."라는 주절에서의 '남들'과 "너희가 남들이 너희에게 행하기를 바라는 바 그대로"라는 종속절에서의 '남들'이 모두 원수를 포함한 다른 사람들을 의미한다. 이 다른 사람들이 너희에게 친구처럼 사랑으로 행하기를 원하듯 너희도 다른 사람들에게 친구처럼 사랑으로 행하라는 것이다. 이러한 황금률에 초점을 맞추어 이 단락을 읽으면, 결국 누가의 "너희 아버지의 자비하심 같이 너희도 자비하라."가 마태의 "온전하심 같이 너희도 온전하라."보다 썩 잘 어울린다는 사실을 알 수 있다. 황금률에 썩 잘 어울리는 맥락 적합성은 "온전하라"이기보다 "자비하라"일 것이다.

■ **판단하지 말라**(6:37-38) 이하 37-38절은 36절의 자비와 함께 묶어 읽는 학자도 있고, 39절 이하 "네 눈 속의 들보"와 "형제의 눈 속의 티"와 함께 묶어 읽는 학자도 있다. 아마도 단락 나누기로 하면 앞뒤 단원 사이에 모두 걸치는 단락일 것이다. 편의상 여기서는 36절과 함께 읽고, 또 39절 이하의 머리말을 대신해 읽기로 하겠다.

> 37비판치 말라 그리하면 너희가 비판을 받지 않을 것이요 정죄하지 말라 그리하면 너희가 정죄를 받지 않을 것이요 용서하라 그리하면 너희가 용서를 받을 것이요 38주라 그리하면 너희에게 줄 것이니 곧 후히 되어 누르고 흔들어 넘치도록 하여 너희에게 안겨 주리라 너희의 헤아리는 그 헤아림으로 너희도 헤아림을 도로 받을 것이니라

"비판(판단)치 말라", "정죄하지 말라", "용서하라" 및 "주라"의 37-38a절은 "그는(하나님은) 은혜를 모르는 자와 악한 자에게도 인자로우시니라."라는 35b절과 연결해 읽어야 한다. 학자들은 또 5:27-32에서 바리새인과 서기관들이 세리 레위의 잔치에 참여한 제자들을 비방

한 일을 상기하고 그들처럼 행위하지 말라는 것이라 해석하기도 한다. 요컨대, 원수 사랑의 연장선상에서 남들을 평가하지 말고 용서하라는 말씀으로 해석된다. 결국 "너희 아버지의 자비하심 같이 자비하라."인 것이다. 앞의 두 부정명령 "하지 말라"와 대칭을 이루는 대구(對句)가 "너희가 비판(판단)을 받지 않을 것이요, 정죄를 받지 않을 것이요."이다. 그리고 뒤의 두 긍정명령 "하라"와 "주라"에 대칭을 이루는 대구가 "용서를 받을 것이요, 너희에게 줄 것이니"이다. "너희 아버지의 자비하심 같이 너희도 자비하라."(6:36)라고 했거니와, 너희가 자비하면 너희에게 베푸시는 하나님의 자비가 (막말로) 되로 주고 말로 받기가 될 것이다.

개역성경의 38b절과 38c절을 다시 번역하면 "가득한 분량으로, 꾹꾹 눌러서, 흔들어 채워서, 넘쳐나도록, 너희 옷 움푹 팬 곳에 부어주리라. 너희가 (남들에게) 준 분량이 분량되어(헤아려져) 너희에게 되돌려질 것이기 때문이다."이다. 곡물을 포대에 넘치도록 가득 담는 장면을 묘사해 하나님의 자비를 서술한다. "너희 옷 움푹 팬 곳에 부어주리라."는 비유적인 표현이기에 직역했으나 오히려 개역성경의 38b절의 의역 "너희에게 (듬뿍) 안겨주리라."가 이해하기 더 용이하다. 이때 "너희가 (남들에게) 준 분량이 분량되어 너희에게 되돌려질 것이기 때문이다."라는 38c절은 제자들이 남들에게 베푼 은혜의 행위를 보상하시리라는 하나님의 약속이다(Fitzmyer, 1970, p. 641). 그런데 이 표현은 자칫 호혜적인 주고받기라는 의미로 해석될 오해의 소지가 있다. 그러므로 이 구절에 대해 "'우리 가운데서 역사하시는 능력대로 우리의 온갖 구하는 것이나 생각하는 것에 더 넘치도록 능히 하실'(엡 3:20) 하나님에게 결코 우리는 넘치게 드릴 수 없는 것이다."(Ryken, 2009, p. 286)라는 해설을 인용키로 하겠다.

제자로서의 헤아림(6:39-49)

이야기 담화의 주제가 돌연히 39절부터 바뀌어 학자들도 어떤 맥락에서 이 단원을 읽어야 할지 당혹해한다. 앞 단원에서는 원수 사랑의 테두리에서 예수의 제자라면 마땅히 어떻게 행하여야 하는지를 가르쳤다. 그런데 돌연히 39절에 "소경이 소경을 인도할 수 있느냐?"라고 묻고, 43절 이하에서는 맺은 열매가 좋은 열매인지 못된 열매인지를 검토하라고 한다. 또 46절에서는 "너희는 나를 불러 '주여, 주여' 하면서도 어찌하여 나의 말하는 것을 행치 아니하느냐?" 하고 다그친다. 그리하여 이 말씀이 누구를 겨냥한 것인지, 꾸지람인지 혹은 경고의 가르침인지 독해가 난해한데, 본문을 읽으며 무엇보다 누구를 겨냥한 말씀인지 곰곰이 따져야겠다. 아울러, 46절 이하 수훈의 마지막 단락에서 마태와 누가의 수훈이 어떻게 같고 다른지 비교하겠다.

■ 소경이 소경을 인도할 수 있느냐?(6:39-42) 앞 단원 38c절에 "너희가 (남들에게) 준 분량이 분량되어(헤아려져) 너희에게 되돌려질 것이기 때문이다."라고 하였다. 앞에서 이 "헤아림"을 하나님께서 예수의 제자들에게 주시는 자비의 분량이라 긍정적으로 해석하였는데, 달리 생각해보면, "판단치 말라"는 맥락에서의 부정적인 헤아림일 수도 있다. 헤아림을 부정적인 의미로 읽으면 38c절이 39절 이하와 일관된 하나의 맥락을 형성할 수 있기 때문이다. 아니면 차라리, 38c절은 긍정적으로 혹은 부정적으로 양면의 해석이 공히 통용될 수도 있다면, 앞 단원에서 읽은 것을 여기 이 단원의 테두리에서 다시 읽어도 무방할 것이다.

39또 비유로 말씀하시되 소경이 소경을 인도할 수 있느냐 둘이 다 구덩이에
빠지지 아니하겠느냐 40제자가 그 선생보다 높지 못하나 무릇 온전케 된 자
는 그 선생과 같으니라 41어찌하여 형제의 눈 속에 있는 티는 보고 네 눈 속
에 있는 들보는 깨닫지 못하느냐 42너는 네 눈 속에 있는 들보를 보지 못하면
서 어찌하여 형제에게 말하기를 형제여 나로 네 눈 속에 있는 티를 빼게 하
라 할 수 있느냐 외식하는 자여 먼저 네 눈 속에서 들보를 빼어라 그 후에야
네가 밝히 보고 형제의 눈 속에 있는 티를 빼리라

"소경이 소경을 인도할 수 있느냐? 둘이 다 구덩이에 빠지지 아니하겠느냐?"라는 39절의 비유는 누구든 쉬 알아들을 만하다. 그러나 인도하는 자가 누구이고 인도되는 자가 누구인지가 석연치 않아 그 맥락적인 의미를 파악하기 힘들다. 인도하는 소경이 예수일 수는 없다는 것만 확실할 뿐이다. 이 기사에 병행하는 기사가 마 15:14인데, 거기에는 바리새인이라 명기되어 있다. 마찬가지 가능성을 논의할 수 없는 것은 아니나(Geldenhuys, 1951, p. 214; Liefeld and Pao, 2007, p. 140), 하지만, 여기에서는 누구라 특정화하지 않고 있다. 문제는 39절에서 중심축으로 읽어야 할 과제는 소경이 인도하는 소경이므로 인도되는 소경이 누구를 지칭하느냐를 함께 독해해야 한다는 것이다. 따라서 선생과 제자의 관계에 관해 "제자가 그 선생보다 우월할 수 없으나 누구든 개량이 되면 그의 선생과 같아지리라."라고 한 40절을 39절과 함께 읽기로 하겠다.

그런데 "제자가 그 선생보다 우월할 수 없으나"라는 전반은 그런대로 이해할 수 있으나, "그의 선생과 같아지리라."는 후반은 39절과 마찬가지로 석연치 않다. 우선 후반 문장의 문자대로의 의미가 무엇인지를 알아야겠다. "누구든 개량이 되면"이라 함은 제자가 열심히 배

우면 선생과 같이 된다는 (부전자전과 같은 의미로) 선생전학생전(先生傳學生傳)이라는 뜻이라 한다(Bock, 1994, p. 612; Ryken, 2009, p. 287). 그렇다면, 소경의 인도를 받지 말아야 한다는 39절은 자기 의를 내세우는 교만한 자에게서 배우지 말아야 한다는 경고를 제자들에게 주는 것이다(Bock, 1994, p. 610). 그리고 이 39절에 대응하여 40절은 마땅히 좋은 선생에게서 온전하게 배워야 한다는 말씀이다. 이때 최선의 선생이 누구인지는 자명하여 예수 이외에는 선생의 권위를 가진 자가 없다는 함의를 암시한다. 아울러, "누구든 개량이 되면"이라 함은 온전한 믿음으로 예수를 닮는 제자를 의미한다. 이처럼 39-40절은 제자들과 선생의 어떠한 관계가 바람직한지를 가르치는 말씀이지만, 선생이 주제가 아니라 제자들에게 경고하는 말씀이라 읽어야겠다.

예수가 정작 말씀하고자 하는 핵심은 41-42절에 담겨 있다. "어찌하여 형제의 눈 속에 있는 티는 보고 네 눈 속에 있는 들보는 깨닫지 못하느냐? 너는 네 눈 속에 있는 들보를 보지 못하면서 어찌하여 형제에게 말하기를 '형제여, 나로 네 눈 속에 있는 티를 빼게 하라.' 할 수 있느냐?"라는 두 질문이 잇따른다. 사실 이 질문들 속에 담긴 일은 세상사에 흔히 있을 수 있는 일이다. 하지만 누구에게나 일어날 수 있는 일이라 하더라도, 위선이라 아니할 수 없는 일이다. 그렇기에 예수는 "외식하는 자(위선자)여, 먼저 네 눈 속에서 들보를 빼어라, 그 후에야 네가 밝히 보고 형제의 눈 속에 있는 티를 빼리라." 하고 질책하고 올바른 처방을 내린다. 위선자는 속과 겉이 다른 사람을 일컫지만 여기서는 남들보다 자기를 스스로 속이는 사람을 말한다(Garland, 2011, p. 285). 자기 자신에 대해 거짓 통찰력을 가진 사람이 남들의 결점을 비난함으로써 자신의 경건함을 입증하는 행태를 고발하고 있는 것이다(Green, 1997, p. 279). 하긴, 종교적인 경건이 사회적인 역기능의 구실로 표출될 수 있는 위험은 언제든지 존재하기 마련이다.

문제는 여기서 예수가 서기관들과 바리새인들을 대상으로 질책하고 있다고 볼 수 있는 아무런 증거가 없다는 사실이다. 더군다나 이인칭 대명사 "너"는 바리새인들을 호칭하지 않을 가능성이 높다. "그러나 예수가 그의 제자들에게 어떤 바리새인들과 같이 되지 말라고 경고하는 것이라는 짐작은 매우 그럼직하다."(Bock, 1994, p. 615)라고 해설하는 학자도 있는데, 이 해설은 수용의 폭이 넓다. 예수를 따르는 제자들이라 하더라도 제자라는 자부심이 바리새인들처럼 독선적이고 배타적일 수도 있기 때문이다. 그렇다면, 누구보다 제자들이 먼저 자신들의 "눈 속에서 들보를 빼어" 자신들의 내면을 정화하여야 할 것이다. "다른 사람들을 도울 준비가 되어 있는 사람들은 그들 자신의 잘못에 대처할 수 있는 것을 가르침을 받아 가지고 있는 사람들이다" (Bock, 1994, p. 615). 이렇게 읽으면, 이 단락의 예수의 말씀은 노여움의 질책이 아니라 제자들에게 주는 경고의 가르침이다.

■ **나무와 그 열매**(6:43-45) 앞 단락의 말씀 그 자체는 평이한 비유 내지 격언인 것처럼, 이 단락의 나무와 열매의 비유 역시 비유 그 자체는 이해하기 어렵지 않다. 단지 나무와 열매가 무엇을 상징하는지 그 해석이 이해의 열쇠다. 이때 무엇보다 이 단원 전체의 의미와 어떻게 연결되어 통합되는지를 음미하는 데 어려움이 있다.

> **43**못된 열매 맺는 좋은 나무가 없고 또 좋은 열매 맺는 못된 나무가 없느니라
> **44**나무는 각각 그 열매로 아나니 가시나무에서 무화과를, 또는 찔레에서 포
> 도를 따지 못하느니라 **45**선한 사람은 마음의 쌓은 선에서 선을 내고 악한 자
> 는 그 쌓은 악에서 악을 내나니 이는 마음의 가득한 것을 입으로 말함이니라

새로운 논변은 "선한 나무가 무익한 과일을 맺지 않고, 또 무익한 나무가 선한 과일을 맺지 않는다."라는 43절을 전제로 제시한다. 이 전제를 읽으면 나무가 사람을 상징한다는 점을 대뜸 짐작할 수 있다. 과일 역시 사람이라 해석하여 나무와 과일을 예수와 제자들의 관계로 보는 학자들도 꽤 있다(Liefeld and Pao, 1997, p. 140). 아마도 앞 단락에서 "제자가 그 선생보다 높지 못하나 무릇 온전케 된 자는 그 선생과 같으리라."(6:40)라는 말씀 때문에 선생 예수와 제자들의 관계라는 맥락을 취한 해석일 것이다. 실제로 마태의 병행기사는(7:15-20) 선생과 제자의 관계에서 "거짓 선지자들을 삼가라." 하고 경고하고 있다.

그런데 이 논변의 전제인 43절에 대해 부가적인 설명 혹은 인과관계에 대한 해설이라 할 수 있는 구절이 44절에 이어진다. "나무는 각각 그 과일로 아나니 가시나무에서 무화과를, 또는 찔레에서 포도를 따지 못하느니라."라고 하는데, 가장 자연스러운 해석은 무화과나무가 무화과 과일을 맺고 포도나무가 포도 과일을 맺는다는 당연한 자연 현상을 기술한 것일 터이다. 말하자면, 어떤 나무의 특정한 과일은 그 나무의 자체적인 성질에 의존하는 수확이라 해석해야지, 나무와 과일이 별개의 개체라 해석하면 무리가 있다. 그뿐만 아니라, 이렇게 자연스럽게 해석해야 이 단락의 결론인 45절과 정합성을 갖춘다.

"나무의 성질은 그 나무의 과일로 알아볼 수 있다."(Meyer, 1884)라고 44절을 읽으면, "선한 사람은 마음에 쌓은 선한 보물에서 선을 내고 악한 사람은 그 쌓은 악에서 악을 내나니"라는 45a-b절과의 연결이 매끄럽다. "마음(kardia)"은 하나님과의 관계에서 혹은 이 세상과의 관계에서 사람의 내적 깊은 곳에 있는 자아의 보물 창고이다. 그 창고에 하나님과의 관계에서 선한 보물을 쌓아두고 있으면 선한 열매를 맺는 선한 사람이라는 것이다. 반면에 "악한 사람은 악한 보물에서 악을 맺는다."(NRSV)라는 45b절 말씀과 같이 마음의 창고에 악한 보물을 쌓아두고 있으면 악한 열매를 맺는 악한 사람이라는 것이다. 예수가 이 말씀을 한 배경은 예수와 제자들과의 관계의 맥락이 아니라, 앞 단락의 "먼저 네 눈 속에서 들보를 빼어라 그 후에야 네가 밝히 보고 형제의 눈 속에 있는 티를 빼리라."(6:42b)라는 교훈을 확장한 것이다 (Ryken, 2009, p. 293).

이 해설이 더욱 분명해지는 것이 45c절이다. "이는 마음에 가득한(넘쳐난) 것을 입으로 말하기 때문이다."라는 45c절은 45a-b절에 대한 부가적인 설명 내지 인과관계를 밝힌 것이다. 밖으로 표출되는 사람의 행위가 사람의 내적 깊은 마음에서 넘쳐난다는 것은 일반적인 상식이다. 한데, 여기서는 "입으로 말하다."를 앞세우고 있다. 예수가 장차 그의 제자들이 그들의 입을 통해 당신의 말씀을 전할 사역을 염두에 둔 것이 분명한 듯하다. 마음의 창고에 악한 보물을 쌓아두고 "나로 네 눈 속에 있는 티를 빼게 하라." 하지 말고 자기 정화로 깨끗하여진 다음에 남을 인도하라는 말씀이다. 그리하여 앞 단락과 마찬가지로 이 단락에서도 남들 앞에 서기 전에 자기 정화를 위한 자기 검색부터 철저하게 하라고 당부한다.

■ **'행하라'와 '반석 위의 정초'**(6:46-49) 마태의 산상수훈과 누가의 평지수훈 모두 이제 이 단락에서 대미를 장식한다. 앞 단락들에서 눈 속의 들보와 티 비유를 통해, 그리고 나무와 열매 비유를 통해 제자로서의 헤아림에 철저하여 먼저 네 눈 속에서 들보를 빼고 마음에 선을 저장하여 선한 열매를 맺으라고 하였다. 이제 새 단락에서 결론적으로, 말로만 "주여, 주여"할 것이 아니라 예수의 말씀에 순종하는 일이 반석 위의 정초를 세워 영구히 흔들리지 않는 집을 짓는 일임을

말씀한다.

46너희는 나를 불러 주여 주여 하면서도 어찌하여 나의 말하는 것을 행치 아
니하느냐 47내게 나아와 내 말을 듣고 행하는 자마다 누구와 같은 것을 너
희에게 보이리라 48집을 짓되 깊이 파고 주초를 반석 위에 놓은 사람과 같으
니 큰 물이 나서 탁류가 그 집에 부딪히되 잘 지은 연고로 능히 요동케 못하
였거니와 49듣고 행치 아니한 자는 주초 없이 흙 위에 집 지은 사람과 같으니
탁류가 부딪히매 집이 곧 무너져 파괴됨이 심하니라 하시니라

우선 본문을 다시 옮겨 적어 전하고자 하는 메시지를 분명히 하겠다. "어찌하여 너희는 나를 '주여, 주여' 부르면서 내가 말하는 것을 행하지 않느냐?"라는 46절은 꾸지람이다. 많은 학자들이 "주여, 주여"라 함은 예수의 신성을 호칭하는 것이 아니라 단지 선생의 권위에 대한 존칭의 표현이라 해설한다. "나에게 나아와 내 말을 듣고 그 말을 행하는 모든 사람"이라는 47절의 표현에 잇따라 적혀 있는 동사 "나아와"는 '모여 오다'라는 의미이고, "듣고"는 '경청하다'라는 의미다. 그리고 "행하다"는 동사 자체가 그런 의미를 갖고 있지는 않지만 학자들은 '순종하다'가 문맥적 의미라 해설하는데, 수훈의 초두에 "그 제자의 허다한 무리와 또 예수의 말씀도 듣고 병 고침을 얻으려고…… 많은 백성도 있더라."(6:17b)가 이러한 해설의 배경일 것이다. 이처럼 함께 와서 경청하였으면 그 말씀에 순종해야 마땅하다는 것을 예수는 연속적인 세 동사를 사용해 부각하고 있다. 이에 따라 순종하는 사람은 "어떤 사람과 같은지를 너희에게 보이리라." 하고, "그가 어떤 사람과 같은가 하면 집을 짓는데 깊이 파고 반석 위에 정초를 놓은 사람과 같다."라고 비유한다. 그리하여 "홍수가 왔을 때 급류가 집을

덮쳤지만 잘 지은 연고로 집을 흔들어놓지 못했다."라는 것이다. 그런 다음에 "그러나 듣기는 하고 행하지 않는 사람은 정초 없이 땅 위에 집을 지은 사람과 같다." 하고 비유한 뒤 그리하여 "급류가 집을 덮쳤더니 단숨에 집이 무너지고 그 집의 파멸이 엄청났다."라고 한다.

이 단락에서 핵심 단어는 "행하다"와 "반석 위의 정초"이다. "행하다"가 순종하다의 의미를 갖는다고 하였는데, 들은 "말씀들을 실천에 옮기다."라고 번역한 책도 있다(Liefeld and Pao, 2007, p. 141). 누가의 수훈은 지복과 비탄을 선포한 이후에 원수 사랑을 비롯하여 '자비하라', '판단하지 말라'와 같은 여러 행동지침을 제시한다. 이것들을 실천에 옮기라는 말씀일 것이다. 심지어 황금률과 관련하여, 거저 달라든 꾸어 달라든, 달라고 하기만 하면 무조건 주라고 가르치는데 아마도 이 모든 것을 실천에 옮기라는 말씀일 것이다. 그러므로 "행하라"는 제자들이라면 마땅히 수훈의 모든 말씀을 실천하여야 한다는 지상명령(至上命令)이다.

듣기만 하고 순종하지 않으면 정초 없는 집짓기와 같다고 유추하고 있다. 그런데 마태의 병행기사는 "나더러 '주여, 주여' 하는 자마다 천국에 들어갈 것이 아니요 다만 하늘에 계신 내 아버지의 뜻대로 행하는 자라야 들어가리라."(마 7:21)이다. 반면에 누가의 기록에는 천국에 들어갈지의 여부를 언급하지 않고 있다. 그 때문에 누가의 이 기사는 마태와는 달리 종말적인 의의를 기록한 것이 아니라 예수의 가르침의 현재의 의의를 기록한 것이라 주해하는 학자가 있다. "마태는 종말의 중재(예수)로부터 주어진 권면의 궁극적인 (함축적) 의미에 초점을 맞추었지만, 반면에 누가는 하나님으로부터 주어진 권위인 교사(예수)의 가르침의 현재의 (함축적) 의미를 강조하였다."(Bock, 1994, p. 620)라고 해설한다. 본서에서는 앞 지복과 비탄의 수훈에서 마태와 누가의 차이를 논하면서 누가에서는 현세와 종말 사이의 구별을 앞세우지 않는다고 하였다. 따라서 이 지상에서의 수훈의 실천윤리가 누가에서 더욱 강조되어 있다는 논변을 전개했다. 여기 행위와 집 건축 정초에 관한 설교에서도 동일한 논변을 적용해야 할 것이다. 현세와 종말은 누가에 있어 연속성이므로 현세와 종말의 윤리가 별개의 것이 아님이 강조되어 있다.

그럼에도 불구하고, "행하다"에 유추적으로 상응하는 핵심 단어를 집 건축의 기초인 "정초"라 비유하고 있으므로, 누가 역시 종말적인 개념을 표현하고 있다고 보아야 한다(Schreiner, 2008, p. 556). "급류가 집을 덮쳤지만 흔들어놓지 못했다."에서 비록 동사를 과거형으로 표현하고 있지만 이 내용을 종말의 사건으로 읽을 수도 있다. 과거형의 표현은 순종의 행위에 기반을 둔, 저장해둔 보물창고를 유추함으로써 표현되는 수사적인 수단일 것이다. 더군다나, 누가는 수훈의 윤리적인 실천을 "오직 너희는 원수를 사랑하고 선대하며 아무것도 바라지 말고 빌리라."라고 명령한 후, "그리하면 너희 상이 클 것이요 또 지극히 높으신 이의 아들이 되리니"(6:35a)라고 하여 순종에 따르는 상이 무엇인지에 대해 그 종말적인 의의를 분명하게 기록하고 있다는 사실을 동시에 상기해야겠다.

마태와 누가 사이의 이 기사의 또 다른 차이는 마태의 기사(마 7:21-27)보다 누가의 것이 훨씬 간결하지만 구체적이라는 점이다. 마태는 "나더러 '주여, 주여' 하는 자마다 천국에 다 들어갈 것이 아니요."라는 예수의 선언을 들은 예수의 추종자들의 구차한 변명까지 기록했다. 누가는 군더더기를 다 잘라내고 두 개의 핵심 단어로 추려 수훈의 정수를 "행하라"와 "반석 위의 정초"로 압축했다. 그렇게 함으로써 누가의 담화는 하나님 나라의 지복인 수훈에 합당하게 이 세상에서 현재 순종하라는 주제를 담화의 전면에 내세운다. 두 핵심 단어에 관한 주변적인 이야기를 덧붙이면 담화의 핵심 표적이 흐려진다. 누가가 "너희 원수를 사랑하라."라는 말씀이 제자됨의 도리임을 천명하였을 때에는 마태보다 훨씬 까다로운 원수 사랑의 여러 세칙까지 제시하였다. 누가는 범인인 우리가 순종하기 힘든 말씀을 행하라면서 이 세상에서의 실천윤리, 예수의 지상명령을 강조하고 있다. 그러므로 수훈을 읽는 독자들은 마태를 읽을 때 경외의 두려움을 느끼게 되고, 누가를 읽을 때는 나락에 떨어지는 무서움까지 체험하게 된다.

백부장의 종과 과부의 독자에게 베푼 기적(7:1-17)

수훈을 마친 후에 예수가 행한 두 기적의 사건이 7:1-17에 적혀 있다. 이 사건들이 하나의 동일한 맥락을 갖고 있지는 않지만, 각각의 사건이 예수의 권위와 능력의 극치를 보여주는 독립적인 사건이라는 취지에서 하나의 단원으로 읽겠다.

백부장의 믿음과 겸손(7:1-10)

■ 이방인 백부장(7:1-5) 첫 번째 사건이 로마 백부장의 종을 치유한 일이다. 본서에서는 누가의 이야기 담화가 유대인이 아닌 이방인 백부장의 믿음을 주제로 전개된다는 관점에서 이 단원을 읽겠다. 앞 단원에서 "선한 나무가…… 선한 과일을 맺는다."(6:43)라고 하였거늘 이방인 로마 백부장이 여기서 선한 나무의 본보기다.

[1]예수께서 모든 말씀을 백성에게 들려주시기를 마치신 후에 가버나움으로
들어가시니라 [2]어떤 백부장의 사랑하는 종이 병들어 죽게 되었더니 [3]예수의
소문을 듣고 유대인의 장로 몇을 보내어 오셔서 그 종을 구원하시기를 청한
지라 [4]이에 저희가 예수께 나아와 간절히 구하여 가로되 이 일을 하시는 것
이 이 사람에게는 합당하나이다 [5]저가 우리 민족을 사랑하고 또한 우리를
위하여 회당을 지었나이다 하니

"모든 그의 말씀을 백성들의 귀에 채우신 후에 그는 가버나움에 오셨다."가 1절의 직역으로, 예수 수훈의 소중함을 강조하는 서두이다. 첫 이야기의 주인공은 백부장인데 병행기사 마 8:5-13과 달리 누가의 기록에는 백부장이 예수에게 와서 직접 간구한 것으로 나오지 않는다. 한 백부장이 중히 여기는 종이 병들어 죽게 되었더니 예수에 관해 듣고 유대인 장로들을 보내 예수에게 그의 종을 고쳐달라고 간구하였다는 2-3절로 이야기가 전개된다. 대략 100명의 군대를 거느리고 있는 로마의 백부장이라면 로마제국에 대한 충성심도 대단하고 보수도 풍족하게 받는 유망 인사일 것이다. 백부장의 사절로 온 유대인 장로들이 예수에게 나아와 "이 일을 하시는 것이 이 사람에게 합당하나이다 그가 우리 민족(국가)을 사랑하고 우리를 위하여 회당을 지었기 때문입니다." 하고 간절히 구한다. 이 간청을 읽어 보면 단순히 심부름의 말을 전하는 것이 아니라 유대인 장로들이 자신들의 진정을 예수에게 호소하고 있음을 느낄 수 있다. 그들은 백부장이 예수가 간청을 들어주기에 합당한 사람이라고 호소한다. 여기서 백부장이 유대교 회당을 지어준 사람이니 그가 유대교로 개종한 사람인지 의문할 수도 있다. 하지만 그렇다면 "그가 하나님을 사랑합니다."라고 말했을 것이라고 학자들은 추측한다. 그가 지은 회당이 예수가 악령을 꾸짖어 좇

아낸 회당(4:33)일 가능성은 개종 가능성보다 더 높아 보인다. 여하튼, 예수가 간청에 선뜻 응하여 "그리하여 예수께서 그들과 함께 가셨다." (7:6a)라고 말씀은 전한다.

■ **백부장의 믿음과 겸손**(7:6-10) 이 기사의 주제가 텔레파시라는 예수의 정신감응 능력과 치유기적인지 아니면 백부장의 독실한 믿음인지 독해의 견지를 다르게 취할 수 있다. 그러나 무엇보다 중요한 것은 양자가 "합력하여 선을 이룬"(롬 8:28) 일일 것이다.

> 6예수께서 함께 가실새 이에 그 집이 멀지 아니하여 백부장이 벗들을 보내어
> 가로되 주여 수고하시지 마옵소서 내 집에 들어오심을 나는 감당치 못하겠
> 나이다 7그러므로 내가 주께 나아가기도 감당치 못할 줄을 알았나이다 말씀
> 만 하사 내 하인을 낫게 하소서 8저도 남의 수하에 든 사람이요 제 아래에도
> 군병이 있으니 이더러 가라 하면 가고 저더러 오라 하면 오고 제 종더러 이것
> 을 하라 하면 하나이다 9예수께서 들으시고 저를 기이히 여겨 돌이키사 좇는
> 무리에게 이르시되 내가 너희에게 이르노니 이스라엘 중에서도 이만한 믿음
> 은 만나 보지 못하였노라 하시더라 10보내었던 사람들이 집으로 돌아가 보
> 매 종이 이미 강건하여졌더라

예수가 백부장의 집에서 멀지 않은 곳에 왔을 때 그가 자신의 친구들을 다시 보내어 말하였다. "주여, 수고하시지 마옵소서, 당신이 내 지붕 아래 오시는 것이 내게 합당치 않기 때문입니다."가 그 첫 마디인데, "합당치 않다"는 것은 유대인 장로들이 예수에게 간청했을 때 "이 일을 하시는 것이 이 사람에게 합당하나이다."라 말했던 것과 같은 단어인 "합당하다/가치 있다(axios)"이다. "내게 합당치 않기 때문

입니다."라는 말은 예수가 이방인의 집에 들어오는 것이 합당치 않다는 표현이다(Liefeld and Pao, 2007, p. 143). 그는 또다시 유사어를 사용하여 7a절에 "그러므로 내가 주께 나아가기도 감당치 못하겠나이다."라고 말한다. 이 7a절은 전하는 의미가 애매하여 학자들이 분석적으로 주해하기를 삼가는 경향이 있다. 하지만, 내가 가서 당신을 뵙는 일이 합당한 일이 아니라는 의미로 보아야 한다. "분명한 것은 백부장이 예수를 직접 상면하는 것이 합당치 않다고 느꼈다."(Bock, 1994, p. 641)라는 해석을 받아들인다면, 왜 유대인 장로들과 친구들을 예수에게 보내고 백부장 자신이 직접 예수를 뵙지 않았는지가 그의 겸손의 배려 때문이라는 사실을 확인할 수 있다. 예수가 그의 집에 들어오는 것은 물론이고 자신이 직접 예수에게 나아가는 것도 합당치 않다고 생각하는 백부장의 겸손이야말로 예수의 권위에 대한 그의 진정한 외경심에서 우러난 것이다. 그의 겸손은 그의 진정한 믿음에서 우러난 것이다. "말씀만 하사 내 하인을 낫게 하소서."(7:7b)라는 텔레파시의 원격 치료에 대한 믿음은 중풍병자를 지붕에 올린 뒤 기와를 벗기고 예수 앞에 내려놓은 믿음에 비견할 수 없는 진정한 믿음이다.

이야기는 백부장의 친구들을 통해 전해지는 것이지만 마치 백부장이 직접 말하는 것처럼 기록되어 있다. "저도 권위 아래 처해 있는 사람이며 제 아래 군병들이 있어 이더러 '가라' 하면 가고 저더러 '오라' 하면 오고 그리고 제 종더러 '이것을 하라' 하면 하나이다." 하고 덧붙여 말한다. 백부장 역시 그의 상관의 권위 아래 있고 자신의 휘하에 군병들과 종도 있어 말만 하면 복종하는 것처럼 예수의 권위와 능력의 말은 복종치 않을 것이 없다는 부연이다. "예수는 이 말을 듣자 백부장에게 경탄하셨다"(7:9a). "그를 좇는 무리(유대인 장로들과 백부장의 친구들)를 돌아보시고"에서 "돌아보시고"는 누가복음 곳곳에서

(7:44; 9:55; 10:23; 14:25; 23:28) 예수가 중요한 말씀을 할 때 나오는 강조의 수사 표현이다(Green, 1997, p. 288). "내가 말하노니"라 다시 강조하고, "이스라엘 중에서조차 이런 믿음을 찾아보지 못하였노라." 하고 경탄한다. 물론 이 단원 마지막 10절은 "보내었던 사람들이 집으로 돌아가 보매 종이 이미 강건하여졌더라."라고 끝난다.

본서에서는 이 하부 단원의 제목을 백부장의 믿음과 겸손이라 하였다. 제목과 관련하여, 마태의 이 단원의 기사는 소박하고 간결한 반면에 누가의 기사는 세심하다 하리만큼 장황하므로 그 차이를 음미해 보겠다. 결론을 미리 앞세우면, 장황한 기사인 까닭은 유대인과 이방인 사이의 접대의 관례를 누가가 의식적으로 담화의 전면에 내세웠기 때문일 것이다. 유대인이 이방인 집에 들어가 함께 먹고 유숙하는 일이 힐난받아 마땅할 위법이라 생각하던 관례가 베드로의 고넬료 방문 기사에 생생하게 적혀 있다(행 10, 11장). 누가의 장황한 기사의 발단은 백부장이 "유대인의 장로 몇을 보내어 오셔서 그 종을 구원하시기를 청한지라."(7:3)에 있다. 이 일이 마태의 기록에는 없지만, "그 모든 일을 근원부터 자세히 미루어 살핀"(1:3a) 누가가 이 일의 발단을 찾아냈을 것이다. 만일 예수가 백부장 집을 방문하였더라면 그의 환대가 지극하였으리라는 것은 짐작하고도 남는다. 이에 따르는 방문 후유증을 예수 자신도 모를 리 없었을 터이다. 그러나 원수 사랑의 황금률을 가르친 예수가 간절한 부탁을 거절하고 뒷전에 물러날 리 없었을 것이다. 실상, 누구보다 있을 수 있는 난처한 지경을 절감한 사람이 이스라엘을 사랑한 백부장이었다. 그리하여 부랴부랴 자신의 친구들을 보내어 지극한 겸손으로 예수의 길을 막아세운 것이다.

한편, 다른 어떤 복음서보다 누가의 복음서가 구원의 복음이 이방에 있음을 강조하고 있다는 사실 역시 주목해야 한다. 〈시므온의 노래〉 "내 눈이 주의 구원을 보았사오니 이는 만민 앞에 예비하신 것이요 이방을 비추는 빛이요."(2:30-32a)라는 말씀이 전하는 바와 같다. 그리하여 누가는 이방인 백부장의 담화를 대단히 치밀하게 다룸으로써 다른 치유 기사들보다 돋보이게 한다. 이를테면, 그린은 이 백부장의 기사를 예수가 나사렛 회당에서 인용한 왕하 5장 아람 왕의 군대 장관 나아만의 문둥병 치유 기사(4:27)와 짝을 맞추어 누가가 기록하였다고 분석한다(Green, 1997, p. 284). 백부장도(7:2, 4-5) 나아만도(왕하 5:1) 각각 존귀한 이방 관료이고, 치유를 중재하는 사람이 각각 유대인 장로들과(7:3-5) 유대 계집아이이며(왕하 5:2-3), 백부장도 예수를 만나지 않았고(7:6-9) 나아만도 엘리사를 만나지 않았으며(왕하 5:5-10), 그리고 두 기사 모두에서 치유가 원격으로 이루어졌다는 공통점을 갖고 있다는 것이다. 누가는 이처럼 조심스럽고 치밀하게 예수가 손을 대지도 않고 백부장의 종을 치유한 사건의 경과를 서술하고 있다. 그 치유의 원천은 예수의 능력에서 나온 것이나, 하지만, 예수의 권위에 대한 이방인 백부장의 겸손과 믿음이 예수의 능력을 움직이게 한 것임을 "이스라엘 중에서조차 이런 믿음을 찾아보지 못하였노라."라는 말씀으로 강조한다.

뿐만 아니라, 백부장의 겸손과 믿음이 이 기적에서 두 가지 이변을 낳았다는 사실을 덧붙여야겠다. 하나는 원격 치유이고, 다른 하나는 하찮은 그의 종을 위한 백부장의 사랑과 믿음의 간청이 병자의 믿음과 상관없이 치유의 기적을 이끌어냈다는 것이다.

과부의 독자를 소생시키다(7:11-17)

소생의 기적(7:11-17) 앞 단원의 백부장의 이야기와 아무 관련 없이 한 과부의 외아들이 죽음에서 소생한 기적 이야기가 전개된다. 신약에서 죽은 자를 살린 기적은 야이로의 딸, 나사로, 그리고 여기 과부의 독자에 관한 세 기록이 있거니와 학자들은 예수의 부활과는 다른 일으킴이라 생각하고 이 일으킴을 '소생'이라 부른다. 이때 소생의 의미를 무엇이라 규정해야 하는지는 매우 어려운 일이다. 고전 해석부터 작금의 해석에 이르도록 소생은 가사 상태에서의 일으킴이라고 주창하는 학자들도 상당수에 이른다. 본서에서는 이 짤막한 기사에서 과부의 독자가 어떤 정황에서 소생되었는가를 곰곰이 분석해보겠다. 그리고 후에 야이로의 딸의 소생기사를 읽을 때 다시 그 의미를 생각해보겠다.

> 11그 후에 예수께서 나인이란 성으로 가실새 제자와 허다한 무리가 동행하
> 더니 12성문에 가까이 오실 때에 사람들이 한 죽은 자를 메고 나오니 이는
> 그 어미의 독자요 어미는 과부라 그 성의 많은 사람도 그와 함께 나오거늘 13
> 주께서 과부를 보시고 불쌍히 여기사 울지 말라 하시고 14가까이 오사 그 관
> 에 손을 대시니 멘 자들이 서는지라 예수께서 가라사대 청년아 내가 네게 말
> 하노니 일어나라 하시매 15죽었던 자가 일어 앉고 말도 하거늘 예수께서 그
> 를 어미에게 주신대 16모든 사람이 두려워하며 하나님께 영광을 돌려 가로
> 되 큰 선지자가 우리 가운데 일어나셨다 하고 또 하나님께서 자기 백성을 돌
> 아보셨다 하더라 17예수께 대한 이 소문이 유대와 사방에 두루 퍼지니라

사건의 배경인 11-12절을 읽으면 예수가 제자들과 허다한 무리와 함께 나인이라 불리우는 지방에 갔을 때 우연하게 장례 행렬을 만난 이야기가 나온다. 이 장면에서 이야기의 초점은 죽은 자의 어머니에게 맞춰져 있다. 죽은 자를 "그의 어머니의 외아들"이라 부각하고, "그녀가 과부"임을 드러낸다. 또 예수와 함께 한 "많은 무리"와는 다른 어휘를 사용하여 이 행렬의 "상당한 무리"가 그녀와 함께 하였다고 적고 있다. 이로써 과부가 이 장면에서 이야기의 초점임을 알 수 있다. 이 여자가 불쌍하고 가난한 사람이라는 인상을 사건의 배경이 간접적으로 묘사하고 있는 것이다.

"주께서 그녀를 보자 그녀를 측은히 여기셨고 '울지 말라'고 말씀하셨다."라는 13절에서 누가가 예수를 "주"라 호칭하는 것이 돋보인다. "측은히" 혹은 "불쌍함/동정(esplanchnisthe)"은 마태와(9:36; 14:14; 15:32; 18:27; 20:34) 마가에(1:41; 6:34; 8:2) 나오는 여러 다른 치유기적에서도 사용하는 용어다. 남편을 잃고 다시 외아들까지 잃은 여인에게 측은지심을 갖는 것은 이 장례의 행렬에 "그 마을에서 상당한 무리가 이 여인과 함께 하였다."라는 정황으로 보아도 인지상정이다. 예수는 "울지 말라" 하고 자신의 측은지심을 표현하고 위로의 초자연적인 능력을 느닷없이 자발적으로 행사한다. "그가 가까이 오사 그 관에 손을 대시니 멘 자들이 잠잠히 섰다."라고 하는데, 가까이 다가서는 것은 예수가 어떤 사람에게 그의 권위를 행사할 때 흔히 하는 행위이고, 관에 손을 대는 것은 율법에 의하면 부정한 행위다(Bock, 1994, p. 651). "예수께서 말씀하셨다. '젊은이여, 내가 네게 말하노니, 일어나라!'"가 14절이다. "일어나라"고 명령하기 전에 "내가 네게 말하노니"라고 먼저 언급하였는데 이는 예수의 개인적인 권위를 표명하는 말씀이다. 그러자 "죽었던 자가 일어 앉고 말하기 시작했다."(7:15a)에서 "일어 앉고"가 누워 있던 사람이 일어나 앉았다는 표현이고 "말하기 시작했다"는 온전히 살아났다는 표현이다.

구약에도 엘리야가 과부의 죽은 아들을 살려냈다는 기사가 있다(왕상 17:17-24). 우연찮게 누가가 이 기사 직전의 기록(왕상 17:8-16)을 이미 4:25-26에 인용하여 엘리야가 이 과부에게 먹을 것과 복음을 전파한 사실을 기록하고 있음에도 주목해야겠다. 예수가 과부의 독자를 소생시킨 다음 "예수께서 그를 어미에게 주셨다."(7:15b)라고 나오는 진술은 실상 왕상 17:23의 인용이므로, 누가가 의도적으로 신약과 구약의 소생기적을 맞대어 비교하고 있음을 알 수 있다. 이 때문에 예나 이제나 누가의 이 소생기사를 모방적인 신화 내지 문학적인 해석이라 몰아세우는 학자들이 꽤 있다. 그러나 이어지는 목격자들의 반응기사를 읽으면 구약을 인용한 누가의 의도는 예수가 누구인가를 밝히 보이고자 함에 있음을 알 수 있다.

이제 16a절에 그들이 하나님을 경외하였다는 사실을 적고 있다. "두려움이 그들을 사로잡았고 그들이 하나님께 영광을 돌렸다."라고 하니 무서움이 아니라 경외의 "두려움"을 느꼈다는 사실을 짐작할 수 있다. 하나님의 능력이 아니면 이런 일이 일어날 수 없다는 것을 그들이 깨달은 것이다. 이 하나님에 대한 경외가 그들로 하여금 "큰 선지자가 우리 가운데 일으켜지셨다!" 하고 수동형 문장으로 엘리야를 하나님이 우리 가운데 보내셨다는 것을 고백하게 하고, 또 "하나님이 그의 백성을 방문하셨다."라고 고백하게 한다. 예수가 누구인가 하는 이 고백이 예수가 과부의 독자를 죽음에서 소생시킨 기적기사에서 누가가 전하고자 하는 메시지의 본질이다.

여러 학자들이 당시 이스라엘 백성은 자신들이 하나님의 기적의 돌보심에서 소외되었다는 박탈감을 갖고 있었다고 전한다. 그런 그들이 이제 "큰 선지자가 우리 가운데 일으켜지셨다." 하고 예수와 엘리야를 동일시하고, "하나님이 그의 백성을 방문하셨다."라고 고백하게 된 것이다. "엘리야 모티프는…… 예수를 통해 하나님이 (그들의) 무력함을 돌보시기 위해 오시고 있다는 누가의 주제다"(Bock, 1994, p. 654). 이 해설처럼 이 단원을 읽으면 왜 누가가 엘리야의 모델 기반 위에서 예수가 죽은 자를 살린 기적을 기술하고 있는지를 이해할 수 있다. 홀어머니와 외아들의 단절된 관계가 복귀되는 소생의 기적을 통해 나인 지방 사람들은 엘리야 이후의 하나님과 이스라엘의 단절되었던 관계가 회복됨을 보았던 것이다. 그렇다 하더라도, 그들이 예수와 엘리야를 동일시했다면 그것은 예수의 진정한 정체성을 아직 올바르게 통찰하지 못한 것이다. 엘리야는 과부의 죽은 아들을 위해 부르짖음으로 간구하며 물리적인 힘까지 동원하였지만, 예수는 죽은 아들의 사체에 "내가 네게 말하노니, 일어나라!" 하고 직접 말하였으니 "예수는 예언자 이상임을 보인 것이다"(Green, 1997, p. 290). 여하튼, 이 단원의 말미는 "예수께 대한 이 소문이 온 유대와 모든 주변 지역에 두루 퍼지니라."라는 17절로 끝난다.

다른 한편, 다음 단원에서 세례요한이 예수에게 제자 둘을 보내어 "오실 그 이가 당신이오니이까?"라고 물었을 때 예수가 기적과 소생의 일을 예시하며 답변을 전한다. 미리 앞질러 읽으면, "소경이 보며 앉은뱅이가 걸으며 문둥이가 깨끗함을 받으며 귀머거리가 들으며 죽은 자가 살아나며 가난한 자에게 복음이 전파된다."(7:22)라는 답변이다. 우선, 이 답변에서 질병 치유의 여러 기적과 죽은 자의 소생이 일련의 기적 사건으로 적혀 있음을 주목해야겠다. 문둥병 치유라면 행여 일어날 수 있을지 모르나 죽은 자의 소생이 도대체 어떻게 가능하느냐고 혹자는 생각하기 쉽다. 그리고 학자들이 소생을 부활과 구별하여 이름하는 일은 현세와 종말 사건이라는 관점에서 어느 면 일리가 있다.

하지만 이때 자칫 소생을 기적과는 다른 범주로 분류하는 오류를 경계해야 한다. 본래 소생(resuscitation)의 사전적인 의미는 "가현적으로 죽은 사람을 인공적으로 되살리다."이다. 이 사전적인 의미대로 기적이 아닌 자연주의적인 견지에서 예수가 행한 소생의 일으킴을 가사 상태에서의 일으킴이라 해석하는 성경학자들이 꽤 있다. 그러나 세례 요한에게 전한 예수의 말씀 7:22을 보면, 소생은 다른 질병 치유와 동일한 (그 이상도 그 이하도 아닌) 하나의 기적일 따름이다. 질병 치유도 소생도 가난한 자에게 좋은 소식을 가져다주는 하나의 동일한 기적이다. 악귀더러 "그 사람에게서 나오라!" 명령하는 이가 마찬가지의 권위와 능력으로 "일어나라!" 명령하면, 떠난 영이 돌아올 수 있는 하나의 동일한 기적이다. 나인 성 사람들이 "하나님께서 자기 백성을 돌보셨다."라고 찬미한 것처럼, 결론적으로, 예수로 말미암아 현세의 이 악한 시대에 "하나님 나라가 침입하였다."(Schreiner, 2008, p. 66)라는 고백을 증거해주는 것이 이 기적의 뜻이다.

예수와 세례요한(7:18-35)

누가복음은 요한과 예수를 탄생기사부터 짝을 맞추어 기록하고 요한이 "주 앞에 앞서 가서 그 길을 예비하는"(1:76b) 예언자임을 밝히고 있다. 심지어 예수가 공생애를 시작하기 전에 요한에게서 세례를 받은 사실까지 기술한다. 그런데 여기서 돌연히 요한이 그의 제자를 보내어 "오실 그분이 당신이오니이까 혹은 우리가 다른 이를 기다리오리이까?"라고 예수에게 물어온다. 이 질문을 빌미로 누가는 예수가 자신을 누구라 생각하는지, 요한은 예수를 누구라 생각하는지, 그리고 예수는 요한을 누구라 생각하는지를 이 단원에서 기술한다.

요한의 질문과 예수의 답변(7:18-23)

■ 오실 그분이 당신이오니이까?(7:18-23) 이 단락 소제목에 적힌 요한의 질문이 이 단락의 주제다. 본서에서는 요한이 예수의 정체성에 대해 왜 새삼스럽게 질문하였는지, 그것에 대한 예수의 답변을 어떻게 해석해야 하는지를 생각하며 이 단락을 읽겠다.

> 18요한의 제자들이 이 모든 일을 그에게 고하니 19요한이 그 제자 중 둘을 불
> 러 주께 보내어 가로되 오실 그이가 당신이오니이까 우리가 다른 이를 기다
> 리오리이까 하라 하매 20저희가 예수께 나아가 가로되 세례요한이 우리를 보
> 내어 당신께 말하기를 오실 그이가 당신이오니이까 우리가 다른 이를 기다리
> 오리이까 하더이다 하니 21마침 그 시에 예수께서 질병과 고통과 및 악귀 들
> 린 자를 많이 고치시며 또 많은 소경을 보게 하신지라 22대답하여 가라사대
> 너희가 가서 보고 들은 것을 요한에게 고하되 소경이 보며 앉은뱅이가 걸으
> 며 문둥이가 깨끗함을 받으며 귀머거리가 들으며 죽은 자가 살아나며 가난
> 한 자에게 복음이 전파된다 하라 23누구든지 나를 인하여 실족하지 아니하
> 는 자는 복이 있도다 하시니라

요한이 옥에 갇혀 있다는 사실(3:19-20)을 기정사실로 취급하고 제자들이 요한에게 "이 모든 일"을 고하니라 적고 있는데, 학자들은 "이 모든 일"들이 가리키는 것은 7:1-17에 적힌 기적들에 관한 이야기라고 해석한다. 그다음 절에서는 "요한이 그 제자 중 둘을 불러 주께 보내

었다."라고 하는데 이는 증인은 둘 내지 셋이어야 한다(신 19:15)는 규례에 따른 것일 터이다.

문제는 19b절의 "오실 그분이 당신이오니까? 우리가 다른 분을 기다리오리까?""라는 요한의 질문의 의미와 동기가 무엇이냐는 점이다. 이 질문은 요한의 제자들이 예수에게 와서 고지식하게 반복하는 20절 장면에서 되풀이된다. "오실 그분"의 성격이 누구를 지칭하느냐가 이 질문의 의미 해석의 요체다. 다른 의견이 전혀 없는 것은 아니나, "오실 그분"이 메시아를 가리킨다는 것이 통설이다. 가장 결정적인 근거는 사람들이 "요한을 혹 그리스도신가" 의문했을 때, "나보다 능력이 많으신 이가 오시나니…… 그는 성령과 불로 너희에게 세례를 주실 것이요."(3:16)라고 한 말씀에서 찾을 수 있다. 요한 자신이 언명한 "나보다 능력이 많은 이"가 "오실 그분"이고, 그분은 "성령과 불로 세례를 주실" 메시아이기 때문이다.

그런데 이 질문의 동기에 대해서는 여러 학자들이 여러모로 논란한다. 우선 예수의 메시아성에 대해 긍정적인 의도를 갖는 질문이냐 혹은 부정적인 의도를 갖는 질문이냐의 문제가 있다. 긍정적인 의도의 질문일 경우, 어떤 학자의 해설처럼, 자신의 제자들에게 메시아에 대한 믿음을 강화시켜주려는 요한의 의도에서 비롯된 물음이라 보아야 한다. 하지만, 이 질문의 표현 형식이나 내용은 요한이 그의 마음에 의문으로 품고 있는 것이지 제자들을 위해 예수가 메시아임을 반증하도록 유도한 질문은 아니다.

요한 자신이 제기한 의문이었다면 그것은 긍정적인 의도에서 비롯된 질문일 수 없다. 요한은 오실 그분에 대해 "그의 손에 키를 들고 타작마당을 정하게 하사 알곡은 모아 곡간에 들이고 쭉정이는 꺼지지 않는 불에 태우시리라."(3:17)라고 예언하였다. "그(요한)는 그리스도가 흑암의 권세들을 신속하게 멸하고 불의를 심판하리라 기대했다. 그러나 그렇게 하는 것이 아니라 그(그리스도)가 그(요한)를, 즉 그의 앞선 예비자를 감옥에 무력하게 방치하고 있다."(Geldenhuys, 1951, p. 226)는 점에 회의를 느끼고 요한이 제기한 의문일 수 있다. 그뿐만 아니라, 예수의 사역이 정치적인 독립 조직을 제쳐두고 있어 예수가 진정 메시아인지 회의하는 많은 사람들이 있다는 사실도 작용했을 것이다(Liefeld and Pao, 2007, p. 147). 위의 두 다른 해설에서 보듯, 메시아성에 대한 부정적인 견해는 두 시각의 국면에 따르는 세부 해설에 차이가 있다. 그러나 결국 종말적인 메시아에 대한 기대와 예수의 사역의 현실 지각 사이에 부조화가 빚어내는 관점의 차이다(Bock, 1994, p. 665; Green, 1997, p. 296). 이제 예수의 답변에서 두 관점의 차이가 어떻게 빚어지는 가를 살펴보겠다.

요한이 제자들에게 전해 들은 18절에 "이 모든 일들"은 예수가 이방인 백부장의 종을 치유하고, 과부의 독자를 죽음에서 일으킨 일이다. 반면에, 요한이 예수에게 기대한 일은 "이미 도끼가 나무 뿌리에 놓였으니 좋은 열매 맺지 아니하는 나무마다 찍혀 불에 던지우리라." (3:9)라는 심판을 이 현실에서 실현하는 것이다. 즉 요한은 예수의 기적을 의심한 것이 아니라 언제 심판을 시작하려는지를 의심한 것이다 (Ryken, 2009, p. 329). 요한이 보기에는 예수가 선한 열매 맺지 않는 나무를 심판하지 않고 모든 사람을 불쌍히 여기는 것으로만 생각되었기에 그에 대한 비판이 앞선 것이다. "요한이 주저함은 예수의 메시아 역할에 대한 믿음이 시들어서가 아니라 예수가 불의 개혁자 역할을 수행하는 것을 보는 데 실패하였기에 비롯된 것이다."(Fitzmyer, 1970, p. 665). 결국, 이 비판은 "메시아성에 대한, 다시 말해 하나님의 종말적인 방문이 어떻게 실현되는가에 대한 오해"(Green, 1997, p. 296)에서 빚어진 것이다.

그리하여 요한의 제자들이 예수에게 와서 요한이 전하는 말을 이실직고한다. "마침 그 시에"라고 하여 예수의 최근 사역의 시점에서라 21절 초두를 열고 예수가 행한 여러 기적을 질병과 고통과 악귀로부터의 치유라 요약한다. 또 소경을 보게 한 일을 특별히 첨가한다. 그 다음에 요한의 제자들에게 건네는 예수의 답변이 이어진다. 여기서는 21-22절에 열거된 기적을 다시 읽지 않고 22절 말미와 23절만 읽기로 하겠다.

여러 기적을 열거한 후 결론적으로 예수는 "가난한 자에게 복음이 전파된다."라고 말씀한다. 이는 "여호와께서 내게 기름을 부으사 가난한 자에게 아름다운 소식을 전하게 하려 하심이라."(사 61:1)라는 말씀의 인용이다. "이 말씀을 인용함으로써 예수는 그가 그리스도라는 성서와 실천의 증거를 요한에게 제시한다. 그가 그의 기적을 수행하고 그의 복음을 가르침으로써 예수는 구속자가 행하여야 할 바 성서가 약속한 바로 그 사항들을 행하고 있었던 것이다"(Ryken, 2009, p. 331). 누가복음에서 가난의 의미는 다른 복음서보다 유별나게 의미심장하다. '가난한 자'는 자신에게 결핍되어 있는 것을 하나님이 충족시켜주리라는 믿음을 지닌 사람이다. 소경을 보게 하는 것이 물리적인 시력의 회복이라는 의미를 넘어 영적인 눈을 열어준다는 뜻인 것과 마찬가지로, "가난한 자에게 복음이 전파된다."는 것은 물질적인 충족을 넘어서 "그들의 신뢰를 예수에게 두는 사람들에게 영적인 풍요가 주어진다."(Schreiner, 2008, p. 760)는 말씀으로 독해해야 한다.

그러므로 예수는 이어서 23절에 "누구든지 나를 인하여 실족하지 아니하는 자는 복이 있도다."라고 말씀한다. 이 구절은 의미 해석이 까다롭기에 번역도 갖가지다. "나로 인해 상함을 받지 않는(나에게 성내지 않는) 자는 누구든 복이 있도다."(NRSV)라거나 "나 때문에 약해지지 않는(멀어지지 않는) 자는 복이 있도다."(NIV)라고 한다. 또는 "나로 인해 믿음에 걸림돌이 되지 않는 자는 복이 있도다."(REB)라고도 한다. "실족하다(skandalizo)"의 본래 의미가 '걸려 넘어지다'인데 여러 번역본에서 은유적 의미로 달리 의역하고 있기 때문에 이러한 차이가 발생한다. 다양한 번역을 옮겨 적은 까닭은 요한의 질문을 듣고 그의 오해에 대해 예수가 염려 내지 경고를 오히려 축복으로 전하는 미묘한 뉘앙스를 가진 말씀이 23절이기 때문이다.

원문에 가장 충실한 해석은 "예수의 진정한 정체를 정확히 이해하여 실족하지 않는 사람은 복이 있도다."(Fitzmyer, 1970, p. 668)라는 해석일 것이다. 이 충실한 해석의 의도를 확장해 풀이하면 메시아가 어떤 일들을 해야 한다는 선입견을 달리 가져서 당혹하지 말라는 전언일 수 있다(Garland, 2011, p. 312). 메시아로서 예수의 사역은 이 지상의 심판에 앞서, 다른 무엇보다 가난한 자에게 좋은 소식을 전하는 선교이다. 이를 오해하여 실족하고, 예수로 인해 상함을 받고 약해지고, 믿음에 걸림돌이 되지 말아야 한다는 염려 내지 경고가 23절이다. 동시에, 이 말씀이 전하는 미묘한 뉘앙스를 놓치지 말아야 한다. 그것은 예수의 메시아성을 의심하지 말고 예수를 신뢰하여야 한다는 축복의 격려이지 질책하는 꾸지람이 아니다. 그리하여 "실상, 심판은 언제든지 항상 현존하는 바, 어떤 이('나로 인하여 실족하지 아니하는' 자)들에게 '복이 있다'라는 것은 다른 이들에게는 축복이 없다는 사실을 뜻하는 것이기 때문에"(Bock, 1994, p. 670) 심판을 배제하는 것은 아니라는 사실을 예수는 불같은 성격의 요한에게 가르치고 싶었을 것이다.

예언자 이상의 예언자, 요한(7:24-30)

요한이 예수를 오해한 것과 마찬가지로 7:18-23을 읽은 독자는 요한을, 그리고 예수와 요한의 관계를 오해하기 십상이다. 그러나 예수는 요한을 사랑했고 예수를 따르는 사람들이 그를 존중하기를 바랐다. 이 단원의 주제가 같은 맥을 갖지만 흐름이 한 가지인 것은 아니어서 여기서는 두 단원으로 나누어 읽겠다.

하나님의 사자(7:24-28) 아마도 예수와 요한의 제자들이 질문과 답변을 나눌 때 거기에 예수의 제자들뿐만 아니라 그를 따르는 무리가 있었고 예수는 요한의 제자들에게 못다 한 아쉬운 말을 무리에게 보충하고 싶었던 모양이다.

> 24 요한의 보낸 자가 떠난 후에 예수께서 무리에게 요한에 대하여 말씀하시
> 되 너희가 무엇을 보려고 광야에 나갔더냐 바람에 흔들리는 갈대냐 25그러
> 면 너희가 무엇을 보려고 나갔더냐 부드러운 옷 입은 사람이냐 보라 화려한
> 옷 입고 사치하게 지내는 자는 왕궁에 있느니라 26그러면 너희가 무엇을 보
> 려고 나갔더냐 선지자냐 옳다 내가 너희에게 이르노니 선지자보다도 나은
> 자니라 27기록된 바
> 보라 내가 내 사자를 네 앞에 보내노니
> 그가 네 앞에서 네 길을 예비하리라
> 한 것이 이 사람에 대한 말씀이라 28내가 너희에게 말하노니 여자가 낳은 자
> 중에 요한보다 큰 이가 없도다 그러나 하나님의 나라에서는 극히 작은 자라
> 도 저보다 크니라 하시니

"요한의 전령들이 보낸 자가 떠나자 예수께서 무리에게 요한에 대해 말씀하셨다."라는 서두 다음에 예수의 말씀이 이어진다. "너희가 무얼 보려고 광야에 나갔더냐?"라는 수사적인 질문을 24-25절에 무려 세 번이나 반복하며 요한이 누구인가를 해명한다. 첫 번째 질문은 "바람에 흔들리는 갈대냐?"를 예시하여 이와 상반되는 요한의 모습, 즉 광야에서 "이 독사의 자식들아!"라고 외치는 모습을 연상케 한다. 두 번째 질문 "부드러운 의상을 차려입은 사람이냐?"라는 예시 다음에는 "보라, 화려한 옷 입고 사치하게 지내는 자는 왕궁에 있느니라." 라는 자답이 이어진다. 두 수사적인 예시는 요한의 본모습과 너무나 거리가 멀어 당연히 "아니다"라는 자답이 뒤따른다. 마침내 세 번째 질문 "무엇을 너희가 참으로 보려 나간 것이냐? 예언자냐?"라고 예시하고 "옳다, 내가 너희에게 말하노니, 예언자보다 훨씬 나은 자니라!" 라고 단언한다. 이 단언은 요한의 부친 사가랴의 예언 "이 아이여, 네가 지극히 높으신 이의 예언자라 일컬음을 받고 주 앞에 앞서 가서 그 길을 예비하여"(1:76)를 일깨운다.

그리고 "보라, 내가 내 전령을 너보다 앞서 보내노니 그가 너에 앞서 네 길을 예비하리라."라는 27절의 말씀은 구약의 말 3:1이나 출 23:20의 인용문이다. 이 인용문이 구약의 두 말씀과 문자적으로 일치하는 것은 아니므로 학자들은 여러 설명을 덧붙인다. 하지만, 본서에서는 이 인용문을 1:76에 연결하여 독해하기로 하겠다. 구약에서 "내 전령/사자(messenger)"는 하나님의 심판의 길을 예비하는 대변자다. 딱히 단정하고 있는 것은 아니지만, 예수가 요한을 "예언자보다 훨씬 나은 자니라!"라고 말씀하는 것은 요한을 엘리야와 맞대어 비교한 말씀이라 해설하여도 무리가 없을 것이다. "엘리야의 심령과 능력으로 주 앞에 앞서 가서…… 주를 위하여 세운 백성을 예비하리라."(1:17)라고 기록한 맥락과 마 11:14에서 직접적으로 "오리라 한 엘리야"라고 기록한 맥락에 비추어 "예언자보다 훨씬 나은 자"를 읽으면, "오리라 한 엘리야"가 요한일 수 있다는 해석이 고전적인 주해다. 이스라엘 백성은 종말에 엘리야가 다시 오리라고 실제로 믿고 있었다는 것이다. 혹은 신 18:15-19에 기록한 제2의 모세일 수도 있다고 해설하기도 한다(Garland, 2011, p. 314). 다시 온 엘리야 혹은 모세라는 해설이 신화적인 해설이라 싫다면, 요한이 메시아 예수와 함께 사역한 예언자이므로 그가 모든 예언자들 이상의 예언자일 수 있다(Geldenhuys, 1951, p. 227)는 해설을 취하여도 좋겠다.

"내가 너희에게 말하노니 여자가 낳은 자 중에 요한보다 큰 이가 없도다."라는 28a절은 27절을 되풀이한 말씀이다. 한데, "그러나 하나님의 나라에서는 지극히 작은 자라도 저보다 크니라."라는 28b절은 현세와 종말의 역설적인 대비다. 학자들은 28a절이 현세 상황에 관한 진술이고 28b절은 종말 상황에 관한 진술이라 생각한다. 요한이 주의 길을 위해 예비하러 온 것이지 예수가 십자가에 처형당하고 구세주로 부활한 사실을 체험한 것은 아니기 때문에 요한이 하나님 나라에서 지극히 작은 자라고 해석하는(앞의 책, p. 227) 소박한 해설도 있다. 하지만 이보다는 현세에서 요한보다 더 큰 이가 없더라도 하나님 나라에 다시 태어난 사람은 누구라도 현세의 어떤 사람보다 크다는 해설(Bock, 1994, p. 676)이 차라리 더 설득력이 있어 보인다. 달리 말하면, "하나님 나라에서 가장 작은 사람이 인간들 중 가장 큰 사람인 요한보다 심지어 더 크다"(Fitzmyer, 1970, p. 675). 하나님 나라에서는 누구든 "마지막 나팔에 순식간에 홀연히 다 변화하겠기"(고전 15:51) 때문이다.

■ 이 세대에 대한 예수의 판단(7:29-35)

이 단원의 주 내용인 피리를 불어도 춤추지 않고 애곡을 하여도 울지 않는다는 비유는 잘 알려진 것이지만 해석이 매우 어렵다. 이 세대의 사람들이 요한과 예수를 배척함을 비유한 것인데, 문제는 29-30절이 앞뒤 맥락과의 연결이 매끄럽지 못해 여러 사람들이 이 두 절을 누가가 끼워 넣은 삽화라 생각하고 그 표지로 번역본들에서 이 두 절을 괄호 속에 기재하기도 한다. 물론 요한과 예수에 대한 배척이라는 비유의 해설이 이 단락 읽기의 주제다. 하지만 본서에서는 29-30절을 춤추지도 않고 울지도 않는다는 비유와 맥락을 공유하는 하나의 단원으로 함께 읽을 수 있는 논구도 구명해보겠다.

> 29모든 백성과 세리들은 이미 요한의 세례를 받은지라 이 말씀을 듣고 하나
> 님을 의롭다 하되 30오직 바리새인과 율법사들은 그 세례를 받지 아니한지라
> 스스로 하나님의 뜻을 저버리니라
> 31또 가라사대 이 세대의 사람을 무엇으로 비유할꼬 무엇과 같은고 32비유컨
> 대 아이들이 장터에 앉아 서로 불러 가로되 우리가 너희를 향하여 피리를 불
> 어도 너희가 춤추지 않고 우리가 애곡을 하여도 너희가 울지 아니하였다 함
> 과 같도다 33세례요한이 와서 떡도 먹지 아니하며 포도주도 마시지 아니하
> 매 너희 말이 귀신이 들렸다 하더니 34인자는 와서 먹고 마시매 너희 말이 보
> 라 먹기를 탐하고 포도주를 즐기는 사람이요 세리와 죄인의 친구로다 하니
> 35지혜는 자기의 모든 자녀로 인하여 옳다 함을 얻느니라

■ 요한과 예수에 대한 거부 반응(7:29-35) 우선 29절을 원문의 어순대로 옮기면 "모든 백성이 듣고 세리들을 (포함해) 하나님을 의롭

다 하였다 요한의 세례를 받았기에"이다. "이 말씀을 듣고"라는 구절은 본래 원문에 없으나 "듣고"가 적혀 있으니 개역성경의 번역과 같이 삽입할 수 있다. 하지만 문제는 "이 말씀"을 삽입함으로써 24-28절에 연결하여 예수의 말씀을 듣는 것으로 독해하게 만든다는 점이다. 여기서는 요한이 주제이므로 요한의 말씀을 듣는 것으로 독해할 수도 있다. 실제로 어떤 학자는 예수의 말씀이라 하고(Ryken, 2009, p. 334), 또 어떤 학자는 요한의 말씀이라 해석한다(Bock, 1994, p. 677). 예수의 말씀을 듣고라 해석하면 24-28절과 함께 읽어야 하고, 반면에 본서와 같이 31절 이하와 함께 읽으려면 요한의 말씀을 듣고라 해석해야 한다.

여하튼, 누구의 말씀이든 그 말씀을 듣고 "하나님을 의롭다." 하고 고백하였다는 것인데, 요한의 말씀의 핵심은 '회개하라'이므로 하나님의 의를 인정한 사람은 회개한 사람이어야 합당할 것이다. "그러나 바리새인들과 율법사들은 스스로 하나님의 계획을 저버렸으니 그들이 요한에게서 세례를 받지 않았기 때문이다."라는 30절을 요한의 말씀을 들은 그들이 회개하지 않고 하나님의 계획을 저버린 자들이라 해석하면, 29-30절을 일관성 있게 정합적으로 읽을 수 있다. 무엇보다 "요한에게서 세례를 받지 않았기 때문이다."라는 구절을 해석할 때, "말씀을 듣고"의 "말씀"이 요한의 회개하라는 말씀이고 그것을 듣고도 세례를 받지 않았다고 해석하면, 29절과 30절의 연결이 썩 잘 어울린다. 본서에서는 이 단락 마지막 35절을 읽을 때 이 29-30절이 31절 이하의 비유와 어떤 공통의 맥락을 공유하는지 논의하기로 하겠다.

"이 세대의 사람들을 무엇에 비교할까? 그들이 무엇과 같은가?"가 31절이다. "이 세대"라 함은 단순히 특정한 현재의 시간대를 뜻하는 것이 아니라 하나님을 거역하는 황량한 시대라는 구약성서의 의미를 갖는다(Liefeld and Pao, 1997, p. 148). "그들이 장터에 앉아 서로에게 외치는 아이들과 같다."에서 "그들이 아이들과 같다."는 표현은 개역성경에서처럼 "비유컨대 아이들이"라는 뜻으로 이 세대의 사람들을 철없는 아이들에 비유한 것이다. 그 아이들이 "장터에 앉아 서로에게 외친다."라고 하여 두 패로 나뉘어 각각 시집가는 놀이와 장례놀이에 참여하도록 우기는 장면을 묘사하고 있다. 한 패가 다른 패에게 "우리가 너희를 향하여 피리를 불었어도 너희가 춤추지 않았다."라고 하거나 "우리가 너희를 향하여 애곡하였어도 너희가 울지 않았다."라고 하면서 상대를 비난한다는 것이다. 문제는 이 32b절에서 우리와 너희가 각각 누구인지가 불투명하다는 점이다. 따라서 뒤이은 33절의 세례요한과 34절의 예수에 대한 진술을 함께 읽으며 32절을 독해하겠다.

두 가지 통설이 있다. 하나는 시집놀이와 장례놀이를 제안하는 쪽이 각각 예수와 요한이고, 그 어느 제안에도 응하지 않는 쪽이 이 세대의 사람들이라는 견해다. 다른 하나는 시집놀이와 장례놀이를 제안하는 쪽이 이 세대의 철없는 아이들이고, 그 어느 제안에도 응하지 않는 쪽이 예수와 요한이라는 견해다. 이 두 가지 견해를 가름할 때 요한과 예수의 생활양식과 그것에 대한 이 세대 사람들의 평가가 기준이 되어야 할 것이다. 요한의 금욕적인 생활양식은 32절에 "떡도 먹지 아니하며 포도주도 마시지 아니하매"이고, 따라서 저들은 "귀신 들렸다"라고 평가한다. 스스로 신랑으로 자처한(5:34) 예수이므로 그의 기쁨과 자유의 생활양식은 33절에 "먹고 마시매"이고, 저들의 평가는 "탐식가이고 모주꾼"이자 "세리와 죄인의 친구"이기도 하다. 이들 각각의 평가를 비아냥거리는 비난이 "너희가 춤추지 않았다."와 "너희가 울지 않았다."이다. 그리고 그 대상이 각각 요한과 예수이다. 그렇다면, "요점은 (유대교의) 지도자들이 예수와 요한에 대해 비아냥거리고 고발하는 것인데, 왜냐하면 지도자들이 필요로 하여 원할 때 예수와 요한이 응하지 않기 때문이다"(Bock, 1994, p. 681). "그들이 이 세대가 결정한 사회적·종교적인 '놀이'에 (혹은 각본에) 동조를 얻는 데 실패했기 때문에 예수와 요한을 일탈자라 낙인한 것이다"(Green, 1997, p. 303). 이들 해설은 이 문단 초두에 언급한 두 통설의 견해 중 후자를 지지하는 것이다. 요컨대, 그들과 함께 놀아주지 않는다는 이유로, 철없는 아이들인 이 세대의 사람들에게 특히 유대교 지도자들에게 요한과 예수는 눈에 든 가시였다.

이러한 비아냥조의 비난에도 불구하고, 예수는 "그러나 지혜는 모든 지혜의 자녀들에 의하여 의롭게 되어진다."라고 말씀한다. 이 35절에서 "지혜"는 "지혜(그녀)의 자녀"의 어머니로 의인화된 표현이라 읽어야 한다(Fitzmyer, 1970, p. 681). 그 지혜의 자녀들은 예수와 요한의 말씀을 듣고 순종하는 세리라든가 죄인들이다. 무엇보다 이 35절은 29절과 대비해 읽어야 한다(Green, 1997, p. 304). 그린은 이 두 절 사이에 병행하는 고도의 표현양식을 분석함으로써 두 절이 동일한 결론적 의미를 전하고 있다는 사실을 알아냈다. "모든 백성이 듣고…… 하나님을 의롭다 하였다."라는 29절과 "지혜가 모든 지혜의 자녀에 의해 의롭게 되었다."라는 35절을 대비하면, "하나님을 의롭다 하였다."와 "지혜가…… 의롭게 되었다."가 그리고 "모든 백성"과 "모든 지혜의 자녀들"이 각각 교차 대구적으로 연결되어 있다. 그리하여 의롭게 되었다는 점에서 지혜와 하나님이 서로 상응하는 대구의 의미를 갖는다. 아울러 (요한의 말씀을) 들은 모든 백성과 모든 지혜의 자녀가 각각 교차 대구적으로 연결되어 양자가 서로 상응하는 의미를 갖는다. 이 지혜의 자녀들은 요한과 예수와 마찬가지로 하나님의 계획에 뜻을 합치하는 사람들이다. 나아가서, 29절과 30절에서 바리새인들과 율법사들이, 35절과 31-34절에서 이 세대의 사람들이 각각 하나님의 의지를 거역하고 있음을 표명하고 있다. 이러한 분석을 통해 독자들은 29-30절과 31-35절이 각각 다른 성질의 이야기 담화를 전개하는 것처럼 읽히지만 실은 같은 내용을 다른 언어로 펼친 것임을 알 수 있다.

그러므로 이 단락의 예수의 말씀의 결론이 35절이기에 그 결론을 되새겨야겠다. 본서에서는 그 결론을 쓰카모토 도라지(塚本虎二)에 따르기로 하겠다. 그에 의하면 "그러나 지혜는 모든 지혜의 자녀들에 의하여 의롭게 되어진다."라는 구절의 의미는, 요한과 예수가 전한 지혜, 즉 천국의 진리는 바리새인들과 율법학자들에 의해 배척을 받았지만 이 지혜를 인정하고 이에 복종하는 지혜의 자녀들 즉 가난한 사람·창녀·세리·죄인 등에 의해 반드시 그 바른 것이 인정되고 증명될 것이며, 또 현재 증명되고 있다는 것이다. 쓰카모토의 이 해설을 우리의 논변과 비교해 곰곰이 음미하면 우연찮게도 35절의 결론이 29-30절의 결론이기도 하고 또 31-34절의 결론이기도 하여서, 앞선 우리의 논변과 합치한다는 사실을 발견할 수 있다.

돌이켜 개관컨대, 예수의 갈릴리 사역은 험난한 고개를 넘고 또 넘는 역정으로 마침내 세례요한조차 "우리가 다른 분을 기다리오리까?" 하고 묻기에 이르렀다. 이 의문은 금욕적인 세례자의 비관적 생활 태도와 기쁨의 소식을 전하는 예수의 낙관적 생활 태도 사이에서 빚어진 종말관의 차이라 할 수 있다. 회개와 심판을 으뜸 윤리로 앞세운 요한과 "네 믿음이 너를 구원하였다."(7:50)라는 복음의 윤리를 앞세운 예수 사이에 있을 수 있는 단순한 시각의 엇나감이다. 예수는 사역의 동역자로서 요한을 끝까지 존중하였다. "너희가 무엇을 보려고 (광야에) 나갔더냐? 예언자냐? 옳다, 내가 너희에게 말하노니 예언자보다 훨씬 나은 자니라!"(7:26) 하고 세례요한과 메시아 예수와의 유대관계가 조금도 어긋남이 없음을 무리에게 밝힌다. 요한과 예수를 춤추지도 않고 애통하지도 않는다고 바리새인과 율법사들이 싸잡아 비난하지만, 누가는 "가난한 자에게 복음이 전파되어"(7:22b) 하나님 나라의 "지혜는 모든 지혜의 자녀들에 의하여 의롭게 되어진다."(7:35)라고 결론한다. "모든 지혜의 자녀들"은 29절에 적힌 대로 예수의 좋은 소식과 요한의 세례를 받고 하나님을 의롭다 고백한 자녀들이다.

믿음의 여인들(7:36-8:3)

■ 한 여인의 죄의 용서(7:36-50)

어떤 여인이 예수의 몸에 향유를 부은 기사는 다른 복음서(마 26:6-13; 막 14:3-9; 요 12:1-8)에도 출현하고 있어 누가복음의 기사와 같은 것인지 여부가 예나 지금이나 논란에 여지가 있다. 하지만, 누가복음의 기사가 워낙 다른 복음서와 배경이 달라서 이 논란은 심증 이상의 밑받침할 근거가 없다. 그럼에도 불구하고, 의아한 눈으로 이 기사를 읽는 독자에게는 누가의 이야기 전개에 어설픈 장면과 구성이 눈에 띄어 쉬운 이야기가 어렵게 읽힌다. 본서에서는 누가가 전하고자 하는 의도에 초점을 맞춰 이 단락을 읽기로 하겠다. "지혜는 모든 지혜의 자녀들에 의하여 의롭게 되어진다."(7:35)라는 구절과 같은 맥락의 틀에서 이 단락을 읽는 방식이 누가의 의도를 파악할 수 있는 첩경이다. 예수에게 향유를 부은 여인이 "지혜의 자녀"의 하나의 좋은 본보기라 읽겠다.

■ **향유를 부음과 그 반응**(7:36-39) 바리새인 중 하나가 예수를 식사에 초대하였고 그 자리에 죄인인 한 여자가 찾아와 예수의 발에 향유를 정성스럽게 붓는 장면이 이야기의 배경이다. 상상하기 쉽지 않은 장면이라 이야기가 곁가지를 치며 오락가락하기 십상이다. 지나친 상상을 앞세우지 말고 이야기 골격의 줄거리를 추적하며 이 단락을 읽겠다.

> 36한 바리새인이 예수께 자기와 함께 잡수시기를 청하니 이에 바리새인의 집
> 에 들어가 앉으셨을 때에 37그 동네에 죄인인 한 여자가 있어 예수께서 바리
> 새인의 집에 앉으셨음을 알고 향유 담은 옥합을 가지고 와서 38예수의 뒤로
> 그 발 곁에 서서 울며 눈물로 그 발을 적시고 자기 머리털로 씻고 그 발에 입
> 맞추고 향유를 부으니
> 39예수를 청한 바리새인이 이것을 보고 마음에 이르되 이 사람이 만일 선지
> 자더면 자기를 만지는 이 여자가 누구며 어떠한 자 곧 죄인인 줄을 알았으리
> 라 하거늘

사건의 배경이 36-38절에 적혀 있다. 한 바리새인이 예수를 식사에 초대하자 예수는 선뜻 그의 집에 들어갔다. 세리든(5:29) 바리새인이든(11:37; 14:1) 누구라도 가리지 않고 예수는 함께 식사에 응했다. "바리새인의 집에 들어가 앉으셨다."라는 구절을 당시의 관례로 보면 식탁에 몸을 기대었다는 말이다. 당시 풍습에서는 집으로 초대한 것이라 하더라도 초대받지 않은 사람에게도 문은 열려 있어 누구든 연회장에 들어올 수 있었다고 한다. "그리고 보라, 죄인인 그 동네의 한 여인"이라 하여 죄인임을 강조하고, 이 이야기의 주인공인 여인을 연회의 침입자로 등장시킨다. 그녀가 어떤 죄인인지 명세치 않아 여러모로 추측하는데

창녀였으리라 짐작하기도 한다. 그녀가 예수가 바리새인 집에 있다는 것을 알고 향유 옥합을 가지고 와 "울며 예수의 발 뒤에 섰고 그녀의 눈물이 그의 발을 적시기 시작했으며 그녀의 머리털로 눈물을 닦아냈다. 그녀는 그의 발에 입맞추고 향유를 바르기를 계속하였다."라는 38절을 보면 구구절절이 죄인 여인의 통회와 예수에 대한 간절한 경외의 심정이 정감 넘치게 담겨 있다. 눈물로 발을 닦는 이 장면에서 "좋은 소식을 가져오며 평화를 공포하며 복된 좋은 소식을 가져오며 구원을 공포하며…… 네 하나님이 통치하신다 하는 자의 산을 넘는 발이 어찌 그리 아름다운고."(사 52:7)라는 구절을 상기하지 않을 수 없다.

이제 39절에 예수를 초대한 바리새인의 이 너무나도 절절한 장면에 대한 반응이 적혀 있다. 그는 "만일 이 사람이 예언자라면 자신을 만지는 이 여자가 누구이고 어떤 여자인지 알았으련만, 이 여자가 죄인이니까."라고 혼자 중얼거린다. 이때 "그를 만지는 이 여자가"라는 표현은 부정한 여자의 손길이 예수를 더럽힌다는 뜻을 함의하고 있다(Bock, 1994, p. 697). 여자의 이 모든 애틋한 행위를 수용하는 예수에 대한 바리새인의 반응은 예수가 예언자가 아님을 통감했다는 판단 내지 비판이다.

■ **용서와 사랑에 대한 예수의 비유**(7:40-47) 바리새인의 비판에 예수는 용서가 무엇인지에 대한 가르침으로 응답한다. 예수의 발에 향유를 부은 여인과 식탁에 초대한 바리새인의 차이가 무엇인가를 비유를 통해 예시하여 용서와 사랑이 어떤 관계를 갖는지 가르친다.

40예수께서 대답하여 가라사대 시몬아 내가 네게 이를 말이 있다 하시니 저
가 가로되 선생님 말씀하소서 41가라사대 빚 주는 사람에게 빚진 자가 둘이

있어 하나는 오백 데나리온을 졌고 하나는 오십 데나리온을 졌는데 42갚을
것이 없으므로 둘 다 탕감하여 주었으니 둘 중에 누가 저를 더 사랑하겠느냐
43시몬이 대답하여 가로되 제 생각에는 많이 탕감함을 받은 자니이다 가라
사대 네 판단이 옳다 하시고
44여자를 돌아보시며 시몬에게 이르시되 이 여자를 보느냐 내가 네 집에 들
어오매 너는 내게 발 씻을 물도 주지 아니하였으되 이 여자는 눈물로 내 발
을 적시고 그 머리털로 씻었으며 45너는 내게 입맞추지 아니하였으되 저는
내가 들어올 때로부터 내 발에 입맞추기를 그치지 아니하였으며 46너는 내
머리에 감람유도 붓지 아니하였으되 저는 향유를 내발에 부었느니라 47이러
므로 내가 네게 말하노니 저의 많은 죄가 사하여졌도다 이는 저의 사랑함이
많음이라 사함을 받은 일이 적은 자는 적게 사랑하느니라

바리새인이 혼자 중얼거렸으나 예수는 다 알아듣고 그가 묻지도 않았는데 대답한다. "시몬아"라고 그의 이름을 불러 "내가 네게 이를 말이 있다." 하고 차근히 말머리를 연다. 이에 바리새인도 "선생님, 말씀하소서." 하고 경청할 태도를 보인다. 예수가 그에게 "두 사람이 어떤 대금업자에게 빚을 졌는데, 한 사람은 오백 데나리온에 해당액을 그리고 다른 사람은 오십 데나리온에 해당액을 빚졌다. 그들이 갚을 수단이 없었기 때문에 업자가 둘 다 탕감해주었으니, 둘 중에 누가 저를 더 사랑하겠느냐?"라고 묻는다. 이 질문은 어려울 것이 없기에 예수가 기대한 대로 "내가 생각하기에는 많이 탕감함을 받은 자니이다." 라고 바리새인이 망설임 없이 답한다. 이 장면을 읽는 독자들은 당시에 한 데나리온은 병사와 노무자의 하루 품삯에 해당하는 금액이며, "빚을 탕감하다."와 "죄를 용서하다."는 바꿔 쓸 수 있는 말이라는 점을 먼저 염두에 두어야겠다.

예수가 시선은 여자에게 둔 채 바리새인에게 말을 건넨다. "이 여자를 보느냐?"(7:44a)라고. 이 부분은 이야기의 초점이 침입자 여자에게서 초대자인 집주인 바리새인에게 맞추어지는 대목이다. 초대자 바리새인과 침입자 여인의 대접이 어떻게 다른가를 44b-46절에 예수가 하나하나 따져 밝힌다. 식사에 초대하였으면 손님의 발을 씻어드리는 대접은 기본이고 선생으로 모셨으면 적어도 그의 손에 입맞춤해야 마땅하다. 실상, 예수는 초대자 바리새인이 못마땅하게 여겼던 죄인 여자의 예수에 대한 접대를 조목조목 들추어 여자의 선의를 옹호한 것이다. 여기서, 이 단원을 읽는 독자들이 올바르게 상기하여야 할 바가 있는데, 그것은 바로 많은 독자들 역시 바리새인처럼 이 여인의 예수에 대한 지극한 접대를 비뚤어진 시선으로 바라볼 수 있다는 점이다. 뿐만 아니라, 예수에 대한 이 여인의 환대가 죄에서 용서받는 장면이라 잘못 이해하기 쉬운데, 실상은 그것도 아니다.

바리새인은 예수가 "이 여인이 누구이며 어떤 종류의 여자인 줄 알았더라면"이라고 예수의 예언자성을 의심했으나, 실상은 예수가 이 여인의 과거까지 꿰뚫어 보고 있음을 짐작할 수 있다(Bock, 1994, p. 703). 예수가 이 여인의 환대 행위를 어떻게 생각하였는지는 "그러므로 내가 네게 말하노니 그녀의 많은 죄가 사하여졌고 그리고 이 때문에 그녀가 그처럼 큰 사랑을 보인 것이다. 그러나 적게 사함을 받은 자는 적게 사랑하느니라."라고 47절에 적혀 있다. "그러므로"는 직역하면 "이 까닭으로"인데 오백 데나리온과 오십 데나리온의 빚을 탕감받은 사람 중 누가 더 사랑하겠느냐의 앞선 언급에 연결된 접속사다. "그녀의 죄들은 많은데 용서함을 받았으니, 그래서 그녀가 큰 사랑을 보인 것이다."라는 47절을 다시 읽으면 많은 빚의 탕감이 큰 사랑을 낳았다는 것을 확인할 수 있다.

"용서함을 받았다."가 완료형으로 쓰였고 이미 용서되었다는 뜻이므로 용서함을 받았다고 번역하였다. 이때 "용서가 (그녀의 환대의) 행위의 결과가 아니라 그 행위는 이미 사함을 받은 용서에 대한 감사의 사랑의 표현이다"(Bock, 1994, p. 703). 말하자면, 용서받음에서 사랑이 우러나오고 그 사랑이 환대의 행위를 하게 한 것이라는 해설이다. 많은 죄를 용서받았기 때문에 큰 사랑을 보일 수 있었던 것이다. 그러므로 이 여인이 바리새인 집에 오기 이전에 이미 용서를 받았던 것이라 이해해야 한다. "그러나 적게 용서받으면 적게 사랑한다."라는 말씀은 필경 바리새인 시몬을 향한 것일 터이다. 시몬의 죄가 여인에 비해 얼마나 크고 작은지는 알 수 없으나 그 역시 빚진 자임은 확실하다. "여인과 바리새인의 차이는 그들의 빚의 크기가 아니라 그들 중의 한 사람만이 용서를 받았다는 사실이다"(Ryken, 2009, pp. 347-348). 예수에 대한 시몬의 소홀한 접대가 그가 용서를 받지 않았다는 증거이고, 용서를 받지 않은 것이 그가 사랑이 없었다는 증거다.

■ **네 믿음이 너를 구원하였다**(7:48-50) 앞 47절과 이제 48절을 직접 연결해 읽으면 "너의 죄가 용서받았다."가 네 사랑이 네 죄를 용서해주었다는 해석을 낳는다. 이것이 가톨릭 신학의 해석이다. 본서에서는 48절을 "네 믿음이 너를 구원하였다."라는 50절과 직접 연결해 읽기 위해 48-50절을 별개의 단락으로 읽겠다.

> **48**이에 여자에게 이르시되 네 죄 사함을 얻었느니라 하시니 **49**함께 앉은 자
> 들이 속으로 말하되 이가 누구이기에 죄도 사하는가 하더라 **50**예수께서 여
> 자에게 이르시되 네 믿음이 너를 구원하였으니 평안히 가라 하시니라

예수가 여자에게 "너의 죄들이 용서함을 받았다."라는 완료형으로 48절에 다시 말씀한다. "그녀의 많은 죄가 사하여졌고"라는 47절 말씀은 여인에게 직접 한 것이 아니므로 그녀에게 직접 확인시켜주고 싶었을지도 모른다. 혹은 함께 식탁에 자리한 다른 사람들에게 예수의 죄 사함의 권위를 공개적으로 알리려는 의도일 수도 있다. 실제로 합석한 자들이 "이가 누구이기에 죄를 용서하기조차 하는가?"라고 반응한다. 또다시 예수가 "네 믿음이 너를 구원하였다. 평안히 가라."라고 50절에 말씀하는데, 이는 "그러므로 우리가 믿음으로 의롭다 하심을 얻었은즉 우리 주 예수 그리스도로 말미암아 하나님으로 더불어 화평을 누리자."(롬 5:1)라는 바울 사도의 말씀과 같은 것이다. "이것이(50절) 이 단원의 핵심 절이다…… 어떻게 이 여인이 구원받았나? 왜 그녀의 죄가 용서되었나?…… 그녀의 사랑 덕분이 아니라 믿음의 신실함 때문이다. 사랑은 그녀의 용서받음의 반응으로 나중에 온 것이다. 그녀는 믿음으로 말미암아 구원받은 것이다"(Ryken, 2009, p. 351). 죄를 용서받으면 "평화 안에(평안히)" 있는 것이다. 그러므로 예수가 여인더러 "평화 안에 가라."라고 말씀한다.

죄 많은 여인과 죄 없다고 생각하는 바리새인을 대조한 이 단원을 키에르케고르(Kierkegaard)의 《죽음에 이르는 병》에 나오는 글을 인용해 마무리하고자 한다.

> "그렇지만 죄의 반대는 결코 덕이 아니라는 사실이 너무 자주 간과된다. 부분적으로 이것은 이교적 견해인데, 이교적 견해는 단순히 인간적인 척도로 만족한 채 죄가 무엇인지를, 즉 모든 죄가 하나님 앞에 있다는 것을 모른다. 아니지, 죄의 반대는, 로마서 14장 23절에서 말하고 있는 바, '믿음에서 우러나오지 않은 행위는 모두 다 죄가 됩니다.'처럼 믿음이다. 그리고 이것, 즉 죄

의 반대는 덕이 아니라 믿음이라는 것이 그리스도교 전체에 대해 가장 결정적인 정의이다."(임규정 역)

여인들의 사역(8:1-3)

누가는 또 다른 신실한 여인들의 이야기를 이어서 기록하고 있다. 이 이야기는 앞 단락 예수의 발에 향유를 부은 여인의 이야기와 반드시 동일한 맥락을 갖는 것은 아니다. 그럼에도 불구하고, 누가의 이야기에서는 여인들이 주요한 인물이므로 두 기사를 의도적으로 나란히 기록했을 수도 있다.

복음 전도와 여인들의 지원(8:1-3) 예수가 여러 지역을 두루 여행하며 좋은 소식을 전하는 기사들이 8:1-9:50에 적혀 있다. 이 짤막한 단원 8:1-3은 그 머리기사라 할 수 있으므로 다음 단원과 함께 읽어도 좋을 것이다.

> 1이후에 예수께서 각 성과 촌에 두루 다니시며 하나님의 나라를 반포하시며 그 복음을 전하실새 열두 제자가 함께 하였고 2또한 악귀를 쫓아내심과 병 고침을 받은 어떤 여자들 곧 일곱 귀신이 나간 자 막달라인이라 하는 마리아와 3또 헤롯의 청지기 구사의 아내 요안나와 또 수산나와 다른 여러 여자가 함께 하여 자기들의 소유로 저희를 섬기더라

"이후에 예수께서 지방에서 마을로 두루 여행하시며 하나님 나라의 좋은 소식을 가르치시고 선포하셨다."라고 기록하고 있다. 이미 앞에서 갈릴리 지방을 중심으로 "내가 다른 동네에서도 하나님 나라의

복음을 전하여야 하리니”(4:43)라고 하였으므로 예수가 이미 여러 곳을 선교하였지만, 이때부터 아마도 본격적인 순회전도가 이루어진 것 같다. 그리고 이 전도여행에 동참한 사람들을 부기하는데 우선 열두 제자들을 꼽고 있다. 하지만, 학자들은 제자들이 본격적으로 선교활동을 시작한 때는 9:1 이하의 시기이며, 이때는 준비 기간이라 생각한다. 이어서 제자들 이외의 여러 여자들이 순회전도에 동참한 기록이 나오는데, 당시로 보면 여자들이 선교에 참여한다는 사실은 기이한 일이다. 유대교 랍비들은 여자들은 가르치지 않는 것이 통례였기 때문이다. 그러나 누가복음은 여자들이야말로 남자들보다 예수의 복음을 사랑하는 추종자들임을 시종일관 기록하고 있다. 여자들이 “자기들의 소유로 저희를 섬기더라.”(8:3b) 하였는데 “섬기다”는 여러 번역본에서 “마련했다”라 적고 있지만 원문에서는 “그들에게 사역했다.”라고 하여 단순한 물질적인 후원의 의미를 넘어서 예수와 제자들의 사역에 동반 내지 참여했다는 의미를 전하고 있다. 이들 여인들이 예수의 갈릴리 사역에서부터 십자가와 무덤에 이르기까지 적극적으로 참여하였으나, 직접 복음을 가르치고 선포한 것은 아니리라 학자들은 추측한다.

첫째로 꼽은 여자가 막달라 지방의 사람 마리아인데 “일곱 귀신이 나간 자”라고 한 걸 보면 악귀에게 잡힌 중증의 환자였던 모양이다. 이 여인이 앞 단원에 등장한 죄인 여자와 동일인은 아니라고 생각한다(Garland, 2011, p. 342). 둘째로 꼽은 여자가 요안나로 “헤롯의 집사인 구사의 아내”다. 남편이 헤롯의 재산 관리인이라는 신분 때문에 갖가지 다른 추측이 있으나, 요안나 역시 마리아처럼 병약함에서 구출되었기 십상이고 그 때문에 남편의 허락을 얻어 예수를 따라다닐 수 있었을 것이라 추측한다. 이 두 여자에 관한 한, 예수의 무덤에 향품을 예비하여 참배하러 갔던 기록(24:10)이 특기할 만하다. "또 수산나와 다른 여자들"을 꼽고 있는데 수산나라는 이름 말고 신변에 관한 이야기가 없기에 "다른 여자들"과 그녀의 차별성을 찾아볼 수 없다.

진정으로 듣기, 그리고 진정으로 반응하기(8:4-21)

수훈 말미에 "너희는 나를 불러 '주여, 주여' 하면서도 어찌하여 나의 말하는 것을 행치 아니하느냐?"(6:46)라는 말씀에 이어 반석 위에 정초한 집짓기와 정초 없이 흙 위에 세운 집짓기에 대해 예수가 비유로 말씀한다. 이 비유는 다른 옷을 입혀 여기에 다시 전개되고 있는데, 이것은 보통 씨 뿌리는 자의 비유라 일컬어진다. 그런데 예수가 제자들에게 이 비유의 뜻을 해설한 말씀을 읽으면, 토양의 비유라 일컫는 것이 더욱 적합한 듯하다. 예수의 가르침을 하나님 말씀의 씨를 뿌리는 농사일로 비유하고 있지만, 그 농사일의 결실은 듣는 사람들의 질에 상대적으로 의존하는 것이므로 토양의 비유라 일컬어야 적합하다.

예수는 대부분 비유를 통해 가르침을 전하는데 이 토양의 비유는 그중에서도 매우 중요한 비중을 차지한다. 본서에서는 예수에게 비유란 어떤 의미를 갖는지 이 단원 말미에 고찰해보겠다.

토양의 비유(8:4-8)

■ **귀 있는 자는 들을지어다**(8:4-8) 초두에 비유의 배경이 적혀 있다. "큰 무리가 모였고 사람들이 여기저기서 예수에게 왔을 때 그가 비유로 말하였다."라는 4절의 배경이 곧 예수가 이 토양의 비유를 말

씀한 동기로 보인다. 사방에서 여러 다른 의도와 마음으로 몰려든 군중들이 예수의 말씀을 제각기 들을 것이 예견되었기에, 예수는 이 비유를 말씀하지 않을 수 없었을 것이다.

> 4각 동네 사람들이 예수께로 나아와 큰 무리를 이루니 예수께서 비유로 말
> 씀하시되 5씨를 뿌리는 자가 그 씨를 뿌리러 나가서 뿌릴새 더러는 길가에
> 떨어지매 밟히며 공중의 새들이 먹어버렸고 6더러는 바위 위에 떨어지매 났
> 다가 습기가 없으므로 말랐고 7더러는 가시떨기 속에 떨어지매 가시가 함께
> 자라서 기운을 막았고 8더러는 좋은 땅에 떨어지매 나서 백배의 결실을 하였
> 느니라 이 말씀을 하시고 외치시되 들을 귀 있는 자는 들을지어다

첫 4절은 이미 읽었으니 5절 이하의 비유만 읽기로 하겠다. 농부가 씨 뿌리는 비유 자체는 일상에서 경험할 수 있는 일이므로 쉽게 읽힌다. 곡물 가방을 어깨에 멘 농부가 한 손을 휘두르며 사방에 씨를 뿌리는 장면이 쉬 떠오른다. "더러는 길가에", "더러는 바위 위에", "더러는 가시덤불 가운데에", "더러는 좋은 토질 속에" 떨어져 각각 새가 먹어버렸고, 말랐고, 질식하였고, 백배로 결실하였다. 이 비유는 이처럼 쉽게 읽을 수 있지만 어떻게 해석하느냐가 관건이다. 예수의 비유는 "하늘의 의미를 담은 땅의 이야기다"(Ryken, 2009, p. 357). 물론 농부가 좋거나 나쁜 토양을 의도적으로 선택해 뿌린 것은 아닐 것이다. 오히려 자유롭게, 또 온갖 곳에 씨를 뿌린 결과의 소산일 터이다. 이 말씀을 하고 예수가 "들을 귀 있는 자는 들어라!"(8:8)라고 외쳤다. 큰 소리로 외쳤다니 이 말씀이야말로 이 비유를 해석하는 데 관건인 셈이다. 이 외침은 예수의 가르침에 귀를 기울여 마음에 새기라는 뜻이다.

■ 진정으로 듣기(8:9-15)

■ 하나님 나라의 신비로서의 비유(8:9-15) 제자들 역시 이 비유의 의미를 이해할 수 없었다. 그리하여 예수에게 "이 비유가 무엇을 뜻합니까?"(8:9)라고 물었다.

> 9제자들이 이 비유의 뜻을 물으니 10가라사대 하나님 나라의 비밀을 아는 것
> 이 너희에게는 허락되었으나 다른 사람에게는 비유로 하나니 이는 저희로 보
> 아도 보지 못하고 들어도 깨닫지 못하게 하려 함이니라 11이 비유는 이러하
> 니라 씨는 하나님의 말씀이요 12길가에 있다는 것은 말씀을 들은 자니 이에
> 마귀가 와서 그들로 믿어 구원을 얻지 못하게 하려고 말씀을 그 마음에서 빼
> 앗는 것이요 13바위 위에 있다는 것은 말씀을 들을 때에 기쁨으로 받으나 뿌
> 리가 없어 잠깐 믿다가 시험을 받을 때에 배반하는 자요 14가시떨기에 떨어
> 졌다는 것은 말씀을 들은 자니 지내는 중 이생의 염려와 재리와 일락에 기운
> 이 막혀 온전히 결실치 못하는 자요 15좋은 땅에 있다는 것은 착하고 좋은
> 마음으로 말씀을 듣고 지키어 인내로 결실하는 자니라

"하나님 나라의 신비가 너희에게는 알도록 주어졌다."라고 예수가 말씀하는데, 여기서 "너희"는 제자들을 가리킨다. "알도록 주어졌다."라는 수동형 문장은 예수가 비유를 풀이해주겠다는 뜻이고, 감추어졌던 비밀인 하나님의 목표와 계획의 신비를 하나님이 너희로 알게 허락하신다는 뜻이기도 하다(Fitzmyer, 1970, pp. 707-708). 하지만, "그러나 나머지 사람들에게는 비유이어서(10c) 그리하여 '그들이 보아도 보지 못하고 들어도 깨닫지 못한다.'(10d)"라는 구절은 사 6:9-10을 압축해 인용한 말씀이다. 제자들이 아닌 다른 사람들에게는 "그리하여

(hina)"를 사용해 10c절과 10d절을 연결함으로써 비유로 주어지는 목적이나 결과로 해석할 수 있도록 이사야를 인용해 설명하고 있다.

이 대목 10절은 자칫 오해를 불러일으키기 십상이다. 우선 제자들과 나머지 사람들을 양분해 하나님 나라의 비밀을 제자에게만 알게 하고 뭇사람들에게는 감추겠다는 의미로 잘못 해석할 수 있다. 하지만 "너희들에게"와 "나머지 사람들에게"라고 하여 제자들과 군중을 대조하고 있을 뿐이지 두 집단의 경계를 확연히 갈라놓은 것은 아니다(Green, 1997, p. 326). 앞 단원에서 토양의 질을 양분한 것이 아니라 "길가에", "바위 위에", "가시덤불 가운데에", "좋은 토질 속에"라고 하여 네 가지로 분류하고 있음에 주목해야 한다(Fitzmyer, 1970, p. 707). 이처럼 나눈다는 것은 실상 모두를 포괄하여 누구에게나 씨를 뿌린다는 사실을 전하는 것이다(Garland, 2011, p. 349). 이러한 해석으로 볼 때, 예수가 비유로 말하는 것이 "보아도 보지 못하고 들어도 깨닫지 못하게" 오로지 비밀을 감추기 위한 수단이라고 해석하는 것은 더더욱 큰 오해다(Bock, 1994, p. 728). 풀이해주면 누구나 이해할 수 있기 때문이다. 비밀 혹은 신비라는 용어도 '감추다'라는 의미만 내포하는 것이 아니라 계시로써 '드러내다'라는 의미로도 일반적으로 쓰인다(Ryken, 2009, p. 357). 다만, 비유를 이해한다는 것은 영적인 분별력을 갖고 있어야 가능한 일이라 해석하는 것이 온당할 것이다.

"이 비유는 이러하니라."(8:11a)로 시작하여 이하에 예수가 토양의 비유를 풀이해준다. "씨는 하나님의 말씀이요."라는 풀이는 씨가 구원의 생명을 주는 능력이라는 뜻이다. 말씀, 즉 구원의 생명이 예수의 사역을 통해 전해질 때 듣는 사람의 마음의 성질에 따라 씨의 성장 여부가 달라진다는 의미다. 이때 가장 무서운 장해는 마귀의 장난이다. "길가에 있는 자들은 듣기는 들은 자이긴 하되, 그때에 마귀가 와서 마음에서 말씀을 빼앗아가 그들이 믿고 구원을 받지 못하게 한다."라는 풀이가 12절이다. 또 다른 장해는 씨가 바위 위에 떨어진 자들이다. "바위 위에 있는 자들은 말씀을 들을 때 기쁨으로 받는 자들이다. 그러나 그들은 뿌리가 없어 잠깐 동안만 믿고 시험이 오는 때에 저버린다."라는 풀이가 13절이다. 뿐더러, 인간의 조건이 또 다른 장해다. "가시덤불 가운데 떨어졌다 함은 그들은 들은 자이긴 하지만 지내는 중에 삶의 염려와 부와 쾌락으로 질식해버려 그들의 열매가 익지 못한다."라는 풀이가 14절이다. 그리고 좋은 열매를 맺는 토양을 마지막으로 꼽는다. "그러나 좋은 토양에 있다 함은 그들이 말씀을 듣고 선하고 고귀한 마음으로 그것을 굳게 지키어 인내로 열매를 맺는 자들이다."라는 풀이가 15절이다. 유혹은 있기 마련이지만 이들은 모든 유혹을 뿌리칠 지속 가능한 인내와 믿음의 사람들인 것이다.

요컨대, 12절과 15절은 말씀을 듣는 양극의 상반된 듣기다. "마귀가 와서 그들의 마음에서 말씀을 빼앗는다."라는 것은 듣고 마음을 닫아걸고 거절한 상태를 말한다. 반면에 "선하고 고귀한 마음으로…… 인내로 지켜"라는 것은 하나님의 말씀의 선한 씨를 그 말씀의 진정한 뜻 그대로 선한 마음 속에 심어 고이 간직하는 상태다. 상반되는 이 두 상태의 중간에 듣고도 뿌리를 내리지 못한 듣기와, 듣고도 열매를 맺지 못한 듣기가 위치한다. 예수는 토양의 질의 차이로 직접적으로 풀이하고 있거니와, 그런즉 말씀을 듣고 그에 반응하는 차이가 토양의 차이라 풀이하는 것이 더욱 깊은 이해다. 어떤 토양에 뿌려지든 하나님의 말씀의 씨는 동일한 질의 씨다. 그러나 그것을 듣는 마음 갖춤새인 토양에 따라 결실이 달라진다. 복음을 복음으로 듣는 것이 진정한 듣기이고, 그렇게 들을 줄 아는 사람이 심령이 가난한 자다. 그러므로 예수가 "들을 귀 있는 자는 들어라!"(8:8)라고 앞 단원에서 말씀하였고 다음 단원에서도 "너희가 어떻게 듣는가 유의하라."(8:18) 하고 말씀한다. 하나님의 말씀을 "선하고 고귀한 마음으로" 듣는 진정(authentic)으로 듣기가 복음을 믿음으로 받는 열매의 결실이다(Green, 1997, p. 329).

진정으로 반응하기(8:16-18)

어떻게 들을지를 너희가 유의하라(8:16-18) 이 단원은 해석상의 논란이 많은 곳이다. 이야기 전개가 토양의 비유에서 느닷없이 등불에 관한 얘기로 바뀐다. 어떤 학자들은 이 16-18절을 등불 비유라 생각하고 토양의 비유와 구별해 읽지만, 본서에서는 이 이야기를 비유가 아닌 등불 격언의 인용이라 규정하고 토양의 비유와 같은 맥락에서 읽겠다. 그런데 이 단락 16-18절의 각 절을 어떻게 연결하여 이해할지 역시 논란이 많다. 따라서 각 절의 관계를 심층적으로 분석하는 일이 이 단락 독해의 주요 과제다.

> 16누구든지 등불을 켜서 그릇으로 덮거나 평상 아래 두지 아니하고 등경 위에 두나니 이는 들어가는 자들로 그 빛을 보게 하려 함이라 17숨은 것이 장차 드러나지 아니할 것이 없고 감추인 것이 장차 알려지고 나타나지 않을 것이 없느니라 18그러므로 너희가 어떻게 듣는가 스스로 삼가라 누구든지 있는 자는 받겠고 없는 자는 그 있는 줄로 아는 것까지 빼앗기리라 하시니라

"누구든지 등불을 켜서 그릇으로 덮거나 평상 아래 두지 아니하고"라는 16절 초두는 일상의 당연한 일이기도 하거니와, 11:33에도 인용된 구절이다. 또 마 5:15에도 거의 같은 어구가 기록되어 있으므

로 비유가 아니라 격언 내지 속담이라 읽겠다. “등경 위에 두나니 이는 들어오는 사람들이 그 빛을 보게 하려 함이라.”라는 구절 역시 일상의 당연한 사실을 말한다. 한데, 이 구절의 요지는 하나님의 말씀의 빛은 모든 사람에게 공적으로 주어진다는 사실이다. 이 당연한 사실을 어떤 측면에서 해석해야 하는지는 견해의 차이가 있을 수 있다. 하나의 해석은 마 5:15과의 맥락적 연관성에 비추어 제자들이 다른 사람들에게 빛을 비추는 등불의 구실을 한다는 것을 뜻한다고 보는 것이다(Ryken, 2009, p. 370). 혹은 앞 15절에 따라 말씀을 듣고 열매를 맺은 사람들이 빛을 비추는 등불의 구실을 한다고 읽을 수도 있다(Geldenhuys, 1951, p. 247). 또 다른 해석은 예수의 가르침이 모두에게 하나님의 길을 밝히는 공적인 등불일 수 있다는 것이다(Bock, 1994, pp. 744-745). 이 후자의 해석은 사가랴가 그의 아들 요한이 주의 길을 예비하리라 찬미할 때, “돋는 해가 위로부터 우리에게 임하여 어두움과 죽음의 그늘에 앉은 자에게 비취고 우리 발을 평강의 길로 인도하시리로다.”(1:78b-79)라고 주가 곧 빛임을 찬양한 노래와 같은 맥락을 갖는다.

“왜냐하면 감추어진 것이 장차 드러나지 않을 것이 없고 비밀이 장차 알려지고 (빛 속에) 나타나지 않을 것이 없게 하려는 것이다.”라는 17절은 앞 절과 인과관계로 등불이 밝히는 빛의 성질을 기술하고 있다. 이때 결국 다 드러내지고 알려지는 것이 무엇이냐에 대해 앞 16절의 두 다른 해석에 따라 학자들 사이에 엇갈린 이견이 있다. 하나님의 진리가 제자들의 가르침을 통해 밝히 보여짐으로써 가르침을 받은 모든 사람에게 그 진실이 공적으로 입증된다는 해설이 그 하나다(Green, 1997, p. 329). 다른 하나는 악한 마음이 하나님 앞에서 모든 사람에게 공적으로 드러나 심판을 받게 된다는 해석이다(Bock, 1994, p. 745). 여기서는 잠정적으로 후자의 해석을 선호하겠다. 왜냐하면 등불이 켜진 곳에 들어간 사람들에게서(8:16) 모든 감추어진 것이 드러내진다면(8:17), 그 빛에 비추인 것은 하나님의 말씀의 진리라기보다는 그곳에 들어간 사람들의 마음일 것이기 때문이다. 하지만, 어떤 해석에 더욱 비중을 두어 17절을 읽어야 할 것이냐는 18절이 17절의 어떤 해석에 더욱 정합적인지를 독해한 후에 그 무게를 측량하여야 할 것이다.

"그러므로 어떻게 들을지를 너희가 유의하라."라는 말씀은 물론 예수의 가르침을 어떻게 들을지를 주의하라는 뜻으로 "귀 있는 자는 들어라!"(8:8b)와 "선하고 고귀한 마음으로 그것을 굳게 지키어"(8:15b)와 같은 말씀이다. "갖고 있는 자에게는 더 많이 주어지겠고, 갖고 있지 않은 자에게서는 그가 갖고 있다고 생각하는 것까지 빼앗아가겠기 때문이다."라는 18b절이 "어떻게 들을지를 유의하라."라는 말씀의 이유이고, 그리하여 말씀을 진정으로 들음으로써 진정한 반응을 보이라는 경고이다. "갖고 있는 자"는 말씀을 지킴으로써 "인내로 열매를 맺은" 진정으로 반응하는 자이고, 그에게 더욱 풍성한 영적인 축복을 주겠다는 것이다. 반면에 "갖고 있지 않은 자에게서는 그가 갖고 있다고 생각하는 것까지 빼앗아가겠다."라고 하는데, "갖고 있다고 생각한다."이므로 말씀을 듣고 말씀의 진리를 안다고 생각하는 자라 해석하기도 한다(Ryken, 2009, p. 373). 말하자면, 진리를 안다고 생각함으로써 그는 들은 자이긴 하되 진정으로 반응하지 못하여 결실을 맺지 못한 자일 것이다. 그에게서 "빼앗아가겠다"이니 "좋은 열매 맺지 아니하는 나무마다 찍혀 불에 던지우리라."(3:9)라는 의미일 것이다.

이때 이와 같은 인과응보가 이 세상에서 현실화한다는 경고라기보다는 종말의 날에 이루어질 경고라 이해하는 것이 더욱 온당하다. "하나님이 예수 그리스도로 말미암아 사람들의 은밀한 것을 심판하시는 그 날이라."(롬 2:16)라는 의미에서 말이다. 종말의 심판이라는 맥락에서, "감추인 것이 장차 드러나지 않을 것이 없고"라는 17절 역시 종말심판의 사건을 뜻한다고 볼 수 있다. 그렇다면, 이 17절에 대해 앞에 서술한 학자들의 두 해석 중에서 악한 마음이 하나님 앞에서 드러나게 된다(Green, 1997, p. 329)는 대안적인 해석을 더욱 존중할 수밖에 없다.

반추하건대, 예수는 토양의 비유를 통해 길가의 토양과 좋은 토질의 토양이라는 상반된 양극 사이를 말씀하였다. 그런 다음 제자들에게 이 비유에 관해 풀이해주었다. 길가의 토양이 마음을 닫아걸고 거절하는 듣기라면, 좋은 토질의 토양은 선하고 고귀한 마음의 진정한 듣기다. 이 듣기의 차이는 다른 면에서 반응의 차이이기도 하다. 결국, 등불을 켜서 등경 위에 놓아둘 터이니 감추어진 것이 죄다 드러나기 마련이다. 복음을 거절한 반응은 있는 줄로 아는 것까지 빼앗기는 심판을 면할 길이 없고, 반면에 진정한 반응은 지금 얻은 것보다 더 많이 얻는 축복을 받게 된다. 다음 단원을 미리 읽으면, 예수가 "내 모친과 내 동생들은 곧 하나님의 말씀을 듣고 행하는(반응하는) 이 사람들이라."(8:21)라고 말씀하고 그러므로 "어떻게 들을지를 너희가 유의하라." 하고 간곡하게 경고하고 당부한다.

예수의 비유는 한마디로 하나님 나라를 이 세상사에 견주어 풀이한 이야기다. 마 13:35에 "내가 입을 열어 비유로 말하고 창세부터 감추인 것들을 드러내리라." 하고 시 78:2을 인용함과 같다. 특히 신비 내지 비밀이라 할 때 비유들의 주요 내용이나 주제가 종말이므로 이야기 전개가 비유이지 않을 수 없다. 이 단원 토양의 비유에서 사 6:9-10을 예수가 인용하였기 때문에 비유가 진리를 모호하게 전하여 사람들의 이해를 고의로 가로막기 위함이라는 오해를 빚기도 하지만, 이는 그야말로 오해다. 누가는 행 28:26-27에서도 사 6:9-10을 인용하고 있거니와 바울이 아침부터 저녁까지 하나님 나라를 가르쳐도 많은 사람들이 믿지 않으므로 이스라엘의 마음이 완악함을 질책하여 하나님의 구원이 말씀을 진정으로 듣고 반응하는 이방인들에게 옮겨졌다는 맥락에서 인용하고 있다(Longenecker, 2007, p. 1098). 여기 누가의 복음에서도 "나머지 사람들에게 비유인 것은"이라 말함은 개역성경의 8:10과 같은 목적론적인 번역인 "저희로 보아도 보지 못하고 들어도 깨닫지 못하게 하려 함이니라."가 아니다. 그들의 완악함으로 하나님 나라에 대해 진정한 듣기와 진정한 반응의 문을 닫았기 때문에 들어도 깨닫지 못한다고 과장의 수사적 표현을 사용하고 있는 것이다(Garland, 2011, p. 349). "여기서 전하는 하나님 나라의 신비 중 하나는 그 나라의 말씀이 이 세상에서 전폭적인 성공을 즉각적으로 얻지 못할 것이라는 점이다…… (그럼에도 불구하고) 이 비유가 그 나라의 비밀을 전하는 바인즉, 그 나라가 가르침의 말씀을 통해 이미 여기 와 있으나, 그러나 심판의 날은 미래로 유보되어 있다는 점이다"(Schreiner, 2008, p. 60).

예수의 진정한 가족(8:19-21)

하나님의 말씀을 듣고 행하는 이들이라(8:19-21) 여러 학자들이 이 부분을 앞 토양의 비유와 함께 묶어 하나의 단원으로 읽는다. "내 모친과 내 동생들은 곧 하나님의 말씀을 듣고 행하는 이 사람들이라."라는 예수의 말씀이 하나님의 말씀의 진정한 듣기라는 앞 단원의 주제와 합치하기 때문이다.

19예수의 모친과 그 동생들이 왔으나 무리를 인하여 가까이 하지 못하니 20
혹이 고하되 당신의 모친과 동생들이 당신을 보려고 밖에 섰나이다 21예수께
서 대답하여 가라사대 내 모친과 내 동생들은 곧 하나님의 말씀을 듣고 행
하는 이 사람들이라 하시니라

"어머니와 동생들이 예수께 왔으나 무리로 인하여 가까이할 수 없었다. '당신의 어머니와 동생들이 밖에 서서 당신을 보고 싶어 합니다.'라는 말을 예수께 전하였다."라는 기사가 19-20절이다. 누가는 이 사건을 예수가 토양의 비유를 큰 무리들에게 말씀할 때 일어난 것이라 기록하고 있다. 언제 어디서 일어난 사건인지 세 복음서마다 차이가 있지만, "그러나 예수가 대답하여 그들에게 말하였다. 나의 어머니와 나의 형제들은 하나님의 말씀을 듣고 그것을 행하는 자들이다."라고 한 21절은 세 기록이 대동소이하다. 이때 공관복음서 사이의 같고 다름의 문제보다 더욱 중요한 것은 누가가 이 기사를 어떤 맥락에서 서술하고 있느냐는 점이다. 누가는 토양의 비유를 통한 하나님 말씀의 진정한 듣기와 행하기라는 맥락의 테두리에서 진정한 가족이 무엇이냐를 서술하고 있다.

본문을 해설하기 전에 예수와 가족과의 관계를 미리 언급하겠다. 예수는 요셉과 마리아 양친 사이에 낳은 "야고보와 요셉과 유다와 시몬의 형제와…… 그 누이들"(마 13:55-56; 막 6:3) 자매 중 맏이라는 것이 가장 신뢰할 만한 정설이다. 누가복음의 이 기사에서는 가족 중 부친 요셉과 예수의 누이들은 방문에 동참하지 않은 것으로 기록되어 있다. 요셉은 일찍 죽었고 누이들은 시집갔으리라 추측하기도 한다. 그런데 옛 4세기부터 마리아의 영구 처녀설이 주창되어서, 예수의 형제들이든 누이들이든 친형제자매가 아니라 사촌들이거나 요셉 전

처의 소생들로 의붓 형제자매라 해석하는 가톨릭 신학자들이 있다고 한다. “어머니와 동생들이 예수께 왔으나”라는 표현에서 “동생들(adelphoi)”이라는 헬라 어휘는 다의적이어서 어떤 번역본에는 “사촌들”이라 쓰여 있기도 하다. 그러나 이런 설은 도무지 성서에서는 그 근거를 찾을 수 없는 것으로, 마리아 숭배의 교회사에서 빚어진 억지 주창이며 사촌들이라는 번역도 부자연스럽다는 것이 양식 있는 가톨릭 학자의 평이다(Fitzmyer, 1981, p. 724).

본문 19-20절은 대단히 간략하고 냉철하게 쓰여 있어서 따로 주해가 필요없다. 우선 가족이 예수에게 온 배후의 의미를 음미해야겠다. 어떤 연고로 예수를 찾아왔는지 전혀 언급하고 있지 않지만 독자들로서는 당연히 그것이 궁금하다. 가족들은 예수의 사역에 관한 소문을 들었을 텐데, 이를 듣고 격려하기 위해 온 것인지 혹은 만류하기 위해 온 것인지가 궁금하다. 그 방문 동기를 알아내려면 예수와 가족과의 관계에 대한 복음서의 기록에 의존할 수밖에 없다.

이미 우리는 소년 예수가 부모를 따라 유월절에 예루살렘에 갔다가 홀로 성전에 머물러 부모가 가까스로 그를 찾은 사건 기사를 읽었다. 그때 예수가 “어찌하여 나를 찾으셨나이까? 내가 내 아버지 집에 있어야 될 줄을 알지 못하였나이까?”(2:49) 하니 “양친이 그 하신 말씀을 깨닫지 못하더라.”(2:50)라고 하였다. 이 같은 예수에 대한 가족의 몰이해의 기사를 마가에서도 찾아 읽을 수 있다. 서기관들이 예수를 바알세불에 잡혔다고 몰아세우는 장면에서 “예수가 미쳤다.”라는 사람들의 말을 듣고 가족들이 와서 예수를 제지한 기사(막 3:21)다. 또 예수의 사후에 마리아를 모셨다고 전해지는 사도 요한의 기록에서도 가족의 몰이해를 찾아볼 수 있다. 혼인 잔치에서 포도주가 모자랐을 때 모친 마리아와 예수가 나눈 대화도 그렇거니와(요 2:3-4), “그 형제들이라도 예수를 믿지 아니함이러라."라고 한 요 7:1-9을 읽으면 예수를 대하는 형제들의 태도가 더욱 심각했던 것 같다.

가족들의 몰이해는 다른 무엇보다 예수의 메시아성에 대한 무지에서 비롯된 것일 터이다. 오히려 혈육으로서의 가족이기 때문에 자신들과 다른 예수의 신성을 받아들이지 못한 것은 당연한 일인지도 모르겠다. 그렇다면, 어떤 의도에서 예수의 모친과 동생들이 방문하였는지를 쉽게 짐작할 수 있다. 예수의 사역을 만류하기 위해 온 것이 자명하다. 혈육으로서 예수에 대한 애틋한 심정에서든 혹은 비판적인 애절한 태도에서든, 좌우지간에 그들은 예수의 공적인 사역을 만류하기 위해 방문한 것으로 보인다. 이것은 추측이지만 복음서의 기록에 근거한 논증이기도 하다.

"예수께서 대답하여 가라사대 '내 어머니와 내 동생들은 곧 하나님의 말씀을 듣고 행하는 이들이라.' 하시니라."라는 구절을 학자들은 "내게 있어 어머니와 내게 있어 형제들은"이라 번역하기도 한다. 이 21절의 병행기사 마 12:49에서는 "손을 내밀어 제자들을 가리키며" 이 말씀을 건넨 것으로 적혀 있다. 따라서 누가에 적힌 "하나님의 말씀을 듣고 행하는 이들"은 제자들을 지칭한 것으로 보인다. 눅 14:26을 보면, "무릇 내게 오는 자가 자기 부모와 처자와 형제와 자매와 및 자기 목숨까지 미워하지 아니하면 능히 나의 제자가 되지 못하고"라는 제자의 조건이 적혀 있다. 여기서 "미워하다"는 혈육의 끈을 끊으라는 수사적인 표현으로, 이를 통해 가족의 예수에 대한 몰이해와 더불어 예수의 가족에 대한 냉혹함을 엿볼 수 있다. 예수는 밖에 서 있는 어머니와 형제들을 찾아 마중하지도 않았다. 예수의 이 냉혹함을 무엇이라 이해할 수 있을까?

가족의 몰이해도 예수의 냉혹함도 그 바탕은 가족에 대한 예수의 새로운 재정의에 있다(Liefeld and Pao, 2007, p. 159). 가족은 혈육의 관계에 의해 정의되는 것이 아니라 "하나님의 말씀을 듣고 행하는"(8:21) 관계에 의해 정의된다는 재정의가 그것이다. 이것이 6:17-49에 서술된 예수 수훈의 기본정신, 즉 "듣고 행하라"이다. 앞에서 "너희는 나를 불러 '주여, 주여' 하면서도 어찌하여 나의 말하는 것을 듣고 행치 아니하느냐?"(6:46)라는 말씀을 읽으며, 수훈이 이상적인 윤리가 아니라 듣고 행해야 하는 실천윤리의 지상명령이라 해설하였다. 토양의 비유(8:4-15)에서도 "좋은 토질이라 함은 그들이 말씀을 듣고 선하고 고귀한 마음으로 그것을 지키어 인내로 열매를 맺는 자들이다."(8:15)라고 하였다. 이 좋은 토질에 있는 사람들이 예수에게는 곧 그의 가족인 것이다. 그러므로 예수는 "누가 내 모친이며 내 동생들이냐?"(마 12:48)라고 냉혹하게 반문할 수밖에 없었다. 하나님의 백성이 아닌 사람들을 그의 가족에 포함시킬 수 없었기 때문이다. 예수의 가족에 대한 개념은 "땅에 있는 자를 아비라 하지 말라 너희 아버지는 하나이시니 곧 하늘에 계신 자시니라."(마 23)라는 말씀에 극명하게 정의되어 있다. 진정한 가족, 그것은 하나님과 진정한 관계를 맺는 사람들이지 혈육의 인연이 아니다.

가톨릭은 이 진정한 가족의 개념을 이해하지 못하고 왜곡된 교리를 앞세운다. 예수의 신성을 받아들인 나머지 예수의 어머니를 우상화하는 인간적인 논리를 견강부회한다. 반면에 예수는 하나님과의 아들과 아버지라는 고유한 관계로 모든 인간관계를 범주화한다. "무리 중에서 한 여자가 음성을 높여 가로되 당신을 밴 태와 당신을 먹인 젖이 복이 있도소이다 하니 예수께서 가라사대 오히려(그게 아니라) 하나님의 말씀을 듣고 지키는(순종하는) 자가 복이 있느니라 하시니라."(11:27-28)라는 말씀을 깊이 생각할 일이다. 아마도 이 장면에서 마리아가 예수를 만나러 무리 가운데로 다가왔는지 모른다. 이때 예수를 흠모하는 한 여자가 마리아를 보고 자연스레 외친 축복의 찬미일 것이다. 이 찬미에 대해 "하나님의 말씀을 듣고 순종하는 자가 복이 있다."라고 한 예수의 대꾸는 인간적인 견지에서 들으면 냉혹한 말이다. 하지만, 이 냉혹은 불효에서 빚어진 것이 아니라 하나님과의 진정한 관계의 관점에서 혈육의 어머니를 보기 때문에 나타난 것이다. "복이 있나니"라는 지복의 수훈을 예시하여 마리아를 포함한 누구라도 "하나님의 말씀을 듣고 행하는" 사람들이 하나님의 자녀로 부르심을 받는다는 누가복음의 독자적인 말씀이 11:28이다. 결국 이 말씀은 마리아를 우상화하지 말아야 한다는 의미를 직접 혹은 간접적으로 그 속에 내포하고 있다.

그리스도의 권위와 능력(8:22-56)

앞 단원 8:4-21은 가르침의 말씀인 반면에 이 단원 8:22-56은 기적 사건들에 대한 기록으로, 단순히 기적 능력을 표출하는 데 그치는 것이 아니라 예수가 자연을 통치하고(8:22-25), 엄청난 악귀를 통치하고(8:26-39), 질병을 치유하고(8:42b-48), 죽음 자체를 통치하는(8:40-42a; 49-56) 모습을 보여준다. 그리하여 예수가 모든 것에 대해 권위, 즉 만유에 대해 종말적인 권위를 갖고 있음을 보여준다. 이 단원은 폭풍이라는 외재적인 위협에서 죽음이라는 내재적인 위협에 이르기까지 "만물을 그 발 아래 복종케 하시는"(엡 1:22a) 그리스도의 종말적인 권위를 표상하는 일련의 사건들의 기록이다.

자연 통치의 권위(8:22-25)

폭풍을 잠잠케 하다(8:22-25) 이 단락은 한 폭의 그림과 같은 극적인 장면을 화폭에 담은 단막극이다. 엉뚱한 해설이지만, 이 단락을 읽으면 연출가가 무대 위에 이 장면을 어떻게 시각화할지가 궁금해진다. 사건 자체는 한 폭의 질풍노도의 그림이지만 그것이 전하고자 하는 메시지를 이해하려면 사건의 배후를 읽어야 하기 때문이다. 여기서는 행간의 의미를 캐내어 이 기사가 전하고자 하는 숨겨진 의도를 이해하기로 하겠다.

> 22하루는 제자들과 함께 배에 오르사 저희에게 이르시되 호수 저편으로 건
> 너가자 하시매 이에 떠나 23행선할 때에 예수께서 잠이 드셨더니 마침 광풍
> 이 호수로 내리치매 배에 물이 가득하게 되어 위태한지라 24제자들이 나아
> 와 깨워 가로되 주여 주여 우리가 죽겠나이다 한대 예수께서 잠을 깨사 바람
> 과 물결을 꾸짖으시니 이에 그쳐 잔잔하여지더라 25제자들에게 이르시되 너
> 희 믿음이 어디 있느냐 하시니 저희가 두려워하고 기이히 여겨 서로 말하되
> 저가 뉘기에 바람과 물을 명하매 순종하는고 하더라

예수가 제자들에게 "우리가 호수 건너편에 건너가자."라 말씀하였기에 배에 올라탄 일도, 호수 건너편으로 향방을 정한 일도 그가 주도한 일이다. 22-23절에 예수가 주어로 쓰여 있는 걸 보면 그가 제자들을 이끌고 간 사실이 분명하게 드러난다. 그러고는 제자들이 배를 항해하자 예수는 잠들어버린다. 선미에서 베개를 베고 잠들었다는 마가의 기록은 예수가 피곤한 나머지 고의로 무리를 피해 깊은 잠을 청한 사실을 말해준다. 그런데 웬걸, 폭풍이 갈릴리 호수로 내리쳐 배에 물

이 가득 차 그들이 위태하게 되었다. 갈릴리 호수는 바다의 수면보다 낮은 자리에 위치해 있고 주변이 산악지대여서 회오리바람이 내리 덮치기 십상인 곳이다. 놀란 제자들이 다가와 예수를 깨우고 "주인이여, 주인이여, 우리가 죽게 되었나이다!" 하고 다급하게 외쳤다. "주인이여(epistata)"라는 호칭으로 쓰이는 어휘는 때로는 "선생님이여"라고 번역하기도 한다. 배에는 베드로와 요한을 포함해 적어도 네 명의 어부가 타고 있었으나 다급한 지경을 헤어날 솜씨도 믿음도 속수무책이었다. 예수가 깨어나 바람과 파도를 꾸짖어 그치게 하였다는 사실이 예수의 자연 통치의 권위를 상징한다. 폭풍과 노도를 잠재울 수 있는 능력은 천지창조의 권위일 것이다.

폭풍을 잠잠케 한 후 예수가 "너희 믿음이 어디 있느냐?" 하고 25a절에 제자들을 꾸짖는다. 세 공관복음서 모두에 꾸짖음의 기록이 있는데 막 4:40에는 "어찌하여 이렇게 무서워하느냐?"라는 질책이 첨가되어 있다. 폭풍과 노도 속이지만 예수가 잠자고 있는 것을 보면 안심(샬롬)해야 하거늘 무서워 떨고 있으니 "너희 믿음이 어디 있느냐?" 하고 경거망동을 꾸짖음이다. 제자들이 믿음이 있다면 예수가 자기들과 함께 배에 있으므로 안심했어야 마땅하다. 이 대목에서 예수가 배에 오르사 "호수 건너편으로 건너가자." 하고 주도한 일을 상기하게 되는데, 당초 예수가 "제자들의 믿음을 시험하고 그들의 영을 단련하고자"(Ryken, 2009, p. 385) 했으리라 추측하게 된다.

이에 따르는 제자들의 반응이 "저희가 두려워하고 기이히 여겨 서로 말하되 '이분이 뉘기에, 바람과 물을 명하매 그것들이 순종하는가?' 했다."라는 25b절이다. 본서에서는 "제자들의 믿음을 시험하고 그들의 영을 단련하고자"라는 이 단락에 대한 필립 그레이엄 라이큰의 해석을 좇아 제자들의 반응을 이해하기로 하겠다. 제자들의 반응에 관해 우선 "저희가 두려워하고 경탄하였다."라 적고 있다. 이처럼 개역성경의 "기이히"를 "경탄하였다"로 번역함으로써, 예수의 자연 통치 권위를 놀랍게 여기고 감탄하였다는 반응을 보인 것으로 이해하겠다. 더군다나, "이분이 뉘기에, 심지어 바람과 물조차 명령하여 그것들이 그에게 순종하는가?"라는 말은 제자들의 부족한 믿음을 드러내는 의문이라 해석할 수 있다(Green, 1994, p. 344). 하지만, 동시에 이 말을 경탄의 표현으로 이해할 수도 있다. 제자들의 질문은 예수가 진정 누구인지를 여태껏 몰랐던 그들의 당혹감을 표출한 것이기도 하려니와 기적을 목도한 그들이 예수가 자연의 창조주임을 새삼스레 깨닫고 경이감을 드러낸 것이기도 하다.

시편 여러 곳에서 폭풍을 잠재우는 것은 하나님의 능력이며, 뱃길은 큰물 위에서 무역을 하는 인생을 비유한다(유희세, 2007, p. 258). "그들은 배를 타고 바다로 내려가 큰물 위에서 무역을 하고 있었다…… 그(야훼)가 폭풍을 진정시켜 주신 것이다…… 그가 그들을 환희의 항구로 인도하셨다."(시 107)를 제자들은 이제 깨달을 수 있게 된 것이다. 누가는 "이분이 뉘기에?"라는 제자들의 물음에 대한 답을 적지 않고 있지만, 제자들의 자문자답은 "너희는 나를 누구라고 하느냐?"라는 예수 자신의 질문에 연결시킬 수도 있다(Liefeld and Pao, 2007, p. 161). 베드로가 답하길 "하나님의 그리스도시니이다."(9:20)라고 한 해답을 결국 제자들은 여기서 깨우쳤을 것이다.

악귀 통치의 권위(8:26-39)

성경은 이 세상을 지배하는 사탄과 악귀와 같은 영적인 존재가 있음을 증언하고 있다. 바울 서한을 인용하면, "우리의 씨름은 혈과 육에 대한 것이 아니요 정사와 권세와 이 어두움의 세상 주관자들과 하늘에 있는 악의 영들에게 대함이라."(엡 6:12)와 같다. 이러한 초자연적인 악마의 농간을 이기려면 "하나님의 전신갑주"를 취해야 한다. 악귀를 통치할 수 있는 권위와 능력을 지닌 이가 예수이기 때문이다. 이미 4:33-37에 예수가 악귀를 쫓아낸 사건이 기술되었거니와 이 단원에 묘사된 악귀에 사로잡힌 자는 목불인견의 처참하고 절망적인 상태에서 메시아의 권위와 능력에 힘입어 악귀의 세력에서 벗어나게 된다. 이 이야기 담화는 악귀 통치에 관한 그 어떤 기사보다 메시아로서 예수의 위엄을 가장 돋보이게 묘사한 기사다(Liefeld and Pao, 2007, p. 161). 그럼에도 불구하고, 이 기사는 이해하기 어려운 해괴한 이야기 요소들로 구성되어 있어 그것을 의미 있게 읽어내야 하는 큰 숙제를 안겨준다.

■ **군대라는 이름의 악귀**(8:26-31) 거라사 인의 땅에서 예수가 맞닥뜨린 악귀는 기록된 악귀들 중 가장 거대한 것이다. 그리고 예수의 권위 역시 그의 발아래 악귀가 엎드릴 정도로 초자연의 장엄함을 보여준다.

> **26**갈릴리 맞은편 거라사 인의 땅에 이르러 **27**육지에 내리시매 그 도시 사람
> 으로서 귀신들린 자 하나가 예수를 만나니 이 사람은 오래 옷을 입지 아니하
> 며 집에 거하지도 아니하고 무덤 사이에 거하는 자라 **28**예수를 보고 부르짖
> 으며 그 앞에 엎드리어 큰 소리로 불러 가로되 지극히 높으신 하나님의 아들
> 예수여 나와 당신과 무슨 상관이 있나이까 당신께 구하노니 나를 괴롭게 마
> 옵소서 하니 **29**이는 예수께서 이미 더러운 귀신을 명하사 이 사람에게서 나
> 오라 하셨음이라 (귀신이 가끔 이 사람을 붙잡으므로 저가 쇠사슬과 고랑에
> 매이어 지키웠으되 그 맨 것을 끊고 귀신에게 몰려 광야로 나갔더라) **30**예수

께서 네 이름이 무엇이냐 물으신즉 가로되 군대라 하니 이는 많은 귀신이 들
렸음이라 31무저갱으로 들어가라 하지 마시기를 간구하더니

갈릴리 호수의 폭풍과 노도를 잠재운 후에 예수와 제자들이 "거라사 인의 땅"이라 일컫는 맞은편 지역에 도달했다고 누가는 적고 있다. 이 지역의 이름과 위치에 대해서는 이설들이 있으나 여기서는 갈릴리 반대편에 있는 이방 지역으로만 생각하겠다. 이곳에서 악귀에 잡힌 자를 만났는데 누가는 이 자의 행색을 우선 "오래도록 옷을 입지 않았고 집에 거한 것이 아니라 무덤들 사이에 거해온 자"라고 27절에 묘사하고 있다. 이 악령에 사로잡힌 자는 자기 스스로를 사람으로 취급하지 않고 오랜 세월 처참하게 살아온 것이다.

이어서 28절 "이 자가 예수를 보았을 때 그 앞에 엎드리어 큰 소리로 부르짖으며 불러 말하기를 '당신과 나와 서로 무슨 상관이 있나이까, 예수, 지극히 높으신 하나님의 아들이여? 당신께 간청하오니 나를 괴롭게 마옵소서.'라 하였다."가 첫 장면이다. 악귀가 예수에게 엎드려 절하고 "지극히 높으신 하나님의 아들이여"라고 한 악귀와 예수의 상면부터 해괴한 장면이다. 이 장면은 악귀가 예수에게 압도당한 것이지 적어도 존경의 상면은 아니라고 보아야 한다. "나를 괴롭게 마옵소서."라는 구절을 NIV는 "나를 고문하지 말아요."라는 절망적인 애걸로 번역하고 있기 때문이다. 악귀의 부르짖음은 그가 얼마나 두려움을 느끼고 있는지 충분히 짐작하게 한다.

"이는 예수께서 이미 더러운 귀신을 명하사 이 사람에게서 나오라 하셨음이라."라는 개역성경의 29a절은 실제로 여러 번역본과 합치한다. 말하자면, 이 번역은 "나를 고문하지 말아요."의 원인이 자기를 이 사람에게서 나오라고 예수가 명령했기 때문이라는 해석을 취한 것이

다. 한데, "명하였다"의 시제는 단순과거라기보다 미완료 시제로 해석할 수도 있기 때문에 29절을 28절의 원인으로 읽지 않으려는 학자도 있다(Bock, 1994, p. 784). 이처럼 28절을 29절에 직접 연결해 읽지 않으면, 악귀의 절규는 예수의 추방 명령에 대한 직접적인 반응이라기보다 예수가 누구인 줄 알아보고 그 사실만으로도 공포에 질렸다는 해석을 취할 수 있다. 달리 말하면, 악귀의 "지극히 높으신 하나님의 아들이여"라는 호칭은 예수의 정체를 제대로 파악한 것 이상의 자기 파멸의 공포에 대한 절규일 수 있다. 이 호칭이 뜻하는 바는 "악귀들을 파멸하기 위해 예수가 오는 것은…… 인간의 영역을 초월하는 이들 권세(능력)들에게 종국을 가져오는 하늘 영역으로부터의 예수의 방문이다."(Schreiner, 2008, p. 194)라는 의미의 호칭이다. 앞서 "당신은 하나님의 아들이니이다."(4:41)라는 악귀들의 소리침에 관해 악귀도 영인지라 예수의 정체를 알아보았다고 단지 해설했지만, 예수가 종말의 순간에 악귀 자신들을 파멸하고 심판할 거라는 사실을 예견한 경악의 외침이라 읽어야겠다.

이어서 누가는 악귀에 사로잡힌 자의 평소의 비참한 정황으로 말머리를 돌린다. "여러 번 더러운 영이 이 사람을 붙잡았고, 그가 감시를 받아 쇠사슬과 고랑에 매었으나 매인 것을 끊고 악귀에게 몰려 광야로 나갔더라."라는 29b절을 통해 이들 악귀의 괴력과 악랄함이 이 사람을 짐승 이하의 삶으로 몰아낸 비참함을 누가는 전한다. 이 고지의 내용이 곧 악령들이 징벌을 피할 수 없는 이유이기도 하다. 이 무시무시한 이야기를 여기 삽입함으로써 누가는 앞으로 전개될 이야기를 위해 일종의 회고적 과거사(flashback)를 제시한 것이다.

이제 다시 예수와 악귀 혹은 악귀에 사로잡힌 자와의 대화가 이어진다. "예수께서 '네 이름이 무엇이냐?' 물으신즉 가로되 군대라 하니

이는 많은 악귀들이 그 사람 속에 들어갔기 때문이다. 그들이 그에게 무저갱(나락) 속에 들어가라 명령하지 말기를 빌었다."가 30-31절이다. 악귀가 자기 이름을 군대라 대답하는데 당시 로마군의 단위는 육천 군병들의 집합이라고 하니 어마어마한 수의 악귀가 이 사람을 사로잡고 있었던 것이다. 악귀라 함은 타락한 천사라는 설도 있지만 "많은 악귀들"이라는 표현을 넘어선 엄청난 숫자인 것 같다. 쫓겨날 줄 안 악귀들은 "무저갱"만은 피해 달라 간청한다. 무저갱은 바다 속 깊숙한 곳으로, 불순종한 영의 죽은 자의 거처라 한다(Bock, 1994, p. 774). 밑도 끝도 없는 깊은 곳인 이 무저갱은 헤어날 수 없는 곳이다.

■ **악령들을 돼지 떼 속으로**(8:32-33) 엄청난 수효의 악귀들이지만 그들은 역시 비루한 존재다. 마침 언덕 위에서 풀을 뜯고 있는 돼지 떼를 보자 악귀들이 그 속으로 들여보내주기를 구걸하고 예수는 이를 허용한다. 그런데 악귀들의 구걸의 의미도 그렇고 더군다나 예수의 수락의 의미는 독자들로서 이해하기가 참 어렵다.

> **32**마침 거기 많은 돼지 떼가 산에서 먹고 있는지라 귀신들이 그 돼지에게로
> 들어가게 허하심을 간구하니 이에 허하신대 **33**귀신들이 그 사람에게서 나와
> 돼지에게로 들어가니 그 떼가 비탈로 내리달아 호수에 들어가 몰사하거늘

이 단락은 풀 수 없는 수수께끼다. 무저갱만은 피해달라 애걸하던 악귀들은 어차피 자신들이 추방되리라는 것을 알고 있었다. 개역성경에서 "마침"이라는 부사를 사용하고 있듯 우연찮게 많은 돼지 떼가 언덕에서 풀을 뜯고 있는 것을 보고 "악령들이 예수께 돼지에게 들어가게 허하심을 간구하니 그가 허락하셨다. 악귀들이 그 사람에게

서 나와 돼지들에게 들어가니 그 떼가 호수 속에 비탈로 내리달려 익사하였다". 마가에 의하면 "거의 이천 마리 되는 돼지 떼"(막 5:13)라니 엄청난 돼지 떼가 개역성경의 표현대로 "몰살"한 것이다. 이 에피소드는 후대에 첨가되었다는 설도 있지만 34절 이하에 주민들의 반응을 비교적 장황하게 언급한 사실로 미루어 볼 때 근거 없는 설로 여겨진다. 여러 학자들이 돼지보다 사람의 가치가 더 중하기에 악귀를 돼지들에게 내쫓았다고 풀이하지만, 이 해설로는 '무저갱 대신에 왜 하필 돼지 떼들인지?'에 대한 의문이 선뜻 해소되지 않는다. 세 공관복음서 어디를 읽어보아도 그 의문이 시원하게 해소되지 않는다. 도대체 사탄과 악귀들이 왜 존재하는지가 본질적인 의문인 것과 마찬가지로 해소될 수 없는 의문이다. 악귀들이 그 사람에게서 나와 돼지들에게 들어간 의문도 마찬가지다. 학자들은 돼지가 유대인들에게는 혐오의 대상이라서 저항 없이 받아들일 일화라고 하지만, 영 개운치 않다.

몇몇 분명한 배경만은 재삼 음미하기로 하겠다. "예수, 지극히 높으신 하나님의 아들이여"라는 악귀의 외침으로 보아 예수와의 조우에서 악귀들은 그들이 종말심판의 파멸의 때에 직면하였다고 생각했고, 반면에 예수는 종말의 때가 아직 아니라 생각했을 것이다. 그리고 예수는 악귀들의 괴력과 악랄함으로부터 그들에게 사로잡힌 한 사람을 필경 구출해야겠다는 의지를 굳히었으나 "불결한 영은 그 사람에게서 나오라."(8:29a)라는 명령을 계획하고 있었다는 정도가 고작이다. 종말의 완성은 차례대로의 순서가 있고 아직 예수는 지상에 거하는 이 상황에서, "그 후에는 나중(마지막)이니 저(그리스도)가 모든 정사와 모든 권세와 능력을 멸하시고 나라를 아버지 하나님께 바칠 때라…… 맨 나중에 멸망 받을 원수는 사망이니라."(고전 15:24, 26)라는 종말심판의 완성의 한 모형을 여기서 예수가 악귀들에게 보였을지도 모른다.

■ **주민들과 악귀에서 해방된 자의 반응**(8:34-39) 누가가 거라사인의 땅이라 부른 이 지역은 필경 이방인 지역이다. 이스라엘 자손들은 돼지를 부정한 동물이라 하여 만지지도 먹지도 않았기 때문이다(레 11: 7-8). 이들 이방인들이 자기들의 돼지 떼가 몰살하였고 악귀에 사로잡힌 자기네 주민이 악귀에서 벗어났다는 이야기를 전해 듣고 크게 무서워하였다는 것이다. 누가 전해 들어도 무시무시한 이야기인 것이 사실이지만, 이방인들이 예수의 초자연적인 기적에 어떻게 반응하였는지가 궁금하다.

> 34치던 자들이 그 된 것을 보고 도망하여 성내와 촌에 고하니 35사람들이 그
> 된 것을 보러 나와서 예수께 이르러 귀신 나간 사람이 옷을 입고 정신이 온
> 전하여 예수의 발아래 앉은 것을 보고 두려워하거늘 36귀신 들렸던 자의 어
> 떻게 구원받은 것을 본 자들이 저희에게 이르매 37거라사 인의 땅 근방 모든
> 백성이 크게 두려워하여 떠나가시기를 구하더라 예수께서 배에 올라 돌아가
> 실새 38귀신 나간 사람이 함께 있기를 구하였으나 예수께서 저를 보내시며
> 가라사대 39집으로 돌아가 하나님이 네게 어떻게 큰 일 행하신 것을 일일이
> 고하라 하시니 저가 가서 예수께서 자기에게 어떻게 큰 일 하신 것을 온 성
> 내에 전파하니라

"치던 자들이 그 된 것을 보고"는 너무 직역이어서, "돼지를 치던 목자들이 어떤 일이 일어났던가를 보고 도망하여 성내와 촌에 고하니"라고 풀이해 읽겠다. 도망하였다고 하니 돼지를 키우던 목자들 역시 매우 무서웠던 것이다. 이에 따라 사람들이 무슨 일이 일어났는지를 보러 예수에게 왔더니 악귀에서 벗어난 사람이 "옷을 입고 정신이 온전하여 예수의 발아래 앉은 것을 보고 두려워하였다."는 것이다. 게

다가 이 장면을 목도한 사람들이 악귀 들렸던 자가 어떻게 구출되었는지를 들려주었더니, "거라사 인의 땅 근방 모든 백성이 크게 두려워하여 떠나시기를 구하더라."라고 한다. 이 34-37a절에서 주민들의 두려움은 당연한 반응이다. 선한 일이든 악한 일이든 있을 수 없는 괴이한 일이 일어나면 누구든 무서워하기 마련이다. 무서움의 정서적인 반응에만 그친 것이 아니라 그들은 "그들에게서 떠나시기를 요구하였다". 재산인 돼지를 잃고 막대한 물질적인 손해를 입었으니 그들은 예수에게 행패를 부렸어야 마땅하다. 그런데 인근 주민들조차 떠나기를 요구했고 악귀에게서 벗어난 그들의 주민 중 하나가 정신이 온전하여져 앉아 있는 것을 보고 단지 그들에게서 떠날 것을 요구했다. 이방인인 그들의 두려움은 "예수께서 그들 자신의 생을 변화시킬 것"(Ryken, 2009, p. 402)이라는 예감에서 비롯된 것이었을 터이다. "그들이 무서워했다."는 사실은 직접적으로는 예수의 권위를 보았기 때문이요 끝내는 종말에 대한 두려움 때문이었을 것이다. 이방인들의 이 무서움은, 그러므로, 하나님을 경외할 문턱에 서 있음을 증거하는 것이다.

예수가 서슴없이 떠났다는 사실을 "예수께서 배에 올라 돌아갔다."고 37b절에 적고 있다. 다른 한편, "악귀들에서 벗어난 사람은 예수와 함께 있기를 구하였으나 예수가 그를 보내며 '네 집으로 돌아가 하나님이 네게 무엇을 행하셨는가를 전하라.'고 말씀하셨다."라는 예외적인 기사가 이어진다. 예수가 치유기적을 행한 후에 소문이 퍼지는 일을 삼갔던 것이 일반적인 데 반해 이 기사는 예외적이다. "그리하여 그가 두루 온 성내에 가서 예수께서 그에게 무엇을 하셨는가를 전파하였다."라는 39b절에 병행하는 막 5:20을 읽으면, 그는 예수의 분부를 어기고 집으로 가지 않은 대신 데가볼리(데카폴리스)의 온 지방으로 다니며 자기에게 일어난 일을 전파하였다는 것을 알 수 있다. 이로써 누가는 그가 이방인으로서는 누가 자신보다 먼저 첫 전도자가 되었다는 사실을 기록하고 있다.

예수가 거라사 인의 땅에 가서 사역한 이 기사는 파격적이다. 우선 이방인에게 갔다는 일 자체가 그렇고, 이 도시의 사람을 악귀로부터 구출해준 것도 그렇다. 그뿐만 아니라, 이 사람으로 하여금 하나님이 무엇을 해주셨는지를 전파하라고 말씀하였다. 말하자면, 이 모든 파격적인 일은 하나님이 이스라엘의 하나님이실 뿐만 아니라 이방인들의 하나님이시기도 하다는 사실을 예수가 보여준 사건이다.

질병과 죽음을 통치하는 능력(8:40-56)

두 토막의 기적 사건을 하나의 이야기로 묶어 기사화하고 있다. 회당장 야이로가 그의 외딸이 죽게 되어 예수에게 자기 집에 방문하기를 간청하였다. 이에 예수가 그곳으로 가는 도중에 무리에게 떠밀리게 되었는데, 이때 혈루병에 오래 시달리던 여인이 예수의 옷자락에 손을 대어 치유받게 되었다. 함께 엇물려 있는 이 두 사건의 공통성을 독자들은 눈여겨보아야 한다. 그것은 곧 믿음이 구원해준다는 것이다. 본서에서는 이 두 기사를 이 단원(8:22-56)의 결론으로 읽겠다.

회당장 야이로의 간청(8:40-42) 회당장 야이로가 그의 외딸이 죽어가고 있기에 예수에게 자신의 집에 방문해줄 것을 간절하게 탄원하는 장면이다.

> **40**예수께서 돌아오시매 무리가 환영하니 이는 다 기다렸음이러라 **41**이에 회
> 당장인 야이로라 하는 사람이 와서 예수의 발아래 엎드려 자기 집에 오시기

를 간구하니 42a이는 자기에게 열두 살 먹은 외딸이 있어 죽어감이러라

예수가 거라사 인의 땅에서 건너편 갈릴리로 배를 타고 다시 왔다. "무리가 그를 환영하니 이는 그들이 모두 그를 기다리고 있었기 때문이다."라고 누가가 초두를 적고 있는데 이는 두 사건 모두에 관련된 배경이다. 이어서 "그리고 보라." 하고 주의를 환기시키며 야이로라 이름하는 사람의 등장을 알리는데, "그가 회당장"이라는 것은 시나고그에서 예배를 주관하는 사람이며 그 지방의 지도자이기도 하다는 말이다. 그런 그가 직접 와서 겸손하게 "예수의 발아래 엎드려 그의 집에 오시기를 간구하였다."라는 것이다. "이는 자기에게 열두 살 먹은 외딸이 있어 죽어감이러라."라고 42a절에 간청의 이유가 쓰여 있다. 열두 살은 결혼이 임박한 처녀라는 의미이고, 외딸은 아들 없는 외동딸의 의미로 쓰여 야이로의 애절한 심정을 표현한 것이라고 학자들은 해설한다. 말하자면, 누가가 기록한 이 모든 진술이 예수의 마음을 움직이기에 충분하다는 해설이다.

■ **혈루증 여인의 치유**(8:42b-48) 회당장 야이로의 이야기가 우연찮은 사건의 개입으로 일시 중단되고 새로운 에피소드가 출현한다.

42b예수께서 가실 때에 무리가 옹위하더라 43이에 열두 해를 혈루증으로 앓
는 중에 아무에게도 고침을 받지 못하던 여자가 44예수의 뒤로 와서 그 옷가
에 손을 대니 혈루증이 즉시 그쳤더라 45예수께서 가라사대 내게 손을 댄 자
가 누구냐 하시니 다 아니라 할 때에 베드로가 가로되 주여 무리가 옹위하여
미나이다 46예수께서 가라사대 내게 손을 댄 자가 있도다 이는 내게서 능력
이 나간 줄 앎이로다 하신대 47여자가 스스로 숨기지 못할 줄을 알고 떨며 나

아와 엎드리어 그 손 댄 연고와 곧 나은 것을 모든 사람 앞에서 고하니 48예
수께서 이르시되 딸아 네 믿음이 너를 구원하였으니 평안히 가라 하시더라

예수가 야이로의 청에 따라 그의 집에 갈 때 "무리가 옹위하더라." 라는 말은 무리가 밀어 닥쳤다는 얘기다. 그 와중에 한 사건이 벌어진다. "열두 해를 혈루증을 앓던 여자가 있었고 (의사들에게 그녀가 가지고 있던 모든 재산을 소비했으나) 아무에게도 고침을 받지 못하였다. 그녀가 예수의 뒤에 와서 그 옷자락에 손을 대니 혈루증이 즉시 멈추었다."(위의 괄호 속에 적힌 구절은 어떤 사본에는 빠져 있기도 하다.) 이 혈루증을 자궁 출혈병이라 추측하기도 한다. 열두 해 동안 만성 혈루병을 앓았다면 모두에게 불결한 여자로 손가락질 받고 종교생활에서도 소외되어, 예수에게 감히 공적으로 치유를 부탁할 마음을 갖지 못했을 것이다 (Bock, 1994, p. 793). 여하튼, 그녀는 예수의 옷자락만이라도 만지면 나으리라 확신했던 것이 틀림없다. 실제로 그녀는 예수의 뒤에 와서 옷자락을 만졌고 즉각적으로 혈루가 멈추어졌다.

아무도 모른다 하더라도 몸소 기적을 행한 이가 이 일을 모를 리 없다. "내게 손을 댄 자가 누구냐?" 하고 예수가 물었다. 모두가 자기가 한 짓이 아니라 부인하였고 이때 베드로가 합세하여 "주여, 무리가 몰려들고 미나이다."라고 말하였다. 그러나 예수가 "내게 손을 댄 자가 있노니 이는 내게서 능력이 나간 줄 내가 알았기 때문이다."라고 말씀하였다. 앞 45절에 이어 이 추가적인 46절의 말씀은 예수의 옷자락을 만진 자는 고백하라는 권면일 것이다. 역시 그녀는 믿음이 있는 여자였다. "여자가 감추지 못할 줄을 알고 떨며 나아와 엎드리어 그 손 댄 연고와 곧 나은 것을 모든 사람 앞에서 고하였다."라는 구절에서 그녀의 믿음이 그녀에게 용기를 준 사실을 알 수 있다. "여자가 감추

지 못할 줄을 알고"라는 누가의 진술은 그녀의 신앙심을 표현한 것이고, "모든 사람 앞에서 고하였다."라는 진술은 그녀의 용기를 표현한 것이다. 그녀는 본래 모든 일을 은밀하게 행하려 하였다. 그러나 그녀의 고백은 자초지종이 대단히 솔직하다. 무엇보다 "모든 사람 앞에서" 공개적으로 고백한다는 사실이 또 대단히 중요하다. 이에 대한 예수의 응대는 단순 명료하다. "딸아, 네 믿음이 너를 구원하였다. 평안히 가라."라는 말씀이 전부이다. "너를 구원하였다."라는 말씀은 '너를 치유하였다.'라고 번역할 수도 있는 모양이다. 하지만, 모든 사람들이 외면하는 여인을, 또 두려움에 떨고 있는 여인을 "딸아"라는 가족의 호칭으로 부르는 것은 병의 치유뿐만 아니라 구원의 의미를 내포하고 있다고 해석된다. "평안히(평화 가운데) 가라."라는 말씀 역시 구원받은 하나님과의 관계에 대한 표현이다. 요컨대 자신의 믿음으로 그녀가 치유와 구원의 은혜를 동시에 받은 것이므로 옷자락을 만져 이루어진 기적은 '마법'이 아니다(Bock, 1994, p. 798; Ryken, 2009, p. 412).

■ **야이로의 죽은 딸을 일으키다**(8:49-56) 여인의 혈루병 치유에 꽤 시간이 경과하였다. 그 사이에 회당장 야이로의 딸이 죽었다는 전갈이 온다. 소식을 접한 예수가 "무서워 말라. 믿기만 하라, 그리하면 딸이 구원을 얻을 것이다."라고 응대한다. 그러고는 야이로의 집으로 가 그의 딸을 일으킨다.

> **49**아직 말씀하실 때에 회당장의 집에서 사람이 와서 말하되 당신의 딸이 죽었나이다 선생을 더 괴롭게 마소서 하거늘 **50**예수께서 들으시고 가라사대 두려워 말고 믿기만 하라 그리하면 딸이 구원을 얻으리라 하시고 **51**집에 이르러 베드로와 요한과 야고보와 및 아이의 부모 외에는 함께 들어가기를 허

하지 아니하시니라 52모든 사람이 아이를 위하여 울며 통곡하매 예수께서
이르시되 울지 말라 죽은 것이 아니라 잔다 하시니 53저희가 그 죽은 것을
아는 고로 비웃더라 54예수께서 아이의 손을 잡고 불러 가라사대 아이야 일
어나라 하시니 55그 영이 돌아와 아이가 곧 일어나거늘 예수께서 먹을 것을
주라 명하신대 56그 부모가 놀라는지라 예수께서 경계하사 이 일을 아무에
게도 말하지 말라 하시니라

혈루병 여인을 치유한 그 현장에 회당장 야이로도 함께 있었던 모양이니 그의 마음이 조급했을 터인데 기다림의 인내가 대단했다. "아직 말씀하고 계셨을 동안"이라 함은 48절에 기록된 바를 예수가 말씀하던 때를 가리킬 것이다. 그의 집에서 사람이 와서 "당신의 딸이 죽었나이다, 선생을 더 괴롭게 마소서." 하고 모든 것이 끝났음을 고하였다. 이에 대해 예수가 응대하기를 "무서워 말라. 믿기만 하라, 그리하면 딸이 구원을 얻을 것이다."라고 하였는데, 야이로가 이 말씀을 어떻게 이해했을지 궁금하다. 딸의 죽음을 맞닥뜨린 야이로에게 한 이 말씀은 좀 엉뚱하다. 야이로가 그의 집에 예수가 방문하는 번거로움을 만류했는지 여부는 알 수 없으나, 딸이 이미 죽었는데도 불구하고 예수는 그의 집으로 향한다. 신실한 야이로는 아마도 예수가 하고자 하는 대로 순박하게 따랐을 것이다. 집에 이르자 예수는 베드로와 요한과 야고보 그리고 아이의 아버지와 어머니 이외에는 함께 들어가기를 허락하지 않는다. 이들 세 제자는 예수가 변모산에 갔을 때 애오라지 동행했던 제자들로 예수의 변모 사건을 누구에게도 고하지 않았다 (9:28-36). 예수는 회당장 야이로의 간청을 처음 들었을 때 이미 그의 딸을 구원하기로 마음을 굳혔으며, 이후에 딸이 죽었다는 소식을 접했을 때 죽음에서 은밀하게 일으키기를 원했던 것 같다.

누가의 52-53절 이야기 전개가 앞뒤 기록과 좀 어긋나 보인다. "모든 다른 사람들이 아이를 위하여 울며 가슴을 치고 있었다. 예수께서 '울지 말라, 죽은 것이 아니라 잔다!'고 말씀하셨다. 저희가 딸이 죽었다는 것을 아는 고로 그를 비웃었다."에서 울고 가슴을 치며 또 비웃는 일이 일련의 사건 진행에서 언제 일어난 것인지 시차가 잘 맞아떨어지지 않는다. 하지만, 이야기 담화는 논리적인 전개가 아니므로 트집을 잡지 말아야겠다. 뭇사람들이 울고 통곡할 때 "죽은 것이 아니라 잔다!"라는 예수의 말씀을 비웃는 일은 세상 이치에 합당한 일이기도 하다.

"그러나"로 시작하여 "예수께서 아이의 손을 잡고 불러 가라사대 '아이야, 일어나라!' 하시니"라고 한 54절을 읽으면, 뭇사람들이 밖에서 비웃는데도 불구하고 예수가 세 제자와 아이의 양친과 함께 아이에게 다가갔다는 사실을 누가가 전하고자 하였음을 짐작할 수 있다. "그 영(숨)이 돌아와 아이가 곧 일어나거늘"이라는 55a절은 그 아이가 가사 상태에 있던 것이 아니라 실제로 죽어 있다가 일어났다는 사실을 확인케 하는 진술이다. 그리고 아이가 일어나자마자 예수가 "아이에게 먹을 것을 주라." 하고 명하였다니, 실로 아이가 자다가 깨어난 것 같은 장면의 묘사다. "아이의 부모가 몹시 놀라워했지만 예수께서 무슨 일이 일어났는지를 아무에게도 말하지 말라고 명하셨다."라는 56절에서 "부모가 몹시 놀라워했다."의 본래 의미가 얼빠진 상태에서의 놀라움의 표현인 "부모가 망연자실했다."이니 죽음에서 일으킨 이 기적의 의미를 깊이 숙고하게 한다. "아무에게도 말하지 말라고 명하셨다."라는 말씀은 군대 악귀에게 사로잡혔던 사람을 놓이게 한 뒤 "하나님이 네게 무엇을 행하셨는가를 전하라."(8:39)라고 한 말씀과 상반된다. 유대교 회당장에게는 금하고 이방 청년에게는 전하라는 차이인가? 그렇다면, 예수가 "죽은 것이 아니라 잔다." 했을 때 비웃던 다른 유대인들은 이 기적을 어떻게 받아들일까? 예수는 우리에게 사망에서 이김을 주는 그리스도임을 저들이 믿을까? 당시 큰 무리가 예수를 따라다닌 것은 단지 기적을 보기 위함이 아닌가?

이 단원 8:22-56만 하더라도 서너 가지 거대 기적들이 보고되어 있다. 이 기적들을 베푼 상대에 대해 예수가 한 말씀은 "믿음"이고, 기적을 목도한 자들의 반응은 "무서움"이다. 때로 믿음과 무서움은 상반된 성격을 갖는다. 전형적인 사례는 야이로에게 건넨 "무서워 말라. 믿기만 하라, 그리하면 딸이 구원을 얻을 것이다."(8:50)라는 말씀이다. "믿기만 하라, 그리하면 구원을 얻을 것이다."라는 말씀은 혈루병 여인에게 "딸아, 네 믿음이 너를 구원하였으니"(8:48)라고 한 말씀의 반복이기도 하다. 군대 악귀의 "지극히 높으신 하나님의 아들이여"라는 말도 사이비 유사 믿음의 표현이 아닌가. 기적을 베풂이 "네 믿음이 너를 구원하였다."이므로 "신체적인 치유는 여기서 영적인 구원의 징표로 기능하고 있다."(Schreiner, 2008, p. 547)고 보아야 한다. 예수의 기적은 믿음을 통해 구원을 얻는다는 징표이다. "예수 그리스도를 믿음으로 말미암아 모든 믿는 자에게 미치는 하나님의 의"(롬 3:22)는 바울의 교리가 아니라 예수의 복음이다.

폭풍과 노도를 잠재운 뒤 예수는 제자들에게 "너희 믿음이 어디 있느냐?"(8:25) 하고 꾸짖는다. 그런데 이 기적 앞에서 사람들이 갖는 무서움은 도대체 어떤 반응인가? 기적을 베푸는 예수의 권위와 능력에 대한 반응일 터이지만, 무서움은 예수가 사망에서 이기게 하는 메시아임을 온전하게 인식하지 못한 데서 오는 정서인 것 같다. 폭풍과 노도를 잠잠케 한 예수에 대해 "저가 뉘기에 바람과 물을 명하매 순종하는고?"(8:25) 하고 모든 것을 다 버리고 예수를 따른 제자들조차 무서워하였다. 또 예수가 바다 위로 걸어오는 모습을 보고 유령이 온다고 무서워하였다. 이때 예수가 "나다, 두려워 말라(ego eimi, me phobeisthe)"(마 14:27; 막 6:50; 요 6:20)라고 말씀하는데, "나다(I am)"는 하늘나라의 종말 완성의 주권을 가진 분이라는 말씀이다. 군대 악귀들에서 벗어난 사람이 정신이 온전하여 예수의 발아래 앉아 있는 것을 보고 "모든 백성이 크게 두려워하여 떠나가시기를 구하더라."(8:37)라고 한 두려움에 대해 예수를 메시아로 받아들이기를 무서워하는 마음이라고 앞에서 해석하였다. 더군다나 뭇사람들은 단지 기이하고 놀라운 일을 보기 위해 큰 무리를 이루어 예수를 따라다닌 것이고 그들이 얻은 소산은 고작 무서움뿐이었다.

이제, 야이로의 딸을 일으킨 장면으로 되돌아가 예수가 "이 일을 아무에게도 말하지 말라."라고 한 뜻을 음미해보겠다. "진정, 무리는 좋은 소식(복음)을 전하는 데에 실제로 잠재적인 장해의 구실을 했을 것이다."라 전제한 뒤 "따라서(이 장해 때문에) 아이의 부모에게 아이의 생명 복원에 관해 잠잠하라고 지시했다."(Green, 1997, p. 351)고 볼 수 있다. 또 다른 견해로, "잠잠하라(아무에게도 말하지 말라)는 요청은 예수가 그러한 행위(기적)들을 당신의 사역의 중심이라 생각하지 않고 증빙의 주변이라 여겼던 것을 분명하게 보여준다."(Bock, 1994, p. 805)고 해설하기도 한다. 이러한 해설에 기대면, 예수는 자신이 행한 기적을 전해 듣고 그것을 목도하기 위해 큰 무리가 모여들지만, 떼거리로 몰려다니는 무리는 복음을 듣기 위한 일과 무관하다는 사실을 잘 알고 있었던 것이다.

독자들은 여기서 다시 토양의 비유를 상기하게 된다. "나다(I am)"라고 하는 예수가 누구인지를 아는 것은 "선하고 고귀한 마음으로 말씀을 듣는"(8:15) 일의 토대 위에 설 때 가능하다. 기적은 믿음을 가져다주고 구원을 얻게 하는 것이 아니라 두려움을 체험하게 할 뿐이다.

이 때문에 예수는 "이 일을 아무에게도 말하지 말라." 말씀한다. 예수는 "이는 저희로 보아도 보지 못하고 들어도 깨닫지 못하게 하려 함이니라."(8:10b)를 위해 때로는 말씀도 비유로 하였다. 이사야 6:9을 인용한 예수의 이 말씀은 그가 행한 기적에도 일반화하여 적용할 수 있다. "하나님 나라의 비밀을 아는 것이 너희에게는 허락되었으나 다른 사람에게는"(8:10) 감추겠다는 것이 "잠깐 믿다가 시험을 받을 때에 배반한다."(8:13)라는 우려 때문이라면, "갖고 있지 않은 자에게서는 갖고 있다고 생각하는 것까지 빼앗아가겠다."(8:18b)가 불가피하겠기 때문이다. 영적 구원을 동반하지 않는 신체와 관련된 기적은 자칫 배교를 유인할 시험일 수 있다고 필자는 감히 말하고 싶다.

열두 제자의 파견과 오병이어의 기적(9:1-17)

예수의 갈릴리 지역의 사역이 4:14에서 시작하여 이제 9:1부터 새 장을 열고 드디어 9:50로 끝난다. 이 9:1-50은 예수의 정체성과 제자됨의 성격에 관한 여러 의미심장한 사건과 내용이 전개되고 갈릴리 시기의 종언을 고하는 한 단원이다. 한 단원이 너무 길면 개개의 사건과 내용이 산만해지기 십상이므로 본서에서는 임의로 큰 단원을 세분해 읽겠다.

■■ 열두 제자들의 공적인 선교 파견(9:1-6)

■ 예수의 능력과 권위를 위탁하다(9:1-6) 갈릴리 사역의 새 장이 제자들을 공적인 선교에 파견하는 일로 막을 연다. 예수가 "열둘을 택

하여 사도라 부르신"(6:13) 이후에 공적인 선교를 위탁한 일은 이때가 처음이다.

> 1예수께서 열두 제자를 불러 모으사 모든 귀신을 제어하며 병을 고치는 능
> 력과 권세를 주시고 2하나님의 나라를 전파하며 앓는 자를 고치게 하려고
> 내어 보내시며 3이르시되 여행을 위하여 아무것도 가지지 말라 지팡이나 주
> 머니나 양식이나 돈이나 두 벌 옷을 가지지 말며 4어느 집에 들어가든지 거
> 기서 유하다가 거기서 떠나라 5누구든지 너희를 영접지 아니하거든 그 성에
> 서 떠날 때에 너희 발에서 먼지를 떨어버려 저희에게 증거를 삼으라 하시니 6
> 제자들이 나가 각 촌에 두루 행하여 처처에 복음을 전하며 병을 고치더라

"예수께서 그의 열두 제자들을 함께 불러 모든 악귀들을 제어하고 병들을 고치는 능력과 권위를 주셨다. 그리고 하나님 나라를 전파하고 병을 고치도록 보냈다."라는 1-2 절에서, "제자(apostolos)"를 "보내다/파견하다(apesteilen)"라는 동일한 어원의 두 어휘를 사용하여, 제자들로 하여금 복음을 전파케 하는 사역을 맡긴다. 예수가 위탁한 선교의 사역이므로 악귀들을 제어하고 병들을 치유하는 자신의 능력과 권위 역시 제자들에게 위탁해준다. 어의적으로 보면 권위는 어떤 일을 할 수 있는 권리이며, 능력은 그 일을 할 수 있는 힘의 소유이다. 물론 이때 하나님 나라를 전파하는 사역이 주요 임무이다. 전파의 좋은 소식은 무엇보다 "하나님 나라가 가까이 왔다."라는 말씀을 선포하는 일인데, 라이큰은 제자들이 "하나님 나라가 예수 그리스도의 이름으로 이미 왔다."(Ryken, 2009, p. 421) 하고 선포하였다고 해설한다. 라이큰의 해설은 하나님 나라의 대표인 예수 그리스도가 이 땅에 이미 왔다는 의미에서 하나님 나라의 선포를 "예수 그리스도의 이름으로 이

미 왔다."라고 제자들이 전파하였다는 것이다.

덧붙여 예수가 선교여행의 구체적인 안내지침을 3-5절에 말씀한다. "너의 여행을 위하여 아무것도 가져가지 말라."가 일반원칙의 지침이고, 여기에 "지팡이나 가방이나 양식이나 여벌 옷"을 가져가지 말라는 세부사항을 첨가한다. 마가는 "지팡이 외에는 아무것도 가지지 말며"라는 단서를 붙여 마태와 누가와는 좀 다른 세부지침을 적고 있다. 재미있는 사실은, 학자들이 복음서 간에 서술의 차이를 여러 면에서 논의하고 있다는 점이다. 서술의 차이는 "아무것도 가져가지 말라."가 전도여행의 원칙이고 세부지침들은 이 원칙이 강조하는 수사적인 서술방식의 차이를 반영하는 것이라 읽어야겠다. 아울러, 숙박 문제의 지침을 지시한다. "어느 집에 들어가든지 거기서 유하다가 거기서 떠나라."라는 4절은 여기저기 거처를 옮기지 말라는 것이고 그 기본 정신은 5절 "누구든지 너희를 영접치 아니하거든 그 성에서 떠날 때에 너희 발에서 먼지를 떨어버려 저희에게 반하는 증거를 삼아라."라는 말씀의 기반 위에서 이해해야 할 것이다. 학자들은 이러한 지침을 여러모로 윤색해 해설하고 있으나, 하지만, 본서에서는 주해서 일반과는 좀 다른 방식으로 이들 지침의 기본 정신을 8:5-18의 토양의 비유에 견주어 생각해보겠다.

제자들이 하나님 나라를 전파하는 사역은 토양의 비유에 견주어 보면 각기 다른 토양에 씨를 뿌리는 일과 같다. 씨를 뿌리는 일은 저질 혹은 양질의 토양을 가리지 않고 어디든 뿌려야 한다. 그리고 이 일을 사역할 때 복음, 즉 씨 말고는 아무것도 갖고 가지 말아야 한다. 씨가 뿌리를 내리고 결실을 맺는 일은 토양의 질에 의존하기 때문이다. 토양의 비유에서는 양질의 토양을 "선하고 고귀한 마음으로 말씀을 듣고 지키어 인내로 결실하는 자"(8:15)라고 하여 진정한 듣기라 기술하고 있다. "들을 귀 있는 자는 들을지어다."(8:8b)가 핵심이다. 마찬가지로, 들을 귀를 갖고 있는 자의 집이면 "거기서 유하다가 거기서 떠나라."(9:4)라고 제자들에게 요구한다. 제자 개개인이 여기저기 숙소를 옮기지 않고 어느 한 가정집에 유숙하며 전도하였다면 이것이 다름 아닌 가정집회(에클레시아)의 기원이다. 가정집회는 사도바울에 그 기원이 있는 것이 아니라 본래 예수에게서 비롯된 것이다.

다른 한편, "누구든지…… 갖고 있지 않은 자에게서는 그가 갖고 있다고 생각하는 것까지 빼앗겠다."(8:18b)라는 토양의 비유가 여기서는 "그 성에서 떠날 때에 너희 발에서 먼지를 떨어버려 저희에게 반하는 증거를 삼아라."(9:5)라는 말씀에 해당한다. 토양의 비유 8:18b은 어떻게 듣는지가 드러나 감추어지는 것이 아무것도 없기에 듣고도 믿지 않는 자에게서는 모든 것을 빼앗아가겠다는 정죄를 표현하고 있다. 이에 상응하여 여기 9:5은 제자들을 영접하지 않는 곳에서는 그곳을 떠날 때 불결하다는 증거를 보이기 위해 발에서 먼지를 떨어버리라는 정죄를 표현하고 있다. 이와 같이, 하나님의 말씀을 듣는 자의 입장에서 기록한 토양의 비유 기사와 하나님 나라를 전파하는 자의 입장에서 기록한 제자들의 파견 기사는 서로 상응하는 특징들을 공유하고 있다. 복음을 전수(傳受)받는 일이나 전수(傳授)하는 일이나 모두가 동일한 하나의 복음이기 때문이다. 다시 강조하지만, 하나님 나라를 전파하는 일에는 듣고도 복음을 영접치 않으면 그것이 곧 하나님 나라를 저버리는 것임을 분명히 밝히는 일도 함께 포함된다.

누가는 제자들이 복음을 전파한 결과를 "제자들이 떠났고 여러 마을을 두루 다녔으며, 모든 곳에 복음을 전하고 병들을 고쳤다." 하고 간략하게 6절에 요약한다. 이때 앞에서 "하나님 나라"라 한 것을 "복음"이라 바꿔 적고 있음을 주목해야 한다. 또 주목해야 할 어휘는 개역성경에서 "처처에"라 옮긴 "모든 곳(pantachou)"이다. 모든 곳이라 함을 지역의 제한이 없다는 뜻으로 읽고, 그에 상응하는 기사를 마태가 "이방인의 길로도 가지 말고"(마 10:5)라고 한 제한적인 지역의 기사와 대조하는 주해서가 있다(Liefeld and Pao, 2007, p. 169). 하긴, 특정 지역에 국한한 유대 중심의 선교에 대한 마태복음의 입장과 대조를 이루기 위해 누가가 고의로 "모든 곳"이라는 어휘를 선택해 복음의 보편성을 강조했는지도 모르겠다.

관련하여 잠깐 샛길로 들어서 마태복음과 누가복음 사이의 특징적인 차이를 생각해보겠다. 마태의 예수 탄생기사를 보면 예수는 "유대인의 왕"(마 2:2)이고 "내 백성 이스라엘의 목자"(마 2:6)다. 예수가 이방과 무관하다는 기사도 찾아 읽을 수 있다. 가나안 여자가 귀신 들린 딸을 구출해주기를 청했을 때 "나는 이스라엘 집의 잃어버린 양 외에는 다른 데로 보내심을 받지 아니하였노라."(마 15:24) 하고 대꾸한 기록조차 있다. 이와 달리, 누가의 예수 탄생기사를 보면 천사가 목자들에게 "내가 모든 백성들에게 미칠 큰 기쁨의 좋은 소식을 전한다."(2:10)라고 한다. 또 고향 나사렛에서 예수는 구약을 인용하면서까지 이스라엘을 기피하며 가르침을 전하고 이방의 구원을 강조한다(4:25-27). 다른 어느 곳보다 누가와 행전에는 유대인들의 예수 배척기사가 유별나게 많다. 하지만, 유대인들과 이방인들에 대한 마태와 누가의 태도가 언제나 이처럼 양극에 서는 것은 아니다. 단지 마태에서는 이스라엘이 야훼와 특수한 언약을 맺었기 때문에 복음이 이방보다 이스라엘에 우선할 따름이다. 포도원 소작인의 비유를 읽으면, "하나님의 나라를 너희는 빼앗기고 그 나라의 열매 맺는 백성이 받으리라."(마 21:43)라고도 한다. 그럼에도 불구하고, 마태와 누가 사이의 관점의 차이를 부정할 수는 없다. 입장의 차이가 없다면 복음서는 하나이어야 한다. 하나의 동일한 말씀이라 하더라도 여러 관점에서 읽어 그 다양한 의미를 파악해 말씀의 진수를 짜내어야 한다. 그러므로 마태와 누가는 다른 복음서들보다 더욱더 함께 읽어야 할 공관복음서다.

헤롯의 당혹(9:7-9)

예수에 대한 여러 이야기를 전해 들은 분봉왕 헤롯이 "이 자가 누구인가?" 하며 당혹해하는 장면이다. 누가는 이 이야기를 하나의 삽화로 간략하게 언급하고 있다. 반면에 마태와 마가는 헤롯이 세례요한을 살해한 이야기와 더불어 꽤 길게 서술하여 이 기사 자체를 독립된 단원으로 취급하고 있다.

■ 이 자가 누구인가?(9:7-9) 첫 구절 "분봉왕 헤롯이 이 모든 일을 듣고 심히 당황하였으니"에서 "이 모든 일을 듣고"는 9:1-6의 열두 제자들이 하나님 나라를 전파한 앞 단락에 연결하여 읽을 수도 있어서 이렇게 읽는 학자들이 많다. 그러나 본서에서는 "이 모든 일"을 예수의 갈릴리 사역의 모든 일이라 생각하고 이 단락을 삽입된 독립 단원으로 취급하겠다.

> 7분봉왕 헤롯이 이 모든 일을 듣고 심히 당황하여 하니 이는 혹은 요한이 죽은 자 가운데서 살아났다고 하며 8혹은 엘리야가 나타났다고도 하며 혹은 옛 선지자 하나가 다시 살아났다고도 함이라 9헤롯이 가로되 요한은 내가 목을 베었거늘 이제 이런 일이 들리니 이 사람이 누군고 하며 저를 보고자 하더라

분봉왕 헤롯은 아기 예수를 죽이려 한 헤롯 대왕의 아들로 갈릴리와 그 지역 일대를 통치하던 헤롯 안티파스이다. 예수에 관한 여러 소문이 그의 귀에 들어가 "일어난 모든 일을 듣고 그가 당혹했다."라는 것이다. 큰 무리가 예수에게 몰려다녔으므로 헤롯이 "일어난 모든 일을 듣고"는 당연한 일이다. 소문도 각가지였다. "어떤 사람은 말하기를 요한이 죽은 자 가운데서 일어났다 하고, 어떤 사람은 엘리야가 나타났다 하고, 다른 사람은 옛 예언자 중 하나가 일어났다고 하였기 때문이다." 말 4:5의 예언에 따라 종말에 다시 올 엘리야라거나, 옛 예언자 모세나 예레미야나 이사야 중의 하나일 것이라는 소문 중에서도 헤롯 안티파스를 가장 당혹케 한 것은 다시 살아난 요한이 예수라는 소문이었던 모양이다. 누가는 "헤롯이 가로되 '요한은 내가 목을 베었거늘 그런데 이런 일들에 관해 내가 들은 바 이 자가 누구인가?'"라고만 단순히 적고 있지만, 마태와 마가는 그가 죽인 요한이 예수라 헤롯 자신이 스스로 말한 것으로 기록하고 있다. 여하튼, 헤롯이 요한을 죽인 사실에 자책감과 두려움을 갖고 있었던 것은 사실인 듯하다. 이 때문에 더욱 그는 "이 자가 누구인가?" 하고 당혹감과 궁금증을 드러내며 "그는 그를 보고자" 하였을 것이다.

당혹한 헤롯에 대한 삽화는 그것 하나로 끝나는 우연한 이야기가 아니다. 헤롯과 예수가 조우하는 일이 우연찮게 나중에 빌라도에 의해 벌어지는데(23:6-12), 누가는 이 우연한 만남과의 연결을 미리 염두에 두고 이 이야기를 의도적으로 여기에 삽입하였을 것이다. 이야기 담화는 빌라도가 무리에 의해 고소된 예수를 헤롯에게 송치한 사건으로 이어진다. 헤롯은 "이 자가 누구인가?"를 이때 캐묻고 예수는 당신의 진정한 정체를 숨긴다. 그리하여 헤롯은 오히려 지금까지의 당혹감에서 벗어나 예수를 희롱하여 빌라도에게 돌려보내게 되는데, 이 7-9

절은 참으로 교묘하게 짜여진 이야기 담화의 구상의 삽화다. 그때 헤롯은 스스로의 당혹감에서 비로소 벗어났고 빌라도로 하여금 주저함에서 벗어나 예수 처형을 단행하게 하였다.

오천 명을 먹이다(9:10-17)

예수가 떡 다섯 덩이와 물고기 두 마리로 오천 명을 배불리 먹인 엄청난 기적의 기사다. 학자들은 이 기적을 구약의 만나(출 16)와 메추라기(민 11), 그리고 보리떡(왕하 4:42-44) 사건과 병행기사라 논평한다. 이 기사는 복음서 모두에 게재되어 있지만, 누가의 기록은 헤롯이 "이 자가 누구인가?"라고 의문을 제기한 기사와 예수가 제자들에게 "너희는 나를 누구라 하느냐?"라고 물은 기사 사이에 기록되어 있다는 특이성을 갖는다. 이때 베드로의 고백이 "예수의 갈릴리 사역의 클라이맥스"(Bock, 1994, p. 825; Liefeld and Pao, 2007)라는 관점에서 이 기적 기사의 상대적인 무게를 헤아릴 수 있겠다.

제자들의 선교여행 보고(9:10-11) 우선 제자들이 선교여행에서 돌아와 예수에게 보고한 기사를 앞세운다. 마가의 병행기사를 보면 예수도 제자들도 피곤하였던 모양으로 무리를 떠나 한적한 곳에 가 쉬고 싶었음을 알 수 있다.

> **10**사도들이 돌아와 자기들의 모든 행한 것을 예수께 고한대 데리시고 따로 벳새다라는 고을로 떠나 가셨으나 **11**무리가 알고 따라왔거늘 예수께서 저희를 영접하사 하나님 나라의 일을 이야기하시며 병 고칠 자들은 고치시더라

제자들이 선교여행에 대해 보고했다고만 적고 그 내용은 언급하지 않고 있으나 매우 효험이 있던 선교였음을 짐작할 수 있다. "예수께서 그들을 데리시고 벳새다라는 도시에 따로 물러나셨다."라고 했는데 이때 제자들을 격려하려 하였음을 짐작할 수 있다. 무리와 따로 간 것은 쉬기 위함임을 또 짐작케 한다. 그런데 웬걸, 무리가 이것을 알고 예수를 따라온다. 예수는 저들을 피하지 않고 오히려 영접하여 하나님 나라에 관해 말씀하고 치유가 필요한 사람들을 고쳐준다. "예수께서 저희를 영접하사"에 대응하는 마가의 기사를 보면, "예수께서 나오사 큰 무리를 보시고 그 목자 없는 양 같음을 인하여 불쌍히 여기사 이에 여러 가지로 가르치시더라."(막 6:34)이므로 예수의 동정심의 발로임을 알 수 있다.

■ 떡 다섯 덩이와 물고기 두 마리, 그리고 열두 바구니(9:12-17)

날이 저물자 큰 무리의 식사와 숙박 문제에 걱정이 앞선 제자들이 예수에게 무리를 해산할 것을 요청한다. 그러나 그들과 생각이 달랐던 예수는 "너희가 먹을 것을 주어라."라고 답한다.

> 12날이 저물어 가매 열두 사도가 나아와 여짜오되 무리를 보내어 두루 마을
> 과 촌으로 가서 유하며 먹을 것을 얻게 하소서 우리 있는 여기가 빈 들이니
> 이다 13예수께서 이르시되 너희가 먹을 것을 주어라 하시니 여짜오되 우리에
> 게 떡 다섯 개와 물고기 두 마리밖에 없으니 이 모든 사람을 위하여 먹을 것
> 을 사지 아니하고는 할 수 없삽나이다 하였으니 14이는 남자가 한 오천 명 됨
> 이러라 제자들에게 이르시되 떼를 지어 한 오십 명씩 앉히라 하시니 15제자
> 들이 이렇게 하여 다 앉힌 후 16예수께서 떡 다섯 개와 물고기 두 마리를 가
> 지사 하늘을 우러러 축사하시고 떼어 제자들에게 주어 무리 앞에 놓게 하시

니 [17]먹고 다 배불렀더라 그 남은 조각 열두 바구니를 거두니라

열두 제자가 예수에게 와서 "무리를 내보내어 저들이 주위의 마을과 촌으로 들어가 숙박하며 양식을 얻게 하소서, 우리 있는 여기가 황량한 곳이기 때문입니다."라고 말한다. 이는 무리를 해산하여 각자가 먹고 잘 데를 마련케 하라는 현실적인 배려다. 학자들은 제자들의 이 현실적인 해결책에 대해 부정적인 시각으로 논평한다. 이 많은 무리가 인근 동네 어디서 각자의 먹을 것과 숙박소를 찾을 수 있는지 의문을 제기하고, 결국 무리를 해산시키려는 의도에서 나온 말이라 해석한다(Ryken, 2009, p. 435). 심지어 양식이든 무엇이든 "여행을 위하여 아무것도 가지지 말라."는 예수의 당부를 제자들이 잊고 있다(Green, 1997, p. 363)고 평하기도 한다. 여하튼, 제자들의 현실적인 배려에 대한 예수의 반응은 참으로 엉뚱하다. "너희가 먹을 것을 주어라."라고 예수가 말씀하니 제자들이 즉각적으로 말대답을 하지 않을 수 없었을 것이다. "우리에게 떡 다섯 덩이와 물고기 두 마리밖에 없나이다."라 제자들이 말하고 뒤이어 "이 모든 사람을 위해 우리가 가서 음식을 사지 않는다면 (불가능합니다)"이라고 덧붙인다. 그리고 누가는 14a절에 "약 오천 명의 남자들이 거기 있었다."라고 여자와 어린이들을 제외한 무리의 숫자를 견강부회하듯 덧보탠다. 누가의 이 기사는 마가의 것보다 훨씬 간결하다. 그러나 누가는 이 이야기 담화 속에 제자들의 무력한 부담감을 은근히 깔고 있다. 반면에 "너희가 먹을 것을 주어라."라고 말씀하는 예수에 대해서는 마치 원망하는 이스라엘 자손에게 하늘에서 양식을 비 같이 내리신 하나님의 권위를 은근히 부각시킨다.

이제 누가는 오천 명 이상의 무리에게 배불리 먹인 기적의 수행을 14b절 이하에 사실 보도로 담담하게 적고 있다. "떼를 지어 한 오십

명씩 앉히라(기대게 하라).”라고 예수가 제자들에게 이르고 “떡 다섯 덩이와 물고기 두 마리를 가지사 하늘을 우러러 축사하시고 그것들을 떼어”라고 적은 수행의 절차는 자칫 성찬의식을 연상케 한다. 그러나 “하늘을 우러러 축사”한 행위는 음식을 주신 하나님께 감사드리는 의미로 읽어야 할 것이다(Bock, 1994, p. 833; Ryken, 2009, p. 440). “축사하시고”를 NIV는 “그(예수)가 감사를 드렸다.”라 번역하고 있는 바 이러한 해석은 하나님께서 주신 음식이라는 뜻을 함축하고 있으며 실제로 이 의미를 선호하는 학자들이 꽤 있다(Green, 1997, p. 365; Liefeld and Pao, 2007). 감사를 드린 뒤 떡과 물고기를 떼었다인데, 아마도 떼어내는 족족 더 뗄 것이 남아 있었을 것이다. 그리고 뗀 것을 제자들에게 주어 그들이 직접 무리 앞에 놓게 함으로써 실상 “너희가 먹을 것을 주어라.”라는 말씀이 실현될 수 있도록 하였다. 그러므로 최후의 만찬(22:19-20)과 같은 의식의 유추를 여기 어느 구절에서도 찾아 읽을 수 없다.

이 기사 말미 17절에 “그리고 먹었고 배불렀다, 모두가. 남은 것을 모았더니 부서뜨린 조각이 열두 바구니더라.” 하고 아연할 수밖에 없는 엄청난 일을 당연한 듯 간단명료하게 보고하고 있다. 남은 조각 열두 바구니는 열두 제자들 하나씩에 해당하는 수라고 그 의미를 넘겨짚기도 한다. 믿거나 말거나, 제자들이 자신들이 가지고 있는 것을 모두 내주었으나 그들은 여전히 먹을 것이 충족하다는 해설이라면, 재미있다기보다 의미심장하다. 하지만, “그리고 먹었고 배불렀다.”라는 물질적인 충족에 얽매여 예수가 행한 기적의 의미심장함을 해설하려 하지는 말아야 한다. 본서에서는 이 의미심장함을 요한의 표적이라는 개념에서 찾아 읽겠다.

요한의 표적(semeia)이라는 그의 독자적인 용어로 기적을 개념화하고 있음을 숙고할 일이다. 예컨대, 가나에서 물로 포도주를 만든 첫 기적은 "그의 영광을 나타나시매 제자들이 그를 믿으니라."(요 2:11)라는 말씀의 표적이다. 또 오천 명을 먹인 일에서도 "그 사람들이 예수의 행하신 이 표적을 보고 말하되 '이는 참으로 세상에 오실 그 선지자라' 하더라."(요 6:14)라고 하는데, 여기서 기적이 갖는 표적의 의미를 찾아야 한다. 예수가 기적을 행함은 "예수의 정체성(identity)을 나타내기 위함"(Schreiner, 2008, p. 66)이다. 오천 명을 먹인 떡도 그 표적은 "오직 내 아버지가 하늘에서 내린 참 떡"(요 6:32)이고, "내가 곧 생명의 떡이니"(요 6:35)이다. "유대인은 표적을 구하고"(고전 1:22)에 적힌 표적은 요한과는 다른 의미의 표적으로, 눈에 보이는 증거로서의 기적을 뜻한다. 하지만, 요한의 용어인 표적은 기적 자체가 아니라 기적을 통해 예수가 누구인가를 상징하는 의미다. 그리하여 오천 명을 먹인 후에 예수는 "너희가 나를 찾는 것은 표적을 본 까닭이 아니요 떡을 먹고 배부른 까닭이로다."(요 6:26) 하고 꾸짖는다. 요한의 기사는 "떡을 먹고 배부르기" 위해 예수의 기적을 따라다닐 것이 아니라, 예수가 생명의 떡이라는, 즉 예수가 누구인가의 표적을 기적을 통해 깨달아야 한다고 말한다. 그리하여 예수가 메시아라는 믿음을 가짐으로써 영생을 얻을 수 있다고 꾸짖어 일깨우고 있다.

갈릴리 사역의 클라이맥스(9:18-36)

실상 갈릴리 사역의 클라이맥스라는 제목으로는 9:1-50을 포괄하여 갈릴리 사역의 여러 마지막 사역들을 총체적으로 개관하는 일이 합당한 기술방식일 것이다. 예수가 하나님 나라를 전파하는 공적인 사역을 열두 제자들에게 위탁한 9장 초두의 기사부터 예수의 갈릴리 사역은 그 절정에 다가서고 있다고 볼 수 있기 때문이다. 그럼에도 불구하고, 본서에서 9:18-36을 클라이맥스라 규정하는 까닭이 있다. 그것은 갈릴리 사역의 주요 주제가 예수가 누구인가인데, 제자들조차 "저가 뉘기에 바람과 물을 명하매 순종하는고?"라고 의문을 제기했던 반면에 여기서는 "하나님의 그리스도시니이다."라는 베드로의 고백이 보고되어 있기 때문이다. 아울러, 예수의 영광의 변모 사건이 이어서 보고되는데 그때 구름 속에서 "이가 나의 아들"이라는 하늘의 목소리가 들린다. 실로 이들 두 사건이야말로 예수가 죽음을 향해 예루살렘에 올라갈 마무리를 한 것이므로 갈릴리 사역의 클라이맥스이다.

베드로의 고백(9:18-27)

하나님의 그리스도시니이다(9:18-20) 예수가 그리스도라는 증언은 이미 누가복음 곳곳에(2:11, 26; 3:15; 4:41) 직간접으로 진술되어 있다. 그러나 제자의 입으로 직접 고백한 것은 여기가 처음이다. 이때까지 예수의 갈릴리 전도는 (특히) 제자들에게서 이 고백을 듣기 위한 사역이었다고 단정해도 과언은 아닐 것이다. 이제야 비로소 예수의 정체성에 베드로를 비롯한 제자들이 깨달아 크게 접근한다.

> 18예수께서 따로 기도하실 때에 제자들이 주와 함께 있더니 물어 가라사대
> 무리가 나를 누구라고 하느냐 19대답하여 가로되 세례요한이라 하고 더러는
> 엘리야라, 더러는 옛 선지자 중의 하나가 살아났다 하나이다 20예수께서 이
> 르시되 너희는 나를 누구라 하느냐 베드로가 대답하여 가로되 하나님의 그
> 리스도시니이다 하니

예수는 기도할 때에 항상 외딴곳에서 하였지만 그곳에 제자들이 함께 하는 것은 개의치 않았다. 다른 사람들이 없다는 사실도 중요하지만 기도하였다는 사실이 더 중요하다. 누가에 의하면 사역의 새로운 국면을 맞이할 때 예수는 항상 기도하였기 때문이다. 예수가 "무리가 나를 누구라 하느냐?"라고 묻자 제자들은 "세례요한이라 하지만, 더러는 엘리야라, 더러는 옛 선지자 중의 하나가 살아났다고 하나이다." 하고 답한다. 당시 세례요한에 관한 소문은 헤롯도 듣고 당혹하였을 정도로 널리 퍼진 것이었고, 엘리야는 구약에 신실한 유대인들이 존경하던 선지자였다. 그리고 옛 선지자 중 하나는 (마태에 의하면) 예레미야를 가리킨다. 예수가 제자들에게 맞대어 다시 묻는다. "그러나 너희는 나를 누구라 하느냐?"라고. 이렇게 물은 것을 보면 예수가 무리의 견해와는 다른 대답을 기대한 듯하다. 베드로가 앞장서 대답하기를 "하나님의 그리스도이십니다."라고 하는데, 이로써 예수의 갈릴리 사역을 줄곧 수행해온 제자들은 (누가에 의하면) 예수가 떡 다섯 덩이와 물고기 두 마리로 오천 명을 먹인 직후인 이때에 비로소 예수가 하나님께서 보내신 예언자 이상이라는 명쾌한 답변을 하게 된다. 더군다나 이 답변은 정치적인 메시아가 아니라는 확고한 깨달음에서 나온 것이다. 체험을 통해 귀납적인 추론으로 얻어진 것이 아니라 제자들의 믿음에서 우러나온 것이 틀림없다(Ryken, 2009, p. 449). 그렇다면, 이제 제자들은 그리스도의 모든 것을 깨달아 안 것인가?

■ **예수의 수난예고**(9:21-22) 베드로의 고백은 예수의 사역 역사에서 중요한 전환점의 획을 긋는 사건이다. 요컨대, 갈릴리 사역을 마감하고 "예수께서 승천하실 기약이 차가매 예루살렘을 향하여 올라가기로"(9:51) 기획하는 전환점이다. 예수는 베드로의 고백을 듣자마자

제자들에게 예수의 수난예고를 들려준다. 이것이 그리스도의 또 다른 메시아성인데, 베드로의 고백에는 필경 이 수난의 그리스도의 의미가 담겨 있지 않았던 것이다.

> 21경계하사 이 말을 아무에게도 이르지 말라 명하시고 22가라사대 인자가 많은 고난을 받고 장로들과 대제사장들과 서기관들에게 버린 바 되어 죽임을 당하고 제삼일에 살아나야 하리라 하시고

우선, 베드로의 고백에 대한 예수의 이 경고는 베드로에게만 한 말씀이 아니라 제자들 모두에게 이른 것이다. 따라서 "하나님의 그리스도!"라는 고백이 베드로 개인의 고백이 아니라 제자들 전체의 믿음임을 짐작할 수 있다. 그런데 이 제자들의 믿음에 대해 예수는 아무에게도 말하지 말라고 엄명한다. 문제는 예수가 왜 침묵을 강요하는지다. 혹자는 유대인들이 기대했던 그리스도는 로마제국에서 해방시켜줄 정치적인 메시아였기에 예수가 침묵을 강요하였다고 해설한다. 하지만, 본문을 좀 더 분석적으로 읽을 필요가 있다. 이 21-22절은 하나의 문장이다. "이것에 관해 아무에게도 말하지 말라고 엄중하게 지시했고 명령하였으니, '인자가 필히 큰 고난을 받겠고, 장로들과 대제사장들과 서기관들에게 버림을 받겠고, 죽임을 당하겠고, 제삼일에 일으켜질 것이다.'라 말씀하셨다". 예수가 침묵하기를 요구한 내용이 작은 따옴표 안에 있는 말씀이다. "고난을 받겠고…… 버림을 받겠고…… 죽임을 당하겠고…… 일으켜지겠다."가 그리스도의 본질이고 또 침묵의 내용이다.

베드로의 고백에는 그리스도의 수난의 본질이 빠져 있다. "제자들은 예수가 누구인가를 방금 이해하기 시작했던 것이고, 예수가 와서

무엇을 해야 하는지에 대해 명료한 관념을 갖고 있지 않았다"(Ryken, 2009, p. 452). 그뿐만 아니라, "제자들이 필히 침묵을 지켜야 하는 것은 인자가 반드시 수난받아야 하고 정당화되어야 하기 때문이다. 이 말은 예수의 필연적인 수난과 정당화(부활과 승천)가 그들(제자들)의 메시아의 개념에 아직 잘 통합되어 있지 않다는 것을 의미한다"(Green, 1997, p. 370). 한편, 바울이 데살로니가에서 예수를 그리스도라 어떻게 전했는지를 살펴보면 제자들과의 차이를 알 수 있다. 바울은 "뜻으로 풀어 그리스도가 해(수난)를 받고 죽은 자 가운데서 다시 살아야 할 것을 증명하고 이르되 내가 너희에게 전하는 이 예수가 곧 그리스도라."(행 17:3)라고 하였다. 바울의 이 증언은 나사렛 예수가 그리스도이고, 그의 수난과 부활이 성서 기록과 합치하고, 그리고 사람들은 그들의 생에서 하나님의 통치를 체험할 수 있다는 풀이다(Longenecker, 2007, pp. 974-975). 예수가 제자들에게 그리스도에 대해 보충해주는 말씀이 바로 바울이 전하는 그리스도이다.

■ **제자들의 수난의 길**(9:23-27) 여러 주해서에서 이 대목을 베드로의 고백과 별개의 단원으로 읽는다. 그런데, 마가는 베드로의 고백 후에 예수가 당신의 수난을 말씀하니 "베드로가 예수를 붙들고 간하매(나무라니) 예수께서 돌이키사 베드로를 꾸짖어 가라사대 '사단아, 내 뒤로 물러가라 네가 하나님의 일을 생각지 아니하고 도리어 사람의 일을 생각하는도다.'"(막 8:32b-33)라고 말씀하였다고 전한다. 그리고 이 대목, 즉 제자들의 수난의 길을 잇대어 말씀한다. 이에 따라 여기서는 베드로의 고백과 같은 단원으로 묶어 9:23-27을 읽으며, 예수 자신이 당신의 수난과 제자들의 수난에 대해 말씀한 것으로 읽겠다.

23또 무리에게 이르시되 아무든지 나를 따라오려거든 자기를 부인하고 날마
다 제 십자가를 지고 나를 좇을 것이니라 24누구든지 제 목숨을 구원코자
하면 잃을 것이요 누구든지 나를 위하여 제 목숨을 잃으면 구원하리라 25사
람이 만일 온 천하를 얻고도 자기를 잃든지 빼앗기든지 하면 무엇이 유익하
리요 26누구든지 나와 내 말을 부끄러워하면 인자도 자기와 아버지와 거룩
한 천사들의 영광으로 올 때에 그 사람을 부끄러워하리라 27내가 참으로 너
희에게 이르노니 여기 섰는 사람 중에 죽기 전에 하나님의 나라를 볼 자들도
있느니라

"또 무리에게 이르시되"라고 하여 예수가 모두에게 말씀하였다고 운을 떼고 있으니 제자들을 포함해 예수를 따르는 무리에게 말씀한 것으로 장면이 바뀌었다. "누구든 나를 따르기를 원하면"이라는 제자됨의 조건을 제시하고, 그러려면 누구든 "자기를 부정하고 자기의 십자가를 날마다 지고 나를 따라야 한다."라고 명령한다. 조엘 B. 그린은 이 세 가지 제약을 누가의 이야기 담화의 전체 맥락에서 당시 로마 문화에 견주어 그 의미를 찾는다(Green, 1997, p. 372). 자기 부정은 개인적인 차원의 부정이라기보다 가족이나 친분 내지 혈연 등의 관계에서 개인의 정체성을 확인하는 로마 문화권에서의 가치인 바, 그것에서 벗어나 그리스도와의 관계에서 새로운 공동체의 유대감을 공고히 하는 것이 자기 부정이라 한다. 개역성경의 표현 "자기를 부인하고"의 부인하다(arneomai)는 자기를 인정하지 않다라는 정도를 넘어서 자기를 위한 일체를 포기하라는 강한 부정을 뜻하는 어휘라 한다. 십자가를 날마다 지고는 나날의 현세의 온 생애에 걸쳐(Garland, 2011, p. 390) 마치 십자가의 사형선고를 받은 것처럼 받아들임으로써 예수가 선포한 하나님 나라의 가치에 따라 사는 것이라 한다. 예수를 따라야 한다는 현

재동사의 표현은 예수와의 지속적인 동반관계를 뜻하는 것이라 한다. 예수와의 지속적인 동반관계를 갖는 일은 자기 자신을 부정하고 자기의 십자가를 지는 일에서 생겨난다(Bock, 1994, p. 852). 자기 부정은 자신의 욕구가 아니라 하나님의 의지에 복종하는 일이고, 로마법에 따라 자기가 달릴 십자가를 스스로 짊어지고 가는 일은 버림받음과 죽음이라는 부끄러움의 수난의 길을(9:22) 겸손하게 받아들이는 일이다.

요컨대, 예수와 동반하여 그의 제자가 된다는 것은 이 세상의 가치가 전도된 길을 걷는 일이다. 왜 그럴 수밖에 없는가를 24절에 "누구든지 그의 생을 구원하기를 원하면 그의 생을 잃을 것이요, 누구든지 나 때문에 그의 생을 잃으면 그의 생을 구원하겠기 때문이다."라고 예수는 설명한다. "누구든지 그의 생을 구원하기를 원하면"이라는 진술이 23절에 적힌 자기 부정을 하지 않은 상태라면 이 24a절에 "자기를 위하여"가 생략되어 있다고 보아야 할 것이다. 그리하여 이기적인 자기 긍정의 삶을 위해 그의 자아의 생(psyche)을 구하고자 원하면 잃을 것이라는 역설로 24a절을 읽을 수 있다. 반면에 "누구든지 나 때문에 그의 생을 잃으면"이라 함은 제자 된 도리로서 "우리가 어디를 가든 우리 자신의 십자가의 도구를 함께 짊어지고 가는 것"(Ryken, 2009, p. 462)이라 읽을 수 있겠다. 그리하여 예수가 날마다 십자가를 지고 그의 생애를 이 땅에서 살았듯이 우리도 그처럼 여러 사람 앞에서 공개적으로 십자가를 지고 예수를 따라가는 것이 자아의 생(psyche)을 구하는 일이라 24b절을 이해해야겠다.

이어지는 25-27절은 24절에 대한 보충 설명이다. 우선 25절은 역설적인 24절을 생사의 평이한 가치관으로 설명한다. "사람이 만일 온 세상을 얻고도 그 자신을 잃든지 빼앗기든지 하면 무엇이 유익하리요?"에서 온 천하를 얻는 것이 이기적인 자기 긍정의 자아의 생(psyche)을 구하고자 하는 최고의 목표일 것이다. 설령 이 목표를 달성한다 하더라도 "자기를 잃든지 빼앗기든지 하면 무엇이 유익하리요?"에서 "자신(heauton)"은 나 자신, 즉 나의 모든 것이다. "잃든지 혹은 빼앗기든지"라는 동사의 뉘앙스로 보아 온 세상의 모든 것이 자아의 소유물이 된다 하더라도 소유물만 남고 나 자신을 상실하면 내게 유익한 것이 아무것도 없다는 뜻이다. 이 말씀이 과장의 수사로도 들릴 수 있으나 예수는 그의 영광으로 올 때 실제로 이것이 현실일 수밖에 없음을 밝힌다.

"누구든지 나와 내 말을 부끄러워하면 그 사람에 대해 인자가 그의 영광과 아버지와 거룩한 천사들의 영광으로 오실 때 부끄러워할 것이다."가 26절이다. "누구든지 나와 내 말을 부끄러워하면 그 사람에 대해"는 예수의 제자가 아닌 사람, 이기적인 자기 긍정의 자아의 생을 추구하는 사람이다. 그런 사람에 대해 부끄러워할 것이라 말씀한다. 그때가 언제인가 하면, 부끄러움을 받던 인자가 자신의 영광으로 그리고 하나님과 거룩한 천사들의 영광으로 다시 올 때다. 이 재림의 영광에 예수의 제자가 아닌 사람들은 참여할 수 없다는 것이다.

"그러나 내가 참으로 너희에게 이르노니"라 운을 떼고 27절에 "여기 서 있는 사람들 중에 하나님의 나라를 볼 때까지 죽지 않을 자들도 있느니라."라고 말씀한다. 이 말씀은 문법적으로 대안적인 해석이 있을 수 없는 표면 문장의 의미 그대로이기 때문에, 오히려 그 때문에, 학자들은 이 문장의 의미가 구체적으로 어떤 사건을 지시하는지에 대해 매우 당혹해한다. 그리하여 부활하여 제자들에게 나타났을 때라거나 오순절의 성령이 강림하였을 때라 해설하기도 하지만, 이 사건들이 "하나님 나라를 보리라."라는 구체적인 예언에 반드시 합치하는 것은 아니다. 여기에 대안적인 해설로 "하지만, 다른 사건 즉 누가가 그것에 관해 기술하고 있는 변모의 사건이 이 말씀에 대한 우리의 이해에 공헌할 수 있다. 변모는 어떤 다른 사건들보다 재림(parousia)의 미리 보기다."(Liefeld and Pao, 2007, p. 176)라는 것이 있다. 예수의 산상 변모는 "하나님의 나라를 볼 자들이 있나니라."라는 말씀에 적합하고, "여기서 있는 사람들 중에"는 제자들 중 세 사람이 목도한 일을 가리키며, 그리고 무엇보다 마태와 마가와 누가 모두가 예수의 이 말씀에 곧바로 잇대어 산상변모기사를 적고 있다는 사실이 우리로 하여금 27절이 예수의 변모 사건이라는 심증을 확증해준다.

예수의 영광의 산상 변모(9:28-36)

이 단원은 실상 앞 단원과 같은 맥락에 속한다. 두 단원의 기사 연결이 아래처럼 교차대구적으로 정연하게 상응한다는 점에서 맥락의 상응성이 돋보인다(Garland, 2011, p. 384). 예시하면, 9:26의 인자가 영광으로 오는 것과 9:29의 예수의 영광이 변모로 현시되는 것, 9:22의 예수께서 말씀한 자신의 죽음과 부활과 9:31의 모세와 엘리야에 의한 예수의 출애굽에 대한 논의, 그리고 9:20의 베드로에 의한 예수의 메시아로서의 정체성과 9:35의 "이는 내 아들"이라는 하늘의 소리로부터의 메시아로서의 정체성이 교차대구적이다.

예수와 모세와 엘리야(9:28-36) 앞 단원에서는 "하나님의 그리스도!"라는 예수의 정체성 고백(9:20)과 다가올 수난의 예언(9:22), 당신의 영광으로 오리라는 재림(9:26)을 차례로 언급하였다. 이 세 내용이 이 단원에서도 언급되는데 이번에는 순서가 역으로 기술되어 예수의 영광이(9:29) 먼저 나오고, 수난이 모세와 엘리야와의 대화에서

(9:30) 중간에 나온다. 그리고 마지막으로 "이는 내 아들"(9:35)이라는 예수의 정체성이 기록되어 있다. 이를 통해 앞뒤 두 단원의 바탕이 같은 맥을 공유하고 있으며, 이번 단락이 앞 단락의 구체적인 재현이라는 사실을 확증할 수 있다.

> 28이 말씀을 하신 후 팔 일쯤 되어 예수께서 베드로와 요한과 야고보를 데리
> 시고 기도하시러 산에 올라가사 29기도하실 때에 용모가 변화되고 그 옷이
> 희어져 광채가 나더라 30문득 두 사람이 예수와 함께 말하니 이는 모세와 엘
> 리야라 31영광 중에 나타나서 장차 예수께서 예루살렘에서 별세하실 것을
> 말씀할새 32베드로와 및 함께 있는 자들이 곤하여 졸다가 아주 깨어 예수의
> 영광과 및 함께 선 두 사람을 보더니 33두 사람이 떠날 때에 베드로가 예수
> 께 여짜오되 주여 우리가 여기 있는 것이 좋사오니 우리가 초막 셋을 짓되 하
> 나는 주를 위하여, 하나는 모세를 위하여, 하나는 엘리야를 위하여 하사이
> 다 하되 자기의 하는 말을 자기도 알지 못하더라 34이 말을 할 즈음에 구름이
> 와서 저희를 덮는지라 구름 속으로 들어갈 때에 저희가 무서워하더니 35구
> 름 속에서 소리가 나서 가로되 이는 나의 아들 곧 택함을 받은 자니 너희는
> 저의 말을 들으라 하고 36소리가 그치매 오직 예수만 보이시더라 제자들이
> 잠잠하여 그 본 것을 무엇이든지 그 때에는 아무에게도 이르지 아니하니라

학자들은 이 산상변모기사를 시나이산에 오른 모세의 기사(특히 출 24-34)에 대비하여 읽는다. "이 말씀을 하신 후 팔 일쯤 되어"라는 시기는 베드로의 고백 다음에 예수가 자신의 수난예고와 더불어 "여기 서 있는 사람들 중에 하나님의 나라를 볼 때까지 죽지 않을 자들도 있느니라."(9:27) 하고 말씀한 지 대략 팔 일쯤 되는 시기다. 이 시기를 마태와 마가에서는 "엿새 후에"라 명시하고 있다. 이 시기를 모세의

시나이산 사건과 비교해보면, 모세가 야훼의 부르심에 따라 산에 올라갔을 때 구름이 6일 동안 산을 가리고 7일에야 야훼의 영광을 보았다는 시기와 견줄 수 있다. "엿새 후"나 "팔 일쯤"이라는 시기는 모세가 산상에서 기다리던 기간과 대략 맞대어 비교할 만한 시기라 보아도 무리는 없다. 그때에 예수가 "베드로와 요한과 야고보를 데리고 기도하러" 산에 올라갔다고 하는데, 세 사람만 동행했다는 사실이 "여기 서 있는 몇 사람들은 죽기 전에 하나님 나라를 보리라."(9:27)라는 앞 단원에서의 예수의 예언과 합치한다(Schreiner, 2008, p. 807).

누가는 변모(metemorphothe)라는 용어를 사용치 않고 "그가 기도하실 때에 그의 얼굴의 모습이 변화했고 그의 옷이 흰색으로 휘황찬란하게 되었다."라고 기술하고 있다. 이때 휘황찬란한 옷은 하늘의 영광을 반영하는 것이기도 하다(행 10:30 참고). 꼭 같은 용어로 쓰인 것은 아니지만 예수의 이 영광의 변모와 시나이산에서의 모세의 영광의 변화(창 34:29-35)는 족히 비교함직하다. 어떤 까닭으로 예수와 모세를 비교하는지 논란이 있으나 두 인물을 맞대어 비교한 것은 아닐 테다. "이 새로운 모세가 새로운 질서를 설립한다."(Bock, 1994, p. 867)라는 하나님의 주권 통치의 역사적인 관점에서 이해하면 될 것이다.

"문득 두 사람이 예수와 함께 말하니 이는 모세와 엘리야라."라는 구절이 30절이다. "문득"을 "보라!"로 번역할 수도 있는 모양이니 제자들이 맞닥뜨린 놀라운 장면에 대한 감탄사다. "영광 중에 나타나서 예수께서 예루살렘에서 이루실(완성하실) 바인 예수의 별세(출발, exodus/exodon)에 관해 말하였다."라는 31절이 이어진다. 모세와 엘리야가 영광 중에 나타났다니 필경 하나님 나라의 영광 중에 있음을 묘사한 것이리라. 모세는 구약 최초의 메시아 예언자이고 엘리야는 종말 전에 이 땅에 보내리라 예언했던(말 3:4-5) 예언자다. 모세와 엘리야는 구약에서 율법과 선지자의 상징적 대표자이고, 예수는 구약의 율법과 선지자를 "폐하러 온 것이 아니요 완전케 하려"(마 5:17) 온 신약의 메시아다. 이들 두 예언자가 예수와 나눈 대화는 예수의 별세에 관해서다. 노예생활에서 출애굽하였듯이 예수의 별세는 죄로부터의 출애굽이기도 하다. 이제 새로운 출애굽은 예수가 수난받고 버림받고 죽임을 받고 그리고 일으켜져서(9:22 참고) 승천할 구약의 출애굽의 연장선상에 있는 하나님의 완성의 결실이다(Fitzmyer, 1970, p. 800). 이 새로운 출애굽이 "예루살렘에서 이루실 바"인데, 다시 번역하면 "예루살렘에서 완성(pleroun)하려 하는 출애굽"이다.

"베드로와 그와 함께 있는 자들이 잠에 억눌렸다가, 그러나 온전하게 깨어나 예수의 영광과 예수와 함께 서 있던 두 사람을 보았다." 라는 구절이 32절이다. 여기서 잠에 짓눌렸다가 온전하게 깨어났다는 것은 누가만의 기사인데, 이 기괴한 일을 어느 학자도 해설하지 않고 있다. 혹 세 제자의 얼이 휘황찬란함 속으로 빠져나갔던 것은 아닌지 의심스럽다. 여하튼, 그들은 온전하게 깨어나 예수의 영광과 함께 서 있던 모세와 엘리야를 분명하게 본다.

두 사람이 예수에게서 떠나려 할 때 베드로가 "주인이시여, 여기 있는 것이 우리에게 좋사오니, 우리로 하여금 세 초막을 짓게 하여 하나는 당신을 위하여, 하나는 모세를 위하여, 하나는 엘리야를 위하여 (짓게 하소서)."라고 33절에 불쑥 내뱉는데, 복음서 기자인 누가는 이 말에 대해 "자기의 하는 말을 자기도 알지 못하더라."라고 평한다. 모세와 엘리야가 떠나려 하고 있었을 때이니 그들의 떠남을 막으려는 의도이기도 하려니와, 하지만, 예수의 수난의 출애굽 대화를 듣고서도 베드로는 여기서 세 분과 함께 오래 머물고 싶었던 것이다. 어떤 학자들은 초막 셋을 짓겠다는 것이 예수를 모세와 엘리야와 대등한 위치에 놓으려는 모자란 생각이라 비판하기도 한다.

예수가 공생애를 시작하기 전과 예루살렘에 올라가기 전에 하나님 아버지께서 예수에게 직접 나타나신다. "이 말을 할 때 구름이 와서 저희를 덮는지라 구름 속에 들어가자 그들이 두려워하였다."라는 34절은 출 40:35에 구름을 통해 나타나신 하나님의 임재가 너무도 충만하여 모세조차 가까이 갈 수 없던 장면을 연상케 한다. "이 말을 할 때"라 하였으니 베드로가 하던 방자한 말을 구름이 와서 가로막았다고 해설할 수도 있겠다(Green, 1997, p. 383). 구름이 하나님의 현존의 상징이라니 그들이 구름에 휩싸여 두려워하였다는 것은 당연한 일이다. "구름에서 소리가 나와 말하기를 '이는 나의 아들, 택함을 받은 자이니 그에게 귀 기울이라.' 하시더라."라는 말씀은 예수가 세례를 받고 기도할 때 하늘이 열려 "너는 내 사랑하는 아들이라 내가 너를 기뻐하노라."(3:22)라고 한 것과 질적으로 같다. 하나님께서 예수를 아들이라 공히 호칭하고, 세례에서 "사랑하는"이란 표현과 변모에서 "택함을 받은"이란 표현이 상응하고, 세례에서 "너를 기뻐하노라"라는 표현과 변모에서 "귀 기울이라"라는 표현이 상응하기 때문이다(Bock, 1994, p. 873). 그러나 상응하지 않는 측면도 있다. 세례에서는 하나님께서 예수에게 이인칭을 사용하여 말씀하셨는데 변모산에서는 예수가 누구인가를 제자들에게 말씀하신다(Green, 1997, p. 384). 학자들은 누가의 "귀 기울이라"라는 표현이 70인역 신 18:15에서 "선지자 하나를 너를 위하여 일으키시리니"라고 말씀하면서 첨부한 말씀과 동일하다는 사실에 주목한다. 그리하여 오직 예수만이 진정한 예언자요(Liefeld and Pao, 2007, p. 181), 초막 셋을 짓자고 말했던 베드로에게 예수가 모세와 엘리야보다 더 크다(Bock, 1994, p. 874)라고 말씀하신 것이라 해설한다.

"소리가 말씀하시기를 마쳤을 때 예수만이 홀로 계셨다."라고 예수의 영광의 변모 장면이 끝난다. 모세와 엘리야는 온데간데없고 현실이 되돌아왔다. "제자들이 잠잠하여 그 당시에는 그들이 본 것을 아무에게도 이야기하지 않았다."가 마태와 마가에 비해 누가의 이 단원의 아주 간략한 마지막 절이다. 만약 누가가 제자들이 자의로 아무에게도 이야기하지 않은 것이라 기록한 것이라면, 앞에서 "그들이 두려워하였다."라고 표현한 감정에서 헤어나지 못했기 때문일 것이다. 마태와 마가에서는 인자가 죽은 자 가운데서 살아나기 전에는 본 것을 아무에게도 이르지 말라고 예수가 당부하였기 때문에 이야기하지 않은 것으로 되어 있다. 모세와 엘리야가 예수와 함께 나눈 대화는 예수의 죽음에 관해서다. 세 명의 대표 제자를 포함한 모든 제자들은 예수를 그리스도라 믿었다 하더라도 예수의 죽음에 대한 하나님의 계획을 도저히 이해할 수 없었다. 대저 이해할 수도 없는 일에 대해, 또 있어서는 안 될 일에 대해 서로 공개적으로 이야기를 나눌 수 없었을 것이다.

■ **부기: 베드로의 변모에 대한 해석(벧후** 1:16-18) 예수의 영광의 변모를 목격한 베드로는 벧후 1:16-18에 그 의미를 진술하고 있다. 베드로의 변모에 대한 해석은 본서에서 전술한 해석과 사뭇 다르므로 이 단원의 결미로 이 기사를 읽겠다.

> **16** 우리 주 예수 그리스도의 능력과 강림하심을 너희에게 알게 한 것이 공교
> 히 만든 이야기를 좇은 것이 아니요 우리는 그의 크신 위엄을 친히 본 자라
> **17**지극히 큰 영광 중에서 이러한 소리가 그에게 나기를 이는 내 사랑하는 아
> 들이요 내 기뻐하는 자라 하실 때에 저가 하나님 아버지께 존귀와 영광을 받
> 으셨느니라 **18**이 소리는 우리가 저와 함께 거룩한 산에 있을 때에 하늘로서
> 나옴을 들은 것이라

이 베드로의 진술의 요지는 예수의 변모가 그의 재림(parousia)이라는 종말의 약속의 완성을 예언하고 표상하는 것이라는 점이다. "예수의 위엄(至上權)은 명백했고 바로 그때(변모의 때) 아버지로부터 예수가 존귀와 영광을 받았기 때문에 변모는 예수의 재림의 예견이고 전주곡이다."(Schreiner, 2008, p. 824)라고 베드로는 증언하고 있다. 그리하여 베드로는 "우리는 그의 약속대로 의의 집인 새 하늘과 새 땅을 바라보도다."(벧후 3:13)라는 기쁨의 소망을 피력한다.

앞서 예수의 변모기사를 해설하면서 베드로에 대해 모자라고 방자하다 비판하였다. 그리고 변모를 단지 예수의 영광이 나타난 것이라고만 해설하였다. 그런데 베드로는 그의 말년에 거짓 교사들을 경고하면서 재림의 약속으로 신자들을 위로한다. 이때 그는 그가 친히 본 예수의 변모를 증언하고, 변모가 의심의 여지없이 확실한 '예수 재림의 예언'이라는 심오한 하나님의 계획의 완성을 내다본다. 그러고 보니, 31절에서 예수의 죽음의 출애굽을 "예루살렘에서 완성하려 하는" 것이라는 진술을 재림의 완성이라 해석할 수도 있겠다. 베드로의 이 독자적인 견지는 필경 예수가 부활한 이후에 성숙하게 된 그의 신앙 변화에 힘입은 능력의 소산일 것이다.

제자들의 과실(9:37-50)

갈릴리 사역의 클라이맥스인 베드로의 고백과 예수의 변모기사 다음에 그리고 예수가 예루살렘에 상경하기 전에, 일련의 사건들이 중간에 삽입되어 있다. 일견하면, 이 사건들은 서로 연관이 없어 보이나 실은 하나의 공통 주제로 연결시켜 읽을 수 있다. 그 주제가 제자들의 과실로, 악귀 들린 아이에게서 악귀를 내쫓는 데 실패한 일(9:37-43a), 수난예고를 알아듣지 못한 일(9:43b-45), 자기들끼리 서로 누가 크냐고 논쟁한 일(9:46-50) 등이다. 앞 단원에서 "그(예수)에게 귀 기울이라."라는 구름에서 나오는 소리가 보고되어 있고 하나님의 계획을 사역하는 예수의 일이 막바지에 접어들고 있는데도 불구하고, 아직 제자들은 깨우쳐 알아야 할 일이 많이 남아 있다.

제자들의 실패와 예수의 실망(9:37-43a)

내가 얼마나 오래 너희와 함께 있어야 하느냐?(9:37-43a) 이 소제목은 악령을 쫓아내지 못한 제자들을 향한 예수의 한탄이다.

> 37이튿날 산에서 내려오시니 큰 무리가 맞을새 38무리 중의 한 사람이 소리
> 질러 가로되 선생님 청컨대 내 아들을 돌아보아 주옵소서 이는 내 외아들이
> 니이다 39귀신이 저를 잡아 졸지에 부르짖게 하고 경련을 일으켜 거품을 흘
> 리게 하며 심히 상하게 하고야 겨우 떠나가나이다 40당신의 제자들에게 내어
> 쫓아 주기를 구하였으나 저희가 능히 못하더이다 41예수께서 대답하여 가라
> 사대 믿음이 없고 패역한 세대여 내가 얼마나 너희와 함께 있으며 너희를 참
> 으리요 네 아들을 이리고 데리고 오라 하시니 42올 때에 귀신이 거꾸러뜨리
> 고 심한 경련을 일으키게 하는지라 예수께서 더러운 귀신을 꾸짖으시고 아
> 이를 낫게 하사 그 아비에게 도로 주시니 43a사람들이 다 하나님의 위엄을
> 놀라니라

"이튿날 산에서 내려오시니 큰 무리가 그를 만났다."가 이 사건의 배경이다. "이튿날"이라 그 시기를 적고 있는데 학자들은 이튿날이라

함은 예수의 변모 사건이 밤에 일어났던 일이기 때문이라 추측한다. 마가는 예수가 세 제자와 함께 산에서 내려와 다른 제자들에게 와 보니 그들이 많은 무리에게 에워싸여 율법학자들과 논쟁하고 있었다고 배경을 기록하고 있다. 마가는 논쟁의 주제를 언급하지 않고 있으나, 학자들은 아마도 제자들이 악령을 아이에게서 쫓아내려다 실패하자 논쟁이 더 살벌해졌으리라 추측한다. 이처럼 예수는 변모 체험의 영광에서 불신의 사람들의 세계로 되돌아와 그 한복판에 선다(Bock, 1994, pp. 880-881).

"그리고 보세요, 무리 중에서 한 사람이 외쳐 말하기를 '선생님, 내 아들을 돌보아주시기를 간청합니다, 내 외아들입니다. 그리고 보세요, 영이 그를 붙잡아 졸지에 울부짖게 하고 경련을 일으켜 그가 입에 거품을 흘리게 하며 때려눕히고야 겨우 그를 떠납니다. 내가 당신의 제자들에게 그자를 내쫓아달라 간청하였으나 그들이 할 수 없었나이다.'라 말하였다."가 38-40절이다. 아이 아버지의 간청이 간절하긴 하지만 어쩐지 살벌한 데가 있다. 아이의 간질병의 증후가 애절한 탓도 있지만 제자들의 치유 불능에서 온 불만의 토로가 뒤엉켜 있기 때문일 것이다.

"오, 믿음이 없고 뒤틀린 세대여! 내가 얼마나 오래 너희와 함께 있어야 하며 너희를 참아야 하느냐?"라고 41절에 질문 형식을 빌려 예수가 꾸짖고, 그 사람에게 "네 아들을 이리로 데리고 오라."라고 명한다. "뒤틀린 세대"는 출애굽 후에 모세가 "신실하신 하나님"에 대비시켜 이스라엘 백성의 불신에 대해 꾸짖은 말씀이다(신 32:5). 학자들은 예수의 이 말씀이 누구를 상대로 한 것인지를 따진다. 꾸짖음의 앞 말씀은 아이 아버지를 제외한 (특히 제자들에게 초점을 맞추어) 무리에게 건넨 것이라는 해석이 통설이다(Bock, 1994, p. 883; Green, 1997, p. 388;

Lyken, 2009, p. 485). "예수께서 열두 제자들을 불러…… 악령을 제어하며 병을 고칠 능력과 권위를 주셨는데"(9:1)도 불구하고 그들이 실패했기 때문이다. 제자들의 실패는 예수의 수난예고를 이해하지 못한 불신에 기인했는지도 모른다(Garland, 2011, p. 403). 악령을 내쫓지 못한 제자들의 불능이 그들의 부족한 믿음에서 비롯되었다는 꾸짖음이라는 것이 마 17:19-20에 분명하게 기술되어 있다. 또 이 때문에 깊은 슬픔에 잠겨 "내가 얼마나 오래 너희와 함께 있어야 하느냐?" 하고 한탄하였다고 학자들은 해석한다. "너희를 참으리요."는 진노하지 않고 품어 안는다는 사 46:4에 병행하는 의미라 해석하는 학자들도 있다.

"아이가 오고 있었을 때 악귀가 그를 땅바닥에 내동댕이쳐 경련을 일으키게 하였다. 그러나 예수께서 더러운 영을 꾸짖어 아이를 낫게 하여 아이를 그의 아비에게 되돌려 주셨다."라는 42절은 번역상의 문제가 없는 것은 아니나 의미 해석상으로는 더 이상 주해가 필요없다. 그리하여 "그들이 모두 하나님의 위엄에 놀라워하였다."로 이 장면이 끝난다. 예수는 제자들과 이 세대에 대해 실망하였지만, 분노를 표출하는 것이 아니라 아이를 낫게 하고 모두가 하나님을 찬미케 한다. 아직 성숙해야 할 일이 많이 남아 있는 제자들이지만, 예수는 그들을 오래 참고 기다린다.

두 번째 수난예고(9:43b-45)

■ **수난예고**(9:43b-45) 예수가 아이를 간질에서 구하자 많은 사람이 크게 놀란다. 하지만 예수는 바로 그 사람들의 손에 자신이 넘기어질 일에 관심을 둔다.

43b저희가 다 그 행하시는 모든 일을 기이히 여길새 예수께서 제자들에게 이
르시되 44이 말을 너희 귀에 담아두라 인자가 장차 사람들의 손에 넘기우리
라 하시되 45저희가 이 말씀을 알지 못하였나니 이는 저희로 깨닫지 못하게
숨김이 되었음이라 또 저희는 이 말씀을 묻기도 두려워하더라

"모두가 그가 행하신 모든 것에 대단히 놀라고 있었을 때" 오히려 예수는 그들의 놀라움을 외면한다. 그 대신 제자들에게 "이 말을 너희 귀에 담아두라, 즉 인자가 장차 사람들의 손에 넘기우리라."라고 말씀한다. 저들이 지금 크게 놀라고 있지만 장차 저들의 손에 배신당할 것이라는 말씀인데, "사람들의 손에"라는 표현은 특정한 누구를 가리키지 않고 막연하게 대명사를 사용한 것이다(Fitzmyer, 1970, p. 814). "귀에 담아 두라."는 출 17:14의 인용이요, 누가가 인용하고 있는 (예수가 즐겨 쓰는 말씀인) "들을 귀 있는 자는 들을지어다."라는 구절과 같은 의미일 수도 있다. "그러나 그들이 이 말을 이해하지 못했으며 그들에게서 숨겨졌으므로 이 말을 깨닫지 못하였고, 이 말에 관해 묻기조차 두려워했다."라고 하니, 첫 번째 수난예고에 대한 제자들의 반응과 유사하다.

제자들이 수난예고에 대해 묻기조차 두려워한 심정은 어느 면에서 공감이 간다. 하지만 첫 번째 수난예고와 다른 점이 있는데, 수난의 의미가 그들에게 숨겨져 그들이 깨닫지 못하였다는 누가만의 두 번째 수난예고에서는, 하나님께서 그리스도를 통해 이룩하려는 계획을 예수가 의도적으로 숨긴 것인지 그 여부가 독자들을 당혹케 한다. 이때 독자들은 토양의 비유에서 "하나님 나라의 비밀을 아는 것이 너희에게는 허락되었으나 다른 사람에게는 비유로 하나니 이는 저희로 보아도 보지 못하고 들어도 깨닫지 못하게 하려 함이니라."(8:10)라는 말

씀을 상기하지 않을 수 없다. 이 8:10의 말씀에 기대어, 제자들이 묻기조차 두려워했다는 구절을 다시 읽으면 예수가 비밀을 아는 것을 제자들에게도 허락하지 않았음을 알 수 있다. 아마도 무리의 배신과 예수의 죽음이 오직 두렵기만 한 제자들이 죽음의 비밀을 들어도 깨닫지 못할 것이기 때문에 감춘 것일 터이다. 이 해석의 테두리에서 수난예고를 "들을 귀 있는 자는 들어라." 대신에 "너희 귀에 담아 두라."라고 말씀한 의미도 다시 해석하게 된다. 지금 이해하지 못하더라도 귀에 담아두어 십자가와 부활 이후에 곰곰이 돌이켜보라는 뜻일 것이다. 이 모든 것이 아직은 "그들(제자들)이 예수의 정체성과 선교를 진정으로 이해하지 못한"(Green, 1997, p. 391) 까닭이다.

■ 경쟁의 두 사례(9:46-50)

갈릴리 사역을 끝내기 전에 제자들의 과실에 대해 누가는 두 사례를 보태고 있다. 하나는 제자들끼리 누가 가장 크냐를 논쟁한 것이고, 다른 하나는 제자가 아닌 자가 예수의 이름으로 악귀를 쫓는 것을 금한 것이다. 이때 예수는 제자들에게 "너희를 반대하지 않는 자는 너희를 위하는 자이니라."라고 대꾸한다.

■ 누가 가장 크냐에 대한 논쟁(9:46-48) 첫 번째 수난예고에서 예수는 "나를 따라오려거든 자기를 부인하라."라고 하였다. 그런데 웬걸, 두 번째 예고가 끝난 후 제자들 사이에 그들 중 누가 가장 크냐는 어리석은 논쟁이 벌어진다.

46제자 중에서 누가 크냐 하는 변론이 일어나니 47예수께서 그 마음에 변론
하는 것을 아시고 어린아이 하나를 데려다가 자기 곁에 세우시고 48저희에
게 이르시되 누구든지 내 이름으로 이 어린아이를 영접하면 곧 나를 영접함
이요 또 누구든지 나를 영접하면 곧 나 보내신 이를 영접함이라 너희 모든
사람 중에 가장 작은 그이가 큰 자니라

제자들 사이에 일어난 이 논쟁은 학자들에 의하면 하나님 나라에서 그들 중 누가 가장 크냐라는 논쟁이 벌어진 것이라 해설한다. 아마도 "천국에서는 누가 크니이까."(마 18:1)에 따르는 해설이고 산상변모 사건 후에 벌어진 논쟁이기에 그렇게 해설할 것이다. 그들의 마음을 꿰뚫어 본 예수가 한 어린이를 데리고 와 당신 곁에 세운다. 당시 랍비 문서에 의하면 성인이 어린이와 잡담하는 것조차 망신스러운 일이었다고 한다. 그런데 예수는 어린이를 데려와 당신 곁에 세워 존중을 표한다. 그리고 "누구든지 내 이름으로 이 어린이를 영접하면 나를 영접하는 것이다."라고 말씀한다. 누가 가장 크냐라는 논쟁의 맥락으로 보아 "내 이름으로 영접하다."라는 말씀은 예수가 그렇게 하듯 어린이를 받아들이라는 뜻이다(Fitzmyer, 1970, p. 817). 누군가의 보호 없이는 생존하기 어려운 연약한 존재인 어린이야말로 하나님의 은혜가 절실한 본보기다.

같은 맥락에서 예수는 "누구든지 나를 영접하면 나를 보내신 이를 영접함이다."라고 말씀한다. 이는 "예수의 이름으로 누구를 받아들이면 하나님의 창조물로서 그 사람의 가치를 인정하는 것이니 하나님의 역사(役事)를 찬미하는 일이다."(Bock, 1994, p. 896)라는 해석이 가능하다. 이 48절 말씀은 사람의 크고 작음을 사람들 사이에서 상대적으로 비교하지 말아야 한다는 말씀이기도 하다. 바로 이 의미가 "너

희 모든 사람 중에 가장 작은 그이가 큰 자이니라."라는 48c절에서 더욱 분명해진다. 이 말씀은 가장 작은 자가 곧 가장 큰 자라는 등식이 아니라, 예수에게는 소홀히 취급받는 사람이 없다는 의미다. 또 예수에게는 "공동체 내의 모든 사람이 중요하다는 것이 요점이다"(앞의 책, p. 896).

■ **외부의 악귀 추방자에 대한 논쟁**(9:49-50) 누가 가장 크냐에 대한 논쟁에 뒤이어 예수의 이름으로 악귀를 쫓아내는 어떤 사람에 대해 그 일을 금해야 하는지에 대한 좀 엉뚱한 이야기가 제자들과 예수 사이에 전개된다.

> **49**요한이 여짜오되 주여 어떤 사람이 주의 이름으로 귀신을 내어 쫓는 것을
> 우리가 보고 우리와 함께 따르지 아니하므로 금하였나이다 **50**예수께서 가라
> 사대 금하지 말라 너희를 반대하지 않는 자는 너희를 위하는 자니라

"요한이 여짜오되"가 원문에서는 "요한이 대답하여 말하기를"이다. "주인이시여, 어떤 사람이 당신의 이름으로 악귀를 쫓아내는 것을 보고 우리가 그를 금했습니다. 그가 우리와 함께 따르지 않고 있기 때문입니다."라고 하는데 요한의 이 말의 동기가 궁금하다. 앞 단락에서 하나님 나라에서는 큰 자와 작은 자의 구별이 없다고 예수가 가르쳤는데, 아마도 이에 대해 구별이 전적으로 없을 수 있느냐고 요한이 문제를 제기한 것일 수 있겠다(Ryken, 2009, pp. 491-492). 그 사람이 우리처럼 주 예수를 따르는 사람이 아니라서 악귀 쫓아내는 일을 금했다는 것이니, 예수의 이름을 앞세운다 하더라도 제자들인 자기들과 그가 똑같을 수 있겠느냐는 문제 제기일 수 있다. "요한이 대답하여"라

는 표현에서 대답하다가 예수의 말씀에 반응한다라는 의미라면, 요한의 대답이 문제 제기라는 해석이 적합하다.

한편, 예수의 대꾸는 간략하지만 그 의미가 명료하지는 않다. 금하지 말라는 이유로 "너희를 반대하지 않는 자는 너희를 위하는 자이기 때문이다."라는 말씀을 이해하기 쉽지 않다. 요한에게는 제자들처럼 예수를 따르는 사람은 내부 사람이고 그러지 않는 사람은 외부 사람일 것이다. 그리고 내부 사람은 "하나님 나라를 전파하라."(9:2)라는 위탁을 예수에게 받고 "귀신을 제어하며 병을 고치는 능력"도 부여받은 자들일 것이다. 하지만 그렇다고 하여, 제자들이 하나님 나라를 위한 사역의 독점권을 부여받은 것은 아니다. 여러 학자들 또한 공통적으로 이 점을 지적한다. 제자들만이 사역을 전횡할 수 없다는 사실은 제자들 이외에 외부의 72인을 세워 선교를 위해 각처로 내보내는 것에서 더욱 분명해진다(10:1 이하 참고). 이 해설과 더불어 이에 대한 직접적인 설명은 "예수가 여기서 분명히 하고 있는 점은 중간적인 입장은 없다는 것으로, 사람들이 예수 편이든지 그 반대편이든지 둘 중의 하나라는 것이다"(Ryken, 2009, p. 492). 이 해설은 그가 사탄의 사주를 받은 원수가 아니라면 그리고 그리스도를 위해 봉사하는 자라면, 설사 그의 봉사가 불완전하더라도 공동체 의식의 테두리에서 그의 사역에 대적하지 말라는 뜻일 테다. 다시 말해 제자들은 그들이 받은 은사에 대해 개방적인 태도를 가지고, 외부 사람들 또한 도움이 필요한 사람들에게 하나님의 베푸심을 전하고 봉사할 수 있도록 해야 한다는 말씀이다(Fitzmyer, 1970, p. 820).

이로써 4:14-9:50의 예수의 갈릴리 사역이 막을 내린다. 누가에 의하면 첫 갈릴리 사역이 막을 연 곳은 예수의 고향 나사렛이다. 예수는 고향 회당에서 (이를테면) 그의 선교 취임 설교를 한다. 이사야 예언의 사 58:6과 더불어 사 61:1-2을 인용하며 가난한 자에게 복음을, 포로된 자에게 자유를, 눈먼 자에게 시력의 회복을, 억눌린 자에게 해방을, 그리고 주(하나님)의 은혜를 전파하러 왔다고 선포한다. 이때 예수는 이사야에 언급된 "신원(복수)의 날"(사 61:2)이라는 표현을 의도적으로 제외하여 이방을 원수들이라 생각하는 이스라엘의 정통적인 관념을 배척함으로써(Liefeld and Pao, 2007, p. 105) 예수에 의한 구원의 보편성을 분명히 한다. 더불어, "오늘 이 글이 너희 귀에 이루어졌느니라." 라고 선포함으로써 예수 자신이 이사야 예언의 주체임을 천명하고, 구약의 완성을 위해 온 종말의 메시아임을 선언한다. 이러한 예수의 말씀이 공생애 사역에서 일관성 있게 전하는 복음 선포인 케리그마다.

하지만 나사렛에서의 선교는 그의 고향 나사렛 사람들의 예수 살해 기획으로 끝마침으로써 수난의 메시아라는 예수의 성격을 더불어 부각시킨다. 갈릴리 사역의 금자탑은 예수가 열두 제자를 택하고 사도라 칭한 일이다. 그리고 황금률을 포함한 수훈을 통해 하나님 나라의 질서와 윤리를 가르친 일이다. 메시아로서의 권위와 능력이 곳곳에서 복음으로, 그리고 기적으로 역사한다. 예수가 병을 치유하며 "네 죄 사함을 받았느니라."라고 한 하늘 권위의 말씀에 바리새인들과 율법학자들을 포함한 종교지도자들은 그를 어떻게 처치할까 하고 줄곧 기획한다. 다른 한편, 이때 예수는 "내가 의인을 부르러 온 것이 아니요 죄인을 불러 회개시키러 왔노라."(5:32) 하고 말씀한다. 이 권위와 능력이 놀라움의 반응을 불러일으켜 큰 무리가 예수에게 몰려들지만 그것은 기적을 목격하였기 때문이다.

이 대립의 와중에 마침내 베드로가 제자들을 대표해 예수가 "하나님의 그리스도시니이다."라고 고백함에 이른다. 이 고백 이후에 예수는 제자들에게 자신의 수난예고를 들려주고, 심지어 영광의 변모로 모세와 엘리야와의 대화에서도 예루살렘에서 별세(출애굽)할 일을 담론한다. 그러나 이들 제자들조차 예수의 수난예고를 두 번씩 듣고도 메시아의 십자가와 부활의 본질을 올바르게 깨닫지 못한다. 바울의 말씀대로 수난과 부활은 "오직 비밀한 가운데 있는 하나님의 지혜를 말하는 것이니 곧 감취었던 것인데 하나님이 우리의 영광을 위하사 만세 전에 미리 정하신 것"(고전 2:7)이기 때문이다. 그리하여 누가는 마지막으로 제자들의 과실을 몇 가지 들추어 예수의 가르침을 보태어 적는다. 이 모든 갈등과 충돌에도 불구하고(혹은 그로 인하여), 예수는 갈릴리에서 해야 할 하나님의 구원의 계획을 마무리짓고 갈릴리 사역의 막을 끝낸다. 그리고 십자가의 죽음을 통해 구원의 계획을 완성하기 위해 예루살렘으로 떠난다.

V

예루살렘 여행

〈탕자의 귀향The Return of the Prodigal Son〉, 1636

다른 공관복음서들보다 누가의 복음서가 예수 사역의 역사적인 시대 구분이 명확하다. 갈릴리 사역의 종지부와 예루살렘으로의 상경 사이를 명료하게 구획해 기록함으로써 누가가 의사가 아니라 마치 역사학자인 것 같은 인상을 준다. 누가의 예루살렘 여행 기사는 여행 일정을 기록한 것이 아니라, 하나님의 구원의 목적을 이루기 위한 예수의 의지를 기록한 것이라는 점을 명심하며 읽어야겠다. 여정에서 일어나는 여러 사건들이 갈릴리 사역의 연장이지만 예루살렘으로 향하는 예수의 비장한 심정이 곳곳에 심각하게 담겨 있다.

여행의 시작, 그리고 제자가 걸어야 할 길(9:51-62)

제V부 예루살렘 여행은 제I부에서 제IV부의 이야기 담화의 기술양식과는 사뭇 다르게 각기 다른 이야기들의 연속으로 구성되어 있다. 즉 이어지는 각 부차적인 단원 사이에 역사적인 사건의 연속성이 없다. 이 부의 제목을 예루살렘 여행이라 하였지만 그것은 내용일 뿐이고 서술양식은 여행기가 아니다.

예루살렘으로 가는 길(9:51-56)

▪ 사마리아를 통과하다(9:51-56) "하늘에 들어 올려질 날들이 그에게 가까이 옴에 따라 예루살렘에 가기로 굳게 결심하셨다."라는 말씀으로 시작되는 예루살렘 여행 단원은 자신의 죽음을 위해 예루살렘으로 가려는 예수의 굳은 결심을 처음부터 드러낸다. 그리고 예수가 사마리아의 한 촌에 체류하려다가 거절당하는 장면을 함께 적어

험난한 여행의 길을 예고한다.

> 51예수께서 승천하실 기약이 차가매 예루살렘을 향하여 올라가기로 굳게 결
> 심하시고 52사자들을 앞서 보내시매 저희가 가서 예수를 위하여 예비하려고
> 사마리아인의 한 촌에 들어갔더니 53예수께서 예루살렘을 향하여 가시는 고
> 로 저희가 받아들이지 아니하는지라 54제자 야고보와 요한이 이를 보고 가
> 로되 주여 우리가 불을 명하여 하늘로 좇아 내려 저희를 멸하라 하기를 원하
> 시나이까 55예수께서 돌아보시며 꾸짖으시고 56함께 다른 촌으로 가시니라

"들어 올려질 날들이 그에게 가까이 옴에 따라"가 51a절의 직역인데 "예수께서 승천하실(들어 올려질) 기약이 차가매"라는 개역성경의 표현과 이에 상응하는 NIV의 번역이 오히려 적합한 듯하다. 학자들은 이 표현에서 엘리야의 승천(왕하 2:9-15)을 연상하거니와, 실제로 예수의 변모 이변이 일어난 지 얼마 지나지 않은 때라 누가가 엘리야의 승천을 연상하며 이 표현을 사용했을 수도 있겠다. "예루살렘을 향하여 올라가기로 굳게 결심하시고"도 NIV에 상응하는 적절한 의역이다. 이 "9:51에서 누가는 예수, 모세, 그리고 엘리야 사이의 대화를 요약하여 출애굽의 예수와 관련하여 다루어야 할 바가 예루살렘에서 이루어질 것임을"(Green, 1997, p. 404) 암시하고 있다고 보아야 한다.

"그리고 그가 사자들을 앞서 보내어 저희가 사마리아의 한 촌에 들어가 예수를 위하여 예비하려 했지만 그러나 그들이 예수를 받아들이지 않았는데 왜냐하면 그가 예루살렘을 향하여 가시기 때문이었다."가 52-53절이다. 대체로 학자들은 사마리아인들이 예수를 영접하지 않은 일에 주목하고 "예루살렘을 향하여 가시기 때문에" 그러했다고 강조한다. 하지만 본서에서는 예수가 요단강을 따라 둘러 가는 길

을 잡지 않고 지름길로 사마리아를 통과하려고 한 사실을 차라리 중시하겠다. 유대와 사마리아의 관계를 살피건대 종족으로 치면 대략 사촌지간이지만, 사마리아의 게리짐산에 있는 신전을 유대인들이 기원전 128년경에 파괴하면서 관계가 약화되었다. 이때가 아마 적대관계의 절정이었겠지만 그 후에도 유대인이 사마리아를 통과하는 일은 위험했다고 한다. 따라서 예수가 위험을 무릅쓰고 사마리아를 통과하여 그곳에 숙박한 것으로 볼 수 있는데, 이는 필경 그곳에서 선교하려 했기 때문일 것이다(Bock, 1996, p. 969). 누가의 복음에서는 사마리아에 대한 적대 내지 비우호적인 기사가 없다는 사실에서 예수의 이러한 의도적인 사마리아 통과를 추측할 수 있다.

"제자 야고보와 요한이 이를 보고 '주여, 당신이 우리로 하늘에서 불이 내려와 저들을 멸하라 명령하기를 원하시니이까?'라 말하였다. 그러나 그가 돌아보시고 그들을 꾸짖으셨다. 그리고 그들은 다른 촌으로 가셨다."가 54-55절이다. 어떤 사본에는 하늘에서 불을 내려 저들을 멸하자는 야고보와 요한의 요청 부분에 "엘리야가 그랬던 것처럼"이라고 하여 왕하 1:10-12을 인용한 문구가 첨가되어 있다고 한다. 관련하여, "예수께서 돌아보시고 꾸짖으셨다."라는 반응에서 예수가 의도적으로 사마리아를 통과하려 하였다는 추측이 더욱 확고해진다. 그뿐만 아니라, 어떤 사본에는 "인자가 사람들의 생명을 멸하러 온 것이 아니라 그들을 구하러 왔다."라는 구절이 첨가되어 있다고 하니, 예수가 예루살렘으로의 죽음의 길을 이방 사마리아 땅을 통과해 도달하는 길로 택한 것은 보편적인 구원의 의도에 따르는 여정의 선택이었다고 해석해도 무리가 없을 것이다. 또한 이 사마리아 경과의 여정을 이방 구원에 누구보다 열심인 누가만이 기록하고 있다는 사실도 이러한 해석을 뒷받침해준다.

제자가 걸어야 할 길(9:57-62)

꾸물거리는 제자됨의 길(9:57-62) 이 단락을 읽기 전에 "아무든지 나를 따라오기를 원한다면 자기를 부정하고 자기의 십자가를 날마다 지고 나를 따라야 한다."(9:23)라는 말씀을 상기할 필요가 있다. 여기 기록된 이야기의 세 에피소드들은 이 9:23의 구체적인 예시라 생각하고 읽는 것이 합당하기 때문이다.

> 57길 가실 때에 혹이 여짜오되 어디로 가시든지 저는 좇으리이다 58예수께서
> 가라사대 여우도 굴이 있고 공중의 새도 집이 있으되 인자는 머리 둘 곳이
> 없도다 하시고 59또 다른 사람에게 나를 좇으라 하시니 그가 가로되 나로 먼
> 저 가서 내 부친을 장사하게 허락하옵소서 60가라사대 죽은 자들로 자기의
> 죽은 자들을 장사하게 하고 너는 가서 하나님 나라를 전파하라 하시고 61또
> 다른 사람이 가로되 주여 내가 주를 좇겠나이다마는 나로 먼저 내 가족을
> 작별하게 허락하소서 62예수께서 이르시되 손에 쟁기를 잡고 뒤를 돌아보는
> 자는 하나님의 나라에 합당치 아니하리라 하시니라

세 에피소드는 모두 예루살렘으로 향하는 노상에서 일어난 일이다. 첫 번째 사례에서는 어떤 사람이 자청하여 "당신이 어디를 가시든지 나는 따라가겠습니다."라고 말한다. 그러자 예수가 "여우도 굴이 있고 공중의 새도 둥지가 있으나 인자는 머리를 눕힐 곳이 없다." 하고 대화는 끝난다. 예수를 따르겠노라 자청한 사람이 그 뒤에 제자가 되었는지에 대해 누가가 적지도 않았거니와 우리도 그 여부를 캘 일이 아니다. 누구든 예수의 제자가 되고자 하면 예수가 걷고 있는 길이 어떤 길인지를 먼저 알아야 한다는 사실이 무엇보다 중요하다. "인자는

머리를 눕힐 곳이 없다."라는 말씀은 단순히 집이 없음을 한탄하는 것이 아니다. 이때 특별히 "인자"라는 용어를 사용한 것을 보면, 예수가 박해를 받는다는 뜻을 내포하고 있는 것이다(Schreiner, 2008, p. 219).

두 번째 사례에서는 예수가 "나를 따라라!" 말씀하니 "주여, 나로 먼저 가서 내 부친을 장사하게 하소서."라고 구실을 댄다. 이에 예수가 "죽은 자들로 그들의 죽은 자들을 장사하게 하고 그러나 너는 가서 하나님 나라를 선포하라."라고 말씀한다. 자구대로 읽으면 부친의 장례까지 치르지 말라는 예수의 말씀은 네 부모를 공경하라는 십계명에도 어긋난다. 또 "죽은 자들로 죽은 자들을 장사하게 하라."라는 말씀은 논리적인 모순을 지닌다. 따라서 학자들도 당혹한 나머지 여러 상상력을 동원한다. 유대인의 전통적인 장사는 사망 후 하루 후에 치러야 했으므로 이 사람의 부친이 아직 사망하지 않았을 때라고 추측하기도 한다. 혹은 부친이 죽으면 일단 바위 속 동굴에 묻었다가 일년 후에 뼈를 추려 이장하는 전통에 비추어 이 사람이 부친의 사체를 이장할 시간을 간청한 것이라 추측하기도 한다. 말하자면, "내 부친을 장사"하는 일이 상대적으로 오랜 시간의 공백을 소요하기에 예수가 만류했으리라는 합리화의 해설이다.

한편, 예수의 말씀 자체를 "영적으로 죽은 자들로 몸이 죽은 자들을 장사하게 하라."라고 해석함으로써 또 다른 해설을 시도하기도 한다(Fitzmyer, 1970, p. 836; Green, 1997, p. 408; Ryken, 2009, p. 504). 이 의역의 해석은 영적으로 죽은 자들, 즉 불신자들로 하여금 몸이 죽은 부친을 장사하게 하고, 너로 말하면 하나님 나라를 전파하는 일에 머뭇거리지 말라는 합리화의 해설이다. 그 어느 해설을 취하든, 예수가 종말이 임박하였으니 모든 다른 일을 제쳐두고 지체 없이 하나님 나라를 선포하라고 말씀한 것은 의심의 여지가 없다.

세 번째 사례에서는 "내가 당신을 따르겠나이다, 주여, 그러나 나로 먼저 내 집에 있는 사람들에게 작별하게 하소서."라 말하는 또 다른 사람에게 예수가 "손에 쟁기를 잡고 뒤를 돌아보는 자는 하나님 나라에 합당치 아니하리라."라고 말씀한다. "나로 먼저 내 집에 있는 사람들에게 작별하게 하소서."는 엘리사가 엘리야의 제자가 되어 그를 따라가는 장면과 다름없다(왕상 19:20-21). 하긴, 엘리사가 엘리야의 허가를 얻어 집에 가 부모와 작별 키스를 했던 일은 사실이다. 하지만, 그는 쟁기를 잡고 뒤를 돌아본 것이 아니라 쟁기를 불사르고 소를 도살하고 엘리야를 따르는 단호한 행동을 보였다. 엘리사가 집에 가 부모와 작별한 것은 그가 "먼저" 해야 할 일을 우선 처리한 다음에야 비로소 엘리야를 따라 나선 것이 아니라, 달리 말해 뒤를 돌아본 것이 아니라, 그가 하던 농사일에서 온전히 손을 떼기 위함이었다(Ryken, 2009, p. 506). 다른 한편, 62절 "손에 쟁기를 잡고 뒤를 돌아보는" 일은 밭고랑을 갈 때 곧게 앞으로 파 들어가는 일에 흔히 쓰이는 격언이라 한다. 제자가 되는 일은 곧장 앞을 내다보는 길을 걸어야 도달할 수 있는 것이지, 뒤를 돌아보는 두 마음을 지니고서는 닿을 수 없다고 예수는 경고한다(Bock, 1996, p. 983).

이 세 사례를 통해 예수가 그의 제자가 되는 대단히 엄격한 규준을 세우고 있음을 알 수 있다. 그런데 세 사례에서 예수의 말씀에 세 사람이 어떻게 반응했는지에 대해서는 아무런 기록이 없다. 오로지 예수의 제자됨의 구체적인 규준만을 기록하고 있다. 첫 번째 사례에서는 수난의 길을 함께 걸어야 함을 강조하고, 두 번째와 세 번째 사례에서는 가족관계나 세속의 어떤 관계도 하나님 나라에 우선할 수 없음을 강조한다. 심지어 예수는 "무릇 내게 오는 자가 자기 부모와 처자와 형제와 자매와 자기 목숨까지 미워하지 아니하면 나의 제자가 되지 못한다."(14:26)라고까지 제자의 조건을 말씀한다. 물론 여기서 "미워하다"는 사랑하다의 반대어가 아니라 9:23에서 말하는 "자기 자신을 부정"하는 일을 가리킨다. 요컨대 이 자기 부정은 예수의 제자가 뒤를 돌아보지 않고 오로지 앞만 보고 걸어야 할 길이다. 자기 부정은 우리 자신을 위해 사는 것이 아니라 그리스도를 위해 사는 길이며, 우리 자신의 즐거움이 아니라 하나님의 기뻐하심을 위하는 길이기 때문이다. 그뿐만 아니라, "날마다 자기 십자가를 지는" 제자라면 자기 부정이 앞서야 비로소 제자됨에 이를 수 있다.

72인의 선교 파견(10:1-24)

열두 제자의 선교 파견은 세 공관복음서에 모두 기록되어 있지만 이 72인의 파견은 누가만의 기사다. 몇몇 학자들은 이것이 누가만의 기사이고 기사 파견 지침의 내용이 마태의 열두 제자 파견 기사와 중복된다는 사실 때문에 이 기사의 사실성을 의심하기도 한다. 하지만, 누가와 마태의 기사는 Q문서에서 인용한 자료이고, 선교를 위한 여행 지침은 다양한 사례에 공통적으로 적용될 수 있다는 근거에서 여러 학자들은 이 기사의 사실성을 인정한다. 한편 누가만의 이 독자적인 기사는 제자들 외의 외부 사람이 예수의 이름으로 악귀를 쫓아내는 선교를 금하지 말라는 9:49-50의 기사를 떠올리게 한다. 아마도 누가는 예수의 사역을 대행하는 선교가 열두 제자들 이외에게도 개방되어 있다는 사실을 새삼 강조하기 위해 72인 선교 파견이 예수에 의해 위탁받았다는 사실을 강조하고 있는지도 모른다.

72인에게 선교를 위탁하다(10:1-20)

선교 파견의 지침들(10:1-12) 이 단락에서 예수가 72인을 파견하며 선교여행의 지침을 일러준다. 지침의 내용은 9:1-6에서 열둘을 파견했을 때와 크게 다르지 않으므로 상세하게 독해하지 않겠다. 그 대신, 이 파견의 특성이 무엇인지를 중점적으로 해설하기로 하겠다.

> 1이후에 주께서 달리 칠십 인을 세우사 친히 가시려는 각동 각처로 둘씩 앞
> 서 보내시며 2이르시되 추수할 것은 많되 일군이 적으니 그러므로 추수하는
> 주인에게 청하여 추수할 일군들을 보내어 주소서 하라 3갈지어다 내가 너희
> 를 보냄이 어린 양을 이리 가운데로 보냄과 같도다 4전대나 주머니나 신을
> 가지지 말며 길에서 아무에게도 문안하지 말며 5어느 집에 들어가든지 먼저
> 말하되 이 집이 평안할지어다 하라 6만일 평안을 받을 사람이 거기 있으면
> 너희 빈 평안이 그에게 머물 것이요 그렇지 않으면 너희에게로 돌아오리라 7
> 그 집에 유하며 주는 것을 먹고 마시라 일군이 그 삯을 얻는 것이 마땅하니
> 라 이 집에서 저 집으로 옮기지 말라 8어느 동네에 들어가든지 너희를 영접
> 하거든 너희 앞에 차려놓는 것을 먹고 9거기 있는 병자들을 고치고 또 말하
> 기를 하나님의 나라가 너희에게 가까이 왔다 하라 10어느 동네에 들어가든
> 지 너희를 영접지 아니하거든 그 거리로 나와서 말하되 11너희 동네에서 우
> 리 발에 묻은 먼지도 너희에게 떨어버리노라 그러나 하나님의 나라가 가까
> 이 온 줄을 알라 하라 12내가 너희에게 말하노니 저날에 소돔이 그 동네보다
> 견디기 쉬우리라

"이후에 주께서 달리 칠십 인을 세우사 친히 가시려는 각동 각처로 둘씩 그에 앞서 보내시며"라는 1절은 분석적으로 읽어야 그 깊이

를 파악할 수 있다. "이후에"라 함은 특정한 시간을 가리킨다기보다 사건 진행의 다른 국면을 의미하는 것이라 하니, 예루살렘 상경 노상에서 제자들이 걸어야 할 길을 말씀한 이후에 일어난 다른 국면의 사건일 것이다. "달리 칠십 인을 세우사"는 원문에 "칠십(이) 인"이라 하여 괄호 속에 duo가 적혀 있어서 번역본과 주해서마다 70인이냐 72인이냐 다르게 해석한다. 제자 열둘이 열두 지파를 상징하듯이 일흔이냐 일흔둘이냐도 구약에서 상징하는 어느 수효를 대표하느냐에 따라 의견이 갈린다.

야곱을 포함해 야곱의 혈속이 70인이고(출 1:5), 모세를 도울 장로도 70인이고(민 11:31), 산헤드린의 장로도 70인이라는 점에서 알 수 있듯이 구약은 70인이라는 수효를 선호한다. 그런데 창세기 10장에 기록된 이 세계의 족속 혹은 국가의 수가 70인역에 따르면 72로 적혀 있다고 한다. 이에 따라 여러 학자들이 누가가 70인역을 취한 것이라 생각하여, 예수가 열두 제자와는 '달리' 72인을 위탁(임명)하였다고 번역한다. 여러 학자들이 이 번역을 선호하는 까닭은 이들 72인을 72개국 온누리에 전도를 위해 임명하였다는 가정을 위해서다. 그리고 "그들을 그에 앞서 둘씩 짝지어 그 자신이 가시고자 했던 곳인 각각의 마을과 장소에 파견하셨다."라는 1b절이 그 가정의 근거다. "그(예수) 자신이 가시고자 했던 곳인 각각의 마을과 장소"가 필경 "그의 이름으로 죄사함을 얻게 하는 회개가 예루살렘으로부터 시작하여 모든 족속에게 전파될"(24:47) 곳이라는 증언을 누가의 기록 곳곳에서 찾아 읽을 수 있다. 그러므로 "72인의 임명은 이 세계의 모든 백성에 대한 관심을 상징적인 방식으로 예고하고 있다."(Green, 1997, p. 411)고 독해해야겠다.

이들 전도자들에게 예수가 2절부터 장황하게 말씀한다. "수확은 풍부하나 일꾼들은 적으니 그러므로 수확의 주인에게 '이 수확을 위해 일꾼들을 보내주소서.'라고 기도하라."가 첫 말씀이다. 수확물의 주인이신 하나님께 기도하라는 당부인데 더 많은 일꾼들을 보내달라는 것이 기도의 제목이다. 아울러, 이 기도는 "선교의 확장이 현장의 노력에 의존할 뿐만 아니라 기도와 하나님의 주권의 방향에 의존"(Bock, 1996, p. 994)한다는 것과 "수확의 성공은 제자들의 협력에만 의존하는 것이 아니라 그들의 기도에도 의존"(Fitzmyer, 1985, p. 844)한다는 기도의 중요성을 강조한다. 선교에 임하는 일꾼은 우선 기도에서 출발해야 한다는 것이 중요하다.

"자, 가라! 내가 너희를 보냄이 어린 양들을 이리들 가운데로 보냄과 같도다."라고 3절에 말씀한 후에 구체적인 여행지침을 이르는데 그 내용은 마 10:7-15과 대동소이하다. "어느 집에 들어가든지 먼저 말하되 '이 집에 평화가 있을지어다!' 하라."고 5절에 말씀한다. 이 인사가 유대인들 사이의 전통적인 인사인 샬롬이고, 신약시대에는 하나님의 구원을 축복하는 인사로 쓰였다. "만일 평화의 자식이 거기 있으면 너희의 평화가 그에게 머물 것이요 만일 그렇지 않으면 너희에게로 돌아오리라."가 6절이다. "평화의 자식"은 둘씩 짝지은 전도자가 전한 복음을 영접한 사람이다. 그처럼 영접한 사람의 "그 집에 유하며 주는 것을 먹고 마시라 이는 일꾼이 그 삯을 얻는 것이 마땅하기 때문이다. 이 집에서 저 집으로 옮기지 말라."가 7절이다. 그러므로 평화를 받아 가진 보수(삯)로 그 집에서 먹고 유하는 이 가정이 "하나님 나라가 너희에게 가까이 왔다."(10:9)라는 복음을 전하는 에클레시아(ecclesia)가 된 것이리라. 예수는 이 세상에 거할 때 결코 교회를 따로 세운 일이 없다. "그 마을에 병자가 있으면 고치고 '하나님 나라가 너희에게 가까이 왔다.'고 그들에게 말하라."라는 9절은 종말의 완성의 초기 국면이 이미 시작 단계에 도달했다는 선포이다(Bock, 1996, p. 1000). 종말

시기의 '이미 그러나 아직 아닌'이라는 성격이 아주 선명하게 기술되어 있다.

반면에, 이들 전도자들을 영접치 않은 경우에는 "그 거리" 즉 공적인 장소로 나와 그들을 저주하라고 예수가 11-12절에 말씀한다. "너희 동네에서 우리 발에 묻은 먼지도 너희에게 떨어버리노라." 하고 말하라는 것이다. 이 말씀은 제자들을 파송하며 한 말씀이기도 하려니와 "그러나 하나님 나라가 가까웠다는 이것을 알라."라고 첨가함으로써 이 저주가 종말의 때의 심판 예고임을 알 수 있다. "그날에 그 마을보다 소돔이 견디기 쉬울 것이다."라고 종말의 때를 "그날에"라 표현하고 말씀을 거절하는 마을을 "그 마을"이라 특정하게 지칭하며 구약의 악명 높은 도시 소돔에 비해 더욱 위협적인 저주를 덧보탠다.

이것 이외에 다른 지침들이 있으나 본서에서는 그 지침들을 열두제자를 파견하는 9:1-6의 기사를 읽었을 때 토양의 비유의 기반 위에서 개관하였다. 토양의 비유는 씨 뿌리는 농사일이지만 여기서는 수확의 농사일이다. 씨 뿌리는 일이든 수확의 일이든 양자가 모두 "하나님 나라가 너희에게 가까웠다."(10:9)라는 말씀을 선포함에 적합한 농사일의 비유라면 (앞서 서술한 개관을 다시 읽기를 권하고) 이 대목의 해설은 반복하지 않겠다.

▪ **갈릴리 마을들에 대한 저주**(10:13-16) "하나님 나라가 가까웠다."라는 선포는 복음을 영접한 사람에게는 축복이요, 복음을 거절한 사람에게는 저주이다. 마치 "알곡은 모아 곡간에 들이고 쭉정이는 꺼지지 않는 불에 태우시리라."(3:17b)라는 세례요한의 예언과 같다. 예수는 72인에게 너희를 영접치 않는 동네는 소돔보다 견디기 어렵다고 말씀한 후에 13-15절에 느닷없이 독백처럼 직접 사역하던 갈릴리 마을

들을 들추어 저주를 내린다.

> 13화 있을진저 고라신아, 화 있을진저 벳새다야, 너희에게서 행한 모든 권능
> 을 두로와 시돈에서 행하였더면 저희가 벌써 베옷을 입고 재에 앉아 회개하
> 였으리라 14심판 때에 두로와 시돈이 너희보다 견디기 쉬우리라 15가버나움
> 아 네가 하늘에까지 높아지겠느냐 음부에까지 낮아지리라 16너희 말을 듣는
> 자는 곧 내 말을 듣는 것이요 너희를 저버리는 자는 곧 나를 저버리는 것이
> 요 나를 저버리는 자는 나 보내신 이를 저버리는 것이라 하시니라

"너희에게 화 있을진저, 고라신아! 너희에게 화 있을진저, 벳새다야!"라고 저주한다. 고라신과 벳새다는 갈릴리해 가버나움 근처에 위치한 지역으로 예수가 집중적으로 사역한 곳이다. "너희 가운데 행한 능력의 일들을 두로와 시돈에서 행하였더라면 오래전에 베옷을 입고 재에 앉아 그들이 회개하였으리라."라는 13절에서 "능력의 일들"은 기적들을 가리키며 "베옷을 입고 재에 앉는" 것은 구약에 나오는 회개의 관습(예컨대 욘 3:6)을 말한다. "하나님 나라가 너희에게 가까이 왔다."라는 메시지를 "선하고 고귀한 마음으로"(8:14b) 들었다면 무엇보다 회개해야 한다는 것을 13절은 암시하고 있다. 두로와 시돈은 하나님을 거역하여 혹독한 심판을 받은 이방 지역으로 이러한 사실이 예언서 여러 곳에, 특히 이사야 23장에 기록되어 있다. "그러나 심판 때에 두로와 시돈이 너희보다 견디기 쉬울 것이다."라고 14절에는 미래형으로 적혀 있다. "그리고 너, 가버나움아, 네가 하늘까지 높아지겠느냐?"라고 묻고 "황천에 떨어질 것이다!"라고 대답한다. 가버나움의 종착지가 하늘이 아니라 황천이라는 종말의 심판을 수사적으로 표현하고 있는데, "황천(Hades)"은 징벌과 정죄를 받는 땅의 깊은 곳이므

로(Ryken, 2009, p. 520) 예수가 무시무시한 저주를 퍼부은 것이다.

고라신, 벳새다, 그리고 가버나움에 대해 "화 있을진저!"라고 한 저주는 어떤 맥락의 말씀인지 이해하기 어렵다. 인용된 기록이 없는 지역 고라신을 포함한 이들 지역에서 예수를 영접치 않았다는 기록을 누가복음에서는 찾을 수 없다. 반면에 마태는 "예수께서 권능을 가장 많이 베푸신 (고라신과 벳새다가) 회개치 아니하였다."(마 11:20)라고 기록하고 있는데, 그렇다 하더라도 이들 지역은 72인의 선교여행과는 무관한 곳이므로 예수 자신의 독백처럼 들린다(Fitzmyer, 1985, p. 850). 그런데 비록 독백이라 하더라도, 예수가 자신의 갈릴리 사역의 실패담을 이들 72인의 선교 앞에서 회상하는 것은 우연이 아닌 의도적인 진술이라 보아야 옳을 것이다. 갈릴리 유대와 고라신과 벳새다 이방을 비교함으로써 "이 기사는 그리하여 기독교 선교와 복음화의 보편성에 기여하기"(앞의 책, p. 853) 위해, 다시 말하면, 선민에게든 이방인에게든 불문하고 "하나님 나라가 너희들에게 가까웠다."라는 말씀을 특히 누가는 강조하고 싶었을 것이다. 하나님 나라가 가까웠다는 것은 곧 회개하라는 말씀이다. 이때 "두로와 시돈이 너희보다 견디기 쉬울 것이다."를 주목해 읽어야 하는데, 이는 종말의 심판이 이방보다 유대에 더욱 혹독하리라는 냉혹한 예언이기 때문이다.

이어지는 16절을 읽으면 13-15절 역시 72인에게 한 말씀임을 확인할 수 있다. 이 절은 10:5 이하의 결론이며, 72인에게 준 지침 일반의 요약이다. "너희에게 듣는 자는 나에게 듣는 것이요, 너희를 거절하는 자는 나를 거절하는 것이며 나를 거절하는 자는 나를 보내신 이를 거절하는 것이라."라는 16절은, 한편으로 예수의 권위와 능력이 72인에게 위탁되었다는 메시지를 전한다. 이들이 전하는 메시지는 "예수의 이름으로" 전하는 것으로, 그리하여 그들은 병자들을 치유하며 회개를 종용하였을 것이다. 다른 한편, 16절은 '듣다'와 '거절하다'를 대비함으로써 토양의 비유에서 "그러므로 너희가 어떻게 들을지를 유념하라."(8:18a)라고 한 말씀과 동일한 맥락을 갖는다. 왜냐하면 "갖고 있는 자에게는 더 많이 주어지겠고, 갖고 있지 않은 자에게서는 그가 갖고 있다고 생각하는 것까지 빼앗아가겠기 때문이다."(8:18b)라는 축복과 저주의 맥락을 이 16절이 함께 함축하고 있기 때문이다. 요컨대, 우리는 16절에서 "내 아버지께서 나라를 내게 맡기신 것 같이 나도 너희에게 맡겨"(22:29)와 같은 예수의 제자들의 중차대한 책무를 미리 읽을 수 있다. 예수의 사역을 위탁받은 전도자들은 그들에게 맡겨진 이와 같은 중차대한 책임을 마땅히 감당할 수 있어야 할 것이다.

■ **72인의 보고**(10:17-20) 예수가 72인을 파견한 뒤 시간이 흘러 그들이 돌아온다. 그들은 기쁨에 차 선교여행의 결과를 보고한다. 주의 이름으로 악귀들이 복종하는 등 그들의 선교는 매우 성공적이다.

> **17**칠십 인이 기뻐 돌아와 가로되 주여 주의 이름으로 귀신들도 우리에게 항
> 복하더이다 **18**예수께서 이르시되 사단이 하늘로서 번개같이 떨어지는 것을
> 내가 보았노라 **19**내가 너희에게 뱀과 전갈을 밟으며 원수의 모든 능력을 제
> 어할 권세를 주었으니 너희를 해할 자가 결단코 없으리라 **20**그러나 귀신들이
> 너희에게 항복하는 것으로 기뻐하지 말고 너희 이름이 하늘에 기록된 것으
> 로 기뻐하라 하시니라

누가는 72인이 돌아와 예수에게 드린 보고를 17절에 간략하게 적고 있다. 하지만 그들의 보고가 기쁨에 차 있었으며 예수도 함께 즐거워한 분위기가 글 전체에 넘쳐 있다. "너희 말을 듣는 자는 곧 내 말을

듣는 것이요."라고 앞 16a절에 예수가 72인에게 일렀거니와 그들이 돌아와 "주여"라는 호칭을 앞세운 뒤 "당신의 이름으로 악귀조차 우리에게 굴복하더이다."라고 말한 것이 보고의 전문이다. 이로써 그들이 자신들의 능력으로 선교한 것이 아니라 예수의 권위를 빌어 악귀들조차 제압하였다는 사실을 알 수 있는데, 그들의 이러한 성공은 열두 제자가 능히 이루지 못한 것이다.

이에 대한 예수의 응답 "사탄이 하늘에서 번개같이 떨어지는 것을 내가 보고 있었다. 보라! 내가 너희에게 뱀과 전갈을 밟으며 원수의 모든 능력을 제어할 권위를 주었으니 너희를 해칠 아무것도 결단코 없으리라."라는 말씀은 참으로 놀랍다. 예수는 이 18-19절에서 구약의 신비적인 여러 묘사(예컨대 신 8:15)를 원용한다. 사탄은 으뜸 악귀로서 하늘에서의 사탄의 역할은 욥 1:6-12과 2:17에 적혀 있는 것이 대표적이다(Fitzmyer, 1985, p. 862). 문맥으로 보아 "뱀과 전갈"은 사탄의 앞잡이를 뜻하며 "원수의 모든 능력"은 적대세력의 우주적인 악령을 의미한다.

사탄이 하늘에서 떨어지는 일이 하나님께서 사탄을 하늘에서 내던지심을 시사하는 것이라면(Bock 1996, p. 1007), 그렇다면, 이런 일은 종말의 완성의 때에 비로소 가능한 일이다. 그럼에도 불구하고, 예수가 "내가 보고 있었다."라고 하니 학자들은 이때가 언제였던가를 제각기 논란한다. 여러 논란이 가능한 추측일 따름이므로 여기에서는 낱낱이 열거치 않고 대표적인 중용의 해설만 인용하겠다. "사탄의 패배는 일련의 장기간의 사건들 중 한 부분이다(Hendriksen, 1978, p. 581). 이들 제자들의 업적은 사소한 사건이 아니라 계속 증대해가는 이론적인 실재의 부분이다"(Bock, 1996, p. 1007). 이 해설은 사탄의 패배가 종말 최후의 일회적인 사건이 아니라 종말의 완성까지 계속되는 일련의 연속이고, 72인이 악귀들을 제압한 것은 그 진행의 한 부분이라는 뜻이다. 이 해설의 의미를 더욱 확고하게 하는 또 다른 해설이 있다. "사탄의 결정적인 몰락은 미래에 예견된 일이다. 그러나 그것은 예수의 선교를 통해서 그리고 더 나아가 예수의 사신(使臣)들의 사역을 통해서 이미 나타나고 있는 것이다"(Green, 1997, p. 419). 이 해설은 종말이 아직 완성되지 않았지만 그러나 이미 진행중이라는 관점에서 "사탄이 하늘에서 번개같이 떨어지고 있는 것을 내가 보고 있었다."라는 말씀을 풀이한 것이다. 여하튼, "하나님 나라가 가까웠다."는 외침에 사탄이 질겁하고 추락한 것이다.

예수가 20절에 "그러나 악귀들이 너희에게 굴복한 그 일을 기뻐하지 말고 차라리 너희 이름들이 하늘에 기록된 것을 기뻐하라!" 하고 격려한다. 악귀들을 굴복시킨 것은 예수가 이들에게 당신의 권위를 위탁했기 때문에 가능한 능력이다. 그러므로 악귀들의 굴복 그 자체가 이들의 눈부신 성공이 아니라, 참으로 기뻐할 일은 하나님께서 생명부에 이들의 이름을 기재해주셨다는 일이다(Fitzmyer, 1985, p. 860). 참으로 기뻐해야 할 일은 생명부에 이름이 기재됨으로써 "시민권이 하늘에 있어" 그리스도가 "우리의 낮은 몸을 자기 영광의 몸의 형체와 같이 변케 하시는"(빌 3:21) 일이다.

■ 예수의 하나님 찬미와 제자들에 대한 축복(10:21-24)

▪ 하나님께 감사하고 제자들을 축복하다(10:21-24) 선교를 위해 파견되었던 72인이 돌아와 기쁨의 보고를 드렸고 예수도 함께 기쁨을 나누었다. 그 기쁨이 넘쳐나 예수가 한편으로 아버지께 감사의 기도를 드리고, 다른 한편으로 계시의 은혜를 받은 제자들을 축복하는 감격의 장면이다.

21이때에 예수께서 성령으로 기뻐하사 가라사대 천지의 주재이신 아버지여
이것을 지혜롭고 슬기 있는 자들에게는 숨기시고 어린아이들에게는 나타내
심을 감사하나이다 옳소이다 이렇게 된 것이 아버지의 뜻이니이다 22내 아버
지께서 모든 것을 내게 주셨으니 아버지 외에는 아들이 누군지 아는 자가 없
고 아들과 또 아들의 소원대로 계시를 받는 자 외에는 아버지가 누군지 아는
자가 없나이다 하시고
23제자들을 돌아보시며 종용히 이르시되 너희의 보는 것을 보는 눈은 복이
있도다 24내가 너희에게 말하노니 많은 선지자와 임금이 너희 보는 바를 보
고자 하였으되 보지 못하였으며 너희 듣는 바를 듣고자 하였으되 듣지 못하
였느니라

누가는 이 기사를 "이때(같은 시각)에"라 적어 72인의 보고 및 예수의 반응의 때와 시간의 차이가 없이 일어난 사건이라 기록하고 있다. 마태의 병행기사(마 11:25-27)는 그 시기가 고라신과 벳새다의 저주기사 다음에 이어지는데 배경도 다르거니와 누가만큼 기쁨에 넘치는 감사의 기도가 아니다. 누가에서는 "예수께서 성령 안에서 크게 기뻐하사"라고 서두를 여는데 여기서 "기뻐하사"는 환희에 찬 기쁨(agalliao)이다. 앞 17-20절을 기쁨의 배경으로 하여 여기 21-22절에서 환희의 찬미가 우러나온다. 이 찬미는 성령 안에서 아버지께 올리는 아들의 기도이다. 기도니까 예수의 말씀의 어순을 그대로 옮기기로 하겠다. "내가 감사드립니다, 아버지여, 하늘과 땅의 주시여, 이 일들을 지혜와 지식 있는 자들에게 숨기시고 어린애들에게 나타내심을. 그렇습니다, 아버지여, 이처럼 당신이 쾌히 기뻐하시는 바이기 때문입니다." 이 21절에서 아버지와 아들, 하나님과 예수가 하나임을 역연하게 드러내면서 "이 일들을" 세상의 지혜 있는 자들에게 숨기고 세상의 약한 자에게

나타냄을(고전 1:26-31 참고) 찬미 내지 감사하고 있다.

"이 일들"은 예수에 관한 그리고 예수와 하나님과의 관계에 관한 제자들의 종말적인 관계일 수 있다(Fitzmyer, 1985, p. 872). 아울러, "이 일들(tauta)"은 "모든 일들을 나의 아버지께서 나에게 위임하셨고, 아들이 누구인지를 아버지 외에는 아는 자가 없고 아버지가 누구인지를 아들 외에는 혹은 아들이 선택하여 계시한 자 외에는 아는 자가 없습니다."라는 22절에서 "모든 일들(panta)"이 함의하는 바라 읽어도 좋다. 아버지와 아들과의 관계에 대한 지식, 즉 아들이 제자들을 선택하여 계시한 내용이 "모든 일들"일 것이다(앞의 책, p. 874).

고전적인 주해에서는 21절과 22절을 상위한 맥락을 갖는다고 이해하였으나(예컨대 Bultmann, 1968) 오늘날 여러 학자들에 의하면 계시하는 일이라는 관점에서 두 절은 같은 맥락을 갖는다. 우선, 이 일들을 교육받은 종교적인 지도자들에게는 숨기고 단순한 어린애(유아)들인 세상의 철부지 제자들에게 계시하는 일은 하나님의 주권이심을 21절에서 분명히 한다. 그리고 22절에서도 계시하는 일에 대해 이어서 언급한다. 주권자이신 아버지에 의해 모든 일을 위임받은 아들이 아버지가 누구인지를 계시해줄 사람들을 선택한다. "아들과 아버지가 10:21의 진술로부터 역할이 자리바꿈해 아들의 의미심장한 입지가 10:22에서는 돋보인다. 아버지 혹은 하나님이 누구이신가에 관해 아들에게 귀 기울여 그의 계시를 받지 않고는 아무도 도무지 알 수 없다."(Bock, 1996, p. 1012)가 21-22절의 공통 맥락이다.

이때 우리가 명심해야 할 것은 이 모든 일에 관한 예수의 기도가 삼위일체 안에서 찬미하고 감사하는 고백이라는 사실이다. 아버지 외에는 아들이 누구인지를, 그리고 아들 외에는 아버지가 누구인지를 아는 사람이 없는 가운데서 그 지식을 어린애들에게 계시해주는 일을 성령 안에서 찬미하는 기도이기 때문이다. 이처럼 계시하는 일은 삼위일체가 협력하여 선을 이루는 일이니 예수가 기도를 끝내고 "제자들을 돌아보며 내밀하게 말씀(23a)"한 것이다. 그 말씀의 첫 마디가 "복이 있도다!"로, 앞 13-16절 단락에서 갈릴리 마을들에 대해 "화 있을진저!"라고 한 저주와 상반되는 축복이다(Garland, 2011, p. 430). "너희가 보는 바를 보는 눈들은 복이 있도다! 내가 너희에게 말하노니 여러 예언자들과 왕들이 너희가 본 바를 보고자 원하였지만 보지 못하였고 너희가 들은 것을 듣고자 하였지만 듣지 못하였다."라고 24절에 축복하는데, 이것은 하나님 나라가 가까이 와 있는 시점에 예수에게서 종말의 비밀을 직접 눈으로 그리고 귀로 계시받은 축복이다.

선한 사마리아인의 비유(10:25-37)

이 단원은 어떤 율법사가 던진 두 질문 "내가 무엇을 행하여야만 영생을 상속받습니까?"와 "누가 내 이웃입니까?"에 대한 예수의 답변인 두 내용의 부차적인 단원으로 구성되어 있다. 전자의 질문에 대한 기사는 마 22:34-40과 막 12:28-34에서 찾아 읽을 수 있으나 후자의 질문에 대한 기사는 누가만의 독자적인 것이다. 하지만 누가의 두 단원 모두에서 "행하다"와 "이웃"이 공통으로 쓰인 핵심 단어이므로 하나의 주제의 논변임을 알 수 있다. 한데, 선한 사마리아인의 비유라는 제목은 이 단원의 주제를 대변하는 것이 아니라 이들 누가의 기사가 이 이름으로 널리 읽히기 때문에 편의상 붙인 제목이다.

내가 무엇을 행하여야만 영생을 상속받습니까?(10:25-28)

사랑의 실천(10:25-28) 누가의 이 기사에 병행하는 마태(22:37-40)와 마가(12:29-31)의 기사는 율법사가 예수에게 율법 중의 어느 계명이 큰가를 질문하여 예수가 답한 것으로 기록되어 있다. 반면에 누가에서는 한 율법사의 질문에 예수가 율법에 기록된 바를 그로 하여금 스스로 답하게 한다. 이 때문에 누가의 이 기사는 맥락적 해석에 어려움이 있다. 본서에서는 마태와 마가와는 무관하게 누가만의 맥락에 의존하여 이 기사를 읽겠다.

> 25어떤 율법사가 일어나 예수를 시험하여 가로되 선생님 내가 무엇을 하여야 영생을 얻으리이까 26예수께서 이르시되 율법에 무엇이라 기록되었으며 네가 어떻게 읽느냐 27대답하여 가로되 네 마음을 다하며 목숨을 다하며 힘을 다하며 뜻을 다하여 주 너의 하나님을 사랑하고 또한 네 이웃을 네 몸과 같이 사랑하라 하였나이다 28예수께서 이르시되 네 대답이 옳도다 이를 행하라 그러면 살리라 하시니

언제 그리고 어디서라는 배경이 없이 "어느 때 한 율법사가 예수를 시험하러 일어나 섰다."라고 서두를 적고 있다. "일어나 섰다"는 예수에 대한 존경의 표시일 수도 있다. 하지만 "시험하다(peirazo)"의 동사원형은 11:16에서처럼 '도전하다'라는 의미를 담고 있다. 이 25a절에 적힌 율법사의 의도에 대해 다른 공관복음서처럼 중성적인 맥락으로 해석하는 학자도 없지 않으나, 여기에서는 그가 적대적인 태도로 예수를 시험하려는 것이라는 해석을 취하겠다. 율법사의 질문인즉, "선생님이여, 내가 무엇을 행하여야만 영생을 상속받으리이까?"이다. 율법

의 관점에서 단 12:2을 참조하면 이 영생에 관한 질문을 "종말에 있어의의 부활에 참여하려면 내가 무엇을 행하여야 합니까?"라고 바꿔 쓸 수 있다(Bock, 1996, p. 1023).

예수는 두 가지 질문으로 대답을 대신한다. "율법에 무엇이라 기록되어 있느냐?"와 "네가 어떻게 읽느냐?"라는 물음이 그것이다. 첫 질문은 예수 자신의 견해도 유대의 전통에 다름없다는 것을 전제로 하여 율법사가 잘 알고 있는 관련된 율법을 스스로 말할 것을 권하는 것이다. 아울러, 둘째 질문은 그 율법을 네가 해설해보라는 요구이다. 율법학자인 서기관답게 율법사가 "모든 네 마음을 다하고 모든 네 심령을 다하고 모든 네 힘을 다하고 모든 네 지식을 다하여 주 너희 하나님을 사랑하고"라고 유창하게 대답한다. 이는 유대인들이 하루에 두 번씩 조석으로 암송하는 신 6:5의 인용이다. 개역성경의 "뜻을 다하여"의 "뜻(dianoia)"은 지적인 품질이라는 의미라고 하니(Fitzmyer, 1985, p. 880) 여기서는 "지식"이라 달리 옮겼다. 그리고 또 "네 자신처럼 네 이웃을 사랑하라."를 덧보태고 있는데 이는 레 19:18b의 인용이다. 마음, 심령, 힘, 지식과 같은 개인의 이 모든 총체를 다하여 하나님을 사랑하고 이웃을 사랑하라는 답변을 듣자 예수가 그에게 말씀하기를 "네 대답이 옳도다. 이를 행하라, 그러면 네가 살리라."라고 한다. "사랑의 계명을 실천에 옮기는 사람만이 생명을 얻으리라."(앞의 책, p. 881)라는 관점에서 예수가 율법사에게 동조한 것이다. 율법사의 대답은 유대의 전통에 기반을 둔 것인데 예수 역시 율법이 말하는 사랑에 동조한다.

▪ 누가 내 이웃입니까?(10:29-37)

▪ 그에게 자비를 베푼 사람입니다(10:29-37) 이 단원의 제목은 율법사가 예수에게 던진 질문이고, 이 단락의 제목은 예수의 질문에 대한 그의 답변이다. 예수는 여기서 장황한 비유를 말씀한다. 누가의 선한 사마리아인의 비유는 그 장황함 속에 예수가 말씀하고자 하는 여러 다양한 측면의 비유적인 함의를 내포하고 있다. 누가복음이 이야기 담화의 전개라는 좋은 본보기 기사의 구성이다.

> 29이 사람이 자기를 옳게 보이려고 예수께 여짜오되 그러면 내 이웃이 누구
> 오니이까 30예수께서 대답하여 가라사대 어떤 사람이 예루살렘에서 여리고
> 로 내려가다가 강도를 만나매 강도들이 그 옷을 벗기고 때려 거반 죽은 것을
> 버리고 갔더라 31마침 한 제사장이 그 길로 내려가다가 그를 보고 피하여 지
> 나가고 32또 이와 같이 한 레위인도 그 곳에 이르러 그를 보고 피하여 지나가
> 되 33어떤 사마리아인은 여행하는 중 거기 이르러 그를 보고 불쌍히 여겨 34
> 가까이 가서 기름과 포도주를 그 상처에 붓고 싸매고 자기 짐승에 태워 주막
> 으로 데리고 가서 돌보아 주고 35이튿날에 데나리온 둘을 내어 주막 주인에
> 게 주며 가로되 이 사람을 돌보아 주라 부비가 더 들면 내가 돌아올 때에 갚
> 으리라 하였으니 36네 의견에는 이 세 사람 중에 누가 강도 만난 자의 이웃이
> 되겠느냐 37가로되 자비를 베푼 자니이다 예수께서 이르시되 가서 너도 이와
> 같이 하라 하시니라

"그러나 이 사람이 스스로를 정당화하고 싶어서" 율법사가 예수에게 "누가 내 이웃입니까?"라고 물었다. 이 질문을 이해하기 위해서는 유대주의에서 '이웃'이란 '하나님의 언약'의 사람에 국한된다는 전제

를 염두에 두어야 한다. 이 이웃에 대한 경계를 어디까지 제한하느냐는 것이 "스스로를 정당화하는" 일이다(Longman and Garland, 2007, p. 199). 이를테면 이웃을 유대인들에게만 국한할 것인지, 아니면 야훼의 언약을 받아들인 유대 거주의 이방인들까지 확대할 것인지(레 19:33-34 참고)와 같은 범위, 즉 "사랑이 어느 범위까지 미쳐야 하느냐?"(Green, 1997, p. 429)의 정당화다. 그리하여 오늘날 여러 학자들이 이 율법사의 질문을 찰스 H. 탈버트(Charles H. Talbert)에 따라 "내가 하나님의 백성에 속한 타인들을 어디까지 분간해 그들을 사랑할 것인가?"라는 질문으로 해석한다(Bock, 1996, p. 1028; Ryken, 2009, p. 540).

이 질문에 대해 예수가 비유로 대답한다. "어떤 사람이 예루살렘에서 여리고로 내려가다가 강도를 만나매 그를 옷 벗기고 때리고 거반 죽은 것을 버리고 갔더라." 하고 먼저 이야기 현장에 대해 말씀한다. 실제로 예루살렘에서 여리고로 가는 길은 가파르고 험하며 때때로 강도가 나타나서 '피의 길'이라 불렸다고 한다. 예루살렘에서 여리고로 내려가는 어떤 사람의 이야기인데 아마도 예수는 여리고 근처 어디 노상에 있었을지도 모른다. 아무튼, 세 사람이 이 현장을 지나간 이야기로 예수가 비유를 엮어나간다. "우연히도"라 토를 달았지만, 첫 번째 사람이 제사장이다. 이 제사장이 반죽음이 된 사람을 보고 다른 편으로 비켜 지나갔다. 제사장은 성전에서 제사 일이 없을 때에는 율법학자의 구실을 하였다니(Green, 1997, p. 427), 이 비유는 "내 이웃이 누구오니이까?"라는 질문으로 예수에게 도전한 율법사를 빗댄 사례일 수도 있겠다. 두 번째 사람은 성전에서 제사장의 보조 일을 하는 레위 사람이다. 이 사람도 제사장과 마찬가지로 다른 편으로 지나갔다. 학자들은 이 유대의 종교지도자들이 왜 반죽음의 사람을 방치했겠는가를 여러모로 논의하거니와, 다 쓸데없는 논의다. 오히려 비유를 듣고 있던 율법사에게 변명을 대신하게 하는 것이 더 흥미로운 일일 것이다.

"그러나 여행 중에 있던 한 사마리아인이 그를 맞닥뜨렸고, 그를 보고 불쌍히 여겼다."라는 33절에 세 번째 사람 사마리아인이 등장한다. 이는 유대인들이 하잘것없이 품평하는 사마리아인이며, 또 예수의 체류를 거절했던 사마리아인이기도 하다. 그런 사마리아인이 그를 얼마나 정성스럽게 돌보았는지를 대단히 구체적으로 예수가 기술하고 있다. "그에게 가까이 가서 상처에 기름과 포도주를 붓고 싸맨 뒤 자신의 짐승 위에 태워 주막에 데려가 돌보았다." 그뿐만 아니라, "이튿날에 그는 두 데나리온을 꺼내 주막 주인에게 주며 '그를 부양하라, 오는 길에 네가 더 쓴 것이 있으면 얼마든지 내가 갚으리라.'" 하고 끝까지 배려를 아끼지 않았다. "두 데나리온"이라는 은화 두 개는 그 당시 한 사람의 3주간 생활비라니 상당한 금액이다. 이처럼 정성을 다한 돌봄을 예수가 구체적으로 낱낱이 열거한 까닭인즉 "네 자신처럼 네 이웃을 사랑하라."라는 말씀의 모범을 보이기 위해서일 것이다.

"네 생각에는 이 세 사람 중에 누가 강도들 손에 넘어진 사람의 이웃이냐?"라는 예수의 질문에 율법사는 꼼짝없이 "그에게 자비를 베푼 사람입니다." 하고 대답하지 않을 수 없었다. 그 자신의 입으로 "네 자신처럼 네 이웃을 사랑하라."라고 말하였기 때문이다. 하지만 역시 그는 '사마리아인입니다'라는 직접적인 인칭 표현은 피하였다. 그의 대답에 대한 예수의 결론적인 응대는 달리 군더더기가 없다. "가서 너도 그렇게 행하라."라는 한 마디로 모든 것을 응축하고 있다. 다시 율법사의 첫 질문 "내가 무엇을 행하여야만 영생을 상속받으리이까?"로 되돌아가 예수의 응대를 풀이하면, 네가 사마리아인처럼 행하면 영생을 얻을 수 있다는 결론이다.

여기서 독자들은 29절로 되돌아가 이웃에 대한 경계를 어디까지 제한하거나 또는 확대해야 하는지가 율법사의 질문이었음을 상기해야겠다. 사마리아인의 비유에서 이 질문에 대한 결론이 무엇인가? 누가의 이야기 담화는 유대교 지도자들이 이웃일 수 없다는 비유를 우선 전개한다. 그러고는 이방 사마리아인이 이웃일 수밖에 없다는 이야기를 펼친다. 왜 선한 이웃이 하필 사마리아인인가? 누가는 이 비유에서 반유대주의를 겨냥한 것인가? 실제로 이 비유는 성전의 성직자들과 사마리아인을 의도적으로 대비하고 있다고 이해해야 한다. 비유의 이야기가 아닌 평소 생활에서도 "유대인이 사마리아인과 상종치 아니함이러라."(요 4:9b)라는 정도를 넘어서 종족살생까지 저지를 정도로 견원지간(犬猿之間)이었다니(Garland, 2011, pp. 443-444), 유대 지도자들에 대비하여 선한 사마리아인을 부각하고 있는 것이다. 그리고 이때 이 비유의 주제는 '사랑의 행위'임을 주목해야 한다(Liefeld and Pao, 2007, p. 200). 구체적인 사랑의 행위를 34-35절에 낱낱이 열거함으로써 사랑이 주제임을 예시한다. 한편 몇몇 학자들이 성직자인 제사장과 레위인이 강도를 만난 피해자를 못 본 체 지나간 일을 제사의식에 즈음해서는 부정한 것을 만지지 말아야 한다는 규례 때문이라 두둔하기도 하는데, 이것 역시 변호라기보다 의식의 중시와 사랑의 결여를 비판하는 논조이다.

"예루살렘에서의 종교 기성제도가 재가(裁可)한 인간 존재의 구성 개념들을 말소하려는 보다 넓은 동기"(Green, 1997, p. 427)를 이 비유가 함축하고 있는 것이다. 누가복음에 '기독교의 반유대주의'의 논조가 없는 것은 아니나 이 비유는 반유대주의를 함축하는 것이 아니라 누가의 기독교 보편성을 강조하는 것이다(Fitzmyer, 1985, p. 885). 왜 하필 사마리아인인가에 대해 7:47에 적힌 대로 "많이 용서받은 사람이 사랑함이 많다."(Liefeld and Pao, 2007, p. 200)라고 해설하기도 한다. 풀이하면, 사마리아인이 용서받았다면 성직자들보다 더 큰 죄를 용서받았을 것이므로 더 큰 사랑을 소유했을 것이라는 해설이다. 그러므로 "이웃 사랑은 아무런 경계도 알지 못한다."(Green, 1997, p. 426)가 당연한 결론이다. 풀이하면, "이웃이라 함은 인종적인 유대관계, 국가, 피부색, 성, (지리적인) 근접성 혹은 특정 지역의 인접성에 의해 찾아지는 것이 아니라" 실은 "하나님을 온전히 사랑하는 사람이 다른 사람들을 향해 드러내는"(Bock, 1996, p. 1035) 것이다. 요컨대, 이웃은 어떤 사람이 사랑을 베푸는 대상이 다름 아닌 이웃일 따름이어서 누가 이웃이고 아니라는 규준이 있을 수 없다. 사랑의 대상은 혈육이든 원수이든 구별 없이 수훈(垂訓)의 황금률에 의해 적용되어야 한다.

마르다와 마리아의 예수 영접(10:38-42)

■ **영구불변의 영접**(10:38-42) 마르다와 마리아 자매가 예수를 영접하는 장면은 누가만의 독자적인 기사다. 신실한 자매가 지극하게 예수를 영접하지만 각각 방식이 다르다. 언니 마르다는 예수를 대접하기 위해 번잡한 일에 분주한 반면, 동생 마리아는 예수의 발아래 다소곳이 앉아 가르침에 빠져 있다. 마침내 마르다가 마음의 평정을 잃고 예수에게 동생으로 하여금 자신을 도와주라고 말씀해달라고 투정한다. 그런데 예수는 오히려 마리아의 영접 방식을 편들어준다. 본서에서는 이 일화를 통해 어느 영접 방식이 옳고 그른지를 시비하는 것이 아니라, 예수의 제자로서 그를 영접하는 한갓진 태도의 소중함의 의미를 읽어내도록 하겠다.

38저희가 길 갈 때에 예수께서 한 촌에 들어가시매 마르다라 이름하는 한 여
자가 자기 집으로 영접하더라 39그에게 마리아라 하는 동생이 있어 주의 발
아래 앉아 그의 말씀을 듣더니 40마르다는 준비하는 일이 많아 마음이 분주
한지라 예수께 나아가 가로되 주여 내 동생이 나 혼자 일하게 두는 것을 생
각지 아니하시나이까 저를 명하사 나를 도와주라 하소서 41주께서 대답하
여 가라사대 마르다야 마르다야 네가 많은 일로 염려하고 근심하나 42그러
나 몇 가지만 하든지 혹 한 가지만이라도 족하니라 마리아는 이 좋은 편을
택하였으니 빼앗기지 아니하리라 하시니라

"저희가 길 갈 때에"라고 예수와 일행이 예루살렘으로 올라가는 도중에 있음을 말한 뒤, "그가 한 촌에 들어가시니 마르다라 이름하는 여자가 그를 그녀의 집으로 영접하였다. 그녀는 마리아라 이름하는 누이가 있었다."라 이어지는 38-39a절이 이 일화의 도입부이다. 요한복음 10장에 마르다와 마리아에 관한 또 다른 기사가 있는 바 이들이 베다니에 살았다고 하니, 이제 예수의 일행이 예루살렘 가까이에 왔음을 짐작할 수 있다. 이 도입부를 보면 언니 마르다가 예수를 영접하는 주인공이다. 마르다는 아람어로 여주인이라는 뜻이기도 하다 (Fitzmyer, 1985, p. 893).

"(마리아가) 주의 발아래 앉아 그의 말씀을 들었다. 그러나 마르다는 봉사의 일이 많아 마음이 어지러웠다."라는 39b-40a절에서 자매가 각기 다른 일에 관여함을 기술하고 있다. 당시의 관례로 보아 마리아처럼 여자가 선생의 가르침을 받는다는 것은 파격적인 일이다. "주의 발아래 앉아"는 재귀동사이어서 마리아가 스스로 예수 옆에 앉았다고 해석해야 한다(앞의 책, p. 893). 반면에, 마르다는 예수를 대접하기 위한 준비로 마음이 어지러웠다. "준비하는 일"을 "봉사의 일

(diakonian)"이라 번역하였지만 마르다가 일종의 사역을 수행하였다는 표현일 수도 있다. "여기서 마르다는 완벽한 안주인으로, 그리고 마리아는 완벽한 제자로 두 여인의 반응을 대조하고 있는 것"(Fitzmyer, 1985, p. 892)도 사실이지만, 필경 마르다 역시 동생처럼 예수 옆에서 말씀을 경청하고 싶었을 것이다(Liefeld and Pao, 2007, p. 201).

마음이 어지러운 나머지 마르다가 예수에게 가서 말한다. "주여, 내 동생이 나 혼자 준비하는 일을 하게 내버려두는 것을 당신은 상관하지 않으시나요? 그녀에게 말해서 나를 돕게 하세요." 이에 예수가 41절에 대답하기를 "마르다야, 마르다야, 네가 여러 일들 때문에 애타고 어지럽구나."라고 다정하게 이름을 부르며 그녀를 염려한다. 그런데 이어지는 개역성경의 "그러나 몇 가지만 하든지 혹 한 가지만이라도 족하니라."라는 42a절은 가능한 번역이긴 하지만, 자칫 41-42a절을 직접 연결함으로써 마르다가 몇 가지 음식을 만들려 애타하는데 한 가지 음식만이 족(필요)하다는 뜻으로 해석하기 쉽다. 하지만, 오늘날 여러 주해서와 번역본(이를테면 NIV, NRSV, REB)에서 "그러나 하나의 일만이 필요하다."라는 번역을 취하여 필요한 것은 하나뿐이라는 해석을 선호한다. "몇 가지 중에서 그러나 하나"라는 원문의 표현에서 '하나'를 강조한 번역이다. 그리고 이 42a절의 번역을 41절이 아니라 42b절에 직접 연결하여 읽는다. "마리아는 더 좋은 편을 택하였으니 빼앗기지 아니하리라."라는 42b절에서 "좋은 편"은 좋은 음식의 은유적인 표현이지만 직유적으로는 예수의 말씀이니 "더 좋은 몫"이라 번역하여, 마리아에게서 그녀가 선택한 좋은 몫을 빼앗아가지 말아야 할 것이라고 예수가 마리아가 식탁 일에 불참하는 것을 변명한다.

부연컨대, 이 일화가 예수가 마리아의 제자됨의 태도를 높이 평가하였다는 사실에 상대적으로, 자칫 마르다의 예수 영접을 나무라는 담화라고, 지나치게 양자를 대조적으로 읽지 말아야 한다. 마리아를 긍정적으로 평가하고 마르다를 부정적으로 평가하였다는 양분법으로 해석하지 말아야 한다(Green, 1997; Ryken 2009). 두 여인 사이의 "기본적인 의미는 분명한데, 마르다와 마리아의 우선순위가 대조되어 있는 것이다"(Liefeld and Pao, 1997, p. 202). "눅 10:39-42은 제자됨의 주요 특질을 강조하여 제자의 책무를 적절하게 순서 지어 선택하라는 것이다"(Bock, 1996, p. 1042). 순서 지어 선택한다는 것은 어떤 일이 우선해야 하느냐를 결정하는 것이다. 마리아가 "좋은 몫을 택하였다."라고 했으나, 하지만, 예수 자신도 "우리에게 날마다 일용할 양식을 주옵시고"(11:3)라는 기도를 가르쳐주었으니 음식을 준비하는 마르다를 나무랄 수 없을 것이다. 그러나 예수가 마르다를 염려한 것은 사실이다. "귀 있는 자는 들어라."라는 말씀의 맥락에서 예수가 한 말씀 8:18을 다시 읽기로 하겠다. "그러므로 너희가 어떻게 듣는가 스스로 삼가라. 누구든지 있는 자는 받겠고 없는 자는 그 있는 줄로 아는 것까지 빼앗기리라."라는 점을 염려한 것이다. "말씀을 제쳐놓고 하는 봉사의 일(diakonia)은 결코 영구적인 덕성일 수 없는 반면에 예수의 말씀에 귀 기울이는 일은 듣는 사람에게서 훼손할 수 없는 영구적인 선이다." (Fitzmyer, 1985, p. 892)라는 해석을 이 단원의 결론으로 읽겠다.

추가해 부연하면, 마르다와 마리아의 예수 영접의 이 기사는 하나님께 감사하고 제자들을 축복한 10:21-24의 기사와 같은 맥락으로 읽기도 한다(Garland, 2011, pp. 450-451). "여러 예언자들과 왕들이 너희가 본 바를 보고자 원하였지만 보지 못하였고 너희가 들은 것을 듣고자 하였지만 듣지 못하였다."(10:24)가 예수가 제자들에게 축복한 이유였다. 말하자면, 말씀을 듣는 마리아처럼 "하나의 일만이 필요하다." (10:42)라는 것은 마땅히 축복받아야 할 같은 맥락이기 때문이다.

아버지이신 하나님(11:1-13)

성령 안에서 아버지께 드리는 아들의 기도가 10:21-22에 적혀 있다. 하나님과 예수의 이 관계가 하나님과 예수의 제자들의 관계로 여기서 확장된다. 우선 1-4절에 아버지께 드리는 주기도를 예수가 제자들에게 가르친다. 그리고 5-8절에 친구에게 끈기 있고 몰염치하게 요구하는 비유로 기도하는 자세를 가르친다. 마지막으로, 9-13 절에 아비가 아들의 요청을 들어주거늘 하물며 은혜로우신 하늘의 아버지께서야 최상의 것을 주시지 않겠느냐고 기도를 권면한다.

다른 복음서들과 비교가 안 될 만큼 누가는 기도를 소중하게 다룬다. 예수의 기도 장면도 빈번하게 나오고 신자들에게 주는 기도의 권면도 다른 복음서들보다 두드러진다. 이 단원에서 누가는 기도가 자식과 아버지와의 관계에서 구하고 베푸는 일임을 밝힌다.

▪▪ 주기도(11:1-4)

예수가 제자들에게 가르친 주기도는 마태에서도 누가에서도 하나님께 올리는 기원과 자신들을 위한 간청으로 구성되어 있다.

▪ 아버지께 올리는 기원(11:1-2) 마태의 주기도(마 6:9-13)는 산상수훈 내에서의 가르침이다. 한데, 누가의 주기도는 배경도 다르거니와 마태의 것보다 훨씬 간결하다. 마태의 주기도에서 삭제되어 있는 부문을 살펴보면서 누가의 기도가 어떻게 간결한지를 생각해보겠다.

1예수께서 한 곳에서 기도하시고 마치시매 제자 중 하나가 여짜오되 주여 요
한이 자기 제자들에게 기도를 가르친 것과 같이 우리에게도 가르쳐주옵소
서 2예수께서 이르시되 너희는 기도할 때에 이렇게 하라

아버지시여!

이름이 거룩히 여김을 받으시오며!

나라이 임하옵시며!

예수가 어떤 한 곳에서 예사롭게 기도를 하였고 끝마친 후에 제자들 중 하나가 "주여, 우리에게 기도하기를 가르쳐주옵소서."라고 요청한 것이 주기도를 가르친 배경이다. 이처럼 제자의 요청에 따라 주기도를 가르쳤다는 점은 누가만의 독특한 배경이다. 예수가 늘 기도하였으므로 제자들 역시 기도에 참여하고 싶었을 테다. 이 일이 언제 어디서 일어난 일인지는 정확히 알 수 없으나 예수가 마르다와 마리아에게 말씀을 듣는 일의 중요한 의미를 가르친 후일 것이다. 그러므로, 듣는 일에서 한 발자국 더 나아가 하나님께 기도하는 의미를 가르쳐줄 때라 할 수 있다.

학자들은 제자들에게 가르친 이 주기도를 '모델 기도'라 부른다. 모델 기도에서 하나님에 대한 호칭은 "아버지(pater/abba)"다. 하나님은 천지를 창조하셨고 완성하실 거룩하신 구원의 주권자가 아니신가. "모든 일들을 나의 아버지께서 나에게 위임하셨고"(10:22)라고 말하는 예수 이외에 누가 감히 만유의 주권자이신 하나님을 아버지라 부를 수 있는가. 그런데 예수는 제자들에게 기도할 때 하나님을 "아버지"라 부르라 한다. "누가에 있어 아버지의 상(이미지)은 사랑, 자비(6:36), 자선(12:30), 용서(23:34), 잃었던 탕자를 되찾음의 환희(15:11-32) 중 하나다" (Garland, 2011, p. 461). 아버지는 요컨대 사랑이시다. 마태에서는 "하늘

에 계신 우리 아버지여!"(마 6:9)라고 하고 누가에서는 단순히 "아버지시여!"라고 한다. 마태와 마가 모두 Q문서에 기원을 두고 있는데 누가의 것이 보다 원본에 가깝다고 한다(Fitzmyer, 1985, p. 897, 902). "하늘에 계신 우리 아버지"는 마태가 여러 곳에서 자주 쓰는 호칭으로, 그가 선호하는 유대적인 예배의식의 표현이기도 하다. 이와 달리 누가의 "아버지시여!"에서는 제자들과 하나님의 인격적 관계가 돋보인다. 마태의 "하늘에 계신"이란 표현에서 "하늘"은 보이지 않는 초월적인 "하나님의 보좌"(마 5:34)를 가리킨다. "하나님을 '하늘에 계신 아버지'라 칭하는 것은 하나님의 권위와 주권을 부각시키는 것이다"(Schreiner, 2008, p. 132). 따라서 마태의 이 호칭은 누가에 있어 자식이 "아바, 아버지"라 부르는 스스럼없는 부자지간의 표현과는 거리가 있다.

이때 다른 하나의 단서가 필요하다. 권터 보른캄(Günther Bornkamm)의 저서 《나사렛 예수》(1956)에 의하면 예수가 "아버지"라는 표현을 여러 번 사용하고 있지만 "제자들과 함께 '우리 아버지'라고 하는 데에 그가 가담하고 있는 장절(표현)은 없다"(강한표 역, 1972, p. 129). 달리 말하면, 예수와 마찬가지로 제자들도 하나님을 "우리 아버지"라 부른다 하더라도 예수와 하나님과의 관계와 제자들과 하나님과의 관계가 동격일 수 없다는 것이다. 실상, 교회사에서 하나님을 아버지라 부르고 예수를 주라 부르는 호칭을 사용하기로 확정한 것은 바울에 의해서다. 그에 따르면 하나님을 아버지라 부를 수 있는 근거는 예수의 십자가로 모든 신자가 한 에클레시아(그리스도의 몸) 안에서 "하나님의 권속(가족)"(엡 2:19)이 되었고 "아들의 명분(양자의 권리)"(갈 6:4)을 부여받았기 때문이다. 신자들이 하나님을 아버지라 부르는 것은 예수와 하나님과의 특수하고도 독특한 관계를 그대로 반영하는 것이 아니라, 신자들이 종에서 벗어나 "하나님으로 말미암아 유업을 이을 자가 된"

(갈 4:7) 표상이다. 그것은 우리의 주 예수 그리스도로 말미암아 이루어진 것이니 "우리의 아버지"라 말할 때 그 의미는 제한적인 협의의 의미를 갖는다.

누가의 주기도는 "아버지시여!"라 부른 다음에 우선 두 기원을 기도한다. 첫 번째 기원이 "당신의 이름이 거룩하여지옵소서!"이다. 이때 매우 중요한 사실은, 성서에 의하면(레 22:32; 사 52:5-6), 거룩한 하나님의 이름이 하나님 자신의 백성에 의해 더럽혀왔고 하나님의 이름이 거룩을 되찾는 일은 하나님 자신에 의해 이루어진다는 것이다. 특히, "열국 가운데서 더럽힘을 받은 이름 곧 너희가 그들 중에서 더럽힌 나의 이름을 내가 거룩하게 할지라."(겔 36:23)라는 구절과 "내가 여러 나라의 눈에 내 존대함과 내 거룩함을 나타내어 나를 알게 하리니 그들이 나를 여호와인 줄 알리라."(겔 38:23)라는 구절을 읽으면, 야훼의 이름을 거룩하게 하는 일은 이스라엘이든 이방이든 사람들 편에서 할 수 있는 일이 아님을 깨달을 수 있다. 그럼에도 불구하고, 주기도의 첫 기원이 "당신의 이름이 거룩하여지옵소서!"라는 삼인칭 수동명령형으로 기록되어 있어 마치 인류에 의해 하나님의 이름이 거룩히 됨을 받는 것처럼 서술되어 있다.

본서에서는 여기서 로마서를 인용키로 하겠다. "한 사람(아담)의 범죄를 인하여 사망이 그 사람으로 말미암아 왕노릇(통치)하였은즉 더욱 은혜와 의의 선물을 넘치게 받는 자들이 한 분 예수 그리스도로 말미암아 생명 안에서 왕노릇(통치)하리로다."(롬 5:17)라는 말씀은 이제 신자들은 예수 그리스도로 말미암아 사망의 통치에서 벗어나 생명 안에서 의의 통치 아래 있게 된다는 것이다. 하나님께서 그리스도를 통해 당신의 백성을 위한 종말구원의 목표를 이루시는 일이 곧 당신의 이름을 거룩하게 하시는 일이라 해석할 수 있다. 그리고 이 구원의 계획을 신자들이 아멘의 반응으로 올바르게 수용하는 일이 곧 수동명령형의 표현인 "당신의 이름이 거룩하여지옵소서!"일 것이다(Garland, 2011, p. 462). "당신의 이름의 거룩을 다시 세우는 하나님의 종말적인 역사는, 그렇다면, 당신의 백성 편에 부끄러움을 환기하여 당신을 공경하도록 실천을 이끌어내는 일이다"(Green, 1997, p. 442). "이름이 거룩하여지옵소서!"는 축원의 기도일 뿐만 아니라 기도하는 제자들이 실천해야 할 목표이다. 이 기원은 단순히 바라는 바로서의 하나님 찬미가 아니라 새로운 마음과 새로운 영을 회복시켜주심으로써 "너희가 거룩해지라, 내가 거룩하기 때문이다."(레 11:45)라는 말씀을 입증할 수 있도록 기독교 공동체가 표명하는 종말적인 기원이다(Fitzmyer, 1985, p. 898-899).

두 번째 기원이 "당신의 나라가 임하옵소서!"이다. 여기서는 우선 하나님 나라가 임한다는 것이 무엇인지를 해설해야겠다. 예수의 가르침의 중심 주제가 곧 하나님 나라다. 공관복음서에서 예수가 말하는 "하나님 나라는 하나님의 구원의 능력이며, 하나님의 구원의 약속들을 완수함이다"(Schreiner, 2008, p. 79). 이때 나라가 임하심에서 가장 두드러진 특질은 예수 그리스도 자신의 역할이다. 예수가 육의 몸으로 온 것 자체가 나라가 이미 온 것이고, 그의 이 지상에서의 사역은 구원의 능력을 실현하려는 일이다. 그러나 아직 구원의 약속들을 완성한 것은 아니다. 완성의 때는 "인자가 권능의 우편에 앉은 것과 하늘 구름을 타고 오는 것을 너희가 보리라."(마 26:64) 한 그때, 종말의 하나님 나라가 임할 그때, 곧 종말심판의 때다. 양과 염소를 구별하여 각각 오른편과 왼편에 두어 "그때에 임금이 그 오른편에 있는 자들에게 이르시되 내 아버지께 복 받을 자들이여 나아와 창세로부터 너희를 위하여 예비한 나라를 상속하라."(마 25:34) 하실 때다. 주기도에서 이 두 번째 기원은 "여호와께서 천하(모든 이 세상을 통치할)의 왕이 되시리니 그날에는 여호와께서 홀로 하나이실 것이요 그 이름이 홀로 하나이실 것이며"(슥 14:9)의 때이므로 사탄의 권세가 이 세상에서 파멸되는 때다(Garland, 2011, p. 463). "당신의 나라가 임하옵소서!"라 함은 하나님이 구원의 약속들을 완수하실 종말의 나라가 임하옵기를 구하는 기도이다(Schreiner, 2008, p. 51).

누가의 주기도에는 "뜻이 하늘에서 이룬 것 같이 땅에서도 이루어지이다."(마 6:10b)라는 마태의 기원이 빠져 있다. 한데, 마태의 이 기원은 누가의 두 기원에 포괄적으로 함축되어 있을 수도 있다(Geldenhuys, 1951, p. 320). "당신의 이름이 거룩하여지옵소서!"라는 하나님의 거룩에 대한 누가의 첫 번째 기원이 하나님의 주권의 지배가 이 시대의 타락한 인간의 현실에서도 역사하시기를 간구하는 것이라면, 그 속에 "뜻이 땅에서도 이루어지이다."라는 의미를 포괄할 수 있겠기 때문이다. 아울러, 예수가 이 땅에 처음 올 때에 능력을 행사하였던 하나님의 주권의 지배가 그가 다시 올 때에 온전한 영광과 완성을 이룩하시기를 기원하는 것이 "뜻이 이루어지이다."라면, 그 기원은 "당신의 나라가 임하옵소서!"라는 누가의 두 번째 기원에 포괄될 수 있겠기 때문이다.

■ **간청**(11:3-4) 누가의 주기도는 두 기원에 뒤이어 세 간청을 서술하고 있다. 이 간청 역시도 마태의 주기도보다 간략하다.

> 3우리에게 날마다 일용할 양식을 주옵시고
> 4우리가 우리에게 죄 지은 모든 사람을 용서하오니
> 우리 죄도 사하여 주옵시고

우리를 시험에 들게 하지 마옵소서

하라

첫 번째 간청이 "우리에게 날마다 일용할 양식을 주옵소서."이다. 이 간청에 대해서는 자고로 여러 해석이 있다. 원문의 어순대로 옮기면 "우리의 빵 일용할 것을 우리에게 줄곧 주옵소서 나날이."이다. 병행하는 마태의 기사는 "우리의 빵, 일용할 것을 우리에게 주옵소서 오늘."이다. "빵"은 개역성경에 쓰인대로 "양식"을 뜻하지만 은유적으로는 영의 양식을 뜻할 수도 있다. 이때 문제는 "일용할"이라 번역한 에피우시온(epiousion)은 성경 전체에서 여기에서만 사용된 어휘이고 희랍어 일반 용례에서도 사용되지 않는 어휘인 바, '필요로 하다'라는 의미에서 '일용하다'일 수도 있고 혹은 미래의 지속성을 뜻하는 의미일 수도 있다는 것이다(Fitzmyer, 1985, p. 905). 그런데 마태에는 이 간청 말미에 "오늘"이 명기되어 있어 "일용할 양식을 우리에게 주옵소서." 라는 구절을 이해하는 데 무리가 없다. 반면에, 누가에서는 "줄곧 주옵소서"라는 현재 명령형 동사와 "나날이"라는 시간의 지속적인 진행이 에피우시온을 미래의 의미로 해석할 수 있는 폭을 넓힌다. 그 때문에 누가의 간청에서 "일용할 양식"은 "장차 오는 날에 합당한 빵"이라 번역하여야 한다(Green, 1997, p. 442). 바꾸어 말하면, 이 간청이 종말을 지향하는 간청일 수 있다는 것이다. 게다가, 이 단원 말미에 "좋은 것을 자식에게 줄 줄 알거든 하물며 너희 천부께서 구하는 자에게 성령을 주시지 않겠느냐."(11:13)라는 구절에서 누가가 "빵(양식)"에 대체하여 "성령"을 쓰고 있기 때문에 "빵"은 이 간청에서 "말씀, 하나님의 지혜 혹은 그리스도의 몸"일 수 있다(Liefeld and Pao, 2007, p. 205).

첫 번째 간청에 대한 위의 논변은 빵의 간청이 오늘을 위한 생계 유지의 빵이냐 아니면 종말의 구원을 위한 "하나님 나라에서 떡을 먹는 자의 축복"(14:15)이냐의 문제다. 한편, 이 문제가 단순히 현재냐 혹은 종말이냐의 시간에 관한 논쟁이라면 답은 명료하다. 현재와 종말은 언제든지 중복되는 시간이므로 현재를 위한 기도가 종말을 위한 기도일 수 있고 또 그 역도 진이다. 구원의 과정으로서의 시간은 이미 현재 시작되어 종말을 향해 진행 중이며, 아울러 아직 구원이 완료된 것이 아니라 종말의 완성이 다가오는 과정이므로 "종말의 긴장"의 진행이다(Dunn, 1998, p. 461). 이 종말 긴장으로 말미암아 현재와 종말이 함께 부딪치는 접점이 이어지는 과정이기 때문에 분리된 별개의 시간이 있을 수 없다. 따라서 현재를 위한 기도가 종말을 위한 기도를 포괄하고, 동시에 종말을 위한 기도가 현재를 위한 기도를 포괄한다고 보아야 한다. 다른 한편, 이 문제가 생계 유지를 위한 양식이냐 혹은 구원을 위한 영적인 축복이냐의 논쟁이라면 답은 불명료하다. 많은 학자들이 빵에 대한 간청을 출애굽의 광야에서 이스라엘인들에게 베푼 만나에 비교하여 일상의 양식이라 해석하는 것이 일반적이다. 하지만 그렇더라도, 영적인 양식이라는 해석을 배제할 수는 없다. 본서에서는 주기도의 가르침이 끝난 후 주기도에 대한 예수 자신의 비유적인 해설에서 이 문제를 다시 논하겠다.

누가의 주기도에서 두 번째 간청인 4a절이 "우리에게 우리의 죄를 용서하여주옵소서."이다. 그리고 4b절이 "우리가 우리에게 빚진 모든 사람들을 용서합니다."이다. 마태의 6:12에 쓰여진 "빚"과 달리 누가에는 "죄"가 쓰여 있다. 마태의 빚은 본래 유대인의 죄의 용어인 빚(opheilemata)이 쓰인 것이고, 누가에서는 바울의 용어인 죄(hamaritas)가 쓰인 것인 바, 두 어휘의 의미는 대동소이하다. 이와 같은 어휘의 차이는 누가가 이방 신자를 독자로 겨냥한 증거일 수 있다(Fitzmyer,

1985, p. 906). 누가에서 4a절과 4b절이 "그리고 까닭에(kai gar)"로 연결되어 있으므로 문법적으로는 4a의 필수조건이 4b라 해석할 수 있다. 실제로 마 6:12의 "우리가 우리에게 죄지은 자를 사하여준 것 같이 우리 죄를 사하여주옵시고"의 해석은 12b절이 12a절의 조건이라 해석하는 것이 일반적인 주해다. 아마도 12b절의 "용서하다"가 부정과거로 쓰여 있기 때문일 것이다. 반면에 눅 4b절은 현재형으로 쓰여 있다. 아마도 이 때문에 여러 주해서의 저자들이 4b절이 우리의 죄를 용서받는 데 필요한 전제조건을 진술하는 것은 아니라고 해석하는 듯하다. 예컨대 4b절이 4a절의 설명이긴 하되, "예수를 따르는 사람들이 실천하는 용서의 구현은 하나님 자신의 성격을 현시하고 닮는 것"(Green, 1997, p. 444)이므로 "우리에게 빚진 모든 사람들을 용서하는 것"은 "너희 아버지의 자비하심 같이 너희도 자비하라."(6:36)라는 말씀을 반영할 따름이라는 것이다. 혹은 하나님께서 아버지 되심은 인간 모두가 형제임을 깨우치게 하심이므로 남을 용서하는 것이 자기가 용서받는 조건일 수 없다는 것이다(Fitzmyer, 1985, p. 899; Liefeld and Pao, 2007, p. 205).

마 6:12에서 "우리에게 죄지은 자를 사하여준 것 같이"가 "우리 죄를 사하여주옵시고"의 전제조건이라 읽어야 할 근거는 "너희가 사람의 과실을 용서하면 너희 천부께서도 너희 과실을 용서하시려니와 너희가 사람의 과실을 용서하지 아니하면 너희 아버지께서도 너희 과실을 용서하지 아니하시리라."(마 6:14-15)라는 말씀이 뒤따르기 때문이다. 그러나 이 구절들도 "자신들에게 해를 준 다른 사람들을 용서하지 않는 사람들은 하나님에게서 용서받지 못한다."(Schreiner, 2008, p. 826)라고 해석해야 마땅하다. "우리 죄를 사하여주옵시고" 하고 하나님께 기도하는 사람이 자기는 남의 죄를 용서하지 않는다면 그는 하나님을 아버지라 부를 수 없는 파렴치한이다. 앞에서 향유를 담은 옥합을 들고 와 눈물로 예수의 발을 적시고 향유를 부은 여인에게 예수가 "그녀의 많은 죄가 사하여졌고 이 때문에 그녀가 그처럼 큰 사랑을 보인 것이다. 그러나 적게 사함을 받은 자는 적게 사랑하느니라."(7:47)라고 한 말씀을 상기해볼 일이다. 죄를 용서받으면 당연히 사랑을 불러일으키기 마련이다. 그렇다면, 하나님께서 "우리에게 우리의 죄를 용서하여주옵소서."라는 4a절과 "우리가 우리에게 빚진 모든 사람들을 용서합니다."라는 4b절이 조건적인 인과관계를 서술한 것이 아니라 읽어야 한다. 죄를 용서받은 신자들에게 지극히 당연하게 수반되어지는 사랑이 그로 하여금 남에게 용서를 베풀게 하는 것이라 읽어야겠다.

누가의 주기도에서 세 번째 간청은 "우리를 시험에 들게 하지 마옵소서."라는 4c절이다. 이 간청에서 "시험"이 무엇인지를 이해하는 데 어려움이 있다. 시험이 가져오는 긍정적인 측면에 대한 기록이 없는 것은 아니다(약 1:12-13; 벧전 4:12-13; 계 2:10). 하지만, 시험의 최악의 결과는 배교에 떨어지는 일일 것이다. 구약에서는 여러 군데에 하나님께서 자기 백성을 시험하신다는 기사가 나온다(출 16:4; 20:20; 신 8:2, 16; 13:4; 33:8). 이때의 시험은 하나님을 배반하는 배교의 시험이다. 이 4c절의 "시험"에는 관사가 붙지 않았으므로 특정한 시험이 아니라 죄에 대한 유혹 일반을 가리킬 수 있다(Garland, 2011, p. 464). 그런데 누가의 용례를 보면 겟세마네 기도(22:40, 46) 이외에 토양의 비유에서 바위 위에 떨어진 씨처럼 "말씀을 들을 때에 기쁨으로 받으나 뿌리가 없어 잠깐 믿다가 시험을 받을 때에 배반하는 자요."(8:14)에서의 "시험"이라면 그것은 배교의 시험이다. 신약에서는 히 3:7-4:13에 구약과 관련하여 하나님에게서 떨어져나가는 배교에 대해 집중적으로 경고하고 있다. 바울 서한에도 이 배교의 의미에서 "(하나님께서) 강퍅하게 하고자 하시는 자를 강퍅케 하시느니라."(롬 9:18b)라는 기사가 있다.

위의 맥락에서 보면 세 번째 간청은 배교에 이르는 시험에 들지 않도록 간청하는 기도이다(Fitzmyer, 1985, pp. 906-907). 갖가지 시험이 있을 수 있으나 배교의 시험이 죄에 굴복하는 전형적인 시험이다. 그리고 시험에 넘어지지 않는 길은 기도하며 깨어 있는 일이다. 종말의 때와 관련하여 "이러므로 너희는 장차 올 이 모든 일을 능히 피하고 인자 앞에 서도록 항상 기도하며 깨어 있어라."(21:36)라는 예수의 권고가 이를 반영한다. "우리를 시험에 들게 하지 마옵소서."라는 기도야말로 "선하고 고귀한 마음으로 말씀을 듣고 지키어 인내로 결실하는" (8:15) 능력을 주시기를 간청하는 것이다. 아울러 부기하건대, 누가복음의 어떤 사본에는 4c절 말미에 "그러나 우리를 악에서 구하옵소서." 라는 마태의 간청이 첨가되어 있기도 하다지만, 사본 작성자가 마태와의 균형을 의식해 삽입한 것으로 보인다(앞의 책, p. 907).

결론컨대, 누가의 주기도는 무엇보다 하나님 중심의 기도요 종말을 위한 기도이기도 하다. 하나님을 아버지라는 인격적인 관계로 호칭하고, 두 기원과 세 간청을 직접 아버지께 올린다. 두 기원은 특히 종말적인 하나님의 영광이 나타나심을 기원한다. 세 간청은 모두 현세에서의 제자된 도리로 "우리"를 올바르게 지켜주시기를 간청한다. 그러므로 이 모든 간청이 나 개인이 아닌 우리 모두의 공동체가 지향해야 할 종말을 위한 기도라는 사실에 주목해야 한다. 주기도는 결코 인간 개인의 행복을 위한 기복의 기도가 아니다. 곰곰이 주기도를 반추하면, (기도 전반에 걸쳐 예수에 대한 언급이 없지만) 두 기원과 세 간청의 실현을 위해 제자들과 하나님 사이를 연결시킬 수 있는 것은 오로지 성령과 예수 그리스도뿐임을 깨달을 수 있다. 하나님을 아버지라 인격적인 관계로 부를 수 있게 함도 예수로 말미암아서이고, 종말은 부활과 승천의 예수의 파루시아(parousia, 재림)이고, 그리고 제자들의 현세의 삶은 성령의 능력으로 말미암은 종말 실현이기 때문이다. 우리가 어떤 특정한 처지에서 하나님께 드리는 특수한 기도든, 공동체 내에서 드리는 공공의 기도든, 주기도는 그 모든 기도들의 모델이다. 여하한 기도라 하더라도 이 주기도의 본질을 벗어나지 말아야 한다.

기도의 태도와 효험(11:5-13)

끈기의 기도를 위한 비유(11:5-8) 이 단원의 발단은 "주여, 우리에게 기도하기를 가르쳐 주소서."라는 제자의 간청에서 비롯되었다. 그리하여 예수가 주기도를 가르쳤고 뒤이어 이제 기도하는 간절한 끈기를 가르친다. 누가만의 이 기사는 기도가 반드시 응답받을 수 있도록 기도하는 자세를 가르치는 비유이기도 하다. 마태는 예수가 주기도를 가르치기 전에 기도의 자세에 관해 위선자와 같이 하지 말고 중언부언하지 말라고 한 예수의 교훈을 기록하였다. 마태의 교훈과 누가의 이 비유를 비교해보면, 마태의 가르침은 외형적인 기도의 자세에 대한 것이고 누가의 가르침은 심정적인 내면의 자세에 대한 것이다.

> 5또 이르시되 너희 중에 누가 벗이 있는데 밤중에 그에게 가서 말하기를 벗
> 이여 떡 세 덩이를 내게 빌리라 6내 벗이 여행 중에 내게 왔으나 내가 먹일 것
> 이 없노라 하면 7저가 안에서 대답하여 이르되 나를 괴롭게 하지 말라 문이
> 이미 닫혔고 아이들이 나와 함께 침소에 누웠으니 일어나 네게 줄 수가 없노
> 라 하겠느냐 8내가 너희에게 말하노니 비록 벗됨을 인하여서는 일어나 주지
> 아니할지라도 그 강청함을 인하여 일어나 그 소용대로 주리라

"그리고 그가 그들에게 말하였다."라고 초두를 열어 예수가 주기도를 가르친 그 장면의 연속선상에서 기도하는 자세를 비유로 말씀한다. "너희들 중에 한 친구가 있어"라는 표현은 '무엇을 상상할 수 있겠느냐?'라는 가상적인 질문을 표현하는 전형적인 관용구라고 한다(Green, 1997, pp. 446-447). 그리하여 이어서 '무엇을 상상할 수 있겠느냐?'의 '무엇에' 해당하는 "야밤중에 그에게 가서 말하기를 '내 친구여, 떡 세 덩이를 내게 빌리라, 여행 중에 있는 내 친구가 도착했는데 내가 그에게 내어줄 것이 아무것도 없노라.' 하였다."라는 가상적인 요구 내용이 나온다. 이는 가상적인 요구이지만 그 당시에 있음직한 일이었다고 한다. 야밤중에 열린 식품상점이 없었고 사람들은 끼니마다 빵을 구워 먹었지 비축해두지 않는 게 당시 현실이었다. 이 요구에 대한 가상적인 반응이 안에서 들려온 이웃의 대답으로, "나를 괴롭히지 말라. 문이 이미 닫혔고 아이들이 나와 함께 침상에 있으니 나는 일어날 수 없고 너에게 아무것도 줄 수 없다."라고 한다. 누가의 이러한 기술방식은 이런 일을 상상할 수 있겠느냐고 간접적으로 묻는 것으로, 물론 상상할 수 없다는 자명한 대답을 전제하는 수사법의 표현이다.

예수가 이 비유를 통해 말씀하고자 하는 핵심은 이어지는 8절에 담겨 있다. "내가 너희에게 말하노니, 그가 그의 친구라는 이유로서는 일어나지 않고 아무것도 주지 않는다 할지라도, 그의 끈기 때문이라도 일어나서 그가 요구하는 만큼 줄 것이다." 이 8절이 앞 5-7절과의 연결 관계가 석연치 않아 이해에 어려움이 있다. 게다가 여기서 핵심이자 동시에 난해한 구절은 개역성경에서 "그 강청함을 인하여"라 번역한, 다시 말해 여기서 "끈기 때문이라도"라고 번역한 구절이다. 이 "끈기(anaideian)"는 뻔뻔함 내지 끈덕짐의 뉘앙스를 갖는 지속적인 행위라 번역하는 것이 일반적인데, 아마 우리말에서 이 뉘앙스에 가장 적합한 단어는 '막무가내'일 것이다. 이 끈기라는 단어 뒤에 "때문에 참으로(dia ge)"가 첨가되어 "끈기 때문에"가 강조되어 있기에 여기서는 "끈기 때문이라도"라 번역하였다. 이것은 야밤중에 아이들과 더불어 자고 있는 사람을 깨워 일으키는 무례한 요구에 응답하는 일은, 친구의 우정 때문이 아니라 막무가내의 요구 때문이라는 (이 8절의 일반적인) 해석을 취하기 위한 것이다.

다른 한편, "끈기"를 '몰염치'라는 의미로 해석하여 "끈기 때문에"를 "불명예를 회피하기 위하여"라고 번역하는 학자들도 있다(Green, 1997, p. 445; Liefeld and Pao, 2007, p. 206). 이들은 작은 농가 마을에서 야밤중에 한 집을 소란스럽게 하면 온 마을이 떠들썩해지고 방문객의 접대를 소홀히 했다는 불명예를 모두가 짊어질 수 있기에 그것을 회피하기 위해 집주인이 누워 있던 침소에서 일어났다고 8절을 해석한다. 아마도 이 설명은 "친구라는 이유로서는 그가 일어나지 않고"라는 선행절에 지나치게 무게를 둔 나머지 그가 일어난 이유를 동네 전체의 소란이라는 외부에 귀인시킨 해석인 듯하다. 그러나 이 비유의 주인공은 집주인이 아니라 떡 세 덩어리가 당장 필요한 사람으로, 그의 입장에서 이 대목을 읽어야 한다. 끈기든 몰염치든 그것은 집주인의 행위를 묘사한 것이 아니라 빵 세 덩이를 얻기 위해 온 사람의 행위를 묘사한 것이다(Schreiner, 2008, pp. 702-703). 그러므로 집주인이 귀찮아서라도 일어나지 않을 수밖에 없었다는 의미를 부각시키기 위해 "끈기 때문이라도 그가 일어나서"라는 번역을 취하였다.

■ **하물며 하늘 아버지야 오죽하시랴**(11:9-13) 이 단락의 제목은 실상 기도의 효험이라 하여야 합당할 것이다. 그런데 여기서 앞 단락과 연관하여 이 단락을 읽을 욕심으로, 사람의 베풂과는 성격이 다른

하나님의 은혜를 부각시키기 위하여 이 제목을 선택하였다.

> 9내가 또 너희에게 이르노니 구하라 그러면 너희에게 주실 것이요 찾으라 그
> 러면 찾을 것이요 문을 두드리라 그러면 너희에게 열릴 것이니 10구하는 이
> 마다 받을 것이요 찾는 이가 찾을 것이요 두드리는 이에게 열릴 것이니라 11
> 너희 중에 아비된 자 누가 아들이 생선을 달라 하면 생선 대신에 뱀을 주며
> 12알을 달라 하면 전갈을 주겠느냐 13너희가 악할지라도 좋은 것을 자식에게
> 줄 줄 알거든 하물며 너희 천부께서 구하는 자에게 성령을 주시지 않겠느냐
> 하시니라

학자들은 "그리고 내가 너희에게 말하노니"라는 9절 초두가 앞 단락의 비유에 이어지는 연속적인 이야기라 풀이한다. "구하라(요구하라)", "찾아라(추구하라)", "두드리라"라는 세 명령이 잇달아 나오는데 학자들은 이것을 각각 기도하기에 초대함이요, 하나님과 하나님의 뜻을 줄곧 모색하기를 권함이요, 하나님의 현존과 축복이 임하시기를 간구하라는 것이라 해석한다. 이들 세 행위는 끈기의 기도가 요구된다는 의미이기도 하다(Schreiner, 2008, p. 703). 그리고 이처럼 행위하면 누구에게든 그에 상응하는 반응이 있을 것임을 10절에 말씀한다. 개역성경에서 "구하는 이마다 받을 것이요."라는 구절에만 "이마다(누구에게든)"가 연결돼 있어 오해의 소지가 있으므로 "누구에게든지"를 10절 초두에 놓고 "요청하는 이는 받을 것이요, 추구하는 이는 찾을 것이요, 두드리는 이에게는 열릴 것이요."라는 세 반응을 모두 "누구에게든지"에 연결시켜 읽어야겠다. 미리 13절을 읽으면 요청하고, 추구하고, 두드림은 하나님께 직접 올리는 것이고 반응은 하나님께서 직접 응답해주심이다.

앞 단락에서는 친구 사이를 비유했는데 이번에는 아버지와 자식 사이의 관계를 예시한다. "너희 중에 어떤 아비가 아들이 생선을 달라면 생선 대신 뱀을 주겠느냐? 그가 달걀을 달라면 전갈을 주겠느냐?"가 11-12절이다. 마태는 떡과 돌, 그리고 생선과 뱀으로 예시하고 있고 (마 7:9-10) 누가는 유익과 유해를 더욱 극으로 대비하고 있지만, 진술하고 있는 기본 의미는 같다고 보아야 한다. "만일 너희가, 설령 악할지라도, 좋은 것들을 자식들에게 줄 줄 안다면, 하물며 하늘의 아버지께서야 당신께 요구하는 사람들에게 훨씬 더 많이 성령을 주실 것이느니라!"라는 13절이 예수의 결론이다. 육신의 아버지가 설령 악하더라도 자식들에게 좋은 것들을 줄 줄 안다면, 항차 하늘의 아버지께서야말로 당신께 기도하는 사람들에게 좋은 것들 중의 가장 좋은 것, 성령을 주지 않으시겠느냐는 점을 강조하는 말씀이다. 혹은, 끈기 있게 요구하면 야밤중이라도 친구가 일어나 "요구하는 만큼 그에게 줄 것이다."(11:8)라고 하면, 항차 하나님께서는 "요구하는 만큼뿐만 아니라 성령이라는 최상의 선물까지도"(Fitzmyer, 1985, p. 914) 주신다는 말씀이다. 앞 11:8에서 요구하는 만큼은 빵 세 덩이인데, 여기 11:13에서 하나님께서 베푸시는 선물은 성령이다. 당초 빵 세 덩이의 요구를 예시했지만 굶주린 배를 채우겠다는 뜻만을 비유한 것은 아닌 것 같다. 하늘의 아버지께서 성령을 주실 것이라는 말씀은 배경 맥락과 무관하게 느닷없이 비유를 풀이한 것은 아닐 것이기 때문이다.

이 맥락적인 해석을 주기도의 첫 번째 간청 "나날이 우리의 빵 일용할 것을 우리에게 줄곧 주옵소서."(11:3)로 확장하면, 우리의 빵은 육체의 양식일 수도 있고 영의 양식일 수도 있다. 광야에서 이스라엘 백성들에게 만나를 선물하실 때에도 "사람이 빵으로만 사는 것이 아니라."라는 맥락이 그 배경에 자리 잡고 있었을 것이다. 요구하는 것 이상으로 더 좋은 것을 주시는 아버지 하나님이시기 때문이다. 주기도의 해석만큼 중요한 것은, 무엇보다 우리의 기도는 우리의 아버지에게 간구하는 것이므로 반드시 응답을 받으리라는 확신을 가지고 드려야 한다는 점이다.

확장되는 적대 세력(11:14-54)

예루살렘 여행 중에 예수를 적대하는 무리를 포함한 유대 지도자들과의 갈등이 갈수록 커진다. 우선 예수의 치유 능력이 무엇에 기원하는지의 쟁론이 14-23절에 벌어진다. 한번 쫓겨난 악령이라 하더라도 되돌아올 수 있다는 경고를 24-26절에 주고, 말씀을 듣고 지키는 일의 축복을 27-28절에 강조한다. 예수는 정죄받을 이 악한 세대에 대해 29-32절에서 정면으로 질타하고, 33-36절에서는 예수 자신이 빛이라는 가정 아래 네 눈이 밝게 보아 네 온 몸이 빛이기를 당부한다. 그리고 마침내 37-54절에 바리새인과 서기관들의 위선을 저주하기에 이른다. 예수의 십자가가 곧 임박한다는 긴박감이 이 단원에서 전면에 드러난다.

바알세불의 논쟁(11:14-23)

■ **악귀 추방의 원천**(11:14-23) 예수가 마르다와 마리아의 영접을 받고 제자들에게 주기도와 기도하는 법을 가르쳤을 때에는 예수 주변에 무리가 없었다. 예수의 사사로운 친교는 이 두 장면으로 끝나고, 이제 예수가 무리 가운데에 있는 장면이 새삼 등장하면서 예루살렘 여

행의 클라이맥스에 다가서고 있다는 긴박감이 고조된다.

> 14예수께서 한 벙어리 귀신을 쫓아내시니 귀신이 나가매 벙어리가 말하는지
> 라 무리들이 기이히 여겼으나 15그 중에 더러는 말하기를 저가 귀신의 왕 바
> 알세불을 힘입어 귀신을 쫓아낸다 하고 16또 더러는 예수를 시험하여 하늘
> 로서 오는 표적을 구하니 17예수께서 저희 생각을 아시고 이르시되 스스로
> 분쟁하는 나라마다 황폐하여지며 스스로 분쟁하는 집은 무너지느니라 18너
> 희 말이 내가 바알세불을 힘입어 귀신을 쫓아낸다 하니 만일 사단이 스스로
> 분쟁하면 저의 나라가 어떻게 서겠느냐 19내가 바알세불을 힘입어 귀신을 쫓
> 아내면 너희 아들들은 누구를 힘입어 쫓아내느냐 그러므로 저희가 너희 재
> 판관이 되리라 20그러나 내가 만일 하나님의 손을 힘입어 귀신을 쫓아내는
> 것이면 하나님의 나라가 이미 너희에게 임하였느니라
> 21강한 자가 무장을 하고 자기 집을 지킬 때에는 그 소유가 안전하되 22더 강
> 한 자가 와서 저를 이길 때에는 저의 믿던 무장을 빼앗고 저의 재물을 나누
> 느니라 23나와 함께 아니하는 자는 나를 반대하는 자요 나와 함께 모으지 아
> 니하는 자는 해치는 자니라

예수가 벙어리 악귀를 쫓아낸 일을 14절에 아주 간략하게 적고 있다. "그가 벙어리였던 악귀를 쫓아내셨고, 악귀가 나가자 벙어리가 말하였고 무리들은 놀랐다." 하고 전후 맥락 없이 사건을 요약한다. 그리고 무리들의 "놀랐다"는 엇갈린 두 반응을 15-16절에 풀이한다. "그러나 그들 중의 더러는 '악귀들의 통치자인 바알세불에 의해 그가 악귀들을 쫓아냈다.'라 말하였고, 또 더러는 그를 시험하여 하늘로부터의 표적을 구하였다."라 적고 있다. 전자 15절은 예수의 능력을 악귀들의 괴수 바알세불에게서 온 힘이라 주창하고 있다. 바알세불의 정체에 대

해 여러 이설이 있으나 정설이 없다고 한다. 여하튼, 예수를 사탄의 한 종속으로 취급하였다는 말이나 다름없다. 후자 16절은 예수의 능력을 시험하는 비아냥거림이다. 병행기사 마 12:23에서는 "이는 다윗의 자손이 아니냐?"라고 긍정적인 의견을 표명하고 있으나 누가에서는 비아냥의 의견만 드러낼 뿐이다. 누가는 예수의 적대 세력이 만연해 있는 것으로 묘사하고 있다. 한데, 예수에 대한 악의에 찬 비판은, 마가에 의하면, 심지어 예수의 가족들조차 예외가 없었다. 그들은 예수가 실성했다고 생각하고 그를 붙잡으러 왔었다(마 3:21).

예수가 "저들의 생각을" 꿰뚫고 악의에 찬 비판에 아주 장황하게 논변한다. "자체로 적대해 나뉜 어떤 나라도 황폐해지고, 한 집이 무너져 다른 집을 무너뜨린다."가 우선 전체 논변의 전제다. 이 진술을 이스라엘 역사라 해설하는 학자가 있는데(Bock, 1996, p. 1076), 통일 국가일 때 전성기를 이루었고 분단된 시기에 이스라엘이 무너지자 유다도 따라 무너진 사실을 그 논거로 삼는다. "너희가 말하기를 내가 바알세불에 의해 악귀를 쫓아냈다고 말하거니와, 만일 사탄이 자체로 나뉘면 그의 나라가 어떻게 서 있겠느냐?"라는 질문은 앞 논변의 전제를 조건절에 의해 구체적으로 예시한 것이다. 독자들에게는 이 예시가 그다지 박력 있는 논변으로 들리지 않겠지만, 이 세상의 지배가 하나님의 능력이냐 사탄의 능력이냐를 정면으로 대비시키는 예수의 심각한 논변이라 읽어야겠다.

그런데 이어지는 조건절에 의한 질문인 19절이 좀 어리둥절하다. "만일 진정 내가 바알세불에 의해 그들을 내쫓는다면 누구에 의해 너희 아들들은 그들을 내쫓느냐? 그러므로 그들이 너희 재판관이 되리라."라고 하는데 여기서 "너희 아들들(huios)"은 랍비와 같은 유대인들 중 악귀를 내쫓는 자들이라는 해석이 일반적이다(Geldenhuys, 1951, pp. 329-330; Fitzmyer, 1985, p. 921). 혹은 이를 확대하여, 예수의 제자들이 악귀를 내쫓기도 하였고(9:1-9; 10:17-20) 또 요한이 예수에게 "어떤 사람이 주의 이름으로 귀신을 내어 쫓는 것을 우리가 보고 우리와 함께 따르지 아니하므로 금하였나이다."(9:49)라고 한 사례들도 포함하는 것이라 해석하기도 한다(Garland, 2011, p. 482). 실제로 누가는 돌아다니며 마술을 하는 유대인들이 예수를 빙자해 악귀를 내쫓으려 했으나 오히려 악귀에게 혼이 난 사실을 기록하고 있다(행 19:13-17 참고). 예수의 논리는 '내가 악귀를 내쫓는 것이 악귀의 힘을 빌린 것이라면, 악귀를 내쫓는 너희 유대인들도 악귀에 종속된 자들이 아니겠느냐.'라는 것이다. 이 해석을 확대하면, "예수가 사탄에 의해 악귀를 쫓아낸 것이라면 다른 사람도 마찬가지일 것이다. 그러나 다른 사람도…… 하나님의 능력으로 악귀를 쫓아낸 것이라면 예수도 마찬가지일 것이다."(Bock, 1996, p. 1077)라는 논리이기도 하다.

이어지는 "그러므로 그들이 너희 재판관들이 되리라."라는 19b절이 해석을 또 어렵게 만든다. 가장 평이한 하나의 해석은 악귀를 쫓아내는 유대인들에게 그들의 능력의 원천이 어디서 비롯된 것인가를 물어 결국 하나님의 능력이어야 악귀를 쫓아낼 수 있다는 것을 확인하라는 것이다. 이 해석의 문제는 예수가 옳은지 혹은 예수의 적대자들이 옳은지의 재판권을 그들에게 줄 수 있느냐는 것이다. 그러나 본문은 "너희들의 재판관들"이라고 분명히 적고 있고, 심지어 이를 "그들이 너희에 대한 재판의 자리에 앉을 것이다."(Fitzmyer, 1985, p. 916)라고 번역하는 이들도 있다. 달리 말하면, 악귀를 쫓아내는 유대인들로 하여금 예수가 사탄의 힘을 빌려 악귀들을 쫓아냈다고 억지 부리는 너희들에 대해 재판관이 되게 하리라는 것이다(Geldenhuys, 1951, p. 330). 이 해설을 더 정교화하고 있는 곳이 31-32절이다. 이방인들인 남방의 스바 여왕과 니느웨 사람들과 더불어 이들 악귀를 쫓아내는 유대인들로 하여금 하나님의 능력을 예수에게서 부정하는 사람들의 종말심판에 참여케 한다는 것(Green, 1997, p. 456)인데, 이 해석에 관해서는 해당 절을 읽을 때 다시 생각해보겠다.

"그러나 만일 하나님의 손가락에 의해 내가 악귀들을 쫓아낸다면 하나님 나라가 너희에게 이미 임하였다."라는 20절로 논변의 첫 단락이 우선 막을 내린다. "하나님 나라가 너희에게 이미 임하였다."라고 예수가 선언함으로써 이때까지의 17-19절의 쟁점에서 새로운 차원의 논변으로 비약한다. 사람들 중 "더러는 그를 시험하여 하늘로부터의 표적을 구하였다."(11:16)라 했지만 표적은 다 보여주었고, 직역하면 "하나님 나라가 너희 위에 왔다."라는 말씀이므로 이미 임재하여 있다는 강력한 선언이다. 예수는 이 선언으로 적대자들의 모든 논쟁을 무효화시킨다. 바알세불의 힘을 빌어 악귀를 쫓아낸 것이 아니라 "하나님의 손가락"으로 내쫓았다는 것이 강조점이다. 이는 팔도 필요 없고 손가락이면 족하다는 하나님의 능력의 위대함을 표현하는 출 8:19의 표현과 같다. 마태는 "손가락" 대신에 "하나님의 성령을 힘입어"(마 12:27)라 표현하고 있으니, 예수는 하나님의 성령으로 역사하는 메시아로 이 땅에 이미 임재한 것이다. 그러므로 승천하여 하나님의 우편에 앉기 전 이 땅에 거할 때에 제자들은 이미 예수를 "주여!"라 부른다.

"강한 자가 무장을 하고 자기 집을 지킬 때에는 그 소유가 안전하되"라는 21절에서 "강한 자"는 사탄이다. 사탄이 완전무장을 하고 그의 성을 지키는 전투 장면을 묘사한 것이다. "그의 소유가 안전하다."라는 말씀은 "평화 안에 있다."라는 뜻이니 사탄의 성곽이 난공불락인 것처럼 보인다는 표현이다. "그러나 더 강한 자가 와서 그를 제압하면 그가 저가 믿었던 무장을 빼앗고 전리품을 나누어 갖는다."라는 22절은 사탄과의 전투에서 예수의 승리를 하나의 비유처럼 묘사한다. 하나님의 능력으로 사역한 예수이니 당연히 "더 강한 자"가 예수이다. "전리품은 구원 수익의 전체인 용서, 성령, 은사들 및 하나님과 함께 하는 영생"(Bock, 1996, p. 1083)이라면, 이 전리품은 당연히 예수의 "말씀을 듣고 지키어 인내로 결실하는 자"(8:15b)들과 함께 나누어 갖는 은혜일 것이다.

일종의 비유로서의 전투 장면의 묘사는 아마도 아군 아니면 적군이라는 이원론적인 분류를 위해 채택한 우화일 것이다. "나와 함께 하지 않는 자는 나를 적대하는 자요 나와 함께 모이지 않는 자는 흩어지는 자다."라는 23절이 양극의 분류이다. '함께 하다'와 '적대하다'가, 그리고 '모이다'와 '흩어지다'가 대립적인 양극의 표현이다. 이들 표현은 선한 목자와 양들 간의 관계를 묘사한 것일 수도 있고(요 10:11-13) 알곡과 쭉정이를 갈라놓는 타작마당을 묘사한 것일 수도 있다(3:17). 하지만 역시 전장에서의 예수의 전투 참여와 그때의 아군과 적군의 행동을 묘사한 것이라 읽어야 일관성이 있다. 전장에서 피아의 구별이 필수적이듯 예수가 바알세불의 성을 공격하여 갇힌 사람들을 해방할 때 이도저도 아닌 중성적인 경계선의 사람이란 있을 수 없다. 이 때문에 19-20절을 포함한 이 단락의 이야기는 종말적인 뉘앙스를 갖는다(Fitzmyer, 1985, p. 919). "예수의 사역은 하나님의 구원의 기획과 사탄의 적대(20-22절) 사이의 종말적인 충돌이 초점이기 때문에 사람들이 공동전선을 펼쳐야 한다는 것이 필수적이고 심지어 긴급한 일"(Green, 1997, p. 458)이라는 해석이 곧 이 단락의 요지다. 이 공동 전선을 '함께 하다'와 '모이다'로 표현하고 있는 것이다.

■ **악귀의 재침입에 대한 경고**(11:24-26) 이 대목은 앞 14-23절과 함께 읽을 수도 있고 뒤 27-36절과 읽을 수도 있다. 본서에서는 이들 단원 분류의 두 방식을 공히 취하여 양자의 가교가 될 수 있도록 오히려 이 대목을 하나의 단락으로 떼어내 읽기로 하겠다.

> **24**더러운 귀신이 사람에게서 나갔을 때에 물 없는 곳으로 다니며 쉬기를 구
> 하되 얻지 못하고 이에 가로되 내가 나온 집으로 돌아가리라 하고 **25**와 보니
> 그 집이 소제되고 수리되었거늘 **26**이에 가서 저보다 더 악한 귀신 일곱을 데
> 리고 들어가서 거하니 그 사람의 나중 형편이 전보다 더 심하게 되느니라

"더러운 귀신"은 '악의 영'으로 악귀를 나타내는 유대의 용어다. 악귀가 "어떤 사람에게서 나와서 쉴 곳을 찾아 물 없는 곳으로 돌아다니나 쉴 곳을 찾지 못하여"라는 장면이 우선 묘사되어 있다. 이어서 그가 "내가 나온 내 집에 돌아가리라." 하고 말하는 구절이 이어진다. 앞 14-23절에 이어 주제는 마찬가지로 악귀이지만 내용은 다르다. 그가 일단 어떤 사람에게서 떠나 본래 자기의 거처인 "물 없는" 사막에 돌아다니며 쉴 곳을 찾았으나 찾지 못하여 떠났던 사람에게 되돌아온다는 것이다. 그런데 이 내용이 어떤 의미를 전하는 것인지 쉽게 이해되지 않는다. 우선, "어떤 사람에게서 나와서"라고 한 걸 보면 악귀를 누가 쫓아냈을 터인데 누가 그랬다는 것인지 불명확하다. 또 악귀가 나온 사람이 어떤 사람인지도 불명확하다. 학자들 사이에서는 이 악귀가 "너희 아들들"인 유대인에 의해 쫓겨난 악귀인지 혹은 예수와 제자들에 의해 쫓겨난 악귀인지 의견이 갈린다. 나갔던 악귀가 재침입한 것은 쫓아낸 사람의 부덕의 소치라 생각하고 싶은 까닭이다. 앞 단락의 맥락으로 볼 때, 실상 두 해석이 모두 가능하고 어느 해석을 편

중하지 않으므로 양자 모두라 해석하기도 한다(Bock, 1996, p. 1092). 여기서는 아래 25-26절에서 악귀가 다시 되돌아온 사람이 어떤 사람인지를 살핌으로써 이 논쟁의 해결의 실마리를 찾겠다. 왜냐하면 사막을 헤매고 방랑하는 악귀는 항상 안식처를 찾아다니는 것이 일상인데, 좋은 안식처를 찾지 못하자 사람의 영을 '내 집'이라 부르며 마침내 "내 집에 돌아가리라."라는 결론을 내리고 있기 때문이다.

"와 보니 그 집이 청소되어 있고 수리되어 있음을 그가 알았다. 그러자 그가 가서 자기보다 더 악한 일곱 다른 영들을 불러들여 사니, 그 사람의 나중 형편이 처음보다 더 나빠진 것이다."라는 구절이 25-26절이다. 문제는 악귀가 "와 보니 그 집이 청소되어 있고 수리되어 있어" 그의 '쉴 곳'에 안성맞춤이었다는 것이다. 누가와 마찬가지의 원천 Q문서에서 원용했다는 마태의 병행기사는 이것에 덧붙여 "그 집이 비고"(마 12:44b)라는 문구를 넣어 마치 그 집이 악귀를 초대한 셈이나 마찬가지라는 표현을 사용하고 있다. 본래 이 단원의 논변의 초점은 악귀를 내쫓는 사람의 자격의 질이 아니다. 악귀가 떠났던 그 집에 하나님의 성령이 내주(內住)해 계셨다면, 그가 욕심을 부리지 못했을 터인데 그는 더욱 욕심을 내어 "더 악한 일곱 다른 영들을 불러들인" 것이다. 우리가 이 이야기 담화를 올바르게 이해한 것이라면, 당초 악귀가 누구에 의해 쫓겨났든지 그리고 심지어 제 발로 스스로 나갔든지는 이 담화와 아무 상관이 없는 내용이다. 문제는 새롭게 단장한 비어 있는 집이 악귀를 다시 불러들인 것이다.

당초 이 이야기 담화는 예수가 한 벙어리 악귀를 쫓아낸 것을 보고 무리들이 바알세불의 힘을 빌려 쫓아낸 것이라 예수의 본질에 적대적인 비난을 하면서 시작되었다. 예수의 논변의 핵심은 하나님의 구원의 기획과 사탄의 적대행위 사이의 종말적이 충돌이다. 바로 이 관점에서 "그 사람의 나중 형편이 처음보다 더 나빠진 것이다."라는 마지막 26b절을 읽어야 한다. "만일 저희가 우리 주 되신 구주 예수 그리스도를 앎으로 세상의 어려움을 피한 후에 다시 그 중에 얽매이고 지면 그 나중 형편이 처음보다 더 심하니라."(벧후 2:20)라는 구절에서 같은 문구를 찾아 읽을 수 있지만, 이 진술들은 모두 사탄에 의한 배교의 넘어짐이다. 마태는 여기에 "이 악한 세대가 또한 이렇게 되리라."(마 12:45b)라는 구절을 첨가하고 있는데, 이는 결코 사족이 아니다. 종말심판의 무서운 예언이자 또 엄중한 경고이다. 성령이 내주하지 않는 집에는 결국 악귀가 침입한다.

■ **지복은 하나님의 말씀을 지키는 사람들에게 있다**(11:27-28)

앞서 8:19-21을 읽으며 예수의 진정한 가족에 관해 살펴보았을 때 이 대목을 함께 읽었다. 그때 본서에서는 가톨릭의 마리아 숭배 때문에 이 대목을 비판적으로 풀이했던 바, 이제 다시 읽어도 여전히 풀리지 않는 사항들이 남는다. 사탄의 세력에 대한 예수의 경고가 한창 진행 중인 이때 도대체 어떻게 느닷없이 예수의 모친에 관한 이야기가 출현하는지, 또 앞 8:19-21과 거의 같은 내용을 구태여 반복해 기록하는 이유가 무엇인지 이해하기 어렵다. 그러나 누가만의 기사이니 그의 편집 의도가 있을 것이다. 여기서는 이 기사를 비판적으로 읽지 않고 되도록 누가의 의도와 앞뒤 맥락을 숙고하면서 읽기로 하겠다.

> 27이 말씀을 하실 때에 무리 중에서 한 여자가 음성을 높여 가로되 당신을
> 밴 태와 당신을 먹인 젖이 복이 있도소이다 하니 28예수께서 가라사대 오히
> 려 하나님의 말씀을 듣고 지키는 자가 복이 있느니라 하시니라

예수가 악귀의 재침입을 경고하고 있을 때 무리 중에서 한 여자가 목소리를 높여 말한다. "당신을 밴 태와 당신이 빨아먹은 젖이 복이 있도다!"라고 하는데, 이 외침은 예수가 말씀 중인 상황이나 여자는 군중 앞에 다소곳해야 한다는 당시 유대 범절에 비추어 볼 때 느닷없는 일이다. 누가는 이 여자의 동기를 적지 않고 있는데, 오히려 그 점이 이 일의 느닷없음을 은근히 내비친다고 보아야겠다. 여자의 외침은 엘리사벳이 성령의 충만함을 입어 "큰 소리로 불러 가로되 여자 중에 네가 복이 있으며"(1:42)라고 마리아의 잉태를 찬양한 구절을 연상케 한다. 이 외침을 "나도 저런 아들을 가질 수 있으면 얼마나 좋으련만"(Ryken, 2009, p. 608)이라는 심정을 토로한 것이라 해설하기도 한다. 필경 여인은 예수의 말씀에 감동한 나머지 목소리를 높였을 것이다.

그런데 예수가 즉각적으로 이 여자에게 반응하기를 "하나님의 말씀을 듣고 지키는 사람들에게 오히려 복이 있느니라!"라고 말씀한다. 예수는 여인의 느닷없는 외침에 조금도 개의하지 않고 자신의 지복의 입장을 펼치는데, 이는 여인의 생각을 수정해준 반응(Green, 1997, p. 461)이기도 하다. 예수는 자신을 낳은 이는 육신의 어머니이므로 곧 지복의 대상은 아니라고 가르친다. 이 가르침은 앞서 예수가 진정한 가족에 대해 말씀한 "내 모친과 내 동생들은 곧 하나님의 말씀을 듣고 행하는 사람들이라."(8:21)라는 구절과 맥을 같이 한다. 그러나 각기 다른 점도 돋보인다. '오히려(menoun)'라는 단어가 8:21에는 쓰이지 않았고 11:28에는 쓰였다. 가톨릭 성서학자조차 이 '오히려'라는 단어가 여인의 말을 수정해주는 표현이라 해석한다(Fitzmyer, 1985, pp. 928-929). 피츠마이어는 예수가 여인의 말을 어떻게 수정하고 있는지 좀 다른 견해를 가지고 있지만, 11:28의 지복에서 마리아가 제외되는 것이 아니라 포함된다는 그의 해석에 꽤 수긍이 간다. 그럼에도 불구하고

"예수의 논점은 마리아의 아들이기 때문에 예수의 어머니에게 귀속되는 지위에 관한 문제는 아니라는 것이다."(Green, 1997, p. 461)라는 해설, 즉 지복이 예수의 어머니라는 지위에 주어지는 것은 아니라는 해설을 존중하지 않을 수 없다.

사족이지만 마지막으로, 이 기사에 대한 누가의 편집 의도를 음미해보겠다. 역사적인 사실성 여부는 차치하고 11:27-28이 8:19-21과 꽤 중복됨에도 불구하고 누가만이 다시 이 기사를 다소 어색한 맥락에서 서술하고 있다. 누가는 이 내용이 예수의 사역에 대단히 중요한 의미를 지닌다는 점을 드러내고 싶었을 것이다. 누가가 반드시 반복해 꼬집고 넘어가고 싶었던 사항인즉, 지복이 누구에게 주어지느냐가 아마 첫 손가락에 꼽아야 할 사항이었던 듯싶다. 관련된 예수의 말씀 중에서 수훈의 지복은 예수의 복음의 본질이고, 토양의 비유는 사역의 핵심이다. 그리하여 이 본질과 핵심을 요약하여 "하나님의 말씀을 듣고 지키는 사람들에게 오히려 복이 있느니라."(11:28)라는 말씀을 반복해 적고 있다.

게다가, 이 11:28은 악귀에게서 놓여난다는 사실만으로 지복이 주어지는 것은 아니라는 11:24-26 말씀의 배경과(Culpepper, 1995, p. 243) "나와 함께 하지 않는 자는 나를 적대하는 자요 나와 함께 모이지 않는 자는 흩어진 자니라."(11:23)라는 말씀의 배경의 의미를 갖는다. 이 배경이 예수로 하여금 지복이 주어지는 일은 누구의 혈육의 어머니와는 아무 관계없다는 즉각적인 반응을 보이게 한 것이다. 예수의 대화와 비유를 통한 가르침이 복음서 곳곳에서 이처럼 자유롭게 즉각적으로 나타난다는 사실이 참으로 놀랍다. 보른캄은 그의 저서 《나사렛 예수》에서 이 특징을 "예수는…… 누구나 다 알고 있고 누구나 그 안에서 활동하고 있는 자연과 인간생활과 또 가장 일상적인 경험들을 그의 메시지에 이용하고 있다."(강한표 역, 1973, p. 56)라고 서술한다.

요나의 표적, 그리고 빛과 그 효과(11:29-36)

이 단원을 따로 분류하지 않고 실상 14-36절 내에서 하나의 단원으로 읽을 수도 있다. "지복은 하나님의 말씀을 듣고 지키는 사람들에게 있다."라는 27-28절 말씀은, 이야기 담화로 보면, 막간의 한 단막의 장면으로 구성되어 있는 것처럼 읽힌다. 하지만 곰곰이 들여다보면 14-36절의 전반과 후반을 연결하고 함께 포괄하는 가교 구실을 한다. 그리고 29절 이하는 악귀를 쫓아내는 예수의 능력에 관한 15-16절의 논쟁에서 비롯한 것이다. 우선 바알세불의 논쟁의 발단이 15절이고 이에 대한 예수의 전반부의 논변이 17-23절 내지 17-26절이다. 이처럼 누가의 이야기 담화의 구성은 매우 치밀하게 짜여져 있다.

요나의 표적(11:29-32) 앞 16절에서 "하늘로부터의 표적"을 요청하여 예수를 시험하는 자들이 있었다. 누가는 이에 대한 예수의 답변을 이제 여기에 옮긴다.

> 29무리가 모였을 때에 예수께서 말씀하시되 이 세대는 악한 세대라 표적을
> 구하되 요나의 표적 밖에는 보일 표적이 없나니 30요나가 니느웨 사람들에게
> 표적이 됨과 같이 인자도 이 세대에 그러하리라 31심판 때에 남방 여왕이 일
> 어나 이 세대 사람을 정죄하리니 이는 그가 솔로몬의 지혜로운 말을 들으려
> 고 땅끝에서 왔음이어니와 솔로몬보다 더 큰 이가 여기 있으며 32심판 때에
> 니느웨 사람들이 일어나 이 세대 사람을 정죄하리니 이는 그들이 요나의 전
> 도를 듣고 회개하였음이어니와 요나보다 더 큰 이가 여기 있느니라

"무리들이 죄어들자 그가 말하기 시작했다."인데 무리의 수가 증대했을 때일 수도 있고, 혹은 무리가 예수의 말씀을 더 가까이서 들으려 "무리들이 가까이 몰려들었을 때"라 번역할 수도 있다. 여기서는 후자의 해석을 취하기로 하겠다. 그때 예수가 말씀하기 시작했다. "이 세대는 악한 세대라, 이 세대가 표적을 구하지만, 그러나 요나의 표적 밖에는 주어질 표적이 없다. 요나가 니느웨 사람들에게 표적이 되었던 것과 마찬가지로 인자가 이 세대에게 그렇게 될 것이다."라는 30-31절이 말씀의 첫 부분이다. 이 세대가 악한 세대라는 것은 그들이 표적을 구하기 때문이다. 표적(semeion)은 요한복음에서는 기적이 함의하는 상징적인 의미라는 뜻으로 자주 쓰이는 용어이지만, 여기서는 예수의 권위를 증거할 감각적인 (휘황찬란한) 표시를 뜻하는 것이라 한다(Fitzmyer, 1985, p. 935). 실상 이 단원 초두에서도 예수가 벙어리 악귀를 쫓아낸 기적을 행했음에도 불구하고 이들은 "하늘로부터의 표적"이라 믿지 않았다. 그러니 하늘로부터의 표적을 보고도 믿지 않는 "이 세대가 악한 세대"라 아니할 수 없었을 것이다.

마태에서도 "그러나 요나의 표적밖에는 주어질 표적이 없다."라는 기록이 있고, 잇대어 "요나가 밤낮 사흘을 큰 물고기 뱃속에 있었던 것 같이 인자도 밤낮 사흘을 땅 속에 있으리라."(마 13:40)라는 말씀이 적혀 있다. 이로써 "요나의 표적"이 예수가 십자가에 처형당한 후 사흘 동안 땅 속에 있을 거라는 의미임을 확연하게 진술한다. 마태의 진술에서 요나의 표적이 죽임을 당한 후 사흘 후에 다시 사는 예수의 부활인 것처럼 누가의 진술도 마찬가지로 해석해야 한다(Ryken, 2009, p. 611; Schreiner, 2008, p. 220). 반면에 누가는 마 13:40을 인용하지 않고 "니느웨 사람들에게 표적이 되었던 것과 마찬가지로"라고 적고 있는데, 요나가 저들에게 표적이 된 것은 심판을 피하여 회개하라는 것이었으므로 누가에서도 회개가 요나의 표적이라 해석하기도 한다 (Fitzmyer, 1985, p. 933; Green, 1997, pp. 463-464). 하지만, 본서에서는 '부활'과 '회개' 이들 두 해석이 나란히 병존할 수 있다고 생각한다.

"요나가 니느웨 사람들에게 표적이 되었던 것과 마찬가지로 인자가 이 세대에게 그렇게 될 것이다."라는 30절에서 요나와 인자, 그리고 니느웨 사람들과 이 세대를 나란히 비교하고 있다. 이 때문에 어떤 학자들은 누가에서의 요나의 표적이 이 세대를 회개시키는 일이라 해석한다. 그런데 실상 이 비교는 각각을 상응하여 비교하는 것이 아니라 요나와 니느웨 그리고 인자와 이 세대를 대비시킨 진술이다. 요나에 대해서는 과거형 동사로 쓰고 인자에 대해서는 미래형 동사로 표현하고 있다. 이때 "인자"가 주로 수난의 종이라는 의미로 사용되고 있다는 사실이 눈에 띈다. 미래형 시제는 이때까지의 예수의 과거 사역이 아니라 장차 일어날 메시아의 구원 역사의 표현임이 눈에 띈다. 이때 요나의 표적은 또 다른 어떤 학자들의 해석에서처럼 예수의 부활이어야 한다. 요나가 니느웨 사람들을 회개시켜 재앙의 진노에서 구출한 표적이 예수가 이 악한 세대에 보여줄 표적이기도 하겠지만, "요나보다 더 큰 분"(11:32)인 인자는 수난과 부활을 통해 하나님의 영광을 드러낼 종말의 메시아다. 이제 31-32절에 예수의 말씀은 심판 때에 있을 일을 위와 같은 맥락에서 예고하는 것이다.

"심판 때에 남방 여왕이 이 세대의 사람들과 함께 일어나 그들을 정죄하리니 그녀가 솔로몬의 지혜를 들으려 땅 끝에서 왔기 때문인데, 보라, 솔로몬보다 더 큰 이가 여기 계시다!"가 31절이다. 열왕기상 10장에 기록된 남방 여왕 스바는 솔로몬의 지혜에 대한 소문을 듣고 아프리카에서 이스라엘까지 내방하여 실제로 솔로몬의 지혜가 엄청나다는 사실을 확인하고 "당신의 하나님 여호와를 송축할지로다……

여호와께서 영영이 이스라엘을 사랑하시므로 당신을 세워 왕을 삼아 공과 의를 행하게 하셨도다."(왕상 10:9)라고 찬미하였다. 이방 여자 스바가 솔로몬의 지혜에 경탄하여 하나님을 찬양하였거늘 솔로몬보다 더 큰 분인 예수가 여기 있는데 이 세대의 사람들이 예수를 시험하여 표적을 구한다는 사실은 스바에 의해 정죄함을 받아 마땅하다는 것이다.

물론 이 정죄받는 일은 부활과 종말의 심판 때에 이루어질 일이다. "이 세대와의 심판 때에 니느웨 사람들이 일어나 이 세대를 정죄하리니 요나의 선포에 그들이 회개하였기 때문인데, 보라, 요나보다 더 큰 이가 여기 계시다!"가 32절이다. 이 32절의 해석은 31절의 해석과 같은 맥을 갖는다. "스바 여왕도 니느웨 사람들도 부활에 그리고 종말의 심판에 참여함으로써 예수의 말씀인즉, 하나님의 백성으로서의 그들의 지위가 이스라엘의 완악함을 심판하는 곳에서 분명해질 것이다" (Green, 1997, p. 465). 이 예수의 말씀을 이방인들이 하나님의 백성 이스라엘을 심판할 것이라 읽으면 참으로 엄청나게 파격적인 말씀이다. "나와 함께 하지 않는 자는 나를 적대하는 자요."(11:23a)라는 말씀의 표명이라 하더라도 심판 때에 하나님의 선민을 이방인 손에 넘긴다는 것은 무척 파격적이다.

■ **네 몸의 등불은 눈이라**(11:33-36) 앞에서 인용한 보른캄의 논평을 여기서 반복해 인용해야겠다. "예수는…… 누구나 다 알고 있고 또 누구나 그 안에서 활동하고 있는 자연과 인간생활과 또 가장 일상적인 경험들을 그의 메시지에 이용하고 있다." 이 논평이 드러내듯 평이한 말을 사용하여 한 상황에서 다른 상황으로 자유자재로 넘나들며 복음을 전하는 예수의 가르침은 참으로 독자적이다.

[33]누구든지 등불을 켜서 움 속에나 말 아래 두지 아니하고 등경 위에 두나
니 이는 들어가는 자로 그 빛을 보게 하려 함이니라 [34]네 몸의 등불은 눈이
라 네 눈이 성하면 온 몸이 밝을 것이요 만일 나쁘면 네 몸도 어두우리라 [35]
그러므로 네 속에 있는 빛이 어둡지 아니한가 보라 [36]네 온 몸이 밝아 조금도
어두운 데가 없으면 등불의 광선이 너를 비출 때와 같이 온전히 밝으리라 하
시니라

빛에 대한 기사 33-36절은 언뜻 보면 무리들 중 표적 구하는 자들에 대한 비판과 무관한 듯이 읽힌다. 하지만, 학자들은 요 3:19-21과 9:39-41을 인용하면서 빛과 표적과 심판은 하나의 틀에서 읽을 수 있는 동일한 맥락을 표상한다고 해설한다(Liefeld and Pao, 2007, p. 213). 또 예수 안에 있는 빛이 주어졌으므로 더 이상 "하늘로부터의 표적을 구할" 필요가 없다는 맥락적 의미를 지닌 것이라 해석한다(Fitzmyer, 1985, p. 939). "누구든지 등불을 켜서 움 속이든 그릇 아래 두지 않고 등경 위에 두어서 들어오는 사람들로 빛을 보게 한다."라는 33절은 8장 16절의 토양의 비유를 반복한 말씀이다. "등불"은 예수의 가르침이고 예수 자신이기도 하다. "움 속에나 그릇 아래 두지 않고"는 빛을 어두운 데 감추지 않고 "들어오는 사람들" 모두에게 공개적으로 비추어 안내한다는 것이다. 공개적으로 비추이는 빛이라는 가정 위에서 "네 몸의 등불은 (네) 눈이라, 네 눈이 성하면(단순하면) 네 온 몸이 밝을 것이요 나쁘면(악하면) 네 몸이 어두울 것이다."라는 말씀이니, 네 몸에 영적인 빛이 거하느냐 어두움의 악이 거하느냐는 빛을 받아들이는 네 눈에 책임이 있다는 뜻이다. 다시 말해 빛의 책임이 아니라는 것이다. 등불이 등경 위에 있으므로 토양의 비유에서는 말씀을 듣는 일을 유의하라고 말씀한 반면에, 여기서는 동일한 근거로 빛을 보는 눈이 성

한지 아닌지를 유의하라 말씀한다. 온 방을 밝히 비추이니 빛을 따라 올바른 길을 안내받으라는 것이다.

"그러므로 네 속에 있는 빛이 어두움이 아닌지 주시하라."라는 35절도 "그러므로 너희가 어떻게 듣는지 유의하라."(8:18a)라는 말씀에 대응한다. 올바르게 보는 일과 올바르게 듣는 일은 마찬가지의 기능을 수행한다는 것인데, 참으로 융통성 있게 예수는 한 상황과 다른 상황을 자유자재로 넘나들며 보편타당한 격률을 아주 평이하게 제시한다. "네 몸의 등불은 눈이라." 하였지만 눈이 곧 빛이라는 말이 아니라, 몸이 빛을 받는 책임을 눈이 짊어져야 한다는 말이다. "눈이 나쁘면(악하면)" 빛이 비추이는데도 불구하고 그 사람 속에 어둠만이 자리한다. "만일 네 온 몸이 빛을 내어 어두운 데가 없다면 등불이 그 광선으로 너에게 비추인 때처럼 빛이 충만할 것이다."라는 36절이 33-35절을 풀이한 것인데 이해하기가 좀 어렵다. 등경 위에 둔 등불의 광선을 네 "성한(단순한) 눈"으로 다 받아들인다면 네 몸의 구석구석마다 빛으로 가득 찰 거라는 얘기다. "등불이 그 광선으로 너에게 비추인"다면, 즉 예수가 비추인 빛으로 온전히 밝히 비추어짐으로써 영적인 건강의 올바른 길을 걸을 수 있고 남들에게도 빛을 비출 수 있다는 것이다(Bock, 1996, p. 1103). 반면에, "네 눈이 나빠(악하여)" 어느 한 구석이라도 어두움이 있으면 예수를 시험하여 계속 표적만을 구하는 불신에 빠지는 "악한 세대"일 수밖에 없다.

예수가 곧 빛임을 강하게 주창하는 복음서는 특히 요한복음이다. 한 예로 "나는 세상의 빛이니 나를 따르는 자는 어두움에 다니지 아니하고 생명의 빛을 얻으리라."(요 8:12)라는 말씀을 꼽을 수 있다. 누가에 있어서나 요한에 있어서나 빛은 생명이다. 빛은 영적인 분별력을 가져다주는 것으로, 여러 학자들에 의하면 하나님의 진리를 알 수 있는 영적인 건강의 소생을 의미한다. 반면에 어두움은 표적을 보고도 또 다른 표적을 구하는 회의의 나락을 의미한다.

화 있을진저!(11:37-54)

바리새인들과 율법사들에 대한 정죄(11:37-54) 이 단원의 제목이 확장되는 적대세력이다. 앞 담화에는 무리들에 대한 질책이 담겨 있었고 이제 새 담화에는 종교지도자들에 대한 정죄가 담겨 있다. 맥락은 각기 다르지만 확장되는 적대세력이라는 주제는 같다. 예수는 지금 예루살렘 상경 도상에 있다. 십자가에 달리기 위한 상경 도상에 있다. 확장되는 적대세력에서 종교지도자들이야말로 주도적인 세력이다. 이들에 대한 예수의 정면대결은 배수진을 친 결사의 대결이다. 예수는 바리새인들과 율법사들에게 각각 세 번씩 "화 있을진저!"라고 호통친다. 이와 관련하여 독자들은 수훈의 지복과 비탄(6:20-26)을 대비해 상기하지 않을 수 없다. 지복과 비탄을 한 단원으로 읽었듯이 37-54절의 긴 기사도 한 단원 안에서 읽기로 하겠다.

> 37예수께서 말씀하실 때에 한 바리새인이 자기와 함께 점심 잡수시기를 청
> 하므로 들어가 앉으셨더니 38잡수시기 전에 손 씻지 아니하심을 이 바리새인
> 이 보고 이상히 여기는지라 39주께서 이르시되 너희 바리새인은 지금 잔과
> 대접의 겉은 깨끗이 하나 너희 속인즉 탐욕과 악독이 가득하도다 40어리석
> 은 자들아 밖을 만드신 이가 속도 만들지 아니하셨느냐 41오직 그 안에 있는
> 것으로 구제하라 그리하면 모든 것이 너희에게 깨끗하리라
> 42화 있을진저 너희 바리새인이여 너희가 박하와 운향과 모든 채소의 십일조
> 를 드리되 공의와 하나님께 대한 사랑은 버리는도다 그러나 이것도 행하고 저

것도 버리지 아니하여야 할지니라 43화 있을진저 너희 바리새인이여 너희가
회당의 높은 자리와 시장에서 문안 받는 것을 기뻐하는도다 44화 있을진저
너희여 너희는 평토장한 무덤 같아서 그 위를 밟는 사람이 알지 못하느니라
45한 율법사가 예수께 대답하여 가로되 선생님 이렇게 말씀하시니 우리까지
모욕하심이니이다 46가라사대 화 있을진저 또 너희 율법사여 지기 어려운
짐을 사람에게 지우고 너희는 한 손가락도 이 짐에 대지 않는도다 47화 있을
진저 너희는 선지자들의 무덤을 쌓는도다 저희를 죽인 자도 너희 조상들이
로다 48이와 같이 저희는 죽이고 너희는 쌓으니 너희가 너희 조상의 행한 일
에 증인이 되어 옳게 여기는도다 49이러므로 하나님의 지혜가 일렀으되 내가
선지자와 사도들을 저희에게 보내리니 그 중에 더러는 죽이며 또 핍박하리
라 하였으니 50창세 이후로 흘린 모든 선지자의 피를 이 세대가 담당하되 51
곧 아벨의 피로부터 제단과 성전 사이에서 죽임을 당한 사가랴의 피까지 하
리라 내가 너희에게 이르노니 과연 이 세대가 담당하리라 52화 있을진저 너
희 율법사여 너희가 지식의 열쇠를 가져가고 너희도 들어가지 않고 또 들어
가고자 하는 자도 막았느니라 하시니라
53거기서 나올실 때에 서기관과 바리새인들이 맹렬히 달라붙어 여러 가지
일로 힐문하고 54그 입에서 나오는 것을 잡고자 하여 목을 지키더라

사건의 배경이 37-38절이다. "예수께서 말씀하실 때에"라 함은 14-36절의 말씀을 할 때인데 시제가 모호하여 어떤 번역본에서는 말씀이 끝났을 때라고 하기도 한다. 한 바리새인이 예수에게 그와 함께 식사하기를 청해 예수가 들어가 앉았다. 누가는 이 바리새인이 바알세불과 표적의 논쟁 현장에 있었던지 여부를 언급하지 않았으나 그 가능성을 배제할 수는 없다. 바리새인의 식사 초대는 7:36 이하에서도 찾아볼 수 있는데 그때도 예수와 바리새인 사이에 불미한 일이 벌어

졌다. 도대체 바리새인의 예수 초대에서는 순수한 접대 동기를 상상하기 어렵다. 이번 충돌의 계기는 "예수가 식사 전에 먼저 손을 씻지 않으신 것을 바리새인이 보고 경악"한 데 있다. 당시 유대인의 관례에서 식사 전 손 씻기는 위생 습관이 아니라 일종의 종교적 의식이었다. 그렇기에 손등에서부터 물을 부어 흘러내리게 하는 까다로운 절차를 지켜 손을 씻어야 했는데, 허례허식에서 자유로웠던 예수는 아마도 고의로 손을 씻지 않고 식탁에 앉았을 것이다.

예수가 대뜸 바리새인의 심중을 알아본다. "주께서 말씀하셨다."로 누가는 초두를 열고 예수의 말씀 "너희 바리새인들은 잔과 대접(접시)의 겉은 깨끗이 하지만 너희 속은 탐욕과 사악함으로 가득하도다. 어리석은 자들아, 밖을 만드신 이가 속도 만들지 아니하셨느냐?"를 39-40절에 옮겨 적는다. 앞에서 예수가 고의로 손을 씻지 않았으리라 추측했지만 "주께서 말씀하셨다."라는 기록도 누가가 고의적으로 예수의 권위를 표면에 앞세워 안팎이 다른 바리새인들을 꾸짖는 맥락을 강조했을 것이다(Green, 1997, p. 470). 레위기(11:33; 15:12)를 보면 부정한 식기를 피하라는 계율이 적혀 있는데, 필경 예수는 이를 의식하여 손의 청결의식과 식기를 포함한 이 모든 계율을 일괄해 부정한 것이다(Bock, 1996, p. 1112). 나아가 겉치장과 속내실이 다른 바리새인들의 위선 또한 일괄해 하나님의 뜻에 거역하는 "눈이 나쁘다(악하다)"(11:34)라는 뜻으로 "어리석은 자들아"라고 질책한다. "밖을 만드신 이가 속도 만들지 아니하셨느냐?"라는 40절에서 "만들다(poieo)"는 '(하나님께서) 창조하다'라는 의미를 취하는 것이 일반적이지만 '바로잡다'라는 의미를 취하기도 하여 "안에 있는 것을 바로 세우신 분이 결과적으로 밖에 있는 것 역시 바로 세우시지 않겠느냐!"라는 감탄문으로 해석하기도 한다(앞의 책, p. 1114). 그뿐만 아니라, 이 40절을 마태의

"소경된 바리새인아, 너는 안을 깨끗이 하라 그리하면 겉도 깨끗하리라."(마 24:26)라는 말씀과 동일시하여 회개하라는 의미로 해석하기도 한다(Fitzmyer, 1985, p. 947). 이러한 해석들은 미묘한 차이를 각기 달리 제안하고 있지만, 위선에 대한 질책이라는 점에서 공통분모를 갖는다. 요컨대, 외적인 의식의 깨끗함과 상반되는 내적인 탐욕과 사악함이라는 성직자들 일반의 위선에 대한 질책이다.

"그 안에 있는 것들로 구제하라, 그리하면 보라, 모든 것들이 너희에게 깨끗해질 것이다."라는 41a절은 이해에 어려움이 있다. 우선 "구제"는 가난한 사람에게 돈이나 음식을 제공해 빈곤에서 벗어나게 하는 행위라는 것이 당시 언어 사용의 일반 의미론이다. 이때 구제의 행위가 "그 안에 있는 것들"과 어떤 의미관계를 갖는지 해석하기가 어렵다. 어떤 이는 "그 안에"를 바리새인들이 가난한 사람들에게서 갈취한 음식들이 잔이나 접시 안에 담겨 있는 것을 의미한다고 하고(Garland, 2011, p. 494; Liefeld and Pao, 2007, p. 215), 다른 이는 마음 안의 도덕적인 부패라 해석하기도 한다(Green, 1997, p. 471). 후자의 해석에 따르면, 구제는 자선 행위라기보다 사회적·종교적인 장벽으로 갈라진 상위계층과 하위계층 간의 진정한 사회적인 관계의 회복이라는 회개 내지 청결이다. 이때 문제의 관건은 "그리하여 보라, 모든 것이 너희에게 깨끗하리라."라는 41b절이 41a절의 전자와 후자의 두 해석 중 어느 것에 더욱 적합하게 합치하느냐다. 독자들은 39절 이하뿐만 아니라 이어지는 42절에서도 겉과 속, 밖과 안이 각기 상반하는 위선을 규탄하고 있음을 주목해야 한다. 바로 이 관점에서 "모든 것"을 겉과 속 모두라 해석하고 싶다(Fitzmyer, 1985, p. 945). "모든 것이 너희에게 깨끗하리라."라는 말씀이 안팎 모든 것에 해당한다면, 종교적인 의식만 깨끗하게 성결할 것이 아니라 잔과 접시 안에 있는 탐욕과 사악함에서 벗어나 내부의 깨끗함을 이루어야 한다는 전자와 후자의 광의의 해석을 존중해야 한다.

지복이 아닌 비탄의 소리인 "화 있을진저!"가 무려 세 번 바리새인들에게 쏟아부어진다. 이 비탄의 표현은 그들의 불행에 대한 연민의 탄식이다. "화 있을진저, 너희 바리새인들이여! 너희가 박하와 운향과 모든 채소의 십일조를 드리지만 그러나 정의와 하나님의 사랑은 저버리는구나. 이것들은 마땅히 너희가 실천해야 할 것이기는 하되, 저것들을 무시하지 않아야 한다."라는 42절이 첫 번째 화의 내용이다. "박하와 운향과 모든 채소의 십일조"는 레 27:30에 따르는 땅에서 재배한 농산물의 헌납이다. "이것들" 즉 전자의 외현적인 헌납을 드리는 것은 좋은 일이지만, "저것들" 즉 후자의 내현적인 정의와 하나님의 사랑을 저버리는 일은 "화 있을진저!"이다. 앞 41절에서 "구제"가 물질적인 자선의 행위를 포함한다는 해석을 선호하였다. 이 해석을 확대하면 십일조 헌납도 구제일 수 있을 텐데, 중요한 것은 구제든 십일조든 그것만이라면 그것은 위선이라는 점이다.

예수는 "너희가 회당의 높은 자리와 시장에서 문안받는 것을 기뻐하는도다."라는 43절의 두 번째 화에서 바리새인들의 위선을 신랄하게 비판한다. 이는 바리새인들이 종교적인 명예와 사회적인 명예를 함께 누리는 위선 덩어리임을 지적한 말이다. 그리고 "너희는 평토장(平土葬)한 무덤 같아 그 위를 밟는 사람들이 무덤인 줄 알지 못하느니라."라는 44절의 화는 참모습을 위장해서 사람들이 그들의 속에 있는 악을 보지 못하게 하는 바리새인들의 위선을 지적한다. 평토장은 봉분도 비석도 없는 무덤이어서 사람들이 사체의 뼈가 묻힌 줄도 모르고 그 불결한 곳에서 유유자적하여 다른 사람들도 불결하게 만든다는 것이다. 예수의 위선에 대한 질타는 막힘없이 마치 금언의 격률처럼 심금을 울린다.

여기에 한 율법사가 또 개입해 "선생님, 이렇게 말씀하시니 우리까지 모욕하심이니이다."라고 항의한다. 바리새인과 한 통속인 율법사로서는 바리새인들에 대한 모욕이 당연히 자신을 포함한 것임을 알아챘을 것이다. 이에 예수가 대뜸 대답한다. "화 있을진저 또한 너희 율법사여! 너희는 지기 어려운 짐을 사람들에게 지우고 너희 자신들은 손가락 하나도 이 짐에 대지 않기 때문이다." 예수의 이 말씀은 어려운 짐을 지게 한 일보다 지운 짐을 돕지 않은 일에 더욱 무게를 둔다(Fitzmyer, 1985, pp. 945-946). 율법사들은 율법에 숱한 세칙을 만들어 짐을 지우지만 그 짐에 손가락 하나도 대지 않는다는 점에서 율법이 하나님의 사랑인 줄 모르는 자들이다. 게다가 자신들은 그 세칙들을 지키지 않는다는 점에서 바리새인과 마찬가지로 위선자다.

두 번째 "화 있을진저!"에 대한 47-48절의 내용 분석을 조엘 B. 그린은 아래처럼 분절함으로써 서로 상응하는 대비를 이루는 담화의 구성을 분석한다(Green, 1997, p. 474). "너희가 예언자들의 무덤을 쌓는다."(47b)라는 구절이 율법사들에 대한 질책의 핵심이다. 이 핵심 질책은 "너희 조상들이 저희를(예언자들을) 죽였다."(47b)라는 구절을 수반한다. 너희가 숭앙하는 조상들의 예언자 살해의 혈통을 너희가 이어받아 가지고 있다는 것이다. 그리하여 "너희가 너희 조상들이 행한 일의 증인이고 찬동자이다."(48a)라는 결론에 이른다. 그 까닭을 47절을 다시 반복하여 48b-c절에 적고 있다. "저희는 죽였기 (때문이고)"(48b)는 47c절의 반복이고 "너희는 무덤을 쌓기 때문이다."(48c)는 47b절의 반복이다. 이처럼 누가는 "이 세대는 (조상들의 유전을 이어받은) 악한 세대"(11:29)라는 예수의 말씀을 정교한 담화 형식을 빌려 서술하고 있다. 그런데 "너희가 예언자들의 무덤을 쌓는다."라는 47b절과 48c절을 너희가 그들을 살해한다는 의미가 아니라, 조상들에 의해 죽임을 당한 예언자들의 명예를 기념하기 위해 너희가 무덤을 쌓는다고 반어법적으로 해석하기도 한다(Fitzmyer, 1985, p. 946). 이는 예언을 더 이상 듣지 않을 수 있다는 것을 기념하는 무덤이라는 반어적인 해석이다.

“이 때문에 하나님의 지혜가 말씀하셨다.”라는 구절을 서두로 “내가 예언자들과 사도들을 저희에게 보내리니 그 중에 더러는 저들이 죽이며 또 핍박하리라.”라고 49절에 적고 있다. 여기서 “하나님의 지혜”가 누구를 가리키는지도 모호하고 말씀의 출처도 불명하다. 하지만, 하나님의 지혜가 예수일 수도 있고 하나님 자신일 수도 있으며, 예언자들 내지 사도들을 보낸 것이 하나님의 지혜라고 이해하면 족하다. 말씀의 출처도 딱히 따질 일이 아니다. 창세 이후로 저들이 죽이고 핍박한 예언자들이 숱하고 마침내 예수에 이르기 때문이다. “그리하여 창세 이후로 흘린 모든 예언자들의 피를 이 세대가 앙갚음을 받아야 하며, 아벨의 피부터 제단과 성전 사이에서 횡사한 사가랴의 피까지, 그렇다 내가 너희에게 말하노니, 이 세대가 앙갚음을 받아야 한다.” 하고 50-51절에 전한다. 아벨(창 4:1-8)부터 사가랴(대하 24:20-22)까지 이르는 어간에 엘리야도 예레미야도 있었다. 그리고 모든 예언자들의 수난의 절정에 예수의 십자가가 있다. 그러므로 언약의 백성의 지도자들, 특히 오늘날의 종교지도자들인 “이 세대가 앙갚음을 받아야 한다.”라는 구절에서 학자들은 대체로 이 “세대”를 예루살렘이라 해석하여 예루살렘 멸망의 예언이라 생각한다.

“화 있을진저 너희 율법사들이여!”라고 한 세 번째 화의 내용은 “너희가 지식의 열쇠를 가져가버려 너희도 들어가지 않았고 들어가고자 하는 자들도 막았기 때문이다.”라는 52절이다. “지식의 열쇠”는 성서를 해석할 수 있는 열쇠이기도 하고 하나님 나라의 문을 여는 열쇠이기도 하다. “열쇠를 가져가버렸다.”라는 구절은 마 23:13의 병행기사에서 “문을 닫아걸다.”라는 구절로 표현되고 있다. 천국 문에 너희가 들어가지 않았음은 물론이고 들어가고자 하는 자들까지 막았다는 것은, 즉 바리새인들의 평토장한 무덤처럼 다른 사람들로 하여금 무덤 위에서 유유자적하게 한 44절의 “화 있을진저”와 같다(Green, 1997, p. 475). 예나 지금이나 종교지도자들이 평신도들이 들어가고자 하는 천국 문을 닫아걸다니 참으로 화 있을진저이다.

“예수께서 거기서 나오셨을 때 서기관들과 바리새인들이 예수께 맹렬하게 대항해 그가 말하는 것을 여러 일들로 힐문하여 그의 말에서 올가미를 잡으려 잠복하고 있었다.”라는 53-54절에서 “잠복하다”는 공격의 기회를 숨어 기다린다는 뜻이라고 한다. 또 다른 사본에 의하면 “그가 이것들을 그들에게 말하고 있었을 때 바리새인들과 율법사들이 여러 일들에 대해 사람들 앞에서 그와 싸우고자 맹렬하게 대항하기 시작해 그들이 그를 송사할 수 있도록 그를 잡을 구실을 찾았다.”라는 기록이 있다고 한다(Fitzmyer, 1985, p. 952). 이 53-54절을 읽으면 예수에 대한 종교지도자들의 적개심도 드디어 막바지에 도달한 것이 틀림없다. 이제 예수가 예루살렘에 입성하면 무슨 일이 일어날지 훤히 내다보인다.

본서에서는 이 단락의 제목을 바리새인들과 율법사들에 대한 정죄라 붙였다. 실제로 53-54절은 사건의 여담일 따름이고 39-52절에 걸쳐 온통 “화 있을진저!”에 해당하는 정죄의 내용이 나온다. 사건의 발단은 예수가 식사 전에 손을 씻지 않는 모습을 보고 바리새인이 경악한 사소한 일에서 비롯하였다. 예수는 바리새인들과 율법사들을 싸잡아 대단히 직설적·전투적으로 질책한다. 한편 여기서 독자들은 유대 종교지도자들에 대한 예수의 정죄가 무엇에 기인하는지를 통찰할 수 있다. 예수는 유대 종교가 율법의 본질에서 벗어나 율법적인 위선만을 앞세워 복음을 거부한다고 정죄한다. 종교지도자들이 겉만 깨끗이 함으로써 종교적·사회적 명예를 향유하는 탐욕과 사악함에 물들어 있다고 예수는 비판한다. 저들이 하나님의 사랑을 저버리고 정의를 무시한다는 예수의 비판은 율법적인 위선을 넘어 저들의 조상들이 예언자들을 살해한 이스라엘의 죄를 이어받은 것으로 확장된다. 결국, 바리새인과 율법사에 대한 각각의 마지막 "화 있을진저!"인 44절과 52절에서 그들의 행위가 신성을 모독하는 일이요, 평신도들에게 천국의 문을 닫아 잠그는 죄악이라 정죄한다.

다른 한편, 바리새인들과 율법사들이 왜 예수를 그토록 증오하는지를 독자들은 깨달을 수 있다. 예수의 복음이 그들이 신봉하는 유대교의 주류 제도와 다르다는 것을 분명히 하였기 때문에 저들의 증오가 예수에게 집중되었다. 예수는 저들 스스로의 율법이 죄를 덮어씌워 감춤으로써 의로움을 내세우게 한다며 유대주의의 악덕을 비판하는데, 저들은 이러한 예수의 비판을 "언약적 율법주의"(Sanders, 1977)에 대한 반역이라 생각한다. 모세를 통해 받은 율법의 경건성과 선민의 지위를 박탈하는 반유대주의라 생각한 것이다. 요컨대, 저들의 언약적 율법주의적인 자랑이 율법을 복음의 틀에서 완성하려는 예수를 십자가에 못박는 증오에까지 이르게 한 것이다.

여기서 회심 후 사도바울의 율법관을 인용치 않을 수 없는데, 그가 말하길 "그런즉 율법이 무엇이냐? 범법함을 인하여 더한 것이라."(갈 3:19)라고 하였다. 이는 곧 범법함을 정죄하기 위해 율법이 더해졌다는 뜻으로, 율법이 죄의 능력을 제한할 수 없고 결국 구원은 율법 자체에 의해서가 아니라 구원을 가져오는 약속은 그리스도 한 분에 의해 이루어진다는 사실을 분명히 하고 있다. 이 기본 가정을 전제로 하여,

"그러므로 율법의 행위로 그의 앞에 의롭다 하심을 얻을 육체가 없나니 율법으로 죄를 깨달음이니라."(롬 3:20)라고 율법의 기능을 말하고 "율법이 죄냐? 그럴 수 없느니라."(롬 7:7)라고 말한다. "우리가 율법은 신령한 줄 알거니와"(롬 7:14)라는 진술대로 예수의 구원의 복음은 율법의 완성을 지향한다(마 5:17). 예수가 율법에 열심인 그들을 질책하는 것은 그들이 죄를 회개하는 대신 오히려 율법을 앞세워 의롭다고 자칭하기 때문이다. 그러므로 야훼가 이사야를 통해 그의 백성에게 여섯 가지 화를 발하신 것처럼(사 5) 예수는 여섯 가지 "화 있을진저!"를 여기서 발한다. 바리새인과 율법사가 그들의 국수적인 민족주의를 앞세워 메시아 복음의 보편성을 거절하기 때문에 예수는 그들을 정죄함으로써 유대주의와 결별을 선언한 것이다. 결국, "예언자는 예언자의 고향에서 받아들여지는 사람이 아무도 없다"(4:24).

종말의 위기에 대한 경계(12:1-13:9)

내용 분해에 있어 12:1-12을 제자들에게 경계해야 할 바를 가르친 별도의 한 단락으로 읽는 것이 보통이다. 한데, 본서에서는 그린의 분류에 따라 이 1-12절을 후속하는 12:13-13:9의 가르침과 함께 종말의 여러 문제들에 대한 경계의 지침에 확대 포함시켜 하나의 단원으로 읽겠다. 종말에 대한 경계는 갈릴리 사역에서는 가르치지 않았던 것으로, 예루살렘 도상에 오른 예수가 그의 제자들을 염려하여 전하는 이 세상 삶에 대한 심각한 교훈이다.

▪ 무서움 없는 고백(12:1-12)

▪ 두려워해야 할 것과 두려워하지 말아야 할 것(12:1-12) 바리새인의 식탁에서 일어났던 사건에 속편임을 "그 동안에 무려 수만 명이 모여 서로 밟힐 만큼 되었더니"라는 초두에 적고 있다. 숱한 사람들이 모였는데도 불구하고 우선 제자들에게만 예수가 말씀하였으니, 이 단락의 경고와 격려가 그들에게 긴요한 것임을 알 수 있다.

> 1그 동안에 무리 수만 명이 모여 서로 밟힐 만큼 되었더니 예수께서 먼저 제
> 자들에게 말씀하여 가라사대 바리새인들의 누룩 곧 외식을 주의하라 2감추
> 인 것이 드러나지 않을 것이 없고 숨은 것이 알려지지 않을 것이 없나니 3이
> 러므로 너희가 어두운 데서 말한 모든 것이 광명한 데서 들리고 너희가 골방
> 에서 귀에 대고 말한 것이 집 위에서 전파되리라
> 4내가 내 친구 너희에게 말하노니 몸을 죽이고 그 후에는 능히 더 못하는 자
> 들을 두려워하지 말라 5마땅히 두려워할 자를 내가 너희에게 보이리니 곧 죽
> 인 후에 또한 지옥에 던져 넣는 권세 있는 그를 두려워하라 내가 참으로 너
> 희에게 이르노니 그를 두려워하라 6참새 다섯이 앗사리온 둘에 팔리는 것이
> 아니냐 그러나 하나님 앞에는 그 하나라도 잊어버리시는 바 되지 아니하는
> 도다 7너희에게는 오히려 머리털까지도 다 세신 바 되었나니 두려워하지 말
> 라 너희는 많은 참새보다 귀하니라
> 8내가 또한 너희에게 말하노니 누구든지 사람 앞에서 나를 시인하면 인자도
> 하나님의 사자들 앞에서 저를 시인할 것이요 9사람 앞에서 나를 부인하는
> 자는 하나님의 사자들 앞에서 부인함을 받으리라 10누구든지 말로 인자를
> 거역하면 사하심을 받으려니와 성령을 모독하는 자는 사하심을 받지 못하
> 리라 11사람이 너희를 회당과 정사 잡은 이와 권세 있는 이 앞에 끌고 가거든

어떻게 무엇으로 대답하며 무엇으로 말할 것을 염려치 말라 12마땅히 할 말을 성령이 곧 그때에 너희에게 가르치시리라 하시니라

"그 동안에"는 본래는 "이들 상황에서"이니 실상 바리새인의 집에서 식사를 하시고 마치기까지의 사이를 의미할 것이다. 숱한 사람이 밀어닥쳤으나 예수는 먼저 제자들에게 "바리새인들의 누룩 곧 그들의 외식을 조심하라."라고 말씀한다. 누룩은 성경에서 때로는 하나님 나라에 비유되기도 하지만(예컨대 13:20-21), 보통은 적은 분량으로 소리 없이 확대되는 악덕의 성질을 비유할 때 쓰인다. 여기서는 누룩이 위선(외식)인 바, 하나님의 사랑의 뿌리가 없는 율법 준수라는 바리새인의 위장된 경건을 지칭하고 있다. 앞 11:53-54을 다시 읽으면 "서기관들과 바리새인들이 예수에게 맹렬하게 대항해…… 힐문하여 그의 말에서 올가미를 잡으려 잠복하고 있었다." 하니 예수에게 박해가 임박하였음을 알 수 있다. 따라서 예수는 제자들에게 바리새인들의 허위를 경계하라고 당부한다(Green, 1997, p. 480). 그리고 "감추어진 것이 드러나지 않을 것이 없고 숨겨진 것이 알려지지 않을 것이 없나니"라는 2절은 때가 되면 모든 것이 다 밝혀진다는 격언적인 말씀이다. 이 말씀이 바리새인들의 위선에 국한된 것이냐 혹은 일반적인 경고이냐를 학자들은 논란하지만 여기서는 일반적인 경고라 읽겠다. 앞 토양의 비유에서도 같은 구절(8:17)이 나오기 때문이다.

"그러므로 너희가 어두운 데서 말한 것이 광명한 데서 들려질 것이고 너희가 골방에서 귀에 속삭인 것이 지붕 위에서 전파될 것이다." 라는 3절 역시 2절과 마찬가지로 숨겨진 비밀이 있을 수 없다는 말씀이다. "어두운 데서 말한 것"이라는 말은 '비밀히 말한 것'이라는 뜻이고 "지붕 위에 전파될 것"이라는 말은 '사방에 퍼뜨려질 것'이라는

뜻이다. 이 3절도 2절과 동일한 맥락에서 읽어야 한다. 위선이든 그리스도를 전파하는 일이든 모든 것이 백일하에 드러나는 것은 하나님의 전지전능하심으로 말미암아 종말의 때에 일어날 일이다(Bock, 1996, p. 1135). 이 3절은 마 10:26-27과 닮은꼴인데 거기에서는 제자들이 예수에게 사적으로 들은 바를 공적으로 전파하는 것을 두려워하지 말라는 의미를 전한다.

"내가 내 친구들인 너희에게 말하노니 몸을 죽이고 그 후에 더 이상은 하지 못하는 자들을 무서워하지 말라. 그러나 내가 너희가 마땅히 무서워해야 할 자가 누구인가를 너희에게 보이리니, 죽인 후에 너희를 지옥에 내던질 권위를 가진 그를 무서워하라. 그렇다, 내가 말하노니 그를 무서워하라!"가 4-5절이다. 제자들을 "친구들아"라 호칭하며 육신의 몸을 죽이는 것 외에는 그 이상 더 가해하지 못하는 자를 무서워하지 말라고 예수가 말씀한다. 말하자면, 순교를 당하더라도 그들 살인자에게는 굴종하지 말라는 심각한 말씀이다. "하나님은 예수의 제자들에게 순교를 요구할 수도 있다"(앞의 책, p. 1135). 마태의 기사는 "몸은 죽여도 영혼은 능히 죽이지 못하는 자들을 두려워하지 말라."(마 10:28a)라고 적고 있다. 두려워해야 할 분은 영혼을 지옥에 내던지실 수 있는 오직 하나님뿐이시다. "지옥(Gehenna)"은 마태와 마가에서는 더러 찾아볼 수 있지만 누가는 여기서만 사용하고 있는 용어다. 이스라엘 역사에서 자녀를 불에 제물로 바친 "힌놈의 아들 골짜기"(왕하 23:10)의 헬라어 어휘이고 "살륙의 골짜기"(렘 7:32; 19:6) 지옥이다. 실상 누가는 죽음의 두려움을 두 범주로 나눈다. 하나는 영혼은 살아남는 몸의 죽음이고, 다른 하나는 영혼마저 죽는 지옥에 던져지는 죽음이다. 이 후자의 하나님의 종말적인 심판이야말로 진정 무서워해야 할 신자의 죽음이다.

"다섯 마리 참새가 두 앗사리온에 팔리지 않느냐? 그러나 그들 중 하나라도 하나님 앞에서는 잊혀진 것이 아니다. 그러나 너희의 머리카락까지도 모두 셈에 넣으신다. 무서워 말라! 너희는 여러 마리 참새보다 귀하다."라는 6-7절 역시 순교의 맥락에서 읽을 수 있다. 시장에서 헐값에 팔려 사람들에게 먹히고 마는 참새들의 신세와 제자들이 받을 박해의 순교를 비교한다(앞의 책, p. 1137; Green, 1997, p. 483). 순교의 경우에 구원의 계획 안에 지켜주신다는 것이지 하나님의 보호 밖에 던져지는 것이 아니라는 말씀이다. "머리카락까지도 모두 셈에 넣으신다."라는 말씀은 사람이 할 수도 알 수도 없는 일을 하나님께서는 당신의 구원 계획에 고려하신다는 말씀이다. 누가에게 있어 머리카락은 보호의 대상을 위한 은유의 표현이다(21:16-19; 행 27:34). 그러므로 박해도 순교도 무서워하지 말라는 말씀인데 "왜냐하면 제자들의 이름은 이미 하늘에 기록되어 있기 때문이다(10:20)"(Fitzmyer, 1985, p. 958). "요점은, 하나님께서 그들을 위험에서 건져내신다가 아니라 그들이 두려워해야 할 분은 그들의 머리카락 수효조차 아시는 분, 사후에 그들을 지옥에 던질 능력을 갖고 계신 분, 오직 그 한 분이시라는 말이다" (Garland, 2011, p. 505).

"내가 너희에게 말하노니 누구든지 사람들 앞에서 나를 시인하면 인자도 하나님의 천사들 앞에서 그를 시인할 것이다. 그러나 사람들 앞에서 나를 부인하는 자는 하나님의 천사들 앞에서 부인함을 받을 것이다."라는 8-9절은 이미 예수가 인자의 첫 수난예고인 9:26에서 말씀한 내용을 반복한 것이다. 수난의 대상자인 예수(인자) 그리고 동시에 성령의 수여자인 메시아에게 충성하는 사람은 하늘의 법정(하나님의 천사들 앞)에서 종말의 보상을 받을 것을 약속하고, 반면에 부인하는 사람은 응분의 징벌이 주어진다고 경계한다(Fitzmyer, 1985, p. 958).

이어지는 "그리고 어떤 사람이든지"라는 10절의 초두는 제자들을 포함한 모든 사람에게 들려주는 경고이다. "말로 인자를 거스르면 용서를 받겠지만 성령을 모독하는 자는 용서를 받지 못하리라."라는 말씀을 이해하는 데는 이 10절이 용서받을 수 있는 죄와 용서받을 수 없는 죄를 구별하고 있다는 사실이 우선 전제되어야 한다. 그런데 이 내용이 8-9절에 진술된 예수를 시인함과 종말의 보상, 예수를 부인함과 종말의 징벌과 어느 면 상치되는 진술이기 때문에 학자들의 해석도 갖가지다. 베드로가 예수를 세 번 부인했으나 회개하면 용서를 받지만, 승천하여 하나님 우편에서 성령을 부어줄 때(행 2:33) 이를 거절하면 용서받을 수 없다고 해석하기도 한다(Garland, 2011, pp. 505-506). 혹은 병행하는 마 12:33-36의 기사나 (특히) 막 3:30에 비추어 "성령을 모독하다."라는 구절의 의미를 예수가 사탄의 힘을 빌려 악귀를 내쫓는다(11:15)는 예수 능력의 사탄적인 견지와 동일시하기도 한다. 말하자면, 예수를 바알세불과 같은 도당이라 생각하는 죄는 용서받을 수 없는 죄라는 해설이다. 혹은, 박해에 직면하여 배교하는 일이 곧 성령 모독이라는 교부시대부터의 또 다른 해석이 있다. 이 해석에 따라 제자들을 포함한 신자들의 배교 행위는 용서받을 수 없는 죄이고, 다른 한편 불신자나 심지어 예수에게 적대하는 바리새인들이라 하더라도 그들이 말로 인자를 거스른 것뿐이라면 용서받을 가능성이 열려 있다고 해설하기도 한다(Green, 1997, p. 484).

혹은, 성령을 '거룩하다'가 아니라 '악하다'라 말하는 자라 해석하여 '아버지와 아들과 성령이신 하나의 거룩한 하나님을 절대적으로 그리고 완전히 부정하면'(Liefeld and Pao, 2007, p. 220) 용서받을 수 없다는 해석을 취하기도 한다. 이 해석은 성령 모독이 하나님의 종말적인 용서에 대한 전적인 부정이라는 개괄적인 특징에서 여러 학자들의 지지를 얻고 있다(Bock, 1996, p. 1141). 그런데 이보다 주요한 이 해석의 특징은, 성령 모독이 삼위 모두에 대한 전적인 부정이라 확대하고 있다는 점이다. 여기서는 바로 이 특이성이 용서받을 수 없는 죄에 대한 더욱 적합한 설명일 수 있는 근거를 논변해보기로 하겠다.

실제로 성령 모독에서 누가의 삼위일체관을 논변하는 학자가 있다(Schreiner, 2008, pp. 459-460). 헬라어 프뉴마(pneuma)나 히브리어 루아흐(ruach)의 본래 의미가 바람이듯이 우리는 하나님이나 예수와는 달리 보통 성령을 인격이라 생각하지 않는다. 한데, 슈라이너는 성령을 모독한다는 것은 성령이 인격적이라는 의미를 갖는 것이고, 그렇기 때문에 성령에 대해 인격적으로 죄를 짓는 것이라는 관점에서 해설한다. 여기서 슈라이너의 행 5:1-11에 관한 해설을 중점적으로 인용하겠다. 성령 모독이 용서받지 못할 죄라는 맥락에 적절한 기사이기 때문이다. 남편 아나니아와 아내 삽비라가 소유를 팔아 얼마를 감추고 나머지를 사도들에게 바쳤을 때 일어난 "성령을 속이고"(행 5:3)라는 표현이나 "주의 영을 시험하다."(행 5:9)라는 표현은 주체인 성령에 대한 인격적 행위인 '거짓말하다'와 '시험하다'의 의미로 쓰인 것이라 해설한다. '모욕하다'나 '속이다'나 '시험하다'라는 어휘의 의미는 객체인 대상에 쓸 수 있는 것이 아니라 인격에 대해서만 사용할 수 있기 때문이다. 바울 서한 여러 곳에서도 성부와 성자가 주어로 사용되는 행위에 성령 역시 주어로 사용된다. 바울과 누가는 성령이 성부와 성자와 함께 인격적인 활동을 하는 존재임을 기사 곳곳에서 드러내고 있다.

바울이 에베소의 장로들을 밀레도에 불러 작별하면서 "성령이 너희로 감독자로 삼고 하나님이 자기 피로 사신 교회를 (양떼를) 치게 하셨으니"(행 20:28)라고 하였는데, 여기서도 성령이 인격적인 주체이므로 장로들을 감독자의 지위에 임명할 수 있는 것이다(앞의 책, p. 460).

그리고 하나님이 피로 사신 교회에서 '피'는 성자를 지칭하는 것으로, 성부와 성자와 성령이 함께 인격적인 활동을 한다는 삼위일체를 여기서 분명히 표현하고 있다. "하나님이 오른손으로 예수를 높이시매 그가 약속하신 성령을 아버지께 받아서 너희 보고 듣는 이것을 부어주셨느니라."(행 2:33)라는 구절 역시 마찬가지 표현이다. 아나니아가 "성령을 속인"(행 5:3) 것에 대해 베드로는 "하나님께 거짓말한 것이로다."(행 5:5)라고 말을 바꿔 질책하고 있다. 아나니아와 삽비라의 죄가 용서받지 못한 것은 하나의 인격인 삼위 모두를 속인(모독한) 그들의 개인적(인격적)인 죄 때문이다. 이들 부부의 죄가 용서받지 못한 것은 성령과 교회(그리스도)와 하나님께 인격적인 죄를 지었기 때문이다. 게다가, "하나님이 그 아들의 영을 우리 마음 가운데 보내신"(갈 4:6) 성령의 인격을 모욕하는 죄가 용서받을 수 없는 까닭은 "성령으로 말미암아 그리스도 안에 분명하게 알아볼 수 있게 계시된 하나님의 은혜에 대해 의식적·고의적·의도적인 모욕일 수밖에 없다."(Geldenhuys, 1951, p. 352)는 이유 때문이다. 아나니아와 삽비라는 의도적으로 공모하여 돈을 숨겼고 사도에게 거짓말함으로써 성령의 인격을 고의적으로 모독하였다.

아직 10절에 대한 해설이 끝난 것이 아니다. 이 절을 8-9절의 맥락에서 읽기보다는 11-12절의 맥락에서 읽을 것을 권하는 학자들이 있다(Fitzmyer, 1985, p. 963; Green, 1997, p. 484). 전자의 8-9절이 임박한 박해 앞에서의 경고의 맥락인 반면에 후자의 11-12절은 박해 앞에서의 격려 내지 위로의 맥락이다. "그들이 너희를 회당이나 통치자 내지 권세자 앞에 끌어낼 때 너희가 어떻게 방어할지 그리고 무엇을 말할지를 염려치 말라. 성령이 그 순간에 너희가 어떻게 말해야 할지를 가르치시겠기 때문이다."가 11-12절이다. 예수의 이 격려의 말씀은 가외의 해설이 필요없는, 박해 앞에 설 제자들에게 주는 예수의 약속이다. 성령이 제자들에게 박해에 대처할 능력을 주실 것이라는 약속이다. 박해자들이 심문할 때 어떻게 담대하게 대응할지 또 무엇을 말할지를 그 현장에서 성령이 가르치실 터이니 염려하지 말라는 격려다.

"너희가 어떻게 방어할지 그리고 무엇을 말해야 할지를 염려치 말라."하였는데, 실상 염려하면 어떻게 될 것인가? 구차한 방어와 변명을 끌어내기 십상이고 오히려 성령을 모독할지도 모른다. 반면에 오로지 성령에 의존하면 어떻게 될 것인가? 모름지기 성령의 가르침으로 "나로 입을 벌려 복음의 비밀을 담대히 알릴 것이다."(엡 6:19)라는 바울의 옥중 간구와 같을 수 있을 것이다. 실제로 누가의 사도행전 기록은 박해와 순교 앞에서 제자들이 예수를 "하나님의 그리스도시니이다."(9:20)라고 담대하게 고백한 일련의 기록이다. 이 고백은 성령으로 말미암지 않고는 누구든 말할 수 없는 삼위일체의 고백이다. 박해와 순교 앞에 서서 "하나님의 그리스도시니이다."라고 고백하는 일이야말로 성령을 모독하는 일과는 상반된 삼위일체의 성령의 능력에 순종한 귀결이다. 결론적으로, 누구든 종말의 심판대 앞에 설 수 있다면 그 길은 성령의 능력에 의존하여야 가능하다.

탐욕을 멀리하고 보물은 하나님께 저장하라(12:13-34)

이 단락은 두 단락의 상반된 재물에 관한 이야기로 구성되어 있다. 첫 단락은 자신을 위해 재물을 쌓아두는 부정적인 이야기이고, 두 번째 단락은 남을 위한 구제로 재물을 하늘에 쌓아두는 긍정적인 이야기다. 예수는 생명과 물질 탐욕을 대비해 종말 준비를 말씀한다.

■ **부유한 바보**(12:13-21) 숱한 무리 한가운데서 예수가 제자들에게 박해와 순교에 관해 말씀하고 있을 때 한 사람이 튀어나와 재산 상속 문제를 거론함으로써 느닷없이 주제가 바뀐다. 재물의 주제가 튀어나온 까닭에 부유한 바보에 대한 이야기가 등장한다.

> **13**무리 중에 한 사람이 이르되 선생님 내 형을 명하여 유업을 나와 나누게
> 하소서 하니 **14**이르시되 이 사람아 누가 나를 너희의 재판장이나 물건 나누
> 는 자로 세웠느냐 하시고 **15**저희에게 이르시되 삼가 모든 탐심을 물리치라
> 사람의 생명이 그 소유의 넉넉한 데 있지 아니하니라 하시고
> **16**또 비유로 저희에게 일러 가라사대 한 부자가 그 밭에 소출이 풍성하매 **17**
> 심중에 생각하여 가로되 내가 곡식 쌓아둘 곳이 없으니 어찌할꼬 하고 **18**또
> 가로되 내가 이렇게 하리라 내 곡간을 헐고 더 크게 짓고 내 모든 곡식과 물
> 건을 거기 쌓아두리라 **19**또 내가 내 영혼에게 이르되 영혼아 여러 해 쓸 물
> 건을 많이 쌓아두었으니 평안히 쉬고 먹고 마시고 즐거워하자 하리라 하되
> **20**하나님은 이르시되 어리석은 자여 오늘 밤에 네 영혼을 도로 찾으리니 그
> 러면 네 예비한 것이 뉘 것이 되겠느냐 하셨으니 **21**자기를 위하여 재물을 쌓
> 아두고 하나님께 대하여 부요치 못한 자가 이와 같으니라

"무리 중에서 한 사람이 말하기를 '선생님, 내 형에게 집안 유산을 나와 함께 나누라 말하여주소서.' 하였다. 그러나 예수께서 그에게 말씀하시기를 '이 사람아, 누가 나를 너에게 재판장이나 중개인으로 세웠느냐?' 하셨다."라는 느닷없는 사건이 개입한다. 느닷없는 사건이라 했지만 실제로 당시 랍비들은 윤리적·법적인 조정 역할을 맡아 수행했다고 한다. 그리고 "선생님"이라는 호칭은 랍비를 부르는 것으로 이 사람이 예수를 랍비라 생각했다는 사실을 짐작할 수 있다. 그러나

예수는 제자들에게 박해와 순교에 대비하라는 말씀을 하고 있었으니 이 사람의 요청이 엉뚱한 것은 사실이다. 예수는 그의 청을 즉각적으로 거절하는데, 누가 나를 그런 책무를 맡도록 임명했느냐고 반문한 걸 보면 단호한 거절임을 알 수 있다. 예수는 개인적인 분쟁을 조정할 용의도 없었을 터이고 더구나 재물 분쟁을 재판할 생각은 추호도 없었을 것이다. 그의 요청을 거절한 뒤에 그뿐만 아니라 모든 사람들에게 말씀하기를 "조심하라! 모든 욕심을 경계하라, 사람의 생명은 소유의 풍요함에 있는 것이 아니다."라고 한다. 진정한 생명은 하나님께서 주시는 것이나, 더 많은 것을 가지려는 욕심은 소유를 탐하는 것으로 골 3:5과 엡 5:5에서는 우상숭배라 말한다(Liefeld and Pao, 2007, p. 222).

생명과 더 많은 것을 가지려는 물질의 탐욕을 대비한 후에 예수가 아예 주제를 그쪽으로 바꾸어 무리 모두에게 부유한 바보의 비유를 가르친다. "한 부자가 밭에 소출이 풍성하였다. 그가 스스로 생각하여 말하기를 '내가 어찌 할까? 내가 내 곡식을 쌓아둘 곳이 없으니.'라 하였다. 그리고 또 말하기를 '내가 이렇게 하리라, 내가 내 곡간을 허물고 더 큰 것들을 짓고 내 곡식과 내 물건을 거기 쌓아두리라.' 그리고 내가 영혼에게 '영혼아, 네가 여러 해 동안 모아둔 많은 좋은 물건들을 가지고 있으니 안심하고 먹고 마시고 즐거워하자.' 말하리라."가 17-19절이다. 누가는 이 부유한 지주의 독백을 적으면서 그가 여러 번 '나의'라는 소유의 표현을 반복함을 강조하여 그의 물질 소유욕을 전면에 드러낸다. '나의'라는 소유의 표현은 "먹고 마시고 즐거워하자." 라는 쾌락 탐욕의 전형적인 관용구 표현이다. 게다가, 그는 이 쾌락의 관용구를 "영혼아"라 부르며 자신의 영혼에게 썩어빠져 타락하기를 권하는 어리석음을 범하고 있다.

부유한 지주의 독백에 대한 예수의 비유는 하나님께서 직접 말씀하신 것으로 이야기가 전개된다. "바보야! 바로 오늘 밤에 네 생명을 너에게서 요구하겠다. 네가 마련해둔 것들이 누구의 것이 되겠느냐?" 하고 욕심의 허무함에 정곡을 찌른다. "바보(어리석은 자)"라는 말은 구약 여러 군데에서 나오지만 "어리석은 자는 그 마음에 이르기를 하나님이 없다 하도다."(시 14:1)라는 한 말씀에서만 인용키로 하겠다. "네 영혼을 (그들이) 요구하다."에서 "요구하다"는 (세금을 거둬들이듯) 네 영혼을 가차 없이 거둬들이겠다는 뜻이다. 거둬들이는 주체가 원본에서는 "그들"이라 적혀 있는데, 이는 19절에 "많은 좋은 물건들"을 지칭하는 것이며 그의 소유가 그의 영혼을 거둬들인다는 뜻으로 사용한 것이라 추측한다(Garland, 2011, p. 516).

이어서 21절 "자기 자신을 위하여 재물을 쌓아두고 하나님을 향하여 부요치 못한 자가 이와 같으니라."라는 구절이 나온다. 이 21절의 해석은 33절 "너희 소유를 팔아 구제하여 낡아지지 아니하는 주머니를 만들라 곧 하늘에 둔 바 다함이 없는 보물이니 거기는 도적도 가까이하는 일이 없고 좀도 먹는 일이 없느니라."로 대신할 수 있을 것이다. 마찬가지로 "모든 욕심을 경계하라, 사람의 생명은 소유의 풍요함에 있는 것이 아니다."라는 15절 역시 20절의 해석을 대신할 수 있다. 요컨대, 15절과 21절이 함의하는 "자기 자신을 위하여 재물을 쌓아두고 하나님을 향하여 부요치 못한 자가" 다름 아닌 부유한 바보다. 이 부유한 바보는 부유해서 바보가 아니라 자산이 자기 자신의 소유이고 자신의 생명이 그 물질적인 소유에 의해 영원히 보장된다고 가정하는 바보이다.

■ **너희가 훨씬 더 소중하다**(12:22-34) 이 단락에는 세상사를 염려하지 말라는 예수의 가르침이 담겨 있다. 예수는 하나님께서 다른

무엇보다 너희를 훨씬 더 소중하게 돌보시기 때문에 염려할 필요 없다고 말씀한다. 이 단락은 마태의 산상수훈(마 6:29-33)의 병행기사이고 마태와 누가 모두 시편 104편의 하나님 나라의 찬미를 그 배경으로 한다. 따라서 "하나님 나라를 애써 구하라."(12:31)가 이 단락의 제목으로 더욱 적합할지도 모른다.

22또 제자들에게 이르시되 그러므로 내가 너희에게 이르노니 너희 목숨을
위하여 무엇을 먹을까 몸을 위하여 무엇을 입을까 염려하지 말라 23목숨이
음식보다 중하고 몸이 의복보다 중하니라 24까마귀를 생각하라 심지도 아
니하고 거두지도 아니하며 골방도 없고 창고도 없으되 하나님이 기르시나니
너희는 새보다 얼마나 더 귀하냐 25또 너희 중에 누가 염려함으로 그 키를 한
자나 더할 수 있느냐 26그런즉 지극히 작은 것이라도 능치 못하거든 어찌 그
다른 것을 염려하느냐
27백합화를 생각하여 보아라 실도 만들지 않고 짜지도 아니하느니라 그러나
내가 너희에게 말하노니 솔로몬의 모든 영광으로도 입은 것이 이 이 꽃 하나
만 같지 못하였느니라 28오늘 있다가 내일 아궁이에 던지우는 들풀도 하나님
이 이렇게 입히시거든 하물며 너희일까 보냐 믿음이 적은 자들아 29너희는
무엇을 먹을까 무엇을 마실까 하여 구하지 말며 근심하지도 말라 30이 모든
것은 세상 백성들이 구하는 것이라 너희 아버지께서 이런 것이 너희에게 있
어야 될 줄을 아시느니라 31오직 너희는 그의 나라를 구하라 그리하면 이런
것을 너희에게 더하시리라
32적은 무리여 무서워 말라 너희 아버지께서 그 나라를 너희에게 주시기를 기
뻐하시느니라 33너희 소유를 팔아 구제하여 낡아지지 아니하는 주머니를 만
들라 곧 하늘에 둔 바 다함이 없는 보물이니 거기는 도적도 가까이하는 일이
없고 좀도 먹는 일이 없느니라 34너희 보물 있는 곳에는 너희 마음도 있으리라

앞 단락에서는 무리 전체를 향해 말씀하는데, 이 단락의 시작은 "또 예수께서 그의 제자들에게 말씀하셨다."라 적고 있다. 하지만 무리를 따돌리고 말씀한 것은 아닐 터이다. "그러므로(이 때문에) 내가 너희에게 이르노니"라는 초두의 말씀은 특히 21절과의 인과관계를 표명하고 있기에 앞 단락의 말씀과 연관성이 있음을 알 수 있다. "무엇을 먹을까 너희 생을 위해 염려하지 말고, 무엇을 입을까 너희 몸을 위해 염려하지 말라."(22b)라는 말씀은 29a-b절과 32절에 적힌 "하지 말라"의 네 연속적인 진술 중 첫 번째 금기 사항이다. "염려하지 말라"는 현재형 명령이다. 개역성경의 "목숨(psyche)"은 영이라 번역하는 것이 일반적이지만 영적인 생명이 아닌 심리적인 자아의 삶이니 "생"이라 번역할 수 있겠고, "몸(soma)"도 영이 아니므로 22절의 의미를 삶 총체를 위해 어떤 염려도 하지 말라는 명령으로 해석할 수 있다. 그 이유가 23절의 "생이 음식보다 중하고 몸이 옷보다 중하기 때문"이다. 본래 "중하다"는 표현은 "음식보다 그 이상이고…… 옷보다 그 이상이다."가 직역이어서 그 의미를 해석하기가 애매하다. 여기서는 24절에 쓰인 "가치 있다/소중하다"라는 표현에 따라 개역성경의 "중하다"라는 표현을 존중하기로 하겠다. 생과 몸의 삶이 음식과 의복보다 더 소중하니 물질을 탐하는 근심이 삶의 소중함을 미혹케 한다는 말씀일 것이다.

이 단락의 적어도 28절까지는 하나님께서 예수의 제자들을 소중히 여기시니 "염려하지 말라"라는 논리가 전개된다. 예수는 무리뿐만 아니라 제자들도 물질 소유의 미혹에 빠질 것을 우려한 듯하다. "까마귀들을 생각하라. 심지도 거두지도 아니하며, 창고도 곡간도 없으나 하나님이 그들을 먹이신다. 그리고 너희는 새들보다 얼마나 더 소중하냐!"라고 24절에 말씀하는데, 이는 "(야훼께서) 들짐승과 우는 까마귀 새끼에게 먹을 것을 주시는도다."(시 147:9)의 인용이다. 까마귀는 구약에서 불결한 새로 낙인찍힌 짐승이다. 그 까마귀들의 생존을 돌보시는 하나님께서 더욱더 소중한 너희들이야 다시 말해 무엇하랴라는 표현이다.

"너희들 중에 누가 염려함으로 그의 키를 한 자라도 더할 수 있느냐?"에서 "키(helikia)"는 연령(수명)일 수도, 몸의 신장일 수도 있다고 한다. 이 단락의 맥락으로 보아 오늘날 대부분의 번역본이 25절을 "너희들 중의 누가 그의 생명 폭을 한 치라도 늘릴 수 있겠느냐?"라는 번역을 취한다. 어느 번역을 취하든 25절은 "너희가 이 사소한 일조차 불가능하다면, 어찌하여 너희가 그 이외의 것을 염려하느냐?"라는 26절과 함께 읽어야 한다. 사소한 일을 할 수 없는 너희가 "그 이외의 것" 즉 너희가 제어할 수 없는 삶 총체라는 큰일을 염려하느냐라는 뜻이다(Bock, 1996, p. 1162; Liefeld and Pao, 2007, p. 224).

"백합화들을 생각하라, 어떻게 그것들이 자라는지를, 그것들이 수고하지도 않고 실로 짜지도 않는다. 하지만 내가 너희에게 말하노니, 심지어 솔로몬조차 그의 모든 화려함에서 이것들의 하나만큼 옷 입지 못했느니라. 오늘 들에 있다 내일 아궁이에 던져지는 풀도 하나님께서 그렇게 옷 입히신다면 너희를 옷 입히는 것은 얼마나 더 (소중히) 하겠느냐, 너희 믿음이 작은 자들아!"라는 27-28절도 함께 읽어야겠다. 백합과 솔로몬, 풀과 제자들을 각각 대조하는 맥락적 의미는 23절 이하의 소중함의 상대성이라는 틀 안에서 시인의 아름다운 유추를 전개하는 것이다. 학자들은 23절부터 시작하여 24절에서 까마귀와 제자들을 비교한 것과 마찬가지로 여기 27-28절 역시 덜 소중한 것과 더 소중한 것을 비교하는 논리의 전개라 생각한다. 예수는 사치스러운 옷을 골라 입을 수 있는 솔로몬의 화려함이라 하더라도 스스로 옷도 지을 줄 모르는 덜 소중한 백합의 옷에 미치지 못한다고 하고, 생명 폭이 짧은 덜 소중한 들풀과 영생을 약속받은 더 소중한 제자들을 비교하여 "너희를…… 얼마나 더 소중히 여기시겠느냐."라고 반문한다. 그리고 하나님의 너그러운 배려를 모르고 염려하는 너희의 믿음이 얼마나 작으냐를 부끄러워하라고 따끔하게 일침을 가한다.

따끔한 일침이라 하였지만, 실상 이 단락 처음부터 예수가 전하는 메시지는 질책이 아니라 격려에 가깝다. 이어지는 29-31절에서 그 사실이 더욱 분명해지는데 "그리고 너희는 무엇을 먹을까 무엇을 마실까 애써 구하지 말고 걱정하지 말라."라고 앞선 말씀을 다시 일깨운다. 먹을 것과 마실 것이 생의 미해결 과제라 생각하면 애써 구하고 걱정하는 호들갑을 떨기 마련이다. 애쓰고 걱정하는 일이 정서 내지 감정의 흔들림이라면(Bock, 1996, p. 1163) 믿음 없는 자들의 불안이므로 염려하는 일과 같은 성질이다. "이 모든 것들을 위해 구하는 것은 세상의 모든 나라(이방)들이라 그리고 너희의 아버지는 너희들이 그것들을 필요로 함을 아시기 때문이다."에서 하나님을 직접 "너희의 아버지"라 부른다. 그러니 이방인이 아닌 제자들의 삶의 기본 원리는 "그러나 너희는 그의 나라를 애써 구하라."라는 말씀 위에 서야 한다. 여기 29-31절의 핵심어는 "애써 구하라"로 이것은 마음을 다 바치는 일을 뜻한다. 이것은 또 "좁은 문으로 들어가기를 힘쓰라(애써 구하라)." (13:24)라는 말씀에 사용된 것과 같은 어휘다. "그러면 이것들을 너희에게 더하시리라."라는 말씀은 "너희 중의 어떤 아비가 아들이 생선을 달라면 생선 대신 뱀을 주겠느냐? 그가 달걀을 달라면 전갈을 주겠느냐?"(11:11-12)라는 진술 이상의 부자지간의 무조건적인 베풂이라 이해해도 좋을 것이다. 예수는 먹고 마시는 문제까지 철두철미하게 믿음 위에 서야 한다고 제자들을 격려한다. 애써 구해야 할 것은 오로지 아버지의 나라인 것이다.

격려를 넘어 이제 32절에서 제자들에게 용기를 북돋아준다. "두려워 말라, 적은 떼여, 너희 아버지께서 그 나라를 너희에게 주시기를 기뻐하신다."라는 구절에서 "두려워 말라"는 박해 앞에 선 제자들을 위로하는 말씀이라 읽어도 좋겠다. "적은 떼"는 목자가 양떼를 돌보는 장면의 묘사에서 비롯된 말인데(앞의 책, p. 1165; Green, 1997, p. 495), 여기서 수효가 많지 않고 적다는 표현이 의미심장하다. 적은 떼는 필경 좁은 문으로 들어가는 사람들을 의미할 것이다. "너희 아버지께서 그 나라를 너희에게 주시기를 기뻐하신다."라는 말씀이 제자들에게 주는 지선의 위로이다.

"너희 소유를 팔아 구제하라. 낡아지지 않는 주머니를 너희 자신들을 위해 만들어 도둑도 가까이하는 일이 없고 좀도 먹는 일이 없는 하늘에 있는 충실한 보물을 가지라. 너희 보물이 있는 곳에 너희 마음이 있을 것이기 때문이다."라는 33-34절이 이때까지 재물에 대해 염려하지 말라는 말씀의 총정리다. "구제하라"는 11:41에서 예수가 바리새인들에게 한 말씀의 반복이다. 앞서 이 말씀을 해석할 때 "구제하라"의 의미를 물질적인 자선을 통해 탐욕과 사악함에서 벗어나 사람의 안팎이 깨끗해지게 하라는 뜻으로 풀이하였다. 여기서도 마찬가지다. 재물은 쌓아둘 보물이 아니라 소유를 팔아 배분하라는 것이다. 초대교회에서 "재산과 소유를 팔아 각 사람의 필요를 따라 나눠주고"라는 구절이 적혀 있는 행 2:42-47과 4:32-35을 원용하여 구제를 설명하기도 한다(Fitzmyer, 1985, p. 982). 소유해야 할 것은 닳아 없어지지 않는 주머니를 마련해 가짐으로써 하늘의 영원한 보물을 담아 가지라는 것이다. "충실한 보물"은 도둑도 가까이 못하고 좀도 먹지 못하는 그 성격이 영구(충실)한 보물이다. "너희 보물이 있는 곳에 너희 마음도 역시 있을 것이다."라는 격언적인 표현은 (분석적으로 읽으면) 앞 문맥으로 보아 보물과 마음의 앞뒤 관계가 석연치 않다. 하지만, 신자들이 마음을 다 바쳐 애써 구해야 할 것이 아버지 나라라면(12:31), 하나님 나라에 있는 신자들의 소유인 보물에 온 마음이 집중되어 있을 것이므로 31절과 34절은 동일한 말이다(Green, 1997, p. 495). 혹은 "우리는 우리가 가장 사랑하는 것에 우리의 부를 소비하지 않을 수 없다." (Ryken, 2009, p. 679)라는 의미로 보아 마음이 있는 곳에 부를 쌓아두라고 읽어도 무방할 것이다.

인자의 재림에 대비한 신실성(12:35-48)

경계와 신실성(12:35-46) 계속해서 12:1-13:9에 걸쳐 기록된 종말의 위기에 대한 경계라는 단원을 살펴보고 있다. 앞 34절에서 "너희 보물이 있는 곳에 너희 마음도 역시 있을 것이다."라는 말씀에 뒤이어, 언제 오실지 모르는 인자의 재림, 완성을 신실하게 경계해 깨어 있으라고 당부한다.

> **35**허리에 띠를 띠고 등불을 켜고 서 있으라 **36**너희는 마치 그 주인이 혼인 집
> 에서 돌아와 문을 두드리면 곧 열어 주려고 기다리는 사람과 같이 되라 **37**주
> 인이 와서 깨어 있는 것을 보면 그 종들은 복이 있으리로다 내가 진실로 너희
> 에게 이르노니 주인이 띠를 띠고 그 종들을 자리에 앉히고 나아와 수종하리
> 라 **38**주인이 혹 이경에나 혹 삼경에 이르러서도 종들의 이같이 하는 것을 보
> 면 그 종들은 복이 있으리로다
> **39**너희도 아는 바니 집주인이 만일 도적이 어느 때에 이를 줄 알았더면 그 집
> 을 뚫지 못하게 하였으리라 **40**이러므로 너희도 예비하고 있으라 생각지 않은

때에 인자가 오리라 하시니라
41베드로가 여짜오되 주께서 이 비유를 우리에게 하심이니이까 모든 사람에
게 하심이니이까 42주께서 가라사대 지혜 있고 진실한 청지기가 되어 주인에
게 그 집 종들을 맡아 때를 따라 양식을 나누어 줄 자가 누구냐 43주인이 이
를 때에 그 종의 이렇게 하는 것을 보면 그 종이 복이 있으리로다 44내가 참
으로 너희에게 이르노니 주인이 그 모든 소유를 저에게 맡기리라 45만일 그
종이 마음에 생각하기를 주인이 더디 오리라 하여 노비를 때리며 먹고 마시
고 취하게 되면 46생각지 않은 날 알지 못하는 시간에 이 종의 주인이 이르러
엄히 때리고 신실치 아니한 자의 받는 율에 처하리니

"허리에 띠를 두르고 등불을 켜두어라."라는 말씀은 즉각적인 행위에 임할 수 있도록 항상 준비하고 기다리라는 뜻이다. "허리에 띠를 두르고"는 출 12:11 기록에 유월절 음식을 먹을 때 언제든지 일어날 준비를 갖추는 자세이고, "등불을 켜두어라."는 어두운 밤이라도 언제든지 불을 밝혀 주인이 돌아올 때를 준비하는 자세다. "혼인 잔치에서 돌아오는 주인을 기다리는 사람들과 마찬가지로, 주인이 와서 문을 두드리는 즉시 그를 위해 문을 열어주도록 하라."라는 36절이 주인이 집을 비운 사이에 깨어 경계하라는 비유이다. 당시 혼인 잔치는 여러 날 동안 벌어졌다고 한다. 이 비유에서 주인은 예수 자신을 묘사한 것이고 예수가 다시 올 때를 대비해 깨어 경계하라는 말씀이다. 마태는 이 병행기사(마 25:1-13)를 처녀들이 각각 신랑을 기다리는 장면의 비유로 표현하고 있지만 말씀의 기본 정신은 마태와 누가가 같다고 읽어도 무방하다.

"주인이 왔을 때 깨어 있는 종들을 보면 그 종들은 복이 있도다! 진실로 내가 너희에게 말하노니 주인이 그의 띠를 두르고 종들을 식

탁에 앉히고, 오셔서 그들을 대접하리라."라는 37절은 신실한 종들은 복이 있다는 말씀이다. 그런데 놀랍게도 그 지복이 주종의 관계를 뒤바뀌게 하여 주인이 종을 섬기는 장면이 전개된다. 신실한 종들을 종말의 잔치에 초대한 장면 묘사로, 심지어 "주인이 그의 띠를 두르고"를 "주인이 그의 앞치마를 두르고"라 번역하여(Fitzmyer, 1985, p. 988) 종들에게 식탁 대접을 할 몸차림을 갖춘 것이라 해석하기도 한다. 실제로 예수는 제자들과 최후의 만찬을 나눈 후에 "나는 섬기는 자로다." 하고 제자들을 높이기도 하였다(22:24-27 참고). 수훈의 지복인 복이 있도다를 38절에 예수는 다시 반복해 말씀한다. "주인이 이경에나 혹 삼경에 이르러서도 이렇게 하는 종들을 본다면, 이들 종들은 복이 있도다!" 하고 언제 올지 모르는 주인을 기다리는 종들의 신실함을 반복해 말씀하고 지복의 축복을 다시 말씀한다. "이경이나 혹 삼경에"는 당시 시간 계산에 따라 '자정이나 혹 새벽녘'이라 번역하기도 한다(NRSV).

이야기 전개의 시각(視角)이 39-40절에서 바뀐다. "그러나 이것을 깨달아라, 만일 집주인이 도둑이 몇 시에 올 줄 알았더라면 그는 그의 집이 털리지 않도록 했을 것이다. 너희들 역시 예비하고 있어야 마땅하나니 인자가 너희들이 생각하지도 못한 시각(時刻)에 올 것이기 때문이다."라는 구절은 자칫 마치 도둑이 주제인 것처럼 잘못 읽을 소지가 있다. 실은, 도둑이 오는 시각을 모르듯 인자가 다시 올 시각도 알 수 없다고 해석하는 것이 일반적이다. "주의 날이 밤에 도적같이 이를 줄을 너희 자신이 자세히 알리라."(살전 5:2) 등의 표현이 왕왕이 쓰이기 때문이다. 한데, 비유적인 표현이라 하더라도 주님을 도둑에 견주는 것이 아무래도 언짢은 일이어서 근래에 좀 긍정적인 도둑의 개념을 찾아 읽으려는 시도가 있다. 출애굽 시에 하나님께서 자신의 백성에게

애굽 사람의 물품을 약탈하기를 허락하신 기록(출 3:21-22; 11:2; 12:35-36)과 사 11:14-16을 인용하면서 도둑이 하나님의 의의 개념으로도 사용되었음을 들추어 반드시 부정적인 개념으로만 사용되는 것은 아니라고 변호한다(Liefeld and Pao, 2007, pp. 228-229).

이때 베드로가 예수의 말씀을 가로막아 질문한다. "주여, 당신이 이 비유를 우리에게 하심이니이까 혹은 모든 사람에게 하심이니이까?"가 질문이다. 예수가 다시 올 때에 깨어 경계하고 있으라는 말씀은 제자들이 무리들과 함께 있을 때 전한 것이니, 우리라 함은 제자들을 가리키는 것이고 모든 사람이라 함은 함께 있는 무리를 가르킬 것이다. 아마도 베드로의 표면적인 질문의 동기는 예수가 "종들"이라 한 사람들이 누구인지 궁금해서일 테지만 심층적인 동기는 석연치 않다.

예수의 대답도 베드로의 질문에 대한 직접적인 답변이 아니라 오히려 질문으로 말씀의 방향을 돌린다. "그의 주인에게서 그의 종들을 위탁받아 때를 따라 종들에게 양식을 줄 신실하고 신중한 청지기는 누구인가? 주인이 도착해서 일하고 있는 것을 볼 그 종은 복이 있도다! 진정 내가 너희에게 이르노니 주인이 그의 모든 소유를 그에게 위탁할 것이다."라는 42-44절이 예수의 대답이다. "청지기(oikonomos)"는 어떤 번역어가 적합한지 모르겠으나 주인의 식솔과 재산을 위탁받아 관리하는 종으로, 특히 다른 종들의 복지를 관리하는 집사다. 이런 일들을 위해 언제 올지 모르는 주인을 기다리며 신실하고 알뜰하게 책임지는 청지기는 12:37-38에 상응하는 복이 있다고 말씀한다. 특별히 여기서는 청지기가 맡은 일 중에서도 주인의 식솔들인 다른 종들에게 적절한 때마다 음식을 배분하는 일을 강조하고 있다. 말하자면, 주인 자신을 위한 일보다 다른 사람들을 위한 일이 주인의 칭찬의 대상이다. "주인의 모든 소유를 그에게 위탁할 것이다."(44b)라는 말씀이 구체적인 지복이다. 이 구절을 "주인의 모든 능력과 부를 그와 함께 공유할 것이다."(Fitzmyer, 1985, p. 990)라고 해석할 수 있지만, 그보다는 예수가 다시 올 때 천국의 부를 함께 누릴 수 있는 축복이 곧 지복이다. 베드로의 질문과 관련해 청지기가 누구를 가리키느냐를 해석하는 일은 자칫 임의적인 과오를 저지르기 십상이다. 하지만, 제자들을 지칭할 수도, 무리 중의 어떤 사람들을 지칭할 수도 있는 것 같다. 주인의 식솔들을 위해 자기 책임을 다하는 청지기라면 공동체를 위한 봉사일 터이고, 그가 누구이든 주인이 주는 상을 받아 마땅할 것이기 때문이다.

"그러나 만일 그 종이 '내 주인이 더디 오리라.'라고 스스로에게 말하며 남녀 다른 종들을 때리고 먹고 마시고 취하면, 그가 오리라 생각지 않았을 때 짐작 못했던 시각에 그 종의 주인이 도착하여 그를 난도질하고 불신의 운에 자리매김할 것이다."라는 45-46절이 주인에게서 위탁받은 권위를 남용하는 청지기에 대한 기사로 42-44절의 신실하고 신중한 청지기에 상반된 사례다. 주인이 늦게 오리라고 제멋대로 상상하여 마치 부유한 바보가 12:19에 자기 배를 두드리듯 주인의 재물로 허랑방탕하며 남녀를 불문하고 공동체의 다른 사람들까지 학대하는 종의 모습을 묘사하고 있다. 그리고 이어서 "그를 난도질하고 불신의 운에 자리매김할 것이다." 하고 신실하지 못한 종에게 주어지는 형벌을 적고 있다. "난도질하다"라는 표현이 끔찍하고 가룟 유다가 받은 형벌의 표현(행 1:17-18)과 유사하여 예수를 판 유다의 형벌에 비교해 해설하기도 한다(Green, 1987, p. 505). "난도질하다"의 원문의 뜻은 "조각으로 자르다."인데 이 잔혹한 표현을 예수의 말씀이 아니라 해설하는 학자도 있다. 하지만, 본서에서는 이 표현이 지옥의 형벌을 묘사한 것이 아니라 죄를 파헤치는 종말의 엄중한 심판을 묘사한 것이라 읽고 싶다. 이러한 독해가 옳다면, 난도질한다는 무지막지한 표현보다는 불신의 운에 자리매김한다는 종말의 심판이 실상 더 가혹하고 치명적인 형벌이라 보아야 할 것이다.

■ **신실하지 못함의 두 조건**(12:47-48) 신실하고 신중한 종에게는 더 많이 위탁한다는 신뢰를 표명한 데 이어, 위탁받은 일에 신실치 못한 종들은 차별적으로 구별해 처벌한다는 상대적인 대조가 제시된다.

> 47주인의 뜻을 알고도 예비치 아니하고 그 뜻대로 행치 아니한 종은 많이 맞을 것이요 48알지 못하고 맞을 일을 행한 종은 적게 맞으리라 무릇 많이 받은 자에게는 많이 찾을 것이요 많이 맡은 자에게는 많이 달라 할 것이니라

아마도 46절에 적힌 종말심판이 너무 잔혹해 그 형벌의 불가피성을 47절에 적고 있는지도 모른다(Liefeld and Pao, 2007, p. 228). "주인이 원한 바를 알았지만 원한 바를 준비하지 않고 행하지 않은 종은 심한 매를 맞을 것이다. 그러나 알지 못하고 맞을 일을 행한 자는 경한 매를 맞을 것이다."라는 말씀이 47-48a절이다. 주인이 원한 것이 무엇인지 알았는데도 불구하고 행하지 않은 종이 여러 번 구타당한다는 것은 난도질당한다와 같은 뜻으로 읽을 수 있다(Bock, 1996, p. 1184). 반면에 48a절에서 알지 못하고 맞을 일을 행한 자는, 47절에 적힌 것처럼 주인과의 관계가 단절되는 (환언하면, 불신의 운에 자리매김하는) 것은 아니라는 의미에서, 가볍게 구타당한다라는 뜻으로 해석할 수도 있다. 누가가 여기서 강조하는 것은 형벌의 경중이 아니라 신실하지 않은 행위가 주인이 원하는 바를 알고 있는 상태에서 비롯된 것인지, 혹은 모르는 상태에서 비롯된 것인지다. 여하튼, 알고 짓는 죄와 모르고 짓는

죄의 구별은 특히 누가가 강조하는 것이지만(10:12, 14; 23:34) 구약에서도(민 15:22-26) 찾아 읽을 수 있다. 알고 짓는 죄는 자신이 맡은 책임에 대한 의도적인 거절이고, 더 많이 알고 있는 '교회 지도자들'의 죄다(Ryken, 2009, p. 691). 이들에게는 "사람들 앞에서 나를 부인하는 자는 하나님의 천사들 앞에서 부인함을 받을 것이다."(12:9)라는 말씀이 전하듯 하늘의 법정에서 부인당하는 치명적인 형벌이 기다리고 있다고 보아야겠다.

마지막으로, "많이 받아 가진 사람은 그가 누구든 많은 것을 요청받을 것이요!"가 48b절이고 그리고 "(그들이) 많이 위탁한 사람에게서는 그에게 훨씬 더 많은 것을 요구할 것이다!"가 48c절이다. 주인이 원하는 바를 알고도 행하지 않는 자가 심한 매를 맞을 것이라는 47절의 까닭을 설명하는 원리가 48b절이고, 이 원리의 핵심을 48c절이 다시 확인하고 있다(Fitzmyer, 1985, p. 992). 이 해설과 마찬가지로 대럴 보크 역시 "많이 아는 사람이 더 많은 책임을 짊어져야 하기 때문에 평가받을 때 더 많이 그에게 요구하게 된다는 평가의 기초 원리를 결론으로 제시한다."(Bock, 1996, p. 1185)라고 해석한다. 그는 또 "맥락으로 보아 이 논평은 제자들을 향한 말씀으로 그들이 누구보다 예수에 관해 더 많이 알고 있기 때문이다."라고 덧붙인다. 이 해설은 앞 47절의 "그의 주인이 원하는 바를 알았던 종"에 48b-c절을 연결하여 해석한 것이다. 하지만, 48b-c절 역시 42절의 주인에게서 그의 종들을 위탁받은 청지기에게 요구되는 신실성과 신중함에도 연결되어야 한다(Green, 1997, p. 506).

그렇다면, "많이 받아 가진 사람이 그가 누구든"이라는 범주에는 제자들뿐만 아니라 적어도 청지기도 포함되어야 할 것이다. 그리고 "많은 것을 요청받을 것이요."라는 진술은 어떤 과제를 위탁받은 종은 그 과제를 수행할 수 있는 자질도 함께 주어졌음을 전제한다고 보아야 한다(Fitzmyer, 1985, p. 992). 그리하여 "많이 받아 가진 사람은 그가 누구든" 신실하고 신중하게 수행할 책임을 더욱 많이 "요청받을 것"이다. 이때 '책임'은 언제 다시 올지 모를 예수를 깨어 경계하며 충실하게 기다리는 일이고, 하나님의 자녀들에게 봉사하는 일이다. 아울러, 책임은 주인의 심판의 평가도 함께 수반한다. 많은 자질을 갖추고 있기에 많은 책임을 위탁받은 사람이 그것을 함부로 사용한다면 더 중한 징벌을 받게 된다. 많은 자질을 갖추고 있음에도 불구하고 "자기 자신을 위하여 재물을 쌓아두고 하나님을 향하여 부요치 못한 자"(12:21)인 부유한 바보는, 부유하기 때문에 더 중한 징벌을 면치 못한다는 무서운 말씀이다. 제자들 내지 교회 지도자들이 난도질을 당한다면 이들이야말로 누구보다 심판의 날에 대비해 신앙의 위선에서 벗어나야 할 사람들이다.

닥쳐올 위기에 대한 경계(12:49-13:9)

예수 사역의 수수께끼와 대처 방안(12:49-59) 앞 단원은 예수의 재림을 경계해 대비하라는 말씀이었다. 동일한 맥락에서 예수의 현재의 사역이 종말심판의 도상에 있음을 이 단원에서 분명히 하고 있다. 그러나 이야기의 주제는 다르다. 앞에서는 주인과 종의 관계가 주제였다면, 여기서는 예수의 사역이 이 땅에 어떻게 구현되느냐가 그것이다. 혹은 이 단원의 맥락은 11:14-16과 11:29-36의 표적을 구하는 무리들을 질책한 장면의 확장으로, 표적은 이미 너희들 눈앞에 구현되고 있다는 논변으로 읽을 수도 있다. 이 단원은 대략 두 부문으로 나누어 읽을 수 있다. 첫 부문인 12:49-53에는 예수가 수행하는 사역의 완성이 어떻게 전개되는지가 담겨 있다. 그리고 12:54-59의 마지막 부문에는 종말 운명의 성격을 분별하고 올바르게 대처하라는 권면이 담겨 있다. 본서에서는 이 두 부문을 나누어 읽지 않고 한 단락으로 묶어 읽겠다.

> 49내가 불을 땅에 던지러 왔노니 이 불이 이미 붙었으면 내가 무엇을 원하리
> 요 50나는 받을 세례가 있으니 그 이루기까지 나의 답답함이 어떠하겠느냐
> 51내가 세상에 화평을 주려고 온 줄로 아느냐 내가 너희에게 이르노니 아니
> 라 도리어 분쟁케 하려 함이로라 52이후부터 한 집에 다섯 사람이 있어 분쟁
> 하되 셋이 둘과, 둘이 셋과 하리니 53아비가 아들과, 아들이 아비와, 어미가
> 딸과, 딸이 어미와, 시어미가 며느리와, 며느리가 시어미와 분쟁하리라 하시
> 니라
> 54또 무리에게 이르시되 너희가 구름이 서에서 일어남을 보면 곧 말하기를
> 소나기가 오리라 하나니 과연 그러하고 55남풍이 붊을 보면 말하기를 심히
> 더우리라 하나니 과연 그러하니라 56외식하는 자여 너희가 천지의 기상은
> 분변할 줄을 알면서 어찌 이 시대는 분변치 못하느냐
> 57또 어찌하여 옳은 것을 스스로 판단치 아니하느냐 58네가 너를 고소할 자
> 와 함께 법관에게 갈 때에 길에서 화해하기를 힘쓰라 저가 너를 재판장에게
> 끌어가고 재판장이 너를 관속에게 넘겨주어 관속이 옥에 가둘까 염려하라
> 59네게 이르노니 호리라도 남김이 없이 갚지 아니하여서는 결단코 저기서 나
> 오지 못하리라 하시니라

"내가 이 땅에 불을 던지러 왔나니, 이 불이 이미 붙었다면 내가 원할 것이 없겠도다! 내가 세례받아야 할 세례를 갖고 있으니 그것이 완료될 때까지 내가 얼마나 압박받겠느냐!"라고 새 단락의 초두를 연다.

불과 세례의 의미가 석연치 않아 이 49-50절을 이해하기 쉽지 않다. 구약에서 불은 예언자를 통해 주신 하나님의 말씀이다(예컨대 렘 5:14). 누가는 특히 불을 심판이라는 의미로 여러 번 언급한다(3:9, 17; 9:54; 17:29). 여기서도 불을 심판이라 해석하는 것은 51절 이하의 맥락에 비추어 적합하므로 49절 초두를 "내가 이 땅에 심판하러 왔다."라고 읽어도 좋겠다. 또 누가는 "그(예수)가 성령과 불로 너희에게 세례를 주실 것이요."(3:16)라는 세례요한의 말을 인용하고 있다. 따라서 49절 말미의 "불이 이미 붙었다면"을 "성령의 세례로 말미암아 불이 붙었다." (Liefeld and Pao, 1997, p. 230)라고 읽어도 좋겠다. 그리하여 성령께서 누가 하나님 나라에 들어가고 누가 불에 던져질지를 심판하리라는 것이다. 그런데 "이 불이 이미 붙었다면 내가 원할 것이 없겠도다!"라는 표현이 마치 아직 불이 붙지 않았다라는 의미를 전하는 것처럼 들린다. 그래서 만일 불의 심판이 이루어졌다면 내가 더 이상 바랄 것이 없겠다라는 해석을 유도하기 십상이다. 그러나 이 49b절은 예수의 공적인 사역을 통해 이미 불이 붙었다는 기존 사실로 독해해야 한다(Garland, 2011, p. 530).

"내가 받아야 할 세례를 갖고 있다."(50a)에서 세례의 의미는 "너희가 나의 마시는 잔을 마시며 나의 받는 세례를 받을 수 있느냐?"(마 10:38)라는 구절의 세례가 뜻하는 바와 같이 죽음이다. 학자들은 이 죽음의 세례가 구약의 홍수기사에서 보는 대로 물의 범람이 가져오는 심판을 비유한 것이라 해석한다(Bock, 1996, p. 1194). "그것이 완료될 때까지 내가 얼마나 압박받겠느냐!"(50b)에서 완료하다(telesthe) 역시 십자가에서의 마지막 말씀 "다 이루었다"(요 19:30)와 동일한 어휘다. "내가 얼마나 압박받겠느냐!"는 괴롭다는 의미가 아니라 십자가의 절박한 과제를 수행할 심리적인 압박감을 뜻한다고 하니(Garland, 2011,

p. 530) 이 50절 말미와 "내가 원할 것이 없겠도다!"의 49절 말미는 모두 같은 뜻의 다른 표현이다. 심판하기 위해, 달리 말해 죽기 위해 이 땅에 온 예수는 예루살렘으로 올라가며 이미 겟세마네의 고민과 슬픔에 가득 차 있다.

한편, 예수가 짊어진 불과 세례의 짐은 이 땅에 평화를 가져오는 것이 아니라 분열을 가져온다는 또 다른 고민과 슬픔이 있다. "내가 이 땅에 평화를 가져오려 온 줄로 너희가 생각하느냐? 아니라, 내가 너희에게 말하노니, 도리어 분쟁을 가져오려 함이라! 이제부터 한 집에 다섯 사람이 있어 셋이 둘에 맞서고 둘이 셋에 맞서 분열하기 때문이니, 아비가 아들과 맞서고, 아들이 아비와 맞서고, 어미가 딸과 맞서고, 딸이 어미와 맞서고, 시어미가 며느리와 맞서고, 며느리가 시어미와 맞서 분열할 것이다."가 51-53절이다. 우리의 평상적인 신념은 "그러므로 우리가 믿음으로 의롭다 하심을 얻었은즉 우리 주 예수 그리스도로 말미암아 하나님으로 더불어 화평(평화)을 누리자."(롬 5:1)이다. 그런데 여기서 예수는 평화가 아니라 분열을, 그것도 미 7:6을 인용하며 가족 사이의 분열을 가져오려 왔다고 가차 없이 말씀한다.

이 말씀의 배경은 심판이다. "이제부터"라는 시점은 예수가 온 시점부터를 말하는데, 이것은 종말의 때는 아직 아니지만 지금은 시작이라는 뜻으로, 지금 현재 우리의 처지에도 여전히 해당하는 때다. 앞 52절에서는 한 집안의 다섯 사람의 관계를 언급했고 뒤이은 53절에서는 여섯 사람의 관계가 나왔지만 실은 어미와 시어미가 같은 사람이므로 기본적으로 다섯 사람의 가족인 것은 변함없다. 여섯 사람의 가족관계가 "분열될 것이다"라는 53절의 미래형 표현은 심판의 때에는 적당히 타협하는 것이 아니라 하나님의 진노나 사랑, 양단 중 하나가 내려진다는 강한 표현이다(Bock, 1996, p. 1196). 예수는 한편으로 이 땅에 심판의 불을 던지러 왔고, 다른 한편으로 십자가에 세례를 받으러 왔다. 이 '불의 심판'과 '세례인 구원의 십자가'라는 양극의 도래가 가족 사이의 분열까지 초래하는 양극의 대립을 가져오는 것이다.

겉보기에는 주제가 바뀌어 무리에게 이 시대를 변별치 못하느냐고 54-56절에 꾸짖는 장면이 나오는데, 내용상으로는 현재의 이 시간의 성격이 예수의 심판과 구원에 직접적으로 연관되어 있다는 점에서 앞 주제와 연결된 꾸지람이다. 예수는 우선 사람들이 날씨를 예측하는 일상적인 일에 능함을 예시한다. "또 무리에게 이르시되, 너희가 구름이 서에서 일어남을 보면 곧 말하기를 '소나기가 오리라.' 하나니, 과연 그러하다. 남풍이 부는 것을 보면 말하기를 '심히 더우리라.' 하나니, 과연 그러하니라."가 54-55절이다. 실제로 지중해에서 서풍이 불어오면 비가 오는 일이 예사이고 사막에서 남풍이 불어오면 더워지는 것이 팔레스타인의 기후 변수였다. 이어서 예수는 사람들이 이 세상의 천기는 제대로 헤아리면서 예수의 재림에 따르는 심판과 영원한 생명의 두 갈림길은 헤아리지 못한다고 한탄한다. "외식하는 자여, 너희가 천지의 기상은 분별할 줄 알면서 어찌하여 너희가 이 (현재) 시간을 변별하지 아니하느냐?"라는 56절이 한탄 섞인 질책이다. 예수는 이때 바리새인들에게 사용하던 '외식하는 자여'라는 호칭을 적용하여 무리를 외식하는 자(위선자)라 부른다. 까닭인즉, 하늘의 일기는 예측하면서도 이 (현재) 시간인 하늘의 하나님의 심판의 신호는 분별하지 못한다는 노여움 때문일 것이다. "이 (현재) 시간"은 52절에서 "이제부터"라 한 시간과 같은 시간을 지칭한다(Green, 1997, p. 512). 요컨대 예수는 한 집안의 가족 사이에도 "이 (현재) 시간"에 분열이 일어나는 현실의 위기를 본체만체 넘어가거나 과감하게 대처하지 못하는 위선을 한탄한다.

이어지는 57-59절의 주제는 54-56절과 완전히 다른 주제라 해석하는 학자도 있으나(Fitzmyer, 1985, p. 1001), 한편으로는 두 대목이 같은 주제를 다른 측면에서 다루고 있다고 보기도 한다(Bock, 1996, p. 1198; Green, 1997, p. 512). 여기서는 이 대목을 우선 후자의 입장에서 읽고 나중에 전자의 입장을 고려하겠다.

앞 대목에서는 "이 (현재) 시간"을 올바르게 평가하지 않는 경우에 일어날 수 있는 위험에 관한 측면을 예시하고, 이번 대목 57-59절에서는 법 집행의 일화를 통해 고발자와의 화해를 예시한다. "그런데 어찌하여 너희들이 옳은 것을 스스로 판단치 아니하느냐? 네가 너의 고발자와 함께 치안관에게 갈 때 길에서 그와 화해하기를 힘쓰라. 그가 너를 판사에게 끌고 가고 판사가 너를 관헌에게 넘겨주고 관헌이 너를 감옥에 가두지 않게 하라. 내가 너에게 이르노니, 네가 마지막 한 푼이라도 갚지 아니하고는 네가 거기서 풀려나오지 못할 것이다."라는 57-59절은 피상적으로 읽으면 빚쟁이에 대한 장면 묘사다. 빚쟁이 장면이든 아니든, 이 기사가 전하고자 하는 메시지가 무엇이냐가 중요하다. 앞 대목 56절의 "어찌하여 너희가 이 (현재) 시간을 변별하지 아니하느냐?"와 이 대목 57절의 "어찌하여 너희들이 옳은 것을 스스로 판단치 아니하느냐?"가 서로 상응하는 구절이다. "이 (현재) 시간을 변별함"으로써와 "스스로 올바르게 판단함"으로써라는 두 대목 모두가 이미 시작된 종말의 심판을 피하라는 점에서 공통의 주제를 공유한다. 그리고 심판을 피하기 위해 "그(고발자)와 화해하기를 힘쓰라."가 이 대목의 고유한 기본 권면이다. 초두에 적힌 "옳은 것을 스스로 판단치 않느냐?"라는 구절도 화해하는 옳은 길을 스스로 판단하라는 질책이다.

누가는 빚진 자가 고발인에게서 치안관에게, 다시 판사에게서 관헌에게 넘겨져 마침내 감옥에 갇히게 되는 로마법 집행의 과정을 묘사하면서 일화를 전개하고 있다. 마태의 병행기사인 마 5:25-26에서는 법집행의 비유적인 묘사가 기록되어 있지만, 빚쟁이의 상황이 아니라 "예물을 제단에 드리다가 거기서 네 형제에게 원망 들을 만한 일이 있는 줄 생각나거든"(마 5:23) 형제와 화목하라고 한다. 반면에 누가에서는 "네가 마지막 한 푼이라도 갚지 않고는 거기서 풀려나오지 못할 것이다."라고 하여 59절 말미에 이르러 비로소 화해가 빚 갚기임을 명세한다. 이때 빚 갚기는 화해를 위한 하나의 본보기로서의 은유적인 예시일 수 있다. 빚은 본질적으로 하나님께 지은 빚이기에 화해는 본질적으로 회개와 용서가 앞서야 한다(Bock, 1996, pp. 1199-1200).

다른 한편, 54-56절과 57-59절의 주제가 각기 다른 측면을 함의하고 있음을 살피기로 하겠다. 고발자(antidikos)는 법률적인 용어로서의 적대자다. 피츠마이어는 이 용어를 단순히 적대자라 쓰고 있는데, 이는 법률 용어인 원고라는 뉘앙스를 내세우지 않고 법집행 과정에 너무 무게를 두지 않으려는 의도적인 번역일 것이다. 그리고 그는 57-59절이 고전 6:1-8의 바울의 권고와 그 기본 정신이 같다고 해설한다. 특히 "너희가 피차 송사함으로 너희 가운데 이미 완연한 허물이 있나니 차라리 불의를 당하는 것이 낫지 아니하며 차라리 속는 것이 낫지 아니하냐?"라는 7절을 인용하며, "(바울의) 이러한 충고가 예수, 누가의 예수의 입에 올려진 것(말씀)과 한층 어울리지 않을 것인가?"(Fitzmyer, 1985, p. 1002) 하고 57-59절을 고전 6:7과 비교하여 해설하고 있다. 이 해설은 슈라이너의 해설과 같다. "그들이 잘못을 저지른 사람들에게서 용서를 구하기를 외면하는 사람들은, 말하자면, 도저히 빠져나오지 못할 영원한 감옥에 던지어진다."(Schreiner, 2008, p. 826)라고 57-59절을 해설하고 있기 때문이다. 피츠마이어와 슈라이너의 해설은 용서라는 관점에서 동일하다.

본서에서는 선행 54-56절과 동질적인 주제라는 전제 아래 57-59절에 관한 해석이 종말의 "이 (현재) 시간"에 "화해하기를 힘쓰라."가 요지임을 우선 개관하였다. 그리고 이어서 이질적인 주제라는 전제 아래 57-59절에 관한 해석이 실상 용서받고 혹은 용서하기를 힘쓰라는 요지임을 개관하였다. 결국 각각의 해석이 화해와 용서라면, 같은 동전의 앞뒤 면이라 결론하지 않을 수 없다. 바로 이 점에서 56절의 "변별하지 아니하느냐?"와 57절의 "판단하지 아니하느냐?"에서 '변별하다'와 '판단하다'가 서로 상응하는 것도 사실이지만, '변별하다'는 종말이 이미 왔음을 알라는 지혜이고 '판단하다'는 종말심판을 피하기 위해 회개하고 용서하라는 윤리라는 점에서 각기 다른 측면이기도 하다. 종말의 심판에 대한 세 복음서와 행전의 기본 정신은 "그들에게 상해를 입힌 다른 사람들을 용서하기를 거절하는 사람들은 하나님에게서 용서를 받지 못한다."(앞의 책, p. 826)라는 죄의 용서에 대한 주기도문의 기본 정신이라는 사족을 덧붙이기로 하겠다.

불모의 무화과나무의 비유(13:1-9)

회개냐 아니면 멸망이냐(13:1-9) 누가의 이야기 담화는 각각의 단원이 조용한 파도의 물결처럼 아주 자연스럽게 연결되어 전개된다. 종말의 위기에 대처하는 12:1부터의 긴 담화가 이 단원에서 막을 내린다. 종말에 국한된 특정한 전략이 따로 있는 것이 아니라 복음 전반에 관련된 모든 신실함이 종말에 대한 대비다. 그리하여 예수의 가르침은 굽이굽이 긴 담화로 이어진다. 이제 마지막으로 우연한 기회를 맞닥뜨려 회개냐 아니면 멸망이냐를 공포하는데, 그러면서도 일 년이라는 집행유예 기간을 허락한다.

1그때 마침 두어 사람이 와서 빌라도가 어떤 갈릴리 사람들의 피를 저희의
제물에 섞은 일로 예수께 고하니 2대답하여 가라사대 너희는 이 갈릴리 사
람들이 이같이 해 받음으로써 모든 갈릴리 사람보다 죄가 더 있는 줄 아느냐
3너희에게 이르노니 아니라 너희도 만일 회개치 아니하면 다 이와 같이 망하
리라 4또 실로암에서 망대가 무너져 치어 죽은 열여덟 사람이 예루살렘에 거
한 모든 사람보다 죄가 더 있는 줄 아느냐 5너희에게 이르노니 아니라 너희
도 만일 회개치 아니하면 다 이와 같이 망하리라
6이에 비유로 말씀하시되 한 사람이 포도원에 무화과나무를 심은 것이 있더
니 와서 그 열매를 구하였으나 얻지 못한지라 7과원 지기에게 이르되 내가
삼년을 와서 이 무화과나무의 실과를 구하되 얻지 못하니 찍어버리라 어찌
땅만 버리느냐 8대답하여 가로되 주인이여 금년에도 그대로 두소서 내가 두
루 파고 거름을 주리니 9이후에 만일 실과가 열면이어니와 그렇지 않으면 찍
어버리소서 하였다 하시니라

느닷없이 장면이 바뀌어 "바로 그때 거기에 있던 몇 사람이 예수께 고하기를"이라 적고 있다. 앞 12:13에서 어떤 사람이 형제들끼리 유산 나누는 일에 예수가 개입해주기를 청했던 사건과 마찬가지로, 앞뒤 맥락 없이 무리 중에서 종말에 관한 예수의 가르침의 진행을 훼방하는 사람이 튀어나온다. 그가 예수에게 고한 말인즉 "갈릴리 사람들의 피를 빌라도가 저희의 제물에 섞었다."라는 흉측한 증언이다. 이런 일이 실제로 있었던지 그 여부를 알 수는 없으나 이 증언에 따르면 총독 빌라도가 직접 또는 자신의 군대를 이용해 갈릴리 사람들을 도살하고 그 피를 제단에 바치는 제물에 섞었다는 것이다. 이 행위는 거룩한 의식의 제물에 사람의 피를 섞었다는 점에서 그 자체로 신성모독이다. 학자들은 이 대량학살의 역사적인 사실 여부를 입증할 수 없으니, 차

라리 갈릴리 사람들이 유월절에 예루살렘에서 희생양을 도살하고 있을 때 일어난 학살이 아니었겠느냐 상상한다(Ryken, Vol 2, 2009, p. 2). 다른 무엇보다 이들 몇 사람이 어떤 동기에서 예수에게 이런 사실을 보고한 것인지가 궁금한데, 여기서는 예수의 반응을 통해 그들의 동기를 살펴보겠다.

"이들 갈릴리 사람들이 이런 일들로 고난을 받았으니까 다른 모든 갈릴리 사람들보다 더 나쁜 죄인들이라 너희는 생각하느냐?"가 예수의 첫 반응이다. 미루어 짐작컨대, "네가 마지막 한 푼이라도 갚지 않고는 거기서(감옥) 풀려나오지 못할 것이다."(12:59)라는 예수의 앞선 정죄의 말씀을 들은 저들이 빌라도에 의해 살해된 갈릴리 사람들이 심판을 받은 것이냐는 의문을 품게 되어 증언하게 되었을지 모른다. 만일 이것이 동기였다면 저들은 예수의 말씀을 자신들의 입맛대로 해석한 것이다. 예수는 단호하게 "아니다"라고 대답함으로써 저들의 임의의 피상적인 생각에 쐐기를 박는다. 그리고 "내가 너희에게 말하노니, 너희들이 회개하지 않으면 모두가 이처럼 멸망하리라."라고 3절에 대답한다. 이 대답은 죽음이 언제 그리고 왜 오느냐는 해답이 아니라 종말의 운명의 시각에서 다시는 '풀려나오지 못할' 멸망의 심판을 풀이한 대답이다. "이처럼"이라는 표현은 비극적인 죽음을 맞는 일과 하나님 앞에서 궁극적으로 멸망하는 일 사이의 비교이다(Bock, 1996, p. 1206). 참사를 당한 갈릴리 사람이나 당하지 않은 갈릴리 사람이나 그리고 다른 누구든지의 "모두가" 회개하지 않으면 멸망의 심판을 피할 길이 없다.

계속해서 예수가 스스로 다른 사례를 예시한다. "혹은 실로암 탑이 그들에게 무너져 죽은 열여덟 사람들이 예루살렘에 살고 있는 모든 다른 사람보다 더 나쁜 위반자들이라 너희는 생각하느냐? 아니다,

내가 너희에게 말하노니, 너희가 회개하지 않으면 바로 저희들처럼 너희가 모두 멸망하리라."라는 4-5절이 다른 사례의 예시이지만 내용은 2-3절의 반복이다. 앞 사례와 마찬가지로 실로암 탑이 무너졌다는 사건 기록을 이곳 이외의 다른 어떤 곳에서도 찾아볼 수 없다. 갓길로 빠지지만, 실로암은 예루살렘의 식수원의 발원지이며, 예수와 제자들은 예루살렘으로 향하는 도상에 있고 거기서 빌라도에게 재판을 받고 십자가에 처형당하게 되므로, 이들 예시의 장면이 우울한 징조의 분위기를 담고 있다는 것은 우연찮은 일이다. 여하튼, 예수의 말씀은 비극적인 참사가 죄값이라는 사람들의 미망한 편견에 다시 쐐기를 박고, 회개냐 아니면 멸망이냐는 진정 두려워해야 할 종말심판의 영적인 규준을 다시 강조한다.

예수가 심판의 영적인 규준을 비유로 보완해 말씀하고 사람들의 미망한 편견을 바로잡아 준다. "그리고 그가 비유로 말씀하셨으니, 한 사람이 포도원에 무화과나무를 심었고 나무에서 열매를 찾아보려 왔으나 아무것도 찾아내지 못하였다. 그래서 그가 포도원 지기에게 말하기를 '보라, 삼년을 내가 이 무화과나무에서 과일을 찾으러 와서 아무것도 찾아내지 못하였다. 찍어버리라! 어찌 토양만 소모하랴!'" 가 우선 6-7절이다. 이 비유는 이해하는 데 어려움이 없다. 어떤 학자는 포도원은 이스라엘이고 포도나무는 예루살렘이라 해석하기도 하지만 비유를 직유법으로 읽는 것은 삼가야 한다. 하지만 포도나 무화과나무가 구약에서 하나님의 백성을 상징하기 때문에 여러 학자들이 무화과나무를 이스라엘이라 해석하는 데는 찬동한다(앞의 책, p. 1210; Llefeld and Pao, 2007, p. 233; Ryken, 2009, p. 9).

누가는 수훈을 비롯하여 특히 토양의 비유에서 열매 맺는 표현을 사용하고 있는데 이번 맥락에서 열매는 회개의 결실을 의미한다. 그렇다면, 무화과 열매는 결실을 맺지 못한 인간이라 확장 해석해도 좋을 것이다. 이때 포도원 지기가 대답한 말이 8-9절이다. "주인이여, 무화과나무를 일 년 더 그대로 두소서. 내가 나무 주변을 파서 그것 위에 거름을 줄 터입니다. 만일 그것이 내년에 열매를 맺으면 (좋고), 그러나 만일 그렇지 않으면 당신이 찍어버리소서."에서 "열매를 맺으면"의 조건문에 따르는 귀결문이 셈어의 표현 방식에 따라 생략되어 있으나 당연히 "(좋고)"가 생략된 것이다(NRSV 참고). 삼 년이나 기다렸는데도 불구하고 더 기다려보자는 하나님의 인내의 의지를 포도원 지기의 입을 통해 말하고 있다. 그런데 "만일…… 열매를 맺으면"의 조건문과 "만일 그렇지 않으면"의 조건문에 쓰인 조건 접속사의 성질이 달라서 회개를 위해 남겨진 시간이 얼마 남지 않아 "찍어버리소서"의 때가 급박함을 뜻하는 것이라 한다(Bock 1996, p. 1210). 마치 세례요한이 "이미 도끼가 나무뿌리에 놓였으니"(3:9)라 말한 급박한 마지막 상황에 대한 묘사라 읽어야 한다는 것이다.

종말 위기의 최종적인 대처는 회개냐 멸망이냐의 갈림길에서의 선택이다. 회개하라는 하나님의 부르심을 거절하는 자는 빚진 자의 감옥에 끌려 들어가기 마련이다(12:59). 현세에서 참사를 당한 자도 당하지 않은 자도 누가 더 죄가 많기 때문이 아니라, 누구든 회개하지 않으면 종내는 심판을 면할 길 없다. 하지만, 열매 맺지 않은 무화과나무라 하더라도 곧바로 찍어버리지 않고 유예의 마지막 기회를 허락받고 있다. 무려 삼 년을 기다렸고 이제 집행유예 기간은 오늘일지 내일일지 모르는 일 년이 고작이다. 학자들은 이 경고가 일차적으로 하나님의 백성인 이스라엘에 대한 것이라 하지만 비단 이스라엘에 국한된 경고만은 아닐 것이다.

갈릴리와 실로암 사람들의 비극적인 참사가 그들의 죄값이라는 사람들의 미망한 편견에 예수가 "아니다"라 쐐기를 박은 것은 살아생전에 심판이 있지 않다는 단언일지도 모른다. 그러고는 무화과나무에 대한 마지막 하나님의 인내의 말씀으로 종말의 위기의 이 단원이 마감된다. 결론은 누구든 종말의 심판 때 멸망에서 벗어나려면 회개해야 한다는 것이다. 앞 단락(12:49-59)에서는 용서로 화해해야 한다는 것이었다. 공관복음과 행전 곳곳에서 종말심판에 대한 다양한 진술을 찾아볼 수 있거니와 누구에게든 심판은 필수적이다. 이때 종말의 위기에 대한 경계라는 이 단원(12:1-13:9) 전체를 실상 정죄를 위한 경계가 아니라 구원을 위한 말씀으로 읽어야겠다. 아흔아홉 마리의 양을 광야에 내버려둔 채 잃은 양 한 마리를 찾아낸 기사를 앞질러 읽으면, "내가 너희에게 이르노니, 이와 마찬가지로, 하늘에서는 회개가 필요없는 아흔아홉의 의의 사람들보다 회개한 한 죄인에 대해 더 큰 기쁨이 있을 것이다."(15:7)라는 말씀이 예수의 심령의 진수이다. 그러므로 삼 년 동안을 열매 맺지 않은 무화과나무를 당장에 찍어버리지 않고 일 년의 집행유예를 연장한 것이다. 일 년이라는 이 유예기간이 실제로 얼마의 기간이든 간에 자녀 된 우리로서는 "너희는 그의 나라를 애써 구하라. 그리하면 (이런 것들을) 너희에게 더하시리라. 두려워 말라, 적은 떼여, 너희 아버지께서는 그 나라를 너희에게 주시기를 기뻐하신다."(12:31-32)라는 말씀을 간구하며 인내해야 할 것이다.

하나님 통치의 지속적인 확장(13:10-21)

"이 (현재) 시간"이 어떤 시대인지 분별하지 못한다고 한탄과 질책을 토로한 다음에 예수는 이제 새삼스럽게 치유의 기적을 행한다. 그것도 안식일에 회당에서 말이다. 안식일의 치유는 바리새인들과 율법사들에 대한, 그리고 사탄에 대한 하나님의 주권의 역사(役事)다. 치유를 행한 뒤 예수는 하나님 나라의 두 비유를 말씀하는데, 이를 통해 하나님의 전권의 역사(役事)는 여하한 적대세력이 횡행하더라도 막을 수 없다는 사실을 분명히 한다. 여기 이 기사가 하나님 나라의 비유인데도 이 단원의 제목을 '하나님 나라의 확장'이라 하지 않고 '하나님 통치의 확장'이라 붙인 이유는 하나님 나라(the kingdom of God)를 하나님의 통치(the reign of God)라 번역하는 것이 더욱 적합하다는 견해(Garland, 2011, p. 36)를 존중한 까닭이다.

▪ 안식일에 회당에서 한 여인을 고치다(13:10-17)

10안식일에 한 회당에서 가르치실 때에 11십팔 년 동안을 귀신들려 앓으며
꼬부라져 조금도 펴지 못하는 한 여자가 있더라 12예수께서 보시고 불러 이
르시되 여자여 네가 네 병에서 놓였다 하시고 13안수하시매 여자가 곧 펴고
하나님께 영광을 돌리는지라 14회당장이 예수께서 안식일에 병 고치시는 것
을 분내어 무리에게 이르되 일할 날이 엿새가 있으니 그 동안에 와서 고침을
받을 것이요 안식일에는 말 것이니라 하거늘 15주께서 대답하여 가라사대 외
식하는 자들아 너희가 각각 안식일에 자기의 소나 나귀나 마구에서 풀어내
어 이끌고 가서 물을 먹이지 아니하느냐 16그러면 십팔 년 동안 사단에게 매
인 바 된 이 아브라함의 딸을 안식일에 이 매임에서 푸는 것이 합당치 아니하
냐 17예수께서 이 말씀을 하시매 모든 반대하는 자들은 부끄러워하고 온 무
리는 그 하시는 모든 영광스러운 일을 기뻐하니라

"그가 안식일에 한 회당에서 가르치셨다. 그리고 보라! 십팔 년 동

안 그녀를 불구로 만든 악귀에 잡힌 한 여자가 있었는데 꼬부라져 똑바르게 서지 못하였다."라는 10-11절이 이 삽화의 배경이다. 예루살렘 여행을 떠난 9:51부터 예수는 회당에 방문한 일이 없었다. 예수는 그동안 회당을 외면하고 종말의 위기를 대비하라는 가르침에 전념하였다. 그러다가 어떤 계기로 회당에 갔는지에 대한 언급이 없이 새삼스럽게 갈리리 사역에서와 마찬가지로 회당 안에서 그리고 안식일에 가르쳤을 때라는 기록이 우연찮은 사건이다.

이때 예수가 무려 십팔 년 동안 허리를 펴지 못하는 악귀에 잡혀 있던 여자를 조우하였다는 사실도 우연찮은 일이다. 예수는 안식일에 회당에서 필히 하고자 한 일이 있었을 것이다. 험악한 악귀에 사로잡힌 중증의 환자인 이 여자가 치유를 받기 위해 회당에 온 것도 아닐 텐데, 그녀가 누구인지에 대한 아무 설명이 없이 "예수께서 그 여자를 보았을 때 그녀를 불러 '여자여, 네가 네 장애에서 자유로워졌다.' 라고 말씀하셨다. 그가 그 여자를 안수하시자 그녀가 곧바로 서졌고 하나님을 찬미하기 시작했다."라는 예수가 안식일에 회당에서 여인을 고친 기적이 12-13절에 나온다. "자유로워졌다"는 불구에서 놓였다는 의미이기도 하려니와 악귀에서 자유로워졌다는 의미를 강조한 것이고, "그녀가 곧바로 서졌다." 하고 수동태로 쓴 걸 보면 신적인 능력의 개입을 표현한 것이다. "그리고 여인이 하나님을 찬미하기 시작하였다."이니 여인 역시 하나님의 자비가 임하심을 깨달은 것이다.

한데, 문제는 "회당장이 예수께서 안식일에 병 고치시는 것을 분내어 '일할 날이 엿새가 있으니 그 동안에 와서 병 고침을 받을 것이요 안식일에는 하지 말아야 한다.'고 무리에게 말하였다."라는 14절부터 새롭게 전개된다. "분 내어"는 대단히 화가났다는 뜻으로 그가 예수에게 직접 맞대어 말하지는 않았으나 실제로 예수에게 분통을 터뜨린 것이다. 이에 대해 누가는 "주께서 대답하여 말씀하셨다."라 적고 있는데 "주께서"는 안식일의 주인이라는 뜻일 것이다. 대답인즉 "외식하는 자들이여! 너희 각자가 안식일에 자기의 소나 자기의 나귀를 마구에서 풀어내어 이끌고 가서 물을 먹이지 않느냐? 그런데 이 여자, 십팔 년 동안 사탄에게 매인 바 된 아브라함의 딸에게 안식일에 이 매임에서 자유롭게 하는 일이 옳지 않은 일이었느냐?"가 15-16절이다. 예수가 회당장에게 정면으로 이치를 따진다. 여자를 "아브라함의 딸"이라 부르며 "안식일에 이(사탄의) 매임에서 자유롭게 하다."라는 말씀은 안식일, 즉 주일의 주인인 예수가 하나님의 언약의 백성인 이스라엘의 구원을 염두에 두고 한 말씀일 것이다(Liefeld and Pao, 2007, p. 234). "외식하는 자들이여"는 복수 호칭이므로 회당장 개인을 지칭하는 것이 아니라 안식일 율법의 세부 조항만 준수하여 예배와 휴식의 조항만을 지키고, 소와 나귀에게 물을 먹이면서도 자비를 베푸는 일은 불가하다고 생각하는 유대주의자들을 지칭하는 것일 터이다. 안식일이야말로 사탄에게 매인 바 된 여자를 자유롭게 해주는 일에 적합한 날이라 학자들은 해설하지만, 반추컨대, 예수야말로 "안식일에 이 매임에서 자유롭게 하는 일이 옳지 않은 일이냐?"라는 말씀을 하기 위해 의도적으로 안식일을 택해 더구나 회당 안에서 여자를 치유해 구속하였을 것이다.

"예수께서 이 말씀을 하시자 모든 반대자들은 부끄러움에 빠졌고 모든 무리가 그가 행하신 영광스러운 일들을 기뻐하였다."라는 17절이 청중들의 반응이었다. 반대자들에도 무리에도 관형사 "모두"가 적혀 있는데 이는 예수가 행한 일에 방관적인 중립 태도를 취하는 청중이 없었다는 표현이다. 하나님의 영광에 눈 감은 반대자들은 부끄러움에 빠진 반면에 치유된 아브라함의 딸과 더불어 하나님의 영광을 본 무리는 기뻐하였다. "예수께서 지도자들의 위선을 노출하고 있고 무리는 기뻐하고 있다."(Garland, 2011, p. 550)라고 해석하는데 종교지도자들과 무리(백성)를 대조하고 있다는 사실도 흥미로운 일이다. 예수가 안식일에 회당을 방문한 일은 그의 생애에서 이번이 마지막이다. 예수가 가르치는 예배 도중에 사탄에게 매인 바 된 여자를 자유롭게 함으로써 유대교의 율법주의의 의례적인 형식을 규탄한 마지막 방문이었다.

■ **하나님 나라가 무엇과 같은가?**(13:18-21) 안식일에 회당에서 불구의 여자를 치유함으로써 하나님의 영광을 드러낸 일로 이야기 담화가 끝난 것이 아니다. 이야기는 겨자씨와 누룩의 비유로 이어진다. "하나님 나라는 무엇과 같은가? 그리고 내가 그것을 무엇에 비교할까?"야말로 오늘날 독자들에게도 궁금한 질문이다.

> **18**그러므로 가라사대 하나님의 나라가 무엇과 같을꼬 내가 무엇으로 비할꼬
> **19**마치 사람이 자기 채전에 갖다 심은 겨자씨 한 알 같으니 자라 나무가 되어
> 공중의 새들이 그 가지에 깃들였느니라 **20**또 가라사대 내가 하나님의 나라
> 를 무엇으로 비할꼬 **21**마치 여자가 가루 서 말 속에 갖다 넣어 전부 부풀게
> 한 누룩과 같으니라 하셨더라

두 비유로 하나님 나라의 성질과 하나님의 계획을 말씀한다. "그러므로 예수께서 말씀하셨다."가 초두에 적혀 있다. "그러므로"의 접속사에도 불구하고 앞 13:10-17에 연결하지 않고 이 단락을 읽으려 하는 학자도 없지 않으나 대부분의 학자들은 논리적인 "그러므로"의 인과관계는 아니라 하더라도 서로 연결된 내용이라 해설한다. "하나님 나

라는 무엇과 같은가? 그리고 내가 그것을 무엇에 비교할까? 그것은 겨자씨 한 알과 같아서 어떤 사람이 가져다 자기 밭에 심은 것이라, 그것이 자라서 나무가 되어 공중의 새들이 그 가지에 깃들였느니라."가 첫 비유이다. 하나님 나라는 비유가 아니면 그 성질을 기술할 수 없는 모양이다. "예수께서 이 모든 것을 무리에게 비유로 말씀하시고 비유가 아니면 아무것도 말씀하지 아니하셨으니"(마 12:34)라는 말씀이 드러내듯이 말이다.

겨자씨 비유도 그 자체가 비유이기 때문에 이해에 어려움이 있다. 작은 씨가 나무로 움트고 새들이 나뭇가지에 둥지를 틀 수 있게끔 자라는 성장의 비유라는 해석도 가능하고(Bock, 1996, p. 1226), 겨자씨가 간직하고 있는 내재적인 능력의 비유라는 해석도 가능하다(Liefeld and Pao, 2007, p. 236). 혹은 양자의 해석을 모두 취할 수도 있다. 겨자나무는 크고 작은 몇 종류가 있다고 하는데 흔한 겨자나무의 키가 3.5미터 높이로 자란다니 새가 둥지를 틀기에 충분한 키다. 겨자씨의 성장과정이든 내재적인 능력이든 여하한 해석도 가능하지만, 비유의 요지는 성장한 겨자나무가 새의 피난처가 된다는 점이고 여러 학자들도 그 점에 주목한다. '새가 나무에 깃들이다.'라는 표현은 구약 여러 군데에서 '피난처를 찾아 갖는다.'는 비유로 사용된다고 한다. 이때 더욱 중요한 것은 새가 무엇을 상징하느냐일 수 있다. 학자들은 구약 여러 곳을 인용하지만, 딱히 새의 상징적인 의미를 끄집어내지 못한 채, 이방을 포함한 만민이라는 추리에 동의한다(Bock, 1996, p. 1226; Liefeld and Pao, 2007, p. 236). 그리하여 "예수가 겨자씨의 비유를 통해 하나님 나라가 어떻게 조그만 시작에서 인간 역사의 거대한 현상에로 불가불 성장하느냐를 보여주고 있다."(Fitzmyer, 1985, p. 1016)라고 해석한다. 이 해석은 하나님 나라가 이제 오고 있고 그 시작은 작지만 앞으로 거대 규모로 완성된다는 마 13:31b-32과 막 4:31-32의 내용과 합치하는 것이다 (Bock, 1996, p. 1227). 하나님 나라가 돌연히 도래하는 것이 아니라 서서히 성장해 지구 전역에 두루 확장된다는 비유라 해석한다.

"그리고 예수가 다시 말씀하셨다."로 누룩의 비유가 적혀 있다. "내가 하나님 나라를 무엇에 비교할까? 그것은 누룩과 같아서 한 여자가 가져다 밀가루 서 말 속에 섞어서 그 전부가 발효하였느니라."가 21절이다. 누룩의 분량을 언급하지 않고 있지만 밀가루가 서 말이면 히브리 단위로 39.4리터라 하니, 누룩으로 부푼 분량으로 엄청난 분량의 빵을 만들 수 있을 것이다. 약 150명을 먹일 수 있는 분량의 빵이라 추산하기도 하지만, 비유가 비유인 만큼 만민을 먹일 수 있는 분량이라 생각하는 것이 올바른 해석일 것이다. 성서에서 누룩은 부정적인 의미로 쓰이는 것이 보통이나 여기서는 물론 긍정적인 의미로 쓰였기에 이 비유의 의미는 겨자씨 비유와 다름없다. 단지, 여기서는 겨자씨의 성장의 특성보다는 반죽에 섞여 퍼져 나가는 누룩의 확산 능력의 특성이 돋보인다(Liefeld and Pao, 2007, p. 236). 따라서 "10-17절의 치유 일화와 관련하여, 이 비유는 사탄의 지배가 퇴치되고 하나님의 나라가 전면에 나온다는 사실을 선언하고 있다."(Green, 1997, p. 527)고 볼 수 있다.

요컨대, 이들 두 비유는 예수의 적대자들이 이 현세에서 거리낌없이 횡행하고 있다 하더라도 종내는 하나님 나라가 겨자씨 비유에서처럼 모든 족속에게 안식을 주고 누룩 비유에서처럼 총체적으로 두루 확산될 것임을 밝히 보여준다. 하나님 나라의 시작은 아직 미미하지만 겨자씨와 누룩에 내재해 있는 능력이 발휘될 것이다. 즉 "당신의 계획을 하나님께서는 결국 온 지구에 침투하도록 할 것이다. 하나님이 당신의 나라에서 통치할 것이다."(Bock, 1996, p. 1229)가 이들 비유가 전하는 메시지다. “하나님이 당신의 나라에서 통치할 것이다.”라는 구절에 목적격이 빠져 있어 그 뜻이 애매하지만, 하나님이 당신의 나라에서 종말의 때까지 온 지구를 통치할 것이라는 뜻일 것이다. 본서에서는 하나님 나라의 확장이 이 인용문이 암시하는 바와 같이 비로소 종말에 완성되는 것이라 하더라도, 종말의 때까지 이 지상에서도 계속 현재 진행되고 있는 것이라고 이 비유를 읽겠다. 하나님 나라, 즉 하나님의 통치는 만민에게 계속 확장되고 있는 중이라고 읽겠다.

하나님 나라에 들어가는 길(13:22-30)

■ **좁은 문과 닫힌 문**(13:22-27) 예수의 예루살렘 여행은 “하나님 나라(통치)가 임하옵소서.”라는 말씀의 도정이다. 예루살렘에 가까워질수록 예수의 종말담화는 긴장감을 더해간다. 하나님 나라는 유대와 이방 모두에게 임하는 것이지만, 하나님 나라의 백성인 유대인들은 오히려 예수를 받아들일 아무런 준비가 되어 있지 않았다. 예수는 천국의 문이 곧 닫힌다고 비감의 경고를 발한다.

> **22**예수께서 각 성 각 촌으로 다니사 가르치시며 예루살렘으로 여행하시더니
> **23**혹이 여짜오되 주여 구원을 얻는 자가 적으니이까 저희에게 이르시되 **24**좁
> 은 문으로 들어가기를 힘쓰라 내가 너희에게 이르노니 들어가기를 구하여도
> 못하는 자가 많으리라 **25**집주인이 일어나 문을 한번 닫은 후에 너희가 밖에
> 서서 문을 두드리며 주여 열어주소서 하면 저가 대답하여 가로되 나는 너희
> 가 어디로서 온 자인지 알지 못하노라 하리니 **26**그때에 너희가 말하되 우리
> 는 주 앞에서 먹고 마셨으며 주는 또한 우리 길거리에서 가르치셨나이다 하

나 27저가 너희에게 일러 가로되 나는 너희가 어디로서 왔는지 알지 못하노
라 행악하는 모든 자들아 나를 떠나가라 하리라

"예수께서 각 마을과 각 촌으로 두루 다니시며 예루살렘으로 향하여 가며 가르치셨다. 어떤 사람이 그에게 '주여, 구원을 얻는 사람들이 적으니이까?'라고 물었다."라는 22-23절이 이 이야기 단락의 배경이다. "예루살렘으로 향하여 가며"라는 구절과 "가르치시다"라는 구절이 예수의 예루살렘 여행의 특성을 짐작케 한다. 예루살렘 상경 중에 예수가 여러 군데에 두루 다녔음을 알 수 있고, 십자가를 짊어지러 가면서도 자신의 사역에 완벽을 다하고자 두루 가르쳤음을 짐작할 수 있다. 어떤 사람이 "주여, 구원을 얻을 자가 적으니이까?"라고 질문하였는데 구원의 수효가 적으냐는 질문의 관점을 여러 면에서 생각할 수 있다. 이스라엘의 관점에 서면 하나님의 언약의 백성은 원칙적으로 모두 구원받아야 하는데 예수는 "너희들이 회개하지 않으면 이처럼 멸망하리라."(13:3)라고 말씀하였으니 낭패감이 대단했을 것이다. 게다가 이방인에게도 하나님 나라의 문이 열려 있다고 가르쳤으니 이 질문은 반드시 짚고 넘어가야 할 중대한 문제였을 것이다. 질문자의 의도는 예수를 시험하려는 사악한 동기에서가 아니라 진정으로 알고 싶은 심각한 궁금증에서 비롯된 것이라 보아도 좋을 듯하다.

예수는 이 질문에 직접적인 대답을 피한 채 "좁은 문으로 들어가기를 힘쓰라, 여러 사람들이, 내가 말하노니, 들어가기를 구하지만 들어가지 못할 것이다."라고 우선 대답한다. 의외로 주해서들은 "좁은 문으로 들어가다."라는 구절에 대해 해설을 하지 않고 넘어간다. 마태는 산상수훈에서 "좁은 문으로 들어가라 멸망으로 인도하는 문은 크고 그 길이 넓어 그리로 들어가는 자가 많고 생명으로 인도하는 문은

좁고 길이 협착하여 찾는 이가 적음이니라."(마 7:13-14)라고 적고 있다. 마태와 누가 모두 좁은 문으로 들어가는 사람의 수효가 적다는 견지에 있어서는 같으나, 맥락적인 의미에서는 서로 차이가 있다. 마태는 좁은 문의 길이 협착하다고 말하고 누가는 "들어가기를 힘쓰라."라는 점을 강조한다. "힘쓰라(agonizesthe)"는 경기에 임한 운동선수처럼 '필사의 노력을 다하라.'라는 의미라 한다. 물론 사람의 노력으로 구원받는다는 의미를 전하는 것은 아니겠으나, 여기서 누가는 "모든 네 마음을 다하고 모든 네 심령을 다하고 모든 네 힘을 다하고 모든 네 지식을 다하여 주 너희 하나님을 사랑하고"(10:27)라는 '영생을 얻는 길'을 강조하고 있다.

좁은 문의 성질을 해독하면 누가의 앞선 진술들과 함께 25-30절을 읽어야 한다. 슈라이너는 "끝까지 인내하는 자들만이 그들의 생명을 얻을 것이므로(21:19) 끝까지 결실하는 자들만이 심판에서 보호받을 것이다(8:11-15). 예수의 가족은 하나님의 뜻을 행하는 사람들로 구성되어 있고(8:19-21) 그리고 예수의 말을 듣고 행하지 않는 자는 무너질 주초 위에 집을 지은 것이다(6:46-49). 구원받기 위해 들어가야만 할 좁은 문은 의를 실천하는 일이어서(13:24-30) 자기들의 십자가를 지고 예수를 따르는 자만이 그들의 생명을 구원받을 것이다(9:21-27)." 하고 누가의 여러 진술을 인용해 해설한다(Schreiner, 2008, p. 556). 이렇게 해설하면, "들어가기를 힘쓰라."라고 하는 이유와 "여러 사람이 들어가기를 구하지만 들어가지 못할 것이다."라고 하는 이유가 자연스럽게 이해가 간다. 좁은 문은 하나님 나라의 향연의 좌석 수효가 적기 때문에 좁은 문이 아니다. 좁은 문은 십자가를 지고 인내로 결실하는 사람들만이 들어갈 수 있는 것이어서 그 문으로 들어가기를 사람들이 스스로 꺼리거나 중도에 포기하기 때문에 좁은 문이다.

이야기는 좁은 문에서 집주인이 문을 닫아 잠금으로써 집에 들어가지 못하는 장면으로 바뀐다. "집주인이 일어나 문을 잠갔을 때 너희가 밖에 서서 문을 두드리며 말하기를 '주여, 열어주소서.' 하면 그가 너희에게 대답하여 가로되 '나는 너희가 어디에서 온 자인지 알지 못하노라.' 할 것이다."가 25절이다. 이 장면은 잔치에 초대받은 사람이 너무 늦게 온 장면의 묘사다(Bock, 1996, p. 1236). 학자들은 좁은 문과 닫아 잠근 문과의 연관성을 논의하지만 문이 좁기도 하려니와 열려 있는 검문제도나 시간제한도 한계가 정해 있다고 보아야겠다. 이 장면의 묘사에서 흥미로운 일은 밖에 서 있는 객들은 "주여, 열어주소서." 하고 문을 두드리며 들어갈 권리를 주창하고 있는 반면에, 집주인은 "나는 너희가 어디에서 온 자인지 알지 못하노라."라고 딱 잘라 거절하고 있다는 사실이다. 이 상극의 대치가 객과 집주인 사이의 다른 논변으로 26-28절에 가일층 전개된다.

"그때에 너희가 말하기 시작하기를 '우리가 당신 앞에서 먹고 마셨고 당신은 우리의 길거리에서 가르치셨나이다.'라 하였다. 그러나 그가 말하기를 '나는 너희가 어디서 왔는지 알지 못하노라. 나를 떠나라, 행악하는 너희 모두여'라 할 것이다."가 26-27절이다. 들어갈 권리를 주창하는 객들은 예수와의 식탁의 친교와 예수의 가르침을 받았다는 사실을 앞세운다. 반면에 주인인 예수는 그의 사역의 추종자들에게 "너희가 어디서 왔는지 알지 못한다."라고 하는데 마치 그들에게 제삼자인 양 "그가 말하기를"이라 삼인칭 대명사를 사용해 또다시 반복해 말하고 있다. 가르침을 길거리에서 배웠다 하더라도 회개하지 않고 "좁은 문으로 들어가기를 힘쓰지" 않았으니 시 6:8을 인용하여 "행악하는 너희 모두여"라 못을 박고 "나를 떠나라."라고 한다. "나를 떠나라."라는 말은 "갖고 있지 않은 자에게서는 갖고 있다고 생각하는 것까지 빼앗아 가겠다."(8:18b)라는 의미일 것이다. 우리는 여기서 예수 사역의 추종자들이 어떤 때는 적어도 5,000명을 넘었다는 사실을 상기한다. 쓰카모토 도라지는 《예수전》에서 예수의 전도가 성공했느냐를 묻고 운집한 무리의 수로 보아 마치 성공한 것 같은 인상을 주지만 단연 실패했다고 답한다. 여기서 "나를 떠나라."라는 말씀은 섣불리 예수의 가르침을 받는 것이 차라리 받지 않은 것보다 못하다는 뜻으로 읽어도 좋을 것이다.

■ **처음과 나중의 뒤바뀜**(13:28-30) 앞 단락에서 "나는 너희가 어디에서 온 자인지 알지 못하노라."라고 말씀하였을 때 "당신은 우리의 길거리에서 가르치셨나이다."라고 답한 기록이 있었다. 이 기록은 예수가 알지 못한다고 한 자들이 유대인들임을 넌지시 가리키고 있다고 보아야 할 것이다. 이제 예수가 하나님 나라에 들어가는 데 있어서 이스라엘과 이방의 상대성을 표면적으로 말씀한다. 그것은 구약의 기록과는 사뭇 다른 것이다.

> **28**너희가 아브라함과 이삭과 야곱과 모든 선지자는 하나님 나라에 있고 오직 너희는 밖에 쫓겨난 것을 볼 때에 거기서 슬피 울며 이를 갊이 있으리라 **29**사람들이 동서 남북으로부터 와서 하나님의 나라 잔치에 참석하리니 **30**보라 나중 된 자로서 먼저 될 자도 있고 먼저 된 자로서 나중 될 자도 있느니라 하시더라

누가는 마태가 즐겨 사용하는 표현인 "울며 이를 가는 일이 있으리라."라는 구절을 28절에 앞세워 그때가 언제인가 하면 "너희가 아브라함과 이삭과 야곱 그리고 모든 예언자들을 하나님 나라 안에서

보지만 너희 자신들은 밖에 내던져졌을 때"라 표현하고 있다. 유대인이라고 모두 "하나님 나라의 잔치"(13:29)에 참여하는 것이 아니라는 점을 하나님 나라의 "안에"와 "밖에"라는 말로 강하게 대조하고 있다. 또한 "아브라함과 이삭과 야곱 그리고 모든 예언자들"을 함께 묶은 다음에 "너희 자신들은 밖에 내던져졌다."라고 하여 언약의 백성인 유대인의 적어도 일부를 배제하고 있다. 이 누가와의 병행기사인 마 8:11-12에서는 "밖에 내던져질" 사람들이 행악하는 크리스천일 수도 있으나, 누가에서는 유대인들임을 명시하고 있다(Fitzmyer, 1984, p. 1023).

"그때 사람들이 동과 서에서 그리고 북과 남에서 와서 하나님 나라의 잔치에 앉을 것이다. 참으로, 나중이 먼저가 될 것이고 먼저가 나중이 될 것이다."라고 29-30절이 이어진다. 하나님 나라의 잔치에 참여하는 사람들이 곧 이스라엘의 동서남북에서 온 이스라엘 백성만을 가리키는 것은 아닐 것이다. "만군의 여호와께서 이 산에서 만민을 위하여 기름진 것과 오래 저장하였던 포도주로 연회를 베푸시리니 곧 골수가 가득한 기름진 것과 오래 저장하였던 맑은 포도주로 하실 것이며 또 이 산에서 모든 민족의 그 가리워진 면박과 열방의 그 덮힌 휘장을 제하시며"(사 25:6-7)라고 하여 하나님 나라의 잔치에 열방의 만민을 초대하리라는 예언을 구약에서도 찾아볼 수 있다. 나중이 먼저가 되고 먼저가 나중이 된다는 30절은 정관사가 붙어 있지 않다는 이유 때문에 "어떤 사람들은 나중이지만 처음이 될 것이고 어떤 사람들은 처음이지만 나중이 될 것이다."(NRSV)라고 번역한다. 이것은 '나중이 곧 먼저가 되고 먼저가 곧 나중이 된다.'는 등식의 의미가 아니라는 점을 분명히 하려는 번역이다. 따라서 이 번역은 아브라함과 이삭과 야곱은 먼저인 사람들인데도 불구하고 종말의 때에 하나님 나라의 잔치에서도 상석에 앉는다는 사실까지를 포괄한다.

결국, 하나님 나라는 어떠한 종족과 신분에 구별 없이 하나님께 회개하고 복종하는 모든 사람에게 그 문이 열려 있음을 가르치고 있다. 이스라엘 사람들은 자신들이 이미 초대받은 선민의 특권을 지녔다고 생각하였으므로 모든 사람에게 문이 열려 있다는 말씀 자체가 처음과 나중이 뒤바뀜이다. 그와 동시에, 이스라엘이 아닌 다른 사람들에게도 뒤바뀜은 적용될 수 있는데, 지금 문이 열려 있더라도 곧 빗장이 걸리고 잠길 수 있기 때문이다. 좁은 문은 초대받은 사람들의 수효를 줄이기 위한 문이 아니다. 누구든지 그 안에 들어서기만 하면 잔치에 참여할 수 있지만 초대에 응하지 않으면 문은 잠겨버린다. "이러한 점 때문에 '구원을 얻는 사람들이 적으니이까?'라는 질문에 예수는 '너는 구원 얻는 사람들 중 하나일 것인가?'라고 반문하고 있다."고 해설한다(Bock, 1996, p. 1241). 이 해설을 다시 풀이하면, 그가 누구든지 간에 개인의 구원은 구원을 얻는 전체 사람의 수효가 많고 적음에 덩달아 의존하는 것이 아니다. 구원은 집합적인 개념이 아니라 실존의 개별자로서 나와 하나님의 관계를 물음의 표적으로 겨냥해야 한다. 이 때문에 "적으니이까?"라는 질문에 "좁은 문으로 들어가기를 힘쓰라." 라고 말씀하는데, 오늘날 이 말씀을 읽는 우리로서는 "나는 구원 얻는 사람들 중 하나일 것인가?" 하고 자문자답해야겠다.

예루살렘을 향한 탄식(13:31-35)

이 단원은 예루살렘에서 이루어야 할 사역의 완성을 앞둔 예수의 비장한 각오와 슬픔이 담긴 부분으로, 하나님 나라에 들어가는 길에 관한 앞 단원의 내용과 다르다. 하지만 누가의 이야기 담화의 틀에 비추어 보면 이야기는 같은 맥을 타고 전개된다. 이미 앞 단원에서 예루살렘으로 향하는 각고의 길을 언급했고 예언자들은 하나님 나라 안에 있고 너희는 밖에 있음을 언급했다. 그리고 이제 이 단원에서 여하한 장해도 죽음을 위해 예루살렘으로 올라가는 예수의 길을 막을 수 없다는 이야기가 등장하는데, 그 흐름에 있어서는 두 단원이 같은 맥을 공유하며 전개된다. 이 단원은 하나님을 저버린 이스라엘에 대한 예루살렘 애가(哀歌)에서 절정을 이룬다.

■ **헤롯의 행악과 예수의 의지**(13:31-33) 앞에서 이미 예수의 사역에 대한 소문을 접한 헤롯이 혹시 예수가 자신이 죽인 세례요한이 다시 살아난 이가 아닌가 하여 심히 당혹하였다는 기사를 읽었다(9:7-9).

> 31곧 그때에 어떤 바리새인들이 나아와서 이르되 나가서 여기를 떠나소서 헤롯이 당신을 죽이고자 하나이다 32가라사대 가서 저 여우에게 이르되 오늘과 내일 내가 귀신을 쫓아내며 병을 낫게 하다가 제삼일에는 완전하여지리라 하라 33그러나 오늘과 내일과 모레는 내가 갈 길을 가야 하리니 선지자가 예루살렘 밖에서는 죽는 법이 없느니라

"곧 그때에 어떤 바리새인들이 와서 '일어나서 여기를 떠나소서, 헤롯이 당신을 죽이기를 원하기 때문입니다.'라고 말하였다."가 새로운 사건의 발단이다. 헤롯 안티파스가 예수를 살해하려는 의도를 갖고 있었다고 추리할 근거는 충분하다(9:7-9; 23:8-12 참고). 그러나 바리새인들이 어떤 동기로 예수에게 헤롯의 살해 의도를 전했는지는 여러모로 추리할 수 있겠으나 그 진실은 알 길이 없다. 예수의 답변으로 보

아 아마도 예수는 헤롯의 살해 위협을 사실로 받아들인 것으로 짐작된다. 그리고 보다 확실한 사실은 예수가 그 어떠한 위협도 뿌리치고 예루살렘 여행 계획을 더욱 확고하게 굳혔다는 것이다. "가서 저 여우에게 나를 위해 말하여라, '내가 오늘과 내일 악귀를 쫓아내고 병을 낫게 하며 제삼일에는 내 목표를 다 이루리라, 하지만 오늘과 내일과 모레는 내가 갈 길을 가야 하리니 예언자가 예루살렘 밖에서 살해될 수 없기 때문이다."라는 32-33절이 예수가 바리새인들에게 한 말씀이다. 헤롯을 여우라 부르는데 여우란 교활한 약탈의 짐승을 일컫는 것이니 '행악하는 자'라는 뜻이다. "오늘과 내일"은 "악귀를 쫓아내고 병을 낫게 하는" 예수의 사역에서 얼마 남지 않은 현재 시간의 기회다(Liefeld and Pao, 2007, p. 239). 그리고 "제삼일에 내 결말(목표)을 다 이루리라."라는 구절의 제삼일은 오늘과 내일에 잇따르는 곧 닥쳐올 그날에 예수가 예루살렘에 가서 당신의 사역을 완성할 날이니, 부활의 날을 상징할 수도 있다(Bock, 1996, p. 1247).

예수는 오늘과 내일과 그 다음 날을 재차 언급하며 당신이 걸어야만 할 길이 급박하며 또 피할 수 없다고 못을 박고 "예언자가 예루살렘 밖에서 살해될 수 없기 때문이다."라고 33절에 그 이유를 밝힌다. 학자들 중에는 헤롯의 살해 위협을 예수가 심각하게 받아들였다고 생각하는 이들도 있지만, 예수가 예루살렘으로 발걸음을 재촉한 이유는 그보다는 예루살렘 이외의 곳에서는 죽을 수 없다는 확고한 의지 때문인 것이 분명하다. 예수는 이미 "다 이루다"와 동일한 동사 "완료하다"를 사용하여 "내가 세례 받아야 할 세례를 갖고 있으니 그것이 완료될 때까지 내가 얼마나 압박받겠느냐!"(12:50) 하고 당신의 십자가 죽음의 불가피함을 토로한 바 있다. 예수는 자신을 예언자와 동일시하고, 그리하여 예루살렘 즉 하나님의 성전이 있는 그곳에서 하나님의 의지를 다 이루기 위해 옛 예언자들이 그랬던 것처럼 하나님의 언약의 백성에 의해 죽어야 할 일이 필연적임을 단언한다. 누가가 예루살렘을 무려 아흔아홉 번을 언급하고 있는데, 이는 누가복음을 제외한 신약 전체와 비교했을 때 두 배에 이르는 수다.

■ **예루살렘 애가**(13:34-35) 이 단락은 앞 단락과 함께 읽는 것이 누가의 취지에 합당할 것이다. 본서에서 두 단락으로 나누어 읽는 까닭은 이 단락에서 하나님을 배반한 이스라엘 백성에 대한 비통과 탄식의 예레미야 애가를 상기할 수 있기 때문이다. 또 애가에서 "여호와의 자비와 긍휼이 무궁하시므로 우리가 전멸되지 아니함이니이다." (애 3:22)라고 소망하였듯이 여기 13:35b에서도 "아, 전멸은 면했나 보다!"(김교신, 1942)와 같은 한 가닥의 희미한 위로를 읽을 수 있겠기 때문이다.

> 34예루살렘아 예루살렘아 선지자들을 죽이고 네게 파송된 자들을 돌로 치는 자여 암탉이 제 새끼를 날개 아래 모음 같이 내가 너희의 자녀를 모으려
> 한 일이 몇 번이냐 그러나 너희가 원치 아니하였도다 35보라 너희 집이 황폐
> 하여 버린 바 되리라 내가 너희에게 이르노니 너희가 주의 이름으로 오시는 이를 찬송하리로다 할 때까지는 나를 보지 못하리라 하시니라

"예언자가 예루살렘 밖에서 살해될 수 없다." 하고 말씀한 뒤에, 마 24:37-39과 병행하는 기사가 누가에 적혀 있다. 마태의 기사는 예수가 예루살렘에 입성한 후의 기사인 반면 누가의 기사는 예루살렘으로 올라가는 도상에서의 기사라는 차이가 있다. 예수가 "예루살렘아, 예루살렘아"라 슬피 부르고 "예언자들을 죽였고 네게 보낸 이들

을 돌로 친 자여!"라고 그 행악을 예언자의 입장에서 고발한다. 이 고발은 역사적인 사실이기도 하다. 예루살렘은 하나님의 언약의 나라와 백성을 대표하는 이름이기도 하지만, 다른 한편으로는 야훼의 성전 뜰 안에서 스가랴를 돌로 쳐 죽여 야훼를 버린 곳이기도 하다(대하 24:21). "암탉이 제 새끼들을 제 날개 아래 모음 같이 내가 너희 자녀를 모으기를 원했던 일이 여러 번인데, 너희가 바라지 않았느니라!"라는 구절이 예수의 탄식의 절정이다. 구약과 유대교에서는 흔히 새를 하나님의 이미지로 표현하였다고 한다. 어미 닭이 "날개 아래 모음 같이" 이스라엘 백성을 하나님께서 보호하기를 원했으나 너희가 바라지 않고 "주의 날개 그늘에서 즐거이 노래부르"(시 63:7)는 기쁨을 뿌리쳤다는 것이다. 그리하여 35a절에 "보라, 너희 집이 황폐하여 버린 바 된다!" 혹은 "너희 집이 너희에게 맡겨진다."(NRSV)라는 말씀이 전하듯 예수를 받아들이지 않는다는 것이다. "너희 집"은 예루살렘 성전일 수도 있고 그곳에 거주하는 넓은 의미의 하나님의 백성일 수도 있다(Fitzmyer, 1985, p. 1035). "예루살렘아, 예루살렘아" 하는 예수의 애가는 예레미야의 슬픔의 애가를 넘어 비탄의 절규이다.

"그리고 내가 너희에게 말하노니 '주의 이름으로 오시는 이가 복이 있도다.'라 너희가 말할 때가 올 때까지 나를 보지 못하리라."라는 구절이 이 단락 마지막 35b절이다. 학자들은 이 말씀을 여러 면에서 검토해 해석한다. 우선 "주의 이름으로 오시는 이가 복이 있도다."(시 118:26)라는 구약에서의 승리의 축복과 감사의 찬미다. 아울러, 이 찬양은 예수의 예루살렘 입성의 종려 주일에 "주의 이름으로 오시는 왕이여"(19:38)라고 "제자의 온 무리가" 찬미한 승리의 입성의 찬미이지만, 바로 그들이 "저를 십자가에 못박게 하소서."(23:21)라고 빌라도에게 소리 질러 말을 바꾼 역설적인 찬양이기도 하다. 학자들은 "주의 이름으로 오시는 이"가 누구인지를 논의하고 누가의 여러 용례를 들추어 메시아라 해석한다(Bock, 1996, pp. 1250-1251; Green, 1997, p. 538). 오시는 이가 메시아라면 예루살렘이 메시아를 "복이 있도다." 하고 찬양할 것인가? 적어도 예수의 예루살렘 상경 당시에는 메시아 예수를 축복으로 맞이할 기미가 전혀 보이지 않았다. 이 단락의 맥락으로 보나 "예루살렘의 딸들아 나를 위하여 울지 말고 너희와 너희 자녀를 위하여 울라."(23:28)라는 맥락으로 보나 35b절은 축복의 말씀 속에 위협적인 심판의 의미를 내포하고 있다(Fitzmyer, 1985, pp. 1035-1036).

다른 한편, "'주의 이름으로 오시는 이가 복이 있도다.'라고 너희가 말할 때가 올 때까지 나를 보지 못하리라."라는 구절을 마태는 "나를 다시 보지 못하리라."(마 23:39)라고 적고 있다. 이 마태의 기사는 예수가 다시 올 종말의 재림 때까지 예수를 보지 못한다는 뜻으로 해석할 수 있다. 그뿐만 아니라, 학자들 사이에 이 찬미를 부르는 사람들이 예수의 제자들이냐 혹은 유대인들이냐의 논쟁이 있다(Liefeld and Pao, 2007, p. 240). 대체로 학자들은 예수의 제자들이라 규정하지만, "만일 이스라엘이 그의 역사적인 완고함에서 회개하여 '주의 이름으로 오시는 이'를 사악함이 아닌 축복으로 받아들인다면 이스라엘이 구원의 오심을 깨닫고 체험할 것이다."(Green, 1997, p. 538)라고 해석하는 이도 있다. 물론 이 해석은 "주의 이름으로 오시는 이가 복이 있다."라고 예루살렘이 찬양해야 한다는 조건적인 제약을 갖는다. 이스라엘이라 하여 종말 축복에서 전적으로 배제할 수 없는 이유는 예수가 십자가에 달려서조차 "아버지여 저희를 사하여주옵소서. 자기의 하는 것을 알지 못함이니이다."(23:34)라고 간구하였기 때문이다.

이 단원을 통해 "예언자가 예루살렘 밖에서는 살해될 수 없다."는 엄청난 역설을 읽을 수 있다. 온 인류에 대한 하나님의 구원의 계획을 위해 이 세상에 온 예수는 자신의 짧은 사역의 생애를 빨리 끝내기 위해 종국적으로 죽음을 향해 달린 것이다. 그런데 예수의 복음이 십자가라는 역설까지는 어쩌면 설사 이해할 수 있다 하더라도, 어찌하여 예수가 예루살렘에서 죽어야 하는지 그 수수께끼는 도무지 풀 수 없는 모순이다. 십자가에서 처형된 예수의 죽음은 하나님의 성전이 있는 예루살렘에서, 다름 아닌 하나님의 언약의 백성에 의해 집행되었다. 이것이 곧 하나님의 구원의 계획인 한, 이 모순의 깊은 뜻을 이해하려면 예수를 통한 구원의 계획이 무엇인가를 오히려 역으로 이스라엘에 물어야 할지도 모른다. "보라, 너희 집이 황폐하여 버린 바 된다."는 무시무시한 운명을 그나마 어림잡아 이해한 사람은 "하나님이 자기 백성을 버리셨느뇨?"라 묻고 있는 '이방인의 사도' 바울뿐일 것이다. "나의 형제 곧 혈육의 친척을 위하여 내 자신이 저주를 받아 그리스도에게서 끊어질지라도"(롬 9:3) …… "하나님이 자기 백성을 버리셨느뇨? 그럴 수 없느니라."(롬 11:1)라고 한 바울의 간절한 소망을 기억하며 오늘을 사는 우리도 하나님의 구원을 겸손하게 기다려야겠다.

하나님 나라의 잔치(14:1-24)

이 단원은 다양한 주제를 옮겨 가며 잔치 장면들을 이야기 담화로 전개한다. 잔치는 그레코로만 문화권에서 우정을 다지고 의견을 교환하기 위해 흔히 베풀어지는 사교적인 향연(symposium)으로 사회적인 규범의 공감대를 형성하기 위한 모임이다. 그런데 누가의 기사는 갈등의 잔치들을 묘사하고 있는데, 까닭인즉 하나님 나라의 잔치가 어떠해야 하는지를 배경으로 현세의 잔치 모습을 그리고 있기 때문이다.

누가의 이야기 담화는 하나님 나라의 잔치 성격을 직설적으로 서술하는 대신 이 세상의 향연과 어떻게 다른지를 비유적으로 묘사한다.

안식일에 병을 고치다(14:1-6)

바리새인 집 잔치에서 수종증을 고치다(14:1-6) 이 치유의 사건은 13:10-17과 여러 면에서 유사한 특징을 공유하고 있다. 안식일의 치유, 치유한 뒤에 병자에게 "놓였다"(13:12) 혹은 "보내시고"(14:4)라고 한 말씀, 즉 "내보냈다(자유로워졌다)"는 말씀, 그리고 가축을 예로 들어 안식일 치유를 정당화하고 있는 것 등이 유사한 특징들이다.

> 1안식일에 예수께서 바리새인의 한 두령의 집에 떡 잡수시러 들어가시니 저
> 희가 엿보고 있더라 2주의 앞에 고창병 든 한 사람이 있는지라 3예수께서 대
> 답하여 율법사들과 바리새인들에게 일러 가라사대 안식일에 병 고쳐주는
> 것이 합당하냐 아니하냐 4저희가 잠잠하거늘 그 사람을 데려다가 고쳐 보내
> 시고 5또 저희에게 이르시되 너희 중에 누가 그 아들이나 소나 우물에 빠졌
> 으면 안식일에라도 곧 끌어내지 않겠느냐 하시니 6저희가 이에 대하여 대답
> 지 못하니라

"예수께서 안식일에 바리새인들의 한 지도자의 집에 가셔서 식사를 하셨는데 그때 그들이 그를 면밀히 지켜보고 있었다. 바로 그때 그의 앞에 수종증을 갖고 있는 사람이 있었다."라는 1절과 2절을 함께 읽겠다. 예수가 바리새인의 집에서 회식하는 일을 마다한 적은 없지만, 그럼에도 불구하고 여기서는 하필 또 안식일에, 게다가 "바리새인들의 한 지도자의 집"에 가서 식사하였다. "그들이 그를 면밀히 지켜

보았다."라는 표현으로 보아 바리새인의 초대 의도는 예수에게 올가미를 씌우기 위함이었을 것이다. 안식일 율법 지키기는 유대 종교지도자들과 예수 사이의 첨예한 갈등 중의 하나였다. 바로 그때 예수 앞에 수종증 환자가 나타났다는 사실도 우연이 아니라 의도된 각본이었을 것이다. 수종증은 몸 조직에 유동체가 과다 분비되어 사지가 붓고 몰골이 피폐해지는 병이라 한다.

다른 한편, 예수도 바리새인의 음모를 속으로 꿰뚫어 보고 그의 초청에 응한 것임을 완연히 짐작할 수 있다. "예수께서 대답하여 율법사들과 바리새인들에게 '안식일에 병을 고쳐주는 것이 적법적이냐 아니냐?'"라고 3절에 말하였다. 이때 바리새인들이 묻기도 전에 예수가 먼저 물었다는 것은 그들이 무엇을 의도하고 있었는지를 예수가 알고 있었다는 사실을 표현한 것일 터이다. 예수의 질문은 안식일과 병 치유와 관련해 안식일 율법의 기본 정신을 질문한 것으로 바리새인의 음모에 정곡을 찌른 것이다. 안식일 율법의 의미는 세부 조항들을 준수하는 데 있는 것이 아니라 사람을 위해 있는 것이 아니냐는 맞대응의 질문이다. 율법을 완성하기 위해 온 예수는 다른 것보다 안식일 율법을 대단히 중시하였다고 보아야 한다.

"그러나 그들이 아무 말도 못했다. 그리하여 그 사람을 데려다가 예수께서 그를 고쳤고 내보냈다."라는 4절이 치유의 결과가 가져온 데 대한 누가의 명쾌한 진술이다. 그들이 아무 말도 못한 것은 안식일에 병을 고치라는 율법 조항이 없었기 때문이고, 또 안식일에 병을 고치는 필요불가결의 선행을 부정할 수 없었기 때문이다. "바리새인들이 예수를 함정에 빠뜨리려 했지만, 그가 이 질문을 했을 때 그들이 함정에 빠진 사람들이 되고 말았다"(Ryken, 2009, p. 65). 나아가서 예수는 그들이 안고 있는 모순을 "너희 중에 누가 우물에 빠진 아들이나 소를 가지고 있다면 너희가 안식일에 그것을 곧 끌어내지 않겠느냐?"라고 5절에 일깨워준다. 더욱 허를 찔린 "그들은 이들 일에 대해 대답할 수 없었다."라는 6절로 이 장면이 끝난다.

하나님 나라와 잔치(14:7-24)

이 단원은 여전히 잔치에 관련된 담화이지만 어떤 맥락에서 읽어야 할지가 선명치 않다. 본서에서는 "하나님 나라는 무엇과 같은가?"(13:18) 그리고 "구원을 얻을 자가 적으니이까?"(13:23)라는 13장의 질문들에 대한 답변과 관련된 담화라는 관점에서(Garland, 2011, p. 572), 하나님 나라와 잔치라는 표제 아래 두 단락 14:7-14과 14:15-24을 각각 읽기로 하겠다.

잔칫상에서는 말석에 앉고, 보답은 받지 말라(14:7-14) 잔치 이야기의 또 다른 가르침이 전개된다. 그런데 이 이야기는 얼핏 처세적인 예법처럼 들린다. 또 초대받은 객이 잔칫상의 자기 자리를 자의로 정하는 예법이 어색하기 때문에 이 단락이 예수의 말씀이냐는 진위조차 논란이 되기도 한다. 하지만 본서에서는 하나님 나라의 잔치는 "자기를 높이는 자는 낮아지고 자기를 낮추는 자는 높아지리라."(14:11)라는 겸손한 사람들의 영광의 자리라는 배경에서 이 단락을 읽겠다.

그뿐만 아니라, 이 단락을 14:7-11과 14:12-14로 분리해 읽어야 할지에 대해 학자들 사이에 의견이 갈린다. 여러 학자들이 별개의 두 단락으로 읽지만, 잔치에 청함을 받느냐 혹은 초청하느냐는 앞뒤가 같은 동전의 맥락이므로 여기서는 한 단락으로 묶어 읽겠다(Fitzmyer, 1985, p. 1049; Green, 1997, p. 552). 또 "갚을 것이 없는 자를 초청해야 복이 있다."라는 14:14을 "낮추는 자는 높아지리라."라는 14:11과 맞대어 비교하며 읽겠다.

[7]청함을 받은 사람들의 상좌 택함을 보시고 저희에게 비유로 말씀하여 가라
사대 [8]네가 누구에게나 혼인 잔치에 청함을 받았을 때에 상좌에 앉지 말라
그렇지 않으면 너보다 더 높은 사람이 청함을 받은 경우에 [9]너와 저를 청한
자가 와서 너더러 이 사람에게 자리를 내어주라 하리니 그때에 네가 부끄러
워 말석으로 가게 되리라 [10]청함을 받았을 때에 차라리 가서 말석에 앉으라
그러면 너를 청한 자가 와서 너더러 벗이여 올라 앉으라 하리니 그때에야 함
께 앉은 모든 사람 앞에 영광이 있으리라 [11]무릇 자기를 높이는 자는 낮아지
고 자기를 낮추는 자는 높아지리라
[12]또 자기를 청한 자에게 이르시되 네가 점심이나 저녁이나 베풀거든 벗이나
형제나 친척이나 부한 이웃을 청하지 말라 두렵건대 그 사람들이 너를 도로
청하여 네게 갚음이 될까 하라 [13]잔치를 배설하거든 차라리 가난한 자들과
병신들과 저는 자들과 소경들을 청하라 [14]그리하면 저희가 갚을 것이 없는
고로 네게 복이 되리니 이는 의인들의 부활 시에 네가 갚음을 받겠음이니라
하시더라

첫 번째 주제는 잔치에 초대받은 사람이 어느 자리에 앉느냐에 관한 이야기(14:7-11)다. "예수께서 초대받은 사람들이 상좌를 택함을 보시고 그들에게 비유를 말씀하셨다."가 이야기 전개의 배경이다. "상좌"는 "첫 번째 자리"인 주인의 옆 자리로 예수는 손님들이 스스로 이 상좌를 택해 앉는 명예욕을 나무란다. "네가 혼인 잔치에 어떤 사람에게서 초청을 받았을 때 상좌에 앉지 말라, 너보다 더 유명한 사람이 주인에 의해 초대받았을 경우가 있을 터이니 너와 저 모두를 초대

한 주인이 네게 와서 '이 사람에게 너의 자리를 주라.' 말하면 그때 네가 수치스럽게 말석으로 가게 되리라."가 8-9절이다. 예수가 비유로 말씀하였다고 했으나 내용은 비유라기보다 마치 사회적인 지위에 따르는 명예와 수치의 처세법 훈화처럼 들린다. "비유를 말씀하셨다."라는 진술도 이해하기 어렵다. 내용이 비유가 아니라 세상사의 구체적인 예시로 들리기 때문이다. 이 일화가 비유라면, 세상사의 식탁 좌석의 일화가 그것과 관련된 무엇을 빗대어 암시하는 바가 있어야 할 터인데 그 독해가 참 어렵다.

"그러나 네가 초대를 받았을 때 말석에 가 앉아라, 너를 초대한 사람이 네게 와서 말하기를 '벗이여, 더 높은 자리에 올라 앉아라.' 하리니 그때에 네가 너와 함께 앉은 모든 사람 앞에 명예롭게 되리라."라는 10절 역시 마치 처세법 훈화처럼 들린다. 그러나 "자신을 겸손으로 낮추는 사람을 명예(doxa)의 자리에 올라 앉힐 수 있는 분은 하나님이시다."(Fitzmyer, 1985, p. 1045)라는 맥락에서 10절을 읽으면, 7절 이하에 적힌 이 세상 잔칫상에서의 말석은 하나님 나라에서의 명예를 빗대어 비유적으로 상징한 표현이라 읽을 수 있다. 더욱 중요한 사실은, 예수는 언제 어디서나 처세훈을 가르친 일이 없다는 점이다. 여기서도 앞뒤 맥락으로 보아 새삼스럽게 처세훈이 끼어들 여지는 없다.

바로 이 점에서 앞선 8-10절을 11절과 함께 다시 읽을 필요가 있다. 이 대목의 결론으로 적고 있는 "자기를 높이는 사람은 누구든 낮추어지며 자기를 낮추는 사람은 들어 올리어질 것이다."라는 11절의 기반 위에서 8-10절의 비유적인 의미를 유추해보겠다. 우선 11절에 수동태로 쓰여진 "낮추어지며"와 "들어 올려질"이라는 동사의 실제 주어는 하나님이라 읽어야 할 것이다. 그리고 "자기를 높이는 사람"과 "자기를 낮추는 사람"이라 함은 각각 세속의 사회적인 지위와 명예를 스스로 높이는 교만과 스스로 낮추는 겸손이라 읽어야 할 것이다. 따라서 11절은 이 세상의 가치가 종말의 하나님 나라에서 전도(顚倒)되어 있음을 전하는 것이다. 모든 학자들이 11절을 종말심판의 규준이라 해석한다. 이 전도된 가치의 틀에서 8-10절을 다시 읽으면, 하나님 나라의 가치가 이 세상의 가치 추구와 어떻게 전도되어 있는가를 잔칫상에서의 범절을 예시해 묘사하고 있음을 알 수 있다. 이들 예시는 식탁 예절을 가르치는 것이 아니라, 하나님 나라의 잔치 규범에 빗대어 세속의 그릇된 우쭐댐을 규탄하고 있다. 단, 이때 문제는 "상좌에 앉지 말라."든가 "말석에 앉아라."라는 문장이 직접적인 명령형으로 표현되었기 때문에 그 비유적인 의미가 전달되지 않을 따름이다.

첫 번째 주제가 잔치에 초대받았을 때의 이야기이고, 두 번째 주제는 초대할 때의 이야기이므로 상대적으로 서로 대응하는 이야기 전개다. "그가 그를 초대한 사람에게 또한 말씀하셨다."로 대응하는 새로운 이야기를 전개한다. 이 서두는 14:7의 서두와 대조적으로 어떤 사람이 예수를 초대했을 때의 배경이다. "네가 점심이나 저녁 식사를 베풀 때에 너의 벗들이나 너의 형제나 너의 친척이나 부자 이웃들을 초청하지 말라, 그들이 너를 도로 초청할 경우가 있을 터이니 네가 보답을 받게 되리라."라는 12절은 초청받았을 때의 8절과 문장구성이 같다(Green, 1997, p. 549). 개역성경을 보면 "두렵건대"라는 어휘를 삽입하여 대접받은 것을 답례로 되돌려 받을 우려를 표현하고 있다. "너희가 만일 선대(善待)하는 자를 선대하면 칭찬받을 것이 무엇이냐? 죄인도 이렇게 하느니라. 너희가 만일 받기를 바라고 빌려주면 칭찬받을 것이 무엇이냐? 죄인들도 고스란히 받고자 하여 죄인에게 빌려주느니라."(6:33-34)라는 수훈과 같은 맥락에서 식사 대접의 주고받기식 호혜적(互惠的) 행위를 비판한 것이다. 이어서 누구를 초대하여야 할지를

"그러나 너희가 접대를 베풀 때 가난한 자, 불구자, 절름발이와 소경을 청하라."라고 말씀한다. 이 13절은 "그러나 네가 청함을 받았을 때 말석에 가 앉아라."라는 10a절에 상응하는 말씀이라 읽을 수 있다. 식사 초대는 호혜성을 위한 접대이지 말아야 한다는 윤리를 강조하여 이 세상에서 가장 낮은 사람들을 대접하라는 강한 말씀이다.

앞에서 수훈을 읽을 때에 황금률을 호혜적인 대접의 윤리로 해석하지 말아야 한다고 하였다. 황금률은 원수 사랑의 맥락에서 말씀한 수훈이다. "남에게 대접을 받고자 하는 대로 너희도 남을 대접하라." (6:31)라는 번역은 자칫 오해를 부를 수 있다. 남에게 대접을 받기 위해 남을 대접하라는 것이 결코 황금률은 아니다. "너희가 남들을 대하라."가 주절이다. 어떻게 대하라인가 하면, 남들이 너희를 어떻게 대하는 것이 좋은지 그대로 대하라는 것이 종속절이다. 종속절은 주절의 행위를 제약하는 조건이다. 원수인 남들이 너희에게 어떻게 대해 주었으면 좋겠느냐를 반성하고, 너희가 먼저 그렇게 남들에게 대하라는 것이다. 여기 12절은 황금률에 대한 강한 해설이라 읽는 것이 올바른 독해다. 네가 남들을 대접한 나머지 "네가 보답을 받게" 되면 네 대접이 무효라는 강한 말씀이다.

첫 번째 이야기의 결론은 11절 "자기를 높이는 사람은 누구든 낮추어지며 자기를 낮추는 사람은 들어 올리어질 것이다."라는 말씀이었다. 두 번째 이야기의 결론은 14절 "그리하면 너희가 복이 있으리니 그들이 너희에게 보답할 수 없기 때문이다. 너희는 의의 부활에서 대신 보답을 받을 것이다."라는 말씀으로, 두 이야기의 기본 정신은 같다. 베푸는 일이 호혜적이지 말아야 한다는 관점을 극명하게 나타내는 표현이 그들이 보답할 수 없기 때문에 복이 있다는 역설이다. 이 역설의 복은 수훈의 지복이지 결코 처세훈이 아니다. 앞서 첫 번째 이야기의 주제가 하나님 나라와 이 세상 사이에 가치의 전도라 하였거니와, 두 번째 이야기의 이 역설 역시 다름 아닌 가치의 전도라 읽어야겠다. 그러므로 종말의 때에 의인의 부활에서 보상을 받는다는 것은 "자기를 낮추는 사람은 들어 올리어질 것이다."(14:11b)라는 말씀의 의미와 같다. "말석에 앉아라."와 "보답을 받지 말라."는 하나님 나라의 윤리를 따르라는 것이고, 달리 말하면, 그것은 이 세상의 윤리를 좇지 말라는 것이다.

■ **열린 초대**(14:15-24) 예수가 잔치의 비유를 계속 말씀한다. 이번에는 이 잔치가 종말 잔치임을 분명히 하고, 많은 손님들을 초대한 큰 잔치임을 밝힌다. 그러나 본래 초대받은 사람들은 배제되고 엉뚱한 사람들을 대거 불러들이는 열린 대향연을 베푼다.

> 15함께 먹는 사람 중에 하나가 이 말을 듣고 이르되 무릇 하나님의 나라에서
> 떡을 먹는 자는 복되도다 하니 16이르시되 어떤 사람이 큰 잔치를 배설하고
> 많은 사람을 청하였더니 17잔치할 시간에 그 청하였던 자들에게 종을 보내
> 어 가로되 오소서 모든 것이 준비되었나이다 하매 18다 일치하게 사양하여
> 하나는 가로되 나는 밭을 샀으매 불가불 나가 보아야 하겠으니 청컨대 나를
> 용서하도록 하라 하고 19또 하나는 가로되 나는 소 다섯 겨리를 샀으매 시험
> 하러 가니 청컨대 나를 용서하도록 하라 하고 20또 하나는 가로되 나는 장가
> 들었으니 그러므로 가지 못하겠노라 하는지라 21종이 돌아와 주인에게 그대
> 로 고하니 이에 집주인이 노하여 그 종에게 이르되 빨리 시내의 거리와 골목
> 으로 나가서 가난한 자들과 병신들과 소경들과 저는 자들을 데려오라 하니
> 라 22종이 가로되 주인이여 명하신 대로 하였으되 오히려 자리가 있나이다
> 23주인이 종에게 이르되 길과 산을 가로 나가서 사람을 강권하여 데려다가

내 집을 채우라 24내가 너희에게 말하노니 전에 청하였던 그 사람은 하나도 내 잔치를 맛보지 못하리라 하였다 하시니라

"식탁에 함께 앉았던 사람들 중 하나가 이 일들을 듣고 '하나님 나라에서 떡을 먹을 사람들은 복 되도다.'라고 예수께 말하였다."가 사건의 또 다른 발단이다. 그런데 이 장면은 14:1에서 시작된 한 바리새인 지도자 집에서의 식탁 이야기의 계속이다. "이 일들을 듣고"는 14:1-14에 기록된 일들을 듣고서이며 "하나님 나라에서 떡을 먹을 사람들"이라는 미래형 표현을 사용하여 종말의 날에 하나님 나라의 잔치임을 분명하게 말하고 있다. 이로써 이 사람이 예수의 말씀을 올바르게 들은 사람임을 알 수 있다.

예수는 이 사람이 "복 되도다"라고 한 말에 대해 복이 있는 사람들이 누구인지를 비유로 말씀한다. 우선 16-17절에 이미 초청한 사람들에 대해 예의를 정중하게 갖추었음을 서술하고 있다. "그리고 어떤 사람이 큰 잔치를 베풀어 많은 사람들을 초청하였다. 그가 그의 종을 잔치 시각에 보내어 초청한 자들에게 '오소서, 이제 모든 것이 준비되었나이다.'라 말하였다."라고 초청의 예를 이중으로 다한 사실을 적고 있다. 비유인지라, 추측컨대, 첫 번째 초청은 구약의 예언자를 통한 초청이고 재차 통보함은 이 세상에 온 예수의 직접적인 초청일 수도 있다.

"그러나 그들이 모두 마찬가지로 용서를 구하기 시작하였다."라는 구절을 시작으로 초대에 거절 의사를 전한 세 사례를 구체적으로 열거하고 있다. "첫 사람이 말하기를 '나는 밭을 샀으매 내가 나가서 그것을 보아야 할 것이니 청컨대 나의 유감을 받아주어라.' 말하였다. 다른 사람은 '내가 소의 다섯 멍에를 샀으매 내가 그것들을 시험해야겠으니 청컨대 나의 유감을 받아주어라.' 말하였다. 또 다른 사

람은 '나는 방금 결혼했으니 그러므로 가지 못하겠노라.' 말하였다." 라는 18b-20절이 그것이다. 세 사례가 각기 다른 변명을 내놓고 있으나 세속의 일을 핑계로 정중한 초청을 거절했다는 점에서는 동일하다. "모두 마찬가지로 용서를 구하기 시작하였다."에서 "모두 마찬가지로"를 "한마음으로"라고 번역할 수도 있다고 하니 모두가 만장일치로 거절했다고 이해해도 무방할 것이다. 학자들은 군복무 면제 등에 대한 구약의 규약에 비추어 세 사례의 차이를 검토하고 있으나 실상 세 사례가 모두 구차한 변명이므로 별개로 해설하지 않기로 하겠다. 중요한 것은 두 번씩이나 초대를 거절하였다는 사실이다. 만약 일차 초대에 참여하고 이차 초대를 거절한 것이라면, 구약의 하나님의 언약에 참여한 이스라엘이(Ryken, 2009, p. 83) 예수 그리스도의 초대는 거절한 것이라 독해해도 무리한 해설이 아닐 것이다. 이차 초대를 거절한 사람들은 "보다 구체적으로, 율법사들과 바리새인들로 그들 중 몇은 예수와 함께 식사하며 그의 비유를 듣고 있는 사람들일 것이다" (Fitzmyer, 1985, p. 1053).

"종이 돌아와 이 일들을 보고하였다. 그러자 집주인이 노하여 그의 종에게 '도시의 큰길과 골목길에 빨리 나가서 가난한 자, 불구자, 소경과 절름발이를 데려오라.'라고 말하였다."라는 21절에서 "이 일들"을 보고하였다는 것은 초대에 대한 이들의 반응을 요약해서 고한 것이다. 이 보고는 주인에 대한 개인적인 모욕이고 공적인 수치이므로 (Liefeld and Pao, 2007, p. 246) 주인은 초청객들을 모조리 바꿔치기를 결심한다. 만찬의 옛 손님들은 14:12에 적힌 사회의 귀빈층 인사들일 것이며, 반면에 만찬의 새 손님들은 14:13에 적힌 대로 대접에 보답할 수 없는 사람들, 곧 유대사회에서 하류층에 속하는 천대받는 사람들일 것이다.

이어지는 22-23절은 "그리고 종이 말하기를 '주인이여, 당신이 명하신 것을 행하였으며, 그리고 아직도 자리가 있나이다.' 하였다. 그리고 주인이 종에게 이르되 '대로와 산울타리 길에 나가서 사람들을 강권하여 들어와 내 집을 채우도록 하라.'고 말하였다."이다. "대로와 산울타리 길"은 도시 밖에 있는 길이므로, 잔칫상의 모든 좌석을 채우기 위해 손님들을 이방인들에게까지 확대했다는 것을 알 수 있다. "하나님의 말씀을 마땅히 너희(유대인들)에게 전할 것이로되 너희가 버리고 영생 얻음에 합당치 아니한 자로 자처하기로 우리가 이방인에게로 향하노라."(행 13:46)라는 말씀과 같다. 학자들은 원문의 표현인 "강권하다"가 억지로 데려오다의 뜻을 표현한 것이 아니라 초청하는 주인을 모르는 사람들이기에 향연에 참여하도록 북돋아주는 일이라 해석한다(Fitzmyer, 1985, p. 1057; Bock, 1996, p. 1277). 요컨대, 세 번씩이나 초대를 거듭하여 잔칫상의 자리를 겨우 다 메운다는 것이 중요하다.

마태의 병행기사는 이 비유의 말미를 "청함을 받은 자는 많되 택함을 입은 자는 적으니라."(마 22:14)라고 적고 있다. "택함을 입은 자는 적다."라는 진술은 열린 초대라는 이 단락의 제목과 상반된 내용이다. 마태와 누가는 이 비유에 관해 좀 다른 관점을 취하고 있는 것 같다. 누가는 이 단락의 마지막 24절을 "내가 너희에게 말하건대, '본래 초대받았던 사람들 중 하나도 내 잔치를 맛보지 못하리라.'"라고 적고 있다. "하나도 내 잔치를 맛보지 못하리라."라는 표현 역시 닫힌 문을 함의하는 것도 사실이나, 하지만, 당초 초대받았던 사람들을 제외하고 보다 많은 다른 사람들을 위해 문이 활짝 열린 것도 사실이다.

누가의 24절에서 이때까지의 비유가 돌연히 직설의 평서문으로 바뀐다. 주어 역시도 이때까지의 삼인칭에서 일인칭으로 바뀐다. 예수가 차린 잔치임을 "내 잔치"라는 말로 밝히고 초대한 이도 예수임을 단호하게 말씀한다. "본래 초대받았던 사람들 중 하나도 내 잔치를 맛보지 못하리라."라고 말씀한 것은 그들이 만장일치로 "그들의 기회를 거절했기"(Bock, 1996, p. 1278) 때문이다. "사람은 자기 자신을 구원할 수 없지만 저주할 수는 있다"(Fitzmyer, 1985, p. 1054). 이 경구가 옳다면 이스라엘은 하나님과 맺은 언약을 그들 자신이 저버린 것이다. "그러나 하나님 나라의 하사품(下賜品)은 그들의 거절로 사라진 것이 아니니, 많은 다른 사람들이 초대될 것이고 참석할 것이기 때문이다"(Bock, 1996, p. 1278). 이 해설과 같은 시각을 바울에게서도 읽을 수 있다. 바울은 "하나님이 모든 사람을 순종치 아니하는 가운데 두심은 모든 사람에게 긍휼을 베풀려 하심이로다."(롬 11:32)라고 적고 곧이어 11장 말미에 하나님의 영광을 찬미한다.

제자됨의 조건(14:25-35)

이제 예수가 한 바리새인 지도자의 집에서 떠나 허다한 무리와 함께 여행길에 다시 접어든다. 앞선 주제는 주로 종교지도자들에 관한 것이었지만 여기서는 뭇 백성에게 제자됨의 조건에 대해 가르친다. 주제의 흐름이 지도자에게서 뭇 백성에게로 진행된다는 관점에서 "유대교의 지도력이 하나님을 따르는 길을 가르쳐주지 못한다면, 하나님을 따르려면 무엇이 요구되는 것인가?"(앞의 책, p. 1280)라는 의문의 테두리에서 이 단원을 읽을 수 있겠다.

▪ 제자됨에 이르기 위한 두 가지 조건(14:25-27)

▪ 혈연과 자아의 부정, 그리고 십자가(14:25-27) 제자됨에 이르려면 자아는 물론이고 모든 혈연관계를 부인하고 자기의 십자가를 져야 한다는 내용이다. 이것은 이미 예수가 여러 번 강조한 제자됨의 조건이다.

> 25허다한 무리가 함께 갈새 예수께서 돌이키사 이르시되 26무릇 내게 오는
> 자가 자기 부모와 처자와 형제와 자매와 및 자기 목숨까지 미워하지 아니하
> 면 능히 나의 제자가 되지 못하고 27누구든지 자기 십자가를 지고 나를 좇지
> 않는 능히 자도 나의 제자가 되지 못하리라

"허다한 무리가 예수와 함께 여행하였고, 그들을 향하여 예수께서 말씀하셨다."라는 25절은 이 단원 전체에 대한 서문이다. 숱한 적대적인 대항에도 불구하고 아직 예수를 따르는 많은 무리들이 예루살렘까지 동반하고 있었다. 이들은 예수가 누구인가를 올바르게 인식하고 있지는 못하지만(9:18-19 참고) 잠재적인 제자들이라 할 수 있다.

"누구든 내게 오면서 그의 부모와 처자와 형제자매와 심지어 자신의 생을 미워하지 않으면 그는 내 제자가 될 수 없다."라는 26절에서 "미워하다"는 글자대로의 의미가 아니라 포기하다(앞의 책, p. 1285) 혹은 일차적인 충성 대상에서 제외하다(Green, 1997, p. 565)라는 과장의 수사적 의미라고 한다. 그러나 예수가 화평을 주러 온 것이 아니라 가족들 사이에 분쟁을 주러 왔다는 말씀(12:53)을 상기할 때, 미워하다가 증오의 감정을 뜻하는 것은 아니라 하더라도 부정적인 관계를 표현하고 있음을 부인할 수는 없다. 예수의 제자가 되는 일은 모든 것

을 포기하고 예수를 좇는 일이므로 가족과 심지어 자신의 생 내지 자아(psyche)를 부정하는 일이기도 하기 때문이다. "누구든 십자가를 지고 나를 좇지 않으면 내 제자가 될 수 없다."라는 27절은 "내 제자가 될 수 없다."는 전제 조건을 명세하고 있는 서술방식에 있어 앞 26절과 문장 구성뿐만 아니라 내용상에서도 병행한다. 이미 9:23에 "아무든지 나를 따르기를 원하면 자기를 부인하고 날마다 제 십자가를 지고 나를 좇을 것이니라."라는 자기부정과 십자가를 말하고 있으므로 26-27절의 병행기사라 읽어야 할 것이다. 앞서 9장의 말씀을 살펴볼 때에 자기를 부정하고 십자가를 지는 일이 예수와의 지속적인 동반관계라고 이미 해설하였거니와, 그러므로 혈연과 자아의 부정 그리고 자신의 십자가를 짊어짐은 "예수를 생의 제1순위에 놓는 일"(Bock, 1996, p. 1280)이다. 이와 같은 제자됨의 길을 걷는 일이 열두 제자들에게만 요구되는 일이 아니라 9:23에서도 여기 26-27절에서도 예수를 따르는 무리에게 요구되고 있다는 사실이 중요하다. 요컨대, 크리스천이 된다는 것은 세상의 모든 가치를 포기하고 예수 이외의 다른 것에 충성하지 않는 것이다(앞의 책, p. 1285).

■ 신중한 숙고와 결연한 판단(14:28-35)

■ **비용의 평가**(14:28-33) 망대(望臺)를 건설하려 할 때와 전쟁을 벌이려 할 때 먼저 그 비용을 평가한 후에 일을 시작하도록 예수가 예비 제자인 무리에게 권한다. 비용의 평가에 대한 비유는 어떤 의도의 말씀인지 이해하기 어려운 면이 있다. 하지만 이 단락 마지막 33절 "너희들 중 누구든지 너희가 갖고 있는 모든 것을 포기하지 않으면 나의 제자가 될 수 없다."라는 말씀이 이 단락 그리고 이 단원의 결론이므

로 이에 정합하도록 두 예의 비유를 독해해야 할 터이다.

> 28너희 중에 누가 망대를 세우고자 할진대 자기의 가진 것이 준공하기까지에
> 족할는지 먼저 앉아 그 비용을 예산하지 아니하겠느냐 29그렇게 아니하여
> 그 기초만 쌓고 능히 이루지 못하면 보는 자가 다 비웃어 30가로되 이 사람이
> 역사를 시작하고 능히 이루지 못하였다 하리라 31또 어느 임금이 다른 임금
> 과 싸우러 갈 때에 먼저 앉아 일만으로서 저 이만을 가지고 오는 자를 대적
> 할 수 있을까 헤아리지 아니하겠느냐 32만일 못할 터이면 저가 아직 멀리 있
> 을 동안에 사신을 보내어 화친을 청할지니라 33이와 같이 너희 중에 누구든
> 지 자기의 모든 소유를 버리지 아니하면 능히 내 제자가 되지 못하리라

예수가 25-27절에 잇대어 모든 소유를 포기하고 제자가 되는 일의 선행조건들을 다시 말씀한다. "너희들 중에 누가 망대를 세우고자 할진대, 우선 앉아서 비용을 평가하여 그가 그것을 완성하기에 충분한 것을 가지고 있는지 여부를 보려 하지 않겠느냐?"라고 우선 질문을 던진다. 망대를 세운다는 것은 자산을 보호하기 위해 이를테면 포도밭이나 토지에 경비 초소를 짓는 것이다. 주변을 두루 조망할 수 있도록 경계 탑을 높이 올려야 할 터인즉 비용이 만만치 않을 것이고 건축 비용을 계산한 후에 공사를 시작하여야 할 것은 당연한 소치이니, "불연이면 그 기초만 쌓고 완공하지 못하면, 그것을 보는 모든 사람들이 '이 사람이 짓기 시작했으나 완공하지 못했다!'라 말하며 그를 비웃을 것이다."라고 29-30절에 덧붙여 말씀한다. 따라서 28절에 "우선 앉아서"라는 말은 신중하게 숙고하고 꼬치꼬치 캐보라는 의미다(Garland, 2011, p. 602).

앞 맥락에 비추어 볼 때 예수의 제자가 되기를 원하는 자들에게

있어서 망대를 세우는 비용은 자기와 가족과 소유를 포기하는 일에 소요되는 비용일 것이다. 이 어려운 포기의 비용을 지불하기에 충분하지 않은지 먼저 곰곰이 숙고하라는 것이 가장 일반적인 해석이다 (Fitzmyer, 1985, p. 1062; Bock, 1996, pp. 1287-1288; Schreiner, 2008, p. 557). 그도 그럴 것이, 자기의 모든 소유를 포기하는 일은 높은 망대 위에서 전망의 지평을 넓혀 조망할 수 있어야 비로소 결단할 수 있는 어려운 일이다. 자원이 부족하여 중도에 그치지 않도록, 비유가 아닌 직유로 말하면 배교하지 않도록, 예수가 그의 제자됨의 비용을 미리 평가하여 만전을 기하라는 예가 첫 비유이다.

위의 일반적인 해석은 이어지는 비유의 예를 이해하는 데 오히려 어려움을 안겨준다. "혹은 어느 임금이 다른 임금에 맞서 전쟁하러 가는데 우선 앉아서 그가 1만으로 2만을 가지고 그에게 적대해 올 자를 대적할 수 있는지를 숙고하지 않겠느냐?"라는 질문을 31절에 다시 던진다. 이는 군대의 규모라는 자원의 부족이 전쟁을 벌여야 할지 여부를 결단해야 하는 요인이라는 비유이다. 그런데 전쟁에서 적대자를 대적하는 일이 제자됨의 조건과 어떤 상관된 맥락을 갖는지 우선 이해하기 어렵다. 이 비유는 문제의 해결에 있어서도 앞 비유와는 달리, "만일 그가 할 수 없으면 저가 아직 멀리 있을 동안에 그가 사신을 보내어 화친을 청하라."라고 한다. 화친을 청하라는 구절은 본래 "평화를 유지하는 일들을 요청하라."라는 의미다. 이 32절이 전하고자 하는 심층적인 뜻은 무모한 전쟁을 벌임으로써 "어떤 사람 자신의 부적절한 자원에 의지하는 일은 제자됨의 길을 막아버린다."(Liefeld and Pao, 2007, p. 248)라는 우려를 전하는 것이라 해석하지 않을 수 없다.

전쟁을 벌이는 일이 무모하다는 이 해석이 옳다면, 이 비유에서 자원의 부족함과 제자됨 사이에 어떤 관계를 함축하고 있는지가 또 궁금하다. 전쟁 직전의 두 임금의 대결에서 이 비유의 주인공은 단지 1만의 군대를 보유한 약한 임금이다. 약한 임금이 숙고해야 할 것은 만용으로 전쟁을 택하느냐 아니면 화평을 취하느냐다. 이때 화평을 취한다는 것이 굴복을 뜻할 수도 있으므로 여기서는 "예수께서 우리에게 숙고하라고 요구하는 것은 제자됨의 비용이 아니라 비제자됨(non-discipleship)의 비용이다."(Ryken, Vol 2, 2009, p. 96)라는 좀 이색적인 해석을 선호하기로 하겠다. 비제자됨의 비용이란 영생을 포기하는 만용의 무모함이라 생각하고 싶은데, 그렇다면 망대 건축의 첫 비유의 예에서는 제자로서 예수를 추종할 자원이 충분한지를 숙고하라는 질문이고, 반면에 두 번째 비유의 임전의 예에서는 비제자로서 생명의 예수와 맞서 대항할 수 있겠는지를 숙고하라는 질문이다.

"이와 같이 그러므로 너희들 중에 누구든지 그가 가지고 있는 모든 것을 포기하지 않는 자는 내 제자가 될 수 없느니라."라는 33절이 결론이다. "이와 같이 그러므로"라는 부사는 31절의 숙고이든 32절의 숙고이든 (어느 쪽이든 마찬가지로) '숙고함으로써'를 뜻하는 표현이다. 여기서 숙고하라는 것은 이윤을 따지라는 말이 아니다. 제자됨이든지 아니면 비제자됨이든지 숙고한 뒤에 제자일 수밖에 다른 길이 없다는 막다른 지경에 도달하고, 결국 33절의 "가지고 있는 모든 것을 포기하는" 결단에 이를 수 있기에 숙고할 것을 강조하는 것이다. 이 33절의 핵심단어는 '포기하다(apotasso)'이다. 피츠마이어는 "그가 가진 모든 것과 결별하지 않는 너희들 중의 누구든 나의 제자가 될 수 없다."라고 33절을 번역한다. 포기하는 사람의 결연한 주체적인 행위를 강조하기 위해 '결별하다(say good-bye)'라고 번역한 듯하다. 그가 가진 모든 것을 포기하여야, 다시 말해 혈연이나 자아 또는 1만의 군대를 포기하여야, "낡아지지 아니하는 주머니를 만들어"(12:33) 새 주머니에 하늘의 영원한 보물을 담아 갖는 은혜를 받을 수 있다.

■ 소금의 비유(14:34-35)

■ **만일 소금이 그 짠맛을 잃으면**(14:34-35) 이 단락을 언뜻 읽으면 제자됨의 조건이라는 단원 안에서 함께 읽기에 거북하다. 하지만 곰곰이 반추하면, 이 단락의 내용이 제자됨의 조건들을 요약한 것임을 알 수 있다.

> 34소금이 좋은 것이나 소금도 만일 그 맛을 잃었으면 무엇으로 짜게 하리요
> 35땅에도 거름에도 쓸데없어 내어버리느니라 들을 귀가 있는 자는 들을지어다 하시니라

예수가 소금이라는 새로운 비유로 제자됨을 말씀한다. "소금은 좋은 것이다."라고 하는데, 양념으로도 비료로도 방부제로도 쓸 수 있으므로 물론 좋은 것이다. "그러나 만일 소금이 그 맛을 잃어버리면 그 짠맛을 어떻게 복구할 것인가? 토양에도 비료로도 합당치 않아 내어 버리느니라."라는 말씀도 당연한 귀결이다. 특히 사해에서 걸려낸 소금은 순수 소금이 아니어서 그 짠맛을 잃기 십상이라고 한다. 그런데, 도대체 그 맛을 잃어버린 소금이란 누구를 일컬음인가. 이에 대해 학자들의 의견이 크게 두 가지로 엇갈린다. 하나는 이스라엘 전체를 일컫는다는 것이고(Liefeld and Pao, 2007, p. 248), 다른 하나는 제자들 일반을 가리킨다는 해석이다(Fitzmyer, 1985, p. 1068; Ryken, 2009, p. 99).

이때 어느 의견이 옳으냐를 가리기 전에 "소금이 그 맛을 잃어버리면"이 어떤 상태를 가리키느냐를 가름하는 일이 우선이다. 병행기

사인 마 5:13과 막 9:49-50과 대조해보면 마태에서는 “소금이 그 맛을 잃으면…… 밖에 버리워”라고 하여 누가의 기사와 유사하고, 마가에서는 “너희 속에 소금을 두고 서로 화목하라.”라고 하여 누가의 기사와 상위하다. 복음서에서 소금이 다양한 의미로 사용되고 있으나, 마 5:13과 눅 14:34의 소금의 의미는 같다. 마태에서나 누가에서나 소금의 짠맛은 이 세상과 다른 하나님의 백성의 특이성을 뜻한다(Schreiner, 2008, p. 685). 그렇다면, 소금은 언약의 백성인 이스라엘일 수도 있고 예수를 따르는 제자들일 수도 있을 터인데, 그가 누구이든 하나님의 백성으로서의 특이성을 잃어버리면, “토양에도 거름에도 적합지 않아 사람들이 그것을 내어버릴” 수 있다.

이 특이성은 신자와 세상 사람과의 차이점이며, 따라서 26-33절을 포함한 제자의 조건에 관한 이 단원의 모든 진술을 대표하는 속성이다(Green, 1997, p. 567). 그러므로 이 특이성은 “그가 가지고 있는 모든 것을 포기하여야”(14:33) 비로소 제자로서 얻을 수 있는 짠맛이다. 마태는 “너희는 세상의 소금이다…… 너희는 세상의 빛이다.”(마 5:13-14)라고 표현하고 있으니, 소금의 짠맛은 세상을 밝게 하는 빛과 마찬가지로 세상을 기름지게 하는 거름의 구실을 한다. “소금이 그 맛을 잃으면” 하늘나라에도 세상에도 아무짝에도 쓸모없는 것이니 그 소유주가 결국 종말의 날에 내버리고 만다. “들을 귀가 있는 자는 들을지어다!”라는 35b절은 앞서 8장에 나온 토양 비유(8:8)의 반복으로, 필경 “누구든지 가지고 있는 자는 더 많이 받겠고 가지고 있지 않은 자는 그 있는 줄로 아는 것까지 빼앗기리라.”(8:18)라는 구절을 강조하는 말씀일 것이다. 제자됨은 참으로 어려운 길인 “좁은 문으로 들어가기를 힘쓰라.”(13:24)임을 다시 일깨워준다.

잃어버린 것을 찾은 기쁨(15:1-32)

이 단원 15장은 14장과 16장에 나오는 담화의 비유들과는 성격이 다른 세 비유를 하나의 새로운 틀에서 기록하고 있다. 세 비유 모두가 '잃어버린 죄인을 찾는 기쁨'이라는 동일한 주제를 감동적으로 기록한 모든 비유들 중의 백미다. 이 비유들은 누가만의 독자적인 것일 뿐더러 성질이 같은 비유들을 한 단원으로 묶어놓은 편집방식도 독자적이다. 학자들은 이 세 비유를 "예술적인 단원"이라 부르기도 하고 이 15장을 "세 번째 복음서의 심장"이라 부르기도 한다.

■ **비유의 배경**(15:1-3) 우선 1-3절의 서문이 세 비유 모두에 걸쳐 있는 이야기 배경이므로 독립한 단락으로 읽겠다.

> 1모든 세리와 죄인들이 말씀을 들으러 가까이 나아오니 2바리새인과 서기관
> 들이 원망하여 가로되 이 사람이 죄인을 영접하고 음식을 같이 먹는다 하더
> 라 3예수께서 저희에게 이 비유로 이르시되

"모든 세리들과 죄인들"이라 함은 유대사회에서 소외된 계층이고 더군다나 종교지도자들에게는 상스럽다고 손가락질 받던 부류의 인간들이다. 아마도 이들이 "들을 귀가 있는 자는 들을지어다."(14:35)라는 말씀을 듣고 예수 앞에 더욱 바짝 다가섰던 모양이다. 이를 꼴사납게 본 바리새인들과 서기관들이 "이 자가 죄인들을 영접하고 그들과 같이 먹는다."라고 예수를 비아냥거렸다. 이에 대해 예수가 대꾸한 것이 이 세 비유이다. 이 비유들이 함의하는 바는 레위라 하는 세리가 예수를 위하여 큰 잔치를 베풀고 바리새인들과 서기관들이 예수를 비

방하였을 때 "내가 의인을 부르러 온 것이 아니요 죄인을 불러 회개시키러 왔노라."(5:32)라고 한 말씀의 기본 정신과 같다. 이들 세리들과 죄인들은 예수의 말씀을 받아들일 마음의 준비가 되어 있는 반면에 바리새인들과 서기관들은 그들의 마음을 닫아 걸고 있다는 점이 중요하다. "예수께서 이 비유를 그들에게 말씀하셨다."라고 하였는데 이 "그들" 중에는 예수에게 비아냥거렸던 바리새인들과 서기관들도 틀림없이 포함되어 있었을 것이다. 예수는 "죄인을 불러 회개시키러 왔노라." 라는 당신의 사역의 목표를 그들에게 고의로 피력한 것이다.

양과 여인의 비유(15:4-10)

■ 잃은 양 한 마리의 비유(15:4-7) 첫 번째 비유의 주제는 잃은 양을 찾은 기쁨이다.

> 4너희 중에 어느 사람이 양 일백 마리가 있는데 그 중에 하나를 잃으면 아흔
> 아홉 마리를 들에 두고 그 잃은 것을 찾도록 찾아다니지 아니하느냐 5또 찾
> 은즉 즐거워 어깨에 메고 6집에 와서 그 벗과 이웃을 불러 모으고 말하되 나
> 와 함께 즐기자 나의 잃은 양을 찾았노라 하리라 7내가 너희에게 이르노니
> 이와 같이 죄인 하나가 회개하면 하늘에서는 회개할 것 없는 의인 아흔아홉
> 을 인하여 기뻐하는 것보다 더하리라

예수는 "하나님 나라의 비밀을 아는 것이…… 저희로 보아도 보지 못하고 들어도 깨닫지 못하게"(8:10) 비유로 늘 말씀한다. 이번에도 바리새인들과 서기관들의 비아냥거림에 그들이 알아듣든 말든 비유로 말씀한다. "너희 중에 어느 사람이 양 일백 마리가 있는데 그 중에

하나를 잃으면 아흔아홉 마리를 광야에 남겨두고 그것을 찾을 때까지 잃어버린 하나를 좇아다니지 않겠느냐?" 하고 우선 예수가 질문한다. 그런데 잃어버린 한 마리 양을 찾기 위해 아흔아홉 마리를 광야에 남겨둔다는 처사는 심각한 표현이다. 어떤 학자는 양 백 마리가 대단한 소유가 아니라 해설하지만, 필경 예수는 아흔아홉 마리와 한 마리라는 그 수효의 차이를 강조해 대조함으로써 오로지 잃어버린 한 양에만 마음을 빼앗긴 목자임을 드러낸다. "여호와는 나의 목자시니 내가 부족함이 없으리로다."(시 23:1)라는 말씀을 필두로 구약 여러 곳에 야훼가 목자이시라는 비유적인 표현을 찾아 읽을 수 있다.

예수는 자신의 질문에 긍정 혹은 부정의 대답을 기다리지 않은 채 잃은 양을 찾은 기쁨을 오히려 더 감동적으로 표현한다. "그가 그것을 찾았은즉 그가 그것을 메고 기뻐하나니"라는 5절에 이어 6절에 친구들과 이웃들을 불러 "나와 함께 기뻐하자, 내가 잃어버린 내 양을 찾았기 때문이다." 하고 잔치를 벌인다. 이때 아흔아홉 마리 양을 제쳐두고 잔치를 벌였는지는 알 수 없지만, 아흔아홉과 함께 있는 것보다 잃은 양 한 마리를 새로 찾은 것이 더 큰 기쁨인 것은 7절에서 확인할 수 있다. "내가 너희에게 이르노니, 이와 마찬가지로, 하늘에서는 회개가 필요없는 아흔아홉의 의의 사람들보다 회개한 한 죄인에 대해 더 큰 기쁨이 있을 것이다."라고 말씀하기 때문이다. 미래형으로 표현한 이 종말의 잔치에서 예수는 하나님의 기뻐하심이 바리새인들과 서기관들에 의해 정죄되었던 세리와 죄인들의 회개를 향하고 계심을 기탄없이 밝힌다.

■ **잃은 은화 한 드라크마의 비유**(15:8-10) 두 번째 비유의 주제는 한 여인이 소유하고 있던 잃은 동전 한 드라크마를 찾은 기쁨이다.

첫 번째와 두 번째 비유가 유사하다고 했지만 상황 설정이 다르다는 점을 우선 염두에 두어야 한다. "전자의 비유는 남자들의 세계에 중심을 잡고 있고, 후자의 비유는 여자들의 세계에 중심을 잡고 있다(17:35 참고). 여하튼 이 두 이야기가 모두를 구원하시려는 하나님의 소원을 특징적으로 묘사하는 누가복음의 중심을 차지하고 있음을 주목해야겠다"(Schreiner, 2008, p. 770).

> 8어느 여자가 열 드라크마가 있는데 하나를 잃으면 등불을 켜고 집을 쓸며 찾도록 부지런히 찾지 아니하겠느냐
> 9또 찾은즉 벗과 이웃을 불러 모으고 말하되 나와 함께 즐기자 잃은 드라크마를 찾았노라 하리라
> 10내가 너희에게 이르노니 이와 같이 죄인 하나가 회개하면 하나님의 사자들 앞에 기쁨이 되느니라

이 단원의 세 비유를 비교하면 두 번째 비유에서의 주인공이 하찮은 여자라는 사실이 더욱 돋보인다. 첫 비유에서의 목자가 예수를 상징할 수 있고 마지막 세 번째 비유에서의 아버지가 하나님을 상징할 수도 있는 데 반해, 이 비유에서의 상황 설정으로 보아 여인은 빈궁한 한 가정주부일 따름이다(Ryken, 2009, p. 117). 다른 어떤 복음서 저자들보다 누가는 그의 복음서와 행전에서 여인들이 복음을 영접한다는 사례를 곳곳에 적고 있다. 게다가, 한 드라크마는 하루 임금에 해당하는 금액이므로(NIV 각주), 빈궁한 여인이 온갖 정성을 다해 찾고 있다는 연민의 신실함이 이 비유에 담겨 있다.

"혹은 열 드라크마를 가지고 있는 여자가 만일 그것들 중 하나를 잃으면 등불을 켜고 집을 쓸며 그녀가 찾을 때까지 부지런히 수색하지 않겠느냐?"라는 8절부터 두 번째 비유의 이야기가 전개된다. 학자

들은 한 드라크마를 찾을 때까지 "등불을 켜고 집을 쓸며" 수색한다는 것이 이 여자의 처지를 묘사한 것이라 생각한다. 창문도 없는 집이어서 어두워 등불을 켰을 것이고, 빗자루로 바닥을 쓸어 동전이 굴러가는 소리를 듣고자 하는 것이 이 여인의 형편과 열심을 묘사하는 것이다(Bock, 1996, p. 1303; Liefeld and Pao, 2007, p. 251). 열 드라크마가 이 여자의 소유 전부라는 추리도 가능하다. 오히려 이 때문에 잃어버린 한 드라크마의 소중함이 돋보이기도 한다. 찾았을 때의 기쁨을 전하는 "그것을 찾으니 그녀가 그녀의 친구들과 이웃들을 불러 '나와 함께 기뻐하자, 내가 잃어버린 동전을 찾았기 때문이다.'"라는 9절은 잃어버린 양 한 마리를 찾았을 때의 6절과 같다. 또 "내가 너희에게 이르노니, 이와 마찬가지로, 회개한 한 죄인에 대하여 하나님의 천사들 앞에 기쁨이 있느니라."라는 10절도 7절과 같으나, 여기 10절은 하늘의 법정에서 하나님께서 천사들과 함께 기뻐하심을 나누는 생생한 장면을 묘사하고 있다(Fitzmyer, 1985, p. 1081).

두 비유 모두가 잃어버린 것을 찾은 기쁨에 대해 얘기한다. 이 줄거리에서 잃어버린 것이 죄인이고 찾은 것이 회개라는 부연이 이 비유의 해석의 어려움을 뜻밖에도 덜어준다. 바리새인도 서기관도 이 관점에 대해서는 쉽사리 알아들을 수 있다고 보아야 할 것이다. 한데, 이들 비유의 본질은 잃어버린 양 한 마리와 잃어버린 은화 한 드라크마의 소중함이, 남아 있는 몇 배의 양들과 은화들보다 더 귀하다는 것이다. 그 소중함을 두 비유에서 어떻게 표현하고 있는지를 다시 한 번 개관하겠다.

전자에서는 "하늘에서는 회개가 필요 없는 아흔아홉의 의의 사람들보다 회개한 한 죄인에 대해 더 큰 기쁨이 있을 것이다."(15:7)라고 표현하고, 후자에서는 "회개한 한 죄인에 대하여 하나님의 천사들 앞에 기쁨이 있느니라."(15:10)라고 표현하고 있다. 이 기쁨의 본질을 이해하는 일은 바리새인들과 서기관들, 그리고 우리에게도 불가능하다. 달리 말해 일상의 통념으로는 불가지론이다. 저들은 "이 자가 죄인들을 영접하고 그들과 같이 먹는다."(15:2) 하고 예수를 손가락질하며 죄인 취급하였다. 예수는 저들에게 체포되기 직전 사 53:12을 인용하며 "'저는 불법자의 동류로 여김을 받았다.' 한 말이 내게 이루어져야 하리니"(22:37)라고 자신의 죽음을 해설하기도 하였다. 이처럼 남의 죄를 정죄하는 자들은 살아생전에 회개할 수 없는 법이다. 회개가 가져오는 기쁨의 원천을 도무지 생각할 수 없는 자들이다. 회개를 하는 사람이든 회개를 받는 분이든 그들이 누리는 기쁨은 사랑의 기쁨이다. 하나님 나라에서는 잃어버린 자에 대한 사랑이 함께 있는 자들에 대한 사랑보다 더더욱 지극하다는 것을 이들 비유를 통해 새삼스레 배운다.

은혜로우신 아버지의 비유(15:11-32)

탕자의 비유(15:11-32) 잃어버린 것을 찾은 기쁨의 단원의 세 번째 단락인 탕자의 비유야말로 이 기쁨이 사랑의 기쁨임을 직관케 하는 비유로, 예부터 숱한 예수의 비유들 중에서 최고의 비유라 일컬어져왔다. 당연히 여러 측면에서 이 비유를 해석해왔고 종래에는 탕자의 비유라 일컫지만, 이 명칭이 부적절하다는 비평이 근래에 유력하게 대두되고 있다. 차라리 "아버지의 사랑의 비유"(Fitzmyer, 1985, p. 1085)라고 하거나 "은혜로우신 아버지" 혹은 "아버지와 그의 각기 다른 두 아들들"(Bock, 1996, p. 1306)이라는 명칭이 적절하다는 제안이 있다. 이 상위(相違)한 제목들이 시사하듯이 이 비유는 여러 가지 관점에서 읽을 수 있다. 한편으로는 이 제목들이 이 비유의 연구사의 변천을 반영한다. 주요 관점은 아버지와 맏아들과 둘째 아들, 세 명의 인물 중에 서 누가 주인공이냐는 입장이다. 본서에서는 세 관점의 균형을 고르게 취하여 세 주인공의 입장을 모두 공히 참조하며 독해키로 하겠다.

> 11또 가라사대 어떤 사람이 두 아들이 있는데 12그 둘째가 아비에게 말하되
> 아버지여 재산 중에서 내게 올 분깃을 내게 주소서 하는지라 아비가 그 살림
> 을 각각 나눠 주었더니 13그 후 며칠이 못되어 둘째 아들이 재물을 다 모아
> 가지고 먼 나라에 가 거기서 허랑방탕하여 그 재산을 허비하더니 14다 없이
> 한 후 그 나라에 크게 흉년이 들어 저가 비로소 궁핍한지라 15가서 그 나라
> 백성 중 하나에게 붙여 사니 그가 저를 들로 보내어 돼지를 치게 하였는데 16
> 저가 돼지 먹는 쥐엄 열매로 배를 채우고자 하되 주는 자가 없는지라 17이에
> 스스로 돌이켜 가로되 내 아버지에게는 양식이 풍족한 품군이 얼마나 많은
> 고 나는 여기서 주려 죽는구나 18내가 일어나 아버지께 가서 이르기를 내가
> 하늘과 아버지께 죄를 얻었사오니 19지금부터는 아버지의 아들이라 일컬음
> 을 감당치 못하겠나이다 나를 품군의 하나로 보소서 하리라 하고 20이에 일
> 어나서 아버지께로 돌아가니라 아직도 상거가 먼데 아버지가 저를 보고 측
> 은히 여겨 달려가 목을 안고 입을 맞추니 21아들이 가로되 아버지여 내가 하
> 늘과 아버지께 죄를 얻었사오니 지금부터는 아버지의 아들이라 일컬음을 감
> 당치 못하겠나이다 하나 22아버지는 종들에게 이르되 제일 좋은 옷을 내어
> 다가 입히고 손에 가락지를 끼우고 발에 신을 신기라 23그리고 살진 송아지
> 를 끌어다가 잡으라 우리가 먹고 즐기자 24이 내 아들은 죽었다가 다시 살아
> 났으며 내가 잃었다가 다시 얻었노라 하니 저희가 즐거워하더라
> 25맏아들은 밭에 있다가 돌아와 집에 가까왔을 때에 풍류와 춤추는 소리를
> 듣고 26한 종을 불러 이 무슨 일인가 물은대 27대답하여 당신의 동생이 돌아
> 왔으매 당신의 아버지가 그의 건강한 몸을 다시 맞아들이게 됨을 인하여 살

진 송아지를 잡았나이다 하니 28저가 노하여 들어가기를 즐겨 아니하거늘
아버지가 나와서 권한대 29아버지께 대답하여 가로되 내가 여러 해 아버지
를 섬겨 명을 어김이 없거늘 내게는 염소 새끼라도 주어 나와 내 벗으로 즐기
게 하신 일이 없더니 30아버지의 살림을 창기와 함께 먹어버린 이 아들이 돌
아오매 이를 위하여 살진 송아지를 잡으셨나이다 31아버지가 이르되 얘 너는
항상 나와 함께 있으니 내 것이 다 네 것이로되 32이 네 동생은 죽었다가 살
았으며 내가 잃었다가 얻었기로 우리가 즐거워하고 기뻐하는 것이 마땅하다
하니라

"어떤 사람이 두 아들이 있었다." 하고 예수가 새로운 비유를 시작한다. 문장의 주어가 아버지이므로 두 아들이 주인공이라기보다는 아버지의 관점에서 두 아들에 대해 기술하고 있음을 분명하게 앞세우는 서두다. 둘째 아들이 "아버지여, 내게 돌아올 재산의 몫을 내게 주소서."라고 말하니 아버지가 그의 살림살이를 나눠주었다. 학자들은 이 둘째가 아직 결혼하지 않았으므로 10대일 것이라 추측한다. 살림살이는 원어로 삶이라니 아버지에게서 물려받을 유산이라는 뜻이다. 학자들은 유산 상속의 당시 관례와 법적 배경에 관해 논의하지만 이 상속은 비유의 이야기이므로 그 속뜻만 바로 알면 된다. 다만 아버지가 유산을 배분해주었다는 것은 이제 아들들에게 자기 재산을 임의로 처리할 수 있도록 허용하였다는 사실을 말해준다. 또 둘째가 자기 지분을 받아 가졌으니 더 이상 아버지의 재산에서 자신의 몫을 주장할 수 없게 되었다는 사실이 전제된다. 아버지가 아들에게 네 멋대로 하라는 심정으로 처분한 것이라 이해해도 좋을 것이다.

결국 둘째는 유산을 받아 가지고 죄의 길에 접어들어 탕자의 비유에 적합한 이야기가 13-16절에 전개된다. "그 후 며칠이 못 되어 둘

째 아들이 그가 가진 모든 것을 모아 가지고 집을 떠나 먼 나라에 갔고 거기서 방탕한 삶을 살며 그의 소유를 탕진하였다."라는 구절에서 "그가 가진 모든 것을 모아 가지고"는 "모든 것을 현금으로 환전하여"라 번역할 수도 있다. 또 "먼 나라에 갔다."라고 하였는데 이는 돈을 탕진했을 때 돼지를 치는 일에 고용되었다는 15절의 기록에서 분명해지듯이 허랑방탕하기로 작심을 하고 이스라엘이 아닌 이국땅으로 갔다는 사실을 말해준다. "다 없이 한 후" 즉 "그가 모든 것을 탕진한 후에" 설상가상으로 그 나라에 심각한 흉년이 들어 유대인들이 천하게 여기는 돼지치기로 고용되지만 돼지 먹이인 쥐엄나무 깍지도 얻어먹지 못하는 비참한 지경에 이르게 된다. "가서 그 나라 백성 중 하나에 붙여 사니"의 15a절은 직역인 바, "그 나라 백성 중 하나에"는 이방인 한 사람에게라는 말을 고의적으로 돋보이게 표현한 것이다. 그리고 "붙여 사니"는 고용되었다는 뜻으로 "가서 이방인 한 사람에게 고용되어"라 의역하는 것이 좋겠다. 누가는 이처럼 아버지 품을 떠난 둘째 아들의 비참한 상태를 여러 면에서 묘사하고 있다.

마침내 굶주려 죽게 된 상태에서 둘째 아들이 회개하고 아버지께 되돌아가는 이야기가 17-19절이다. "이에 스스로 돌이켜"라 함은 그가 자신에게로 돌아왔다는 말이니 제정신을 차렸다는 뜻이다. 자기 처지와 아버지의 처지를 생각하여 "양식이 풍족한 내 아버지의 품꾼(고용인)들은 얼마나 많은데 나는 여기서 굶주려 죽고 있구나. 내가 일어나 아버지께 가서 '아버지여, 내가 하늘과 아버지께 죄를 지었습니다. 나는 당신의 아들이라 불리어지기 합당치 아니합니다. 나를 품꾼의 하나로 취급해주소서.'라 말하리라." 하고 회개한다. 탕자의 회개는 그가 집을 떠났을 때 상속자의 자격을 이미 상실했을 뿐만 아니라 이제 자신의 잘못된 행동으로 자식의 자격도 다 상실했음을 자각하고,

그렇더라도, 아버지께 가겠다는 것이니 진정한 회개라 볼 수 있다.

실제로 탕자가 회개한 심령을 즉각 행동으로 옮기고 아버지가 뜻밖에도 그를 큰 기쁨으로 영접하는 극적인 장면이 "그가 일어나 그의 아버지에게 왔다."라고 시작하는 20-24절에 펼쳐진다. "그가 아직도 상당한 거리에 떨어져 있을 때 그의 아버지가 그를 보았고 측은히 여겨 달려와 목을 안고 부드럽게 입을 맞추었다."라는 구절의 행간을 읽으면, 필경 아버지가 늘 길목을 지켜보며 아들이 돌아오길 기다렸다는 사실을 알 수 있다. 아들은 망외의 소득을 얻은 줄 알았겠지만 18-19a절에 적힌 회개의 심령을 21절에 아버지께 겸손하게 고백한다. 무엇보다 아버지의 아들에 대한 영접은 지극의 극치다. 아들이 19b절을 말하기도 전에 그의 말을 끊고 종들에게 "당장 제일 좋은 예복을 가져다가 그에게 입히고 그의 손가락에 가락지를 끼우고 그의 발에 신을 신겨라. 그리고 살진 송아지를 가져다가 잡아라. 우리가 먹으며 즐기자."라고 말씀한다. '탕자의 비유'라는 명칭이 좋지 않다는 평가도 주로 이 22-23절이 아버지의 사랑을 표출하고 있기 때문이다. 예복과 가락지는 한 가족으로 복귀했다는 상징이고, 맨발이던 발에 신을 신은 것은 부귀가 주어짐을 상징한다(Bock, 1996, p. 1315). 이 모든 영접은 아버지의 일방적인 결정이다. 그 결정의 이유를 24절에 아버지가 "내 아들이 죽었다가 이제 그가 살아났으며 잃었다가 이제 찾았기 때문이다!"라고 말하고 그리하여 "그들은 즐거워하기 시작"한다. 죽었던 아들을 살아나게 하고 잃었던 아들을 찾아낸 것은 아버지의 무조건적인 사랑이다.

이 이야기에서 우리는 탕자를 "내 아들"이라 부르며 받아들이고, 용서한다는 말 한 마디도 없이 영접하는 아버지의 사랑에 주목해야 한다. 실상 탕자 역시도 용서를 구하기 위해 아버지에게 온 것이 아니며 "내가 하나님과 아버지께 죄를 지었습니다."라고 고백하러 온 것이다. 아들의 회개가 다름 아닌 아버지의 용서이고, 떠났던 아들이 돌아온 것 자체가 아버지의 기쁨일 따름이다. 아가페가 곧 하나님이시다. 죄인이라 하더라도 하나님은 그를 그 죄의 상태에서도 사랑하신다. 아니, 죄의 상태에 있으면 그 사랑이 더욱 애절하다. 누가에게 있어 하나님의 심상(이미지)은 이를테면 11:9-13과 12:22-34에서도 사랑이었고 여기서도 사랑이다(Green, 1997, p. 579).

이제, 이 무조건적인 아버지의 사랑에 대한 맏아들의 반응이 이어진다. 예부터 이 비유의 11-24절의 첫 부분과 25-32절의 둘째 부분이 어떤 관계를 갖는지가 큰 숙제였다. 이 비유에서 첫 부분이 주요 주제임을 강조한 나머지 첫 부분과 둘째 부분이 별개의 독자적인 이야기라는 해설도 있고, 후자가 전자에 빗대어 풍자적으로 엮은 우화적인 교훈이라는 해설도 있다. 이때 "어떤 사람이 두 아들이 있었다."(15:11)라는 이 비유의 초두를 상기할 필요가 있다(Fitzmyer, 1985, p. 1084). 당초부터 두 아들에 관한 각각 대조적인 이야기를 전개하려 했다고 보아야 마땅하다. 그리고 여태껏 맏이에 대해 아무 언급도 하지 않은 것은 맏이와 둘째의 이야기가 각기 다른 담화를 전개하려는 의도를 품고 있다고 보아야 한다(Ryken, 2009, p. 154). 하지만, 이 비유에서 중심인물이 두 아들이 아니라 아버지라면, 두 아들 각각의 처신에 대한 아버지의 대응이 비유가 전하는 메시지이므로 첫 부분과 둘째 부분 모두 '아버지의 사랑'이라는 하나의 주제 아래 읽는 것이 올바른 독해일 것이다.

"맏아들이 밭에 있다가 돌아와 집에 가까이 왔을 때 노래와 춤추는 소리를 들었다. 그가 한 종을 불러 무슨 일이냐고 묻자 대답하기를 '당신의 동생이 돌아와 당신의 아버지가 살진 송아지를 잡았는데, 아버지가 그를 안전하고 건강하게 다시 맞아들였기 때문입니다.'라 하였다."라는 25-27절이 맏이가 새로이 다시 등장한 장면이다. 그런데 비유의 전체 맥락에서 이 장면이 어떤 의미를 전하는지 이해하기 난해하다. 종은 아버지의 심정을 대변하듯 "당신의 동생", "당신의 아버지"라는 호칭을 사용하여 기쁨의 가족 행사가 열렸다는 답변을 한다. 이 비유의 심층적인 의미를 이해하기 위해 어떤 학자들은 왜 맏이 없이 잔치가 벌어졌는지를 추측하려 한다. 하지만 왜 구태여 이 장면에서 종을 불러 무슨 일이냐고 묻는지 그의 우회적인 탐색이 궁금한데, 종의 대답을 듣고 "그러나 그가 화를 내며 들어가기를 거절"했다는 맏이의 태도에서 이 궁금증의 실마리를 대체로 짐작할 수 있다.

실상, 아버지는 탕자에게 큰 잔치를 베풀면서도 맏이가 줄곧 신경 쓰인 모양이다. 그리하여 아버지가 나와서 맏이에게 잔치에 함께 참여할 것을 간청하는데 그의 대답은 싸늘하다. 맏이의 싸늘한 반항과 아버지의 권면이 이 비유의 둘째 부분이 전하고자 하는 정수이다. "들으소서! 여러 해 동안 내가 아버지를 위해 종처럼 일해왔고 아버지의 명을 거역한 일이 없습니다. 하지만 아버지는 내게 염소 새끼조차 준 일이 없어 내가 내 벗들과 함께 잔치를 벌인 일이 없나이다."라는 29절이 첫 번째 불만이다. 우선 "들으소서(혹은 보소서)!"가 불경한 반항의 외침이다. "종처럼 일해왔고"는 "노예처럼 일해왔다"(NIV; NRSV)라 번역할 수 있으니 아버지와 아들 관계의 표현으로는 부적절하다. (Liefeld and Pao, 2007, p. 254). "아버지의 명을 거역한 일이 없나이다."라는 말은 자신의 신실성을 앞세워 동생과의 차별성을 내세운 강변이다. 마치 바리새인이 성전에서 세리와 따로 서서 "하나님이여…… 이 세리와 같지 아니함을 감사하나이다."(18:11b)라고 기도하는 장면을 연상케 한다. 맏아들이 아버지에 대해 자신의 의를 내세우는 것은 아버지에 대한 불경의 자만심이다. 내 벗들과 함께 즐기도록 염소 새끼조차 준 일이 없다는 말은 불평 이상의 반항이다.

이에 더하여 30절에 "그러나 당신의 아들이 돌아오매, 이 자가 당신의 살림살이를 창기들과 함께 먹어버린 자인데, 당신이 그를 위해 살진 송아지를 잡았나이다!" 하고 아버지와 동생을 싸잡아 노골적으로 비난한다. 우선 자기 동생을 "당신의 아들", "이 자"라 불러 자신과의 가족관계를 거부하고 입에 담지 못할 욕지거리를 퍼붓는다. 아울러 그를 영접하는 아버지에 대해서도 부도덕한 처사라는 함의를 내뱉었다고 볼 수밖에 없는데, "여러 해 동안 숨어 있던 분노를 쏟아냈다." (Ryken, 2009, p. 156)라고 해설하기도 한다.

이처럼 29-30절을 해설하면 가외의 설명이나 추측 없이 맏아들의 행실이 어떠한지를 충분히 짐작할 수 있다. "아버지의 명을 거역한 일이 없습니다."라는 그의 말이 사실이라 하더라도 그는 아버지의 사랑의 심정을 모르는 아들이다. 요컨대, 그는 다름 아닌 사랑이 없는 자다. 다시 돌아온 동생을 위해 아버지가 베푸는 사랑의 기쁨의 잔치를 끝내 외면하는 사랑 없는 자다. 사랑이 없으면 교만하기 마련이어서 그는 스스로 의롭다 생각한다. 그는 동생에 대해 유산을 창기와 함께 먹어버린 자라고 자신이 직접 목도하지 않은 일을 정죄하고, 반면에 자신은 아버지께 충성한 사람이라고 자기 의를 앞세운다(앞의 책, p. 157). 그러므로 그 자신이야말로 구원받아야 할 자다(Liefeld and Pao, 2007, p. 255). 누가는 두 아들 중에 어떤 이가 탕자인지를 낙인하지 않고 있지만, 여러 학자들이 누가가 맏아들을 바리새인 내지 서기관에 맞대어 비교한 것이라 비유의 의미를 해석한다. 그가 용서와 사랑을 모르는 자이기 때문이다.

그럼에도 불구하고 31-32절에 아버지는 맏이를 정죄하는 대신 사랑으로 안아준다. "아버지가 그에게 말하기를 '내 아들아, 너는 항상 나와 함께 있으니 나의 모든 것이 네 것이다. 그러나 우리가 마땅히 축하하고 기뻐해야 하나니 너의 이 동생이 죽었다가 살아났고 그가 잃어졌다가 찾아내졌기 때문이다.'라 하였다." 이처럼 온화한 타이름은 잃은 양 하나를 찾아 어깨에 메고 집으로 오는 목자의 사랑의 심정을(15:5 참고)을 연상케 한다. "내 아들아"는 본래 "아이야"라는 다정한 호칭이므로 여러 번역본에서 "내 아들아"라 번역한다. 첫 마디에서는 맏이의 재산에 대한 불만을 다독거린다. "나의 모든 것이 네 것이니" 염소 새끼 정도는 염려할 일이 아니라는 다독거림이다. 이어서 동생을 위한 잔치는 축하하고 기뻐해야 마땅하다고 타이른다. 나의 아들이라는 호칭 대신 "너의 이 형제"라는 표현에서 죽었다가 살아났고 잃어버렸다가 찾은 동생의 부활을 맏이도 함께 축하하고 기뻐해야 한다는 간절한 권면을 읽을 수 있다. 이 비유는 맏이가 아버지의 사랑의 권면에 어떻게 반응했는지를 전하지 않고 그 결과를 독자에게 맡기고 끝난다. 필경 아버지는 맏이를 지금도 기다리고 계실 것이다. "이 미완의 이야기는 버림받은 사람들(이방인들)이 참여하도록 이미 부르심을 받은(15:1-2 참고) 그 하나님 나라에 이스라엘이 되돌아와 들어오도록 부르신다는 뜻을 전하는 것이다"(앞의 책, p. 255).

이 비유는 하나님께서 죄인들이 되돌아옴을 기뻐하신다는 두 이야기로 구성되어 있다. 첫번째 이야기는 둘째 아들이 회개하고 아버지께 귀가한다는 사건으로, 주요 내용은 아버지가 그를 기뻐 맞이하는 장면이다. 두 번째 이야기는 맏아들이 동생을 위한 잔치에 함께 참여하기를 거부한다는 사건으로, 주요 내용은 아버지가 스스로를 의롭다 내세우는 맏이를 도닥거려 함께 축하하고 기뻐하자고 권면하는 장면이다. 이 비유는 두 아들을 대비하여 동생은 아버지를 떠나 허랑방탕했고 형은 집을 지키며 아버지께 순종했다는 이야기를 전개하고 있는 것이 물론 아니다. 두 아들을 대비하는 측면이 있는 것도 사실이지만, 그것은 이 비유의 전체 맥락에서 동생을 세리와 죄인에(15:1 참고) 빗대어 우화한 것이고, 반면에 형은 바리새인과 서기관에(15:2 참고) 빗대어 우화한 것이다(Schreiner, 2008, p. 125). 두 아들 모두가 죄인이고 아버지는 그가 돌아오기만 하면 그가 누구든 (우리 역시 누구든 두 아들 부류 중 하나일 것이다.) 기쁨으로 영접하여 큰 잔치를 베푸신다는 것이 이 비유의 요지이고 결론이다. 죄인이면서 스스로 의인이라 생각하는 것이 더욱 암담한 죄인데, 그럼에도 불구하고, 아버지의 사랑은 그 죄인마저 돌아오기를 기다리신다. 그러므로 이 비유를 '탕자의 비유'라 부르기보다 '아버지의 사랑'이나 '은혜로우신 아버지', 혹은 '아버지와 각기 다른 두 아들'이라 일컫는 것이 더욱 적합하다.

■ **잃어버린 두 아들에 관한 해설** 슈라이너는 이 비유를 '잃어버린 두 아들의 비유'라 부른다. 결론적으로, 이 비유에 대한 그의 요약을 아래에 옮기어 반추하기로 하겠다.

"두 아들 모두가 이기적이고 부정하다. 둘째 아들은, 하지만, 그가 어떻게 행했던가를 인식했다. 그는 자신이 어떤 대접을 받아야 할지를 깨달았기에 '아버지여, 나는 하늘에 대해 그리고 당신 앞에 죄를 지었습니다. 나는 더 이상 당신의 아들이라 불리울 자격이 없습니다. 저를 당신이 고용한 종들의 하나로 취급해주옵소서.'(15:18-19)라고 말하였다. 죄를 짓는 자들은 하나님을 멸시한다. 그들은 생명에서 죽고 분리되어 찾아내지는 게 아니라 잃어버려진다(15:24, 32). 인간의 잃어버려짐에 대해서는 '인자는 잃어버려진 자를 찾아내고 구원하러 왔다.'(19:10)는 경구에 잘 표현되어 있다.

맏아들은, 하지만, 아버지를 온전하게 순종했다고 주창함으로써 (15:29) 그의 선함을 계속 고집했다. 그는 둘째 아들을 경멸했고 그의 부도덕함을 징계하여 그 자신의 악을 보는 데 내내 실패하고 말았다 (15:30). 아버지는 맏아들에게 회개하고 둘째 아들의 귀가 축하연에 참여하라고 간청하였다. 이 종교지도자들에 대한 비판은 반유대주의의 증거를 대변하는 것이 아니라 이들 모두에 대한 경고의 기능을 갖는다. 누구든 악에서 자유롭지 못하다. 모든 사람이 회개하여 그들의 악에서 되돌아서 하나님을 향하여야 마땅하다"(Schreiner, 2008, p. 513).

여기서 종교지도자들에 대한 비판이라 함은 바리새인들과 서기관들을 대표하는 맏아들에 대한 부정적인 시각을 일컫는 것이고, 그럼에도 불구하고 그들도 회개하면 아버지가 기뻐 받아주실 것이니 반유대주의적인 견지를 취하는 것이 아니라는 말이다. 요지는, 누구든 회개하고 아버지께 되돌아와야 한다는 것이다.

맘몬과 소유의 문제(16:1-31)

이 단원에서는 재물을 하나님 나라와 관련하여 어떻게 현명하게 관리하고 사용하느냐의 문제를 1-13절의 단락과 19-31절의 단락에서 비유를 통해 가르침을 전해준다. 그리고 돈을 좋아하는 바리새인들의 도덕률에 대해서도 비판한다. 이 단원의 명칭을 "하나님 나라의 경제론(Kingdom Economics)"이라 하여도 좋을 것이다(Green, 1997, p. 586).

영리한 자산 관리의 비유(16:1-13)

부정직하나 분별력 있는 청지기의 비유(16:1-8) 주인의 소유를 허비한 청지기를 해고하자, 그가 주인에게 빚진 자들에게 빚을 탕감해주는 일을 벌인다. 이 비유는 성서의 비유들 중에서 가장 난해한 비유 중의 하나다. 무엇보다 우선 청지기를 칭찬하는 전반부에서 그 까닭이 무엇인지, 그리고 칭찬하는 사람이 부자 주인인지 혹은 주님 예수인지조차 이해하기 어렵다. 게다가 이 비유의 연장으로 "너희가 하나님과 재물을 겸하여 섬길 수 없느니라."라는 후반부의 교훈적인 결론이 전반부 비유와 어떻게 연결되는지도 이해하기 힘들다. 학자들의 여러 해석을 이모저모로 섭렵하여 말씀의 의도를 심층적으로 파악해야겠다.

> 1또한 제자들에게 이르시되 어떤 부자에게 청지기가 있는데 그가 주인의 소
> 유를 허비한다는 말이 그 주인에게 들린지라 2주인이 저를 불러 가로되 내가
> 네게 대하여 들은 이 말이 어찜이뇨 네 보던 일을 셈하라 청지기 사무를 계
> 속하지 못하리라 하니 3청지기가 속으로 이르되 주인이 내 직분을 빼앗으니
> 내가 무엇을 할꼬 땅을 파자니 힘이 없고 빌어 먹자니 부끄럽구나 4내가 할
> 일을 알았도다 이렇게 하면 직분을 빼앗긴 후에 저희가 나를 자기 집으로 영
> 접하리라 하고 5주인에게 빚진 자를 낱낱이 불러다가 먼저 온 자에게 이르되
> 네가 내 주인에게 얼마나 졌느뇨 6말하되 기름 백 말이니이다 가로되 여기
> 네 증서를 가지고 빨리 앉아 오십이라 쓰라 하고 7또 다른 이에게 이르되 너
> 는 얼마나 졌느냐 가로되 밀 백 석이니이다 이르되 여기 네 증서를 가지고 팔
> 십이라 쓰라 하였는지라 8주인이 옳지 않은 청지기가 일을 지혜 있게 하였으
> 므로 칭찬하였으니 이 세대의 아들들이 자기 시대에 있어서는 빛의 아들들

보다 더 지혜로우니라

“그리고 그가 제자들에게 말씀하시기를 ‘어떤 부자에게 청지기가 있었는데 이 사람이 그의 재산을 허비(diaskorpizo, 탕진)하고 있었다는 고발이 그에게 들린지라.’”라는 1절이 서두이다. 허비는 탕자의 비유 15:13에서 사용된 어휘다. 예수가 제자들에게 말씀했다고 하지만 청중인 제자들의 범주에는 세리들도 포함되어 있었을지 모른다. 말씀의 장면은 어떤 부자가 그의 청지기(집사)에게 재산 관리의 잘못을 꾸짖는 사건이다. “그리고 그가 그를 불러 말하기를 ‘내가 너에 관해 들은 이 말이 어쩐 일이냐? 네 청지기 일의 계산을 내게 아뢰라, 너는 더 이상 청지기일 수 없기 때문이다.’”(16:2)라고 한다. 청지기가 재산을 허비하고 있다는 고발을 들은 부자가 “이 말이 어쩐 일이냐?” 하고 몰아세우는 걸 보면 부자 주인이 그 고발을 믿었다고 보아야 한다. 그리하여 재산목록을 만들어 오라 명하고 해고를 통보한다. 청지기가 변명하지 않는 것을 보면 그 역시 자기의 죄과를 스스로 인정한 셈이다. 변명 대신, “내가 무엇을 해야 하는가? 내 주인이 내게서 내 청지기 일을 빼앗는다. 내가 막일을 못하겠고 빌어먹기는 창피하구나. 내가 무엇을 해야 할지 알겠구나, 내가 내 청지기 일에서 물러나면 사람들이 자기들 집에 나를 영접하도록 하자.”라는 3-4절이 청지기의 독백이다. 그는 해직되면 자기와 거래하던 사람들이 자기를 돌보게 할 방안을 생각해낸 영리한 청지기다.

이 방안이 5-7절에 적혀 있는데 빚을 탕감해준다는 그 동기와 발상부터 시작하여 그의 영리함을 이해하는 데 어려움이 있다. 청지기가 그의 주인에게 빚진 자들을 한 명씩 불러들여 “네가 내 주인에게 얼마나 빚지고 있느냐?”라고 물었다. 첫 사람은 기름 백 말이라 하고,

다른 사람은 밀 백 석이라 대답하니 청지기가 각자에게 네 증서를 갖고 얼른 앉아서 오십이라 또 팔십이라 적으라고 하였다. 각각 오십 퍼센트, 이십 퍼센트씩 탕감해준 셈이다. 탕감율의 차이는 기름 값이 밀 값보다 비싸기 때문이라 해설하는데(Bock, 1996, p. 1332), 비싼 물품에 더 큰 혜택을 주어 각각의 부담을 공평하게 배분하려는 배려인 듯하다. 필경 부자 주인은 현금을 대출해주었을 수도 있고 그의 농작물을 담보로 돈을 거둬들였을 수도 있다. 혹은 빚진 자들이 그의 소작농일 수도 있을 것이다.

여하튼, 도대체 청지기가 어떻게 빚을 탕감해주는지 그 동기가 궁금하다. 그가 자신의 청지기 직분을 행사하여 빚을 탕감해줌으로써 주인의 부당한 처사를 역으로 고발한다는 해설이 전통적인 견해다(앞의 책, pp. 1329-1330). 하지만, 근래에는 여러 설명들이 주인을 고발하려는 직접적인 동기보다는 청지기의 독자적인 결단이라는 입장을 선호하고 있다. 이 입장의 해설 역시 적어도 두 갈래로 나뉜다. 하나는 심지어 빚을 줄 때에 그가 받아야 할 수수료를 사용해 자진해 탕감해주었다는 것이고(Fitzmyer, 1985, p. 1101), 다른 하나는 신 23:19-20 등의 도덕률에 따라 주인의 고리대금의 이윤을 청지기가 자의적으로 탕감해주었다는 것이다(Bock, 1996, p. 1330).

해석이 제각기 다른 것은 5-7절과 8절의 문맥적 연관성을 바라보는 시각의 차이 때문이다. 원문의 8절 초두는 "주가 이 부정직한 청지기를 칭찬하였다."(8a절)라는 자체모순적인 표현을 앞세운 뒤, 이어서 "그가 영리하게(phronimos) 일하였기 때문이다."(8b절)라고 8a절의 이유를 서술하고 있다. 이 난해한 8a-b절의 해석이 이 단락 이해의 주요 열쇠다. 한편, 청지기가 어떤 점에서 부정직(불의)한지 그리고 어떤 점에서 그를 칭찬하는지가 난해하다. 우선 청지기가 주인의 소유를 허비했다고 1-2절에 적혀 있으므로 이 사실은 움직일 수 없는 그의 부정직성이다. 그럼에도 불구하고 그를 칭찬하였다는 것이다. 문제는 5-7절에 적힌 빚의 탕감 행위인데 청지기가 칭찬받을 행위는 이 밖에 달리 없다. 따라서 빚을 탕감했다는 것은 청지기가 자신이 받아야 할 수수료를 빚쟁이들에게 탕감해준 일이고 그것이 칭찬받을 일이라는 해석(Fitzmyer, 1985, p. 1098; Bock 1996, p. 1332)이 설득력 있다. 비록 그가 해직 후 자신의 생활을 보장하기 위해 빚쟁이들에게서 후원을 얻고자 했다 하더라도 자기의 돈을 남들을 위해 사용한 것이라면 이 탕감 행위 자체는 분별력 있는 선한 행위라 할 수 있을 것이다.

다른 한편, 여기서 해석의 또 하나의 주요 갈림길은 청지기를 칭찬한 주(kyrios)가 부자 주인이냐 혹은 주 예수이냐는 문제다. 주도적인 해석은 개역성경처럼 주를 부자 주인이라 해석하여, 이에 따라 8a절에서 비유가 끝나고 8b절부터 비유에 대한 예수의 교훈 내지 풀이라 독해하는 견해다(Fitzmyer, 1985, pp. 1096-1099; Culpepper, 1995, pp. 308-309; Bock, 1996, p. 1332). 이 견해에 따르면 8b절부터는 예수의 말씀임이 분명하기 때문에 비유 자체라기보다는 비유에 대한 예수의 교훈이라 생각한다. 그리하여 8a-b절 이전과 8c절 이하를 다른 단락으로 읽어야 한다고 이 견해를 확대해석하기도 한다. 이와 달리, 주를 예수라 해석하여 8a-b-c절 모두를 비유와 관련된 동일한 맥락에서 읽자는 견해도 있다(Garland, 2011, pp. 645-648; Ryken, 2009, pp. 170-171). 이 문제의 해결점을 본서에서는 청지기가 칭찬받는 이유가 적힌 8c절 이하에서 찾기로 하겠다.

"이 세대의 아들들이 자기들 자신의 시대를 취급하는 일에 빛의 아들들보다 더욱 영리하기 때문이다."라는 구절이 8c절이다. 여기서 "빛의 아들들"은 하나님의 아들들이라는 유대교의 용어이며 "이 세대의 아들들"은 세속의 아들들을 뜻하는 말로 양자를 대비하고 있다. 세속의 자식들이 이 세상의 안녕을 위해 "자신의 시대를 취급하는 일에 더욱 분별력이 있고" 반면에 하나님의 아들들은 하늘의 미래를 가지고 있기에 먼 장기적인 안목을 갖고 하나님을 섬기는 일에 분별력을 지녀야 한다는 것이다(Bock, 1996, p. 1333). 말하자면, 청지기를 포함한 세속의 자식들이 이 세상일에 관한 한 선견지명이 더 있을 수 있다는 의미로, 8c절은 8a-b절에서 청지기를 칭찬한 일의 이유를 설명한 것이다. 요컨대 문제는, 이때 부자 주인이 이 8c절을 말했으리라고 상상하기는 어렵기 때문에 학자들은 8c절이 예수의 말씀이라는 데 이견이 없다. 그리고 이 예수의 말씀은 도덕적인 규범이라기보다 제자들 역시도 그들의 소유를 분별 있게 사용해야 한다는 일반적인 충고로 읽어야 한다(Garland, 2011, p. 650). 그렇다면, 8a-b절과 8c절을 각각 다른 사람이 말한 것이라 해석하는 것은 무리가 있다고 볼 수 있다.

부자 주인이 8a절을 언급한 것이라는 앞의 해석을 반복해 비판적으로 다시 음미하기로 하겠다. "주가 이 부정직한 청지기를 칭찬하였는데 그가 영리하게(분별 있게) 일하였기 때문이다."라는 구절에서 칭찬한 주가 누구이든 간에, 부정직함을 칭찬한 것이 아니라 "그가 분별 있게 일하였기 때문이다."(Green, 1997, p. 593; Lifeld and Pao, 2007, p. 593)가 칭찬의 근거라는 사실에 학자들은 동의한다. 그리고 분별 있게 일하였다는 것은 청지기가 자기 몫의 수수료를 희생하여 빚을 탕감한 일을 가리킨다는 해석은 매우 그럼직하다. 그러나 청지기가 부정직하다는 사실 자체는 인정하는 것이라면, 부정직의 평가는 1-2절의 기록대로 주인의 평가다. 그럼에도 불구하고, "주인이 청지기를 분별 있다고 칭찬하는 것은 청지기가 본래의 고리대금 약정에서 청지기 자신이 받아야 할 수수료를 탕감해주었다는 것을 주인이 깨달았기 때문이다."(Fitzmyer, 1985, p. 1098)라는 해석은 아무래도 어색하다. 탕감해준 것이 주인이 칭찬할 일인가? 그 때문에 청지기를 주인이 칭찬하였다면, 그렇다면, 그가 해고를 취소했어야 할 것이 아닌가? 아니면, 예수야말로 주인과 마찬가지 논리로 청지기를 칭찬했을 수 있는 것이 아닌가? 혹은 주인이 말한 칭찬을 예수가 호응하고 맞장구를 칠 수도 있는 것 아닌가? 따라서 루돌프 불트만(Rudolf Bultmann) 이래로, 8a-b절을 언급한 '주'가 차라리 '주님 예수'라는 추정이야말로 매우 맥락적 합적일 수 있다.

■ **이 비유의 응용성**(16:9-13) 이 비유의 단락 나누기의 경계가 16:1-8a-b 대 8c절 이하이냐, 혹은 16:1-8a-b 대 9절 이하이냐의 논의가 아직 끝나지 않았다. 어거지로 편의상, 9절 이하를 후반 단락으로 분류해 읽으면서 논의는 계속 이어가겠다.

> 9내가 너희에게 말하노니 불의의 재물로 친구를 사귀라 그리하면 없어질 때
> 에 저희가 영원한 처소로 너희를 영접하리라 10지극히 작은 것에 충성된 자
> 는 큰 것에도 충성되고 지극히 작은 것에 불의한 자는 큰 것에도 불의하니라
> 11너희가 만일 불의한 재물에 충성치 아니하면 누가 참된 것으로 너희에게
> 맡기겠느냐 12너희가 만일 남의 것에 충성치 아니하면 누가 너희의 것을 너
> 희에게 주겠느냐 13집 하인이 두 주인을 섬길 수 없나니 혹 이를 미워하고 저
> 를 사랑하거나 혹 이를 중히 여기고 저를 경히 여길 것임이니라 너희가 하나
> 님과 재물을 겸하여 섬길 수 없느니라

앞선 논의와 또 다른 문제는 8절과 9절을 함께 읽느냐 혹은 별개로 읽느냐는 것인데, 또 여기서도 학자들 사이에 의견이 엇갈린다. 별

개로 읽는 근거는 8a절 내지 8b절로 비유는 끝나고 9절부터 이 비유의 가르침이 실생활에서 어떻게 구현되어야 하는지 그 응용성을 예수가 새롭게 말씀하고 있다고 생각하기 때문이다. 실상, "내가 너희에게 말하노니"라는 9절 초두는 이야기의 새로운 국면을 전개하는 부가적인 언급이므로 예수가 비유의 의의를 설명하는 새로운 국면의 언급이라 독해할 수 있다. 또는 비유가 끝난 뒤 누가가 이에 대해 첨가한 교훈적인 이야기라 해설할 수도 있다(Garland, 2011, p. 651). 새로운 국면이라 하더라도, 9절이 "사람들이 나를 자기 집에 영접하도록 하자."라는 4절의 청지기의 영리한 방안과 연관된 실생활의 구현이라면 비유의 연장선의 한 테두리에서 함께 읽을 수 있다. "부정직한 재물로 너희를 위해 친구들을 만들라, 그리하면 재물이 실패할 때 그들이 영원한 처소로 너희를 영접하리라."라는 9절에서 "부정직한 재물"은 재물의 부정한 유혹으로 부정직에 빠지게 한다는 뜻이다(Fitzmyer, 1985, p. 1109). "재물이 실패할 때"는 쓸모없이 될 때를 말한다. 그러므로 부정직에 빠뜨리기 십상인 재물을 친구들에게 관대하게 사용하여 영원한 처소에 들어갈 수 있도록 하라는 것이 요지다. "그들이 영원한 처소로 너희를 영접하리라."라는 구절을 NIV는 영접하는 주체가 그들(친구들)이 아니라 하나님임을 분명히 하기 위해 "너희"를 주어로 사용하여 "너희가 영원한 처소에 영접되어질 것이다." 하고 수동태로 번역하고 있다.

그런데, 왜 원문에서는 "그들"이 주어로 쓰였는가를 생각해볼 일이다. 빚을 탕감받은 그들이 청지기와 친구가 되었다는 사실이 영원한 처소에 영접되어질 근거이기 때문에 그들을 주어로 사용했을 것이다. 청지기는 본래 "내가 내 청지기 일에서 물러나면 사람들이 자기들 집에 나를 영접하도록 하자."(16:4b)라는 의도로 탕감 계획을 궁리했고 탕감받은 사람들이 그의 친구가 되었다. 그리고 또 바로 이 때문에 "주님이 이 부정직한 청지기를 칭찬였다."(16:8a)라고 연결시켜 읽을 수 있다. 이렇게 읽으면, 청지기가 예수에게 직접 칭찬을 들었다라는 독해가 더욱 정합적일 수 있다. 왜냐하면 탕감받은 빚쟁이들이 청지기와 친구 사이가 되었든지 아니든지 여부는 부자 주인의 관심 밖의 일이었을 터이니 서로 친구가 되었기 때문에 주인이 청지기를 칭찬할 이유가 없기 때문이다. 그렇다면 청지기를 칭찬한 이는 필경 예수였을 것이다.

지금까지 여러 다양한 해석을 혼란스럽게 인용했으니, 이제 1-9절을 한 문단으로 묶어 이야기 담화에 관한 일관성 있는 개관을 시도해야겠다. 개관의 초점은 이 비유에서 가장 난해한 구절인 "주가 이 부정직한 청지기를 칭찬하였다."(16:8a)에 맞춰야겠다. 누구에게서 칭찬을 받았느냐가 세상의 칭찬이냐 혹은 하늘의 칭찬이냐를 가름하기 때문에 관심의 초점이다. 부정직하다는 것은 16:1-2에 기록한 대로 부자 주인의 재산을 청지기가 부정직하게 관리했기 때문이다. 그러나 그는 해고를 통고받자 자신의 장래의 안녕을 위해 주인에게 빚진 자들에게 자기가 취할 수수료를 나누어줌으로써 관대하게 빚을 탕감해준다. "이 비유는 대조와 비교를 통해 가르침을 전한다. 부정직한 청지기와 대조하여, 신자들은 그들의 소유를 비윤리적으로 사용하는 행위를 하지 말아야 한다. 그러나 청지기와 마찬가지로(비교하여), 신자들은 그들의 돈을 그들의 미래를 보증하도록 사용해야 한다"(Schreiner, 2008, pp. 762-763). 결국, 청지기는 그의 부정직함으로 인해 이 세상에서 해직되었으나, 하지만, 바로 그 동일한 청지기가 16:5-7에 기록된 대로 자신의 소유의 맘몬을 회개의 열매로 관대하게 사용함으로써 종말의 영생을 보장받은 것이므로 이 행위는 비도덕적인 행위가 아니다(Bock, 1996, p. 1343). 누가가 강조하는 것은 예수가 그 사람의 평소에 행실이 어떻든지를 불문곡직하고 그의 소유를 어떻게 사용하는지를 종말심판에 하나의 기준으로 예시하고 있다는 점이다.

앞 9절이 비유의 의의를 설명하는 것이라면 10절 이하는 청지기의 충성에 관한 또 다른 의의를 설명하는 가르침이다. “지극히 작은 것에 충성하는 자는 큰 것에도 충성하고, 지극히 작은 것에 부정직(불의)한 자는 큰 것에도 부정직하느니라. 만일 너희가 부정직한 재물에 충성하지 않으면 누가 진정한 부요함을 너희에게 믿고 맡기겠느냐?”가 10-11절이다. 청지기의 직무는 당연히 맡은 일에 충성함이다. 예수는 청지기의 충성한 직무 수행을 작은 것과 큰 것, 그리고 부정직의 재물과 진정한 부요함을 대조하여 말씀한다. “진정한 부요함”은 “큰 것”과 마찬가지로 장차 올 영적인 축복이다(앞의 책, p. 1335). “지극히 작은 것”과 “부정직의 재물”은 서로 상응하는 개념이며 이것들에 충성한다는 것은 이 세상에서 청지기가 가난한 빚쟁이들을 위해 빚을 탕감해준 일이 증거하는 바와 같다(Green, 1997, p. 595).

그런데 이때 천국의 도덕률은 작은 것과 큰 것의 구별이 없다면 10-11절을 더 이상 해석하지 않고 앞에서 공부한 12:33을 다시 읽기로 하겠다. “너희 소유를 팔아 구제하라. 낡아지지 않는 주머니를 너희 자신들을 위해 만들어 도둑도 가까이 하는 일이 없고 좀도 먹는 일이 없는 하늘에 있는 충실한 보물을 가지라.”가 그것이다. 만일 16:10-11을 12:33의 기반 위에 읽을 수 있다면, 청지기가 자신이 받아 마땅한 수수료인 소유를 팔아 가난한 빚쟁이들에게 탕감해준 일이 “너희 소유를 팔아 구제한”(12:33a) 일이다. 불의의 재물에 충성하는 일이 “하늘에 있는 충실한 보물”(12:33b)인 영적인 축복이라는 진정한 부요함에 충성하는 것에 상응하는 충성이라는 말씀이다.

특히 누가복음에 있어서 ‘부’라는 것은 충실하게 사용해야 할 재물이다(10-11절 참고). 충실하게라 함은 하나님이 기뻐하시는 일에 사용한다는 의미로, 그것을 필요로 하는 사람들에게 사용하여 사랑의 공동체를 견고하게 하는 일을 뜻하기도 한다(1-9절 참고). 여기서 한발 더 나아가 12-13절에서 예수는 재물이 우상이 될 것을 염려한다. "만일 너희가 다른 사람에게 속한 것에 충성치 않으면 누가 너희 자신의 것을 너희에게 주겠느냐?"라는 12절에서는 돈의 범위를 넘어서 소유 일체에 관한 말씀으로 확장한다. 하지만 "너희"라 함은 소유주인 주인이 아니라 재산관리의 청지기 역할을 수행하는 하인을 지칭하는 것이다. 또 "다른 사람에게 속한 것에 충성치 않으면"이라 함은 소유주인 다른 사람의 재산관리를 충성하게 하지 않는다는 뜻으로 읽어야 한다.

소유주가 누구인지를 16:13과 마 6:24의 "하나님과 재물을 겸하여 섬기지 못하느니라."라는 구절과 함께 읽으면, 궁극적으로 소유주는 곧 하나님이시다. "누가 너희 자신의 것을 너희에게 주겠느냐?"라는 구절은 하나님께서 우리 몫으로 가지고 계신 더욱 풍요로운 영적인 축복을 충성치 않은 사람에게 주겠느냐고 강조하는 말씀이다(Ryken, 2009, p. 177). 또 "하인이 두 주인을 섬길 수 없나니 한 하인이 한 주인을 미워하거나 다른 주인을 사랑하거나 혹은 한 주인에게 헌신하거나 다른 주인을 멸시하지 못하기 때문이다. 너희는 하나님과 부를 함께 섬길 수 없다."가 13절이다. 부를 섬긴다는 구절의 문맥은 맘몬의 노예라는 뜻이므로, 하인을 노예라 번역하는 것이 더 적절할 듯도 싶다. 재물과 하나님의 섬김을 양단간에 가차없이 잘라내어 하나님이냐 맘몬이냐의 양자택일을 요구한다. 이때까지 재물을 부정직(불의)의 재물이라 일컬어왔거니와, 이제 신자들에게 재물이 주인일 수 없다고 재물을 의인화해 우상과 동일시한다. 달리 말하면, "돈을 너희 주인으로 삼지 말고, 너희들 자신과 너희들이 가지고 있는 모든 것을 주님이신 예수 그리스도 아래 가져오라."(앞의 책, p. 178)라는 말씀이다.

■ 율법은 예수의 중심에 있다(16:14-18)

■ **바리새인의 비웃음에 대한 예수의 논쟁**(16:14-18) 이 단락은 단락 내에서 절과 절 사이의 연결, 앞선 단원(16:1-13)과 후속 단원(16:19-31) 사이의 연결이 어떤 맥락적 의미를 공유하는지 이해하는 데 어려움이 있다. 본문의 이해뿐만 아니라 이들 양자의 의미관계를 파악하는 일이 함께 이루어져야 이 단락을 올바르게 이해할 수 있다.

> **14**바리새인들은 돈을 좋아하는 자라 이 모든 것을 듣고 비웃거늘 **15**예수께
> 서 이르시되 너희는 사람 앞에서 스스로 옳다 하는 자이나 너희 마음을 하
> 나님께서 아시나니 사람 중에 높임을 받는 그것은 하나님 앞에 미움을 받는
> 것이니라 **16**율법과 선지자는 요한의 때까지요 그 후부터는 하나님 나라의
> 복음이 전파되어 사람마다 그리로 침입하느니라 **17**그러나 율법의 한 획이 떨
> 어짐보다 천지의 없어짐이 쉬우리라 **18**무릇 그 아내를 버리고 다른 데 장가
> 드는 자도 간음함이요 무릇 버리운 이에게 장가드는 자도 간음함이니라

"바리새인들은 돈을 사랑하는 자들이라 이 모든 것을 듣고 예수를 비웃었다."라는 서두 14절에서 "비웃었다"의 원문은 "코를 그에게 들어 올렸다."로 이 의태적인 표현은 단순한 비웃음 이상의 경멸의 천박한 뜻을 표현하는 것이라 한다. 그들이 왜 비웃었는지를 적고 있지 않지만 물질적인 부유가 영적인 성공, 영적인 신분 상승의 표적이라 바리새인들이 믿고 있었다면(앞의 책, p. 183), 그들이 왜 예수를 비웃

었는지 그 까닭을 짐작하고도 남는다. "하나님과 재물을 겸하여 섬길 수 없느니라."(16:13b)라는 말씀에 대해 코웃음을 친 것이다. 따라서 독자들은 이 단락을 앞 단원과 연결하여 읽을 수 있다.

"그리하여 예수께서 그들에게 이르시되 '너희는 다른 사람들 앞에서 너희 자신들을 정당화하는 자이지만 하나님께서는 너희 마음을 아시나니, 사람들에게 높임을 받는 것은 하나님 앞에 혐오스러운 것이니라.' 하셨다."가 15절이다. 예수의 꾸지람은 바리새인들이 자신들의 재물을 사람들 앞에서 영적인 성공의 증거로 정당화하지 말라는 것이다. "하나님께서는 너희 마음을 아시나니"라는 말씀은 재물을 자랑함으로써 "사람들에게 높임을 받는" "바리새인들의 누룩 곧 외식"(12:1)을 아신다는 것이다(Green, 1997, p. 602). 바리새인들이 구제의 헌금을 하거나 자선 행위를 하더라도 사람들에게 높임을 받으려는 마음에서 하는 것임을 하나님께서 아신다는 말이다. 바로 이것이 "바리새인들이 돈을 사랑하는 자들"이라는 질책의 의미다. "사람들에게 높임을 받는 것은 하나님 앞에 혐오스러운 것이다."라는 15c절에서 "혐오스럽다"는 코를 찌르는 악취와 같은 의미로 지독한 혐오를 뜻한다. 이 혐오는 하나님과 재물을 함께 섬길 수 없다는 또 다른 강력한 말씀이다(Fitzmyer, 1985, p. 1112). 달리 말하면, 돈을 사랑하는 자들은 자신들의 사회적인 지위를 추구하는 돈의 우상숭배자라는 또 다른 강력한 말씀이다(Green, 1997, p. 602).

겉보기대로 언뜻 읽으면, 16-18절은 14-15절과 무관한 것처럼 보인다. "율법과 예언자들은 요한의 때까지요 그 후부터는 하나님 나라의 복음이 전파되어 누구든 그것에 들어가도록 몰아친다."라는 16절은 난해한 구절이다. 우선 "율법과 예언자들은 요한의 때까지"(16a)라는 진술의 시대 구분에 있어 요한이 구약시대에 속하느냐 복음시대에 속하느냐에 관한 논쟁이 있다(Liefeld and Pao, 2007, pp. 262-263). 여기서는 이 어려운 신학적인 문제를 제쳐두고, 요한이 두 시대의 중간에 위치한다고 생각하고 더 이상 논의하지 않겠다. 요한까지든지 혹은 요한 이후부터든지, 여하튼, 율법과 예언자들의 시대에 뒤이어 복음이 전파되는 새 시대가 도래하였다. 이 두 시대가 단절된 시대라 읽기 십상이지만, 17절을 읽으며 다시 확인하겠으나, "율법과 예언자들은 하나님 나라를 지향한다."(Schreiner, 2008, p. 632)라고 독해해야 한다.

그리하여 "누구든 그것에 들어가도록 몰아친다."라는 16b절에서 개역성경에 "침입하다"라 번역된 "몰아친다(biazetai)"의 의미를 어떻게 해석할지가 또 어렵다. 여기서는 'biazetai'의 의미가 '억지로 떠밀려지다'라는 뜻을 갖고 있으므로 몰아치다라 번역하였다. 학자들 사이에 여러 다른 해석이 있으나(Bock, 1996, pp. 1352-1354 참고), 하나님 나라에 모두 들어갈 수 있도록 좋은 소식을 받아 가지도록 강권한다는 의미를 취하겠다(앞의 책, p. 1353; Fitzmyer, 1985, p. 1117). 이때 바리새인들은 율법(창세기부터 신명기까지)과 예언서들(여기서는 구약의 나머지 기록)의 진리를 고수하는 종교지도자들이다. 그런데 다른 사람들 앞에서 스스로를 정당화하고 높임을 받고자 하는(16:15) 그들은 복음을 거부할 뿐만 아니라 그들의 구약 성서까지도 거부하는 자들임을 암시하고 있다(Liefeld and Pao, 2007, p. 261). 이와 같은 그들의 위선은 다른 무엇보다 그들의 돈 사랑에서 두드러진다.

이어지는 17-18절이야말로 예수의 복음을 거부하고 돈을 사랑하는 바리새인들의 위선적·모순적 행위에 대한 혹독한 역설적 비판이다. "그러나 율법의 한 획이 떨어져나감보다 하늘과 땅이 없어짐이 더 쉬우리라."라는 17절에서 예수는 하나님 나라가 도래하였고 율법과 예언자들의 시대가 지나갔다 하더라도, 하나님의 율법은 한 획도 지워지지 않을 것임을 단언한다. "율법의 한 획이라도 예수 그리스도의 사역에서 다 이루어진다."(Schreiner, 2008, p. 632)라는 의미로 이 17절을 읽어야 한다. 여기서 중요한 점은 율법을 숭앙하는 바리새인들을 향해 이 말씀을 하였다는 사실이다. 이는 '복음이 율법을 완성한다.'라는 점을 바리새인들에게 분명히 밝히는 말씀이다. 이때 이 17절과 함께 16절을 읽지 않으면 16절이 마치 율법과 복음이 상반되는 가치를 지향하고 있다고 잘못 읽기 십상이다. 예수가 바리새인들의 율법주의를 질책하는 것은 그들이 율법을 우상화하여(Green, 1997, p. 602) 돈을 사랑하고 사회종교적인 위선을 앞세우기 때문이다. 요한을 기점으로 두 시대가 구별된다 하더라도 율법이 복음의 기반 위에 세워짐을 예수는 여기서 분명하게 천명한다.

"그의 아내와 이혼하고 다른 사람에게 장가드는 누구든 간음을 범하는 것이며, 자기 남편과 이혼한 여자에게 장가드는 누구라도 간음을 범하는 것이라."라는 18절은 돈을 사랑하며 율법을 숭앙하는 바리새인들에게 율법의 엄격한 실천을 오히려 당부하는 말씀이다. 남녀 모두가 이혼한 후라 하더라도 여하한 또 다른 결혼도 용납할 수 없다는 율법에 대한 예수의 이 (산상)수훈적인 강력한 해석은 오히려 율법의 엄격한 실천을 당부하는 말씀이다. 이 18절의 새로운 율법은 "율법이 예수 그리스도에 의해 이제 해석되어진"(Schreiner, 2008, p. 632) 하나님 나라의 윤리이며, 환언하면, "예수가 율법의 중심에 초점을 맞춘 것이 아니라 율법이 예수의 중심에 있다(the law centers on Jesus)."라는 슈라이너의 해설을 우리는 이 단락의 결론으로 인용키로 하겠다. 학자들은 누가가 구약 율법에 대해 다른 어떤 신약 기록들보다 복음서와 행전에서 가장 보수적인 입장을 취한다고 평가한다. 바울의 동역자이고 이방인인 누가는 바리새인들과 율법사들의 유대주의를 혹독하게 정죄하는(11:37-54 참고) 예수가 율법이나 예언자를 폐하러 온 것이 아니라 완전케 하러 온 것을(마 5:17) 철저하게 알고 있었던 것이다.

회개의 열매로서 맘몬을 사용하라(16:19-31)

부자와 나사로의 비유(16:19-23) 어떤 이들은 이 단원을 여기 적힌 제목처럼 비유라 생각한다. 하지만 실상 누가가 비유라 부른 것도 아니고, 비유라 하기에는 이야기가 너무 실제적이고 또 너무 교훈적이다. 우선 지상에서의 익명의 부자의 호화로운 생활과 나사로라 불리는 거지의 비참한 생활을 대조하는 짤막한 도입부(16:19-21)가 제시되고, 두 주인공이 어느 날 모두 죽어 나사로는 아브라함의 품에 안기고 부자는 음부에 떨어진 이야기(16:22-23)가 펼쳐진다. 이 이야기는 자기의 탐욕에만 부를 사용하는 부자는 종말적인 구원에서 배제될 수밖에 없다는 구체적인 본보기를 예시하고 있다.

하지만, 정작 이야기의 본문은 음부에서 고통과 고뇌에 시달리는 부자와 아브라함과의 대화다(16:24-31). 이 단원은 본문의 독해가 어렵지 않다. 문제는 돈과 소유의 문제가 주제인 이 단원의 후반부에서 누가를 통해 전하고자 하는 진정한 메시지가 무엇인지를 이해하는 것이다. 여기서는 이 중요한 후반부를 별도의 단락으로 읽겠다.

> **19**한 부자가 있어 자색 옷과 고운 베옷을 입고 날마다 호화로이 연락하는데
> **20**나사로라 이름한 한 거지가 헌데를 앓으며 그 부자의 대문에 누워 **21**부자
> 의 상에서 떨어지는 것으로 배불리려 하매 심지어 개들이 와서 그 헌데를 핥
> 더라
> **22**이에 그 거지가 죽어 천사들에게 받들려 아브라함의 품에 들어가고 부자

도 죽어 장사되매 23저가 음부에서 고통 중에 눈을 들어 멀리 아브라함과 그
의 품에 있는 나사로를 보고

도입부 19-21절에서 익명의 부자의 호화로운 생활과 거지 나사로의 참혹한 생활을 대조하고 있으므로 함께 붙여 읽겠다. 부자는 자색 염료로 물감을 들인 겉옷과 고운 아마포의 속옷을 입고 매일 잔치를 차려 즐겨 먹었다. '하나님이 도우신다.'는 의미의 나사로라는 이름을 지닌 가난한 자는 온몸이 헐어 만신창이인 채 그 집 대문에 누워 부자의 상에서 떨어지는 것들로 끼니를 때우며 지냈다. 게다가 개들이 와 그의 몸의 헌 데를 핥아 오염을 더하기도 하였다. 본문에서는 부자와 대조하기 위해 가난한 자라 부르고 있으나 이를 거지라 쓴 번역본이 꽤 있다. 독자들로서는 아무리 가까이 하기 더러운 거지라 하더라도 부자가 최소한의 대접을 했어야 한다는 요지가 이 장면 묘사의 저변에 깔려 있다고 읽고 싶다.

새로운 국면으로 접어들어 이제 나사로도 죽고 부자도 죽었다. 거지의 죽음은 장사를 지냈다는 기록이 당연히 없으나, 대신 그는 천사들에게 받들려 아브라함의 가슴에 안긴다. 부자는 죽어 장사를 지냈다니 아마도 부자답게 지상에서 장엄한 의식을 치렀을 터인데, 장사를 지낸 후에는 음부(Hades)에 있게 된다. 음부가 어떤 곳인지 명료하게 고증할 수 없으나, 여하튼, 나사로와 부자가 있는 곳은 거리가 꽤 떨어져 있는 곳이라는 사실이 분명하다. "그가 눈을 들어 올려 나사로가 그 곁에 있는 아브라함을 멀리서 보았다."(16:23b)라고 적혀 있기 때문이다. 이 비유의 흥미로운 특이성은 아브라함의 출현이다. 아마도 "믿는 모든 자의 조상"(롬 4:11)인 아브라함이 나사로를 가슴에 안은 장면의 묘사로 그가 믿음의 자손임을 암시하려는 것인지도 모르겠다.

■ **부자와 아브라함의 대화**(16:24-31) 서두에서 이 단원의 본문이 24-31절이라 하였다. 따라서 이 부분을 별도의 단락으로 읽겠다.

> 24불러 가로되 아버지 아브라함이여 나를 긍휼히 여기사 나사로를 보내어
> 그 손가락 끝에 물을 찍어 내 혀를 서늘하게 하소서 내가 이 불꽃 가운데서
> 고민하나이다 25아브라함이 가로되 얘 너는 살았을 때에 네 좋은 것을 받았
> 고 나사로는 고난을 받았으니 이것을 기억하라 이제 저는 여기서 위로를 받
> 고 너는 고민을 받느니라 26이뿐 아니라 너희와 우리 사이에 큰 구렁이 끼어
> 있어 여기서 너희에게 건너가고자 하되 할 수 없고 거기서 우리에게 건너 올
> 수도 없게 하였느니라 27가로되 그러면 구하노니 아버지여 나사로를 내 아버
> 지의 집에 보내소서 28내 형제 다섯이 있으니 저희에게 증거하게 하여 저희
> 로 이 고통받는 곳에 오지 않게 하소서 29아브라함이 가로되 저희에게 모세
> 와 선지자들이 있으니 그들에게 들을지니라 30가로되 그렇지 아니하나이다
> 아버지 아브라함이여 만일 죽은 자에게서 저희에게 가는 자가 있으면 회개
> 하리이다 31가로되 모세와 선지자들에게 듣지 아니하면 비록 죽은 자 가운
> 데서 살아나는 자가 있을찌라도 권함을 받지 아니하리라 하였다 하시니라

이제 24절부터 부자와 아브라함의 대화가 두 주제에 걸쳐 31절까지 길게 이어짐으로써 이 단락의 주인공은 나사로가 아니라 부자임이 전면에 드러난다. 아브라함에게 부자가 간청한 첫 번째 간청을 읽으면 그가 얼마나 음부에서 고통을 받는지를 짐작하고 남는다. "아버지 아브라함이여, 나를 긍휼히 여기사 나사로를 보내시어 그의 손가락 끝을 물에 담가서 내 혀를 서늘하게 하소서, 내가 화염 속에서 비통하기 때문입니다."라는 애절한 호소가 24절이다. 지상에서 부자였던 그가 사후(死後)에 거지가 된 것이다. 그러나 유대인들의 조상인 아브라함은

그를 "아이야"라 부르면서도 이를 거절한다. "아이야, 너는 네 생애에서 좋은 것들을 받았고 나사로는 그처럼 나쁜 것들을 받았다는 것을 기억하라. 그러나 이제 그는 여기서 위로받고 있고 너는 비통에 처해 있느니라."라는 25절이 아브라함의 답변이다. 답변인즉 세상의 처소와 종말의 처소에서의 체험이 정반대라는 것이다. 부자가 호소하는 '비통'은 단순한 고통이 아니라 계속적인 심적 슬픔과 괴로움이며 나사로가 체험하는 위로 내지 격려 역시 단순한 위로가 아니라 심적 위로이다(Bock, 1996, p. 1372). 이 해석은 이들 두 사람이 지상에서와 정반대의 체험을 한다는 것으로, 부자는 부자대로 지상에서 겪은 것과 정반대의 체험을 겪고 나사로 역시 지상과 사후에 정반대의 체험을 겪는 것이다.

아울러 아브라함은 또 다른 거절의 불가피성을 보탠다. "모든 이것뿐만 아니라, 우리와 너 사이에 깊은 수렁이 박혀 있어 여기서 너에게 건너가려 하는 사람들이 그렇게 할 수 없고 그리고 거기서 우리에게 건너오려 해도 아무도 그럴 수 없다."가 또 다른 불가피성이다. 이 26절에서 두드러진 표현은 아브라함과 나사로를 "우리"라 호칭하고 부자를 "너"라 따로 분류해 호칭한다는 점이다. 몇몇 학자들의 반론도 없는 것은 아니로되, 하지만, "만일 의와 불의가 사후에 섞일 수 없다면 (이 세상에서의 불의가) 죽은 후에 구원받을 가능성은 배제되어 있다."(앞의 책, p. 1373)라는 결론이 주류 학자들 사이의 공통된 해설이다.

만일 그렇다면, 지상에서의 부자는 천상에서 물 한 방울을 구걸하는 거지가 되어야만 하는가라는 의문이 당연히 생긴다. 이 의문에 대한 대답은 재물에 대해 곳곳에서 언급한 누가복음 안에서 그 맥락적 의미를 기반으로 찾는 것이 정도일 것이다. 다른 무엇보다 누가가 강조하는 예수의 지복과 비탄에 관한 말씀은 "가난한 자는 복이 있나니 하나님의 나라가 너희 것임이요,"(6:20)이다. 그리고 "화 있을진저 너희 부유한 자여 너희는 너희의 위로를 이미 받았도다."(6:24)라는 수훈에서 그 기반을 찾을 수 있다. 특히 이 "화 있을진저"에 관한 수훈의 원리를 부자와 나사로의 비유에서 주인공 부자를 통해 다시 풀이하고 있는 것이다.

본질은 지상과 천상 사이의 전도된 가치다. 이때 비록 천상의 가치는 불변하는 것이라 하더라도, 지상의 가치는 천상에서 가변적일 수 있다. 그 좋은 본보기가 부정직한 청지기의 비유이다(6:1-13). 우리는 여기서 "부정직한 재물로 너희를 위해 친구들을 만들라, 그리하면 재물이 실패할 때 그들이 영원한 처소로 너희를 영접하리라."(16:9)라는 말씀을 다시 상기하게 된다. 다시 해설하면, 부정한 유혹으로 부정직에 빠뜨리기 십상인 맘몬으로 자비를 베풀면 사후에, 즉 이 세상의 재물이 쓸모없이 될 때, 구제받은 친구들로 인해 영원한 처소에 들어갈 수 있다는 것이다. 그런데, "이 부유한 사람의 생애는 16:9 진술의 반례다."(앞의 책, p. 1378)라는 해설에 공감하지 않을 수 없다. 비록 부정직한 청지기라 하더라도 재물을 선용하면 영원한 처소에 들어갈 수 있다는 것이니 단순히 부자라는 이유만으로 하늘나라의 문을 닫아걸지는 않을 것이다. 그럼에도 불구하고, 돈과 소유의 문제에서 예수의 지상명령의 율법은 "그러므로 너희들 중에 누구든지 그가 가지고 있는 모든 것을 포기하지 않는 자는 내 제자가 될 수 없느니라."(14:33)이다.

부자는 이제야 자기가 처한 상황을 깨달아 두 번째 간청을 두 번 반복해 아브라함에게 드리고 아브라함은 그 부당함을 공박한다. "내가 구하노니, 아버지여, 그를 내 아버지의 집에 보내주소서, 내 형제 다섯이 있으니 그가 저들에게 경고하여 저들이 이 고통의 장소에 오지 않게 하소서."라는 27-28절이 부자가 음부에서 벗어날 수 없음을 깨달은 다음의 또 다른 간청이다. 이에 대해 아브라함은 "저들에게 모세와 예언자들이 있으니 저들이 그들에게 듣는 것이 마땅하다."라고 아주 간단명료하게 답한다. 다시 부자가 강권하여 "그렇지 아니하나이다, 아버지 아브라함이여, 그러나 만일 누가 죽은 자에게서 저들에게 간다면 저들이 회개하리이다."라고 말하고, 아브라함은 "만일 저들이 모세와 예언자들에게 듣지 않으면 누가 죽은 자에서 일어난다 하더라도 저들이 설득되지 않을 것이다."라고 일축한다. 죽은 자를 다시 세상에 내려보내는 기적이라 하더라도 모세와 예언자들의 말을 듣지 않는 자들이 개심에 이를 수 없다는 것이(Fitzmyer, 1985, p. 1128) 아브라함의 신념이다.

이 누가만의 기사에서 누가가 특별히 전하고자 하는 메시지가 무엇일까? 우선, 주인공인 부자가 누구를 대표하는지가 궁금하다. 그가 아브라함을 아버지라 부르고 그의 형제들이 회개할 것을 갈망하는 것을 보면 언약의 백성 유대인임이 확실하다. 여러 학자들이 유대인 중에서도 "돈을 사랑하는"(16:14) 바리새인이라 생각한다(Bock, 1996, p. 1377; Green, 1997, p. 610). 이러한 추리는 이 단락과 앞 단락 16:14-18과의 연관성을 생각할 때 매우 그럼직하다. 한데, "죽은 자에서 일어난다 하더라도"(16:31b)라는 구절에 주목하면 이야기가 전하는 대상을 확장하여도 좋을 것이다. "이들 말씀이 팔레스타인인들의 바리새인 부자에게만 국한되는 것이 아니라 기독신자들에게도 마찬가지로 해당되어 예수 자신의 죽음과 부활을 넌지시 겨냥하고 있음을 짐작할 수 있다"(Fitzmyer, 1985, p. 1128). 죽은 자를 일으켜 다시 세상에 내려보낸다는 표현은 비유라 하더라도 범상한 표현이 아니기 때문에 예수의 부활을 함축할 수 있다는 해설이다. 따라서 이 비유가 전하는 메시지의 대상을 바리새인에 국한하지 않고 부자 일반에게 주는 경고라 확대해야 한다는 것이다.

둘째, 부자의 두 번째 간청에 대한 아브라함의 답변에서 두드러진 특징인 바, 누구의 운명이든 사후에는 변할 수 없다는 것이다. 지상의 삶은 일회적이지만 가변적일 수 있는 반면에 사후의 삶은 영구적으로 불변한다. 연옥과 같은 사후의 잠정적인 삶이 있을 수 없음을 아브라함의 입을 통해 단호하게 전한다. 음부에서 지상으로 혹은 음부에서 천상의 다른 곳으로의 왕래는 건널 수 없는(unbridgeable) 수렁으로 막혀 있다. 이 맥락에서 우연찮게 이름이 같은 마리아의 오라비를 예수가 죽음에서 살렸으니(요 11:1-44) 혼란이 있을 수 있으나, 나사로라는 이름이 같기 때문에 오히려 두 나사로가 전혀 별개의 인물과 다른 질의 사건임을 입증한다.

마지막으로, "만일 저들이 모세와 예언자들에게 듣지 않으면 누가 죽은 자에서 일어난다 하더라도 저들이 설득되지 않을 것이다."(16:31)라는 구절을 앞 단락 "율법의 한 획이 떨어져나감보다 하늘과 땅이 없어짐이 더 쉬우리라."(16:17)와 함께 읽으면, 이 부자는 복음을 받아들이지 않았을 뿐만 아니라 일차적으로 모세와 예언자들의 율법을 지키지 않은 자임을 알 수 있다. 달리 말하면, 복음의 윤리와 율법의 윤리가 다르지 않다는 사실을 반증한다(Liefeld and Pao, 2007, p. 265). 복음과 율법이 다르지 않다는 사실은 "부의 영역과 가난한 자에 대한 관대함의 영역에서 이 점이 유달리 참이다"(Bock, 1996, p. 1378). 이처럼 유달리 돈에 대해 복음과 율법이 윤리 실천에 있어 등가적일 수 있는 까닭은 바리새인들을 포함한 "돈을 사랑하는" 부자는 하나님의 사랑을 모르는 불신에 빠지기 때문일 것이다. 그러므로 맘몬의 사용은 종말심판을 위한 "회개의 열매"이어야 한다(Schreiner, 2008, p. 557)는 지상명령이 이 비유의 결론이라 읽어도 좋을 것이다.

믿음과 순종, 무익한 종의 의무(17:1-10)

주제와 맥락에 있어서 앞뒤 단원과의 연결이 애매할 뿐만 아니라 여기 적힌 네 가지 주제 사이에도 의미관계를 파악하기 어렵다. 각 주제는 거짓 가르침을 조심하라(17:1-3a), 회개한 신자를 용서하라(17:3b-4), 믿음을 단련하라(17:5-6), 종의 의무를 다하라(17:7-10)이다. 일단 각 주제를 독립적으로 독해한 후 마지막 주제를 중심으로 '무익한 종의 의무'라는 테두리 안에서 전체의 맥락적 의미를 반추하겠다.

■ **실족케 하는 자는 화 있을진저**(17:1-3a) 첫 번째 주제는 사람들로 하여금 죄를 짓게 하는 걸림돌은 화를 입게 된다는 것이다.

> 1예수께서 제자들에게 이르시되 실족케 하는 것이 없을 수는 없으나 있게 하는 자에게는 화로다 2저가 이 작은 자 중에 하나를 실족케 할진대 차라리 연자맷돌을 그 목에 매이우고 바다에 던지우는 것이 나으리라 3a너희는 스스로 조심하라

이때까지 바리새인들에게 말씀하였거니와, 이제 예수가 제자들에게 이르는데 그중에는 일반 신자들도 포함되었을 것이다. 첫 번째 주제는 실족케 하는 일에 대한 경고이다. "실족케 하는 일이 없을 수는 없으나 실족케 하는 자에게 화 있을진저!"라는 말씀이 공동체 내의 일임을 시사한다. "실족케 하는 일"이란 자구대로라면 덫에 걸리는 일이지만 실제로 죄를 짓게 하거나 심지어 배교케 하는 유혹을 가리킨다. 이 말씀을 제자들에게 건네는 이유는 공동체 안에서 거짓 가르침에 의해 이런 유혹이 유발될 우려가 있기 때문이다(Bock, 1996, pp.

1384-1385). 그럴 우려를 배제할 수 없으나, 그렇더라도 일어나면 "화 있을진저!"이다.

아마도 여기 화 있을진저는 예수가 율법사에게 말씀하였던 "너희가 지식의 열쇠를 가져가버려 너희도 들어가지 않았고 들어가고자 하는 자들도 막았기 때문이다."(11:52)라는 구절과 동일한 맥락에서 읽어도 좋을 것이다. "이들 작은 자들 중의 하나를 실족케 할진대 맷돌을 네 목에 달고 바다에 던지어지는 것이 네게 더 나을 것이다."라는 무서운 은유적인 저주를 이어서 하기 때문이다. "작은 자들"이란 자구대로는 어린아이이지만 믿음이 약한 신자들일 수 있다(마 18:6; 마 9:42 참고). 또 특히 누가에서는 "이들 작은 자들"이라 하여 "이들"이라는 지시사로 명세하고 있으니 이미 언급했던 나사로나 세리처럼 세상에서 하찮은 평가를 받는 사람일 수도 있다(Garland, 2011, p. 680). "너희는 스스로 조심하라!"의 3a절은 용서하라는 다음 주제에 연결해 읽기도 하지만, 실족케 하는 일과 연결하여 특히 제자들로 하여금 남을 가르치는 일에 조심하라는 경고로 해석한다(Bock, 1996, p. 1986).

▪ 형제가 죄를 짓거든 꾸짖고 회개하거든 용서하라(17:3b-4)

두 번째 주제는 용서에 대해서다.

> **3b**만일 네 형제가 죄를 범하거든 경계하고 회개하거든 용서하라 **4**만일 하루 일곱 번이라도 네게 죄를 얻고 일곱 번 네게 돌아와 내가 회개하노라 하거든 너는 용서하라 하시더라

"만일 너희의 형제가 죄를 지으면 그를 꾸짖고, 그가 회개하면 용서하라. 만일 하루에 일곱 번 그가 너희에게 죄를 짓고 일곱 번 너희

에게 돌아와 '내가 회개한다.'라고 말하면, 너희는 그를 용서하라."가 3b-4절이다. 신자들의 공동체에서는 그리스도 안에서 모두가 형제자매다. 그러므로 신자인 한 형제가 죄를 지으면 다른 신자들도 함께 영적인 책임을 지라는 말씀이다. "꾸짖다"는 회개하도록 점잖게 훈계하는 일이다. 그리고 회개와 용서에서 "일곱 번"은 매번 혹은 무제한이라는 말이다. "만일"이라는 조건의 표현을 사용하고 있지만 회개해야만 용서하라는 것이 아니라 지속적으로 화해하라는 뜻이다(Ryken, 2009, pp. 211-212). 그럼으로써 "하나님을 기쁘게 하라는 말씀이다." (Liefeld and Pao, 2007, p. 267). "우리의 죄를 우리에게 용서하여주옵소서, 우리가 우리에게 빚진 모든 사람을 용서하기 때문입니다."(11:4)라는 주기도의 정신과 같다. 죄를 용서받은 신자들이 다른 사람을 용서하지 않는 일은 용서받을 자격이 없는 사람이기 때문이다.

■ **믿음에 관하여**(17:5-6) 세 번째 주제는 믿음에 관해서다.

> 5사도들이 주께 여짜오되 우리에게 믿음을 더하소서 하니 6주께서 가라사대 너희에게 겨자씨 한 알만 한 믿음이 있었더면 이 뽕나무더러 뿌리가 뽑혀 바다에 심기우라 하였을 것이요 그것이 너희에게 순종하였으리라

이번에는 사도들이 예수에게 "우리의 믿음을 증대해주옵소서!" 하고 간청을 드린다. 사도들은 열두 제자로, 예수를 주라 부르는 이들이다. 학자들은 제자들의 간청이 '작은 자들 중의 하나라도 넘어지도록 유혹하지 말라.'와 '회개하면 용서하라.'라는 1-4절의 교훈의 배경에서 나온 반응이라고 본다. 또는 1-4절 진술의 맷돌을 메고 바다에 던지어지는 것과 일곱 번 용서하라는 것의 과분한 부담에서 우러나

온 반응일 것이라 해설한다. 그렇다 하더라도 제자들의 간청은 '느닷없고' 그에 대한 예수의 대답 역시 '즉각적'이다(Fitzmyer, 1985, p. 1142). 말하자면, 이 단원에 적힌 네 주제 중 이 믿음의 주제는 제자들과 예수 사이에 의도되지 않은 우발적 대화라는 해설이다.

"너희가 겨자씨 한 알만 한 믿음을 갖고 있다면 이 뽕나무에게 '뿌리가 뽑혀 바다에 이식되어라.'라고 말하면 그것이 너에게 순종하리라."가 예수의 대답이다. 뽕나무는 뿌리가 깊은 꽤 큰 나무라 다른 토양에 옮겨 심을 수조차 어렵고, 반면에 겨자씨는 상대적으로 매우 작은 씨다. "예수의 말씀은…… 믿음의 양이 중요한 것이 아니라 믿음의 종류, 즉 진실한 믿음이 중요하다는 것이다. 믿음이 겨자씨보다 크지 않다 하더라도 진실하면 놀라운 능력을 갖는다는 것이다. …… 이 말씀은 사도들의 믿음이 겨자씨 크기만도 못하다는 의미를 함축하고 있다"(앞의 책, p. 1142). 그러나 동시에 그들의 믿음은 뽕나무를 뿌리째 뽑아 바다에 이식시킬 수 있을 만큼 성장할 수 있다는 말씀이기도 하다. 혹은 "믿음을 갖고 있다."라는 현재형 표현을 강조해 읽으면, "제자들이 믿음을 충분하게 지니고 있어서 더 이상 요구할 필요가 없다." (Garland, 2011, p. 681)라는 의미로 해석할 수도 있다. 마가의 병행기사는 "하나님을 믿으라…… 누구든지 이 산더러 들리어 바다에 던지우라 하며 그 말하는 것이 이룰 줄 믿고 마음에 의심치 아니하면 그대로 되리라."(막 11:22b-23)이다. 누가든 마가든 비록 겨자씨보다 작은 믿음일지라도 엄청나게 놀라운 능력을 발휘할 가능성이 언제든 열려 있다는 말씀을 전하는 것이다.

■ **무익한 종들에 관하여**(17:7-10) 네 번째 주제는 무익한 종들에 관해서다.

7너희 중에 뉘게 밭을 갈거나 양을 치거나 하는 종이 있어 밭에서 돌아오면
저더러 곧 와 앉아서 먹으라 할 자가 있느냐 8도리어 저더러 내 먹을 것을 예
비하고 띠를 띠고 나의 먹고 마시는 동안에 수종들고 너는 그 후에 먹고 마
시라 하지 않겠느냐 9명한 대로 하였다고 종에게 사례하겠느냐 10이와 같이
너희도 명령받은 것을 다 행한 후에 이르기를 우리는 무익한 종이라 우리의
하여야 할 일을 한 것뿐이라 할지니

이 기사는 누가만의 것이고 네 가지 주제 중 가장 이해하기 어렵다. "너희들 중에 누가 밭을 갈거나 양을 치거나 하는 한 종이 있어 그가 들판에서 돌아오면 '즉시 와 앉아서 먹으라.' 하고 그에게 말할 사람이 있느냐? 도리어 '내 저녁을 마련하고 내가 먹고 마시는 동안 (앞치마) 띠를 두르고 내게 시중들고 그 후에 네가 먹고 마시라.'라고 그가 말하지 않겠느냐. 명한 대로 종이 하였다고 그가 종에게 감사하겠느냐?"가 7-9절이다. 오늘날의 상식으로는 좀 이해하기 거북한 종과 주인과의 관계인데, 이 구절은 주인의 입장에서 종의 의무를 기술한 것이다. 그렇다고 이 이야기를 종일 일하고 귀가한 종에게 주인이 쉴 틈도 주지 않고 저녁 밥상을 시중들도록 달구치는 얘기로 읽으면 잘못 풀이한 것이다. 이것은 한편으로 바리새인들을 향한 말씀으로, 율법에 대한 열심을 앞세워 스스로 의롭게 여기는 그들의 자만을 포기하라는 의도를 담고 있다고 읽어야 한다(Fitzmyer, 1985, p. 1145; Liefeld and Pao, 2007, p. 268). 그들은 사회적인 명예의 이기심을 과시하기 위해 율법을 앞세워 하나님을 섬겼던 것이다.

다른 한편으로는 이 이야기를 종의 의무를 젊어진 제자들에게 들려주는 관점에서 읽을 수 있다. 그리하여 하나님을 섬기는 일은 신실성 이상도 이하도 아니라는 것이다. 신자들에게 맡겨진 책무를 다한

다음이라 하더라도 그들에게 허락된 구원은 오로지 은혜일 따름이며 그들이 자랑할 것은 아무것도 없다는 겸손을 요구한 말씀이다. 종이 일상의 책무를 다했다고 주인의 후원자일 수는 없다(Garland, 2011, p. 682). 따라서 맡겨진 책무를 종이 다했다고 해서 주인이 그에게 감사할 이유가 없는 것은 주인이 종에게 빚을 진 것이 아니라 여전히 종이 주인에게 빚을 지고 있기 때문이다(Green, 1997, p. 614). 데이비드 E. 갈런드는 10절의 "감사"를 "특별한 혜택"이라 번역하여 종의 책임완수와 주인의 보상이 주고받기의 호혜적 행위가 아님을 분명히 한다. 그러므로 아래 10절에 "우리가 무익한 종이라."라는 제자들의 고백은 필연적인 것이다.

위의 7-9절은 주인의 입장에서의 진술인 반면, 아래 10절은 종의 입장에서의 진술이다. "그러므로 너희도 역시 마찬가지라, 너희가 너희에게 명하여진 바 모든 것을 다하였을 때 '우리가 무익한 종이고 우리의 의무를 다했을 따름입니다.'라 말하라."라는 구절은 맡겨진 일을 다한 진실한 종이 주인에게 아뢰어야 할 진솔한 고백을 가르친다. "무익한 종"은 "쓸모없는 종"(NIV), "가치 없는 종"(NRSV)이라 번역하기도 한다. "우리의 의무를 다했다."는 우리가 해야 할 바를 다했을 따름이라는 개역성경의 구절을 직역한 것이다. 종의 의무를 다했다고 주인에게서 보수나 칭찬을 받아야 할 만큼 가치 있는 종은 아니라는 것이다. 다른 사람들에게 걸림돌 구실을 하지 않고, 용서해주라는 계명을 지켰다는 일을 빙자하여 너희 의무를 다했다고 가정하지 말라고 해석하기도 한다(Culpepper, 1995, p. 324).

우리는 여기서 "나는 아직 내가 잡은 줄로 여기지 아니하고 오직 한 일 뒤에 있는 것은 잊어버리고 앞에 있는 것을 잡으려고 푯대를 향하여 그리스도 예수 안에서 하나님이 위에서 부르신 부름의 상을 위하여 좇아가노라."(빌 3:13-14)라는 바울의 믿음의 달음박질을 생각한다. 더불어, "그런즉 자랑할 데가 어디뇨? 있을 수가 없느니라. 무슨 법(율법)으로냐? 행위로냐? 아니라, 오직 믿음의 법(율법)으로니라."(롬 3:27)를 함께 읽기로 하겠다. "믿음의 율법"의 기반에서야 비로소 "쓸모없는 종", "가치 없는 종"이라는 고백이 가능하다. 율법도 아니고 행위도 아니고 오직 은혜로 구원받는 믿음의 율법이라면, 신자들에게는 종의 섬김이 보상이 아니라 의무 이외의 다른 아무것도 아니기 때문이다. 믿음의 율법은 곧 순종이다. "일하도록 우리가 명령받은 모든 것을 행했을 때 우리가 소망할 수 있는 최선은 하나님께서 우리에게 종의 직분을 유지하게 해주옵소서."(Garland, 2011, p. 683)이다.

이 단원의 머리말에서 앞뒤 단원과의 연결도 애매하고 네 가지 주제 사이의 의미관계도 모호하다고 하였다. 이때 독자들은 이 단원의 서두가 예수의 말씀이 "실족케 하는 일"로 시작함에 주목해야겠다. 앞 16장에서 "너희는 다른 사람들 앞에서 너희 자신들을 정당화하는 자"라고 하여 바리새인들을 모세와 예언자들의 율법도 지키지 않는 자들이라 혹독하게 비판한 후에 17장에서 제자들에게 "실족케 하는 자에게 화 있을진저!"라고 경고한다. 앞 단락의 대상과 주제가 바뀌었으나, 예수는 다른 사람들을 실족케 하는 바리새인의 반례로 제자들에게 "너희는 스스로 조심하라!"(17:3a) 하고 첫 번째 주제에서 경고하고 싶었을 것이다.

아울러, 예수의 네 가르침 사이의 의미관계를 독해하기 어려운 까닭은 무엇보다 네 번째 가르침인 "쓸모없는 종"이 짊어진 의무를 이해하기 힘들기 때문이다. 이 어려움이 네 주제의 의미관계를 모호하게 만든다. 종이나 노예는 노임을 받으며 주인을 섬기는 일이 아니므로 심지어 가톨릭 학자조차 "맡겨진 일을 다 완수하는 크리스천 제자의 행위가 그의 구원을 필연적으로 보장하는 것은 아니다…… 인간의 자랑이란 있을 수 없다."(Fitzmyer, 1985, p. 1146)라고 해설한다. 스스로 의롭다는 관념을 온전히 배제한 믿음에 섰을 때 비로소 무익한 종이라는 가난한 심령의 종이 될 수 있을 것이다. 종의 섬김이 의무라는 것은 섬김의 보상을 바란다면 그것은 사이비 신앙이라는 말이다. 진실한 믿음은 구원을 은혜로 받는 것이니 무익한 종은 순종과 겸손으로 자신이 해야 할 일을 다했을 따름이라고 고백하여야 한다. 더욱이, 무익한 종이라는 고백은 "겨자씨 한 알만 한" 믿음의 경지다. "우리의 믿음을 증대해주옵소서!"라는 제자들의 간청은 믿음이 약하다는 자각을 통해 자신들의 믿음으로는 무제한의 용서라는 예수의 가르침을 받아들이기 버겁다는 진솔한 호소이다. 그뿐만 아니라, 무익한 종이라는 겸손은 "이들 작은 자들 중의 하나를 실족케"(17:2) 하는 영적인 우월성의 거짓에서 벗어나게 한다(Culpepper, 1995, p. 324). 그러므로 실족케 하는 일에 대한 경계와 용서와 믿음이 무익한 종의 의무를 다함으로써 순종의 제자들로 성장할 수 있도록 이끈다.

하나님 나라의 기다림과 완성(17:11-18:8)

예수의 예루살렘 여행은 이제 막바지에 이르고 있다. 이 시기에 예수의 말씀의 중심은 '하나님 나라의 기다림과 완성'이다. 우선 이 종말 주제와 무관한 듯한 열 문둥이들을 치료하는 기사가 나오고(17:11-19), 바리새인들의 질문에 "하나님 나라는 너희 가운데 있느니라."라고 답변한다(17:20-21). 그런 후에 제자들에게 그가 다시 오기 전에 일어날 일들을 예고하고 인자의 날보다 먼저 우선 예수가 수난을 받아야 할 것을 강조하는데(17:22-37), 항상 기도하고 낙심하지 말고 하나님 나라의 완성을 기다리라(18:1-8)고 말씀한다. 하나님 나라의 완성은 물론 하나님의 주권의 계획이지만 그 계획의 실현은 항상 예수로 말미암아 이루어진다.

■ **예루살렘 여행의 여정**(17:11) "예수께서 승천하실 기약이 차가매 예루살렘을 향하여 올라가기로 굳게 결심하시고"(9:51)라는 기록부터 예수의 예루살렘 여행이 시작되었다. 그 후 여기 17:11까지 10:38, 13:22, 33 및 14:25에 여행기록이 간헐적으로 나타난다. 물론 누가복음은 여행기가 아니어서 여행 지역과 경과를 체계적으로 보고하고 있지 않으나, 말씀을 읽는 독자로서는 이러한 상황이 궁금하다. 누가의 기록에 마침 여행기록이 앞뒤 헤아림 없이 불쑥 적혀 있으니 그에 따라 예루살렘 여행의 여정을 가능한 한 개관해보겠다.

11예수께서 예루살렘으로 가실 때에 사마리아와 갈릴리 사이로 지나가시다가

"예수께서 예루살렘으로 가실 때"라는 표현과 같이 행선지를 명기한 기사가 예루살렘 여행의 출발시점인 9:51, "좁은 문으로 들어가기를 힘쓰라."라고 말씀한 때인 13:22, 그리고 여기 17:11에 세 번째 나온다. 그런데 이번 기사가 생경스러운 이유는 갈릴리에서 예루살렘을 향해 떠나는 초입에 이미 사마리아를 통과하려 하였다는 기록, 즉 "사자들을 앞서 보내시매 저희가 가서 예수를 위하여 예비하려고 사마리아인의 한 촌에 들어갔더니 예수께서 예루살렘을 향하여 가시는 고로 저희가 받아들이지 아니하는지라."(9:52-53)라는 선행기사가 나왔기 때문이다. 게다가 이 11절의 "사마리아와 갈릴리 사이로 지나시다가"

라는 구절은 그릇된 지리적인 방위의 기록이다. 갈릴리와 사마리아는 북남의 경계에 위치하고 있고 예루살렘은 사마리아보다 훨씬 남쪽이므로 예루살렘을 향하려면 사마리아와 갈릴리 사이를 따라 지나갈 수 없다. 그 때문에 누가의 기록은 예부터 논쟁거리였다.

도대체가 예루살렘 여정을 누가의 기록에 따라 추적하는 일은 불가능하다. 체류지를 짐작할 수 있는 기사가 마르다와 마리아 자매를 만난 10:38-42인데 이 지방이 예루살렘 근처인 베다니다. 따라서 예수가 갈릴리를 출발해 곧장 남쪽으로 달려갔다가 다시 북상하였을 가능성을 배제할 수 없다. 게다가 갈릴리를 떠난 이후 일어난 숱한 사건들의 기록을 보면 여행 기간 역시 상당히 오랜 시간이었음을 짐작하고 남는다. 이런 점으로 미루어 볼 때 예루살렘 여행의 목표는 "하지만 오늘과 내일과 모레는 내가 갈 길을 가야 하리니 예언자가 예루살렘 밖에서는 살해될 수 없기 때문이다."(13:33)만이 아니었던 것 같다. 예수는 이 여정 자체를 자신의 사역의 길이라 생각한 것이 틀림없다. 그렇다면, 북쪽에서 남쪽으로 한 방향이 아니라 십자형의 여로를 따라 동서남북으로 왕래하였을 터이니 동쪽 베뢰아를 들러 요단강을 따라 남쪽으로 향했을 것이다(Culpepper, 1995, p. 325; Liefeld and Pao, 2007, p. 270). 이 해설에 기대어 누가의 17:11의 기록이 그릇된 지리적인 방위 표현이 아니라 우길 수 있다면, 심지어 본래 시발점이던 갈릴리 출발점으로 되돌아왔을 억지 가능성조차 배제할 수 없다.

누가의 기록에 따르면 종횡무진이던 예수의 발걸음이 이 단원 이후에는 총총걸음으로 바뀐 것 같다. 예루살렘과 가까운 여리고에서의 사역이 19:1, 11에 적혀 있고 드디어 감람산에 도착하여 예루살렘 입성을 준비하는 기록이 19:28-48에 나온다. 따라서 19:27의 여리고에서의 사역까지가 누가의 예루살렘 여행 중의 사역에 관한 기록이라 보아야 한다. 이는 갈릴리 사역의 기록(4:14-9:50)보다 긴 분량의 장도의 기록(9:51-19:48)으로 단순히 죽음을 향한 여정일 뿐만 아니라 예수의 짧은 공생애에서 상대적으로 더욱 격렬한 사역의(투쟁의) 기록이기도 하다.

이처럼 예수의 예루살렘 여정의 행로 자체는 추적할 수 없다. 하지만, 초두에 적은 행선지에 대한 세 기록이 예루살렘 여행의 세 단계 구분으로 활용되고 있다(Fitzmyer, 1970, pp. 164-171). 그리하여 이제부터 입성까지 19:27 혹은 19:44까지가 여행의 마지막 단계다.

외국인 사마리아인만의 감사(17:12-19)

■ 사마리아인의 문둥병을 치유하다(17:12-19) 누가는 예수의 치유기적을 경험한 사람들이 어떠한 반응을 보였는지 빠짐없이 적고 있다. 이번에는 열 명의 문둥병자를 한꺼번에 치유하였는데 오로지 한 사마리아인만이 돌아와 예수에게 감사를 드린다. 누가는 "그가 사마리아인이었다."라고 의미심장하게 기록하고 있다. 그가 사마리아인이라는 것은 어떻게 알았는지, 또 다른 아홉은 어디로 갔는지에 대한 언급은 없다. 단지 예수가 사마리아인에게 "네 믿음이 너를 구원하였다."라고 말씀하였으므로 다른 아홉은 구원을 얻지 못하였을 거라고 추측할 수 있다. 이 대조가 너무 강하고 기사가 기승전결 없이 구성되어 있기 때문에 어떤 학자들은 누가의 자의적인 작문이 아닌지 의심하기도 한다. 이 기사는 누가만의 것이므로 그 진위를 다른 복음서와 비교할 수 없고 누가의 기록들 내에서 다른 기사들과의 일관성 여부를 검토할 수밖에 없다.

12한 촌에 들어가시니 문둥병자 열 명이 예수를 만나 멀리 서서 13소리를 높
여 가로되 예수 선생님이여 우리를 긍휼히 여기소서 하거늘 14보시고 가라사
대 가서 제사장들에게 너희 몸을 보이라 하셨더니 저희가 가다가 깨끗함을
받은지라 15그 중에 하나가 자기의 나은 것을 보고 큰 소리로 하나님께 영광
을 돌리며 돌아와 16예수의 발아래 엎드리어 사례하니 저는 사마리아인이라
17예수께서 대답하여 가라사대 열 사람이 다 깨끗함을 받지 아니하였느냐
그 아홉은 어디 있느냐 18이 이방인 외에는 하나님께 영광을 돌리러 돌아온
자가 없느냐 하시고 19그에게 이르시되 일어나 가라 네 믿음이 너를 구원하
였느니라 하시더라

예수가 일찍이 갈릴리에서 문둥이를 고친 기적기사가 나왔는데 (5:12-14) 앞서 그 대목을 읽을 때 당시 문둥이에 대한 사회적인 혐오가 어떠하였는지를 서술하였다. 그 문화적인 배경을 상기하면서 이 기사를 읽을 필요가 있다. "한 촌에 들어가셨을 때 열 문둥이들이 그에게 다가왔다. 멀리 거리를 두고 그들이 소리 질러 '예수여, 선생님이여, 우리를 긍휼히 여기소서!'"라고 말하였다. 당시 문둥이는 '더럽다, 더럽다' 소리를 내며 사람들을 피해 다니는 처지였으므로 자기들끼리 몰려다녔을 것이고 예수에게 쉬이 다가오지 못했을 것이다. "예수여, 선생님(주인)이여(epistates)" 하고 부르며 다급하게 긍휼을 호소한 그들에게 예수가 "가서 제사장들에게 너희 자신들을 보이라."라고 말씀하는데, 그 까닭은 모세의 계율에 따르면 문둥병에서 깨끗해짐을 판단하는 사람이 제사장이기 때문이다. 병자들도 이 말씀의 의미를 알아들었을 것이다. 그러니 그들이 순순히 떠나갔고 실제로 가는 도중에 깨끗해짐을 받았다.

"그 중에 하나가 그가 나았다는 것을 보고 돌아와 큰 소리로 하나

님께 영광을 돌렸다. 그리고 예수의 발 앞에 엎드려 감사를 드렸다. 그는 사마리아인이었다."가 15-16 절이다. 열 사람 중 하나인 사마리아인이 다른 아홉 사람과 달리 자신이 깨끗해진 것을 보고 눈을 떠서, 즉 개안이 되어서 하나님께서 자비를 베푸셨음을 지각했다(Green, 1997, p. 634). 그는 제사장에게 가던 발걸음을 돌려 하나님께 영광을 드리고 예수에게 엎드려 감사를 드렸으니 하나님과 예수에게 찬미와 경배를 드린 것이다. 유대인에게서 멸시받는 이교도 사마리아인만이 유일신 하나님과 권능의 예수를 올바르게 알아보았고 충성을 표현했다는 사실은 참으로 의미심장한 일이다. 예수는 비탄과 동시에 감격에 젖었다. "열이 깨끗해진 것 아니냐? 다른 아홉은 어디 있느냐?"가 비탄의 표현이요, "이 외국인 말고는 돌아와 하나님께 감사드린 자가 없느냐?"가 비탄과 감격의 복합적인 표현이다.

외국인은 성전 밖의 사람이라는 표현이라면(Bock, 1996, p. 1405), 다른 아홉 사람은 유대인들임을 짐작할 수 있다. 감사드리러 오지 않은 다른 아홉의 행방은 묘연하지만, 짐작컨대 그들은 자신들만의 치유의 기쁨을 즐겼을 것이다. 오로지 혼자 돌아온 사마리아 사람에게 예수는 "이스라엘 중에서도 이만 한 믿음은 만나보지 못하였노라."(7:9) 하고 백부장에게 한 말씀을 하고 싶었을 것이다. 실제로, 예수가 "일어나 가라! 네 믿음이 너를 구원하였느니라."라고 19절에 구원의 믿음을 칭찬한다. 이때 "일어나"와 "가라"는 탕자의 비유에서 "내가 일어나 아버지께로 가서"(15:18)라는 구절을 상기케 한다. 탕자는 이 결심으로 아버지께 가서 영접을 받았다. 이 구원의 믿음에 대한 예수의 말씀에는 병에서 치유받았다는 것보다 구원받았다는 사실에 더 무게가 실려 있다.

이처럼 이 단락의 기사는 문장들 사이에 비약이 심해 행간을 읽어 해석할 수밖에 없다. 바로 이 때문에, 다른 아홉이 믿음에서 제외되었다는 확증이 없다고 보는 이도 있고, 이 19절이 예수의 말씀인지 의심하는 학자도 있다(Fitzmyer, 1985, p. 1156). 열 문둥이들의 치유기사는 애초부터 기승전결의 전기적인 전개나 이야기 담화의 전개가 아니라 권위적인 논쟁의 선언(pronouncement) 형식을 취하고 있다. "가서 제사장들에게 너희 자신들을 보이라."라는 표현이 두드러진 논쟁의 선언이며, 특히 19절의 "믿음과 구원의 예수의 선언"이 "누가의 펜"으로 보태어졌다는 비판이다(앞의 책, p. 1130, 1150). 하지만, 하나님에게서 기적만을 원하고 하나님 자신을 구하는 것이 아니라면 그것은 곧 기복신앙이다. 언약의 유대인 대 외국인 사마리아인의 9:1의 비율 그 자체가 돋보이는 것은 사실이라 하더라도, 누가의 이 기사에서 문제의 핵심은 다른 아홉도 필경 치유를 받았을 것이며 하나님의 은혜의 긍휼은 이들에게도 활짝 열려 있다는 사실을 전제한다는 점이다. 하지만, 이때 유대인 아홉은 은혜에 반응하지 않았고 사마리아인만이 반응하였다(Bock, 1996, p. 1405)는 입장에서 이들 양자 사이의 차별성을 읽어야 한다. 그리하여 사마리아인은 다른 아홉과 달리 신체적인 치유뿐만 아니라 영적인 구원의 은혜까지 받은 것이다.

누가의 이 단락을 누가의 작문이라 사시의 눈으로 볼 이유가 없다. 무엇보다 중요한 것은 사마리아인에게 이른 "네 믿음이 너를 구원하였다!"(7:50; 8:48; 18:42)라는 말씀이 예수가 여러 치유 이후 곳곳에서 말씀한 구원의 본질이라는 점이다. 그것이 본질인 한, 구원의 믿음은 유대인에게나 이방인에게나 공히 적용되어야 할 원리다. 치유받은 유대인들도 하나님께 영광을 돌렸다면 당연히 구원받았을 것이다. 아울러, 유대인 특히 종교지도자들의 복음의 거절과 이와 상반되는 이방인의 복음의 수용은 누가의 복음과 행전의 현저한 주제임을 주목해야 한다. 일례로 큰 잔치 비유(14:15-24)에서 본래 초대받지 않은 사람들에게 베풀어진 환대는 여기 9:1의 편중보다 더욱 두드러진 이방인들에 대한 영접임을 주목해야 한다. 실상, "누가는 유대인들에 대한 증오 때문에 유대인들의 죄과를 집중적으로 조명하는 것이 아니라 그들이 예수의 구원의 메시지가 특별히 지향하는 언약의 백성이기 때문에 죄과에 초점을 맞추고 있는 것이다"(Schreiner, 2008, p. 687). 이 슈라이너의 해설은 누가가 예수의 반유대의 입장을 대변하는 것이 아니라 선민 이스라엘의 대다수가 복음을 거절하는 일에 대한 예수의 통탄을 전하고 있다.

본서에서는 사마리아인의 문둥병 치유의 감사에 대한 이 단락은 물론이거니와 하나님 나라의 완성에 관한 이 단원 전체가 예수가 예루살렘 여행의 막바지에 즈음하여 하나님 나라를 기다리는 영적인 자세를 정리한 메시지라 읽는다. 이 테두리에서 예수의 가르침을 누가복음의 특징적인 (일화적) 이야기 담화 양식보다는 권위적인 논쟁 선언 형식의 옷을 입혀 긴장에 찬 수사적인 웅변술에 의존했어야 할 누가의 논리의 필연성을 상상한다. 그렇다면, 형식 비평적인 관점에서 예수의 말씀인지 그 진위를 비판하는 현학적인 일은 오히려 위험한 성서 읽기일 수 있다.

▪ 하나님 나라의 임재(17:20-37)

예수의 가르침은 바리새인들과 제자들 사이를 계속 넘나든다. 먼저 20-21절 단락에서 바리새인들에게 이르고, 22-37절 단락에서는 제자들에게 말씀한다. 바리새인들에게 "하나님 나라는 너희들 가운데 있다."라고 하여 하나님 나라는 예수의 가르침과 치유 속에 구현되는 현재의 현실 내지 실재에서 찾아야 한다고 말씀한다. 그러고는 제자들에게 (어찌 보면 말을 바꾸어) 예수의 현존이 인자의 영광의 종말의 날은 아니라고 말씀한다. '인자의 날(들)'은 수난 후에 노아와 롯의 날들이 그랬던 것과 마찬가지로 장차 올 종말심판에 홀연히 올 것임을 말씀한다.

■ **하나님 나라는 너희들 가운데 있다**(17:20-21) "네 믿음이 너를 구원하였다."라는 앞 단락의 예수의 말씀은 뒤이어 서술된 구원의 완성에 대한 예수의 논변들의 서두라 읽어도 좋다. 구원의 완성은 부활의 초석이므로 부활을 믿고 있던 바리새인들 역시 하나님 나라가 임하는 징표를 예견하고 싶었을 것이다. 그들은 "어느 때 하나님 나라가 옵니까?" 하고 자신들이 찾는 징표를 예수에게 묻는다. 하지만, 예수는 "하나님 나라는 너희들 가운데 있다." 하고 예수 자신의 현존에서 찾으라고 대답한다.

> **20**바리새인들이 하나님의 나라가 어느 때에 임하나이까 묻거늘 예수께서 대
> 답하여 가라사대 하나님의 나라는 볼 수 있게 임하는 것이 아니요 **21**또 여기
> 있다 저기 있다고도 못하리니 하나님의 나라는 너희 안에 있느니라

특정한 동기나 배경 없이 "어느 때 하나님 나라가 임합니까?"라는 바리새인들의 질문만 적혀 있다. 그들이 비록 부활을 믿고 있는 자들이기는 하나 순수하게 가르침을 배우려는 동기에서 질문한 것은 아닐 테다. 어떤 학자는 현재진행형을 사용한 질문의 뜻을 하나님 나라의 오고 있음이 언제 유효하냐라고 해석하여, 종말의 특정한 징표를 물은 것이라 해석하기도 한다(Bock, 1996, p. 1412). 아마도 실제로 바리새

인들은 종말 직전에 어떤 이변이 일어나리라 기대했을 것이다. 이러한 짐작은 예수의 답변에서도 찾아 읽을 수 있다. "하나님의 나라는 볼 수 있게 임하는 것이 아니요."라는 개역성경의 번역을 다시 풀어 쓰면 "하나님 나라는 관찰과 더불어 오는 것이 아니요, 그 징표들이 '보라, 여기다! 혹은 저기다!'라 말하는 것이 아니니, 실은 하나님 나라는 너희들 가운데 있기 때문이다."가 예수의 답변이다. "관찰과 더불어(meta paratereseos) 오는 것이 아니라."라는 구절은 "관찰되어질 수 있는 사건들과 함께"(NRSV)라고 번역하여, 하나님 나라는 천측 관측이나 절기 의식 같이 보여지는 것과 함께 오는 것이 아니라 해석할 수 있다. 바리새인들은 종말적인 계시의 표적을 보기 원하고, 예수는 하나님 나라의 임재는 종말 표적들을 관찰할 일이 아니라고 말씀한다.

하나님 나라는 "보라, 여기다! 혹은 저기다!"라고 특정하게 가리킬 수 있는 장소가 아니라 "너희 가운데 있다."라는 말씀이 전하듯 하나님의 통치가 살아 있는 실재 세계라는 것이다(Garland, 2011, pp. 697-698). 예수의 대답에서는 문맥으로 보아 하나님 나라가 하나님의 통치를 지칭한다고 보는 것이 더욱 적합할 것이다. 바리새인들은 예수의 사역을 그들의 눈으로 보면서도 예수를 통해 하나님께서 역사하시는 실재에 대해서는 눈을 감고 종말의 표적만을 찾는다. 학자들은 "너희 안에 있다."라는 21b절을 너희 내부에 있다는 의미가 아니라 예수의 권위적인 논쟁의 선언이라는 의미를 취하여 "하나님 나라는 너희들 가운데 있다."(NRSV)라고 번역하기를 권장한다. '너희들 한가운데'라 함은 예수 자신의 사역이 하나님 나라를 현시하고 있다는(Fitzmyer, 1985, p. 1159; Liefeld and Pao, 2007, p. 272) 뜻으로 해석해야겠다. 다시 말해, "그러나 만일 하나님의 손가락에 의해 내가 악귀를 쫓아낸다면 하나님 나라가 너희에게 임하였다."라는 11:20과 동일한 말씀인 것이다.

이때 하나님 나라의 임재가 현재냐 혹은 미래냐의 논쟁이 있을 수 있다. 구태여 캐묻는다면, 예수가 이미 왔고 저희들 한가운데 있으니 현재이고, 종말은 아직 아니므로 완성의 때는 미래다. 분석적으로 읽으면, 바리새인들의 질문은 장차 일어날 표적을 요구한 것인 반면에, 예수의 답변은 자신의 현존이 하나님 나라의 임재라는 단호한 선언이다. "예수께서 승천하실 기약이 차가매 예루살렘으로 향하여 올라가기로 굳게 결심하고"(9:51) 그리고 이제 예루살렘의 문턱에 이르러 자상한 교사의 입장에서 벗어나 하나님 나라의 권위적인 입장에 서서 진리를 선언한다.

문둥병 치유와 더불어 구원도 함께 얻은 사마리아인에 관한 앞 단락에서 그 진술이 전기적인 일화의 이야기 담화의 전개가 아니라 예수의 권위적인 선언으로 변환하였다고 논의하였다. 마찬가지 이유로, 바리새인들의 하나님 나라에 관한 질문에 "하나님 나라는 너희들 가운데 있다."라고 한 예수의 답변이야말로 "여기다 혹은 저기다!" 식의 증후의 현혹적인 예측을 배제한 권위적인 선언이다. 예수는 바리새인들의 질문에 담긴 선입견을 꼬집어 꾸짖지 않고 자신의 현존이 하나님 나라의 임재라는 권위적인 선언을 일방적으로 통보한다. 풀이해 설득하는 것이 아니라, 믿거나 말거나, 결론을 앞세우는 논쟁이다. 요컨대, 앞 단락의 "네 믿음이 너를 구원하였다."(17:19)라는 진술과 이 단락의 "하나님 나라는 너희들 가운데 있다."(17:21)라는 진술은 마치 종말심판의 판결문과 같다. 그것은 진리 표명의 공적인 선언이다.

■ **인자의 날들**(17:22-37) 인제 예수가 제자들에게 인자의 날이 언제 계시될 것인지를 가르친다. 앞 단락에서는 하나님 나라가 "임하다(오다)"라든가 "보라, 여기다! 혹은 저기다!"라는 표현을 사용하고,

이 단락에서는 인자의 날들이 "오고 있다"라든가 "보라, 저기다, 여기 다!"라는 표현을 사용하여 두 단락 사이의 상응성을 대조하고 있다.

22또 제자들에게 이르시되 때가 이르리니 너희가 인자의 날 하루를 보고자
하되 보지 못하리라 23사람이 너희에게 말하되 보라 저기 있다 보라 여기
있다 하리라 그러나 너희는 가지도 말고 좇지도 말라 24번개가 하늘 아래 이
편에서 번뜻하며 하늘 아래 저편까지 비췸같이 인자도 자기 날에 그러하리
라 25그러나 그가 먼저 많은 고난을 받으며 이 세대에게 버린 바 되어야 할
지니라
26노아의 때에 된 것과 같이 인자의 때에도 그러하리라 27노아가 방주에 들
어가던 날까지 사람들이 먹고 마시고 장가들고 시집가더니 홍수가 나서 저
희를 다 멸하였으며 28또 롯의 때와 같으리니 사람들이 먹고 마시고 사고팔
고 심고 집을 짓더니 29롯이 소돔에서 나가던 날에 하늘로서 불과 유황이 비
오듯 하여 저희를 멸하였느니라 30인자의 나타나는 날에도 이러하리라
31그 날에 만일 사람이 지붕 위에 있고 그 세간이 집 안에 있으면 그것을 가
지러 내려오지 말 것이요 밭에 있는 자도 이와 같이 뒤로 돌이키지 말 것이
니라 32롯의 처를 생각하라 33무릇 자기 목숨을 보존하고자 하는 자는 잃을
것이요 잃는 자는 살리리라 34내가 너희에게 이르노니 그 밤에 두 남자가 한
자리에 누워 있으매 하나는 데려감을 당하고 하나는 버려둠을 당할 것이요
35두 여자가 함께 매를 갈고 있으매 하나는 데려감을 당하고 하나는 버려둠
을 당할 것이니라 36(없음) 37저희가 대답하여 가로되 주여 어디오니이까 가
라사대 주검 있는 곳에는 독수리가 모이느니라 하시니라

바리새인들에게 하나님 나라가 어느 때인지를 현재형 시제로 말씀한 후에 제자들에게 미래형 시제를 사용하여, "너희들이 인자의 날

들의 어느 날을 장차 보고자 열망하는 그 날들이 올 것이로되 너희들이 보지 못할 것이다."라고 예수가 말씀한다. 이 시제의 차이는 바리새인들에게는 예수의 현존이 이미 하나님 나라의 임재라 말씀한 것이고, 제자들에게는 종말이 아직 이르지 않은 완성의 날이라 말씀한 것이다. "인자의 날들의 어느 날"에서 "인자의 날들"이 메시아 재림의 영광의 날들을 의미한다는 것에는 학자들 사이에 이견이 없지만 "어느 날"이 무슨 뜻인지에는 의견이 분분하다. 원문을 직역하면 "인자의 날들 중 하나"이어서 "메시아 시대의 단 하루가 나타남을 보고자" (Meyer, 1906, p. 492) 기다리고 있다고 해석하기도 한다. 메시아의 시대는 재림의 완성의 날들일 터이므로 박해받고 있는 제자들도 박해에서 해방되기를 기다리는 어느 한 날이다(Culpepper, 1995, p. 331). 그날이 기대하지 않은 어느 때 홀연히 인자가 오실 "어느 날"인 인자의 날들 중 "한 날"이라 평이하게 해석하는 것이 좋을 것이다(Fitzmyer, 1985, p. 1169). 따라서 "하나님 나라는 관찰과 더불어 오고 있는 것이 아니다." (17:20b)와 같은 의미로 해석하여, 면밀히 관찰한다고 그 어느 날을 볼 수 있는 것이 아니라 읽어도 좋겠다. "너희들이 보지 못할 것이다."라 함은 그 날이 예고 없이 도둑처럼 오기 때문에 고대하고 있던 제자들도 그 어느 날을 놓쳐버린다는 뜻이 아니다. 오히려 "만유를 회복하실 때까지는 하늘이 마땅히 그를 받아두리라(머물러 있게 하다)."(행 3:21) 라는 하나님의 완성의 계획대로 그리스도가 하늘에 오래 머물러 계셔야만 한다는 뜻으로 읽어야겠다(Garland, 2011, p. 698).

"사람들이 너희에게 말하되, '보라 저기 있다!' 혹은 '보라 여기 있다!' 하리니 너희는 나가지도 말고 좇아다니지도 말라. 번개가 쳐서 번갯불이 하늘 한 편에서 다른 편으로 비추듯이 인자도 그의 날에 그러할 것이기 때문이다. 그러나 먼저 그가 많은 고난을 받고 이 세대에 버린 바 되어야 할지니라."가 23-25절이다. 번개가 동에 번쩍 서에 번쩍 한다는 23-24절은 공관복음서 모두에 있는 기사다. 다른 복음서에는 "거짓 그리스도들과 거짓 선지자들이 일어나서 이적과 기사를 행하여 할 수만 있으면 택하신 백성을 미혹케 하려 함이라."(막 13:22)라는 배경이 적혀 있거니와 누가의 기사 역시 이 배경에서 읽어도 좋을 것이다. 대신, 누가는 이미 제자들에게 예고한 예수의 수난을 여기서 다시 반복한다. 하나님 나라의 임재는 예수의 십자가의 수난이 필수적으로 선행해야 할 것임을 다시 한 번 25절에 강조한다. 아마도 이 강조는 "제자들의 마음을 굳게 하여 이 믿음에 거하라 권하고 또 우리가 하나님 나라에 들어가려면 많은 환난을 겪어야 할 것이라."라는 누가의 행 14:22과 같은 취지로 예수 수난의 예고를 여기 25절에 첨부한 것이라 해설해도 좋을 것이다. "이 세대"가 예수를 거부할 뿐만 아니라 제자들 역시 거부할 것임을 예수가 경고하고 있다고 읽을 수 있기 때문이다(앞의 책, p. 699).

동일한 주제에 관해 바리새인들에게는 하나님 나라가 이미 와 있다고 말씀하고 제자들에게는 오기는 올 것이로되 아직 아니니 조급하게 기다리지 말라고 다르게 말씀한 다음, 한 걸음 더 나아가, "그 날과 그 때는 아무도 모른다(마 24:36)는 것을" 노아의 때와 롯의 때를 예로 들어 26-30절에 말씀한다. "노아의 날들에 그랬던 것과 마찬가지로 인자의 날들에도 그러할 것이다. 노아가 방주에 들어간 날까지 그들이 먹고 마시고 결혼하고 결혼에 임하였더니 홍수가 나서 그들을 멸하였다. 마찬가지로 롯의 날에도 그러하였으니 그들이 먹고 마시고 사고팔고 씨를 심고 집을 지었으나 롯이 소돔에서 나가던 날에 하늘에서 불과 유황이 비오듯 쏟아져 그들 모두를 멸하였다. 인자가 계시하는 날에도 이와 같을 것이다."가 노아와 롯의 예다. 마태와 마가의 병행기사에서는 롯의 사례는 언급하지 않고 있으나 기본적으로 누가의 것과 동일하다. "인자가 계시하는(나타나는) 날"이라 30절에 서술하고 있는 것처럼 이 26-30절은 계시를 전하는 기록이다. 인자가 영광 중에 나타나시는 날에 노아와 롯의 날과 마찬가지로 사람들은 일상의 일에 여전히 몰두하여 돌연히 밀어닥치는 심판을 새까맣게 모르리라는 예언이다. 피츠마이어는 예수가 승천할 때 갈릴리 사람들이 얼빠진 채 하늘을 쳐다보는 장면, 즉 "어찌하여 서서 하늘을 쳐다보느냐 너희 가운데서 하늘로 올리우신 이 예수는 하늘로 가심을 본 그대로 오시리라."(행 1:11)라는 구절을 여기에서 함께 읽고 있다(Fitzmyer, 1985, p. 1166).

바리새인들은 예수의 현존을 눈으로 보고도 메시아임을 거절하였으므로 21절에 예수가 "하나님 나라는 너희들 가운데 있다."라고 말씀한다. 그리고 모든 것을 포기하고 예수를 따르던 제자들에게는 22절에 "인자의 날들의 어느 날을 보고자 열망하는 그 날들이 올 것이로되 너희들이 보지 못할 것이다."라고 말씀한다. 이 차이는 바리새인들과는 달리 제자들은 예수가 메시아임을 알고 있다는 사실에서 기인한다. 그러나 제자들 역시 예루살렘에 입성하면 온전한 하나님 나라가 임재할 것이라 헛잡고 있었을 것이다. 이 때문에 예수는 22절과 같이 말씀하고 "인자가 올 때 그가 세상에서 믿음을 찾아보겠느냐?" (18:8b)라는 염려와 비탄을 토로하였을 것이다. 또 이 염려와 비탄의 심정으로, 인자가 오실 때를 제자들이 어떻게 대비해야 할 것인지를 31-35절에 말씀한 듯하다. "그 날에 사람이 지붕 위에 있고 세간이 집 안에 있으면 그것들을 가지러 내려오지 말고, 마찬가지로 밭에 있는 사람은 되돌아오지 말라. 롯의 처를 기억하라. 자기의 생을 보존하고자 하는 사람들은 잃을 것이요 그의 생을 잃은 자는 살리라. 내가 너희들에게 말하노니, 그 밤에 두 사람이 한 자리에 누워 있으면 한 사람은 데려가고 다른 사람은 남겨두리라. 함께 맷돌질하는 두 여자가 있으면 하나는 데려가고 다른 여자는 남겨두리라."가 예수가 말씀한 대비책인데 여러 사례가 제시되어 있어 일관된 지침을 해독하기 어렵다. 하지만 노아와 롯의 사례의 기반 위에서 이 대비책을 곰곰이 생각하면 그 뜻을 대체로 해독할 수 있다.

여기서는 개개의 절을 낱낱이 주해하지 않고 학자들의 통설을 개괄적으로 요약해 옮기기로 하겠다. 노아의 때에도 롯의 때에도 사람들은 일상적인 일에 몰두하였다. 혹은 먹고 마시고 혹은 사고팔고 하였으나 이러한 세속의 일을 죄악 행위라 정죄하는 것은 아니다. 다만 불의에 닥칠 위급한 상황을 전혀 예측하지 못하고 일상의 일에 매여 있던 우둔함이 그들의 업보를 자초한 것은 사실이다. 특히 31-32절은 소유 자산에 애착하지 말고 급히 피하라는 뜻으로 읽힌다. 가령, "롯의 처를 기억하라."(17:32)라는 말씀은 무엇을 상기하라는 것인가? 롯의 아내는 그녀가 두고 떠난 세속의 일에 매여 뒤돌아보았고 소금 기둥이 된 것이 아닌가. 뒤돌아봄이 이 세상에 대한 애착이고 자기의 생을 보존하려는 것이 아닌가. "자기의 생을 보존하고자 하는 사람들은 잃을 것이요 그의 생을 잃은 자는 살리라."라는 33절에서 "생"은 이 세상의 세속의 생일 것이다. 세속의 생에 애착하여 "손에 쟁기를 잡고 뒤를 돌아보는 자는 하나님 나라에 합당치 아니하리라."(9:62)라고 제자의 자격을 선언하였은즉 종말의 날에 있을 심판 앞에서 자기 생을 보존하고자 하는 자라면 그는 재앙을 자초하는 자다. 세속의 일에 몰두하고 있노라면, 34-35절이 각각 시사하듯이 남자든 여자든 혹은 밤이든 낮이든, 종말의 날은 별안간 들이닥쳐 잠자던 두 사람과 부엌일하던 두 사람 사이를 죽음과 생명의 길로 갈라놓는다.

우리는 31-35절을 분석적으로 읽지 않고 학자들의 공통적인 해설을 개괄적으로 옮겨 적었다. 한데, 34-37절을 분석적으로 읽으면 석연치 않은 데가 꽤 있다. 우선 "그 밤에 두 사람이 한자리에 누워 있으면 한 사람은 데려가고 다른 사람은 남겨두리라."라는 34절에서 "두 사람"이 남성일 수 있지만 남녀의 성 구별이 모호하여 심지어 한자리에 누워 있는 부부라 해석할 여지도 있다. 보통 남자 둘이라 해석한 것은 35절의 "두 여자"의 기록과 대비하여 읽으려는 의도(Fitzmyer, 1985, p. 1172)를 반영하는 것이다. 뿐더러, 34절과 35절 각각에 "데려가다"와 "남겨두다"의 대조적인 표현이 각각 어떤 의미인지가 중의적이다. "데려가다"는 '하나님 나라에 데려가다.'라는 뜻이고 "남겨두다"는 '이 세상에 남겨두다.'라는 의미일 수 있다(Liefeld and Pao, 2007, p. 273). 혹은 그 반대로 "데려가다"를 '심판에 데려가다.'라는 의미로 해석하고 "남겨두다"를 '구원하다'라는 뜻으로 해석하기도 한다. 그 근거는 주로 "우리 살아남은(남겨둔) 자도…… 주를 영접하게 하시리니"(살전 4:17)라는 말씀에서 찾는다(Ryken, 2009, p. 241). 한데 이 중의성은 어떻게 해석해도 맥락 의미의 적합성은 보존할 수 있는 것이므로, 함께 있던 두 사람을 각각 죽음 혹은 생명의 길로 갈라놓는다고 앞서 어물쩍 해설하였다. 덧붙여, 개역성경에서 "(없음)"이라 적고 생략한 36절이 어떤 사본에는 "두 사람이 밭에 있으되 한 사람은 데려가고 다른 사람은 남겨두리라."라고 쓰여 있는데, 이 판본의 진본 여부를 의심하는 이들이 꽤 있다(Bock, 1996, p. 1443).

끝으로, "그들이 그에게 묻기를 '어디에요, 주여?'라 하였고 그가 그들에게 대답하시기를 '몸이 있는 곳에 독수리들이 모이느니라.' 하셨다."라는 37절이야말로 해석에 어려움이 있다. 앞에서 바리새인들이 "어느 때 하나님 나라가 오고 있습니까?"(17:20)라고 질문했다. 그리고 이제 제자들이 "어디에요?"라고 묻고 있다. 이 질문 속에는 누가 어디에 오는 것인지 혹은 누가 어디로 가는 것인지가 명세되어 있지 않다. 더욱이, "'보라 저기 있다!' 혹은 '보라 여기 있다!' 하리니 너희는 나가지도 말고 좇아다니지도 말라."(17:23) 하고 앞에서 예수가 말씀하였는데도 불구하고 제자들이 "어디에요?"라 묻고 있으니 그들이 예수의 말씀을 제대로 알아듣지 못했다는 해석도 가능하다(Fitzmyer, 1985, p. 1173). 이 해석은 "어디에요?"라는 질문이 인자가 어디로 오시냐는 질문이라는 전제 아래서 해석한 것이다. 하지만, 제자들의 "어디에요?"라는 질문은 가장 직접적인 문맥인 선행 34-35절의 "데려가다" 혹은 "남겨두다"의 장소와 관련된 질문일 가능성이 높다. 그리고 예수의 대답은 "몸(soma)"이지 개역성경과 여러 번역본, 마 24:28에 나오는 "주검"이 아니다(Garland, 2011, p. 702). 여하튼, 예수의 대답에서 유추컨대 그들의 질문이 심판과 관련된 장소를 물은 것이라 보아지는데, "몸이 있는 곳에 독수리들이 모이느니라."라는 격언적인 대답 역시 제자들의 질문만큼 해석하기 어렵다.

여러 학자들 사이에도 그 해석이 제각각이다. 파멸의 심판에 대한 영구한 최종적인 정죄라고 하는 이도 있고(Geldenhuys, 1951, p. 445; Bock, 1996, p. 1440), 썩은 고기가 있는 곳에 독수리 떼가 배회하듯이 종말의 때에 예수가 올 것이 명백하다고 하는 이도 있다(Green, 1997, p. 636). 또 인자의 날(들)이 계시된다는 것은 불가피하다는 해석도 있다(Fitzmyer, 1985, p. 1173). 아마도 이와 같은 견해 차이는 22-35절 특히 22-24절의 배경에서 37절의 맥락적 의미를 해석하는 데 기인하는 것 같다. 무엇보다, "어디에요?"라는 제자들의 질문에 예수가 특정한 장소를 지적해 대답하지 않기 때문에 "번개가 번쩍여 번갯불이 하늘 한 편에서 다른 편으로 비추듯이 인자도 그의 날에 그러하리라."라는 앞선 17:24의 예수의 말씀 배경에서 37절의 맥락적 의미를 해석하는 데 기인하는 것 같다. 우선 피츠마이어에게 있어 인자의 날은 모든 인류에게 돌연히 계시되는 불가피한 것이다. 번개가 동서에 넘나들어 번쩍임을 누구나 놓칠 수 없듯이 시체가 있는 곳에는 독수리들이 날아들기 마련이다. 심지어 제자들도 이 불가피성에서 예외일 수 없다. 조엘 B. 그린에게 있어서도 종말의 인자의 계시가 어디든지 그리고 모든 사람에게 현시되는 공적인 사건이라면 그것은 주검이 있는 곳에 숱한 독수리들이 모여드는 것과 같은 명백한 일이다. 이때 피츠마이어는 종말의 심판이 모든 사람에게 임한다는 사실을 강조하고, 그린은 모든 사람이 목불인견의 끔찍한 심판을 눈앞에 목도한다는 사실을 강조한다. 강조점은 다르지만, 두 견해 모두 시체를 먹는 독수리들의 생생하고 정서적인 심상에 기반을 둔 상호보완적인 해석이다. 이와 유사하게, 대럴 보크의 37절 해석은 최종적인 심판의 영구성이다. 그는 “예수가 말하는 것은 언제 심판이 올 것인가를 염려하지 말라는 것으로, 심판이 한번 오면 이미 늦었고 모든 사람이 그것을 볼 것이기 때문이다.” (Bock, 1996, p. 1440)라고 말한다.

다른 한편, 데이비드 E. 갈런드는 이와는 아주 대조적인 해석을 취한다. 그는 종말의 파멸 이전에 의인은 대피한다는 스티븐 브릿지(Stephen Bridge)의 해석에 따라 이 단락을 읽는다. 브릿지의 해석은 재앙을 겪기 전에 노아도 롯도 먼저 대피했다는 사실을 전제한 해석일 것이다. 갈런드는 “어디에요?”라는 질문이 34-35절에서 두 사람 각각을 “데려가다” 혹은 “남겨두다”라 말한 장소를 물은 것이라 해석한다. 그뿐만 아니라, “몸”이 시체라는 종래의 설을 뒤엎고 십자가에서 죽은 예수가 부활한 그리스도의 몸이라고 해석한다. 그리하여 “제자들의 질문은 34-35절에 적힌 (두 사람 중 한 사람의) 알 수 없는 사라짐에서 논리적으로 유래한 것이다. 제자들은 파멸에서 구출되었을 때 ("데려가다"라는) 선택된 사람이 가느냐를 알고자 원한 것이다"(Garland, 2011, p. 702). 이 해설을 풀이하면, 제자들이 예수의 말씀을 제대로 알아듣지 못한 것이 아니라 오히려 올바르게 이해하여, 34-35절 각각의 "데려가리라"에서 의인을 어디로 데려가느냐고 질문한 것이라는 해설이다. 뿐더러, "독수리"는 육식 동물의 맹수(vulture)가 아니라 의의 상징의 독수리(eagle)라 해석함으로써(출 19:3-6; 신 32:10-12), "몸이 있는 곳에 독수리들이 모이느니라."라는 의인들이 종말에 데려가짐으로써 그들이 모이는 곳이 부활한 그리스도와 함께 있는 곳이라 주해한다.

여러 상위한 해석들이 나름대로 타당한 근거를 지닌다. 이때 어느 해석을 취하느냐는 이 단락의 주제가 어느 것에 더욱 적합하냐는 문제로 귀결되어야 한다. 이 단원의 주제는 종말심판의 문제다. 앞 단락(17:20-21)에서는 예수가 바리새인들에게 "하나님 나라는 너희들 가운데 있다."라고 설명한 반면에 이 단락(17:22-37)에서는 제자들에게 종말심판에 대비할 여러 지침을 가르친다. 첫째, 바리새인들이 아닌 제자들을 위한 종말 지침이라면 재앙에서의 구출을 위한 지침이 가르침의 목표일 것이다. 먼저 예수가 많은 고난을 받고 이 세대에 버린 바 되어야(17:25) 한다면 제자들을 남겨두고 떠나는 예수로서는 애타게 일러주어야 할 사항들이 많았을 것이다. 둘째, 그리하여 노아와 롯의 사례를 장황하게 들추어 설명한다. 셋째, "노아가 방주에 들어가던 날"과 "롯이 소돔에서 나가던 날"을 예시한 것을 보면 의인이 재앙에서 벗어나 구출받을 수 있는 지침이 가르침의 목표인 것이 분명하다. 물론 "롯의 처를 생각하라."라는 경고도 나오고 재앙에 남겨두는 사례의 진술도 있지만 이것은 세상일에 휩쓸려 다니지 말라는 반례로 보인다. 이러한 반례가 이 단락의 주변적인 사례라면 여러 학자들이 취하는 종말 형벌 중심의 해석은 이 단락에서 이차적인 의의를 설명하는 것 같다. 본서에서는 갈런드의 주해가 예수가 이 단락에서 말씀하는 일차적인 의도라 생각하고 싶다. 종말 파멸의 재앙이 오기 전에 의인은 재앙에서 구출된다는 위로와 격려의 메시지가 이 단락이 전달하려는 예수의 메시지라는 해설을 선호하고 싶다.

항상 기도하고 낙심치 말라(18:1-8)

끈기의 기도를 위한 또 다른 비유(18:1-5) 이 비유는 이야기 줄거리로 보면 앞서 야밤중에 떡 세 덩이를 빌려달라고 끈기로 요구하여 억지로 얻어낸 비유(11:5-8)와 유사하다. 이 유사성 때문에 11:5-8 단락과 동일한 제목을 여기에 옮겨 적었다. 하지만 표면의 이야기에서만 유사하고 이번 비유의 심층적인 내용은 인자가 다시 올 때까지 낙심치 말고 끈기로 기도하라는 자세를 강조한 것이다. 제자들에게 말씀한 앞 단락(17:22-37)과 같은 맥락에서 이 단락을 읽어야겠다.

> 1항상 기도하고 낙망치 말아야 될 것을 저희에게 비유로 하여 2가라사대 어
> 떤 도시에 하나님을 두려워 아니하고 사람을 무시하는 한 재판관이 있는데
> 3그 도시에 한 과부가 있어 자주 그에게 가서 내 원수에 대한 나의 원한을 풀
> 어주소서 하되 4그가 얼마 동안 듣지 아니하다가 후에 속으로 생각하되 내
> 가 하나님을 두려워 아니하고 사람을 무시하나 5이 과부가 나를 번거롭게 하
> 니 내가 그 원한을 풀어주리라 그렇지 않으면 늘 와서 나를 괴롭게 하리라
> 하였느니라

"그가 그들이 항상 기도하고 낙심치 말도록 그들에게 비유로 이르시되"라고 서두를 연다. 이 서두가 22절의 연장이라면 "그들"은 제자들을 지칭하는 것일 터이고 "항상 기도하고 낙심치 말도록"이라는 당부도 제자들에게 이르는 말임을 확인할 수 있다. "낙심치 말라"는 '지치지 말라' 혹은 '포기하지 말라'라고 번역하기도 한다. 이 세상에서 제자들이 버린 바 되어 박해를 받을 때 낙심하지 말라는 것이다. 이어서 "말씀하시기를 '어떤 도시에 하나님을 두려워하지 아니하고 사람을 무시하는 한 재판관이 있었다'."라고 2절에 비유의 운을 뗀다. 이 재판관이 하나님을 두려워하지 않고 사람을 무시하여 부끄럽게 만드는 것으로 보아 종교지도자라기보다 로마 관헌의 든든한 배경을 업고 자신의 권위를 방자하게 휘두른 자임을 짐작할 수 있다. "그리고 그 도시에 한 과부가 있어 그에게 계속 가서 '나의 적대자로부터 나의 의를 인정해주소서.'라 간청하였다."가 3절이다. 구약시대의 관례로 보면 과부는 사회적으로 동정과 도움을 받아야 할 여인이다. 아마도 이 과부는 어떤 사람의 모함으로 남편의 유산을 상속받는 길이 막혀 생계유지조차 어려웠는지도 모른다. 그런 과부가 재판관에게 여러 번 가서 적대자로부터의 피해를 호소하였으나 재판관은 그녀의 호소의 정당함을 전혀 아랑곳하지 않았다.

저간의 어떤 심경의 변화로 재판관이 과부의 호소의 정당함을 인정하기로 결심한다. "얼마 동안 그가 거절하였으나 그가 나중에 자신에게 말하기를 '내가 하나님을 두려워하지 않고 사람을 존중하지 않았지만 이 과부가 나를 계속 성가시게 하니 내가 그녀의 의로움을 인정해서 그녀가 계속 옴으로 인해 나를 기진하게 만들지 말아야겠다.' 하였다."가 4-5절이다. 마침내 재판관이 "나를 기진하게 만들지 말아야겠다."라고 독백하는 것은 마음이 누그러졌다는 것이 아니라 권투에서 얼굴을 얻어맞아 멍이 들었다는 표현이라니 끈질긴 과부에게 일종의 기권을 한 것이라 보아야겠다. 따라서 재판관의 독백은 떡 세 덩어리를 빌려달라는 친구의 끈질긴 요구에 "나를 괴롭히지 말라."(11:7)라고 한 응답과 같다(Culpepper, 1995, p. 337)고 본다. 또는 재판관으로서의 명성을 잃을 두려움의 표현이라 해석하기도 한다. 여하튼, 과부의 지속적인 간청(기도)의 효과라 해석하는 것이(Schreiner, 2008, p. 703) 옳을 것이다. "항상 기도하여 낙심치 말라."는 것이 이 단원의 주제다.

■ **인내로 기다리시는 하나님**(18:6-8) "항상 기도하고 낙심치 말라."라는 말씀의 함의를 예수가 풀이하는데 앞 비유를 단순히 해설하는 게 아니라 기도를 들으시는 하나님의 편에 서서 해설한다.

> 6주께서 또 가라사대 불의한 재판관의 말한 것을 들으라 7하물며 하나님께서 그 밤낮 부르짖는 택하신 자들의 원한을 풀어주지 아니하시겠느냐 저희에게 오래 참으시겠느냐 8내가 너희에게 이르노니 속히 그 원한을 풀어주시리라 그러나 인자가 올 때에 세상에서 믿음을 보겠느냐 하시니라

"그리고 주께서 말씀하셨다."라는 구절로 시작해 6절 이하에서 예수가 이 비유가 갖는 함의를 풀이한다. "불의한 재판관이 말한 것을 들으라! 하나님께서 당신께 밤낮 부르짖는 택하신 자들에게 의로움을 인정하시지 않겠느냐? 하나님이 그들에게 인내로 지연하시겠느냐? 내가 너희에게 말하노니 하나님이 그들을 의롭다 하시리라, 신속히. 그러나 인자가 올 때에 그가 이 세상에서 믿음을 보겠느냐?"라 풀이한다. "의를 인정하다."가 5절에 이어 다시 여기 7절에 출현하고 있으니 비유가 종말심판에 관한 것임을 짐작할 수 있다(Green, 1997, p. 641).

“불의한 재판관”이라 6절에 못을 박고 7절에 하나님과 대비하고 있으니 재판관이 과부를 의롭다 하는데 하물며 하나님이시랴(!) 하는 역의 대비가 뚜렷하다. 이 역의 대비는 11:13에서 육신의 아비와 하나님을 대비해 강조한 것과 마찬가지로 기도의 효험을 강조하고 있다. 이 비유에서 과부의 세속의 송사를 하나님이 택하신 의인들의 부르짖음(기도)과 비교하는 것도 일종의 대비라 할 수 있지만, 누가는 과부를 성전에서 주야로 금식하며 기도하던 과부 안나(2:37)와 비교하고 있는지도 모르겠다.

그런데 이 7절의 해석에 관한 상위한 설이 무려 열두 개일 정도로 갈등이 심하다(Bock, 1996, p. 1451-1454). 본문 7절의 번역도 갖가지다. 개역성경에서는 7절의 초두를 “원한을 풀어주지 아니하시겠느냐?”라고 번역하는데 이는 지나친 자구대로의 직역이고, “하나님께서 당신께 밤낮 부르짖는 택하신 자들에게 의로움을 인정하시지 않겠느냐?”라 번역하는 것이 일반적이다. 이어지는 7절 후반 “하나님이 그들에게 인내로 지연하시겠느냐?”에서 “인내로 지연하다(makrothymei)”는 개역성경과 같이 “오래 참다” 혹은 기다리게 하다라는 뜻으로도 번역할 수 있다. 인내의 뜻이 담겨 있다면 하나님께서 의인(택하신 자)들의 부르짖음(기도)을 인내로 들으시고 그들의 간구를 적절한 시기에 들어주신다는 해석을 취할 수 있다(Liefeld and Pao, 2007, p. 276). 그런데, 본래 원문에서는 7절의 초두와 후반 질문이 하나의 문장으로 구성된 복합문장이다. 그럼에도 불구하고, 여러 번역본에서 별도의 두 질문으로 의역하여 선행 질문과 마찬가지로 후행 질문도 부정의 대답을 요구한다는 의미를 취하게끔 번역한다(Fitzmyer, 1985, p. 1180). 다시 말하면, “의로움을 인정하시지 않겠느냐?”에 대해 ‘아닙니다, 인정하십니다’라는 부정의 대답을, 또 기다리게 하다(미루다)에 대해 ‘아닙니다, 곧 들어주실 것입니다'라는 부정의 대답을 각각 유도하는 번역을 취하고 있다.

그러나 만약 후행 질문의 동사가 인내로 지연하다라면 선행절이 질문이 아니라 후행 질문과의 관계에서 이질적인 양보절의 의미를 표현한다고 읽어야 한다. 이를테면, 7절을 "하나님이 인내로 지연함에도 불구하고 하나님이 밤낮으로 기도하는 그의 택하신 자에게 의로움을 인정하시지 않겠느냐?"라고 번역하여, 하나님의 백성을 의롭다 인정하시는 종말의 심판을 하나님께서 지연하고 있다는 것을 하나님께서 오래 참으신다(longsuffering)는 인내로 읽어야 한다. 하나님은 불의한 자들이 회개하기를 기다리고 계신 것이다(Garland, 2011, pp. 711-712). 혹은 환언하면, 지연되기 때문에 선택받은 의인들이 지속적으로 기도하기를 포기하려는 유혹을 받기 마련이고 따라서 예수는 기도를 멈추지 말라고 권장한다(Schreiner, 2008, p. 704).

요컨대, 학자들 사이에 7절에 대한 해석이 두 갈래로 갈린다. 피츠마이어와 같이 7절을 두 질문으로 나누어 읽고 각각을 하나님께서 택하신 자들에게 의로움을 인정하신다는 것과, 기다리게 하지 않고 곧 들어주신다는 것으로 독해하는 것이 전자의 설이다. 반면에 갈런드처럼 하나의 복합문장으로 읽고 종말심판의 지연과 의로움의 인정이라는 양자 모두를 긍정으로 독해하는 것이 후자의 설이다. 요컨대, 종말심판이 임박하느냐 혹은 지연하느냐의 해석 차이다. 두 견해 중 어느 편이 옳으냐의 관점 역시 "예수께서 그들이 항상 기도하여 낙심치 말도록" 당부하는 것이 어떤 맥락적 배경의 해석의 틀을 갖느냐에 따라 가름해야 할 것이다. 이때 낙심치 말고 끈질긴 인내로 기도하라는 당부를 불의한 재판관에 의해 의로움을 인정받은 과부의 비유에서 강조하고 있음을 주목해야겠다. 동일한 맥락의 서두로 기록된 "너희들이 인자의 날들의 어느 날을 장차 보고자 열망하는 그 날들이 올 것이로되 너희들이 보지 못할 것이다."(17:22)라는 구절에서 종말심판의 지연을 암시하는 것도 주목해야겠다. 끈기의 기도가 종말 재앙에서의 구출을 위한 기도라면 종말이 신속히 와야 하는지 서서히 와야 하는지도 심각하게 고려해보아야 한다. 이때 독자들은 계 6:11-12에 순교자들이 제단 아래서 우리 피의 원수 갚음이 언제인지를 울부짖을 때 좀 더 기다리라는 응답이 나왔음을 상기해야겠다. "하나님께서 의인들을 박해하는 자들에게 시간을 주는 것은 회개시키기 위함이다" (Garland, 2011, p. 712).

이어지는 8절에서 7절의 갈등의 모순을 재고하겠다. 갈등의 모순은 7절과 8절 사이에도 개입하기 때문이다. 우선, "내가 너희에게 말하노니 하나님이 그들을 의롭다 하시리라, 신속히."라는 8a절이 7절과 어떻게 합치되는지가 갈등 해결의 숙제다. 뿐더러, 하나님께서 선택한 자들을 신속하게 의롭다 하시겠다는 8a절의 약속에 잇대어 8b절에 "그러나 인자가 올 때에 그가 이 세상에서 믿음을 보겠느냐?"라고 말씀한다. "인자가 올 때"라 함은 신속하게 오셔서 의롭다 하실 때일 터인데, 그때 왜 "이 세상에서 믿음을 보겠느냐?"라는 부정적인 회의를 하는지가 이해하기 어렵다. 이에 대한 가장 독자적인 해석은 "이 긴장(이해의 어려움)에 대한 최선의 해결책은 하나님의 목적들의 완성이 하나님의 시간(예정)표에 따르면 금방이지만 이러한 완성이 인간들에게는 괴롭고 긴 시간일 수 있다. 그래서 그들은 기도하기를 포기하고 멈추려는 유혹을 받게 된다."(Schreiner, 2008, p. 704)는 것이다. "하나님이 그들을 의롭다 하시리라, 신속히."가 슈라이너의 해석처럼 하나님의 종말 시간표에 따르는 "신속히"를 암시하는 것이라면, 8a절의 "인자가 올 때"가 특정한 "어느 때"(17:20)나 "어디에"(17:30)를 가리키는 것은 아닐 것이다.

다른 한편, 여기서 언급된 믿음을 믿음의 질이라 생각하고 "인내의 신뢰로써 그때까지 기다리는 진정한 신자들이 인자가 올 때 적으리라."(Liefeld and Pao, 2007, p. 276)라고 풀이하는 것이 가장 일반적인 해석이다. 그럼에도 불구하고 이들 학자들은 계시록 마지막 장의 "내가 진실로 속히 오리라 하시거늘 '아멘, 주 예수여, 오시옵소서.'"(계 22:20)라는 구절을 인용하면서, 기도의 자세에 대해 지연은 우리의 관점에서 보는 것보다 짧아질 것이라는 확신을 가지고 지속적으로 기도하라는 슈라이너의 견지와 유사한 해석을 취한다. "인자가 올 때에 그가 이 세상에서 믿음을 보겠느냐?"라는 8b절은 물론 "항상 기도하고 낙심치 말도록"이라는 당부의 맥락에서 읽어야 한다.

누가의 어떤 기록에서도 "인자가 올 때"는 비밀이다. "신속히"라 8a절에 말하고 "그러나"라는 접속사를 잇대어 사용해 8b절에 "인자가 올 때"를 연결하고 있다. 더군다나, 원문을 보면 "신속히"를 8a절의 말미에 돌려놓고 그에 바로 인접해 "그러나"를 연결하여 "인자가 올 때 그가 이 세상에서 믿음을 보겠느냐?"라고 묻고 있다. 따라서 이 8b절을 신속히 올 때의 예수의 침울한 독백이라 읽을 수 있다. 인자의 재림은 구원과 심판을 위함이다. "의롭다 하시리라"라는 구원과 "믿음을 보겠느냐?"라는 심판을 위한 재림이다. 예수는 모두를 의롭다 하기를 원한다. "주 예수의 은혜가 모든 자들에게 있을지어다, 아멘."(계 22:21)이 궁극적인 종말의 목표이기 때문이다. "이 세상에서 믿음을 보겠느냐?"라고 예수가 탄식하였지만, 그가 차마 아직도 이 세상에 재림치 못하고 미루고 있는 것은 하나님의 사랑 때문일 것이다.

하나님 나라에 합당한 성품(18:9-30)

앞 단원에서 종말에 대한 대비를 논한 다음 이 단원에서는 은혜로 우신 하나님께 전적으로 의존하는 하나님 나라의 백성의 신실함이 어떤 것인지를 가르친다. 우선 교만한 바리새인과 비천한 세리를 대조하고(18:9-14), 어린아이와 같지 않으면 하나님 나라에 들어갈 수 없다고 가르친다(18:15-17). 그리고 재물을 버리지 못하는 부자와 모든 것을 버린 제자를 대조한다(18:18-30). 이 단원은 하나님 나라에 들어갈 수 있는 신실함이 무엇인가를 가르치는 것으로, 하나님 나라에 합당한 성품에 대한 가르침이라 읽을 수 있다.

의로움을 자랑하는 자 vs 불의함을 통탄하는 자(18:9-14)

바리새인과 세리의 기도(18:9-14) 앞 단락과 마찬가지로 기도가 주제이지만 이번에는 앞 단락의 종말론이 아니라 의로운 인간의 구원론을 담고 있다. 두 기도를 단순히 비교하는 것이 아니라 하나님께서 어떤 사람을 기뻐하시는가의 관점에서 이 단락을 읽는 것이 더욱 유익하다.

> 9또 자기를 의롭다고 믿고 다른 사람을 멸시하는 자들에게 이 비유로 말씀
> 하시되 10두 사람이 기도하러 성전에 올라가니 하나는 바리새인이요 하나는
> 세리라 11바리새인은 서서 따로 기도하여 가로되 하나님이여 나는 다른 사람
> 들 곧 토색, 불의, 간음을 하는 자들과 같지 아니하고 이 세리와도 같지 아니
> 함을 감사하나이다 12나는 이레에 두 번씩 금식하고 또 소득의 십일조를 드
> 리나이다 하고 13세리는 멀리 서서 감히 눈을 들어 하늘을 우러러 보지도 못

하고 다만 가슴을 치며 가로되 하나님이여 불쌍히 여기옵소서 나는 죄인이
로소이다 하였느니라 14내가 너희에게 이르노니 이 사람이 저보다 의롭다 하
심을 받고 집에 내려갔느니라 무릇 자기를 높이는 자는 낮아지고 자기를 낮
추는 자는 높아지리라 하시니라

"그리고 예수께서 그들이 의롭다고 스스로에 대해 신뢰하고 다른 사람들을 멸시하는 어떤 자들에게 이 비유를 말씀하셨다."라고 하여 9절에 비유가 시작된다. "두 사람이 기도하러 성전에 올라갔는데 한 사람은 바리새인이고 다른 사람은 세리였다."가 10절이다. 첫 9절의 주인공인 양극의 두 사람으로 바리새인과 세리가 등장하여 순결과 불결의 양극화를 주도하는 유대의 종교 및 문화 중심의 허브인 성전에 그 둘이 기도하러 올라갔다는 이야기다.

개역성경의 "바리새인은 서서 따로 기도하여 가로되"(11a)에서 "따로"는 '자기 스스로'라는 의미인데 "서서"에 연결시켜 '스스로 서서'라 번역할 수도 있고 '자신에 대해 기도하다.'라고 번역할 수도 있다. 전자는 당당한 기도의 자세를 묘사하는 것이고 후자는 자신을 자랑하는 기도의 내용을 묘사하는 것이다. 여하튼, 바리새인의 기도는 "하나님이시여, 내가 다른 사람들 곧 도적, 불의, 간음하는 자들과 같지 아니하고 또 이 세리와도 같지 아니함을 감사하나이다. 나는 일주일에 두 번 금식하고 내 모든 소득의 십일조를 드리나이다."라고 하여 자기 자랑 일색이다. 이 기도의 내용을 보면 '자신에 대해 기도하다.'라는 번역을 취하는 것이 바람직한 것 같다. 도적, 불의 및 간음은 일반적으로 죄인의 행위다. 실제로 바리새인은 이들 죄인과는 다른 삶을 살았을 것이다. 그리고 "이 세리"라 부른 것을 보면 근처 어디에서 기도하고 있는 세리를 본 모양인데 바리새인은 그 세리를 하나님께 고발한

다. 그런 다음에 금식과 십일조 준수를 내세워 자신이 이렇게 자만하는 근거를 하나님께 아뢰고 감사한다. 금식은 모세가 시나이산에 올라갔다 내려온 월요일과 목요일에 하는 것이 통례이고, 구약의 규례인 십일조는 때로는 율법에 어긋나는 목초를 헌납한 예도 있었던 모양이나 이 바리새인은 금식과 십일조를 율법에 합당하게 꼬박꼬박 엄수했던 모양이다. 그러니 나는 의인이로소이다 하고 하나님께 당당하게 아뢰고 있다.

반면에, 세리는 기도하는 자세부터 다르다. "그러나 세리는 멀리 서서 하늘을 향해 눈을 들어 보지도 못하고 그의 가슴을 쳤다."라고 13a절에 전한다. 세리는 사람들과 동떨어져 서거나 성전 외곽에 서서 하늘을 우러러 보는 기도 자세를 취하지도 못하고 가슴을 치는 통회의 자세로 기도하였다. 기도 역시 단순하기 그지없다. "하나님이시여, 나를 속죄해주시옵소서, 이 죄인을!"이라는 외마디다. 사람들 앞에서도 부끄러워하고 하나님 앞에서는 더욱이 머리를 들지 못했다. 개역성경과 여러 번역본에서 "불쌍히 여기옵소서."라고 번역하고 있지만 누가와 행전에서 여기 이외에 쓰인 일이 없고 신약에서 히 2:17에만 출현하는 hilaskesthai라는 단어는 속죄 내지 용서의 뜻으로 쓰였기 때문에 18:38의 "불쌍히 여기옵소서."라는 번역을 여기서 취하지 말아야 한다고 주장하기도 한다(Garland, 2011, p. 719). "죄인"에는 정관사가 붙어 있어 '내가 곧 죄인이다(sinner that I am).'라고 번역하기도 한다(Fitzmyer, 1985, p. 1188). 이 점에서 "세리는, 바리새인과 달리, 자기 자신에 대한 진정한 통찰력을 갖고 있었다."(Schreiner, 2008, p. 514)라고 볼 수 있다.

한데, 우리는 바리새인과 세리의 기도를 각자 자신의 진심의 기도라 읽어야겠다. 성전에 올라와 "하나님이시여"라 거룩한 이름으로 드리는 기도인데 고의로 거짓을 위장하지는 않았을 테다. 각자의 기도가 하나님 앞에 선 두 사람의 일상의 태도를 반영하는 것일 따름일 뿐이다. 문제는 예수가 바리새인을 "다른 사람들 앞에서 스스로를 의롭다 하는 자"(16:15)라 하였고, 바리새인은 세리를 죄인과 동일시하였다(5:30)는 점이다. 누가는 여기서 바리새인과 세리의 기도가 두 사람의 이러한 특질을 자명하게 반영하고 있음을 기록하고 있다. 바리새인의 기도는 구약에 따르는 율법과 예배의식을 훌륭하게 수행한다는 의인으로서 드리는 감사의 기도이고, 세리의 기도는 아무것도 자랑할 것이 없는 죄인으로서 오로지 하나님께 용서를 간구하는 기도이다.

두 사람의 양극의 기도에 대해 예수가 강하게 대조하여 "저 사람(바리새인)이 아니라 이 사람(세리)이 의롭다 함을 받고 그의 집에 곧바로 갔고 자신을 높이는 자는 누구든 낮아지나 자신을 낮추는 자는 높아지리라."라고 14절에 말씀한다. 세리를 "이 사람"이라 부르고 바리새인을 "저 다른 (사람)"이라고 하여 대조한다. 또 "성전에 올라갔다."(18:10)와 대조하여 세리가 "그의 집에 내려갔다."라고 표현한다. 피츠마이어는 "의롭다 함을 받고"를 하나님에 의해 올바르다고 선언되었다라는 의미로 해석하여 "하나님이 보시는 앞에서 곧바르게 집으로 내려갔다."라고 번역한다(Fitzmyer, 1985, p. 1188). 필경 하나님 나라에 곧바르게 들어갔다는 의미를 은유적으로 표현하고자 하는 의도일 것이다.

율법이 지배하는 유대사회에서 버림받은 세리가 자신의 행위가 아니라 자신의 죄를 하나님 앞에 고해함으로써 얻은 의이므로 "이 비유를 바울의 의에 관한 모든 함의의 개념으로 읽어야 한다"(앞의 책, p. 1185). 마찬가지로, "의에 관한 바울의 가르침이 이 본문에 예견되어 있는 바, 하나님에 대한 그의 믿음 때문에 세리는 하나님 앞에 올바르다고 누가가 분명하게 의미하고 있기 때문이다"(Schreiner, 2008, p. 550). 이처럼 학자들은 율법과 관련하여 "성경이 모든 것을 죄 아래 가두었으니 이는 예수 그리스도를 믿음으로 말미암은 약속을 믿는 자들에게 주려 함이니라."(갈 3:22)라는 말씀의 의미를 여기서 읽고 있다. "나를 속죄해주시옵소서!"라는 세리의 기도는 그의 믿음을 입증해준다는 것이다. 이들 연구자들은 이 비유에 관한 예수의 가르침을 바울의 의신칭의(依信稱義)의 기반에서 해설한다. 율법의 행위에 의한 의의 입장에서 보면 당연히 세리는 죄인이어야 한다. 그럼에도 불구하고, 예수는 곳곳에서 세리가 의롭다함을 받기에 합당하다고 하는 반면 바리새인에 대해서는 정죄하고 있다. 자신의 의로운 행위를 하나님께 감사하는 바리새인을 어떻게, 그리고 왜 의롭지 않다고 할 수 있는지가 14b절에 "자신을 높이는 누구든 낮아질 것이요 자신을 낮추는 자는 높아지겠기 때문이다."라고 적혀 있다. 이 14b절은 14:11의 반복이기도 하다. 실제로 바리새인은 하나님 앞에서 자신을 높이어 "이 세리와도 같지 아니함을 감사하고"(18:11b)라고 하였다. 그러므로 14b절을 자신을 낮추는 자가 아니면 하나님의 은혜를 전적으로 신뢰할 수 없다는 가르침이다. 하나님만이 의이므로 사람은 자기를 의롭다고 할 수 없다.

이 바리새인과 세리의 비유를 빌립보 3장에 대비해 읽기도 한다 (Garland, 2011, p. 720). 앞의 바리새인의 기도처럼 바울은 "나도 육체를 신뢰할 만하니"(빌 3:3)로 시작하여, "내가…… 히브리인 중의 히브리인이요 율법으로는 바리새인이요…… 율법의 의로는 흠이 없는 자로라."(빌 3:5-6)라고 하였다. 그러나 그는 이러한 "모든 것을 잃어버리고 배설물로 여긴다."(빌 3:8)라고 고백하였다. 갈런드는 이 고백을 이 비유의 틀 안에서 상기하고 있다. 죄인이 아니고 자기 자신의 기준에 따라 스스로 의롭다고 생각하는 바리새인의 기도가 "율법의 의로는 흠이 없는 자"였고 실상 바리새인이기도 했던 당초의 바울을 상기케 한다. 그러나 결국 바울은 그의 자랑이었던 모든 것을 배설물로 여긴다는 자기 성찰의 고백에 도달한다. 갈런드는 바리새인의 잘못을 자기신뢰 내지 자기도취(self-absorbed)라 해설한다(앞의 책, pp. 720-721).

그렇다면 자기신뢰를 배설물로 여기는 회개한 바울에게서 "나를 속죄해주시옵소서, 이 죄인을!"이라는 세리의 기도를 읽을 수 없을까? 세리가 "하나님이 보시기에 올바르다."함을 받았지만, 그의 행위가 바리새인보다 의로웠다는 증거는 아무 데도 없다. 동족에게서 세금을 받아 침략자에게 헌납한 처사는 오히려 지탄받아 마땅하다. 하지만, 세리 레위를 부를 때 예수는 "내가 의인을 부르러 온 것이 아니요 죄인을 불러 회개시키러 왔노라."(5:32)라고 말씀한다. 여기서 "올바르다(의롭다)"함을 받은 세리의 구원은 "속죄해주시옵소서!"가 전부다. 의신칭의에 아무런 여타 단서가 필요없다. 아울러, 자기 자신을 낮추는 자가 아니면 은혜의 하나님에 대한 전적인 신뢰가 있을 수 없다는 가르침은 다음 단락의 주제이기도 하다.

영생의 상속(18:15-30)

앞 단원(18:9-14)에서 바리새인과 세리의 기도를 대조함으로써 영생을 상속받을 수 있는 성품에 대해 조명하였다. 이번 단원에서는 어린아이와 부유한 관헌, 자신들의 소유를 모두 포기한 제자들을 예시하여 동일한 주제를 조명한다. 이 단원은 다른 공관복음서의 기록들과 형식과 보조를 나란히 하여 서술하고 있다는 것이 특징적이다.

■ **어린아이와 같이 하나님 나라를 받아들이라**(18:15-17) 하나님의 은혜에 대한 세리의 신뢰를 이야기한 다음, 예수가 어린아이들이 내게 오는 것을 용납하고 하나님 나라를 어린아이처럼 받아들이라고 제자들에게 당부한다. 겸손으로 자기를 낮춘 세리를 하나님 보시기에 올바르다고 하신 것과 같은 맥락에서 이 단락을 읽어야겠다.

15사람들이 예수의 만져주심을 바라고 자기 어린 아기를 데리고 오매 제자들
이 보고 꾸짖거늘 16예수께서 그 어린아이들을 불러 가까이 하시고 이르시
되 어린아이들이 내게 오는 것을 용납하고 금하지 말라 하나님의 나라가 이
런 자의 것이니라 17내가 진실로 너희에게 이르노니 누구든지 하나님의 나라
를 어린아이와 같이 받들지 않는 자는 결단코 들어가지 못하리라 하시니라

"사람들이 심지어 어린 아기조차 예수께 데리고 와 그가 어루만져 주시기를 바라니, 제자들이 이것을 보고 그들을 꾸짖었다."라는 구절이 사건의 발단이다. 마 19:13-15과 막 10:13-16의 병행기사를 보면, 예수에게 아기를 만져달라고 하여 축복을 부탁한 것이다. 그 당시는 어린이를 존중하는 사회가 결코 아니었지만 유아사망률이 높았으니 아마도 예수의 신적인 능력을 들은 부모들이 아이를 데려와 축복을 받고 싶어 했을 것이다. 그래서 제자들은 심지어 젖먹이들까지 데리고 예수에게 접근하는 일을 금하였는지 모른다. 이어서 16절에 "예수께서 그 어린 아기들을 불러 가까이 하시고"라고 의역하고 있는데 본래는 "그러나 예수께서 그들을 가까이 불렀고 말씀하셨다."이다. "그들"이라 함은, 엄격하게는, 아이들과 부모일 수 있다. "가까이 불러"는 부모에게 아이들을 내게 데려오라고 이른 것이고 "말씀하셨다"는 (내용으로 보아) 제자들에게 건넨 말씀이라 읽는 것이 적절하다.

"어린아이들을 내게 오도록 하고 그들을 금하지 말라, 하나님 나라가 이런 자들에게 속한 것이기 때문이다. 내가 진실로 너희에게 이르노니 어린아이처럼 하나님 나라를 받아들이지 않으면 누구든 거기에 들어가지 못할 것이다."라는 16-17절이 예수의 말씀이다. 어린아이들이 내게 오는 것을 금하지 말라는 이유인즉 "하나님 나라가 이들에게 속한 것이기 때문"이다. 달리 말하면, "하나님 나라가 이들 어린아이들과 같은 사람들로 구성되어 있다."(NRSV)는 것이니 엄청난 말씀이다. 어린아이가 부모에게 전적으로 의존하듯이 하나님 나라의 자녀는 하나님께 의존하는 사람들이라 풀이해도 좋을 것이다. 이러한 어린아이처럼 하나님 나라를 받아들인다는 것은 개방성, 낮아짐, 무력감, 행위의 자랑 없음과 같은 아이의 속성을 지닌다는 것이다 (Fitzmyer, 1985, p. 1194).

한발 더 나아가, "어린아이처럼 하나님 나라를 받아들이지 않으면 누구든 거기에 들어가지 못할 것이다."라는 말씀은 제자들을 포함한 어른들에게 한 것이다. 진술된 맥락은 다르지만, 마태는 "진실로 너희에게 이르노니 너희가 돌이켜 어린아이들과 같이 되지 않으면 결단코 천국에 들어가지 못하리라."(마 18:3)라고 적고 있다. 마태에서는 "너희가 돌이켜 어린아이들과 같이 되지 않으면"이라고 하고, 누가에서는 "어린아이처럼 하나님 나라를 받아들이지 않으면"이라 말한다. 중요한 것은 "받아들이다"이다. (개역성경에서 "받들다"라고 한 번역은 소중히 따르다는 의미로 쓰인 것일지도 모르겠다.) 어린아이처럼 받아들인다는 것은 겸손과 신뢰의 태도를 지닌다는 뜻일 것이다. 아이들에게는 자기들의 이론과 편견이 있을 수 없다(Geldenhuys, 1951, pp. 455-456). 주시는 것을 겸손과 신뢰로 받아들일 뿐이다.

바로 이 '받아들임'이 '순수한 믿음'일 것이다. 그것은 겸손과 신되일 뿐만 아니라 자기로서는 어떻게 할 수 없다는 무력감에서 빚어지는 전적인 의존성이다. 그러니 앞 단원의 세리처럼 "나를 속죄해주시옵소서! 나를 불쌍히 여기옵소서!"라는 외마디 기도 이외의 다른 군더더기 간구가 있을 수 없다. 이렇게 은혜를 주시기를 기도하고, 주시면 순수하게 받아 가지는 가난한 자의 심령이 믿음이다. 믿음이 어떤 신학 이론의 신봉이 아니라는 것은 "나를 불쌍히 여기옵소서!"라고 외치는 불치의 병자들에게 "네 믿음이 너를 구원하였다."(7:50; 8:48; 18:42)라고 예수가 말씀한 의신칭의에서 명명백백해진다. 거듭 강조하거니와, 순수한 믿음은 "어린아이처럼 하나님 나라를 받아들이는 것"이다.

■ **부유한 관헌**(18:18-30) 겉보기에는 이 단락이 앞 단락들과 아무 관계가 없는 것처럼 읽힌다. 하지만 예루살렘 여행 막바지에 접어들면서 깊어지는 '하나님 나라에 적합한 사람이 누구인가에 대한 세상적인 통념에 상반되는 가르침'이 예수가 이 단원에서 말씀하는 공통의 주제다. 이 단락은 마 19:16-22과 막 10:17-22의 병행기사이지만 누가가 주로 마가의 원전을 옮겨 적은 것이다.

> **18**어떤 관원이 물어 가로되 선한 선생님이여 내가 무엇을 하여야 영생을 얻
> 으리이까 **19**예수께서 이르시되 네가 어찌하여 나를 선하다 일컫느냐 하나님
> 한 분 외에는 선한 이가 없느니라 **20**네가 계명을 아나니 간음하지 말라, 살인
> 하지 말라, 도적질하지 말라, 거짓 증거하지 말라, 네 부모를 공경하라 하였느
> 니라 **21**여짜오되 이것은 내가 어려서부터 다 지키었나이다 **22**예수께서 이 말
> 을 들으시고 이르시되 네가 오히려 한 가지 부족한 것이 있으니 네게 있는 것
> 을 다 팔아 가난한 자들을 나눠주라 그리하면 하늘에서 보화가 네게 있으리

라 그리고 와서 나를 좇으라 하시니 23그 사람이 큰 부자인 고로 이 말씀을
듣고 심히 근심하더라 24예수께서 저를 보시고 가라사대 재물이 있는 자는
하나님의 나라에 들어가기가 어떻게 어려운지 25약대가 바늘귀로 들어가는
것이 부자가 하나님의 나라에 들어가는 것보다 쉬우니라 하신대
26듣는 자들이 가로되 그런즉 누가 구원을 얻을 수 있나이까 27가라사대 무
릇 사람의 할 수 없는 것을 하나님은 하실 수 있느니라
28베드로가 여짜오되 보옵소서 우리가 우리의 것을 다 버리고 주를 좇았나
이다 29이르시되 내가 진실로 너희에게 이르노니 하나님의 나라를 위하여
집이나 아내나 형제나 부모나 자녀를 버린 자는 30금세에 있어 여러 배를 받
고 내세에 영생을 받지 못할 자가 없느니라 하시니라

앞 장면에 곧장 잇대어 어떤 관원이 등장하여 “선한 선생님이여, 내가 무엇을 행하여야 영생을 얻으리이까?”라고 예수에게 묻는 새 장면이 등장한다. 앞에서 “어린아이처럼 하나님 나라를 받아들이지 않으면 누구든 거기에 들어가지 못할 것이다.”라고 예수가 말씀하였을 때 아마도 이 관원 역시 그 자리에 있었던 모양이다. 이 사람을 “관원(지배자)”이라 했는데 이는 복음서에서 누가만의 호칭이다. 누가가 지도자라는 의미로 종종 사용하는 명칭으로, 대체로 예수의 사역을 적대시하는 사람들을 가리킬 때 쓰인다. 이 사람이 시나고그의 지도자는 아니라 추측할 수 있으므로 개역성경과 같이 관원이라고 번역하는 것이 적절한 듯하다. “선생님이여”라는 호칭은 존칭으로 쓰이지만 제자들보다는 흔히 외부 사람들이 예수를 부를 때 쓰는 호칭이다. 예수가 그에게 “네가 어찌하여 나를 선하다 하느냐? 하나님 한 분 이외에는 선한 이가 없느니라.”라고 말씀한다. 학자들은 예수의 이 대답이 자신이 선하다는 것을 부정하는 것이 아니라, 당신이 하나님처럼 선한

줄 네가 알고 있느냐는 힐난의 어조로 말씀한 것이라 해설하기도 한다(Ryken, 2009, p. 275). "내가 무엇을 행하여야 영생을 얻으리이까?"라는 관원의 질문은 행위와 구원을 직접 연결한 것이기에 예수가 못마땅하게 생각하였다는 해석을 학자들은 취한다.

"네가 계명들을 아나니"라고 운을 뗀 후 예수가 직접 십계명의 후반부 다섯 계명을 20절에 열거한 것을 보면 관원의 마음을 다 읽고 있었음이 틀림없다. 관헌의 질문이 "무엇을 행하여야"이므로 율법의 행위를 고의로 열거한 것이다. 어린아이처럼 하나님 나라를 받아들이지 않으면 영생을 얻을 수 없다는 맥락과는 무관하게, 관원이 당당하게 대답할 수 있는 율법의 준수를 들추어 그의 자아를 고양시킨다. 이에 관원은 "내가 어려서부터 이것들을 다 지켰나이다."라고 의기양양하게 말하는데, 이 대답은 18:11-12의 바리새인의 당당한 기도와 동일한 내용이다(Garland, 2011, p. 731).

예수가 이 말을 듣고 22절에 "네게는 아직 한 가지 부족한 것이 있으니, 네가 가지고 있는 것을 다 팔아 가난한 자들에게 나눠주어라, 그리하여 하늘에 있는 보화를 네가 가져라. 그 후에 와서, 나를 따르라!"라고 말씀한다. 예수는 이 관원이 대단한 부자라는 사실을 알고 있었을 터이고 그가 승복하지 않을 것 또한 알았을 것이다. 그럼에도 불구하고 "다 팔아 가난한 자들에게 나눠주어라." 하고 나아가 "나를 따르라!"라고 제자가 되라는 무리한 요구까지 한다. 이 대목에 대해 학자들 사이에도 이견이 분분하다. 무엇보다 이때 예수가 누구든 영생을 얻기 위해서는 자기의 소유를 다 포기할 것을 요구하는 것인지가 논쟁의 관점이다. 분명한 사실은 이 다음 단락(19:1-19)에서 "오늘 구원이 이 집에 이르렀다."(19:9)라고 칭찬받은 삭개오가 자기 소유의 절반을 가난한 사람들에게 나누어주겠다고 약속했다는 점이다. "영생을 얻기 위해 우리가 얼마를 포기해야 되는지를 정확하게 계산할 수 있는 공식을 누가의 가르침에서 찾아 읽을 수는 없다"(Schreiner, 2008, p. 762). "모든 것을 팔라고 하는 말씀이 의도하는 바는 하나님을 신뢰하고 하나님께 겸손으로 맡기라는 것을 관헌에게 강요하는 것이다" (Bock, 1996, p. 1482). 말하자면, 모든 것을 무조건 하나님께 신뢰하고 맡기는 것이 곧 모든 소유를 포기하는 일이라는 예수의 원리적인 말씀이라는 해석이다.

예수의 이 말씀을 들은 관원의 반응인즉 "그러나 그가 이 말을 듣자 심히 슬퍼했으니, 그가 대단히 부자였기 때문이다."라고 23절에 그의 좌절과 실망을 표현하고 있다. 앞서 부자와 나사로의 비유를 읽으며 맘몬의 사용은 종말심판을 위한 "회개의 열매"(Schreiner, 2008, p. 557)이어야 한다고 비유의 결론을 정리했는데, 이 관원은 자신의 물질적인 자산과 하늘에 있는 보화를 맞바꿀 줄 모르는 우를 범하며 슬퍼하고 있다.

"예수께서 그를 보고 말씀하시기를"이라는 24절 초두가 어떤 사본에는 "예수께서 슬퍼하고 있는 그를 보고"라고 적혀 있다고 한다. "슬퍼하고 있는 그"라고 하면 이 관원에 대한 예수의 동정의 마음을 암시할 수도 있는 미묘한 문제다. 여하튼, 여기서 누가만이 "그를 보고 말씀하시기를"이라고 하여 관원에게 말씀한 것이라 부기하고 있다. 마 19:22과 막 10:22에서는 이 관원이 "근심하며 가니라"라고 하여 예수가 24절 말씀을 하기 전에 이미 자리를 떠난 사실을 기록하고 있다. 그런데 이 부자 관원의 기사를 읽을 때 그가 예수에게 드린 질문이 신실한 것인지 시험하려는 것인지가 궁금하다. 누가에 있어서는 그가 신실한 사람이라 할지라도 적어도 "어린아이처럼 하나님 나라를 받아들이지 않으면 누구든 거기에 들어가지 못할 것이다."(18:17)라는 말씀에 비추어 볼 때는 합당치 않은 사람임이 분명하다.

예수가 관원에게 한 말씀이 "부를 가지고 있는 사람들이 하나님 나라에 들어가는 일이 얼마나 어려운가!"라는 24절과 "낙타가 바늘귀를 통해 들어가는 것이 부자가 하나님 나라에 들어가는 것보다 쉽다."라는 25절이다. 누가의 이야기 담화는 하나님 나라와 이 세상 사이의 전도된 가치를 시종일관 드러낸다. 전도된 가치의 절정은 "가난한 자는 복이 있나니 하나님 나라가 너희 것임이요."(6:20)라는 수훈의 첫 지복이고 "그러나 화 있을진저 너희 부유한 자여, 너희는 너희의 위로를 이미 받았도다."(6:24)는 수훈의 첫 비탄이다. 이 수훈의 연장이 24절이고, 더군다나 25절의 유명한 말씀은 곧이곧대로 해석하면 부자는 하나님 나라에 들어갈 수 없다는 뜻이다. 이 때문에 낙타(kamelos)가 밧줄(kamilos)의 오기(誤記)라 주장하는 학자도 있고, 바늘귀가 낙타의 짐을 풀어내려야 들어갈 수 있는 낮은 성곽문인 바늘관문의 오기라 주장하는 이도 있다. 하지만 이들 주장은 근거가 전무한, 재미를 위한 이야기일 따름이다. 우리는 부자가 하나님 나라에 들어가는 것이 불가능하다는 낙타와 바늘귀의 비유를 아래 27절을 읽으며 다시 생각하기로 하겠다.

낙타와 바늘귀의 비유를 들은 사람들이, 비록 그들이 부자가 아니었을 터인데도 불구하고, 놀라움을 금치 못한 나머지 "그런즉 누가(어느 사람이) 구원을 받을 수 있습니까?"라고 묻는다. 그러자 예수가 "사람에게 불가능한 것이 하나님께는 가능하다."라고 27절에 말씀한다. 이 질문에서 "누가"라 함은 사람 일반을 가리키는 것으로 '나도 구원을 받을 수 없습니까?'라는 질문자의 의문이 함축되어 있다고 보인다. 예수의 대답은 곧 "하나님에게는 능치 못한 것이 없다."(1:37)는 말씀으로(Fitzmyer, 1985, p. 1205) 사람들의 의표를 찌른다. 가난뱅이든 부자이든, 구원은 하나님의 은혜의 기적이라 읽어야 할 것이다(Ryken, 2009, pp. 279-280; Schreiner, 2008, p. 761). "사람에게 불가능한 것들"이라는 구절을 "자신의 노력으로는 누구도 구원받을 수 없다."(Garland, 2011, p. 733)라는 의미로 해석하기도 한다. 구원이 전적으로 하나님께 달린 한, 가난과 부유가 하나님 나라에 들어가는 절대적인 기준은 아닐 것이다. "부를 가지고 있는 사람들이 하나님 나라에 들어가는 일이 얼마나 어려운가!"라는 24절을 예수가 관원을 동정하는 비탄의 영탄법 표현이라 읽을 수도 있다. 낙타와 바늘귀의 25절이 과장법의 수사 표현이라면 가난뱅이든 부자든 능치 못한 것이 없는 하나님의 기적을 기다리는 겸손이 최선의 길일 것이다. 우리는 여기서 다시 의신칭의를 생각해야겠다. "누가 구원을 받을 수 있습니까?"라는 질문에 대한 정답은 "사람의 노력으로는 아무도 구원받을 수 없다."(앞의 책, p. 733)이다.

이때 제자들의 대변인 격인 베드로가 예의 사례대로 느닷없이 끼어들어 28절에 "보옵소서, 우리가 우리의 것들을 다 포기하고 당신을 좇았나이다."라고 말한다. 베드로의 이 말은 그 의도를 해석하기 어렵다. 질문의 내용 자체는 "누구든지 자기의 모든 소유를 버리지 않으면 내 제자가 되지 못하리라."(14:33)라는 예수의 말씀대로 제자가 되었다는 말이다. 한데, 영생을 얻으려는 관원에게 네게 있는 것을 다 팔아 가난한 자에게 나누어주고 나를 따르라고 말씀한 직후이므로, "우리의 것들을 다 포기하고 당신을 좇았나이다."라는 베드로의 발언이 어떤 이기적인 보상을 기대한 것이었다는 인상을 주기도 한다. 하지만, 학자들은 예수의 응답으로 보아 베드로가 즉각적이고도 호혜적인 보상을 기대하고 발언한 것은 아니라고 해석한다. 부자 관원과 다른 제자들의 입장을 베드로가 대변하는 것이라 생각한다.

예수가 그들에게 "진실로(amen) 내가 너희에게 이르노니, 하나님의 나라를 위하여 집이나 아내나 형제나 부모나 자식이나를 포기하지 않은 자는 아무도 금세에서 여러 배를 그리고 내세에서 영생을 돌려받지 못할 것이다."라고 말씀하였다가 29-30절이다. 우선, 베드로의 "우리의 것들을 다 포기하고"라는 말은 주로 재물의 포기를 함축하고 있을 터인데 예수는 한 걸음 더 나아가 하나님 나라를 위하여 가족 모두를 포기하라는 엄청난 희생을 강조하고 있다. 게다가, 베드로의 자술서보다 예수의 회답에서 제자들이 내버린 항목에 대해 낱낱이 열거하고 있다. 예수의 말씀 속에는 "누구든지 자기 십자가를 지고 나를 좇지 않는 자는 능히 나의 제자가 되지 못하리라."(14:27)라는 의미 역시 담겨 있다고 해석한다(Garland, 2011, p. 734). "금세에서 여러 배"는 일곱 배 혹은 일백 배라 적힌 사본도 있으며, "내세에서 영생"을 받는다는 의미라 한다. 문제는 이런 보상이 금세에 어떻게 주어지느냐는 것인데, "예수가 금세에도 우리의 영혼의 보화라."(Ryken, 2009, p. 287)라고 이해하기도 한다. 보다 중요한 것은, 금세와 내세가 유대의 개념에서는 분리된 두 세대이지만 예수는 여기서 연속적인 중복된 시대라 말하고 있다는 점이다(Schreiner, 2008, p. 26).

이 단락 예수의 말씀에서 "하나님의 나라를 위하여 집이나 아내나…… 포기하지 않은 자"와 "여러 배를…… 돌려받다."라는 두 구절을 연결해 읽을 수 없듯이(Garland, 2011, p. 734), 다시 말하면, 아내를 버리고 여러 아내들을 돌려받을 수 없듯이, 학자들은 예수의 말씀이 영생의 하나님 나라에서 이루어질 새 가정과 새 가족들에게서 더욱 풍족하게 베풀어질 보화를 생생하게 약속하고 있다고 해석한다(Green, 1997, p. 659). 이는 물론 제자들에게 한 말씀이지만 당초 관원의 질문 "내가 무엇을 행하여야 영생을 얻으리이까?"에서 비롯된 말씀이다. 영생은 “하늘에 있는 보화”다. 그 보화는 “하나님을 으뜸으로 모시고”(Bock, 1996, p. 1491) 이 세상의 “모든 것들을 잃어버리고 배설물로 여김”(빌 3:8)으로써 얻을 수 있는 보화다. 오직 모든 것을 하나님께 맡기고 의탁하는 어린아이와 같은 사람만이 이 보화를 받을 수 있다. 누가의 기록대로라면 관원이 베드로와 함께 아직도 현장에 머무르면서 예수의 이 말씀을 들었을 것이다(Green, 1997, p. 659). 영생에 대한 관원의 질문에 여기서 다시 구체적으로 명세하고 있는 예수의 답변을 듣고 그가 어떻게 반응하였는지 누가는 더 이상 언급하지 않는다. 아마도 그는 그의 물질적인 재화를 포기하지 않았을 것이다. 눈에 보이는 재화를 하늘에 있는 보화와 맞바꿀 가능성은 낙타가 바늘귀를 통해 들어가는 기적만큼 희박한 것이다.

예루살렘을 향한 마지막 여정(18:31-19:44)

예루살렘에 도착하기 직전에 있었던 몇 가지 일화가 기록되어 있다. 우선 예수가 수난예고를 통해 예루살렘에서 겪을 일들을 제자들에게 알리고(18:31-34), 끝으로 예루살렘을 바라보고 울며 예루살렘이 겪을 재앙을 예측한다(19:41-44). 그 사이에 예수의 사역들이 이 지상에서 어떤 의미를 갖는지를 현시한다.

■ **수난예고**(18:31-34) 예루살렘 여행 막바지에 예수가 다시 제자들만을 불러 수난예고를 한다. 구체적으로는 이번이 9:22과 9:44-45에 뒤이어 세 번째 예고이고, 암시적인 예고까지 포함하면(2:49-50; 13:32-33; 17:25) 여섯 번째 예고다. 예수의 사역 전반에 걸쳐 가장 큰 소

득은 열두 제자를 얻은 일일 것이다. 그럼에도 불구하고 이들은 이 예고를 아직도 이해하지 못했다. "내가 세례받아야 할 세례를 갖고 있으니 그것이 완료될 때까지 내가 얼마나 괴롭겠느냐!"(12:50) 하고 예수는 자신의 임박한 죽음을 세례라 표현한 바 있다.

> 31예수께서 열두 제자를 데리시고 이르시되 보라 우리가 예루살렘으로 올라
> 가노니 선지자들로 기록된 모든 것이 인자에게 응하리라 32인자가 이방인들
> 에게 넘기워 희롱을 받고 능욕을 받고 침 뱉음을 받겠으며 33저희는 채찍질
> 하고 죽일 것이니 저는 삼 일만에 살아나리라 하시되 34제자들이 이것을 하
> 나도 깨닫지 못하였으니 그 말씀이 감추였으므로 저희가 그 이르신 바를 알
> 지 못하였더라

"예수께서 열둘을 따로 데리고 가서 말씀하셨다."이니 제자들에게만 할 요긴한 이야기가 있었던 것이다. "보라, 우리가 예루살렘으로 올라가노니 인자에 관해 예언자들을 통해 기록된 모든 것이 이루어질 것이다."가 그 첫 마디로, 하나님의 구원사 전반의 테두리에서 수난의 독생자 예수인 인자에 대해 말씀한다. "예루살렘에 올라가노니"라는 언급도 유의해야겠다. 변모산에서 모세와 엘리야와 함께 하셨을 때에도 예루살렘에서 별세할 것을 언급하였으니 다른 곳 아닌 예루살렘에서 죽임을 당해야 한다는 구원사의 의미가 매우 심장하다. "그가 이방인들에게 넘겨지겠고 조롱을 받고 능욕을 받고 침 뱉음을 당할 것이다. 그들이 그를 매질한 다음에 그를 죽이고 그리고 사흘 후에 그가 다시 일어날 것이다."라는 32-33절은 대단히 구체적인 수난의 예고다. 치욕을 당할 여러 항목을 32절에 수동태로 적어놓고, 33절에 그들의 능동적인 체형과 예수의 능동적인 부활을 적고 있다. 여기에 기록

된 수난의 행위들은 실제로 수난의 과정에서 직접 일어난 일련의 사실을 생생하게 묘사하고 있다. 단, "이방인들에게 넘겨졌고"라는 구절이 23:22, 25에서의 빌라도를 지칭할 수 있겠으나 그보다는 "넘겨졌고"라는 32절의 수동태 표현이 유대인에게서 이방인의 손에 인계되었다는 뜻으로 "이방인들"을 전면에 내세웠을 수도 있다(Fitzmyer, 1985, p. 1209; Green, 1997, p. 660).

"제자들이 이 일들을 하나도 이해하지 못하였고, 이 일이 그들에게 숨겨졌고 그래서 말씀하신 바를 그들이 파악하지 못했다."라는 34절로 수난예고가 끝난다. 제자들은 하나님의 구원의 계획을 끝내 이해하지 못했으니 예수의 예루살렘 여행은 홀로 수난을 겪는 외로움의 길이었다. 누가의 기록은 마태와 마가에 비해 상대적으로 온건하다. 마 20:20-28과 막 10:35-45에서는 이때 제자들이 하나님 나라에서 각각 어느 자리를 차지할 것인가를 놓고 다투었다는 내용이 나온다. "우리가 우리의 것들을 다 포기하고 당신을 좇았나이다."라고 고백하는 제자들마저 이처럼 예수의 수난과 부활에 무지몽매하여 동참할 자세가 되어 있지 않다. 누가는 "이 일이 그들에게 숨겨졌고"라고 하여 무지함의 책임을 제자들에게 돌리지 않는다. 제자들이 "눈이 밝아져"(24:31) 또 "마음을 열어 성경을 깨닫게"(24:35) 된 것은 예수의 부활 이후라고 누가는 마지막 장에 적고 있다. 세 번째 마지막 수난예고에도 제자들은 성령의 충만함을 아직 받지 못했던 것이다.

■ **장님 거지의 치유**(18:35-43) 수난과 부활의 마지막 예고를 한 다음 예수가 걸음을 재촉하여 예루살렘에서 20킬로미터에 근접한 여리고 근처까지 온다. 이는 누가의 기록에 의하면 "눈먼 자에게 다시 보게 함을 전파하며"(4:18)라고 예수가 일찍이 사역의 하나로 나사렛

에서 약속했던 바다. 여기서 장님의 시력을 회복시킨 일은 예수의 마지막 기적이다. 이 장면의 또 다른 특이성은 장님 거지가 "예수여, 다윗의 자손이여,"라고 부른 호칭에 있다. 이 호칭은 예수의 부활 후에 행 2:29-36에서 누가가 강조한 호칭이기도 하다.

> 35여리고에 가까이 오실 때에 한 소경이 길가에 앉아 구걸하다가 36무리의
> 지남을 듣고 이 무슨 일이냐고 물은대 37저희가 나사렛 예수께서 지나신다
> 하니 38소경이 외쳐 가로되 다윗의 자손 예수여 나를 불쌍히 여기소서 하거
> 늘 39앞서 가는 자들이 저를 꾸짖어 잠잠하라 하되 저가 더욱 심히 소리 질
> 러 다윗의 자손이여 나를 불쌍히 여기소서 하는지라
> 40예수께서 머물러 서서 명하여 데려오라 하셨더니 저가 가까이 오매 물어
> 가라사대 41네게 무엇을 하여 주기를 원하느냐 가로되 주여 보기를 원하나
> 이다 42예수께서 저에게 이르시되 보아라 네 믿음이 너를 구원하였느니라 하
> 시매 43곧 보게 되어 하나님께 영광을 돌리며 예수를 좇으니 백성이 다 이를
> 보고 하나님을 찬양하니라

"여리고에 접근하셨을 때 한 소경이 구걸하며 길가에 앉아 있었다. 그가 무리가 지나감을 들었을 때 무슨 일이 일어났느냐고 물었다. '나사렛 예수가 지나가고 있다.'라고 저들이 말하였다."라는 35-37절이 이야기의 새로운 시작이다. 예루살렘 여행 여정에서 겪는 상례적인 사건들 중 하나이지만, 장님 거지와의 이 조우는 그의 처지가 비천한 부류 중에도 하위 중의 하위에 속하는 사회에서의 버려진 사람과의 조우라는 것이 우선 중요하다. 그런 사람이 "나사렛 예수가 지나가고 있다."는 말을 듣고 "예수여, 다윗의 자손이여, 나를 불쌍히 여기소서!"라고 외치기 시작하였다. "앞서 가던 사람들이 그를 꾸짖어 조용하라

하였으나" 그는 반복해 더욱 소리를 높여 부르짖었다. 주변의 사람들은 "나사렛 예수"라 호칭하였고 반면에 장님은 "다윗의 자손"이라 하였다. 이 메시아 고백의 호칭은 예수 탄생과 어린 시절 이야기(제1부)에서만 언급된 용어로, 예수의 사역 중에는 이 거지 장님만이 유일하게 사용하였다. 한편, 학자들은 앞 단락에서 제자들이 예수의 메시아성을 알아보지 못했던 일(18:34)과 대조하여 장님 거지의 신실한 믿음이 여기서 돋보인다고 해설한다(Bock, 1996, p. 1507; Liefeld and Pao, 2007, p. 284). 다른 한편, 여기 "다윗의 자손이여"라는 호칭에서 "하나님이여, 당신의 은혜로써 내게 은혜를 베풀어 주십시오. 당신의 많은 온정으로 나의 불순종을 지워 주십시오. 나의 죄에서 나를 말끔히 씻어 주십시오. 나의 허물에서 나를 깨끗하게 하여주십시오."(시 51:1-2; 유희세, 2007, p. 166)라는 다윗의 간구를 상기하기도 한다. "불쌍히 여기소서!"라는 구절이 자비와 치유의 간구를 넘어 절망적인 궁지에서 죄의 용서를 비는 표현이라(Bock, 1996, p. 1508) 해석하기 때문이다.

"그리고 예수께서, 멈추어 서서, 그를 데려오라 명하셨다. 그가 가까이 오자 '네가 내게 무엇을 해주기를 원하느냐?'라고 물으셨다. '주여, 나를 다시 보게 하여주옵소서.'라고 그가 말하였다. 그리고 예수가 그에게 '다시 보라! 네 믿음이 너를 구원하였다.'라고 말씀하셨다."가 40-42절이다. 예수의 질문과 장님의 요구 그리고 예수의 응답이 아주 간결하고 명쾌하다. 예수와 장님과의 문답은 더 이상 문답이 아니라 지극히 당연한 절차를 진행하는 수순의 확인일 따름이다. "네 믿음이 너를 구하였다."라는 말씀 역시 구원의 결재를 인친 것처럼 들린다. 이 세상에서 가장 비천한 거지 장님이 예수의 정체가 메시아임을 알아보았고 메시아 예수는 그의 신체적인 시력의 회복과 함께 종말의 영적인 구원까지 결재하였다.

"그리고 즉각적으로 그는 다시 보았고 하나님을 찬양하며 예수를 좇았다. 그리고 이것을 본 모든 백성이 하나님을 찬양하였다."라는 43절은 매우 감동적인 표현이다. "예수를 좇았다."라는 구절은 예수의 제자가 되었다는 의미로 복음서에서 사용되는 전문용어다. 장님뿐만 아니라 모든 백성이 하나님을 "찬양하였다"는 용어는 복음서에서 드물게 사용되는 표현이고, 장님과 함께 있던 모든 백성이 한마음으로 그처럼 찬양하였다는 사실은 더군다나 희귀한 일이다. 주해자들은 이 일화의 의미를 "장님이 본 것처럼 예수가 누구인가를 보라." 라고 평하기도(앞의 책, p. 1512) 하고, "장님이 믿음으로써 보게 되었다." (Ryken, 2009, p. 297)라는 불여일견(不如一見)의 믿음이라 평하기도 한다. 이 이야기가 예수 사역에서 공생애 일화 이상의 감동적인 마지막 기적이라는 논평이다.

■ **세리장 삭개오**(19:1-10) 앞 단락 거지 장님 이야기와 맥을 같이 하는 세리장 삭개오의 감동적인 이야기가 이어진다. 앞 이야기는 여리고 초입에서 벌어진 일이고 이번 이야기는 여리고에 들어온 뒤에 일어난 사건이다. 장님은 큰 소리로 예수를 불러 세운 반면에 삭개오는 나무 위에 올라가 예수가 지나가는 것을 보고자 한다. 예수가 그를 불러 자진하여 그의 집에 유하면서 "오늘 구원이 이 집에 이르렀다." 라고 말씀한다. 세리장 삭개오의 이야기는 앞선 부유한 관헌의 이야기(18:18-30)와 대조되는 것이라 읽기도 한다(Garland, 2011).

1예수께서 여리고로 들어 지나가시더라 2삭개오라 이름하는 자가 있으니 세리장이요 또한 부자라 3저가 예수께서 어떠한 사람인가 하여 보고자 하되 키가 작고 사람이 많아 할 수 없어 4앞으로 달려가 보기 위하여 뽕나무에 올

라가니 이는 예수께서 그리로 지나가시게 됨이러라 5예수께서 그곳에 이르
사 우러러보시고 이르시되 삭개오야 속히 내려오라 내가 오늘 네 집에 유하
여야 하겠다 하시니 6급히 내려와 즐거워하며 영접하거늘 7뭇사람이 보고
수군거려 가로되 저가 죄인의 집에 유하러 들어갔도다 하더라 8삭개오가 서
서 주께 여짜오되 주여 보시옵소서 내 소유의 절반을 가난한 자들에게 주겠
사오며 만일 뉘 것을 토색한 일이 있으면 사 배나 갚겠나이다 9예수께서 이
르시되 오늘 구원이 이 집에 이르렀으니 이 사람도 아브라함의 자손임이로다
10인자의 온 것은 잃어버린 자를 찾아 구원하려 함이니라

여리고에 입성하긴 했지만 예수는 본래 그곳을 그냥 통과하려 했던 모양이다. 누가는 주인공 삭개오를 세리장이고 부자라 소개하는데, 학자들은 그의 직책이 세금 징수원이나 조직의 행정관으로 부하직원들에게서 구전을 상납받았을 것이라 추측한다. "그가 예수가 누구인지를 보려 갈망하였으나 키가 작기에 군중들 때문에 불가능하여, 앞질러 달려가 그를 보려 뽕나무 위에 올라갔는데 예수께서 그 길로 지나가시게 되었기 때문이다."가 3-4절이다. 그런데 원문 헬라어의 뉘앙스로 보아 삭개오가 뽕나무 위에 올라간 것은 키가 작고 인파가 많이 모였기 때문만이 아니라 사람들이 세리에게 길을 비켜주지 않았기 때문으로, 이런 측면을 강조해 해석해야 한다고 한다(Green, 1997, pp. 669-670). 여하튼, 그가 뽕나무 위에 올라간 것은 예수를 보기를 몹시 갈망했다는 증거이고 단순히 한번 보려는 것이 아니라 "예수께서 누구인지"를 알고 싶어 했다는 것을 의미한다. 거지 장님과 세리장 삭개오의 공통점은 예수를 향한 가난한 심령의 간절함이다.

나무 위에 올라간 삭개오의 우스꽝스런 모습이 예수의 눈에 뜨이지 않을 수 없었을 터이다. 예수는 그가 누구인지를 대뜸 알아보고

"삭개오야, 속히 내려오라, 오늘 내가 너의 집에 유하여야겠다."라고 말씀한다. 예수가 삭개오의 집에 유하기를 자청한 것이다. "그리고 그가 급하게 내려와 즐겁게 예수를 영접하였다."라는 6절에서 삭개오의 흥분을 짐작할 수 있다. 반면, "모두가 이를 보자 그들이 투덜거리며 말하기를 '그가 죄인과 함께 숙박하려 들어갔다.' 하였다."라는 7절에서는 자신들이 죄인이라 생각하는 세리의 집에 숙박하려는 예수를 향한 군중의 불만을 읽을 수 있다.

예수는 삭개오의 집에 들어가 지극한 대접을 받았을 것이고 여러 대화를 나누었을 것이다. 아마도 누가는 마지막 대화만을 기록하고 있겠지만, 장님과 예수와의 대화에서처럼 그와 예수와의 대화는 아주 간결하고 명료하다. "그러나 삭개오가 서서 주께 말하였다."라는 8절에서 "'보시옵소서, 내 소유의 절반을, 주여, 가난한 자에게 주고, 그리고 만일 내가 누구에게 무엇을 토색한 일이 있다면 네 배를 갚으리이다."라고 삭개오가 주께 아뢴다. 그의 말이 앞뒤 맥락 없이 간결하기 때문에 군중이 그를 죄인이라 생각했던 것처럼 그가 토색질한 것을 회개하고 갚는 행위이냐의 여부에 관해 학자들 사이에 이견이 갈린다. 특히 소유의 절반을 "주다"와 네 배를 "갚다"라는 현재형 동사가 현재의 행위냐 미래의 약속이냐의 여부를 따진다. 후자라면, 비로소 자신의 죄과를 회개하고 앞으로 "주고" 또 "갚을" 것이라고 약속한 것으로 해석한다(Ryken, 2009, p. 311; Garland, 2011, p. 749). 반면에, 전자의 현재형 동사로 해석하여 착취로 얻은 부당이득의 상환이 아니라고 보기도 한다(Fitzmyer, 1985, p. 1220). 심지어 주고 갚는 이 현재형 표현을 삭개오가 줄곧 해오던 관례 행위라 해석하기도 한다(Green, 1997, pp. 671-672). 요컨대, 세리장 삭개오가 탐관오리였던지 혹은 결백한 관리였던지 여부와 관련된 논란인데, 군중 사이를 헤집고 앞줄에 서는 대신 뽕나무 위에 올라간 것을 보면 그의 순진성을 인정해도 좋을 것이다. 아마도 누가의 삭개오 기사는 세리로서 그의 죄과를 주제로 다룬 것이 아니라 해석하는 것이 온당할 것이다.

위의 논란의 여부는 뒤따르는 9-10절에서 삭개오에게 한 예수의 말씀에 대한 해석과도 밀접한 연관성을 가질 수 있다. "오늘 구원이 이 집에 이르렀다! 이 사람 역시 아브라함의 자손이기 때문이다! 인자는 잃어버린 자를 찾아내어 구원하려 왔기 때문이다."라는 말씀은 대단한 구원의 축복이다. 이 축복은 세례요한의 "회개에 합당한" 윤리(3:8-14)에 견주어 이해해도 좋을 것이다. "옷 두 벌 있는 자는 옷 없는 자에게 나눠줄 것이요."(3:11)가 소유의 절반을 주는 삭개오의 자선의 기준일 수도 있겠지만, 무엇보다, "회개의 합당한 열매를 맺고 속으로 아브라함이 우리 조상이라 말하지 말라."(3:8)가 요한의 말인데, 예수는 그를 아브라함의 자손이라 부른다. 그가 다른 사람들에게서 손가락질 받는 세리이지만 하나님의 언약에 합당한 사람이라는 표명이다(Bock, 1996, p. 1522). 달리 말하면, "오늘 구원이 이 집에 이르렀다."는 것은 삭개오의 자선 때문이라기보다 그가 구원에 합당한 믿음을 지닌 사람이라는 표명이다(Liefeld and Pao, 2007, p. 286). "예수가 누구인지를 보려 갈망하였다."는 것이 삭개오의 소원이었다. 소유의 사용이 소유자의 영적인 상태의 표준척도임을 누가는 누누이 강조해왔다. 삭개오가 서서 "보시옵소서…… 주여"라 부르며 그의 자산의 용도를 고백한 것은 주님이 즐거워하는 일이 무엇인지를 알았기 때문일 것이다.

결론컨대, 앞 단락에서 거지 장님이 예수를 "다윗의 자손"이라 부른 것과 마찬가지로, 실제로 삭개오는 예수를 메시아로 받아들였다고 보아야 한다. 세리 삭개오의 회개의 성질에 관해 학자들 사이에 논쟁이 있으나 그가 예수가 누구인지를 알아본 것이 다름 아닌 그의 회개라 해석하여도 무방할 것이다. 삭개오의 기사를 세리 레위와 맞대어 비교하는 학자도 있으나(가령, 레위는 그의 소유의 모든 것을 버렸으나 삭개오는 소유의 절반을 가난한 사람들에게 내놓았다.) "오늘 구원이 이 집에 이르렀다."라고 한 예수의 축복의 핵심은 그가 예수가 누구인지를 보려 갈망하여 뽕나무 위에 올라간 것에 있다. 여리고를 통과하기만 하려던 예수가 삭개오의 집에 유한 이유를 "인자는 잃어버린 자를 찾아내어 구원하러 왔노라."라고 10절에 결론짓는다. 이 결론은 야훼가 다윗을 목자로 세우신 이미지(겔 34:22-23)에 예수를 실사(實寫)함으로써 버림받은 양을 솔선하여 찾아내는 예수의 주도권 행사를 표현하고 있다(Bock, 1996, p. 1523)는 감격을 안겨준다.

■ **은화 므나의 비유**(19:11-27) 예루살렘 여행에서의 마지막 비유이다. 어떤 귀인이 먼 나라로 떠나면서 열 명의 종에게 은화 열 므나를 나누어주고 그 돈의 관리를 맡긴 후 돌아와 책임을 묻는다. 누가의 이 열 므나의 비유가 마 25:14-30의 병행기사라 읽을 수 있지만 두 공관복음서 사이의 차이점 역시 두드러진 것도 사실이다. 옛적부터 특히 가톨릭 학자들에 의해 두 다른 비유라는 해석이 제기되었고 지금도 다른 비유라 해석하는 주해서(Garland, 2011, p. 754; Culpepper, 1995, p. 361)가 있다. 따라서 본문을 읽으며 마태의 기사와의 차이점도 검토하는 것이 유익하겠다. 그러나 마태와 누가의 비유의 골격이 예수의 죽음 후 승천과 하나님 나라의 완성 사이의 중간기에 관한 가르침이라는 공통의 성격을 갖는다는 사실은 의심의 여지가 없다. 그리하여 예수의 부활과 재림 사이에 제자들이 짊어져야 할 책임에 관해 신실한 종은 더욱 보상을 받고 그렇지 못한 종은 심판을 받을 것이라는 경고를 이 비유가 가르치고 있다고 보아야겠다.

11저희가 이 말씀을 듣고 있을 때에 비유를 더하여 말씀하시니 이는 자기가
예루살렘에 가까이 오셨고 저희는 하나님의 나라가 당장에 나타날 줄로 생
각함이러라 12가라사대 어떤 귀인이 왕위를 받아 가지고 오려고 먼 나라로
갈 때에 13그 종 열을 불러 은 열 므나를 주며 이르되 내가 돌아오기까지 장
사하라 하니라 14그런데 그 백성이 저를 미워하여 사자를 뒤로 보내어 가로
되 우리는 이 사람이 우리의 왕 됨을 원치 아니하노이다 하였더라
15귀인이 왕위를 받아 가지고 돌아와서 은 준 종들의 각각 어떻게 장사한 것
을 알고자 하여 저희를 부르니 16그 첫째가 나아와 가로되 주여 주의 한 므나
로 열 므나를 남겼나이다 17주인이 이르되 잘하였다 착한 종이여 네가 지극
히 작은 것에 충성하였으니 열 고을 권세를 차지하라 하고 18그 둘째가 와서
가로되 주여 주의 한 므나로 다섯 므나를 만들었나이다 19주인이 그에게도
이르되 너도 다섯 고을을 차지하라 하고 20또 한 사람이 와서 가로되 주여
보소서 주의 한 므나가 여기 있나이다 내가 수건으로 싸두었었나이다 21이
는 당신이 엄한 사람인 것을 내가 무서워함이라 당신은 두지 않은 것을 취하
고 심지 않은 것을 거두나이다 22주인이 이르되 악한 종아 내가 네 말로 너
를 판단하노니 너는 내가 두지 않은 것을 취하고 심지 않은 것을 거두는 엄
한 사람인 줄을 알았느냐 23그러면 어찌하여 내 은을 은행에 두지 아니하였
느냐 그리 하였으면 내가 와서 그 변리까지 찾았으리라 하고 24곁에 섰는 자
들에게 이르되 그 한 므나를 빼앗아 열 므나 있는 자에게 주라 하니 25저희
가 가로되 주여 저에게 이미 열 므나가 있나이다 26주인이 가로되 내가 너희
에게 말하노니 무릇 있는 자는 받겠고 없는 자는 그 있는 것도 빼앗기리라
27그리고 나의 왕 됨을 원치 아니하던 저 원수들을 이리로 끌어다가 내 앞에
서 죽이라 하였느니라

"저희가 이것들을 듣고 있을 때 한 비유를 더하여 말씀하셨으니 이는 그가 예루살렘에 가까이 오셨고 저희는 하나님 나라가 당장에 나타나리라 생각했기 때문이다."가 새 비유를 말씀한 시기와 동기다. "저희가 이것들을 듣고 있을 때"는 직접적으로 "인자는 잃어버린 자를 찾아내어 구원하러 왔노라."(19:10)라는 말씀을 듣고 있을 때일 것이다. 무엇보다 여기서 흥미로운 일은 제자들이 예수의 수난예고를 재삼 들었는데도 불구하고 예루살렘에 상경하면 당장 하나님 나라가 나타나리라 생각했고 누가는 그 생각이 그릇된 것이라 깨우쳐주고 있다는 점이다. 예수가 이 비유를 말씀한 동기는 분명하다. 제자들은 하나님 나라가 이 지상에서 실현될 것이라 생각하고 있었고, 예수는 당신의 죽음과 재림의 완성은 별개의 일임을 여기서 분명하게 일러주고 싶었던 것이다. 마태의 기사에는 비유를 말씀한 동기가 적혀 있지 않으나 앞 단락(마 25:1-13) 말미에 "그런즉 깨어 있으라. 너희는 그 날과 그 시를 알지 못하느니라."(마 25:13)라고 종말의 천국을 맞이할 시기를 적고 있으니, 누가와 같은 배경의 기사인 것은 의심의 여지가 없다.

"어떤 귀인이 자신을 위해 왕위를 받아 가지고 돌아오려 먼 나라에 갔다. 그가 그의 열 명의 종을 불러 그들에게 열 므나를 주며 '내가 돌아올 때까지 이 돈을 가지고 사업을 하라.'라고 말하였다."가 비유의 배경이다. 보통 이 배경은 헤롯 대왕의 승계자 중 한 사람인 아켈라오(Archelaus)가 왕위 인준을 받기 위해 로마를 방문한 역사적인 사실을 예시한 것이라 풀이한다. 이 역사적인 사실을 여기서 예수가 재림할 때까지 하늘의 권좌에 올라가 거할 일에 빗대어 예시한 것이라 해석한다(Liefeld and Pao, 2007, p. 289). 왕위 승계자가 떠나기 전에 자신의 종 열 명을 불러 열 므나를 주었다니 한 사람 앞에 한 므나를 주었을 것이다. 한 므나는 약 4개월 임금에 해당한다니 그리 큰 돈은 아니다. 그가 없는 동안 이 돈을 가지고 이문이 남는 사업을 하라는 것이 종들에게 부여된 과제의 책임이다. 누가의 기사는 마태의 것(마 25:14-15)과 사뭇 다르다. 마태에서는 세 종에게 재능에 따라 각각 다른 액수의 돈을 맡겼다고 되어 있다. 마태에서는 서로 다른 각자의 은사만큼의 책임을 맡았다는 것이고, 누가에서는 누구든 맡은 책임은 같다는 표현이라 읽는다면 세부는 달라도 골격은 같다고 읽어도 좋을 것이다.

귀인이 왕위 계승을 위해 떠나 있는 동안에 일어난 시민들의 모반을 14절에 적고 있는 바, 마태에는 이에 상응하는 기사가 없다. "그러나 그의 시민들이 그를 미워하여 '우리는 이 사람이 우리를 통치하는 것을 원치 않습니다.'라 말하도록 그를 뒤따라 한 대표를 보내었다."라고 또 다른 사건의 국면을 누가는 전하고 있다. 이 모반은 11절에 연결된 비유의 또 다른 국면의 전개인 바, 나중에 다시 해명하겠지만 유대인들의 예수에 대한 거절을 진술하는 것이라 읽어야 할 것이다.

"귀인이 왕위를 받아 가지고 돌아와서 그가 돈을 주었던 종들을 불러 그들이 얼마나 거래로 벌어들였는지를 알고자 하였다."라고 하여 각자가 수행한 책임을 묻는다. 귀인이 먼 나라에 갔다가 돌아왔다는 것을 마태에서는 "오랜 후에…… 주인이 돌아와"(마 25:19)라 표현하고 있으므로 맥락이 같다. "왕위를 받아 가지고 돌아온" 것이니 예수가 다시 오는 종말의 때를 가리킬 것이다(Bock, 1996, p. 1536). "그 첫째가 그 앞에 나아와 말하기를 '주여, 당신의 한 므나가 열 므나를 더 벌었나이다.' 하니, 주인이 '잘하였다, 착한 종이여! 네가 지극히 작은 것에 충성하였기 때문에 네가 열 고을을 담당하는 권위를 차지하라.'라고 보상하였다."가 16-17절이다.

마찬가지로, 18-19절에 그 둘째가 한 므나로 다섯 므나를 벌었음을 고하고 다섯 고을을 차지할 보상을 받았다. "지극히 작은 것에 충성하였다."라 함은 (16:10에 부정직한 청지기에 대해 그의 분별력을 칭찬한 말도 이와 같다.) 주인이 맡긴 책임에 충실했다는 칭찬일 것이며, 마태에 있어서도 이 칭찬의 말씀은 누가의 기사와 같다. 그리하여 이 칭찬에 상응하는 왕으로서의 주인이 가지고 있는 통치의 권위를 두 종들이 부여받은 것이다. 결국, 부여받은 권위는 주님과 함께 "종말의 영적인 기쁨을 공유하는"(Fitzmyer, 1985, p. 1236) 보상이다. 이 해석은 누가에 있어서 통치의 권위를 수여하는 보상이고, 마태에서는 "주인의 즐거움에 참여하는"(마 25:21, 23) 보상임에도 불구하고 양자가 동일한 보상이라는 해석이다. 양자가 공히 종말에 주어지는 보상이라는 공통성을 지니고 있는 것이라면, 이로써 마태와 누가의 비유의 핵심이 동질적이라는 해석의 근거를 뒷받침해준다.

다른 한편, "다른 사람이 와서 말하기를"이라고 20-21절 초두의 운을 떼는데 "다른 사람"이라 함은 보상받은 위의 두 사람과 달리 징계받는 어떤 사람이라는 뜻일 수 있다(Bock, 1996, p. 1538). "주여, 여기에 당신의 한 므나가 있나이다, 그것을 내가 수건으로 싸두었나이다. 당신이 저축하지 않은 것을 취하고 심지 않은 것을 수확하는, 냉혹한 사람이기 때문에 내가 당신을 두려워하였나이다."라는 21절이 그 다른 사람의 말이다. 개역성경에서 "엄하다"라고 표현한 번역은 직역이지만 "냉혹하다"라고 옮겨야 문맥에 더 적합할 듯하다. 여기서는 편의상 이 다른 사람을 이제부터 제3의 종이라 부르기로 하겠다. 제3의 종은 한 므나로 이문을 남기면 주인이 그것을 취하여 갖고 반대로 손해를 보면 자신을 비난하리라는 두려움에 사로잡혀서 속수무책의 무력감에 빠진 것이겠지만(앞의 책, p. 1538), 그가 주인을 "주여"라 부르고 있다는 사실도 주목해야겠다.

이 구차한 변명에 대해 주인이 종에게 22-23절에 말하기를 "내가 네 말로 너를 판결하노니, 악한 종아! 내가 저축하지 않은 것을 취하고 심지 않은 것을 수확하는 냉혹한 사람임을 네가 알았다니, 그랬느냐? 그렇다면 왜 내 돈을 은행에 두지 않았느냐? 내가 돌아와서 이자와 함께 그 돈을 찾았어야 했다."라고 한다. 주인은 제3의 종의 판단의 그릇됨을 그의 말을 인용하면서 "네가 (그렇게) 알았다니, 그랬느냐?"라고 냉엄하게 비판한다. 당초 주인이 이문을 남기는 사업을 하라고 종에게 맡긴 돈이므로 "당신을 두려워하였나이다."라는 제3의 종의 구차한 변명에 대해 "악한 종"이라 꾸짖는다. 심지어 은행 이자를 찾아 갖는 것이 아무 일도 하지 않은 것보다 낫다고 그의 두려움을 힐난한다. 마태의 병행기사도 누가의 것과 대동소이한데 게으르다는 힐난이 보태어 있다.

이야기는 꾸짖음으로 그치지 않고 "그리고 그가 곁에 서 있는 사람들에게 '그에게서 그 한 므나를 빼앗아 열 므나를 가지고 있는 사람에게 주어라.'라고 말하였다."라는 징벌로 이어진다. 곁에 서 있던 사람들이 이 징벌이 가혹하다고 생각하여 "주여, 그가 열 므나를 갖고 있습니다!"라고 주인의 처사가 불공평함을 탄원한다. 이 탄원은 탄원을 넘어 규탄이라 해석할 수 있기에 보통 느낌표를 첨가해 번역한다. 이 25절의 기록이 빠져 있는 사본도 있고, 게다가 마태에는 그 기록이 없기 때문에 마태와 누가의 기사가 다르다는 빌미를 제공하기도 한다. 그러나 주인의 가혹한 처사가 26절의 "내가 너희에게 말하노니 가지고 있는 자는 더 많은 것을 받겠으나, 가지고 있지 않은 자에게서는 가지고 있는 것조차 빼앗아 가리라."라는 내용과 합치되기에 대부분의 번역본에서 25절을 본문에 포함시킨다. 격언을 인용한 이 26절 발언의 내용 역시 과격하기 때문에 심지어 누가 말한 것인지에 관해 학자들 사이에 논란이 있다. 하지만 빛을 받아들이는 자와 거부하는 자의 맥락에서 8:18에도 언급되어 있고, 또 여기와 같은 맥락에서 마 25:29에도 언급되어 있으므로 예수의 말씀임이 확실하다. 문제는 이 비유가 제3의 종을 어떤 인물이라 기술하고 있는지, 그가 마땅히 받아야 할 징벌이 어떤 성격인지에 관한 의문이 여전히 남아 있다는 것이다. 이 의문을 해결하는 것이 이 비유를 이해하는 기본적 열쇠다.

이 의문을 해결하기 어려운 까닭은 마태와 누가의 말미 절이 각기 다르기 때문에 어느 입장을 취해야 하는지 혼란스럽기 때문이다. 마태는 제3의 종에 대해 "이 무익한 종을 바깥 어두운 데로 내어 쫓으라 거기서 슬피 울며 이를 갊이 있으리라."(마 25:30)라고 종말심판의 저주를 기록하고 있다(앞의 책, p. 1542). 반면에 누가는 27절에서 제3의 종에 대해서가 아니라, "그러나 내가 그들을 통치하기를 원치 않았던 그 원수들을 이리로 데려다 나의 앞에서 살해하라."라고 왕이 되는 것을 반대했던 자들을 극형에 처하라고 한다. 말하자면, 누가에서는 극형에 처할 자가 "이 사람이 우리를 통치하기를 원치 않습니다."(19:14)라는 메시지를 사자로 하여금 전하게 한 그 나라 백성이다. 그 나라 백성이라기보다는 그들이 유대교 지도자들이라는 것이 정설이다(앞의 책, p. 1543; Fitzmyer, 1985, p. 1233).

문제는 마태와 누가 두 공관복음서가 제3의 종에 대한 입장에 있어 차이가 있는 것처럼 읽힌다는 점이다. 심지어 두 복음서가 별개의 비유를 전한다고 해석하여, 마태에서와 달리 누가에서는 왕위를 받은 귀인이 예수가 아니라 욕심의 화신인 이 세상의 통치자라 해석하는 주해서도 있다(Culpepper, 1995, p. 362). 헤롯에게서 왕위 인준을 받은 아켈라오의 유대 통치와 이와 유사한 역사적인 사실을 누가가 우화한 것이라 해석한다. 그리하여 예루살렘 입성에 즈음하여 예수가 제자들에게 세상의 왕들과 통치자들 앞에서 제3의 종처럼 무서워하지 말라고 경고하는 것이라는(앞의 책, p. 363) 등의 억지 해석을 한다. 결국 제3의 종이 주인을 무서워하여 한 므나를 수건으로 싸둔 일이 오히려 칭찬받을 행위라는 무리한 해석의 과오를 범하기까지 한다. 그리하여 그가 가진 한 므나를 빼앗아 열 므나의 이득을 본 종들에게 부익부의 보상을 줌으로써 마치 제3의 종은 이 극형에서 제외되는 것처럼 해설한다.

이때 마태와 누가의 같고 다른 차별성에 관해 이야기 전개를 분석적으로 개관할 필요가 있다. 누가의 비유에서는 귀인이 왕위를 받아 가지고 돌아와 세 가지 상위한 조치를 취한다. 첫째, 충실한 종에게 부익부의 보상을 준다. 둘째, 충실치 못한 종에게 빈익빈의 벌과금을 거두어들인다. 셋째, 그의 왕위 계승에 대해 거역한 자들을 학살하는 보복을 가한다. 이때 무엇보다 이 세 가지 상위한 조치가 귀인이 자리를 비운 동안 종들이 보여준 충실성 여부에 따르는 보상과 징벌이라는 사실이 중요하다. 이것은 이 비유의 본질적인 주제다. 이 주제의 본질이 마태에서는 종말적인 보상과 징벌임을 명세함으로써 더욱더 두드러지지만, 둘째와 셋째 사례가 하나의 복합적인 사례로 미분화되어 있다. 마태의 비유는 세 사례가 아닌 두 사례의 분류이기 때문에 충실성 대 불충실성의 범주로 양분하여 제3의 종의 충실성 결여를 불충실성이라 범주화하고 있다. 하지만, 누가는 제3의 종의 행동이 주인에 대한 모반이 아니라 주가 누구인지를 잘못 알고 있는 과실이라 정죄하고 있다(Bock, 1996, p. 1543 참고). 아마도 그리하여, 제3의 종은 "주인이 원한 바를 알았는데도 불구하고 준비하지 않고 원한 바를 행하지 않은 종은 심한 매를 맞을 것이다. 그러나 알지 못하고 맞을 일을 행한 자는 경한 매를 맞을 것이다."(12:47-48a) 중의 하나일지도 모르겠다.

그러나 여기서 제3의 종에 대한 "악한 종아! 내가 저축하지 않은 것을 취하고 심지 않은 것을 수확하는 냉혹한 사람임을 네가 알았다니, 그랬느냐?"라는 22절 주인의 질책을 다시 읽을 필요가 있다. 제3의 종에 대한 빈익빈의 징벌과 통치받기를 원치 않았던 자들에 대한 살해의 징벌을 양극의 징벌이라 구별하는 일은 과도한 형식논리인 것 같다. 다시 말하지만, 귀인이 자리를 비운 동안의 충실성 여부에 따르는 보상과 징벌이 이 비유의 본질적인 주제라는 사실이 더욱 중요하다. 결론컨대, 제3의 종에 관한 마태와 누가의 이 차별적인 해석에도 불구하고, 예수의 부활과 재림 사이의 중간기 동안의 충실성 여부에 대한 상 혹은 벌이라는 관점에서 두 공관복음서의 비유는 본질적으로 동일한 메시지다. 누가에 있어 제3의 종은 여전히 일꾼인 집사이고 하늘의 통치를 모반한 이스라엘은 원수인 것처럼 읽히지만, 그럼에도 불구하고, 이들 모두가 두 복음서에서 종말심판의 대상이라는 동일한 범주에 속한다.

■ **예루살렘을 향해 눈물을 흘리다**(19:28-44) 여러 학자들이 전통적으로 19:28부터 예루살렘에서의 예수의 사역이 시작한다고 내용을 분해한다. 하지만, 이 단락 전반부 19:28-40은 예루살렘 초입의 감람산에서 입성에 돌입하는 기록이고 후반부 19:41-44은 입성하기 직전에 예루살렘을 향해 예수가 눈물을 흘린 기록이다. 더군다나 여러 학자들이 전반부를 승리의 입성이라는 제목 아래 해설하고 있지만 이러한 설명은 오해를 부를 수도 있다. 전반부와 후반부가 극적인 대조를 이루는 장면인 것도 사실이지만, 전반부에서의 제자들의 예수에 대한 환호와 후반부에서의 예수의 예루살렘 애도를 동일한 맥락에서 읽는 것이 올바른 독해일 수 있다.

28예수께서 이 말씀을 하시고 예루살렘을 향하여 앞서서 가시더라 29감람
원이라는 산의 벳바게와 베다니에 가까이 왔을 때에 제자 중 둘을 보내시며
30이르시되 너희 맞은편 마을로 가라 그리로 들어가면 아직 아무 사람도 타
보지 않은 나귀 새끼의 매여 있는 것을 보리니 풀어 끌고 오너라 31만일 누가
너희에게 어찌하여 푸느냐 묻거든 이렇게 말하되 주가 쓰시겠다 하라 하시
매 32보내심을 받은 자들이 가서 그 말씀하신 대로 만난지라 33나귀 새끼를
풀 때에 그 임자들이 이르되 어찌하여 나귀 새끼를 푸느냐 34대답하되 주께
서 쓰시겠다 하고
35그것을 예수께로 끌고 와서 자기들의 겉옷을 나귀 새끼 위에 걸쳐 놓고 예
수를 태우니 36가실 때에 저희가 자기의 겉옷을 길에 펴더라 37이미 감란산
에서 내려가는 편까지 가까이 오시매 제자의 온 무리가 자기의 본 바 모든
능한 일을 인하여 기뻐하며 큰 소리로 하나님을 찬양하여 38가로되 찬송하
리로다 주의 이름으로 오시는 왕이여 하늘에는 평화요 가장 높은 곳에는 영
광이로다 하니
39무리 중 어떤 바리새인들이 말하되 선생이여 당신의 제자들을 책망하소서
하거늘 40대답하여 가라사대 내가 너희에게 말하노니 만일 이 사람들이 잠
잠하면 돌들이 소리지르리라 하시니라
41가까이 오사 성을 보시고 우시며 42가라사대 너도 오늘날 평화에 관한 일
을 알았더면 좋을 뻔하였거니와 지금 네 눈에 숨기웠도다 43날이 이를지라
네 원수들이 토성을 쌓고 너를 둘러 사면으로 가두고 44또 너와 및 그 가운
데 있는 네 자식들을 땅에 메어치며 돌 하나도 돌 위에 남기지 아니하리니
이는 권고받는 날을 네가 알지 못함을 인함이니라 하시니라

"그리고 예수께서 이들 말씀을 하신 후 예루살렘을 향해 앞서서 가셨다."이니 열 므나의 비유를 말씀한 다음 예루살렘 길을 재촉한 것

이다. "앞서서 가셨다"라는 말은 제자들보다 앞장섰다는 뜻일 수도 있지만 제자들에 대한 언급이 없으므로 갈 길이 급하다는 뜻을 표현한 것이리라. 벳바게와 베다니는 당시의 지리적인 위치가 아직 정확하게 고증되지 않은 지역으로 감람산 남동쪽 근처라 짐작되는 모양이다. 그 지역에 가까이 왔을때 제자 둘을 보내며 예수가 말씀하기를 "맞은편 마을로 가라, 그곳에 들어가면 아직 아무도 타보지 않은 망아지가 매어 있는 것을 보리니 풀어 이리로 끌고 오라. 누가 물으면 '주께서 이것을 필요로 하신다(쓰시겠다).'고 너희가 말하라."라고 30-31절에 심부름을 시킨다. 그리고 32-34절의 행간을 통해 그 일이 매끄럽게 진행되었다는 것을 읽을 수 있다. 예수는 이 모든 일을 예측하고 심부름을 시킨 것이다. "아무도 타보지 않은 망아지"는 왕이 타기 합당하게 아직 멍에를 짊어진 일이 없는 망아지를 의미한다(Fitzmyer, 1985, p. 1249). 다른 무엇보다, 망아지(나귀 새끼) 임자들에게 전하라고 한 "주께서(ho kyrios) 이것을 필요로 하신다."라는 말씀이 참으로 권위를 담은 놀라운 말씀이다. "망아지 임자들"은 아마 망아지 주인 부부일 터인데 이 말씀을 듣고 군말 하나 없이 망아지를 내어준 사실도 놀랍다.

"그들(제자들)이 그것을 예수께 가져와 그들의 (겉)옷을 망아지 위에 걸쳐놓고 그들이 예수를 그 위에 앉혔다."라는 35절은 왕상 1:33에서 다윗의 분부로 그의 아들 솔로몬을 노새에 태우고 기혼 지역에 데려가게 하여 왕위를 계승케 하는 장면을 떠올리게 한다. 또 슥 9:9에 겸손하여서 나귀를 타고 재림하시는 메시아를 연상케 한다. "예수가 가실 때 그들이 (겉)옷을 길에 펴더라."라는 36절에서 "그들"은 제자들일 수도 있고 왕하 9:13의 기록에서처럼 거리에 나온 백성일 수도 있으나, 심부름했던 두 제자라 해석한다(앞의 책, p. 1250). 제자들은 망아지를 타고 예루살렘에 입성하는 예수를 제왕의 행차라 치장하고 싶었겠지만(왕하 9:13 참고), "예수는 제왕의 지고함이 아니라 제왕의 낮음으로 입성"한다(Garland, 2011, p. 770). '옷'을 "겉옷"이라 한 것은 왕하 9:13에 따른 번역이라 한다. 마 21:8-9과 막 11:8-9에서는 시편 118편을 인용하여 호산나의 찬미를 부르고 옷뿐만 아니라 나뭇가지도 길에 편 것으로 기록하여 초막절의 의식을 상징케 한다.

"그가 감람산의 내리막길에 가까이 왔을 때 제자들의 온 무리가 그들이 본 모든 능력의 행위에 관해 기뻐하며 큰 소리로 하나님을 찬양하기 시작했다. 말하기를, '주의 이름으로 오시는 왕이여 복되도다! 하늘에는 평화요 지극히 높은 곳에는 영광이로다!' 하더라."가 37-38절이다. "모든 능력의 행위"는 예수가 행한 모든 기적으로, 무리가 찬양한 것은 역시 예수가 보여준 기적들이라는 사실을 읽어야 한다. 또 예루살렘에서는 22:51 이외에는 기적을 행한 일이 없다는 사실도 유념해야 한다. 앞서 13:35에서 "'주의 이름으로 오시는 이가 복이 있도다.'라 너희가 말할 때가 올 때까지 나를 보지 못하리라."라는 말씀을 읽었다. 그리고 이스라엘이 구원을 얻으려면 예루살렘이 이 찬미를 부르는 조건적인 제약을 갖는다고 논의하였다. 그런데 제자들의 무리가 찬양하는 것이니 이 찬양은 그나마 제자들의 찬양이지 시 118:26처럼 야훼의 집인 예루살렘이 부른 찬미가 아니다. 더군다나, 아래 19:44b에 "너의 방문의 날을 네가 알지 못하기 때문이다."라고 적혀 있으므로 학자들은 이 38a절이 예루살렘이 그의 완고함을 회개한 찬양은 아니라 해석한다(Bock, 1996, p. 1558; Green, 1997, p. 687).

아울러, 38b절의 찬양은 예수 탄생의 찬미인 2:14에서는 '땅에서는 평화'라고 했던 것이 여기서는 "하늘에는 평화요."라고 바꾸어 노래하고 있으므로 하나님의 구원에 초대된 미래의 평화가 현재로 바뀌고 있다(앞의 책, p. 687)고 볼 수 있다. 본래 원문에는 "하늘 평화"라 적혀 있는 것을 보면, 하나님의 백성을 위해 하늘에 저장되어 있는 하늘 평화 그 자체일 것이다(Fitzmyer, 1985, p. 1251). 이러한 해석들은 평화가 예루살렘에 온 것이 아님을 암시한다. "예수께서 이 도시(성)에 입성하실 때 그는 이 국가(이스라엘)의 종말의 소망을 가져오실 왕으로 출두하신다. 이 국가의 눈들이 그를 보기에는, 중단시켜야 마땅한 사이비 메시아가 되어 일주일 후에 그는 이 도시(성) 외곽으로 쫓겨난다. 예수가 예언한 바 그대로, 국가는 그에 대해 아니오라 거절할 것이다. 나귀가 지금 그를 왕으로 짊어지고 있지만 곧 그는 자신의 십자가를 짊어질 것이다"(Bock, 1996, p. 1557).

제자들의 온 무리가 기뻐하며 큰 소리로 찬미할 때, 아니나 다를까, "무리 중 어떤 바리새인들이 그에게 말하기를 '선생이여, 당신의 제자들을 책망하소서.'라 하였다. 대답하여 그가 말하기를 '내가 너희에게 말하노니, 만일 이 사람들이 잠잠하면 돌들이 소리지를 것이다.'라 하셨다."가 39-40절에 이어진다. 누가가 바리새인들에 관해 언급한 것은 이것이 마지막이다. 이들이 메시아를 "선생이여"라고 부르는 것이 차라리 가상한데 아마도 무리가 무서웠기 때문일 거다. "돌들이 소리지를 것이다."라는 예수의 대답이야말로 참담한 반어법이다. 생명 없는 피조물인 돌이 예수가 누구인지를 알아본다는 것이니(앞의 책, p. 1560), 바리새인들에게 신랄한 책망을 가하는 것이다.

아직 예수가 예루살렘에 입성한 것이 아님을 41절에 분명히 밝히고 있다. "가까이 이르러 성을 보고, 그가 성을 위해 우셨다."라는 구절에서 "우셨다"는 슬픔을 참지 못해 구슬피 우는 상태라 한다. "평화를 만드는 일들을 네가, 너마저, 이 날에 알았다면 얼마나 좋으련만! 그러나 지금은 네 눈들에는 이것이 감추어 있도다."라고 울면서 말씀한다. "하늘 평화"의 찬양이 38절에 기록되어 있지만 예루살렘의 눈들에게는 하늘에 저장되어 있는 평화가 감추어졌다는 슬픔의 말씀이다. "평화를 만드는 일들"은 회개와 믿음이 있어야 눈을 뜨고 볼 터인데, 눈이 있어도 보지 못하는 예루살렘을 향하여 "네가, 너마저" 하고 장님이 되었음을 통탄한다. "이 날"은 예수가 왕으로 예루살렘에 올라가는 날을 뜻할 것이다.

예언자 예수가 이어서 43-44절에 예루살렘의 파멸을 예언한다. "네 원수들이 너를 적대하여 바리케이드를 쌓고 너를 에워싸 너를 사면으로 포위할 그 날들이 너에게 닥칠 것이다. 그들이 너와 너의 안에 있는 자식들을 땅에 메어치며 그들이 너 안에 있는 돌 하나도 다른 돌 위에 남기지 않을 것이니 네가 너의 방문의 때를 몰랐기 때문이다."라고 미래형 동사를 사용하는데, 실상 43절 초두에 적혀 있는 "그 날들이 너에게 닥칠 것이다."가 특히 전형적인 구약에서의 심판의 예언을 대변한다. 예루살렘 파괴의 기본 원인은 "네가 너의 방문의 때를 몰랐기 때문이다."라는 말씀이 드러내듯 하나님이 구원을 가지고 오시는 방문의 때를 몰랐다는 데 있다. 방문이란 야훼가 오시는 때로, 예레미야의 예루살렘 파멸의 예언(렘 6:15)을 반영하는 부정적인 때다(Fitzmyer, 1985, p. 1259). 또 때로는 사가랴의 예언(1:68-75)에서처럼 하나님이 구원을 가져오시는 때이며 심판의 때다(Green, 1997, p. 689). 개역성경의 "권고 받는 날"이라는 구절에서 "권고"라 번역한 방문(episkope)의 때는 "평화를 만드는 일들의 이 날"(19:42a)과 직접 연결해 읽을 수 있으므로 하나님의 구원의 때라는 긍정적 의미를 갖는다. 하지만 동시에 결국 이 방문의 때를 몰랐기 때문에 초래한 예루살렘 파멸의 예언이 기원후 70년에 일어난 디도 장군이 이끄는 로마군에 의한 예루살렘 파괴와 대학살을 초래했다고 해석하는 것이 정설이다. "돌 하나도 다른 돌 위에 남기지 않으리라."라는 예언이 드러내는 폐허가 된 성곽의 모습은 "만일 이 사람들이 잠잠하면 돌들이 소리 지를 것이다."(19:40)라는 절규를 상징적으로 반영한 것일 수 있다 (Fitzmyer, 1985, p. 1259).

이로써 예수의 예루살렘 여행이 끝난다. 그 여행의 마지막 단락은 대단히 극적인 대조를 이루는 상반된 이야기로 구성되어 있다. 환호와 통한이 교차된다. 예루살렘 초입에 예수는 주의 이름으로 오는 왕으로서 죽음의 길목에 들어선다. 이 기사는 성서를 다양하게 인용해 서술하고 있다는 특징을 갖는다. 하나님의 구원의 역사의 면면한 흐름의 맥을 보여주는 것이다. 하늘의 평화와 영광의 환호성을 받으며 겸손의 망아지를 탄 예수는, 하지만, 성을 눈앞에 보고 눈물을 흘린다. "평화를 만드는 일들을 네가, 너마저, 이 날에 알았다면 얼마나 좋으련만!" 하고 통한의 눈물을 흘린다. 이 통한은 예루살렘을 위한 것이지 결코 예수 자신을 위한 것이 아니다. 하나님의 언약의 국가 이스라엘, 그중에서도 하나님 성전이 있는 예루살렘의 파멸을 예언하며 하나님의 아들 예수가 십자가에 못박혀 죽기 위해 예루살렘에 입성한다. 이 참담한 모순을 돋보이게 기록한 복음서 기자는 누가뿐이다. 왜냐하면 19:41-44은 누가의 독점 기사이기 때문이다. 혹자는 예루살렘 파괴가 누가가 복음서를 쓰기 전에 일어난 일이라 우기기도 하지만 누가복음 집필 이후의 일임이 역사적인 사실이다(Bock, 1996, p. 1562).

VI

예루살렘 사역

〈성전에서 환전상들을 쫓아내는 그리스도Christ driving the Money Changers from the Temple〉, 1626

예루살렘에 입성한 후 성전 확청(廓淸)부터 시작해 최후의 만찬 직전까지 예수의 사역을 제VI부로 묶었다. 이 예루살렘 사역은 예루살렘 성전 안에서의 가르침이다. 제VI부를 다시 두 단원으로 나누어 읽겠다. 첫 단원에는 예수와 예루살렘 지도자들 사이에 일촉즉발의 위기감이 감도는 와중에도 예수의 지혜로운 가르침이 적혀 있다. 그리고 다음 단원(21:5-38)에는 예루살렘 파괴와 더불어 이 세계의 종말의 때에 일어날 일들에 대한 예수의 고별사와 같은 가르침이 담겨 있다.

예루살렘 지도적 세력과의 갈등(19:45-21:4)

예수는 죽음을 위해 예루살렘에 입성하였지만 갈릴리와 예루살렘 여행에서와 마찬가지로 그의 사역을 지속적으로 펼쳐나간다. 유대 종교지도자들은 예수를 체포해 살해할 어떤 구실이라도 찾아내려고 잔꾀를 부린다. 반면에 한 사람이라도 더 하나님 나라의 백성이 될 수 있기를 바라던 예수는 의와 진리를 위한 지혜로운 전투의 모습을 보인다. 여기서 각기 단절된 일련의 사건이 전개되는데 각 사건마다 예수가 곧 진리요 생명임을 실감케 한다.

■ **성전 확청**(19:45-48) 예수는 예루살렘에 입성하자마자 곧장 성전으로 가 상인들로 범벅된 그곳을 기도의 집으로 정화한다. 이 성전 확청과 더불어 47-48절에 예수가 날마다 성전에서 가르침을 전했다는 서두가 나오고 21:37-38에 그 가르침이 끝난 것을 기록하고 있다.

45성전에 들어가사 장사하는 자들을 내어 쫓으시며 46저희에게 이르시되 기
록된 바 내집은 기도하는 집이 되리라 하였거늘 너희는 강도의 굴혈을 만들
었도다 하시니라
47예수께서 날마다 성전에서 가르치시니 대제사장들과 서기관들과 백성의
두목들이 그를 죽이려고 꾀하되 48백성이 다 그에게 귀를 기울여 들으므로
어찌할 방침을 찾지 못하였더라

"그러고 나서 성전 구역에 들어가셨다."라고 하여 예수가 예루살렘에 입성한 후 곧바로 성전으로 향한 사실을 누가는 45절에 분명히 전하고 있다. 들어가자마자 상인들을 내쫓는 성전 확청을 단행하는데 이 기사는 네 복음서 모두에 적혀 있다. 그러나 누가의 기사는 마가 11:15-19과 흡사한데도 불구하고 그보다 훨씬 간략하고 다른 점이 돋보인다. "내 집은 기도의 집이 되어야 할 것이다."라고 사 56:7을 인용해 46a절에 예수가 말한다. 마가가 인용한 이사야는 "내 집은 만민의 기도하는 집이라."라고 하여 "만민"을 강조하고 있고 본래 이사야에서도 이스라엘에서 쫓겨난 자들을 모은다고 적혀 있다. 예수는 또 렘 7:11의 "강도들의 소굴"을 인용해 "너희들이 이것을 강도들의 소굴로 만들었다."라고 46b절에 꾸짖는다. 본래 예레미야에서는 악을 행하는 자들과 신성모독의 우상숭배자에게 말한 꾸짖음이다.

성서를 인용한 예수의 말씀은 이들 예언서의 본래의 배경을 바탕으로 해석하여야 할 것이다. 말하자면, "그의 행위(성전 확청)는 성전을 변형하고 이스라엘을 재건하는 일에 기여하려는 것이다"(Fitzmyer, 1985, p. 1266). 이 해석은 성전 확청을 예언자의 관점에서 읽어야 하느냐 메시아의 관점에서 읽어야 하느냐의 고전적인 논쟁에서 전자의 입장을 옹호하는 해석이다. 메시아의 관점이라 함은 예루살렘 성전의 종

말적인 종료이고 신전 종교의 폐기다. 하지만 "예수께서 날마다 성전에서 가르치셨다."라는 47절을 보면, 누가에 있어서는 예수가 그의 아버지의 집을 자신의 가르침의 사역을 위해 정화한 것이므로 예언자의 입장에서의 확청에 무게를 둔 것이라 보인다. 예언자의 입장이라 함은 "너희 길과 행위를 바르게(수정) 하라 그리하면 내가 너희로 이곳(야훼의 집)에 거하게 하리라."(렘 7:3)라는 진술과 같다. 그러나 예수의 이 성전 확청은 "성전과 하나님의 백성 그리고 성전의 종국적인 폐기와 파괴 이들 양자에 대한 예수의 주창을 예견하였다."(Culpepper, 1995, p. 374)라는 해석 자체를 배제할 수 없을 것이다. 성전 확청의 기본 동기는 "강도들의 소굴" 내지 성전의 재물 부패의 개혁이지만 "신전 종교의 완전 폐기"(노평구, 1998, p. 281)라는 해설 자체를 배제할 수는 없다.

"예수께서 날마다 성전에서 가르치셨다. 대제사장들과 서기관들은 백성의 지도자들과 함께 그를 죽이기를 꾀하였지만 모든 백성이 그의 말씀에 귀 기울였기 때문에 어찌할 방침을 찾지 못했다."가 47-48절이다. 이를 통해 성전 확청과 더불어 예수의 예루살렘 사역이 시작되었고, 이 확청이 종교지도자들로 하여금 예수를 죽이게 한 직접적인 동기가 되었음을 알 수 있다. 예수는 자신의 죽음을 위해 예루살렘에 왔지만 매일 성전에서 가르침의 사역을 쉬지 않았다. 무엇을 가르쳤는지를 적고 있지는 않으나, 성서를 인용하며 종말구원의 날이 밝아옴을 전했을 것이라 추측한다(Green, 1997, p. 694). 한편 청중들인 백성에 대조하여 세 집단의 예루살렘 권위들을 열거하는데 "백성의 지도자들"은 9:21에 기록된 장로들일 것이다. 이들이 예수의 죽음을 꾀하였다는 것으로 실제로 이들의 공격적인 음모가 이어지는 기사에 생생히 기록되어 있다. 한편, 예수와 예루살렘 권위들 사이의 갈등에 완충 역할을 한 이들이 백성이었다는 사실을 누가는 부기하고 있다.

■ **예수의 권위에 대한 질문**(20:1-8) 이 부분에서는 예수와 종교 지도자들 사이에 있은 다섯 논쟁이 전개된다. 첫 논쟁은 "예수가 성전에서 백성에게 가르치고 좋은 소식을 전파하고 있었을 때 어느 날 제사장들과 서기관들이 장로들과 함께 와서" 예수에게 도전함으로써 시작된다. 이 첫 논쟁은 다른 논쟁에 비해 매우 우직한 용트림이다.

> 1하루는 예수께서 성전에서 백성을 가르치시며 복음을 전하실새 대제사장
> 들과 서기관들이 장로들과 함께 가까이 와서 2말하여 가로되 당신이 무슨 권
> 세로 이런 일을 하는지 이 권세를 준 이가 누구인지 우리에게 말하라 3대답
> 하여 가라사대 나도 한 말을 너희에게 물으리니 내게 말하라 4요한의 세례가
> 하늘로서냐 사람에게로서냐 5저희가 서로 의논하여 가로되 만일 하늘로서
> 라 하면 어찌하여 저를 믿지 아니하였느냐 할 것이요 6만일 사람에게로서라
> 하면 백성이 요한을 선지자로 인정하니 저희가 다 우리를 돌로 칠 것이라 하
> 고 7대답하되 어디로서인지 알지 못하노라 하니 8예수께서 이르시되 나도 무
> 슨 권세로 이런 일을 하는지 너희에게 이르지 아니하리라 하시니라

서두에서 1절을 소개하였으므로 예루살렘 권위들이 예수에게 질문한 2절의 두 질문을 옮기기로 하겠다. "우리에게 말하라, 무슨 권위로 네가 이 일들을 하는가? 너에게 이 권위를 준 이가 누구인가?" 라는 두 질문이다. "무슨 권위"라는 말은 "어떤 종류의 권위"라는 뜻으로, 신적인 권위의 영역 내지 질인지 혹은 인간적인 영역 내지 질인지에 대한 질문이라 한다. "이 일들"이라 함은 포괄적인 사항으로 가르침뿐만 아니라 성전 확청까지 포함한 질문일 수 있다(Bock, 1996, p. 1585). 매우 당돌하고 공격적인 질문이고 동시에 하나님께 위임받은 권위라는 답변을 유도하기 위한 함정의 질문이다. 이에 대한 예수의 대

답 3-4절은 우회적인 것 같지만 실상 정면으로 맞부딪치는 질문 겸 응답이다. "나도 한 질문을 너희에게 물으리니 너희가 내게 말하라, 요한의 세례가 하늘에게서냐 사람들에게서 기원한 것이냐?"라고 그들의 허를 찌른다. 요한은 주 예수의 길을 예비하러 온 예언자이고 예수는 요한에게서 세례를 받았다. 그 세례가 하늘에서 나온 것인지 사람들에게서 나온 것인지를 캐물은 것이다. 예루살렘 권위들은 예수의 반문이 자신들이 지니고 있는 자체모순적인 궁지임을 그제서야 깨달았다. "그들이 서로 의논하기를 '하늘로부터'라 만일 우리가 말하면, '왜 너희는 그를 믿지 않았느냐?'라고 그가 말할 것이다."라는 공교한 생각이 얼핏 떠오르자, 그들은 "그러나 '사람들에게서'라 만일 우리가 말하면, 모든 백성이 요한이 예언자였음을 믿었으므로 우리를 돌로 칠 것이다."라는 진퇴양난의 상황을 영리하게 깨달았다. 예수로부터의 반론과 백성들로부터의 공격을 동시에 함께 계산한 나머지 "어디로부터인지 알지 못한다고 그들이 대답하였다". 알지 못한다는 불가지론이야말로 궁지에서 빠져나올 교묘한 꾀임을 깨달았던 것이다.

예수 역시 그들과 같은 방식으로 "내가 무슨 권위로 이 일들을 하는지 나도 말하지 않겠다."라고 대답한다. "역대응의 질문과 거절의 대답 사이에서 예수는 결과적으로 그의 권위를 알아보려는 권위(지도자)들에게 도전한 것이다. 어떤 권위를 그가 갖고 있으며 누가 그에게 그런 권한을 주었는지 그리하여 그가 진정 누구인지를 그가 분명하게 알고 있다는 것을 (그의 대답이) 함축하고 있기 때문이다"(Fitzmyer, 1985, p. 1276).

■ **악한 포도원 농사꾼들의 비유**(20:9-19) 이 비유는 구약의 여러 기록과 깊은 관계가 있으며 특히 사 5:1-7의 포도원 기록이 그 출처

라는 것이 정설이다. 예수의 여러 비유 중 구원사를 서술하고 있다는 이 비유의 독특성을 유념하면서, 여기에 등장하는 인물들이 누구를 상징하고 실체들이 무엇인지를 파악하면 이해에 어려움은 없다. "만군의 여호와의 포도원은 이스라엘 족속(집)이요 그의 기뻐하시는 나무(정원)는 유다 사람이라."라는 사 5:7의 기록이 이 비유의 주인공이다. 포도원 주인이 예언자들인 종들을 보내어 공출을 바치도록 하지만 이스라엘은 매번 그들을 징벌하고 끝내는 주인의 사랑하는 아들 예수마저 살해하는 수난을 이 비유는 전한다.

9이 비유로 백성에게 말씀하시되 한 사람이 포도원을 만들어 농부들에게 세
로 주고 타국에 가서 오래 있다가 10때가 이르매 포도원 소출 얼마를 바치게
하려고 한 종을 농부들에게 보내니 농부들이 종을 심히 때리고 거저 보내었
거늘 11다시 다른 종을 보내니 그도 심히 때리고 능욕하고 거저 보내었거늘
12다시 세 번째 종을 보내니 이도 상하게 하고 내어 쫓은지라 13포도원 주인
이 가로되 어찌할꼬 내 사랑하는 아들을 보내리니 저희가 혹 그는 공경하리
라 하였더니 14농부들이 그를 보고 서로 의논하여 가로되 이는 상속자니 죽
이고 그 유업을 우리의 것으로 만들자 하고 15포도원 밖에 내어 쫓아 죽였느
니라 그런즉 포도원 주인이 이 사람들을 어떻게 하겠느뇨 16와서 그 농부들
울 진멸하고 포도원을 다른 사람들에게 주리라 하시니
사람들이 듣고 가로되 그렇게 되지 말아지이다 하거늘 17저희를 보시며 가라
사대 그러면 기록된 바
건축자들의 버린 돌이 모퉁이의 머릿돌이 되었느니라
함이 어쩜이뇨 18무릇 이 돌 위에 떨어지는 자는 깨어지겠고 이 돌이 사람 위
에 떨어지면 저를 가루로 만들어 흩으리라 하시니라
19서기관들과 대제사장들이 예수의 이 비유는 자기들을 가리켜 말씀하심인

줄 알고 즉시 잡고자 하되 백성을 두려워하더라

"어떤 사람이 포도원을 만들고, 그것을 포도 농사꾼들에게 임대하고, 다른 나라에 오래 나가 있었다."가 비유의 배경이다. 사건의 진행은 "때 맞추어 그들이 포도원의 수확을 그에게 주도록 그가 포도 농사꾼들에게 한 종을 보내었으나 농사꾼들이 그를 때리고 빈손으로 돌려보냈다."는 것이다. 이런 일이 11절과 12절에 반복해 일어난다. 풀이하면, 포도원을 창립한 하나님이 그 포도원을 관리자 이스라엘에게 맡기고 수확의 때에 즈음하여 예언자를 보내어 그 소출을 거둬들이도록 하였으나 이스라엘이 예언자를 매질만 하고 빈손으로 되돌려 보내기를 세 번씩이나 하였다는 것이다. 두 번째에는 치욕을 주고 세 번째에는 몸에 상처를 낼 정도로 그들의 횡포는 더욱 심해져간다.

그럼에도 불구하고, 주인은 "내가 어떻게 할까? 내가 내 사랑하는 아들을 보내리니 아마도 그들이 그를 공경할 것이리라."라는 최종의 결심을 단행한다. "내 사랑하는 아들"이 누구인가? 예수가 세례를 받을 때 "너는 내 사랑하는 아들이라."(3:22)라는 소리가 하늘로부터 들려오지 않았던가. 또 변모산에서 "이는 나의 아들이라."(9:35)라는 소리가 구름 속에서 나오지 않았던가. 이 최종의 결심은 아브라함에게 아들 이삭을 제물로 바치라 하셨던 것처럼 이들 농사꾼들이 아브라함의 자손임을 믿으셨기 때문이었을까? 그러나 웬걸, 농사꾼들은 주인의 아들을 보자 "이 자가 상속자이니 우리가 그를 죽여 그 유산을 우리 것으로 만들자." 하고 포도원 밖으로 내쫓아 죽인다. 그들이 이처럼 무지막지하게 행동하는 것은 상속자 아들을 죽이면 유산이 자기네 것이 된다는 터무니없는 탐욕 때문이다. 포도밭 주인이 죽었기 때문에 아들이 왔을 거라고 어처구니없는 해설을 하는 학자들도 있다

(Bock, 1996, p. 1600). 아브라함이 순종으로 모든 것을 받아들인 것과는 정반대로 아브라함의 자손인 이들 농사꾼들은 주인의 모든 것을 거부하였다. "그 유업을 우리 것으로 만들자."라는 탐욕에 빠져 주인에게서 포도원을 임대받은 모든 언약의 유산을 자진해 폐기해버린 것이다.

"그런즉 포도원 주인이 이 사람들에게 어떻게 하겠느냐? 그가 와서 이들 농사꾼들을 멸하고 포도원을 다른 사람들에게 주리라."라고 15b-16a절에 비유가 이어진다. 이사야에서는 포도원을 황무케 하리라(사 5:6)고 적혀 있으나 여기서는 포도원 자체를 폐기하지는 않는다. 포도원을 임대받은 농부들인 예루살렘 지도자들을 주인이 멸하고 임대자를 바꾸는 것으로 징벌의 결론을 낸다(Green, 1997, p. 708). "이것을 듣자 '맙소사!'라 그들이 말하였다." "맙소사!"는 16a절의 징벌을 들은 청중들의 반응이다. 아마도 청중들은 이 징벌이 이스라엘 자체를 폐망시키려는 것이라 생각해 "맙소사!"라고 부르짖은 것 같다.

이에 대해 주인이 시 118:22을 인용하면서 기록된 이것(성서)의 뜻이 무엇이냐고 묻는다. "그러나 그가 그들을 보고 말하기를 그렇다면 기록된 본문인 '건축자들이 버린 돌이 모퉁이 돌이 되었느니라.' 이것이 무슨 뜻이냐?"가 17절이다. 그리고 이어서 "이 돌 위에 떨어지는 자는 누구든 부서져 조각나겠고 이 돌이 그 위에 떨어지는 누구든 가루가 될 것이다."가 18절이다. 인용된 시편의 "건축자들이 버린 돌"은 농사꾼들이 죽인 "내 사랑하는 아들"이라는 뜻으로 이스라엘이 거부한 예수를 가리킨다. "모퉁이 돌"은 주춧돌이 아니라 원문의 번역을 보면 "모퉁이 머리"로, 고대 건축에서 교차하는 두 벽의 무게를 지탱해주는 주요 구실을 한 머리돌이다(Fitzmyer, 1985, p. 1282). 결국, 죽은 아들의 부활로써 이 돌은 하나님 아버지의 새로운 건물의 주요 요석이 되었다는 뜻이다. 성서를 인용한 다음 18절에 적힌 파장을 다시 청중들에게 해설해준다. 새로운 건물의 요석이 된 돌에 걸려 실족하는 자들은 누구든지 부서져 조각나고 이 돌이 그 위에 떨어져 심판하면 누구든 가루가 된다는 무서운 심판을 사 8:14-15 등을 인용하여 메시아를 거부하는 모든 사람들에게 경고한다. 버려진 돌은 다시 들어올려질 것이고 심판의 주님이 될 것이다.

"서기관들과 대제사장들이 바로 이 시각에 백성을 두려워하였으니 그가 이 비유를 자신들을 가리켜 말씀하셨다는 것을 알았기 때문이다."가 이 단락의 말미다. 성서의 여러 곳을 배경으로 한 누가의 이 기사를 읽으면, 구약시대부터 하나님의 구원의 계획은 한편으로 자신의 사랑하는 아들을 죽음을 위해 이 세상에 내보내는 것이었다는 것을 알 수 있다. 그리고 다른 한편으로는 이 세상에 온 예수가 그의 죽음이 시시각각으로 다가오고 있다는 긴장의 압박감을 누구보다 스스로 잘 알고 있었다는 것을 감지할 수 있다. 그리하여 "이 아이는 이스라엘의 많은 사람들의 넘어짐과 일어남을 야기하도록 예정되어 있고 비방을 받을 표적이 되어 있어 여러 사람들의 마음의 생각들이 드러내질 것이다."(2:34)라는 시므온의 예언이 예수의 예루살렘 입성 후에 아주 구체화된다.

■ **가이사의 세금에 관한 질문**(20:20-26) "무슨 권위로 네가 이러한 일을 하는가? 너에게 이 권위를 준 이가 누구인가?"라는 예루살렘 권위들이 예수에게 질문한 내용이 20장 초두에 적혀 있다. 그들은 예수가 백성들에게 전하는 메시지를 도저히 용납할 수 없었다. 그리하여 바로 그 예수가 백성의 호산나의 환호를 받으며 드디어 예루살렘에 입성하였을 때 온갖 꾀를 짜내어 그를 죽음으로 내몰려고 하였다.

20이에 저희가 엿보다가 예수를 총독의 치리와 권세 아래 붙이려 하여 정탐
들을 보내어 그들로 스스로 의인인 체하며 예수의 말을 책잡게 하니 21그들
이 물어 가로되 선생님이여 우리가 아노니 당신은 바로 말씀하시고 가르치시
며 사람을 외모로 취치 아니하시고 오직 참으로서 하나님의 도를 가르치시
나이다 22우리가 가이사에게 세를 바치는 것이 가하니이까 불가하니이까 하
니 23예수께서 그 간계를 아시고 가라사대 24데나리온 하나를 내게 보이라
뉘 화상과 글이 여기 있느냐 대답하되 가이사의 것이니이다 25가라사대 그
런즉 가이사의 것은 가이사에게, 하나님의 것은 하나님께 바치라 하시니 26
저희가 백성 앞에서 그의 말을 능히 책잡지 못하고 그의 대답을 기이히 여겨
잠잠하니라

"그리하여 그들이 그를 지켜보았고 의로운 척 위장한 정탐들을 보내어 그가 말한 바에 따라 그를 책잡게 하여 총독의 재판과 권위에 그를 넘기려 하였다."라는 20절에서 "지켜보았다"는 14:1에서도 사용된 용어로 올가미를 씌우려 엿보고 있었다는 뜻이다. 이번 음모는 마태와 마가에 의하면 산헤드린이 그들의 충복인 바리새인들과 로마 황제의 충복인 헤롯당원들을 스파이로 앞장세워 벌인 일이다. 이 음모가 참으로 꾀바르다는 것은 "의로운 척 위장하여" "선생님이여, 당신이 말하고 가르치는 일에 당신이 옳으심을 우리가 아나니, 당신은 누구를 편애하지 않고 하나님의 도를 진리로 가르치시나이다. 우리가 황제에게 세를 바치는 것이 적법합니까 혹은 아닙니까?"라는 아첨과 교활함이 뒤섞인 질문에서 짐작이 간다. 아첨의 말은 제쳐두고, 먼저 이들의 양도논법의 질문이 얼마나 진퇴양난의 궁지로 이끄는지를 부연키로 하겠다. 물론 로마에 세를 납부하지 않는 것은 로마의 통치를 거부하는 일이다. 가령, 예수가 체포되어 빌라도에게 끌려갔을 때에 "가이

사에게 세 바치는 것을 금하고"(23:2)라 고소당하기도 하였다. 게다가 그들의 질문은 이 이상의 함정을 꾀하고 있었다. 역사적으로, 예루살렘 산헤드린이 성전 의식을 지속한다는 명분으로 로마 세를 거두어들이는 일에 책임을 맡고 있었다는 것이다. 따라서 세를 바치는 것이 적법하냐 여부의 질문은 유대 내에서 로마 대행자로서의 산헤드린의 권위에 관한 질문이기도 하다(Green, 1997, p. 712). 그러므로 그들의 질문은 로마 황제와 산헤드린에 모반을 유도하든지 혹은 친화적인 발언을 이끌어냄으로써 백성이 예수에게 등을 돌리게 하려는 음모이다.

그러나 그들의 꾀바른 음모를 예수는 즉석에서 산산이 조각낸다. "그러나 예수께서 그 간계를 아시고 말씀하셨다. '데나리온 하나를 내게 보이라. 누구의 형상과 글이 이것에 새기어 있느냐?'"가 23-24b절이다. 실제로 그 당시 은화 데나리온에 "티베리우스 가이사, 신성의 아우구스투스의 아들"이라는 글이 새겨 있었다고 한다. 그러니 그들이 "가이사의 것입니다."라고 답하지 않을 수 없었다. 이에 "그런즉 가이사의 것은 가이사에게 그리고 하나님의 것은 하나님에게 드리라." 라는 25절이 예수가 그들에게 답한 말씀이다. 이 말씀은 꾀바른 음모에 대한 재치의 임기응변인가? 독일의 역사학자 레오폴트 폰 랑케(Leopold von Ranke)는 이 25절을 예수가 한 말씀 중 가장 중요하고 영향력 있는 것이라 평하였다고 한다. "그(예수)는 원리를 진술한 것이며 화해나 타협을 진술한 것이 아니다"(Liefeld and Pao, 2007, p. 299). "이 에피소드의 예수의 가르침은 16:13d의 '너희가 하나님과 재물을 겸하여 섬길 수 없느니라.'라는 말씀을 거스르는 것이 아니다. 가이사에게 세를 바치는 것이 재물(맘몬)을 섬기는 것과 같은 말이 아니기 때문이다"(Fitzmyer, 1985, p. 1297).

여러 학자들이 롬 13:1-7을 인용해 이 부분을 해석한다. 예수는 우리가 하나님과 국가에 대한 의무를 함께 짊어지고 있다는 원리를 말함으로써 올가미에서 벗어난 것이다. 가이사에게 세를 바치는 일이 하나님의 통치권에 반하는 일이 아니라는 것이 예수의 기본 정신이다. 아울러, 예수는 공격적이고 민족주의적인, 열심당과 같은 혁명적인 해방을 원치 않는다. 바울은 디모데에게 "임금들과 높은 지위에 있는 모든 사람을 위하여 (간구와 기도와 도고와 감사를) 하라."(딤전 2:2)라고 권하였다. 그럼에도 불구하고, "만일 하나님과 인간 권위 사이에 복종하는 결정을 내려야 한다면 반드시 하나님께 복종해야 한다."(행 5:29)는 것이 예수의 가르침을 보는 누가의 입장이다(Schreiner, 2008, p. 789). "하나님을 위한 예수의 역사(役事)는 로마에 도전하는 것이 아니라 로마를 초월하는 것이다"(Bock, 1996, p. 1615). "그리고 그들은 예수가 말한 바로 인해 백성 앞에서 그를 함정에 빠뜨리지 못했고, 그의 대답에 몹시 놀라 잠잠해졌다."라는 26절로 이 단락은 끝난다.

■ **부활과 결혼에 관한 질문**(20:27-40) 대제사장들과 서기관들 그리고 장로들이 20장 초두부터 담합하여 예수에 대한 음모를 기획하고 있거니와 여기서는 사두개인들이 등장한다. 이들 역시 넓은 의미에서는 예루살렘 지도자들에 속하고 이들의 질문 역시 예수를 함정에 빠뜨리려는 의도를 갖고 있다고 보아야 한다. 하지만, 부활이 없다고 믿고 있는 그들이 "하나님은 죽은 자의 하나님이 아니라."라는 예수의 부활론에 오히려 설득을 당한다. 이 단락은 예수의 부활론이다.

> 27부활이 없다 주장하는 사두개인 중 어떤 이들이 와서 28물어 가로되 선생
> 님이여 모세가 우리에게 써 주기를 사람의 형이 만일 아내를 두고 자식이 없
> 이 죽거든 그 동생이 그 아내를 취하여 형을 위하여 후사를 세울지니라 하였

나이다 29그런데 칠 형제가 있었는데 맏이 아내를 취하였다가 자식이 없이
죽고 30그 둘째와 셋째가 저를 취하고 31일곱이 다 그와 같이 자식이 없이 죽
고 32그 후에 여자도 죽었나이다 33일곱이 다 저를 아내로 취하였으니 부활
때에 그 중에 뉘 아내가 되리이까
34예수께서 이르시되 이 세상의 자녀들은 장가도 가고 시집도 가되 35저 세
상과 및 죽은 자 가운데서 부활함을 얻기에 합당히 여김을 입은 자들은 장
가가고 시집가는 일이 없으며 36저희는 다시 죽을 수도 없나니 이는 천사와
동등이요 부활의 자녀로서 하나님의 자녀임이니라 37죽은 자의 살아난다는
것은 모세도 가시나무떨기에 관한 글에 보였으되 주를 아브라함의 하나님이
요 이삭의 하나님이요 야곱의 하나님이시라 칭하였나니 38하나님은 죽은 자
의 하나님이 아니요 산 자의 하나님이시라 하나님에게는 모든 사람이 살았
느니라 하시니 39서기관 중 어떤 이들이 말하되 선생이여 말씀이 옳으니이다
하니 40저희는 아무것도 감히 더 물을 수 없음이더라

예루살렘 입성 후 예수가 날마다 성전에서 가르침을 전하는 사역을 하고 있는 중이다. 부활이 없다고 말하는 사두개인들이 누가복음에서 처음으로 여기에 등장한다. 그들 중 몇이 와서 예수에게 질문한 내용이 28-33절까지 장황하게 나오는데, 요약하면, 창 38:8과 신 25:5-6에 근거하여 결혼한 맏형이 자식 없이 죽어 동생들 여섯이 줄줄이 형수와 결혼하여 자손을 남기려 했으나 일곱 형제와 큰 형수 모두 죽었다는 기괴한 사례다. 그런 다음에 33절에 "부활에서, 그러므로, 이 여자가 누구의 아내가 되리이까? 일곱 사람들이 그녀와 결혼한 것이니이다."라는 얼토당토않은 질문을 예수에게 던진다. 자고로 한 집안의 혈육이 끊기는 일은 비극이므로 모세가 궁여지책으로 허용한 법이겠지만, 사두개인들이 작화한 이 일화는 예수에게 올가미를 씌우려

는 의도가 너무 고의적으로 드러난다. 사두개인들의 의도는 모세의 법에서 부활이 이와 같은 모순을 안고 있다는 율법의 자가당착을 예시하여 예수를 궁지에 몰겠다는 점에서(고병려, 1975, pp. 236-240) 앞서 예루살렘 정통 권위들의 입장과는 다른 참으로 교묘한 논쟁이다.

그럼에도 불구하고, 예수의 대답은 진지한 가르침이다. 예수는 34-36절에서 첫째로 이 세상의 삶과 부활의 삶이 다르다는 점을 말씀하고, 37-38절에서 둘째로 토라에서의 부활의 의미를 가르친다. 이 가르침은 예수만의 독자적인 부활론이다.

예수가 부활의 저 세상에는 이 세상에서와 유사한 결혼이 실재하지 않는다는 점을 34-35절에 말씀한다. "이 세상의 사람들은 장가가고 시집가지만, 그러나 죽은 자로부터 부활한 사람 즉 저 세상에서 한 자리를 차지하기에 합당한 사람들은 장가가고 시집가는 일이 없다." 라는 말씀은 이 세상과 부활의 저 세상 사이의 다른 점을 극렬하게 대조한 말씀이다. 모세법에 근거해 사두개인들이 지적한 부활에서의 결혼 문제, 특히 형수와 결혼하는 역연혼(逆緣婚)의 모순이 세속의 일과 하나님 나라의 일 사이의 본질의 차이에 관한 무지에서 비롯되었음을 통렬하게 지적하고 있다. "장가가고 시집가고"의 34절과 35절의 표현은 개역성경의 표현을 그대로 옮긴 것인 바, 특히 35절의 "시집가고"는 자구대로 번역하면 "결혼에 주어진다."로 "결혼됨을 스스로 허락한다."라는 의미를 갖는다고 한다. 풀이하면, 여성이 결혼에 능동적으로 참여한다는 의미를 뜻하는 것으로 "종말적인 시각의 방향 전환을 통해 인간관계의 방향 전환"(Green, 1997, p. 721)을 함축하는 표현이라고 한다. 여자가 시집가서 가계보존을 위해 자식을 낳는 세속의 규범을 벗어나는 방향 전환이다.

그리고 36절에 이 세속의 일들의 연장선에서 장차 올 내세의 일을 생각하는 사두개인들의 잘못을 예수가 지적한다. “그들(부활한 사람들)은 더 이상 죽을 수 없기 때문인데 왜냐하면 부활의 자녀여서 그들은 천사와 동등하고 하나님의 자녀인 까닭이다.”라고 하여 부활은 “더 이상 죽을 수 없는” 영생이라 사두개인들에게 가르친다. 유대교에서는 천사에게는 음식도 결혼도 필요하지 않다고 믿는 반면에 이들 사두개인들은 천사의 존재도 믿지 않았다고 한다(Bock, 1996, p. 1623). 천사는 육체로부터 분리된 영이므로 물론 결혼이 필요없고 더 이상 죽음이 없으므로 죽음이 있는 세속의 결혼의 구속에서 벗어난다(Fitzmyer, 1985, p. 1305). 다른 무엇보다, 부활한 자녀로서의 하나님의 자녀는 죽지 않는다는 것이 예수 말씀의 요지다. 죽음이 없다면 자식이 없더라도 가계의 혈통이 끊기는 일도 없고 다시 결혼할 필요도 사라진다는 것이다(Green, 1997, p. 721). 누가의 이 단락의 기사는 마가의 것과 가장 흡사하지만 부활 자녀로서의 하나님의 자녀라는 이 36절에 해당하는 기사가 마가에는 없다.

사두개인들이 모세를 인용하여 형수와 결혼하는 역연혼(逆緣婚)의 문제를 제기했으므로 예수는 37-38절에 출 3:6, 15을 인용하여 그들의 논리를 논박한다. “죽은 자가 일어나진다는 사실은 모세 자신이, 떨기나무 이야기에서, ‘주는 아브라함의 하나님이요, 이삭의 하나님이요, 야곱의 하나님이시다.’라 그가 말하여 보여주었기 때문이다. 하나님은 죽은 자의 하나님이 아니라 산 자의 하나님이시니 하나님에게는 모든 사람들이 살아 있기 때문이다.”라고 성서를 인용하여 부활 내지 영생을 설명한다. 인용한 성서의 의미를 얼핏 파악하기가 쉽지 않지만 “부활의 자녀로서의 하나님의 자녀”라는 36c절의 맥락에서 읽으면 그 뜻을 완연히 파악할 수 있다. 모든 학자들이 37절을 아브라함과 이삭과 야곱은 언약의 하나님의 자손이므로 죽은 자에서 일어나 살아 있다는 의미로 해석한다. 이것을 분명하게 밝히는 말씀이 "하나님은 죽은 자의 하나님이 아니다."라는 결론인 38절이다. 출 3:6, 15의 모세의 기록에 대해 이스라엘 조상이 부활해 살아 있다는 예수의 말씀이야말로 참으로 경이로운 해석이다. 거지 나사로가 죽어 천사들이 그를 아브라함의 곁에 데려간(16:22) 그 "산 자의 하나님"이신 "아브라함의 하나님"이시라는 해석이다. 이와 더불어 "하나님에게는 모든 사람들이 살아 있다."라는 누가만의 삽입 기사는 외경 마카베오서를 인용한 것으로 아브라함과 이삭과 야곱뿐만 아니라 모든 순교자가 살아 있다는 것이라 해석한다(Fitzmyer, 1985, p. 1307).

예수의 가르침에 대한 서기관들 중 몇 사람의 반응이 이 담화의 추가적인 에필로그이다. "선생님이여, 당신이 잘 말씀하셨습니다."라는 39절 반응은 성서에 대한 예수의 해석에 경의를 표한 것이리라. 부활이 없다고 믿는 사두개인들조차 아브라함과 이삭과 야곱의 하나님이신 하나님은 산 자의 하나님이시므로 자신들의 조상들이 살아 있다는 해석에 접하여 적어도 경이로움을 금치 못했을 것이다. 그리하여 "그들이 더 이상의 다른 질문을 그에게 감히 묻지 못하였다."라고 덧붙이는데, "그들"이라는 모호한 대명사가 반드시 사두개인들만은 아닌 광의의 무리를 가리키는지도 모르겠다. 그들이 율법의 관점에서든 다른 어떤 세계관에서든 부활의 하나님 나라가 없다는 자신들의 상상을 이제 더 이상 존속할 수 없음을 직관하였다는 침묵의 승복일 것이다.

■ **다윗의 아들에 관한 질문**(20:41-44) 누가는 한 토막의 짤막한 기사를 앞뒤 맥락 없이 여기에 기술하고 있다. 예수 자신이 질문을 던지고 질문 자체가 해답을 내포하고 있는 희귀한 서술 방식의 소

론으로, 심지어 출처의 신빙성을 의심하는 학자들도 있다. 그러나 마 22:41-46과 막 12:35-37a의 병행기사가 있으므로 예수의 말씀인 것 자체는 의심할 수 없다. 본서에서는 예수가 스스로 던진 질문의 심층적인 의미를 다른 공관복음서와 함께 생각하며 읽기로 하겠다.

> 41예수께서 저희에게 이르시되 사람들이 어찌하여 그리스도를 다윗의 자손
> 이라 하느냐 42시편에 다윗이 친히 말하였으되
> 주께서 내 주께 이르시되 43내가 네 원수를 네 발의 발등상으로 둘 때까지
> 내 우편에 앉았으라 하셨도다
> 하였느니라 44그런즉 다윗이 그리스도를 주라 칭하였으니 어찌 그의 자손이
> 되겠느뇨 하시니라

"예수께서 그들에게 말하였다."라는 첫 구절에 불특정 대명사 "그들"이 사용되어 누구에게 말하였는지 불분명하다. 마태에는 바리새인들에게 말씀한 것으로 기록되어 있고 마가에서는 서기관들이 화제의 주인공이다. 따라서 그들이 제자들이 아닌 것은 확실하다. 예수가 던진 질문은 "어찌하여 그들이 그리스도가 다윗의 아들이라 말하느냐?"이다. 그리스도를 다윗의 아들이라 부르는 호칭은 누가복음의 탄생기사(1:27, 32-35; 2:4)에서도 찾아 읽을 수 있다. 그런데 "다윗의 아들이란 표현은 다분히 이스라엘의 정치적인 왕에 대한 뜻과 기대를 내포하고 있다"(고병려, 1975, p. 247). 따라서 예수의 질문은 메시아가 어떻게 사람의 자손일 수 있느냐는 물음일 수도 있고, 좁게는 이스라엘 왕의 자손일 수 있느냐는 질책성 질문일 수도 있다.

오해가 없기 위해 예수는 42절에 "다윗 자신이 시편에 말하기를" 이라 운을 떼고 "주께서 내 주에게 말하기를 '내가 네 원수들을 네 발

의 발등상으로 만들 때까지 내 우편에 앉아 있어라.' 하셨도다."라고 시 110:1을 인용한다. 다윗의 시, 곧 시편 110편은 본래 종말심판과 천국통치에 관한 메시아 예언의 시다. 인용된 구절 "주께서 내 주에게 말하기를"이라고 함은 "주 야훼 하나님이 내 주 메시아에게 말하기를"이라 읽어야 한다. "네 원수들을 네 발등상으로 만들 때까지"에서 "발등상"은 승리자가 발을 올려놓는 발판이고, "내 우편"은 하나님의 능력의 오른손 편이다. 죽음을 포함한 모든 적대 세력을 제압할 때까지 하나님의 능력을 대행하는 메시아에게 하나님의 능력이 이행(移行)한다. 하나님 우편에 앉은 "그는 단지 이스라엘의 메시아로 그치는 것이 아니라 (온) 세계의 구속자다"(Garland, 2011, p. 816). 바울은 이 시편을 인용하여 승천한 그리스도인 "저가 모든 원수를 그 발아래 둘 때까지 불가불 왕노릇하시리니"(고전 15:25)라고 하여 부활한 그리스도의 통치를 표현한다.

마지막으로 예수가 이 다윗의 시의 기반 위에서 44절 "그런즉 다윗이 그(그리스도)를 주라 부르고 있으니, 어떻게 그가 다윗의 아들이냐?"라고 되묻는다. 바리새인들이든 서기관들이든 메시아가 다윗의 후손에서 태어날 것을 알고 있었을 터이지만, 그럼에도 불구하고 그들은 그 메시아가 다윗의 주이고 동시에 다윗의 하나님인 것을 모르고 있다는 사실을 예수가 간명하게 설파한 것이다. 주목해야 할 관점은 예수가 당신이 메시아임을 여기서 설교하고 있지는 않다는 사실이다. 대신, 바리새인들과 율법사들의 메시아관이 올바르지 않다는 사실만을 성서를 인용해 설파한다. 그리하여 마태에서는 "한 말도 능히 대답하는 자가 없고 그 날부터 감히 그에게 묻는 자도 없더라."(마 22:46)라는 구절로 이 단락이 마감하고, 마가에서는 "백성이 즐겁게 듣더라."(막 12:27b)라는 구절로 끝난다. 마태에서도 마가에서도 예수의 성서 해석에 압도당하였다는 촌평이다.

여기서는 이 단락의 결어로 바울을 인용하여 44절을 해석하겠다. "이 아들로 말하면 육신으로는 다윗의 혈통에서 나셨고 성결의 영으로는 죽은 가운데서 부활하여 능력으로 하나님의 아들로 인정되셨으니 곧 우리 주 예수 그리스도시니라"(롬 1:3-4). "죽은 가운데서 부활하여 능력으로 하나님의 아들로 인정되셨으니"라는 구절은 부활의 때에 메시아가 되었다는 의미로 잘못 읽힐 소지가 있다. 하지만 그 참 뜻은 육신으로 태어나기는 하나님의 선민 다윗의 혈통인 것은 사실이지만, 이제 우리 주 예수 그리스도로 말미암아 온 세계에 구원의 복음이 확장된다는 메시지다. "예수가 육을 입고 옛 세대(구약)에 들어왔지만 성령에 의해 특징지어지는 새 세대를 열기 위해 오신 것이다" (Schreiner, 1998, p. 43). 이 세상에 다윗의 자손으로 온 예수는 부활함으로써 이 세상을 뒤로 하고 성령의 새 세상을 새롭게 연 것이다. 그러므로 예수를 "다윗의 자손"이라 함에는 예수의 말씀대로 제한적인 함의가 필요하다.

■ **서기관들을 삼가라**(20:45-47) "화 있을진저"라고 앞 11:45-52에서 율법사들을 정죄하였던 예수가 여기서 다시 그들의 허례허식을 비판하고 이로 인해 그들이 더욱 중한 유죄판결을 받을 것이라 선고한다.

> 45모든 백성이 들을 때에 예수께서 그 제자들에게 이르시되 46긴 옷을 입고
> 다니는 것을 원하며 시장에서 문안받는 것과 회당의 상좌와 잔치의 상석을
> 좋아하는 서기관들을 삼가라 47저희는 과부의 가산을 삼키며 외식으로 길
> 게 기도하니 그 받는 판결이 더욱 중하리라 하시니라

제자들을 향해 예수가 말하였지만 함께 모여 있던 모든 사람이 다 들을 수 있도록 하였다니 매우 공개적인 발언이다. 발언은 간결하지만 농도는 매우 짙다. 첫 마디가 "서기관들을 삼가라."인데 "삼가라"는 12:1에서 "바리새인들의 누룩 곧 그들의 외식을 주의하라(삼가라)."와 동일한 어휘이며 조심하라 내지 경계하라는 뜻이다. 삼가해야 할 서기관들의 위선을 46-47a절에 "긴 옷을 입고 다니는 것을 좋아하고 시장에서 문안받는 것을 사랑하고 회당에서 상좌와 잔치에서 명예의 자리를 차지하는 자들이다. 그들은 과부의 가산을 탐식하고 체면치레를 위해 오래 기도하는 자들이라."라고 적나라하게 들추어낸다. 그리고 47b절에 "그들은 더욱 중한 유죄판결을 받을 것이다."라고 정죄한다.

"긴 옷"은 오늘날 목회자들이 입는 예복과 같은 것이며, "시장에서 문안받는 것을 사랑하고"는 사람들이 많이 모이는 곳에서 뭇사람들에게 인사받는 일을 즐긴다는 것이다. 또 "상좌"와 "명예의 자리"를 차지한다는 것은 높임을 받고 싶어 한다는 것이다. 그뿐만 아니라, 과부의 가산을 "탐식"한다는 것은 먹어 삼킨다는 의미로 '과부의 집을 팔아먹고'라고 번역할 수도 있는 모양이다. 따라서 학자들은 서기관들이 온갖 법적인 수단을 남용하였을 거라고 추측한다. 경건을 과장하는 길게 기도하는 일이야말로 하나님께 속임수를 쓰는 어처구니없는 사기다. 이처럼 "회칠한 무덤 같은" 그들에게 주어질 것은 종말에 주어질 "더욱 중한 유죄판결"이라는 것이 "서기관들을 삼가라."라는 말씀의 결론이다.

■ **과부의 헌금**(21:1-4) 율법사에게 자신의 소유인 집을 약탈당한 과부의 이야기를 삽입한 담화에 뒤이어 사회적으로 무방비 상태로 팽개쳐진 한 가난한 과부의 헌금 이야기가 막간에 등장한다. 종교지

도자와 가련한 천민 사이의 대조를 통해 하나님께서 기뻐하시는 일이 무엇인지를 예수가 가르치고자 하였다고 이 단락을 읽는 것이 보통이다. 그러나 본서에서는 조엘 B. 그린의 해석에 따라 성전의 병폐에 대한 비판이라는 관점에서 이 단락을 읽겠다.

> 1예수께서 눈을 들어 부자들이 연보궤에 헌금 넣는 것을 보시고 2또 어떤 가
> 난한 과부의 두 렙돈 넣는 것을 보시고 3가라사대 내가 참으로 너희에게 말
> 하노니 이 가난한 과부가 모든 사람보다 많이 넣었도다 4저들은 그 풍족한
> 중에서 헌금을 넣었거니와 이 과부는 그 구차한 중에서 자기의 있는 바 생활
> 비 전부를 넣었느니라 하시니라

"눈을 들어 예수께서 부자들이 연보궤에 헌금 넣는 것을 보시고" 이니 아마도 모두 볼 수 있도록 연보궤를 회당 높은 곳에 놓아두었던 모양이다. 그렇지 않으면, 연보궤에 대한 마태의 기록 "구제할 때에 외식하는 자가 사람에게 영광을 얻으려고 회당과 거리에서 하는 것 같이 너희 앞에 나팔을 불지 말라."(마 6:2)에서 보는 것처럼 헌금의 액수를 공공연히 공개했을 수도 있다(Garland, 2011, p. 818). 여하튼, 가난한 과부가 동전 중 가장 작은 단위인 구리 동전 두 개를 넣는 모습을 부자들이 헌금하는 모습과 대조한다. "참으로 내가 너희에게 말하노니" 라고 예수가 서두에 밝힌 걸 보면 매우 진지한 말씀임을 알 수 있다. "이 과부가 모든 다른 사람들보다 더 많이 넣었다. 그들 모두는 풍족함 중에서 선물을 바쳤지만 그녀는 가난함 중에서 생활비 전부를 던져 넣은 것이다."가 예수의 논평이다. 보통 이 논평은 액수가 아니라 하나님께서 기쁘게 받으시는 가치의 기준에서 과부의 헌금이 모든 다른 사람들의 것보다 더 많다는 뜻이라 해석한다.

그런데 이 단락을 성전 내지 종교체제에 관한 예수의 비판이라 읽는 학자도 있다. 이 20:1-4을 20:45-47에 연결된 맥락으로 읽으며 "예수는 종교 지도세력이 과부의 집을 먹어 삼킴을 비난하였듯이 여기서 이 과부의 호구지책을 삼키려 하는 종교체제의 극악함을 통곡하고 있다."(Green, 1997, p. 728)라고 한다. 누가는 이미 19:41-48부터 불의의 손에 넘어간 성전의식의 신적인 합리화를 비판하였기에 같은 맥락에서 읽어야 한다는 것이다. 아울러, 부자들의 헌금은 자신들의 부를 증대하려는 것이라는 해석에는 학자들 사이에 이견이 없는 것 같다(Garland, 2011, p. 817). 예수가 신전 종교의 완전 폐기를 주창했는지를 단정하기는 어렵다. 그러나 성전 확청에서 성직자들이 성전을 "강도들의 소굴"로 만든다고 크게 분노한 것은 엄연한 사실이다. 그리고 이제 이어서 예루살렘 성전 파괴의 이야기가 뒤따른다.

예루살렘 파괴와 이 세계의 끝(21:5-38)

모든 공관복음서의 기사는 우선 예루살렘 성전 파괴의 예언부터 기록되어 있고 그다음 이야기가 종말 시기에 관한 예언으로 옮겨 간다. 종말담화라 종종 불리우는 이 단원은 여러 면에서 해석상의 난해함을 안고 있다. 우선 예루살렘 파괴와 종말심판과의 연결 관계가 이해하기 어렵다. 그리고 누가는 이미 앞 12:35-48, 12:34-35과 17:20-37에서 긴박한 인자의 날에 대해 언급한 바 있거니와 여기서 다시 얘기하고 있는 동일한 주제가 서로 어떤 맥락을 공유하는지도 살피며 읽어야겠다.

많은 주해서가 21:5-38의 꽤 긴 담화를 단락을 나누지 않고 단번에 읽는다. 하지만 누가의 기사는 이야기 전개가 시기적인 진행 순서로 기록되어 있으므로 부차적인 단원으로 나누어 읽겠다.

예루살렘 파괴(21:5-24)

예루살렘 성전의 비운(21:5-7) 예수의 종말 예언의 장황한 담화는 우연찮은 기회에 예수가 예루살렘 성전 파괴를 예언한 일로 그 서막을 연다. 한데, 이 단락을 앞 20:45-21:4의 계속이라 읽어도 좋을 것이다. 성전 파괴는 예루살렘 지도세력이 자기들의 특전을 위해 향유하려는 탐욕을 징계하는 것이고, 아울러 옛 세상에서 벗어나 장차 올 새 세상의 도래를 예고하는 우주적인 재앙의 전조이기 때문이다.

> 5어떤 사람들이 성전을 가리켜 그 미석과 헌물로 꾸민 것을 말하매 예수께
> 서 가라사대 6너희 보는 이것들이 날이 이르면 돌 하나도 돌 위에 남지 않고
> 다 무너뜨리우리라 7저희가 물어 가로되 선생님이여 그러면 어느 때에 이런
> 일이 있겠사오며 이런 일이 이루려 할 때에 무슨 징조가 있사오리까

예루살렘 제2성전의 외관은 판금과 대리석으로 치장되어 있어 참으로 눈부신 자태를 자랑했다고 한다. 누가는 "어떤 사람들"이라고 불특정 사람들을 지칭하여 그들이 성전의 휘황찬란함을 찬미한 것으로 기록하고 있다. "미석"은 대리석과 같은 아름다운 돌이며 "헌물"은 판금으로 장식된 성전 대문일 것이라 추측한다. 이에 대해 예수가 말씀하기를 "너희가 보고 있는 이것들이 다 무너뜨려져 한 돌이 다른 돌 위에 남지 않는 날이 있으리라."라고 6절에 예언한다. 이 예언을 믿는다면 누구든 당연히 "언제 이런 일들이 있겠사오며, 이런 일들이 일

어날 때 무슨 징표가 있사오리까?"라고 캐묻지 않을 수 없다. 그런데 누가의 기사와 매우 흡사한 마가에서는 올리브(감람)산에서 성전과 마주 앉아 있을 때 베드로를 포함한 네 제자들이 이 질문을 예수에게 하였다고 기록되어 있고, 누가에서는 성전에 대해 감탄했던 사람들이 "선생님"이라는 호칭을 사용하며 아마도 성전 안에서 이 질문을 한 것으로 추측케 한다. 누가의 기록의 출처가 마가라 하지만(Fitzmyer, 1985, p. 1324), 누가는 이 예언을 보다 공개적인 사건으로 취급하고 싶었던 모양이다. 예루살렘 파괴에 대한 누가의 앞선 예언(13:35)도 공개적인 예언이었다.

■ **끝이 오기 전의 징표들**(21:8-11) '언제' 그리고 '어떤 징표'에 대한 질문은 예루살렘 파괴에 관한 "이런 일들"을 여쭌 것이었지만 여기서 예수는 이 세계의 끝이 오기 전에 일어날 여러 징표에 관해 말씀한다. 결국 예수는 예루살렘 파괴의 예언을 종말 도래의 일환에 포함된 한 사건으로 생각했던 것이라 해석하지 않을 수 없다.

> 8가라사대 미혹을 받지 않도록 주의하라 많은 사람이 내 이름으로 와서 이
> 르되 내가 그로라 하며 때가 가까웠다 하겠으나 저희를 좇지 말라 9난리와
> 소란의 소문을 들을 때에 두려워 말라 이 일이 먼저 있어야 하되 끝은 곧 되
> 지 아니하니라 10또 이르시되 민족이 민족을, 나라가 나라를 대적하여 일어
> 나겠고 11처처에 큰 지진과 기근과 온역이 있겠고 또 무서운 일과 하늘로서
> 큰 징조들이 있으리라

질문에 대한 예수의 첫 번째 대답은 "현혹되지 않도록 조심하라, 여러 사람들이 내 이름으로 와서 '내가 그다!' 그리고 '때가 가까웠

다!'라 말할 것이다. 그러나 그들을 좇지 말라."이다. 거짓 선지자들이 와서 "내가 메시아다." 혹은 "때가 가까웠다."라 말하여도 속지 말라는 것이다. 두 번째 대답은 "전쟁들과 폭동들에 관해 듣더라도 무서워 말라."라는 것이다. "이런 일들이 먼저 있어야 하지만 끝은 곧장 뒤따르지 않을 것이기 때문이다."가 그 이유이다. 예수가 이 세상을 떠난 후 흉흉한 사건들이 횡행하더라도 종말은 곧장 뒤따르는 것이 아님을 밝힌다. 또 이 말씀에 첨가하여 "나라가 나라를 대적하고 왕국이 왕국을 대적하여 일어나겠고 여러 곳곳에 지진과 기근과 전염병(온역)이 있을 것이니, 하늘로부터 무시무시한 전조들과 거대한 징표들이 있을 것이다."라고 예언한다. 온 세계를 공포에 떨게 하는 일들이 일어나더라도 그 자체는 끝날이 아니므로 현혹되지 말고 무서워 말라는 것이다. 예수는 종말이 여러 단계에 걸쳐 진행되는 연속성을 지닌 사건임을 가르친다. 이 모든 흉흉한 전조와 징표가 예언서와 묵시 기록에 예시되어 있는 일들과 합치하는 것임을 학자들은 낱낱이 대조한다.

■ **박해에 대한 충고**(21:12-19) 예수는 이 세상의 끝이 오기 이전에 제자들이 박해를 받을 것을 또 예언한다. 하지만 이 경고는 끝내 승리로 이끌어질 것임을 예고하는 것이기도 하다.

> 12이 모든 일 전에 내 이름을 인하여 너희에게 손을 대어 핍박하며 회당과 옥
> 에 넘겨주며 임금들과 관장들 앞에 끌어가려니와 13이 일이 도리어 너희에게
> 증거가 되리라 14그러므로 너희는 변명할 것을 미리 연구치 않기로 결심하라
> 15내가 너희의 모든 대적이 능히 대항하거나 변박할 수 없는 구재와 지혜를
> 너희에게 주리라 16심지어 부모와 형제와 친척과 벗이 너희를 넘겨주어 너희
> 중에 몇을 죽이게 하겠고 17또 너희가 내 이름을 인하여 모든 사람에게 미움

을 받을 것이나 18너희 머리털 하나도 상치 아니하리라 19너희의 인내로 너희 영혼을 얻으리라

"이 모든 일들이 일어나기 전에" 즉 8-11절에 적힌 일들이 일어나기 전에 예수를 따르는 사람들에게 어떤 박해가 일어날지를 이 단락에 적고 있다. 우선 12절에 "손을 대어 핍박하며"는 체포와 박해를 당한다는 의미로 "회당과 감옥"에 넘겨지고 "왕들과 총독(관장)들" 앞에 끌려간다는 것이다. (특기할 사항은 회당에서 심문도 하거니와 매질도 한다는 것이다.) 하지만, "이 일이 너희에게 증언할 기회를 줄 것이다."라는 13절에서 "증언할 기회"는 14-15절의 맥락에서 해석하면 신앙을 증언할 기회라는 뜻이다. "미리 방어할 준비를 하지 않도록 너희가 결심하라." 그리고 "너희의 적대자들이 저항하고 반박할 수 없도록 구변과 지혜를 내가 주겠다."가 14-15절이기 때문이다. 그리고 16절에 가족이나 친지에 의한 배반으로 너희 중의 몇은 죽임을 당하겠고 17절에 너희가 미움을 받겠다는 또 다른 박해의 기사가 다시 출현한다.

그럼에도 불구하고, 18-19절에 "그러나 너희의 머리털 하나도 망치는 것이 없겠다. 너희의 인내로 말미암아 너희는 너희의 영을 얻으리라."라고 적혀 있어서 선행절들과 후행절들이 모순되는 진술을 하는 듯 들린다. 그러나 여기서 핵심 단어는 "인내"다(Green, 1997, p. 738). 앞 13절에서도 "이 일이 너희에게 증언할 기회를 줄 것이다."라고 격려했던 것처럼 여기서도 "내가 내 친구들인 너희에게 말하노니 몸을 죽이고 그 후에 더 이상은 하지 못하는 자들을 두려워하지 말라. 그러나 내가 너희가 마땅히 두려워해야 할 자가 누구인가를 너희에게 보이리니, 죽인 후에 너희를 지옥에 내던질 권위를 가진 그를 두려워하라." (12:4-5)라는 격려가 "너희 영을 얻으리라."라는 의미다. 여러 주해자들

이 이 단락의 내용이 행전에 적혀 있는 박해 사례들과 합치하는 것임을 낱낱이 확인하여 해석한다.

■ **예루살렘의 황폐화**(21:20-24) 이 단원의 종말담화의 첫 기사가 예루살렘 성전의 비운(21:6)이었거니와 예루살렘 멸망의 기사는 이미 19:41-44에 기록되어 있다. 앞서 19장의 기사를 기원후 70년에 있었던 로마군에 의한 예루살렘 멸망의 예언이라 읽었다. 이제 다시 예루살렘 황폐화 기사가 출현하는데 이 기사가 로마군에 의한 멸망인지 혹은 이 세계의 끝에 있을 묵시적인 기록인지 논쟁의 여지가 있다. 본서에서는 두 관점 모두를 포괄한다(Liefeld and Pao, 2007, p. 307)는 입장에서 이 단락을 읽어 나가겠다.

> **20**너희가 예루살렘이 군대들에게 에워싸이는 것을 보거든 그 멸망이 가까
> 운 줄을 알라 **21**그때에 유대에 있는 자들은 산으로 도망할지며 성내에 있는
> 자들은 나갈지며 촌에 있는 자들은 그리로 들어가지 말지어다 **22**이날들은
> 기록된 모든 것을 이루는 형벌의 날이니라 **23**그날에는 아이 밴 자들과 젖먹
> 이는 자들에게 화가 있으리니 이는 땅에 큰 환난과 이 백성에게 진노가 있겠
> 음이로다 **24**저희가 칼날에 죽임을 당하며 모든 이방에 사로잡혀 가겠고 예
> 루살렘은 이방인의 때가 차기까지 이방인들에게 밟히리라

초두에 적힌 20-21절은 대뜸 19:43-44을 연상케 하여 로마군에 의한 예루살렘 멸망에 관한 이야기의 반복이라 짐작케 한다. 따라서 앞 단락의 주제인 이 세계의 끝에 관한 종말 예언과 내용 연결이 좀 어색하다는 인상을 준다. 단, 20절에 적힌 "그 멸망(eremosis)"은 단순한 파괴의 의미를 넘어 구약성서의 맥락에서 신성모독의 죄에 해당하는 처

벌의 의미가 있다고 하므로(Green, 1997, p. 1976) "예루살렘의 황폐화(eremosis)"라는 번역을 취하겠다. 누가는 여기서 한발 더 나아가 "이것은 이때까지 기록된 모든 것을 다 이루려는 복수(復讐)의 때다."라는 22절에서부터 하나님의 계획에 관한 새로운 국면의 전개를 펼쳐나간다. "다 이루어지다(완성하다)"는 하나님의 의지와 관련된 동사이기 때문이다(Fitzmyer, 1985, p. 1345; Liefeld and Pao, 2007, p. 309). 호 9:7을 인용하여 "복수의 때(형벌의 날)"라 하는 것은 예루살렘이 심판의 표적이라는 것이다. 이어서 "이들 날들이 임신한 여인들과 젖먹이는 어미에게 화 있을진저! 이 땅에 큰 환난이 그리고 이 백성에게 분노가 있겠기 때문이다. 그들이 칼날에 넘어지겠고 모든 나라들에 포로로 끌려갈 것이다."라는 23-24a절은 단순히 침략군에 의한 초토화 이상의 심상치 않은 예언이다. "모든 나라들에 포로로 끌려갈 것이다."라고 24a절에 적은 후에 로마만이 아닌 "모든 나라들"이라는 복수 표현으로 예루살렘의 황폐화를 기술하고 있다. 실제로 포로들은 로마뿐만 아니라 여러 로마 속주에 노예로 끌려갔다고 한다.

그리고 그 시기를 24b절에 "이방인의 때가 다 이루어질 때까지 예루살렘이 이방인들에 의해 짓밟힘을 받으리라."라고 못 박는다. "이방인의 때가 다 이루어질 때까지"라는 구절은 한편으로 롬 11:25-27을 연상케 한다. 또 다른 한편으로는 "복음이 먼저 만국에 전파되어야 할 것이니라."(막 13:10)라는 말씀을 떠올리게 하는데, 양자 모두일 수도 있을 것이다. "이방인의 때(kairoi)"라 함은 종말 시기의 연속성에서 이방인들이 중심적인 역할을 맡을 어느 일정한 시기 혹은 계절이다(Green, 1997, p. 739). 그때까지 "예루살렘이 이방인들에 의해 짓밟힘을 받으리라."라는 구절에 "이방인의 때가 다 이루어질 때까지"라는 단서가 붙어 있다는 데 주목해야겠다. 아래에서 다시 논의할 터이나,

그리하여 이스라엘은 그 후에 하나님의 구원 계획에 다시 합류한다고 해석하기도 한다(Bock, 1996, p. 1681). 이 재앙을 로마군에 의한 예루살렘 파괴를 넘어선 종말적인 예언이라 해석하면, 예루살렘의 황폐화는 구원 계획의 맥락에서 독해해도 좋을 것이다.

그러므로 기원후 70년의 로마군에 의한 예루살렘 침공과 여기에 적힌 예루살렘 황폐화 모두 "하나님의 계획에 있어 종말적인 사건들이며 예루살렘의 붕괴는 끝날의 첫 계약금이자 보증금이다."(앞의 책, p. 1675)라는 견해에서 읽겠다. 더욱 명료하게는, "성전 파괴는 최종심판의 전조이며 끝날의 시작이다"(Ryken, 2009, p. 412). 나름의 견해를 다시 정리하면, 예수의 성전 확청 이후 로마군에 의한 성전 파괴는 종말이 시작되었다는 큰 징후이지만 그것 자체가 종말은 아니다. 끝날의 종말 사건을 기술한 17:22-37을 보면 하도 돌연히 또 긴박하게 일이 터져 "그 날에 만일 사람이 지붕 위에 있고 그 세간이 집 안에 있으면 그것을 가지러 내려오지 말 것이요."(17:31)라고 했는데, 예루살렘 황폐화 때에는 "유대에 있는 자들은 산으로 도망할지며"(21:21a)라고 하여 아직 여유가 있는 듯하다. 그러므로 "너희는 장차 올 이 모든 일을 능히 피하고 인자 앞에 서도록 항상 기도하며 깨어 있으라."(21:36)라는 때에 아직 머물러 있다고 보아야 한다. 여기서 독자들은 "이 비밀은 이방인의 충만한 수가 들어오기까지 이스라엘의 더러는 완악하게 된 것이라. 그리하여 온 이스라엘이 구원을 얻으리라."(롬 11:25-26)라는 바울의 진술을 다시 상기하지 않을 수 없다. 예루살렘이 짓밟힘을 받는 것은 "이방인의 때가 다 이루어질 때까지"라는 것은 이방의 지배가 영원한 것이 아니라 제한된 기간 동안이라 해석할 수 있다(Bock, 1996, pp. 1680-1681). 그러므로 누가의 기사는 "온 이스라엘이 구원을 얻으리라."라는 바울의 예언과 합치하는 진술이라 읽어도 좋을 것이다.

인자의 재림(21:25-28)

종말의 때를 예고하다(21:25-28) 예루살렘 황폐화에 이어서 드디어 예수가 이 세계의 끝이 다가오고 있다는 예언을 직접적으로 표명한다. 예수의 마지막 사역의 말씀은 '종말의 때에 다시 옴'이다. 그 징표들로 구약과 묵시 기록들의 우주적인 심상을 사용하여 예시하며 다시 올 때의 장엄하고 무시무시한 장면을 예수가 직접 예언한다.

> 25일월성신에는 징조가 있겠고 땅에서는 민족들이 바다와 파도의 우는 소리
> 를 인하여 혼란한 중에 곤고하리라 26사람들이 세상에 임할 일을 생각하고
> 무서워하므로 기절하리니 이는 하늘의 권능들이 흔들리겠음이라 27그때에
> 사람들이 인자가 구름을 타고 능력과 큰 영광으로 오는 것을 보리라 28이런
> 일이 되기를 시작하거든 일어나 머리를 들라 너희 구속이 가까왔느니라 하
> 시더라

인자의 재림의 징표들이 하늘과 땅에 나타날 것에 대한 예고로, "일월성신에는 징표들이 있겠고 땅 위에는 나라들의 비탄이 바다와 파도의 포효로 혼란 속에 있으리라."라고 25절에 전한다. "사람들이 이 세계에 일어나고 있는 바를 무서워하고 예감하여 숨을 멈추리니 하늘의 권세들이 뒤흔들려질 것이기 때문이다."라고 하여 하나님의 원수들인 "하늘의 권세들"이 사 34:4에 적힌대로 뒤흔들려져 사라지고(Fitzmyer, 1985, p. 1350) 이때까지의 온 질서가 혼돈의 범벅이 됨으로써 사람들이 심리적인 공황에 빠질 것이라 예고한다. "그리고 그때 사람들이 능력과 큰 영광을 가지고 구름을 타고 오시는 인자를 볼 것이다. 이 일들이 일어나기 시작하거든 일어나 너희의 머리를 들라, 너

희의 구속이 가까이 왔기 때문이다."가 27-28절이다. 27절은 다니엘 7장, 특히 단 7:13-14에 적힌 초인간적인 위엄으로 인자의 재림을 묘사한다(Bock, 1996, pp. 1684-1685). 인류의 구원을 위해 이 세상에 다시 오는 메시아는 하나님 우편에 거하다가 그 하늘의 권위를 가지고 구름을 타고 온다. "너희 가운데서 하늘로 올리우신 이 예수는 하늘로 가심을 본 그대로 오시리라."(행 1:11)라는 천사의 예언과 같이 말이다. 혹은 예수가 변모산에서 모세와 엘리야와 함께 구름 속에 들어가 그의 영광을 나타낸 장면(9:28-36)과 같다. "변모는 그의 재림에 관한 예수의 말씀이 다 이루어진다는 표상"(Schreiner, 2008, p. 807)이기 때문이다. 예수의 재림은 그것을 예견하는 징표들도 분명하고, 또 그때에 모든 사람이 그 모습을 분명하게 볼 수 있다는 것이다. 인자의 재림은 25-26절의 무시무시한 징표들에도 불구하고, 불길한 예감으로 만방의 국가들을 위축시키려는 것이 아니라, 제자들로 하여금 기쁨에 넘친 기대를 가지고 머리를 높이 쳐들게 하기 위함이다(Fitzmyer, 1985, p. 1349). "머리를 들라."라는 표현은 강림하는 구세주를 쳐다보라는 의미이기도 하려니와, 환희에 젖어 온몸으로 영생을 맞이하라는 뜻이기도 하다. 바로 이 순간이 하나님의 구속을 약속받은 모든 신도들이 완성되는 날이다.

예수는 완성의 날이 언제인가에 대해 시종일관 함구한다. 그런데 독자들은 이 단원을 읽으면서 예루살렘 파괴에 잇따라 종말이 곧장 왔어야 하는 게 아닌가라는 기대감을 갖기 십상이다. 이런 오해를 불러일으키는 것은 "복음을 문자 그대로 읽고 묵시적인 언어를 적절하게 해석하는 일에 실패하기 때문이다"(Schreiner, 2008, p. 805). 이 해석과 더불어 베드로가 예수의 재림에 대해 유대인 청중에게 한 말인 "너희가 회개하고 돌이켜 너희 죄 없이 함을 받으라. 이같이 하면 참신한

(유쾌하게 되는) 날이 주 앞으로부터 이를 것이요. 또 주께서 너희를 위하여 예정하신 그리스도 곧 예수를 보내시리니…… 만유를 회복하실 때까지는 하늘이 마땅히 그를 받아(머무르게) 두리라."(행 3:19-21)를 마음에 새기면서 종말을 기다려야겠다. "만유를 회복하실 때까지"라는 구절은 종말의 때에 이스라엘의 복원을 뜻할 수도 있다(Longenecker, 2007, p. 766). 그때는 아직 요원할 때일 터인데 예수는 이제 "내 말은 없어지지 아니하리라."라고 재림의 확신을 심어준다.

내 말은 없어지지 않을 것이다(21:29-38)

무화과나무의 비유와 종말의 확신과 위로(21:29-33) 이 세상의 끝에 대한 예언에서 이제 종말담화는 종말의 확신과 위로를 전한다.

> 29이에 비유로 이르시되 무화과나무와 모든 나무를 보라 30싹이 나면 너희
> 가 보고 여름이 가까운 줄을 자연히 아나니 31이와 같이 너희가 이런 일이
> 나는 것을 보거든 하나님의 나라가 가까운 줄을 알라 32내가 진실로 너희에
> 게 말하노니 이 세대가 지나가기 전에 모든 일이 다 이루리라 33천지는 없어
> 지겠으나 내 말은 없어지지 아니하리라

우선 비유로 말씀을 시작하는데 실제로 비유라기보다 교훈에 가깝다. "무화과나무와 모든 나무들을 보라."라고 하였지만 무화과야말로 낙엽수이니 "싹이 나면 여름이 가까운 줄" 보고 알 수 있는 나무이다. "그리하여 마찬가지로 너희가 이런 일들이 일어나는 것을 보면 너희가 하나님 나라가 가까운 줄을 알리라."라는 31절에서 "이런 일들"은 11절과 25절에서 언급했던 종말 징표들이다. 그러므로 당연한

사실을 당연히 알아야 한다는 비유다.

"진실로 내가 너희에게 말하노니 모든 일이 일어날 때까지 이 세대가 지나가지 않을 것이다."가 32절이다. 이를 달리 번역하면, 흥미롭게도, "이 세대가 지나가기 전에 이 모든 일이 일어날 것이다."(Fitzmyer, 1985, p. 1351)라는 개역성경과 동일한 번역을 취하기도 한다. 학자들 사이에는 "이 세대"가 어떤 의미인지 심각한 논란들이 있다. 그런데 누가에 있어서는(예컨대 7:31, 9:41, 11:29-32과 50-51) 이 세대가 특정한 어떤 시기를 지칭하는 것이 아니라 장기간에 걸쳐 하나님의 의지에 완강하게 항거하는 사람들의 부류라는 의미를 지니므로(Green, 1997, p. 742; Liefeld and Pao, 2007, p. 307), 본서에서는 이 해석을 수용키로 하겠다. 그렇다면, 32절은 앞선 예수의 예언대로 하나님의 백성을 대표하는 제자들에 대한 박해가 이 세상이 끝나기 전까지 지속되리라는 뜻을 내포하고 있다. 구체적으로 이 세대가 유대 백성을 가리킨다고 생각하여 32절을 "예수가 다시 오심으로써 역사의 완성이 이루어질 때까지 온 시기에 걸쳐 유대 백성이 지속된다."(앞의 책, 2007, p. 307)라고 해석하기도 한다. 보다 일반적인 해석을 취하면, 옛 세상 내지 세계로서의 이 세대가 새로운 세상이나 세계에 쉽게 길을 터주지 않는다는 것이다(Green, 1997, p. 742).

끈질긴 악의 세력의 지배에도 불구하고, 피조물로서의 하늘과 땅인 "천지가 없어지겠으나 내 말은 없어지지 않을 것이다."라는 33절에서 "내 말"은 불변하는 하나님의 약속 그 자체라는 의미다. 예수의 재림으로 이루어지는 역사의 완성은 지연될 수 있지만 종래에는 필연코 성취될 거라는 결론적인 말씀은 제자들에게 전하는 확신과 위로이다.

■ **결론적인 권면**(21:34-38) 앞 단락 29-33절에서 31절에 적힌 "이런 일들"이 이 단락 34-36절에서 36절에 "모든 일"이라 반복해 적혀 있는데, 이로써 두 단락이 '이 세상 끝'이라는 같은 주제를 다루고 있음을 확인할 수 있다. 앞 단락에서 종말에 대한 확신과 위로를 전한 다음 이제 항상 기도하고 깨어 있으라고 권면한다.

34너희는 스스로 조심하라 그렇지 않으면 방탕함과 술취함과 생활의 염려로
마음이 둔하여지고 뜻밖에 그날이 덫과 같이 너희에게 임하리라 35이날은 온
지구상에 거하는 모든 사람에게 임하리라 36이러므로 너희는 장차 올 이 모
든 일을 능히 피하고 인자 앞에 서도록 항상 기도하며 깨어 있으라 하시니라
37예수께서 낮이면 성전에서 가르치시고 밤이면 나가 감람원이라 하는 산에
서 쉬시니 38모든 백성이 그 말씀을 들으려고 이른 아침에 성전에 나아가더라

"예수의 추종자들이 징표들을 읽을 수 있기 때문에(29-31절), 그들이 끝이 오기 전에 하나님의 의지에 항거하는 저항의 엄연한 존재를 알게 되었기 때문에(32절), 그들이 예수의 말씀의 불변성을 확신할 수 있겠기 때문에(33절)"(앞의 책, pp. 742-743), 그러므로 34절에 "경계하라"이다. 방탕, 술취함, 생활 걱정에 내리눌림을 받아 마음이 둔하여지고 그날이 돌연히 너희를 올가미처럼 붙잡을 것을 경계하라는 것이다. "그날이 전 지구의 표면에 사는 모든 사람에게 임하리라. 이 모든 때에 깨어 있어 일어날 모든 일을 피하며 인자 앞에 서 있을 힘을 갖도록 어느 때든 기도하라."라는 35-36절이 "경계하라"의 구체적인 내용이다. 종말이 지연되면 이 세상의 시험에 빠져들기 십상이다. 예수의 재림은 만인에게, 그리고 돌연히 오는 것이니 인자 앞에 서서 의롭다함을 인정받으려면 항상 기도하여 세상을 이길 수 있는 힘을 가지라고

예수는 권면한다. 흉흉한 전조들과 징표들에도 불구하고 종말의 때의 절정은 예수의 재림이다. 예수는 "너희의 구속이 가까이 왔다."(21:28b)라는 소망을 가지고 경계하며, 신실하게 살고, 기도하라는 권면으로 종말담화를 끝낸다.

종말담화로 예수의 예루살렘 사역이 끝난다. 누가는 마치 순방 여행기 보고서를 써내려가듯 담담한 필치로 예수의 재림을 확인함으로써 사역의 마무리를 끝낸다. 재림의 때가 언제인지는 끝내 확인하지 않고 대신 "하나님 나라가 가까운 줄을 알라."라는 말씀과 "내 말은 없어지지 아니하리라."라는 결어로써 예수는 갈릴리부터 시작한 그의 모든 사역을 십자가를 지기 전에 종말담화로 요약한다. 하지만 이 담화는 종말심판이 아니라 하나님의 구원계획의 완성이다. 그러므로 종말담화의 종결절은 "인자 앞에 서 있으라."라는 격려로 마감한다.

마지막으로 누가는 37-38절에 "매번 낮에는 예수께서 성전에서 가르치셨고 밤에는 나가서 감람원이라 일컫는 산에서 보냈다. 그리고 모든 백성이 성전에서 그의 말씀을 들으려 아침 일찍 일어났다."라고 예루살렘 사역을 집약한다.

VII

수난 이야기

〈그리스도를 부인하는 베드로Peter Denying Christ〉, 1660

수난 이야기는 22장 초두에 대제사장들과 서기관들이 예수를 죽일 음모를 꾸미는 일과 사탄이 제자 유다에게 들어가 그가 예수를 배반하는 사건으로 시작한다. 그리고 최후의 만찬부터 십자가까지의 여러 사건으로 구성되어 있다. 여기서 시므온이 예루살렘 성전에서 아기 예수를 만나 찬미하고 예수의 모친 마리아에게 "이 아이는 이스라엘의 많은 사람의 무너짐과 일으켜짐을 위해 운명 지어졌고 비방을 받을 표적이 되어 있어 여러 사람의 마음의 생각을 드러내게 할 것이다. 그리고 칼이 당신(마리아) 자신의 영 역시 꿰뚫을 것이다."(2:34-35)라고 예언했던 사실을 불현듯 떠올리게 된다. 이 시므온의 예언이 어떻게 적중하는지를 수난 이야기를 통해 살펴보겠다.

최후의 만찬(22:1-23)

"이제 유월절이라 일컫는 무교절이 가까웠다."라는 첫 절이 나타내듯 한편에서는 예수를 죽이려는 음모가 본격화된다. 또 다른 한편에서는 예수가 제자들과의 최후의 만찬을 준비한다.

■ **음모와 배반**(22:1-6) 본래 무교절과 유월절은 분리되어 있던 축제였는데 예수 당시에 합쳐졌다고 하니, 숱한 사람이 예루살렘으로 몰려들었을 거라 짐작된다. 여태껏 예루살렘 지도자들이 예수에게 손을 대지 못한 것은 뭇백성을 두려워하였기 때문이지만 제자 유다가 그들의 음모에 합세함으로써 이제 본격적으로 공모하기에 이른다.

> 1유월절이라 하는 무교절이 가까우매 2대제사장들과 서기관들이 예수를 무
> 슨 방책으로 죽일꼬 연구하니 이는 저희가 백성을 두려워함이더라
> 3열둘 중에 하나인 가룟 인이라 부르는 유다에게 사단이 들어가니 4이에 유
> 다가 대제사장들과 군관들에게 가서 예수를 넘겨줄 방책을 의논하매 5저희
> 가 기뻐하여 돈을 주기로 언약하는지라 6유다가 허락하고 예수를 무리가 없
> 을 때에 넘겨 줄 기회를 찾더라

"대제사장들과 서기관들이 예수를 어떻게 제거할 방법을 모색하고 있었으니 그들이 백성을 두려워했기 때문이다."라는 2절에서 대제사장들은 종교지도자일 뿐만 아니라 정치적인 권력을 지닌 자들로 예수를 죽이는 일을 수행하기에 적임자였을 것이다. 또 서기관들은 율법학자로서 예수에게 죄를 씌울 명목을 찾기에 적임자였을 것이다. 백성을 두려워했기 때문이라 하여 예수를 백성에게서 따돌려 체포하려는 음모를 암시하고 있지만, 실은, 백성이 예수에게 열광할수록 그를 더욱더 제거하고 싶었을 것이다.

이 음모에 가룟(이스카리옷) 유다가 합세하였다니 스승이고 주님인 예수를 제거할 음모에 제자가 가담하였다는 사실이 참으로 공교롭다. "사탄이 그에게 들어갔다."라고 누가만이 적고 있는데 이는 사탄이 유다를 사로잡았다는 뜻이다. 예수의 죽음은 전장에 비유한다면 그 규모에 있어 우주적인 것이었다고 해야겠다(Bock, 1996, p. 1704). 하지만, 사탄의 하수인이라 하더라도 가룟 유다의 적극적인 참여를 부인할 수 없다. "그가 밖으로 나가 대제사장들과 군관들과 함께 예수를 어떻게 배반할까를 협의하였다."라고 적혀 있기 때문이다. "군관들"이라 함은 대제사장들이 거느리는 성전의 경찰관리를 지칭한다. 유다가 예수를 배반한 직접적인 동기는 "그들이 기뻐하였고 그에게 돈을 주기로

약속하였다."라는 기록과 더불어 여러모로 추측할 수 있지만, 정설이 없는 것을 보면 복합적인 동기였을 것이다. "그리하여 유다는 무리가 없을 때 예수를 그들에게 넘겨주도록 동의하였고 기회를 찾기 시작했다."라고 하니, 성전지도자들과 유다의 손발이 척척 맞춰진 것이다. 예수의 제자들 내부에서 스승을 배반했다는 점이 무리의 있을 법한 항거에 방패막이 역을 할 수 있기 때문에 그들이 얼마나 기뻐하였을지를 짐작할 수 있다.

■ **예수의 유월절 준비**(22:7-13) 예수는 나름의 유월절 잔치를 준비한다. 그는 자신이 곧 체포되어 유월절 양처럼 죽음을 당할 것을 눈앞에 두고, 이에 따르는 제자들과의 최후의 만찬을 스스로 준비한 것이다.

> 7유월절 양을 잡을 무교절일이 이른지라 8예수께서 베드로와 요한을 보내시
> 며 가라사대 가서 우리를 위하여 유월절을 예비하여 우리로 먹게 하라 9여
> 짜오되 어디서 예비하기를 원하시나이까 10이르시되 보라 너희가 성내로 들
> 어가면 물 한 동이를 가지고 가는 사람을 만나리니 그의 들어가는 집으로
> 따라 들어가서 11그 집 주인에게 이르되 선생님이 네게 하는 말씀이 내가 내
> 제자들과 함께 유월절을 먹을 객실이 어디 있느뇨 하시더라 하라 12그리하
> 면 저가 자리를 베푼 큰 다락방을 보이리니 거기서 예비하라 하신대 13저희
> 가 나가 그 하시던 말씀대로 만나 유월절을 예비하니라

예수에게는 무교절 날이 최후의 만찬이므로 모든 것을 용의주도하게 미리 다 마련한다. 이때, 최후의 만찬이라는 용어는 공관복음서에 사용된 일이 없고, 바울이 "주의 만찬"(고전 11:20)이라 이름하였던 것

이 그 기원인 듯하다. “예수께서 베드로와 요한을 보내시며 ‘가서 우리가 그것을 먹도록 우리를 위해 유월절 음식을 준비하도록 하라.’라고 말씀하시니, 그들이 ‘어디서 그것을 준비해 만들도록 당신이 우리에게 요구하시는 것입니까?’라고 물었다.”는 것이다. 앞뒤 없는 예수의 말씀에 그들은 어리둥절했을 것이다. 이번에는 예수가 자상하게 일러준다. “보라, 너희가 성내로 들어가면 물동이를 가지고 가는 사람을 만나리니”라는 말씀으로 시작하여 모든 사항을 눈에 보이듯 예측하여 일러준다. 당시 여자만이 물동이를 들고 다녔다니 그들이 만난 “사람”은 남성으로 표현되어 있지만 아마도 여주인이었을 것이다. 곧이어 베드로와 요한이 그 집에 따라 들어가 “그 집주인에게 말하기를 ‘내가 내 제자들과 함께 유월절을 먹을 수 있는 객실이 어디냐?’를 선생님이 물으신다.”라고 한다. 여기 11절에서 “집주인”이라 호칭을 바꾼 걸 보면 이 사람이야말로 여주인의 남편일 가능성이 있다. 여하튼, 바깥주인이든 안주인이든 그들은 예수와 초자연적인 교감을 이룬 모양이다. 유월절에 제자들과 함께 음식을 먹을 다락방을 예수가 마치 미리 마련해놓은 듯이 그들은 선뜻 예수의 말씀대로 대응해준다.

▪ **최후의 만찬**(22:14-20) 수난 이야기는 예수의 최후의 만찬으로 이어진다. 예수의 죽음의 의미가 심장한 만큼 최후의 만찬의 의미도 그러하다. 만찬 행사가 어느 요일에 일어났느냐는 논란부터 시작하여 본래의 출애굽의 유월절과 새로운 언약의 유월절의 의미, 떡과 포도주에 대한 예수의 선언, 그리고 누가의 서술과 바울의 해석과의 관계 등 여러 어려운 기독교 신학과 교리상 해석의 문제들을 최후의 만찬에 관한 누가의 기사가 안고 있다.

14때가 이르매 예수께서 사도들과 함께 앉으사 15이르시되 내가 고난을 받
기 전에 너희와 함께 이 유월절 먹기를 원하고 원하였노라 16내가 너희에게
이르노니 이 유월절이 하나님의 나라에서 이루기까지 다시 먹지 아니하리라
하시고 17이에 잔을 받으사 사례하시고 가라사대 이것을 갖다가 너희끼리
나누라 18내가 너희에게 이르노니 내가 이제부터 하나님의 나라가 임할 때
까지 포도나무에서 난 것을 다시 마시지 아니하리라 하시고 19또 떡을 가져
사례하시고 떼어 저희에게 주시며 가라사대 이것은 너희를 위하여 주는 내
몸이라 너희가 이를 행하여 나를 기념하라 하시고 20저녁 먹은 후에 잔도 이
와 같이 하여 가라사대 이 잔은 내 피로 세우는 새 언약이니 곧 너희를 위하
여 붓는 것이라

"때가 왔을 때 그는 기대었고 사도들이 그와 함께 기대었다."라는 14절은 잔칫상에 비스듬히 앉는 예절을 제대로 갖추어 예수와 제자들이 함께 앉았다는 표현이다. 제자들이라 하지 않고 사도들이라 적은 것도 이채롭다. "때(시간)가 왔을 때"가 언제를 가리키느냐는 문제는 특히 요한복음의 기록에서 예수가 십자가에 달렸을 때가 유월절 양을 잡는 시간과 겹치는 것으로 기록되어 있기 때문에 혼란스럽다. 그러나 예수가 금요일에 십자가에 달린 것이 통설이므로, 여기서는 누가가 기록한 "시간"이 목요일 저녁이라 읽겠다.

식탁에 앉은 예수는 "내가 수난을 받기 전에 너희와 함께 유월절 식사를 하기를 원하고 원해왔다. 내가 너희에게 말하노니 하나님 나라에서 다 이루기까지 이것을 다시 먹지 아니하리라."라고 15-16절에 제자들과 함께 하는 유월절 식사의 의의와 중요성을 강조한다. "수난"이란 인류의 죄를 용서하기 위한 예수의 죽음이다. 수난 전에 "원하고 원해왔다."라는 개역성경의 표현은 "갈망을 가지고 갈망해왔다."라는 본

래 원문의 표현에도 가깝고 절실하게 원해왔다는 본래 의미에도 적절한 번역이다. 여기서 "이것을 다시 먹지 아니하리라."라는 말씀은 이 유월절 양을 더 이상 먹지 않겠다는 뜻이지 이제부터 금식하겠다는 뜻은 아닐 것이다. "하나님 나라에서 다 이루기까지"라는 표현은 유월절 음식이 여기서 제2의 출애굽의 새로운 종말의 상징임을 말해준다(Fitzmyer, 1985, p. 1397). "더 이상 먹지 않겠다."라 함은 예수가 하나님 나라에서 유월절 음식을 다시 먹겠다는 뜻일 수도 있고(Schreiner, 2008, p. 734), 아니면 예수가 다시 오는 완성의 날에는 죄에 대한 희생양의 잔치가 아니라 다 이루었다는 완성의 기념잔치가 있을 것임을 뜻할 수도 있다(Bock, 1996, p. 1721).

"그리고 잔을 잡고 감사를 드리며 그가 말하기를 '이것을 갖다가 너희들끼리 나누라.' 하셨다."라는 17절은 누가만의 기사다. 그뿐만 아니라 이 17절 때문에 22:17-20이 만찬의 순서가 잔-빵-잔의 연속으로 이루어져 다른 두 공관복음서와 상위한 전개와 설명으로 이끌어진다. 본래 전통적인 유월절 음식에는 네 잔이 베풀어졌다고 한다(Fitzmyer, 1985, p. 1390). 첫 번째는 이 날을 축복하는 예비 식사 때, 두 번째는 기념의 날을 설명하는 예배 후, 세 번째는 무교 빵을 먹은 후, 네 번째는 마지막 식사 후이다. 이처럼 네 번 잔이 돌려졌다면 누가가 기술한 첫 번째 잔이 이 중의 어느 잔인지도 논란거리다. 여러 해설이 있지만 첫 번째 예비 식사의 잔이라는 해설이 주류를 이룬다(Bock, 1996, p. 1723).

그런데 또 다른 문제는 "이것을 갖다가 너희들끼리 나누라." 하고 열두 제자들로 하여금 하나의 잔을 가지고 함께 마실 것을 17절에 부기하고 있다는 사실이다. 한 덩이 떡을 떼어 제자들에게 나누어주었다면(22:19), 하나의 잔을 여럿이 함께 돌려 마시는 일도 상상할 수 없지 않다(앞의 책, p. 1723). 하나의 잔을 함께 공유하는 일에서 하나됨의 나눔을 생각할 수 있다. 그리고 바울이 얘기한 "우리가 축복하는 바 축복의 잔은 그리스도의 피에 참여함이 아니냐? 우리가 떼는 떡은 그리스도의 몸에 참여함이 아니냐? 떡이 하나이기 때문에 여럿인 우리가 하나의 몸인 것은 우리 모두가 하나의 떡에 참여함으로써이다."(고전 10:16-17)라는 말씀에서 이 나눔의 의미를 읽을 수 있다. 바울이 이해한 성찬의 의미는 잔과 떡과 더불어 그리스도에의 참여함(koinonia)이다. "너희와 함께 유월절 식사를 하기를 원하고 원해왔다."라는 예수의 간절한 말씀에서 이 참여함의 상징으로 하나의 잔을 여럿이 함께 돌려 마시게 했을 가능성을 짐작한다. 아마도 이때 예수도 이 잔에 입을 댄 모양이다. 왜냐하면 "내가 너희들에게 말하노니 지금부터 하나님 나라가 임할 때까지 포도나무의 과일에서 나온 것을 마시지 아니하리라."라고 18절에 16절의 말씀을 반복하여 "지금부터"를 강조하고 있기 때문이다.

"그리고 떡을 잡고 감사를 드리며, 그것을 떼어 그들에게 주시며 말씀하시기를 '이것은 너희를 위하여 주는 내 몸이라, 나의 기념으로 이것을 행하라.'"가 19절이다. 예수의 말씀으로 보아 "떡을 떼어"는 "예수께서 자신의 이 몸을 부수어 제자들에게 나누어주셨다."(고병려, 1975, p. 267)라고 해설하면 그 의미가 실감난다. "나의 기념으로 이것을 행하라."라는 표현은 다른 두 복음서에는 없고 고전 11:24c에는 나오는데, "바울과 누가 두 분 모두가 옛 전통(신 16:3d에 기록된 출애굽에 대한 기억)에서 유래된 기억(기념)이라는 어휘를 이어받아 가지고 있다" (Fitzmyer, 1985, p. 1401). "나의 기념으로 이것을 행하라."라고 말씀한 (예배 의식으로 행하라이든 아니든) 누룩 없는 무교병을 먹는 일이 그리스도와의 코이노니아라면 항상 기념해야 할 일임은 당연하고 마땅하다.

"저녁 먹은 후에 잔도 이와 마찬가지로 하여 말씀하사 '이 잔은 너희를 위해 흘리는 내 피의 새 언약이다.'"가 20절이다. 우연찮게 이 20절은 고전 11:25에 중복해 기록되어 있다. "새 언약"의 출처는 "나는 그들의 하나님이 되고 그들은 내 백성이 될 것이라."라는 렘 31:31-34이다. 언약은 기본적으로 관계의 용어이므로 예수의 피로 말미암아 하나님의 종말적인 역사로 인간의 죄를 용서하는 하나님과 인간 사이의 관계의 새 언약이다. 따라서 그 피는 모세가 속제의 제물을 백성에게 뿌림으로써 야훼가 세운 언약과 같다(창 24:8). 하지만 여기 새 언약에서라 함은 희생 제물 대신에 죄의 용서로 대치되어 있다(Schreiner, 2008, p. 187)는 것이 중요하다. 또 그 피는 "너희를 위해" 흘리는 것이라고 하였을 때 '너희'는 (14절을 반추하건대) 제자들이라 부르지 않고 식탁에 함께 앉은 그리고 가난한 사람들에게 좋은 소식을 전할 "사도들"(22:14)로, 그들을 위한 피라는 의미를 지닌다(Green, 1997, pp. 763-764). 바로 이 맥락에서 마가는 "이것은 많은 사람을 위하여 흘리는 바 나의 피 곧 언약의 피니라."(막 14:24)라고 하여 "많은 사람을 위하여"라 적고 있다고 보아야 한다.

최후의 만찬은 제2의 출애굽의 종말을 위한 예수의 고별 식사(食事)다. 이때 예수의 고별 식사(式辭)는 "기념하라"라는 취지를 갖고 있지만 지난 일을 회고하고 이별을 애도하는 것이 아니라 "새로운 언약"을 선포하는 것이다. 그런데 누가가 전하는 최후의 만찬 기사를 그대로 옮긴 듯한 기사가 고전 11:23-26이라는 것은 누가 읽어도 한눈에 알 수 있다. (고린도전서의 집필 연도가 기원후 54년 내지 55년이라면 누가복음보다 먼저 집필된 것임을 의심할 여지가 없다.) 말하자면, 누가의 최후의 만찬에 관한 이해가 사도바울의 이해와 같다고 보아도 무리가 없다. 그러므로 여기서 바울의 최후의 만찬에 관한 이해를 덧붙여 살펴보겠다.

바울의 집회에서 행해진 주의 만찬은 정규 식사 형식이었다. 신도들 각자가 음식을 가지고 오는 방식을 취하였는데, 이는 그레코로만 문화에 편재해 있던 음식을 함께 나누는 모임의 향연과 별다른 차이점이 없었다. 물론 주님의 몸과 피를 기념한다는 점에서 다른 사교적인 향연과는 다른 취지의 모임이었지만, 성찬이라고 하여 신비적인 의식을 갖춘 것은 아니었다고 학자들은 해설한다. 그렇다면, 최후의 만찬에 예수가 "이것을 행하여 나를 기념하라."(고전 11:24b, 25b)라고 한 말씀이 무슨 의미인지가 중요하다. 신자들이 빵과 잔을 통해 희생제물인 예수를 회상하고 그 은혜를 상징적으로 서로 나누어 가지는 일이 기념의 의미다(Garland, 2003, p. 548). 더군다나 공관복음서에는 쓰여 있지 않은 바를 고린도전서에서는 "너희가 이 떡을 먹으며 이 잔을 마실 때마다 주의 죽으심을 오실 때까지 전파하는 것이니라."(고전 11:26)라고 그 의미에 관해 적고 있다. 그러므로 누가의 최후의 만찬에서 해설했던 것과 마찬가지로, 예수의 몸과 피를 기념하는 일은 새로운 약속을 준 예수와의 코이노니아를 갖는 지극히 당연한 일이다.

주의 만찬이 예배 의식으로 행해졌다 하더라도 바울 사도에게 있어 그것은 결코 신비적인 의미가 없다. 바울이 우려한 것은 당시 각자가 음식을 가져올 때 부요한 자들은 성찬(盛饌)을 차려 "먼저 가져다 먹으므로 어떤 이는 시장하고 어떤 이는 취함"(고전 11:21)이었다. "주의 죽음을 전파하는 것이니라."라는 말씀은 가난한 사람들을 소외시키지 않고 하나의 떡을 모든 집회원이 함께 나누어 하나의 몸을 이룰 때 비로소 가능하다는 것을 바울은 강조하고 있다(Schreiner, 2008, pp. 731-732). 그리하여 슈라이너는 "내 형제들아 먹으러 모일 때에 서로 기다리라."(고전 11:33)라는 번역은 어긋난 것이고, 서로를 받아들이고 기꺼이 맞아들이라는 뜻이라 해석한다. 요컨대, 주의 만찬은 새로운 언약을 기리는 하나의 공동체라는 의미를 충족할 수 있어야 한다는 것이다.

■ **유다의 배신**(22:21-23) 공관복음서 모두에서 유다의 배신을 최후의 만찬 직전에 일어난 일이라 이미 기술하였고, 모든 제자들이 있는 만찬 장소에서 예수가 그 일을 귀띔해준다.

> 21그러나 보라 나를 파는 자의 손이 나와 함께 상 위에 있도다 22인자는 이
> 미 작정된 대로 가거니와 그를 파는 그 사람에게는 화가 있으리로다 하시니
> 23저희가 서로 묻되 우리 중에서 이 일을 행할 자가 누구일까 하더라

공관복음서 중에서 누가의 기사가 가장 간략하다. 배신자가 제자들 내부의 한 사람이라고만 예수가 만찬 후에 암시하고 있을 따름이다. 암시한 다음, "인자는 결정되어진 바대로 가고 있지만 그를 배신하는 자에게는 화 있을진저!"라고 또다시 간략하게 논평한다. 인자가 죽는 것은 하나님의 계획에 따르는 것이지만 배신자에게 화가 미칠 것은 사탄이 그에게 들어간 일이므로 용서받을 수 없다는 것이다. 죄의 용서에 대한 새로운 언약을 말씀하지만 사탄을 용서할 수는 없는 법이기에 마가는 그는 태어나지 않았더면 좋을 뻔하였다고 적고 있다. 그때 제자들이 이런 일을 행할 자가 그들 중 어떤 자일 수 있겠느냐고 서로 물었다고 하는데 그 속에는 유다도 포함되어 있었을 것이다.

식탁에서의 가르침들(22:24-38)

당시 식탁은 식사만이 아니라 친교를 나누는 자리여서 여러 화제가 자유롭게 오갔다고 한다. 아마도 최후의 만찬의 식사는 유다의 배신에 대한 암시의 때까지 이어지고 이후부터는 자유로운 대화가 계속된 듯하다. 그런데 최후의 만찬 자리에서조차 제자들은 세속에서 벗어나지 못하였기에 예수는 그들에게 긴히 가르치고 싶었던 이야기들을 마지막으로 간추려 말씀한다.

■ **제자들에게 수여하는 섬김과 제왕의 권위**(22:24-30) 예수를 배신할 자가 그들 중 누구일지를 두고 수군거리던 제자들이 돌연히 이야기의 방향을 바꾼다. "그들 중 누가 가장 큰 자인지에 관한 논쟁이 또 역시 일어났다."라고 24절에 전한다. 예수는 대경실색하였을 터이나 정색하고 직언한다.

> **24**또 저희 사이에 그 중 누가 크냐 하는 다툼이 난지라 **25**예수께서 이르시되
> "이방인의 임금들은 저희를 주관하며 그 집권자들은 은인이라 칭함을 받으
> 나 **26**너희는 그렇지 아니할지니 너희 중에 큰 자는 젊은 자와 같고 두목은 섬
> 기는 자와 같을지니라 **27**앉아서 먹는 자가 크냐 섬기는 자가 크냐 앉아 먹는
> 자가 아니냐 그러나 나는 섬기는 자로 너희 중에 있노라 **28**너희는 나의 모든
> 시험 중에 항상 나와 함께한 자들인즉 **29**내 아버지께서 나라를 내게 맡기신
> 것 같이 나도 너희에게 맡겨 **30**너희로 내 나라에 있어 내 상에서 먹고 마시며
> 또는 보좌에 앉아 이스라엘 열두 지파를 다스리게 하려 하노라

제자들 사이에 누가 가장 크냐는 논쟁은 9:46-48에서도 있었다. 예수는 그때 어린아이를 데려다가 "너희 중에 가장 작은 사람이 가장 크다."라고 말씀한다. 그런데 철딱서니 없이 또다시 이 논쟁에 빠진 제자들을 예수는 어른 대접을 한다. "이방의 임금들은 저희들에게 주권을 행사하며 저들에 대해 권위를 가진 자들은 스스로 은인이라 부른다. 그러나 너희는 그러지 않아야 할지니, 너희 중에 가장 큰 자는 마땅히 가장 젊은이와 같아야 하고 지도자는 섬기는 자와 같아야 한다. 누가 더 큰 자인가, 식탁에 기대앉은 사람이냐 혹은 섬기는 사람이냐? 식탁에 기대앉은 사람 아니냐? 그러나 나는 너희들 가운데 섬기는 사람으로 있느니라."라는 구절이 25-27절이다. 여기서는 "주권을 행사하는" 자들, 즉 주의 행세를 하는 세상의 통치자들 그리고 은혜를 베푸는 윗자리를 차지하고 있는 자들과 대비하여, 주님인 "나는 너희들 가운데 섬기는 사람으로 있다."라는 전도된 세속의 가치를 제자들에게 가르친다. 너희는 동방 세속에서 존경받는 자의 표본인 노인이 아니라 허드렛일을 하는 젊은이와 같아야 하고, 식탁에 앉아 대접받는 자의 표본인 귀빈이 아니라 섬기는 자라야 가장 큰 자일 수 있다고 예수 자신의 표본을 내세운다. 한편, 마태(20:20-28)와 마가(10:35-45)에서는 큰 자가 섬기는 자라는 관련 기사가 야고보와 요한을 각각 주의 오른편과 왼편에 앉혀 달라는 청탁의 맥락에서 쓰여 있다. 이때 예수의 말씀은 속죄의 희생으로 자신의 생명을 내주는 섬김에까지 확장되고 있다.

이어지는 28-30절의 예수의 말씀의 취지는 "나는 너희들 가운데 섬김으로 있는" 주이고 내 옆에는 항상 너희(제자)들이 함께 있었다. 그러므로 내가 수난을 받은 후에 너희들은 나(예수)의 영광에도 함께 자리할 사람들이라는 것이다(Bock, 1996, p. 1739). "너희는 나의 시험들 중에 내 옆에 서 있던 사람들인즉 나의 아버지가 나에게 나라(왕국)

를 수여하신 것 같이 내가 너희에게 수여하리니, 그리하여 너희들이 나의 나라에서 내 식탁에서 먹고 마시게 하겠고 또 보좌에 앉아 이스라엘의 열두 지파를 다스리게(심판하게) 할 터이다."가 누가만의 기사다. 우선 예수의 모든 사역에서 겪은 거절과 반대의 일에 제자들이 함께하였다는 사실을 28절에 적고 있다. 그리고 29절에 하나님께서 예수에게 수여하신 왕권을 예수가 제자들에게 수여하겠다는 약속을 한다(Fitzmyer, 1985, p. 1419). 게다가, 종말 잔치에 초대할 뿐만 아니라 이스라엘을 통치할 혹은 심판할 권위를 제자들에게 위임한다(Green, 1997, p. 770). 여기서 왕권 내지 왕국(basileia)이라는 표현을 앞서 이 단락 제목에 제왕의 권위라 한껏 부풀려 번역하였다. 하지만 그 권위는 위임받은 것이므로 왕권 자체는 예수에게 있는 것이다. 한편 누가는 열두 지파의 수는 명세하고 있지만 제자들의 수는 적고 있지 않다. (하기는, 유다 대신 맛디아를 사도로 택한 행 1:12-26의 기록을 참조할 필요가 있을지도 모르겠다.)

이 누가만의 기사는 제자들에게 주는 예수의 고별사이기도 하고, 22:20에 적힌 "새 언약"이기도 할 것이다. "내가 너희에게 왕국을 수여하겠다."라는 제자들에게 제왕의 권위를 위임하겠다는 예수의 말씀은 "이스라엘을 하나님의 백성으로 복원하겠다는 예견이요, 새로운 하나님의 백성을 통치하라는 위임이기도 하다"(앞의 책, p. 770). 이 해석에 따르면, 가히 아브라함과 다윗의 후손 중에 제자들에 비견할 으뜸 자리가 달리 없다고 해설해도 무방할 것이다. 누가 가장 크냐는 허망한 논쟁의 샛길로 탈선한 제자들에게 예수는 종말에 있을 그의 영광에 그들이 참여하리라고 축복한다.

■ **베드로의 부인에 대한 예언**(22:31-34) 만찬이 끝났는데도 예수의 말씀은 계속된다. 누가의 기록에 따르면 제자들을 (아마도) 다락방에 붙들어 앉혀놓고 이야기를 계속할 만큼 그들을 향한 마음이 간절하였던 모양이다. 베드로의 부인에 관한 이 이야기는 마태와 마가에서는 예수가 감람산에 가는 도중에 일어난 일이다.

> 31시몬아, 시몬아, 보라 사단이 밀 까부르듯 하려고 너희를 청구하였으나 32
> 그러나 내가 너를 위하여 네 믿음이 떨어지지 않기를 기도하였느니 너는 돌
> 이킨 후에 네 형제를 굳게 하라 33저가 말하되 주여 내가 주와 함께 옥에도,
> 죽는 데도 가기를 준비하였나이다 34가라사대 베드로야 내가 네게 말하노니
> 오늘 닭 울기 전에 네가 세 번 나를 모른다고 부인하리라 하시니라

제자들도 예수의 영광에 참여하리라 축복한 그 자리에서 예수가 "시몬아, 시몬아"라고 베드로의 다른 이름을 두 번이나 반복해 안타깝게 부른다. 누가에서는 (마태나 마가와 달리) 또 "보라!"라고 강조해 표현하여 예수가 베드로 개인에게 심각한 이야기를 할 것임을 짐작하게 한다. 아니나 다를까, "사탄이 너희를 취하려 욕심을 내어 그가 너를 밀알처럼 가려내려 한다."라고 예수가 말씀한다. 하긴, 사탄이 유다에게 들어가는 데 성공하였으니 제자들을, 더욱이 그 우두머리를 왜 노리지 않았으랴. "가려내려 한다"는 체질하여 골라낸다는 뜻이라 하니 사탄이 베드로를 빼돌리려 시험에 걸려 넘어지게 한다는 의미일 것이다. 하지만 예수는 유다를 정죄할 때와는 달리 베드로의 실족을 사탄에게 귀인한다(Liefeld and Pao, 2007, p. 317). "그러나 내가 너를 위하여 네 믿음이 떨어지지 않기를 기도하였으니 너는 돌이킨 후에 너의 형제들을 강건케 하라."라고 32절에 오히려 베드로를 격려한다. "나의 아버

지가 나에게 나라(왕국)를 수여하신 것 같이 내가 너희에게 수여하리니, 그리하여 너희들이 나의 나라에서 내 식탁에서 먹고 마시게 하겠고 또 보좌에 앉아 이스라엘의 열두 지파를 다스리게(심판하게) 할 터이다."라는 29-30절과 같은 취지로 베드로의 믿음을 강화한다.

한데, 베드로는 사탄의 궤계를 능히 대적할 수 없는 그의 연약함을 모른다. "주여, 내가 옥에도 죽음에도 당신을 따르기로 준비하고 있습니다."라는 33절이 그의 결연한 태도이다. 베드로의 정열이 이처럼 결연한 태도를 표명케 하였겠지만 그에게는 자신의 연약함을 자각할 수 있는 겸손이 결여되어 있었다. 그러나 이에 대한 주의 대꾸도 결연하다. "내가 말하노니, 베드로야, 네가 나를 안다는 것을 세 번 부인하기 전까지는, 오늘 수탉이 울지 않으리라."라는 말씀으로 이 단락은 끝을 맺는다.

닭장 우리에서 머리를 곧추 세우고 홰를 치며 우는 수탉은 속담에서 어리석은 자랑의 본보기로 예시된다(Garland, 2011, p. 870). 예수의 수난예고까지 어느 정도 알아들었던 수제자 베드로도 그날 밤에 자신에게 일어날 일에 대해 한 치 앞을 내다보지 못했다. 그럼에도 불구하고 "너는 돌이킨 후에 너의 형제들을 강건케 하라."라는 주님의 권유를 베드로는 지킬 수 있었는데, 이는 예수가 그의 믿음이 실패하지 않기를 기도하였기 때문이다. 그렇다면, 예수는 왜 유다를 위해 기도하지 않았을까? 유다는 자의로 사탄과 공모한 반면, 베드로는 그의 주를 모른다고 부인할 의지를 갖고 있지는 않았다(앞의 책, p. 873). 베드로는 그가 하지 말아야겠다고 생각하였음에도 불구하고 육신의 약함 때문에 죄의 포로가 된 반면에, 유다는 자기 발로 사탄을 찾았다.

■ **전신갑주의 무장**(22:35-38) 이 이야기는 최후의 만찬의 마지막 담화인데 앞 이야기들과 연관성이 없는 것처럼 보인다. 또 다른 복음서에도 관련 기록이 없는 동떨어진 이야기다. 구문 분석도 어렵거니와 내용도 이해하기 어렵다. 이 단락을 전통적으로 두 개의 검이라는 제목으로 읽어왔지만 이 제목의 적절성 여부도 미지수이다. 주해서들을 곰곰이 되새기며 일관성 있는 맥락을 찾아 읽어야겠다.

> 35저희에게 이르시되 내가 너희를 전대와 주머니와 신도 없이 보내었을 때에
> 부족한 것이 있더냐 가로되 없었나이다 36이르시되 이제는 전대 있는 자는
> 가질 것이요 주머니도 그리하고 검 없는 자는 겉옷을 팔아 살지어다 37내가
> 너희에게 말하노니 기록된 바 저는 불법 자의 동류로 여김을 받았다 한 말이
> 내게 이루어져야 하리니 내게 관한 일이 이루어감이니라 38저희가 여짜오되
> 주여 보소서 여기 검 둘이 있나이다 대답하시되 족하다 하시니라

"그리고 예수께서 그들에게 말씀하셨다."라고 하여 앞 단락과의 연결 맥락 없이 35절이 이어진다. "내가 너희를 지갑이나 가방이나 신발도 없이 보냈을 때 부족한 것이 있더냐?"라고 예수가 물으시니 제자들이 "없었나이다"라고 대답한다. 예수의 물음은 열두 제자들(9:3)이나 72인의 제자들(10:3-4)을 전도여행을 내보내며 했던 권고이고 제자들의 대답은 부족한 것이 없었다는 말이다. "그러나 예수께서 그들에게 말씀하셨다."로 시작하는 36절은 "검"을 어느 동사에 직접 목적어로 연결해 읽느냐는 구문 분석의 문제가 있지만, NIV도 NRSV도 개역성경과 같이 "이제는 너희가 지갑을 갖고 있으면 가지고 가고 가방도 그렇게 하며, 그리고 너희가 검을 갖고 있지 않으면 겉옷을 팔아 그것을 사라."라고 일반적으로 번역한다. 따라서 이제부터는 지갑도

가방도 검도 모두 준비하여 선교의 길을 가라는 것이 제자들을 고별하는 예수의 당부이다. 절박한 상황에서 한 말씀이지만 이 당부가 심지어 칼까지 준비하라는 것인지 당혹스럽다. 이 단락 마지막 38절까지 읽고 칼의 맥락적 의미를 음미해보겠다.

"내가 너희들에게 말하는 것은 이 성서가 나에게 다 이루어져야만 하기 때문인데 '그는 범죄자로 여김을 받았다.'라 나에 관해 쓰여 있는 것이 완료되어야 하기 때문이다."라는 37절이 모든 준비를 갖추라는 이유이다. 인용된 성서는 사 53:12로 메시아로서의 종의 임무를 노래한 사 49:3-6에 뒤이어 적힌 예언이다. 누가는 단순한 순교로서의 죽음이 아니라 범죄자로서의 예수의 수치스러운 죽음에 대한 예언으로 이사야를 인용하고 있다(Bock, 1996, p. 1748). "나에 관해 쓰여 있는 것이 완료되어야 하기 때문이다."라는 구절에서 "완료(끝)"가 무슨 뜻인지가 중의적이다. 예수의 지상에서의 생애의 끝(teleos)을 뜻할 수도 있고 예수의 사역이 기획하였던 목표일 수도 있으나 본서에서는 "하나님의 계획이 예수를 통해 다 이루어져야 한다."(앞의 책, p. 1749)라는 뜻으로 해석하겠다. 그러니 이사야의 예언이 "다 이루어져야만 하기 때문이라."라는 37a절과 37b절의 "완료(끝)"라는 어휘가 같은 뜻이라 풀이하면 중복된 표현일 수도 있겠지만(Fitzmyer, 1985, p. 1433), 중복하는 같은 의미로 이해하는 것이 오히려 문맥에 정합적일 수 있겠다. 예수의 수치스러운 죽음은 제자들에 대한 박해를 당연히 수반할 터이므로 그들에게 칼을 포함해서 모든 준비를 하라고 36절에 당부한 것이다.

이에 제자들이 "보세요, 주여, 여기 두 검이 있나이다."라고 말하니 예수가 "족하다"라고 답한다. 제자들은 칼을 사라는 예수의 말씀을 곧이곧대로 받아들여 말하고 예수는 그들의 말귀가 멀다는 것을 넌지시 핀잔한다. 실상, 예수가 체포될 때 제자 중 하나가 대제사장의 종의 귀를 칼로 쳐 떨어뜨리자 예수가 "이런 짓 말라!"라고 말씀하였다(22:49-51). "족하다"라는 예수의 말씀을 글자 그대로 '그것으로 충분하다'라는 뜻으로 받아들이면 이 장면과 상치되는 이해다. "두 검(machairai)"을 가지고 적대자들을 방어하기에는 턱없이 부족할 것이므로 여기서 "족하다"를 충분하다고 이해하면 오해라기보다는 차라리 어리석다고 해야겠다. 어떤 학자들은 검을 사람을 상해하는 무기인 칼을 지칭하는 어휘가 아니라고 해석한다. 혹은 검이 칼이라 하더라도 "검은 실제 사용의 의도를 갖지 않은 절박한 위기에 대한 생생한 상징일 따름이다."(Liefeld and Pao, 2007, p. 318)라고 해석한다. 더욱 구체적으로, 검은 "영적인 전장에 준비할 복음의 전사"(Ryken, 2009, p. 494)가 갖추어야 할 "성령의 검 곧 하나님의 말씀"(엡 6: 17)일 것이다. 달리 말하면, 최후의 만찬에서 예수의 고별의 이 마지막 말씀은 "하나님의 전신갑주를 입어라."(엡 6:11)라는 개역성경의 의역에 합당한 표현이라 읽어야겠다.

이로써 수난 직전까지 계속된 예수의 가르침은 막을 내린다. 제자들에 대한 이 마지막 가르침에서 그들을 남겨두고 떠나는 예수의 우려뿐만 아니라 동족 이스라엘에 대한 제자들의 사명도 함께 읽을 수 있다. 또 누가복음 곳곳에서 유대교 지도자들이 예수를 적대하였고 이에 예수가 그들에게 "화 있을진저!"라고 분노를 터뜨렸음을 목도할 수 있다. 누가복음 주해자들의 주요 관심 중 하나는 누가가 반유대 혹은 반유대주의자이냐는 논변이다. 물론 그렇다고 보아야 할 관점이 여기저기 돋보이기도 하지만, 누가가 심층적으로 진술하고 있는 종말구원의 관점은 하나님의 계획이 이스라엘을 포함하고 있다는 것이다. 여기 예수의 고별사에서 제자들에게 당부한 겸손의 섬김과 베드로에게 네 형제들을 강건케 하라고 한 권면, 그리고 전신갑주로 무장하라는 격려도 그 밑바탕에는 동족 이스라엘에 대한 제자들의 사명을 함축하고 있다. 누가에 의하면 유대교가 예수의 메시아성을 거부한 것은 사실이지만, 그렇다 하더라도, 이스라엘 백성을 하나님의 백성에서 박탈한 것은 아니다.

감람산에서의 기도(22:39-46)

감람산 기도는 예수가 체포되기 직전에 아버지께 무릎을 꿇고 드린 간절한 기도다. 예수의 인간적인 면모와 아버지 하나님의 뜻에 대한 신실함과 순종이 여실히 드러나는 기도로, "그의 땀이 땅에 떨어져 커다란 핏방울들처럼 되었다."(22:44)라는 말씀에서 그 속에 담긴 고뇌와 간절함을 느낄 수 있다. 이번 단원에서는 혼신의 힘을 다한 기도의 전투를 통해 예수가 아버지께 순종의 승리를 얻는 장면이 전개된다.

■ **순종의 기도**(22:39-42) 누가에서는 감람산 기도이고 마태와 마가에서는 감람산의 특정 지역인 겟세마네에서의 기도이다. 죽음을 앞둔 고통의 분투에 찬 예수의 기도 자세가 그의 인간적인 면모와 더불어 이 땅에 메시아로 온 그의 사명을 기탄없이 드러낸다.

> **39**예수께서 나가사 습관을 좇아 감람산에 가시매 제자들도 좇았더니 **40**그
> 곳에 이르러 저희에게 이르시되 시험에 들지 않기를 기도하라 하시고 **41**저희
> 를 떠나 돌 던질 만큼 가서 무릎을 꿇고 기도하여 **42**가라사대 아버지여 만일
> 아버지의 뜻이어든 이 잔을 내게서 옮기시옵소서 그러나 내 원대로 마옵시
> 고 아버지의 원대로 되기를 원하나이다 하시니

앞에서 "매번 낮에는 예수께서 성전에서 가르치고 밤에는 나가서 감람원이라 일컫는 산에서 보냈다."(21:37)라고 하였으니 "예수께서 나가서 그의 관례대로 감람산에 가셨고 제자들이 그를 따랐다."라는 39절의 기술 자체는 일상의 일정과 다름없다. "그가 그곳에 도착했을 때 제자들에게 '시험에 들지 않도록 기도하라.'고 말씀하셨다."라는 40절에 예수가 말씀한 기도는 "우리를 시험에 들게 하지 마옵소서."라는 주기도문과 같은 내용이지만 악마의 침입에 방어하도록 사뭇 격정적으로 표현하고 있다(Green, 1997, p. 778). 마태와 마가에서는 기도의 장소를 겟세마네라 명세하고 그곳에 베드로와 세베대의 두 아들을 데리고 간 것으로 기록되어 있다. 이와 달리, 누가에서는 제자들 모두에게 기도하라고 하였고 "그리고 예수께서 돌 던질 만큼의 거리로 물러나 무릎을 꿇고 기도하셨다."라고 전하는데 이 모습에서 예수 자신의 고통의 분투를 여실히 짐작할 수 있다. 한편 제자들과의 거리가 멀지 않았다고 하니 그의 기도를 제자들이 들을 수 있었으리라 짐작된다.

"아버지시여, 만일 아버지의 뜻이어든/이 잔을 내게서 옮기시옵소서/그러나 내 뜻이 아니라 아버지의 뜻이 행하여지이다!"가 42절이다. 조엘 B. 그린은 예수의 기도를 이처럼 분절된 세 마디로 읽는다(앞의 책, p. 780). "아버지시여"라 하나님을 "아버지"라 부른 뒤 이어지는 첫 마디의 직역은 "만일 아버지가 원하신다면"인데, 가정의 조건을 표현한 것이 아니므로 "아버지여, 원컨대"(Fitzmyer, 1985, p. 1442)라 번역하기도 한다. 전하는 뜻은 "원컨대"이지만, 이 첫 마디가 나머지 두 마디 기도의 대전제이므로 여기서는 "아바 아버지여 아버지께서는 모든 것이 가능하오니"(막 14:36)라는 마가의 첫 마디와 누가를 같은 맥락으로 보아 "아버지께서는 모든 것이 가능하오니 아버지의 뜻대로 행하시옵소서."라는 의미라 읽겠다. 마가에 쓰인 "아바"라는 호칭은 친족 간의 친밀성의 호칭이지만 누가에서는 아버지의 엄격성이 돋보인다.

둘째 마디 "이 잔을 내게서 옮기시옵소서."에서 "잔"은 구약 여러 곳(사 51:17, 22; 렘 25:15; 49:12)에서 찾아 읽을 수 있는 죽음 혹은 진노를 상징하는 운명의 잔이다. 예수는 "이 잔"에 대해 비통의 심정을 토로하고 있으나, 하지만, "아버지가 원하신다면"이라는 범위 안에서 "옮기시옵소서"라고 간구한다. 달리 말하면, "하나님의 의지 안에서" (Bock, 1996, p. 1760) 가능하다면 "옮기시옵소서"인 것이다. 인자로서의 아들은 겪어야 할 육신의 비통을 읍소하면서 모든 주권이 아버지에게 있음을 받아들인다. 아버지의 뜻을 한 치도 거스르지 않고 수난의 메시아로서의 사명에 순종한다. 아들의 절대 순종은 "그러나 내 뜻이 아니라 아버지의 뜻이 행하여지이다!"라는 셋째 마디에서 더욱 분명해진다. "만일 아버지가 원하신다면"의 첫 마디가 기도의 대전제라는 독해가 이 셋째 마디에서 명약관화하게 드러난다. 감람산에서의 기도가 순종의 기도라는 점에서 세 공관복음서가 같지만, 군더더기 없이 직접적인 누가의 기록은 애오라지 하나님의 뜻에 순종하는 기도임을 더욱 돋보이게 한다.

■ **승리의 기도**(22:43-46) 감람산에서의 기도는 내용상 한 단락으로 묶어 읽어야 한다. 본서에서 두 단락으로 분절하여 읽는 것은 43-44절이 후대에 삽입된 절이라는 논란이 있기 때문이다.

> **43**사자가 하늘로부터 예수께 나타나 힘을 돕더라 **44**예수께서 힘쓰고 애써
> 더욱 간절히 기도하시니 땀이 땅에 떨어지는 피방울같이 되더라 **45**기도 후
> 에 일어나 제자들에게 가서 슬픔을 인하여 잠든 것을 보시고 **46**이르시되 어
> 찌하여 자느냐 시험에 들지 않게 일어나 기도하라 하시니라

“그때 하늘로부터 한 천사가 그에게 나타나 힘을 주었다. 고뇌 속에서 그는 더욱 진정으로 기도하였고 그의 땀이 떨어져 커다란 핏방울처럼 되었다.”라는 43-44절이 이른바 겟세마네에서의 그리스도의 고뇌에 해당하는 누가의 기록이다. 누가만의 기록인 이 두 절은 실은 예부터 출처가 의심스럽고 앞뒤 내용이 일치하지 않기 때문에 누가의 기록에서 삭제되기도 한다. 천사가 나타나 정서적인 세부를 첨가하거나 치장하여 오히려 기도의 자세를 흩뜨려 보이게 한다는 견해(Fitzmyer, 1985, pp. 1443-1444)도 있다.

그런데 마태와 마가는 예수가 “슬퍼하다”와 “고민하다”의 심정으로 엎드려 기도하다가 다시 제자들에게 오가며 세 번 기도하였다고 기록하고 있다. 이 기록을 근거로 볼 때, 여기 44절의 기도 장면은 몇 차례에 걸친 예수의 기도를 누가가 압축하여 요약한 것이라 읽을 수 있다. 고뇌 속에서 드리는 예수의 기도를 천사가 나타나 도왔다는 초자연적인 사건은 오히려 현실감을 북돋아주는 일일 수 있다. “더욱 진정으로 기도하였고”라는 구절은 “더욱 열렬하게 기도하였고”라고 번역할 수 있다. 천사가 나타난 것은 “이 잔을 내게서 옮기시옵서.”에 대한 거부의 신호이고 예수로 하여금 더욱 열렬하게 기도할 힘을 준 것이다(Garland, 2011, p. 883). 예수의 기도는 “그의 땀이 떨어져 커다란 핏방울처럼 되었다.”라는 표현이 전하듯 혼신의 힘을 다한 기도이다. “우리가 의사에게 기대할 수 있는 바이거니와 누가는 예수의 고뇌를 신체적인 용어로 기록하고 있다. 땀이 하도 격렬히 흘러 상처에서 떨어지는 피처럼 보였던 것이다”(Liefeld and Pao, 2007, p. 320). 고뇌가 깊어질수록 더욱 열렬히 기도하였다고 해석할 수도 있다(Ryken, 2009, p. 507). 예수의 이 기도야말로 “그의 죽음의 전야에 일어났던 겟세마네의 고민, 곧 자신의 어깨 위로 넘어온 인류의 죄악의 고통을 경험하는 그 고민의 한가운데서”(고병려, 1981, p. 272) 드린 기도이다. “그것은 실로 우주와 지옥의 밑창에서 우리들 모든 인간의 하락을 막기 위한” (노평구, 1998, p. 339) 기도이다.

“그리고 기도에서 일어나 제자들에게 가서 그들이 슬픔으로 잠든 것을 보셨다. ‘어찌하여 너희들이 자느냐? 일어나 너희들이 시험에 들지 않도록 기도하라.’고 예수께서 그들에게 말씀하셨다.”라는 45-46절이 예수의 기도 후의 누가의 기록이다. “그들이 슬픔으로 잠든 것을 보셨다.”는 제자들에 대한 누가의 동정적인 평가다. 예수의 죽음이 임박해오면서 제자들 역시 긴장하였고 그러한 정서 상태가 마치 변모산에서 혼수상태의 잠에 빠진 것처럼 졸음을 몰고 왔다는 해석(Bock, 1996, p. 1762)과 마찬가지의 평가다. 그러나 역시 기도하는 일이야말로 위기에 직면해 있을 때의 최선의 방략이다. 마지막 절 “시험에 굴복하지 않도록 기도하라.”라는 구절은 앞 40절의 반복이다. 이 단락에서 기도를 네 번 언급하고 있거니와 예수의 고뇌의 기도를 사탄과의 “기도의 전투”라 해설(Green, 1997, p. 781)하기도 한다. 이 전투를 통해 예수가 순종의 승리를 거둔 것이니 제자들 역시 시험에 굴복하지 않으려면 “인자 앞에 서도록 항상 기도하며 깨어 있어야”(21:36) 마땅하다.

요약컨대, 예수의 감람산 기도는 인자의 모든 특질을 여실히 보여준다. 그것은 고뇌의 기도이다. 제자들과 떨어져 예수는 홀로 무릎을 꿇고 아버지에게 “이 잔을 나에게서 옮기시옵소서.”라고 읍소한다. 그런데 이것은 고뇌의 읍소이기 이전에 순종의 기도이다. “아버지시여, 당신이 원하신다면”이 대전제이고 “아버지의 뜻이 행하여지이다!”가 목표이다. 그러므로 치열한 전투의 기도이다. 고뇌와 전투의 와중에서도 예수는 제자들에 대한 염려를 잊지 않고 “일어나 너희들이 시험에 들지 않도록 기도하라.”라고 격려한다. 결국 감람산 기도는 예수로 하여금 십자가를 짊어질 힘을 얻게 한 승리의 기도이다. "그의 땀이 떨어져 커다란 핏방울처럼 되었다."라는 누가의 기록이 이 모든 인자의 특질을 응축해 보여준다.

배신과 체포(22:47-53)

감람산에서의 기도는 끝났지만 예수가 "일어나 너희들이 시험에 들지 않도록 기도하라."라는 말씀을 채 끝내기도 전에 가룟 유다와 더불어 한 무리가 그를 체포하러 몰려왔다. 세 공관복음서 모두 이 급박한 상황을 감람산 기도와 시차 없이 직접 연결하여 하나의 장면으로 묘사한다. 특히 누가의 기사는 예수가 체포되는 사건에서 예수가 주권을 행사하듯 묘사하는 특이한 기법의 서술양식을 보여주는데, 이 점을 눈여겨보아야 한다.

> 47말씀하실 때에 한 무리가 오는데 열둘 중에 하나인 유다라 하는 자가 그들
> 의 앞에 서서 와서 48예수께 입을 맞추려고 가까이 하는지라 예수께서 이르
> 시되 유다야 네가 입맞춤으로 인자를 파느냐 하시니 49좌우가 그 될 일을 보
> 고 여짜오되 주여 우리가 검으로 치리이까 하고 50그 중에 한 사람이 대제사
> 장의 종을 쳐 그 오른편 귀를 떨어뜨린지라 51예수께서 일러 가라사대 이것
> 까지 참으라 하시고 그 귀를 만져 낫게 하시더라 52예수께서 그 잡으러 온 대
> 제사장들과 성전의 군관들과 장로들에게 이르시되 너희가 강도를 잡는 것
> 같이 검과 몽치를 가지고 나왔느냐 53내가 날마다 너희와 함께 성전에 있을
> 때에 내게 손을 대지 아니하였도다 그러나 이제는 너희 때요 어두움의 권세
> 로다 하시더라

"그리고 그가 말씀 중에 있을 때, 보라, 한 무리와 열둘 중의 하나인 유다라 하는 자가 그들의 앞장을 서고 있었다."라고 하여 유다가 열둘 중 하나인 제자라는 사실을 돋보이게 명기하고, "그가 예수께 입 맞추러 다가왔다."라는 급박한 상황을 전개한다. 이 사건이 예수가 제자들에게 "너희들이 시험에 들지 않도록 기도하라."라고 말씀할 때 돌연히 일어난 일임을 47절은 접속사 "그리고"를 사용하여 분명하게 밝힌다. "한 무리가 왔다."라고 무리의 성격은 적지 않고 있지만 예수를 배반할 유다가 앞장섰다는 사실에서 무리의 성격을 짐작할 수 있다. 더군다나 "그가 예수께 입 맞추러 다가왔다."라는 47b절(개역성경의 48a절)이 그의 음흉한 신호 속에 감춰진 교활한 계획을 쉬 짐작할 수 있게 한다. "그러나 예수께서 그에게 말씀하시기를 '유다야, 네가 입맞춤으로 인자를 배반하느냐?'라 하셨다."라는 48절에서 "입맞춤으로"라는 배반의 수단을 원문의 첫 어순에 놓아 예수가 유다의 비열한 흉계를 꿰뚫어 보고 통박함을 알 수 있다.

이어서 급박한 상황을 알아차린 제자들의 반응을 적고 있다. "그의 주변에 있던 사람들이 무엇이 일어나고 있는지를 보고 '주여, 우리가 칼로 치리이까?'라고 말하였다. 그리고 그들 중의 하나가 대제사장의 종을 쳐 그의 귀를 떨어뜨렸다."가 49-50절이다. 마태와 마가에서는 예수가 체포된 후에 제자 중 하나가 칼을 사용한 것으로 되어 있으나 누가에서는 체포된 기사가 54절에 나오므로 언제 칼을 사용하였는지가 다른 복음서들과 엇갈린다. 또 요한은 베드로가 칼을 휘두른 것이라 기록하고 있다(요 18:10). 여하튼, 제자들 중의 누군가 칼을 사용한 것은 22:36-37에 예수가 제자들에게 이제부터는 검을 준비하라고 하였을 때 제자들은 그 검이 영적인 전장에 임할 복음의 전사가 갖추어야 할 성령의 검, 곧 하나님의 말씀임을 이해하지 못하였다는 사실을 말해준다. 그리고 이제 실제로 물리적인 칼을 사용해 예수에게 충성을 바친 것이다.

"그러나 예수께서는 말씀하시기를 '이런 짓 말라!'고 하시고 그의 귀를 만져 낫게 하셨다." "이것까지 참으라."라는 개역성경의 51절은 원문의 직역이지만, 주해자들은 "이런 짓 멈추라."로 번역하고 무력을 사용하지 말라는 말씀 이상으로 원수를 사랑하라는 맥락에서 그 의미를 해석한다. 혹은 예수가 자신을 잡으러 온 자를 용서한 것이 이 세상에서 행한 마지막 기적이라고 주해하기도 한다(Garland, 2011, p. 885). 마태는 이때 예수가 "검을 가진 자는 다 검으로 망하느니라."(마 26:52)라는 말씀을 첨언하였다고 기록하고 있다.

제자들을 꾸짖은 다음, "그를 잡으러 온 대제사장들과 성전 경찰의 군관들과 장로들"도 역시 질책한다. "너희가 내가 마치 강도인 것처럼 칼과 몽치를 가지고 나왔느냐? 내가 날마다 너희들과 성전에 있었을 때 너희가 내게 손을 대지 아니하였도다. 그러나 이제는 너희의 때요 어두움의 권세로다!"라는 52b-53절이 꾸지람이다. 우선, 무기를 들고 잡으러 온 일을 두고 내가 무력을 사용할 폭력범 강도냐고 꾸짖는다. 예수의 복음이 사랑인지를 모르는 무뢰한들의 막돼먹은 짓거리라 꼬집은 것이다. 또 예수의 가르침에 귀 기울이는 백성들이 두려워 공적으로 체포하지 못하고 밤중에 몰래 기습하는 비겁한 짓거리라 꼬집은 것이다. 누가만의 기록인 "너희의 때"는 악의 세력의 절정의 순간을 가리키고 "어두움의 권세"는 선 그 자체를 지배하고 질식시키는 악령의 권위를 뜻한다(Fitzmyer, 1985, p. 1452). "너희의 때와 어두움의 권세를 연관시킴으로써 누가는 성전지도자들을 사탄의 도구라 못 박고 있다"(Green, 1997, p. 785).

물론 예수는 순순히 체포된다. 그러나 성전지도자들과 그들의 앞잡이 유다의 비열함과 사악함을 날카롭게 꼬집어 꾸짖는다. 앞서 고뇌의 겟세마네 기도를 승리라 하였거니와 여기 이 체포의 장면에서도 예수의 승리를 읽을 수 있다. 하나님의 인류구원 계획의 실현을 당당하게 표명한 예수의 발언이 그의 꾸지람의 밑바탕이기 때문이다. 반면에, 그의 꾸지람에 아무 대꾸도 하지 못하는 저들의 때와 어두움의 권세에서 허망한 권위의 수치감을 읽을 수 있다. 남부끄러운 마음에 밤도둑처럼 몰래 들이닥친 자신들의 횡포가 드러났을 때 스스로도 변명의 여지가 없었던 모양이다.

베드로의 부인과 예수를 향한 모독(22:54-65)

이제 예수는 체포되어 공회(산헤드린)로 사용되는 대제사장의 저택으로 끌려간다. 여기서 베드로의 세 번 부인과 예수에 대한 희롱과 매질이 보고되어 있다.

■ 베드로의 부인과 통곡(22:54-62)

■ 베드로의 세 번 부인(22:54-60) 본문을 읽기 전에 먼저, 예수가 베드로의 부인을 예언하며 그에게 우려와 격려의 말씀을 건넨 앞 대목 22:31-32절을 다시 읽어보겠다. "시몬아, 시몬아, 보라! 사탄이 너희를 취하려 욕심을 내어 그가 너를 밀알처럼 가려내려 한다. 그러나 내가 너를 위하여 네 믿음이 떨어지지 않기를 기도하였으니 너는 돌이킨 후에 너의 형제들을 강건케 하라."

54예수를 잡아 끌고 대제사장의 집으로 들어갈새 베드로가 멀찍이 따라가
니라 55사람들이 뜰 가운에 불을 피우고 함께 앉았는지라 베드로도 그 가
운데 앉았더니 56한 비자가 베드로의 불빛을 향하여 앉은 것을 보고 주목하
여 가로되 이 사람도 그와 함께 있었느니라 하니 57베드로가 부인하여 가로
되 이 여자여 내가 저를 알지 못하노라 하더라 58조금 후에 다른 사람이 보
고 가로되 너도 그 당이라 하거늘 베드로가 가로되 이 사람아 나는 아니로라
하더라 59한 시쯤 있다가 또 한 사람이 장담하여 가로되 이는 갈릴리 사람이
니 참으로 그와 함께 있었느니라 60베드로가 가로되 이 사람아 나는 너 하
는 말을 알지 못하노라고 방금 말할 때에 닭이 곧 울더라

"그러나 이제는 너희의 때요 어두움의 권세로다!"라고 예수가 성전의 무리에게 말씀한 후 더 이상 소란 없이 체포된다. 누가는 체포 장면을 54-55절에 이렇게 기술하고 있다. "그들이 예수를 붙잡아 끌고 대제사장의 집으로 데려갔다. 그런데 베드로가 거리를 두고 따라갔다. 그들이 안뜰 가운데 불을 피우고 함께 앉았을 때, 베드로가 그들에 섞여 앉았다." 세 공관복음서 모두 베드로가 끌려가는 예수를 거리를 두고 뒤따랐다는 사실을 "멀찍이"라는 부사로 표현하고 있다. 이는 물론 무서움에서 비롯된 행동일 테지만 다른 제자들에 비하면 그래도 베드로는 용기 있는 편이다. 마태만이 베드로가 예수에 대한 판결 결과를 보기 위해 뒤따랐다고 적고 있고 다른 기자들은 그 동기를 적지 않고 있다.

베드로가 안뜰에 앉아 있을 때 한 하녀가 "이 사람도 그와 함께 있었다."라고 하지만 베드로는 "여자여, 나는 그를 모른다."라고 부인한다. 잠시 후 다른 사람이 "너 역시 그들 중 한 사람이다."라고 할 때도 베드로는 "이 사람아, 나는 아니다."라고 한다. 한 시간 가량 지난

후 또 다른 사람이 "참으로 이 사람도 그와 함께 있었으니, 그는 갈릴리 사람이기 때문이다."라고 하지만 베드로는 "이 사람아, 나는 네가 무슨 말을 하는지 알지 못하겠다!"라고 말한다. "그가 말하고 있는 도중 그 순간에 수탉이 울었다."

세 번에 걸친 베드로의 부인은 그 강도가 점차 높아진다. "모른다"에서 "아니다"로 예수와의 관계를 부정하고, 갈릴리 사람이라는 데 대해 말도 안 되는 소리(마태에 의하면 "저주하며 맹세하여")라 하며 밀어 제친다. 어떤 학자들은 베드로의 부인이 배교라고까지 해설한다. 적어도 그의 부인은 "그의 실추된 신앙에서 비롯된…… 방자한 변절"(Fitzmyer, 1985, p. 1460)이라는 평가에 동의하지 않을 수 없다. 예수를 "하나님의 그리스도시니이다."(9:20)라고 고백하였던 베드로가 이처럼 부정한 것을 보면, "시몬아, 시몬아, 보라! 사탄이 너희를 취하려 욕심을 내어 그가 너를 밀알처럼 가려내려 한다."라고 했던 예수의 경고가 현실화한 것이라 믿을 수밖에 없다. 수탉이 울기 전에 세 번 나를 부인하리라는 예수의 예언이 적중하였으니 말이다.

■ **베드로의 통곡**(22:61-62) 베드로의 부인 그 자체를 배교 행위라 비판하는 것은 결코 억지 논리가 아니다. 그러나 그는 "심히 통곡"하고 그리하여 사탄에서 벗어나 예수의 제자로서 자신의 자리를 회복한다.

> **61**주께서 돌이켜 베드로를 보시니 베드로가 주의 말씀 곧 오늘 닭 울기 전에 네가 세 번 나를 부인하리라 하심이 생각나서 **62**밖에 나가서 심히 통곡하니라

수탉이 울 때 "주께서 돌이켜 베드로를 보셨다. 그때 베드로가 '수탉이 오늘 울기 전에 네가 나를 세 번 부인하리라.'라고 그에게 말씀하신 주님의 말씀을 기억했다. 그리고 그가 밖에 나가 심히 통곡했다."가 이 단락 마지막 61-62절이다. 주께서 대제사장 안뜰 어디에 계셨다는 언급이 없이 "주께서 돌이켜 베드로를 보셨다."라고 누가만이 적고 있으니 이것이 역사적인 현실인지 여부는 의심스러울 수도 있다. 그러나 좌우지간 베드로의 눈에는 예수가 보였을 것이다. 아마도 베드로는 "네가 나를 세 번 부인하리라."라는 예수의 말씀뿐만 아니라 "사람들 앞에서 나를 부인하는 누구든지 하나님의 천사들 앞에서 부인되어지리라."(12:9)라는 말씀 역시 상기했을지도 모른다. 그리하여 "그가 밖에 나가 심히 통곡"하였을 것이다. 이 통곡이 베드로와 유다의 차이점이다. 이 통곡으로 그는 사탄에서 벗어날 수 있었다. "내가 너를 위하여 네 믿음이 떨어지지 않기를 기도하였으니"라는 예수의 기도가 베드로의 통곡의 원천의 힘이 되었다. 그리하여 누가의 행 4:5-12의 기록이 보여주듯, 훗날 베드로는 산헤드린 공회에서 대제사장 안나스와 가야바 등에게 기탄없이 담대하게 예수 그리스도를 증거할 수 있었다. 죄과가 없는 사람보다 죄를 저지르고 통회하는 사람이 더욱 신실한 신자일 수도 있다.

▪▪ 예수를 향한 성전지도자들의 모독(22:63-65)

▪ 비열한 희롱을 퍼붓다(22:63-65) 대제사장의 저택에서는 예수에 대한 심한 모독이 행해졌다.

63지키는 사람들이 예수를 희롱하고 때리며 64그의 눈을 가리우고 물어 가로되 선지자 노릇 하라 너를 친 자가 누구냐 하고 65이 외에도 많은 말로 욕하더라

"그(예수)를 붙잡아놓고 있는 자들이 그를 희롱하며 때렸고, 그들이 또한 그를 눈 가리고 비아냥거려 '예언하라! 너를 쳤던 자가 누구냐?'라고 물었다." 이처럼 63-64절에 저들이 예수를 모독한 몇 가지 예를 들추고 있는데, 물리적인 폭력을 포함해 예수에게 예언자 노릇을 시켜보는 비열한 희롱이 그것이다. 저들이 누구인가는 52절에 예수를 잡으러 온 성전의 지도자들과 추종자들일 것이 자명하다. "그리고 그들이 그에게 많은 다른 모독들을 쏟아부었다."라고 하니 63-64절에 적힌 것들은 몇 예에 불과하다는 말이다.

학자들은 이 63-65절에서 예수를 대명사 "그"라 부름으로써 발생하기 쉬운 오해의 소지에 주목한다. 이 대명사 표현이 62절 "그가 밖에 나가 심히 통곡하였다."에서 베드로를 "그"라 지칭해 표현한 것과 혼동된다고 한다. 문법적으로 독해할 때 "그"라는 대명사는 베드로를 지칭하는 것일 수 있기 때문이다. 그리하여 NIV는 63절 "그를 희롱하고"에서 대명사를 피하고 대신 "예수를 희롱하고"라 번역한다. 우발적인 일치일 수도 있지만, 그 일치는 대제사장 저택의 수난 이야기 묘사에서 예수에 대한 모독과 예수에 대한 베드로의 부인을 대조하고 있다고 해석한다(Liefeld and Pao, 2007, p. 324). 반어적인 해석이지만, 일면 그럴직하기도 하다.

예수에 대한 심문(22:66-23:25)

앞에 서술한 대제사장 저택에서 행한 예수에 대한 모독은 성전의 무리가 저지른 중구난방의 횡포이지 공적인 심문이 아니다. 밤이 지나 날이 밝으니 산헤드린의 공적인 모임이 열려 심문이 개최되었고 그 후 몇 차례의 법적인 심문 끝에 십자가형이 판결된다. 우선 산헤드린 심문이 있은 다음 빌라도의 공청회(23:1-5), 헤롯의 공청회(23:6-12), 그리고 판결(23:13-25)이 이루어진다. 예수에 대한 이 일련의 심문과 판결은 연속적인 사건이므로 하나의 단원 내에서 별개의 단락으로 읽겠다.

■ **산헤드린 심문**(22:66-71) 십자가형 판결이 확정되는 데 가장 직접적인 계기는 산헤드린 심문이다. 당초 유대교 지도자들의 의도적인 살해 계획대로 진행되고, 예수는 체포 현장에서 "이제는 너희의 때요 어두움의 권세로다!"라고 말하고 그대로 그들의 심문에 응한다. 유대교 지도자들이 예수를 십자가형에 처한 이유가 바로 이 단락에 명료하게 적혀 있다. 자신들이 섬기는 유일신 하나님의 아들이라는 예수의 거침없는 단호한 답변 때문이다.

> 66날이 새매 백성의 장로들 곧 대제사장들과 서기관들이 모이어 예수를 그
> 공회로 끌어들여 67가로되 네가 그리스도여든 우리에게 말하라 대답하시되
> 내가 말할지라도 너희가 믿지 아니할 것이요 68내가 물어도 너희가 대답지
> 아니할 것이니라 69그러나 이제 후로는 인자가 하나님의 권능의 우편에 앉아
> 있으리라 하시니 70다 가로되 그러면 네가 하나님의 아들이냐 대답하시되 너
> 희 말과 같이 내가 그니라 71저희가 가로되 어찌 더 증거를 요구하리요 우리
> 가 친히 그 입에서 들었노라 하더라

“날이 새었을 때 백성의 장로들인 대제사장들과 서기관들 양자의 의회가 모여 예수를 공회에 데려왔다.”라는 66절에서 누가는 공회가 밤이 지나 해가 뜬 후에 열렸다고 적고 있다. 그런데 마태와 마가는 밤에 심문한 것으로 보고하고 있다. 이 차이에 대해 여러 논란이 있지만 (Bock, 1996, pp. 1791-1793), 22:66-71에 대응하는 마가의 기사 “새벽에 대제사장들이 즉시 장로들과 서기관들 곧 공회로 더불어 의논하고”로 미루어 짐작컨대 아마도 누가의 기록은 여러 심문 중에서 결정적인 장면의 때를 적은 것이라 보인다(Liefeld and Pao, 2007, p. 326). 마가와 요한의 병행기사를 보면 성전지도자들이 적어도 예수를 두 번 심문하였다.

누가가 기록한 공회의 첫 심문과 예수의 첫 대답이 67-68절이다. “그들이 ‘네가 메시아냐? 우리에게 말하라!’라고 하였다. 그가 대답하시기를 ‘내가 말한다 해도 너희가 믿지 않을 것이요, 내가 질문한다 해도 너희가 대답하지 않을 것이다.’라고 하였다.” 원문에서는 “메시아”가 “그리스도”인데 당시 “그리스도”가 고유명사로 쓰이지 않았기 때문에 메시아라 번역하는 것이 보통이다. 공회의 첫 심문이 예수가 메시아이냐는 것인데, 실상 예수는 스스로 메시아 혹은 그리스도라 말한 적이 없다. 예수의 첫 대답은 나와 너희들 사이에 의사소통의 신뢰가 결여되어 있다는 것이다. 대답이라기보다 응대라 해야 할 이 반응은 20:1-8에 기술된 예수와 성전지도자들과의 대화의 단절을 연상케 한다.

이어서 예수는 69절에 “그러나 지금부터는 인자가 하나님의 권능의 우편에 앉아 있으리라.” 하고 메시아성의 극치를 일러준다. “지금부터”라 함은 이제 새로운 시대가 열린다는 것이다. 이때 스스로를 “인자”라 부른 것은 63-65절에 적힌 무리의 예수에 대한 모독에 빗대어 사용한 호칭이며, 이에 대비하여 "하나님의 권능의 우편"은 하나님의 주권의 지고한 영광을 맡아 통치할 것을 표현한 것이다(Green, 1997, p. 795). 예수의 말씀은 시편 110편을 인용한 것이 분명하다. 이미 예수가 20:41-44에서 이 시편을 인용하였기 때문이다. 이 의도적인 인용은 하나님의 능력으로, 원수들에 대해 그의 승리를 함축할 수도 있다(Fitzmyer, 1985, pp. 1462-1463). 하지만, 유대교의 완고하고 편협한 유일신관에서는 하늘의 보좌에 앉아 계신 분은 오로지 야훼 혼자이시므로 종교지도자들이 그 올바른 의미를 이해했을 리 만무하다.

결국 산헤드린의 심문은 기대 이상의 소득을 얻은 셈이다. 그리하여 그들은 예수의 답변을 다시 한 번 확인한다. "그들 모두가 묻기를 '그렇다면, 네가 하나님의 아들이냐?'라고 하니 그가 그들에게 말하기를 '네가 말한 것이 나다.'라고 하였다." 이때 그들 모두가 물었다는 것이 중요하다. 산헤드린이 만장일치로 예수를 그들 종교의 마귀로 몰아세운 것이다. 그들이 다그친 이 질문은 예수의 공생애 시작 전에 마귀의 시험에서 반복된 "네가 만일 하나님의 아들이라면"(4:3, 9)이라는 말과 우연찮게도 꼭 닮았다. 참으로 우연찮은 일이다. 그런데 누가는 예수가 "네가 말한 것이 나다."라고 하였고 마가는 "내가 그다."라고 하였다고 기록하고 있다. 어느 기록이 더 강직한 표현인지 모르겠으나 두 기록 모두가 철두철미한 긍정이다. 마귀 씌워진 성전지도자들의 "네가 하나님의 아들이냐?"라는 질문을 긍정해줌으로써 예수는 하나님과 인자가 하나임을 긍정한 것이다. 누가가 기록한 "네가 말한 것이 나다."라는 답변 속에는 너희들의 입으로 내가 누구인가를 증언한 것이라는 풍자적인 역설도 담겨 있다. 그리하여 산헤드린 심문의 결론은 "어찌 더 이상의 증거를 우리가 요구하리요? 우리가 그 증거를 그 자신의 입에서 들었도다!"라는 말씀에 있다.

■ **빌라도 앞에서의 심문**(23:1-5) “우리가 그 증거를 그 자신의 입에서 들었도다!”라는 공회의 결론이 비록 사형 선고와 같을지라도 사형은 로마의 사법권이 결정할 일이지 공회가 임의로 집행할 수 있는 일이 아니다. 따라서 유대 지도자들은 예수를 로마의 권위인 총독 빌라도에게 끌고 간다.

> 1무리가 다 일어나 예수를 빌라도에게 끌고 가서 2고소하여 가로되 우리가
> 이 사람을 보매 우리 백성을 미혹하고 가이사에게 세 바치는 것을 금하며 자
> 칭 왕 그리스도라 하더이다 하니 3빌라도가 예수께 물어 가로되 네가 유대인
> 의 왕이냐 대답하여 가라사대 네 말이 옳도다 4빌라도가 대제사장들과 무리
> 에게 이르되 내가 보니 이 사람에게 죄가 없도다 하니 5무리가 더욱 굳세게
> 말하되 저가 온 유대에서 가르치고 갈릴리에서부터 시작하여 여기까지 와서
> 백성을 소동케 하나이다

“그러고 나서 그들 모두가 일어나서 예수를 빌라도에게 데려갔다. 그리고 그들이 그를 고발하여 말하였다. ‘이 자가 우리나라를 오도하고 가이사에게 세 바치는 것을 금하며 자칭 메시아, 왕이라 말하고 있습니다.”가 1-2절이다. 산헤드린 전체가 만장일치 하에 예수를 빌라도에게 고발하였음을 강조하고 그 내용을 적고 있다. 산헤드린의 대제사장 가야바는 유대의 로마 총독 빌라도와 친밀한 관계에 있었다고 한다. “인자가 이방인들에게 넘겨지리라.”(18:32)라는 것은 이미 예수가 예언한 바다. 그들이 빌라도에게 고발한 예수의 죄목은 셋이다. 첫째는 유대 나라를 오도하였다는 것으로, 학자들은 이를 율법과 예언을 왜곡함으로써 백성을 타락시킨 죄목이라 해석한다. 이 죄목은 유일신 유대교에 대한 종교적 성격의 고발이라기보다 백성의 도덕적 규준

의 붕괴와 사회적 혼란을 고발한 것에 해당하고, 그렇기에 치안질서를 책임지던 빌라도의 권한에 속한 문제인 것이다(Liefeld and Pao, 2007, p. 329). 둘째와 셋째는 로마법과 질서를 위배한 것에 대한 직접적인 고소이다. 둘째는 가이사에게 세를 바치는 것을 금했다는 것인데, 오래전부터 그들이 예수를 이 흉계에 옭아매려 애썼던 것을 20:20-26에서 알 수 있다. 한마디로 정치적인 올가미에 걸려들게 하려는 사이비 꾀일 따름이다. 셋째는 메시아라 자칭한다는 죄목으로, 메시아를 왕이라 다시 풀이해 고소하고 있는 것을 보면 가이사에게 항거하는 반란죄목으로 꼽고 있음을 알 수 있다(Green, 1997, p. 801).

이제 빌라도의 심문과 예수의 답변이 간략하게 3절에 기술되어 있다. 빌라도는 "네가 유대인들의 왕이냐?"라고 심문하고 예수는 "네가 말한 바다."라고 답한다. "네가 유대인들의 왕이냐?"라는 질문의 발상으로 보아 아마도 빌라도는 산헤드린의 고발을 예수가 로마제국에 항거한 것이 아니라 "무해한 괴짜"(앞의 책, p. 801)이거나 혹은 "신에 대한 모독"(Ryken, 2009, p. 549)이라 받아들인 것 같다. "유대인의 왕"이라는 것이 로마인의 눈으로는 죄목일 수 없다(Fitzmyer, 1985, p. 1474). 그의 질문에 대한 예수의 긍정의 대답을 듣고 빌라도는 "나는 이 사람에게서 아무 유죄도 찾지 못하겠다."라고 대제사장들과 무리에게 말한다. 빌라도의 무죄 발언을 들은 유대 지도자들은 예수가 백성을 선동한다고 5절에 더욱 절박하게 간청한다. "그러나 그들은 집요하였고 '그가 갈릴리에서부터 시작하여 이곳에까지 온 유대를 두루 가르쳐 백성을 선동하고 있다.'고 말하였다."

■ **헤롯 앞에서의 심문**(23:6-12) 누가의 수난 이야기 단원에 헤롯 앞에서의 심문이 느닷없이 삽입되어 있어 학자들을 당혹케 만든다. 그

런데 누가의 헤롯 안티파스에 관한 기사들을 읽으면 공교롭게도 이 심문기사와 동일한 맥락적 배경을 지님을 알 수 있다. 다른 무엇보다, 헤롯이 예수의 행적을 듣고 세례요한이 죽은 자 가운데서 살아났다는 풍문에 접하여 "요한은 내가 목을 베었거늘 이제 이런 일이 들리니 이 사람이 누군고 하며 저(예수)를 보고자 하더라."(9:9)라고 한 것이 우선 심문기사와 같은 배경이다. 게다가 "여기를 떠나소서. 헤롯이 당신(예수)을 죽이고자 하나이다."(13:31)라고 예수에게 예루살렘에 접근하지 말기를 권한 기사도 헤롯 앞에서의 심문과 일맥상통한다. 이로 미루어 헤롯 앞에서의 심문은 우연히 삽입된 기사가 아니라 누가의 치밀한 집필계획에 따라 쓰여진 특종 기사라 보인다.

> 6빌라도가 듣고 묻되 저가 갈릴리 사람이냐 하여 7헤롯의 관할에 속한 줄을
> 알고 헤롯에게 보내니 때에 헤롯이 예루살렘에 있더라 8헤롯이 예수를 보고
> 심히 기뻐하니 이는 그의 소문을 들었으므로 보고자 한 지 오래였고 또한
> 무엇이나 이적 행하심을 볼까 바랐던 연고러라 9여러 말로 물으나 아무 말도
> 대답지 아니하시니 10대제사장들과 서기관들이 서서 힘써 고소하더라 11헤
> 롯이 그 군병들과 함께 예수를 업신여기며 희롱하고 빛난 옷을 입혀 빌라도
> 에게 도로 보내니 12헤롯과 빌라도가 전에는 원수이었으나 당일에 서로 친구
> 가 되니라

누가는 헤롯 앞에서 예수가 심문받은 일이 우연찮은 사건임을 기사화하고 있다. 앞 5절에서 성전지도자들이 예수의 가르침에 대해 갈릴리에서 시작하여 이곳에 이르기까지 온 이스라엘에 걸친 사회적인 선동이라는 교활한 고발을 하였다. 그 후에 "빌라도가 이것을 들었을 때 그는 이 사람이 갈릴리 사람이냐고 물었다. 그리고 예수가 헤롯의

관할에 있었던 것을 들었을 때 빌라도가 그를 헤롯에게 보내니 헤롯이 그즈음에 예루살렘에 있었더라."가 6-7절이니 참으로 공교로운 계기로 예수가 헤롯 앞에 서게 되었음을 기술하고 있다. "헤롯이 예수를 보았을 때 매우 기뻐하였으니 그가 오랫동안 그를 보고자 원했기 때문인데 왜냐하면 그가 예수에 관해 들은 바 있었고 예수가 수행하는 어떤 표적을 보기를 바랐기 때문이다. 그가 예수에게 꽤 길게 질문하였지만 예수가 아무 대답도 하지 않았다."가 8-9절이다. 이 8절의 배경이 이 단락 서두에 적은 9:7-9의 맥락이다. 헤롯이 예수를 보고 자기가 목을 벤 요한이 죽음에서 일으켜진 것이 아님을 알고 매우 기뻐하기도 하였을 것이다. 심문의 자리에서 헤롯이 예수에게서 표적을 보기를 원했다니 그가 자신의 천박함을 드러낸 것이다. 또 꽤 길게 질문했다고 하지만 경박한 물음이었을 것이다(Bock, 1996, p. 1819). 빌라도의 질문에도 답하였던 예수가 헤롯의 질문에는 아무 대답도 하지 않았다니, 아마도 그를 무시한 듯하다. 헤롯의 심문이 제대로 이루어지지 않자 "대제사장들과 서기관들이 곁에 서서 예수를 격렬하게 고발했다."가 10절이다.

예루살렘 지도자들이 "격렬하게 고발"한 것에 대해 헤롯은 예수를 모욕함으로써 그들에게 맞장구를 쳤다. "심지어 헤롯이 그의 군병들과 함께 예수를 모욕하고 희롱하며 눈부신 옷을 입혀 그를 빌라도에게 돌려보냈다. 전에는 원수였던 그들이 바로 그날 헤롯과 빌라도가 서로 친구가 되었다."가 11-12절이다. "눈부신 옷을 입혔다."라는 11절의 진술을 두고 학자들 사이에 흰옷인지 자줏빛 옷인지 의견이 엇갈린다. 흰옷이라면 무죄의 상징이고(Fitzmyer, 1985, p. 1482) 자색 옷이라면 제왕을 상징하는(Bock, 1996, p. 1821) 것이라 한다. 무죄를 상징하든 제왕을 상징하든 눈부신 옷은 예수를 조롱하기 위한 도구임에 틀림

없다. 마지막으로 12절에 누가는 빌라도와 헤롯의 인간관계를 언급하고 있다. 학자들은 누가가 로마의 정치세력들에 대해 상당한 통찰력을 갖고 있음을 확인하고, 행 4:27의 진술을 인용하며 두 로마 통치자들이 예수에 대한 심문에서 합의와 화해를 보인 것이 역사적인 사실임을 인정한다. 빌라도와 헤롯은 예수를 정죄하는 책임을 서로 나누어 가짐으로써 동지애 역시 공유한다.

■ **예수에 대한 선고**(23:13-25) 헤롯이 예수를 다시 빌라도에게 보냄으로써 빌라도에 의한 최종 심문이 수행된다. 빌라도는 예수의 무죄를 재차 확인하여 세 번씩이나 석방코자 하였다. 첫 번째(13-19절), 두 번째(20-21절), 그리고 세 번째(22-23절)에 걸쳐 대제사장들과 종교지도자들과 백성의 완강한 저항에 부딪혀 마침내 그들의 요구대로 십자가형을 선고한다. 이 판결이 갖는 또 다른 역설은 폭동과 살인의 죄인 바라바를 석방하고 죄 없는 예수에게 십자가형을 선고한 것이다.

> **13**빌라도가 대제사장들과 관원들과 백성을 불러 모으고 **14**이르되 너희가 이
> 사람을 백성을 미혹하는 자라 하여 내게 끌어왔도다 보라 내가 너희 앞에서
> 사실하였으되 너희의 고소하는 일에 대하여 이 사람에게서 죄를 찾지 못하
> 였고 **15**헤롯이 또한 그렇게 하여 저를 우리에게 도로 보내었도다 보라 저의
> 행한 것은 죽일 일이 없느니라 **16**그러므로 때려서 놓겠노라 **17**(없음)
> **18**무리가 일제히 소리 질러 가로되 이 사람을 없이하고 바라바를 우리에게
> 놓아주소서 하니 **19**이 바라바는 성중에서 일어난 민란과 살인을 인하여 옥
> 에 갇힌 자러라 **20**빌라도는 예수를 놓고자 하여 다시 저희에게 말하되 **21**저
> 희는 소리 질러 가로되 저를 십자가에 못박게 하소서 십자가에 못박게 하소
> 서 하는지라 **22**빌라도가 세 번째 말하되 이 사람이 무슨 악한 일을 하였느냐

나는 그 죽일 죄를 찾지 못하였나니 때려서 놓으리라 한대 23저희가 큰 소리
로 재촉하여 십자가에 못박기를 구하니 저희의 소리가 이긴지라 24이에 빌라
도가 저희의 구하는 대로 하기를 언도하고 25저희의 구하는 자 곧 민란과 살
인을 인하여 옥에 갇힌 자를 놓고 예수를 넘겨주어 저희 뜻대로 하게 하니라

"빌라도가 그때 대제사장들과 지도자들과 백성을 불러 모아서 그들에게 말했다."라고 우선 적고 있다. 대제사장들과 장로들과 서기관들을 포함한 종교지도자들, 여기에 심지어 백성까지 빌라도가 불러 모았다는 것이다. 누가의 기록에서 "백성"과 "무리"라 부르는 두 집단은 각각 성격이 달라서 "백성"은 예수에게 적대적인 사람들은 아니라 해설하기도 한다(Liefeld and Pao, 2007, p. 330). 예컨대 23:27과 24:19 등에서 백성은 예수의 추종자들이라는 맥락을 갖는다고 본다. 이 견해에 모든 학자가 합의하는 것은 아니지만, 이에 따르면 예수의 최종 심문은 일종의 배심재판과 같은 형식을 취한 것이라 볼 수 있다.

빌라도가 그들에게 한 말도 꽤 자상하다. "너희가 이 사람이 백성을 오도하던 자라고 내게 데려와서 여기서 너희가 지켜보는 가운데 내가 그를 조사했고 너희가 고소한 어떤 것에 대해서도 그가 유죄임을 찾지 못했다. 헤롯도 유죄임을 찾지 못해 그를 우리에게 돌려보냈다. 진실로 그가 죽음에 해당하는 아무것도 행한 것이 없도다. 나는 그러므로 그를 매질하여 석방하겠노라."가 14-16절이다. 배심재판과도 같다고 하였지만 "너희가 지켜보는 가운데 내가 그를 조사했다."라는 진술을 통해 고소한 유대인들의 입장을 배려하며 조사했다는 점을 밝히고, 예수의 무죄와 석방을 제기한 것이다. 빌라도가 헤롯 역시 자기와 의견이 같다고 진술하였으나, 실제로 헤롯 역시 예수가 무죄라는 입장을 견지하였는지는 의심스럽다(Green, 1997, p. 809). "매질"은

당시 징계처분에 해당하는 징벌이라 한다. (어떤 사본에는 17절에 축제일에 옥에 갇힌 한 사람을 석방한다는 구절이 있다고 하는데 그 신빙성을 의심하여 삭제하는 것이 보통이다.)

이제 18절부터 새로운 국면의 재판이 시작된다. "그때 그들 모두가 함께 '이 녀석을 치워버려요! 바라바를 우리에게 석방하소서!'라고 소리 질렀다. 이 자는 도시에서 일어난 폭동과 살인으로 옥에 갇혔던 사람이다." 이렇게 외쳐댄 자들이 예루살렘 지도자들임은 분명하지만 백성도 함께 소리쳤는지는 미지수이다. 하나님의 백성이라 불리는 유대교인들이 폭동과 살인으로 옥에 갇힌 범죄자 바라바를 석방하고 그 대신 (빌라도조차 무죄라 주창한) 예수를 살해하라는 폭거를 행하고 있는 것이다. 종교적인 신념이 사탄에 사로잡히면 사탄 이상의 악령이 덧씌워지는 모양이다.

"빌라도는 예수를 석방하기를 원하여 그들에게 재차 연설했으나, 그들이 계속 소리 질러 '십자가에, 십자가에 못박으소서 그를!' 하였다."가 20-21절이다. 처음에는 살인범 바라바를 예수 대신 석방하라 하더니 두 번째에는 예수를 십자가에 못박으라고 요구한다. 그것도 "십자가에, 십자가에!"라고 두 번씩이나 외쳐대니 아주 광란이다. 십자가형은 오장육부를 손상시키지 않고 출혈조차 심하지 않아 절명의 시간이 오래 걸리는 잔인한 징벌이다. 그 때문에 당시 로마인에게는 적용하지 않는 처형이었다. (월터 L. 라이펠트(Walter L. Liefeld)와 데이비드 W. 파오(David W. Pao)는 이 20-21절의 주해를 개정판 EBC(2007)에서 아예 제외하고 있다.)

누가의 기록은 또다시 22-23절에 이어진다. "세 번째로 빌라도가 그들에게 말하기를 '왜, 무슨 악(잘못)을 그가 저질렀느냐? 나는 사형 선고의 근거를 그에게서 찾지 못하였나니, 그러므로 그를 매질한 다음 석방하겠노라.'"라고 하였다. 예수의 무죄에 관해 "무슨 악을 그가 저질렀느냐?"라는 빌라도의 세 번째 힐문에는 그의 양심에 비추어 무죄를 주창하는 강한 어조보다는 무리한 어거지 요구에 순응할 수밖에 없다는 허약한 어조가 묻어난다(Fitzmyer, 1985, p. 1489). 결국, "그러나 그들은 큰 소리로 그가 십자가에 못박혀야 한다고 성화같이 요구하기를 계속했으니, 그들의 외침이 이겼다."가 23절이다. 누가는 이 23절에서 빌라도에게 초점을 맞추는 것이 아니라 군중의 외침에 초점을 맞추고 있다(Liefeld and Pao, 2007, p. 331). 학자들은 군중의 성화같은 요구에 "아마도 빌라도가 한 사람이 죽는 일이 군중의 폭동보다 낫다고 판단했을 것"(Bock, 1996, p. 1832)이라고 해설하는데, 이는 빌라도가 예수의 십자가형 선고보다 군중의 폭동을 더 무서워했다는 의미다.

"그리하여 빌라도는 판결을 내려 그들의 요구를 승인했다. 그는 그들이 요청했던 사람, 폭동과 살인으로 옥에 갇혀 있던 자를 석방하였고 예수를 그들의 의지대로 넘겨주었다."라는 24-25절로 심문과 판결은 끝난다. "판결을 내려"라는 표현은 희랍어 성서의 맥락에 비추어 오심판결이라는 함의를 가질 수도 있다(Green, 1997, p. 811). 그도 그럴 것이 빌라도가 예수를 자기의 의지에 따라 판결한 것이 아니라 성전의 지도자들과 백성의 의지대로 넘겨주었기 때문이다. 막 15:15-16과 마 27:26-27에서는 예수를 병졸들에게 넘겨주었다고 기술하고 있으나, 누가는 유대인들의 의지에 넘겨주었다고 기술함으로써 십자가형 집행의 책임을 유대인들에게 돌린다(Bock, 1996, p. 1833).

그렇다면 빌라도에게는 책임이 없는 것인가? "그들의 외침이 이겼다."라고 적은 다음에 누가는 빌라도가 그들의 요구를 승인하는 판결을 내렸다고 적고 있다. 이로써 빌라도가 예루살렘 지도자들과 백성의 의지에 굴복하였다는 책임은 적어도 면할 수 없다는 사실을 표현하고 있다(Fitzmyer, 1985, p. 1492). 더불어, 빌라도는 폭동과 살인의 범법자를 군중의 요구에 따라 방면한 책임에서도 자유롭지 못하다.

VIII

십자가 위의 죽음

〈십자가에서 내려지다 The Descent from the Cross〉, 1632-1633

누가는 이 제VIII부를 골고다에 끌려감(23:26-31), 십자가에 못박힘(23:32-38), 두 범죄자와의 대화(23:39-43), 예수의 죽음(23:44-49) 그리고 예수의 장례(23:50-56)라는 독자적인 다섯 단원으로 구성하고 있다. 각 단원마다 독자적 사건의 이야기 담화를 수록하고 있지만 그 속에서 예수는 사형이라는 법적 집행을 당하는 입장임에도 불구하고 이 모든 사건을 자신의 주권으로 꿋꿋이 통제한다는 강렬한 인상을 전해준다. 우리는 십자가에 못박힌 비참의 극치인 예수의 모습에서 참으로 그가 하나님의 아들이고 메시아라는 밑바탕의 의미를 읽을 수 있다. 공생애 사역을 통해 전해준 복음을 넘어 예수가 그리스도임을 여기서 깨달을 수 있어야겠다.

십자가로 가는 길(23:26-31)

▪ **구레네 사람 시몬이 십자가를 운반하다**(23:26)   본래는 예수 자신이 십자가를 메고 예루살렘 북쪽 다메섹 문을 통해 골고다로 향하였다. 십자가를 목덜미에 걸쳐 메고 걸어야 하는데 이미 신체적으로 소진한 예수는 그 무게를 견디지 못해 여러 번 쉬어야 했다.

> **26**저희가 예수를 끌고 갈 때에 시몬이라는 구레네 사람이 시골로서 오는 것을 잡아 그에게 십자가를 지워 예수를 좇게 하더라

초두 "그들이 예수를 끌고 갈 때"에서 "그들"이 누구인지 명세하지 않고 있다. 로마 병졸이라 생각하는 학자도 있지만, 누가의 "그들(저들)"이라는 대명사 용례로 보아 "대제사장들과 종교지도자들과 백

성"(23:13)이라 보아야 한다(Fitzmyer, 1985, p. 1496). "그들이 시골서 올라오고 있던 구레네 사람 시몬을 붙잡았다."라고 하는데 구레네 사람이라는 것 외에는 시몬에 대해 밝히지 않고 있다. 구레네는 오늘날 북아프리카 지역의 리비아라 한다. 막 15:21에 시몬이 "알렉산더와 루포의 아비"라는 기록으로 보아, 이 사람은 유대인으로 유월절 축제를 위해 예루살렘으로 오는 중이었던 것으로 추측된다. 한데, 왜 마가는 무명의 시몬의 아들들의 이름을 여기서 거론하였을까. 아마도 이들은 부친의 영향으로 잘 알려진 초대교회의 신자였을 것이다(Ryken, 2009, p. 579). 어쨌든, 시몬을 잡아 "그에게 십자가를 짊어지우고 예수 뒤에서 그것을 운반케 하였다."라고 한다. 예수는 전날 밤 겟세마네에서부터 모진 고문을 받아 체력이 소진된 상태였다. 하지만 예수를 배려해서가 아니라 골고다에서 십자가형에 처하기 전에 죽을 것을 염려해 시몬에게 억지로 십자가를 짊어지게 하였을 것이라 추측하기도 한다(앞의 책, p. 570).

■ **예루살렘의 딸들아, 나를 위해 울지 말라**(23:27-31) 십자가로 가는 길에 예수가 그를 위해 통곡하고 슬퍼하는 큰 무리의 여인들을 만나 담화하는 누가의 독자적인 기사다. 그런데 그 담화의 내용이 어두움의 예언이다.

> **27**또 백성과 및 그를 위하여 가슴을 치며 슬피 우는 여자의 큰 무리가 따라
> 오는지라 **28**예수께서 돌이켜 그들을 향하여 가라사대 예루살렘의 딸들아
> 나를 위하여 울지 말고 너희와 너희 자녀를 위하여 울라 **29**보라 날이 이르면
> 사람이 말하기를 수태 못하는 이와 해산하지 못한 배와 먹이지 못한 젖이 복
> 이 있다 하리라 **30**그때에 사람이 산들을 대하여 우리 위에 무너지라 하며 작

은 산들을 대하여 우리를 덮으라 하리라 31 푸른 나무에도 이같이 하거든 마
른 나무에는 어떻게 되리요 하시니라

"그리고 그를 따르는 백성의 많은 무리와 그를 위하여 가슴을 치며 통곡하는 여자들의 많은 무리가 있었다."라는 27절은 백성의 많은 무리와 여자들의 많은 무리가 예수를 따랐다고 독해할 수도 있지만, 본서에서는 NRSV처럼 "백성의 큰 무리가 예수를 따랐고 그 무리 중에 그를 위해 가슴을 치고 통곡하는 여자들이 있었다."라고 읽겠다. 이어서 "그러나 예수께서 그들에게 돌아서 말하였다." 하고 "예루살렘의 딸들아"라고 부르는데, 이 호칭을 통해 예수의 담화의 표적이 여자들임을 알 수 있다. "나를 위해 울지 말고 너희와 너희 자녀들을 위해 울라."라는 첫 마디가 담화의 상대를 분명히 한다. 이 예루살렘의 딸들이 큰 소리로 울며 예수가 십자가에 못박히기 위해 골고다로 가는 길을 뒤좇는다. 그 이유는 물론 예수의 운명을 안타까워하는 슬픔 때문이겠지만, 그럼에도 불구하고 전체 맥락에서 볼 때 백성과 여자들이 예수와의 관계에서 어떤 성격의 무리인지가 모호하다. 학자들은 이 여자들이 반드시 예수를 따르는 제자들은 아닐 것이라 논의한다. 이들이 갈릴리의 딸들이 아니라 예루살렘의 여자들이기 때문이기도 하고 이어지는 담화가 어두움의 예언이기도 하기 때문이다.

"예루살렘의 딸들아"라는 호칭은 구약의 용례도 그러하거니와 예수의 슬픔의 표현이므로, 이스라엘 국가를 가리키는 것이라 해석한다. 그리고 "나를 위해 울지 말고 너희와 너희 자녀들을 위해 울라."라는 말씀은 만일 너희가 무슨 일이 일어날 줄 알았더라면 나를 위해 우느니보다 너희 자신들을 위해 우는 것이 더욱 옳은 일이라는 뜻을 함축한다(Fitzmyer, 1985, p. 1498). 이렇게 말씀한 이유는 큰 재앙을 맞닥뜨

릴 것이기 때문이다. “‘수태 못하는 이와 출산 못하는 자궁과 젖 먹이지 못하는 가슴이 복이 있도다!’라 말하는 날들이, 보라, 오고 있기 때문이다.”라고 예언한다. 축복이어야 할 임신과 출산과 수유가 재앙이 되는 날이 예루살렘 내지 이스라엘에 임박하였으니 슬퍼해야 할 것은 예수의 죽음이 아니라 너희 자신들과 자손들이어야 한다는 말씀이다. 예수는 예루살렘 멸망에 대해 이미 13:34, 19:41-44과 21:20-24에 언급하였고, 통한해 마지않은 나머지 울었다. 예수가 운 것처럼 예루살렘의 딸들에게도 울라고 하였다. 혹은 베드로가 예수를 세 번 부인한 후 울었던 것처럼 “예수가 그들의 지원을 가장 필요로 했을 때 그들이 예수와 함께 노선을 걷지 않은 과실에 비추어 보아 울라고 한다” (Green, 1997, p. 815). 예수가 그들의 동정을 책망하는 것은 아닐지라도 그들이 예수를 위해 울기보다는 차라리 해야 할 다른 일이 있다는 것이다(Ryken, 2009, p. 572).

“그때 그들이 산들을 향해 ‘우리 위에 무너져라.’ 말하고 언덕들을 향해 ‘우리를 덮으라.’ 말할 것이다.”라는 30절은 온 나라가 우상숭배로 하나님을 배반하여 심판받을 때의 호 10:8의 기록을 인용한 것이다. 재앙의 심판을 받는 그들이 산과 언덕을 향해 무너져 덮치라고 말하는 것은 재앙을 오래 끌지 말고 삽시간에 끝내라는 뜻이다. 그리고 “(만일 그들이) 이런 일들이 나무가 푸를 때에도 행하여졌다면, 나무가 메말라 있을 때 어떻게 할 것이냐?”라는 31절은 당시의 격언을 인용한 것이라 하는데 그 해설은 학자들마다 다양하다(Fitzmyer, 1985, p. 1498). 여기서는 다양한 해설을 낱낱이 열거하지 않고 다수의 학자가 선호하는 해설을 취하겠다. 메마른 나무에 대조한 녹색의 푸른 나무는 습기를 품고 있는 나무이다. 본래 원문에는 “그들”이라는 복수 삼인칭이 주어로 쓰여 있지만 이 주어가 하나님을 지칭하는 수사적인 간접어법의 대명사 사용이라 생각하고, "만일 그들이"를 생략하고 "이런 일들이…… 행하여졌다면"이라 수동태로 번역하면 이해하기 쉽다(Garland, 2011, p. 920). 심판에 대해서는 사 10:16-19에서 삼림이 불타는 것으로 묘사하고 있다. 하나님이 녹색 나무인 예수를 아끼지 않고 내주셨다면 완고한 이스라엘이라는 물기 없는 마른 나무를 불태워 심판하지 않겠느냐는 것이 31절에 대한 우세한 해설이다. 이 해설을 취한다면 기원후 70년에 로마군에 의한 예루살렘 파괴에 국한하는 것이 아니라 종말적인 심판의 성격을 기술한 것이라 보아도 좋다(Liefeld and Pao, 2007, p. 333).

한편, 예루살렘 딸들에 대한 예수의 담화는 심판의 계시만으로 끝나는 것은 아닐 것이다. "예수께서 그들에게 울라고 한 눈물은 슬픔만을 위한 것이 아니고 회개를 위한 것이기도 하다"(Ryken, 2009, p. 575). "예루살렘의 주민들이 파멸에 필연적으로 매어 있는 것이 아니라 차라리 그들이 예수에게 회개로 반응할 기회가 다시 주어진 것이다."(Green, 1997, p. 817)라는 해석이 예수의 진의일 것이다.

가장 낮은 자리로의 추락(23:32-38)

■ **못박힘과 조롱받음**(23:32-38) 예수가 이 세상 마지막 길을 걸으며 스스로 모든 것을 통제하는 강렬한 인상을 준다고 이 부문 초두에 기술하였다. 이제 못박힘과 조롱받음의 비통한 장면에서도 예수의 주권을 읽을 수 있다. 통치자들과 병졸들이 비꼬고 조롱하며 백성들이 구경하는 그 한가운데서 예수는 십자가에 못박힌 채 "아버지여, 저들을 용서하여주옵소서, 자신들이 무엇을 하고 있는지를 저들이 알지

못하기 때문입니다."라고 기도한다.

> [32]또 다른 두 행악자도 사형을 받게 되어 예수와 함께 끌려가니라
> [33]해골이라 하는 곳에 이르러 거기서 예수를 십자가에 못박고 두 행악자도
> 그렇게 하니 하나는 우편에, 하나는 좌편에 있더라 [34]이에 예수께서 가라사
> 대 아버지여 저희를 사하여 주옵소서 자기의 하는 것을 알지 못함이니이다
> 하시더라 저희가 그의 옷을 나눠 제비 뽑을새 [35]백성은 서서 구경하며 관원
> 들도 비웃어 가로되 저가 남을 구원하였으니 만일 하나님의 택하신 자 그리
> 스도여든 자기도 구원할지어다 하고 [36]군병들도 희롱하면서 나아와 신 포도
> 주를 주며 [37]가로되 네가 만일 유대인의 왕이어든 네가 너를 구원하라 하더
> 라 [38]그의 위에 이는 유대인의 왕이라 쓴 패가 있더라

저희가 예수를 끌고 갈 때 두 범법자도 함께였다. "다른 두 사람들도 그와 함께 끌려갔는데 사형에 처하여진 범죄자였다."라고 32절에 적혀 있다. 이 둘이 십자가상에서 예수와 나눈 대화가 다음 단원에 나온다. "그리고 그들이 해골이라 불리우는 곳에 왔을 때 거기서 그와 범죄자들을 십자가에 처형하였고, 하나는 우편에 그리고 하나는 좌편에 있더라."라는 33절의 누가의 처형 장면은 군더더기 없이 매우 간략하다. "해골이라 불리우는 곳"은 아람어로 골고다로, 그 언덕의 지형이 해골처럼 생겼기에 붙여진 이름이다. 세 공관복음서 모두 예수가 십자가에 못으로 박혔는지를 명세하지 않고 있으나, 요 20:25에는 못박혔다는 기록이 나온다. 두 범죄자 사이에, 즉 두 범법자의 한가운데에 예수의 십자가가 세워졌다는 사실은 모든 기록이 증언하고 있는 또 다른 역설이다.

"그리고 예수께서 말씀하시기를 '아버지여, 저들을 용서하여주옵

소서, 무엇을 자신들이 하고 있는지를 저들이 알지 못하기 때문입니다.'라 하셨다." 이 누가만의 34a절 기록에 대한 논쟁이 아돌프 폰 하르나크의 〈예수 수난사의 텍스트들〉(1901) 이후에 갖가지다. 우선 오래된 사본에는 이 기록이 없다고 한다. 게다가 이 기록이 순교 때의 스데반의 기도(행 7:60)이기도 하기에, 이런 이유로 34a절을 주해서에서 삭제하는 학자들도 있다(Fitzmyer, 1985; Liefeld and Pao, 2007). 또 내용 면에서 볼 때 "저들이 알지 못하기 때문입니다."라는 무지의 동기가 십자가에 못박는 소행을 용서받을 수 있는 핑계일 수 없고, 무지의 동기라 하더라도 죄는 죄라고 해석한다. 더군다나 "저들을 용서하여주옵소서."라는 말씀에서 용서의 범위를 산헤드린까지 포함시킬 수 있느냐는 논쟁도 뜨겁다.

십자가상에서 예수의 기도에 관한 위의 학자들의 논쟁은 모두 합리적인 비판이다. 따라서 이러한 논쟁에 정면으로 부정할 근거를 논증하는 일은 현학적인 노고의 짐만을 더할 뿐이다. 대신, 십자가 처형의 이 장면과 기도의 내용에서 벗어나 이 기도의 진위 여부에 관해 "외적인 요인들을" 고려하여(Bock, 1996, p. 1868), 누가의 예수가 말씀한 복음과의 내적인 합치성을 구명해야 할 것이다. 무엇보다, "너희를 저주하는 자를 위하여 축복하며 너희를 모욕하는 자를 위하여 기도하라."(6:28)라는 복음이 십자가상에서의 기도와 합치한다(Schreiner, 2008, p. 701). 그리고 용서받은 무화과나무 비유도 십자가상에서의 기도와 맥을 공유한다(Geldenhuys, 1951, pp. 608-609). "보라, 삼년을 내가 이 무화과나무에서 과일을 찾으러 와서 아무것도 찾아내지 못하였다. 찍어버리라! 어찌 토양만 소모하랴!"(13:7)라고 주인이 말하였지만, 포도원 지기가 "주인이여, 무화과나무를 일 년 더 그대로 두소서. 내가 나무 주변을 파서 그것 위에 거름을 줄 터입니다."(13:8)라고 한 간청은 마지막 기회를 다시 열어놓은 또 다른 정합적인 예다. 예수의 이 기도가 그의 복음과 정합성을 갖추었다면, 예수의 기도를 그의 것이 아니라 부정하는 일이 합리적인 근거를 갖는다기보다 비판정신이 앞서기 때문일 것이다. 기도의 내적인 비판의 요인도 동일한 맥락을 가질 수 있다. "저들을 용서하여주옵소서."라고 저들이 알지 못하기 때문에 저지르는 무지의 과실에 대해 저들이 누구인지를 명세하지 않는 까닭은 의도적인 표현일지도 모른다(Ryken, 2009, p. 589). "저들"이라는 표현에서 산헤드린을 제외할 아무런 근거도 예수의 복음에서 찾을 수 없다. 알지 못하고 저지른 무지한 죄가 아무리 반인륜적이라 하더라도 회개와 용서에서 배제되어야 할 근거가 없다.

"그리고 저들이 그의 옷들을 나눠 갖는 제비를 뽑았다. 백성은 구경하며 서 있었으나 통치자들은 말하기를 '그가 남들을 구원하였으니 이 자가 하나님의 그리스도, 택함을 받은 자라면 자신도 구원할지어다.'라고 비꼬았다. 병졸들 역시 다가와 신 포도주를 주며 '네가 유대인의 왕이거든 네 자신을 구하라!' 말하며 그를 조롱하였다."가 34b-37절이다. 옷을 벗겨 제비를 뽑아 나눠 가졌다니 다윗의 예수 수난의 시인 시 22:18을 인용하여 벌거벗은 임금 우화의 치욕을 행한 것이다. 백성은 구경하였다니 앞에서 백성은 예수의 적대자들이 아니라 해설하였지만 이들에게는 일종의 불구경이었을 것이다. 성전지도자들은 메시아임을 비꼬았고, 로마 군병들은 유대인의 왕임을 조롱하였다. 온통 이 마당에서 예수의 수치를 제사 지내는 희희낙락의 광란이 벌어졌다. 메시아와 유대인의 왕이라는 예수의 본질을 거꾸로 매도하여 예수를 희롱하는 광란의 잔치라는 치욕의 역설이 십자가의 마당에 벌어졌다. 여기서 '인자'는 뭇인간에게서 조롱받아야 할 가장 낮은 자리에 추락한 수난의 사람이다. "그의 위에는 (헬라어, 히브리어 및 라틴어로 쓰인) '이것이 유대인의 왕이다.'라는 비명이 있었다." 예수를 대명사 "이것"으로 가리켜 조롱으로 써 붙인 이 비명은 필경 본디오 빌라도가 하명해 만든 십자가의 죄명일 것이다. "네가 유대인의 왕이냐?"라고 그가 심문하여 예수에게 얻어낸 증거이기 때문이다. "본디오 빌라도 (치하에) 고난을 받으사"라는 사도신경이 오류라는 평가 역시 그릇된 비판정신의 역사 인식이 아닐 수 없다.

파라다이스로의 초대(23:39-43)

▪ **십자가상에서 나눈 두 범죄자와의 대화**(23:39-43) 앞 32절에 "다른 두 사람들도 그와 함께 끌려갔는데 사형에 처하여진 범죄자였다."라고 하였는데, 두 범죄자와 예수가 십자가상에서 나눈 대화가 이제 39절부터 이어진다. 범죄자들 중 하나가 예수가 메시아임을 알아보고 나아가 예수에게서 낙원(파라다이스)에 초대받는다. 예수의 십자가가 왜 하필 두 범죄자와 함께 하였는지, 우리는 이 십자가상의 마지막 사건을 통해 구세주의 역설의 본질을 드러내시는 하나님의 섭리를 읽는다. 십자가에 달린 예수는 뭇사람들의 희희낙락의 광란의 현장에서 메시아로서 인자의 본질에 한 치에 흔들림도 없었다.

> 39달린 행악자 중 하나는 비방하여 가로되 네가 그리스도가 아니냐 너와 우
> 리를 구원하라 하되 40하나는 그 사람을 꾸짖어 가로되 네가 동일한 정죄를
> 받고서도 하나님을 두려워 아니하느냐 41우리는 우리의 행한 일에 상당한 보
> 응을 받는 것이니 이에 당연하거니와 이 사람의 행한 것은 옳지 않은 것이 없
> 느니라 하고 42가로되 예수여 당신의 나라에 임하실 때에 나를 생각하소서

하니 43예수께서 이르시되 내가 진실로 네게 이르노니 오늘 네가 나와 함께 낙원에 있으리라 하시니라

"예수와 함께 달린 범죄자들 중 하나가 '네가 그리스도가 아니냐? 너 자신과 우리를 구원하라!'라고 말하며 모독하였다. 그러나 다른 하나는 '너는 동일한 판결 아래 있는데도 하나님을 두려워하지 않느냐? 우리는 정당하게 판결된 것이니 우리가 행한 일에 합당한 것을 받은 것이기 때문이지만, 이 사람은 잘못한 것이 아무것도 없느니라.' 말하며 그를 꾸짖었다."가 39-41절이다. 한 범죄자는 예수를 조롱한 성전지도자들과 동일한 패거리처럼 비꼬임의 조롱을 되뇌었다. 반면에 다른 범죄자는 그를 꾸짖는데, 십자가 처형이라는 "동일한 판결 아래" 목숨이 촌각을 다투는 지경에 놓여 있음에도 불구하고 네가 "하나님을 두려워하지 않느냐?"라는 꾸짖음이다(Fitzmyer, 1985, p. 1508). 또 모두 십자가에 달린 처지이지만 너와 나의 입장과 예수의 입장이 다름을 깨닫고 있지 못하다는 꾸짖음이기도 하다. 이 다른 범죄자는 자신의 죄를 자책하고, 나아가서, 예수가 무죄할 뿐만 아니라 그리스도임을 깨닫고 회개하였다. 이것은 필경 34절의 "아버지여, 저들을 용서하여주옵소서, 저들이 무엇을 하고 있는지를 알지 못하기 때문입니다."라는 예수의 기도를 들었기 때문일 것이다(Liefeld and Pao, 2007, p. 334).

"그가 '예수여, 당신이 당신의 나라에 들어갈 때 나를 기억하여주옵소서.'라고 말하였다. 예수께서 그에게 '진정 내가 네게 말하노니, 오늘 네가 나와 함께 낙원에 있으리라.'라고 말씀하셨다."라는 42-43절의 이 범죄자와 예수가 나눈 대화는 진정 경이롭다. 누가의 십자가상에 관한 기록은 35-39절까지 온통 뭇사람들의 예수에 대한 조롱으로 채워져 있다. 그런데 십자가에 달린 (아마도 극악한) 한 범죄자가 자

기처럼 십자가에 달린 예수가 메시아임을 알아본 것이다. 학자들은 이 사람이 예수가 십자가에 못박혀 죽음은 곧 하나님의 우편에 앉는 취임식의 자리와 같다는 것을 알아보았다고 해설한다. "그는 예수가 십자가에 달림은 그의 왕위에 앉음의 전조임을 알아본 최초의 사람이다"(Green, 1997, p. 823). 행 5:30-31을 인용하면 "너희가 나무에 달아 죽인 예수를 우리 조상의 하나님이 살리시고…… 그를 오른손으로 높이사 임금과 구주를 삼으셨느니라."라고 예수의 십자가의 의의를 적고 있다.

그리하여 예수는 "나를 기억하여주옵소서."라고 간청한 그에게 "아멘, 내가 네게 말한다. 오늘 네가 나와 함께 파라다이스에 있으리라."라고 43절에 약속한다. 요컨대 누가는 예수의 죽음에 대해 "하나님의 계획이 예수의 십자가로 말미암아 (불구하고가 아니라) 실현되고 이로써 예수가 구원에 대한 그의 제왕의 능력을 삶에서와 마찬가지로 죽음에서 역사할 수 있다."(앞의 책, p. 823)는 사실을 부각시킨다. "오늘 네가 나와 함께 파라다이스에 있으리라."라는 말씀에 대해 학자들은 "오늘"이 언제인가를 논의하지만, 그보다는 그 "오늘"을 "예수의 죽음에 의해서 (왕국에) 취임식을 거행한 메시아 구원의 날(Fitzmyer, 1985, p. 1510)"로 이해하는 것이 더욱 적합하고 중요할 듯하다.

아버지의 구원의 능력에 자신을 맡기다(23:44-49)

■ **예수의 죽음**(23:44-49) 앞에서 예수의 죽음은 하나님 나라(왕국)에 취임식을 거행한 메시아 구원의 날이라는 해설을 인용하였다. 다른 공관복음서들보다 누가복음에서 이 점이 특별히 두드러진다. 십

자가에서 운명한 그 순간이 오히려 예수의 장려한 취임식 장면으로서 홀연히 전개된다.

> 44때가 제육시쯤 되어 해가 빛을 잃고 온 땅에 어두움이 임하여 제구시까지
> 계속하며 45성소의 휘장이 한가운데가 찢어지더라 46예수께서 큰 소리로 불
> 러 가라사대 아버지여 내 영혼을 아버지 손에 부탁하나이다 하고 이 말씀을
> 하신 후 운명하시다 47백부장이 그 된 일을 보고 하나님께 영광을 돌려 가로
> 되 이 사람이 정녕 의인이었도다 하고 48이를 구경하러 모인 무리도 그 된 일
> 을 보고 다 가슴을 두드리며 돌아가고 49예수의 아는 자들과 및 갈릴리로부
> 터 따라온 여자들도 다 멀리 서서 이 일을 보니라

예수의 죽음에 즈음하여 이변이 일어난 시간과 사건을 우선 적고 있다. "이제 여섯시쯤 되었고, 어두움이 온 땅에 아홉시까지 임하였으니 해가 비치기를 멈추었고 성소 앞의 휘장이 둘로 찢겨졌다."라고 한다. 당시에는 시각에 대한 지침이 정확하지 않았으나 오늘날 시각으로는 대략 정오에서 3시경까지 어두움이 덮쳤다는 것이다. 그리고 성전의 휘장이 둘로 찢겨졌다고 하는데, 이러한 이변이 어떤 상징적인 의미를 갖는지 이해하는 것은 쉬운 일이 아니다. 해가 캄캄해지는 이변은 구약의 여러 군데에 나오는 것으로, 진노의 하나님의 심판의 징표이기도 하고 구원사에서 악의 권세의 상징이기도 하다. 따라서 종말적인 성격의 징표라 해석하는 것이 온건하겠다(Liefeld and Pao, 2007, p. 336). 휘장이 둘로 찢겨졌다는 표현과 흡사한 구절은 "중간에 막힌 담을 허시고"(엡 2:14)로, 둘로 갈라놓은 벽을 허물어 누구든 하나님께 접근할 수 있게 만든다는 상징일 수 있다(Culpepper, 1995, p. 461). 이 해설이 그럼직한 것은 히 10:19-22에 "휘장이 열려"와 "우리가 예수의 피

를 힘입어 성소에 들어갈 담력을 얻었나니"라는 구절이 또 다른 연관에서 이 해설을 뒷받침하기 때문이다.

"예수께서 큰 소리로 불러 '아버지여, 당신의 손에 내 영을 맡기나이다.'라고 말씀하셨다. 이 말씀을 하신 후 그는 마지막 숨을 거두셨다."라는 46절에서 누가는 예수가 운명의 순간에 시 31:5을 인용하며 신뢰와 확신의 기도를 올린 장면을 기록하고 있다. 그런데 죽음의 현장에서 예수가 드린 기도가 시 22:1의 "엘로이 엘로이 라마 사박타니" 인지 아니면 시 31:5인지에 대한 역사적인 사실성의 진위는 우리로서는 논증하기 힘든 숙제다. 다만, 누가의 담화 기록의 맥락적 의미를 파악해 예수의 심중을 이해하는 것이 중요하다. 당초 십자가형이 내려진 결정적인 계기는 산헤드린의 심문에서 "네가 하나님의 아들이냐?" 라는 질문에 "네가 말한 것이 나다."라고 한 예수의 답변이었다. 그리고 십자가에 달린 후에도 또 다른 범죄자와의 대화에서 예수는 "진정 내가 네게 말하노니, 오늘 네가 나와 함께 낙원에 있으리라."라고 십자가가 구원에 대한 그의 제왕적인 능력의 실현임을 피력하였다. 말하자면, 겟세마네 이후 예수의 영은 시종일관 하나님과 합일한 상태를 지키고 있었으며, 누가는 이 합일의 심령에서 우러나온 기도를 기록한 것이다. 설령 예수의 기도가 "엘로이 엘로이 라마 사박타니"라 하더라도 그것은 하나님께 버림받았다는 단순한 탄식이 아니었을 것이고, "아버지의 뜻이 행하여지이다!"라는 겟세마네 기도의 또 다른 형태일지도 모른다.

누가는 예수가 기도에서 "나의 하나님"이 아니라 "아버지여"라고 불렀다고 기록하고 있다. 예수는 자신의 영을 아버지께 맡기고 운명한 것이다. "유대 지도자들은 '그를 잡고자 하였고(예수에게 손을 대고자 하였고)'(20:19) 그들의 소원을 이루었지만, 그러나 예수는 종국적으로 그의 운명을 제어하는 그의 아버지의 손에 끝내 자신을 내주었다. 그는 아버지의 구원의 능력에 자신을 맡겼다. 그를 증오하는 자들(1:71), 그의 원수인(1:74) 모든 사람의 손에서 하나님의 손이 그를 구출한 것이다"(Garland, 2011, pp. 928-929). 유대 지도자들과 예수를 대조한 이러한 해설은 의미심장하다. 예수는 십자가 위에서 자신의 의로움을, 그리고 자신이 하나님의 아들임을 증명한 것이다.

누가는 조롱과 모욕이 뒤섞인 십자가 처형의 장면을 예수의 기도로 끝내고, 이어서 예수의 죽음을 목도한 다른 세 집단의 반응 내지 증언을 47-49절에 적고 있다. "백부장이 일어난 일을 보며 하나님을 찬양하고 '정녕 이 사람은 의인이다.'라고 말하였다. 그리고 이 참상을 보려 거기 모였던 모든 무리가 일어난 일을 목도하고 가슴을 치며 돌아갔다. 그러나 갈릴리로부터 그를 따랐던 여자들을 포함해 그를 아는 모든 사람은 이 일들을 지켜보며 멀찌감치 서 있었다."가 그것이다. 이 세 절을 하나로 묶어 적은 까닭은 세 가지 반응을 함께 읽어야 하기 때문이다.

첫째, 하나님을 찬양한 이방인 로마 백부장의 증언을 우선 예시하고 있다. 본래 무신론자였을지도 모를 그가 하나님을 찬양하였다니 적어도 이방인인 그가 기독자가 된 것이다. 그는 예수를 단순히 무죄라 말한 것이 아니라 "정녕 의롭다"라고 하여 메시아를 묘사하는 호칭을 사용해 고백하였다. 범죄자들 중 하나가 낙원에 초대받은 이적과 같은 일이 백부장에게도 일어난 것이리라.

둘째, 방관자 내지 구경꾼의 입장을 취했던 두 번째 집단의 "모든 무리" 중에는 "십자가에 못박게 하소서."라고 소리친 사람들도 꽤 있었을 터인데, 그들이 "가슴을 쳤다."는 것은 비탄과 애도 내지 회개의 표현이라 보아야겠다. "돌아갔다"는 대개 집으로 갔다는 의미로 해석하는데, 놀라움과 충격에 휩싸인 채 조롱과 모욕의 군중 속에서 퇴거한 것이다. 이러한 그들의 반응은 예수의 죽음에 하나님의 의지가 개입하고 있다는 사실을 직관하고 경악했다고밖에 말할 수 없다. 하지만, 그들의 직관은 백부장의 통찰과는 거리가 좀 있는 것 같다.

셋째, 갈릴리로부터 예수를 따랐던 여자들을 포함한 "그를 아는 모든 사람"이라는 세 번째 집단은 아마도 누가가 "백성"이라 부르는 사람들로, 그들의 "지켜보다"라는 반응은 그중 해석이 모호하다. 십자가 현장에서 "멀찌감치 서 있었다."라는 표현은 이들의 경외의 마음을 서술한 것일 수도 있고 혹은 예수의 패거리로 몰릴 것을 우려한 두려움을 나타낸 것일 수도 있다. 만약 이 구절이 시 38:12 내지 시 88:9의 원용이라면(Fitzmyer, 1985, p. 1521) 개인적인 애도의 표현일 수 있다. 그런데 "지켜보다"라는 동사가 '경계심을 갖고 조심스럽게 보다.'라는 뜻으로 쓰였다면 그들의 정서를 추측하기 어려우나, '증언을 위해 신실하게 지켜보다.'라는 의미일 수도 있다(Bock, 1996, p. 1866).

누가는 평소 예수와의 거리가 멀었던 사람들부터 가까웠던 사람들의 순서로 각기 다른 반응을 적고 있다. 마치 누가의 이야기 담화는 자칫 예수에게 가까이 있었을수록 그들의 반응이 더욱 시들하였다는 것으로 읽히기 십상이다. 특히 예수의 적대자들이 아닌 친교자들의 49절의 반응이 이채롭기까지 하다. 이 친교자들 속에 갈릴리로부터 예수를 따라온 여인들을 함께 묶고 있는데, "이들은 백부장이나 무리들과는 달리…… 하나님을 찬양하지도 않고 그들의 가슴을 치며 귀가한 것도 아니기"(Garland, 2011, p. 930) 때문에 이들의 반응을 어떻게 해석해야 옳은지 어리둥절하다. 여러 학자들은 여인들의 심중을 "나의 사랑하는 자와 나의 친구들이 나의 상처를 멀리하고 나의 친척들도 멀리 섰나이다."(시 38:11)와 같은 수난의 의인의 한탄을 인용하여 해설을 대신한다. 이 시에 의존해 읽으면, 넋을 잃은 망연자실한 상태의 묘사 이외에 누가는 이들의 반응을 달리 더 적을 필요를 느끼지 않았을 것이다. 그렇다면 47-49절의 세 집단의 반응을 기록함에 있어서 각기 다른 반응을 드러내고자 한 것이 아닐 수 있다. 사실, 누가의 의도는 이방인도 유대인도 "십자가로 이 둘을 한 몸으로 하나님과 화목하게 하려 하심이라."(엡 2:16)라는 말씀과 같이 이들 세 집단 모두가 십자가의 죽음에서 예수의 메시아성을 보았다는 사실을 증언하고 싶었을 터이다.

예수의 장례(23:50-56)

네 복음서 모두 예수의 장례를 치른 사람이 아리마대의 요셉이라고 기록하고 있다. 누가는 그가 "공회(산헤드린) 의원으로 선하고 의로운 사람"이라고 적고 있다. 여기서 돋보이는 점은 모든 복음서에서, 특히 누가복음에서 하나님이 유대주의를 싸잡아 정죄하는 것은 아니라는 점을 예수의 장례를 통해 부각하고 있다는 것이다. 그리고 예수의 죽음이 갖는 거룩함의 의의를 공회의 의원을 앞세워 적고 있다는 사실이 중요하다.

> 50공회 의원으로 선하고 의로운 요셉이라 하는 사람이 있으니 51(저희의 결
> 의와 행사에 가타 하지 않은 자라) 그는 유대인의 동네 아리마대 사람이요
> 하나님의 나라를 기다리는 자러니 52빌라도에게 가서 예수의 시체를 달라
> 하여 53이를 내려 세마포로 싸고 아직 사람을 장사한 일이 없는 바위에 판
> 무덤에 넣어두니 54이 날은 예비일이요 안식일이 거의 되었더라 55갈릴리에

서 예수와 함께 온 여자들이 뒤를 좇아 그 무덤과 그 시체를 어떻게 둔 것을
보고 56돌아와 향품과 향유를 예비하더라 계명을 좇아 안식일에 쉬더라

"그리고 보라"로 시작하여 요셉의 인물을 50-51절에 극구 칭찬한다. "요셉이라 하는 선하고 의로운 사람이 있었는데 그는 공회의 의원이지만 그들의 결의와 행위에 찬동하지 않았던 사람이다. 그는 유대인 마을 아리마대에서 왔고 하나님 나라를 간절히 기다리고 있었다." 무엇보다 산헤드린에 이런 선하고 의로운 사람이 있었다는 사실이 감격적이고 놀랍다. 요셉을 "의롭다(dikaios)"라고 형언했는데 이는 백부장이 예수를 표현한 고백과 같다. 그가 예수를 체포 및 살해하려는 결의와 빌라도에게 넘기는 행위에 찬동하지 않았다는 것인데, 누가는 이 사실을 괄호 속에 넣어 진술하고 있다. 그는 또한 하나님 나라를 기다리던 사람이다. 요셉이야말로 하나님의 진정한 백성이요 유대인 중 유대인임을 강조하고 있다.

요셉이 빌라도에게 가서 예수의 시체를 달라고 요청한 일이야말로 우러러보아야 할 용기다. 그는 혼자 십자가에서 예수를 내려 세마포로 곱게 몸을 싸고, 추측컨대 아마도 자신을 위해 마련해두었던 돌무덤에 장례를 치렀다. "아무도 여태껏 눕힌 일이 없는 무덤"이라는 53절의 표현이 학자들로 하여금 요셉이 자신을 위해 마련해둔 무덤이라 추측하게 한다. 실제로 마태는 "바위 속에 판 자기 새 무덤"(마 27:60)이라 기술하였다. "이 모든 일은 제자들 중 누구도 감히 할 수 없는 일로 마태는 그를 '예수의 제자'(마 27:57)라 칭하였다. 당시 사형에 처해진 죄수는 장례를 지낸다 하더라도 불명예스럽게 치렀어야 했는데" (Green, 1997, p. 830), 요셉은 예수의 장례에 온갖 지성을 다하였다.

"이 날은 예비일이요 안식일이 다가오고 있었다."라고 하여 때가

금요일 오후 여섯 시 이전이라 54절에 적은 후 갈릴리에서 예수와 함께 온 여인들의 행적을 기술하고 있다. 이들은 49절에 예수가 십자가 상에서 운명할 때 멀찌감치 서 있던 여자들일 것이다. 이들이 아리마대의 요셉을 뒤따라 무덤까지 와 예수의 몸이 어떻게 누여 있는지를 보았다는 것이다. 이 여인들은 24:10로 미루어 볼 때 막달라 마리아와 요안나와 야고보의 모친 마리아와 또 다른 여자들일 것이다. 요셉과 더불어 이들 세 여인이야말로 제자들 중 독실한 제자들이라 칭하여야 마땅하다. 여인들은 무덤을 떠나 향품과 향유를 마련했지만 곧 안식일이 다가와 예수의 몸을 치장하는 일은 그다음 날로 미루고 안식일은 쉬었다고 하는데, 학자들은 그 사실에 중요한 의의를 부여한다. 율법을 지킴으로써 예수의 몸의 존엄을 지켰다는 것이다. "하나님이 그 창조하시며 만드시던 모든 일을 마치시고 이 날에 안식하였음이더라."(창 2:3)라는 기록처럼 예수 그리스도 역시 이 날에 안식하였다.

IX

부활 이야기와 승천

〈엠마오에서의 식사The Supper at Emmaus〉, 1648

누가복음의 마지막 24장인 제IX부의 이야기는 예수가 죽음에서 일으켜졌고(24:6), 영광에 들어가고(24:26), 그리고 마침내 제자들과 작별하여 하늘에 올리운(24:51) 단 하루 동안에 일어난 극적인 사건들의 기록이다. 그런데 누가는 그의 복음서의 마지막 장에서 이 사건들의 의의를 설명하는 일에 아주 인색하다. 아마도 그는 예수의 부활과 승천에 관한 냉정한 증언을 위한 기록으로 이 24장을 구성한 것 같다. 오히려 누가의 행전에서는 이 사건들이 갖는 의의를 피력하고 있으므로 본서에서는 행전과 더불어 이 장을 읽음으로써 복음의 본질에 최소한으로나마 접근해보겠다.

어찌하여 산 자를 죽은 자 가운데서 찾느냐(24:1-12)

■ **빈 무덤**(24:1-12) 갈릴리에서부터 예수를 따라온 여인들이 준비해온 향유를 예수에게 바르려고 안식일 후 첫날 이른 새벽에 무덤을 찾는다. 그런데 예수의 시신은 사라졌고, 찬란한 옷을 입은 두 사람에게서 "어찌하여 산 자를 죽은 자 가운데서 찾느냐?"라는 놀라운 말씀을 듣게 된다.

> 1안식 후 첫날 새벽에 이 여자들이 그 예비한 향품을 가지고 무덤에 가서 2
> 돌이 무덤에서 굴려 옮기운 것을 보고 3들어가니 주 예수의 시체가 뵈지 아
> 니하더라 4이를 인하여 근심할 때에 문득 찬란한 옷을 입은 두 사람이 곁에
> 섰는지라 5여자들이 두려워 얼굴을 땅에 대니 두 사람이 이르되 어찌하여
> 산 자를 죽은 자 가운데서 찾느냐 6여기 계시지 않고 살아나셨느니라 갈릴리
> 에 계실 때에 너희에게 어떻게 말씀하신 것을 기억하라 7이르시기를 인자가

죄인의 손에 넘기워 십자가에 못박히고 제삼일에 다시 살아나야 하리라 하
셨느니라 한대 8저희가 예수의 말씀을 기억하고
9무덤에서 돌아가 이 모든 것을 열한 사도와 모든 다른 이에게 고하니 10(이
여자들은 막달라 마리아와 요안나와 야고보의 모친 마리아라 또 저희와 함
께 한 다른 여자들도 이것을 사도들에게 고하니라) 11사도들은 저희 말이 허
탄한 듯이 뵈어 믿지 아니하나 12베드로는 일어나 무덤에 달려가서 구푸려 들
여다보니 세마포만 보이는지라 그 된 일을 기이히 여기며 집으로 돌아가니라

"그러나 주일의 첫날 이른 새벽에 이들이 예비했던 향품을 가지고 무덤에 갔다."라는 1절을 23:56의 "여인들이 향품과 향유를 예비하였다. 안식일에 계명을 좇아 그들이 쉬었다."라는 구절과 붙여 읽어야 할 것이다. 그런데 웬걸, "그들이 찾아낸 것은 돌이 무덤에서 굴려 옮겨진 것이었지만, 안으로 들어가니 주 예수의 몸을 찾아볼 수 없었다."라는 황당한 일이 벌어졌다. 이것이 이 단락의 제목 '빈 무덤'이다.

그때 찬란한 옷을 입은 두 사람(천사)이 당황하고 무서움에 질린 여인들 곁에 돌연히 나타나 빈 무덤에 관해 해명한다. (누가는 24:23에 가서야 이 두 사람이 천사라는 것을 언급한다.) "어찌하여 산 자를 죽은 자 가운데서 찾느냐?"라는 이 천사들의 첫마디는 빈 무덤에 관해 부활을 증거하는 해명이기도 하고 일종의 꾸짖음이기도 하다(Garland, 2011, p. 940). 그리고 이어서 6a절에 "그는 여기 계시지 않고 일으켜지셨다!"(막 16:6; 마 28:6 참고)라고 부활을 선언한다(Fitzmyer, 1985, p. 1362). 천사들은 또 "인자는 죄인들에게 넘겨져야만 하고 십자가에 못박히고 셋째 날에 다시 일어나야 한다."라는 갈릴리에서 예수가 한 말씀을 기억하라고 일러준다. 예수가 말씀한 예언을 인용해 기억하라 이른 것도 일종의 문책이다. 그리하여 "그들이 예수의 말씀을 기억하였다."라는

8절은 여인들이 천사들의 부활 선언을 믿었다는 진술이다. 예수가 갈릴리에서 말씀하였을 때에는 그 예언의 의미를 몰랐으나 다시 회상하여 천사들의 깨우침을 듣고 보니 예수의 부활을 믿게 된 것이다(Bock, 1996, p. 1895).

여기까지만 해도 다른 두 복음서와 누가의 기록은 세부에서 꽤 차이를 보이는데, 이제 9-12절의 진술은 더더욱 공통점을 찾기 어렵다. 우선 누가는 "무덤에서 되돌아서 그들이 이 모든 일을 열한 제자와 나머지 모든 이들에게 말하였다."라고 적고 이 여인들의 이름을 새삼 밝히고 있다. 거기에는 마가와 마태의 기록에는 빠져 있는 요안나, 누가가 이미 8:3에 언급하였던 헤롯의 청지기 구사의 아내의 이름이 돋보인다. 학자들은 누가가 다른 복음서들과 다른 출처를 원용했으리라 생각한다. 여하튼, 누가에서는 여인들이 예수의 부활을 진실이라 믿었고, 반면에 사도들은 "어리석은 이야기라 여기고 여자들을(그들의 말을) 믿지 않았다."라고 전한다.

다른 사도들은 무덤에 가서 확인하려는 생각조차 없었으나, "그러나 베드로는 일어나 무덤으로 달려갔고 그가 안을 응시하니 세마포만 보였다. 그는 무슨 일이 일어났는가를 경악해하며 되돌아왔다."가 12절이다. "경악해하며"를 "이상하게 여기며"라고 번역할 수도 있다고 하니, 베드로조차 빈 무덤을 보고도 예수의 부활을 믿지 않았거나 적어도 반신반의했다고 보아야 한다. 마가와 마태에는 이 기사가 없지만, 요 20:3-10에 베드로와 함께 요한 자신이 무덤을 찾아간 기사가 적혀 있는 것을 보면 이 기사의 역사적인 사실을 부인할 수 없을 것이다. 더군다나, 요한은 빈 무덤을 보고 그 자신은 예수의 부활을 믿었다고 명기하고는 베드로의 믿음에 대해서는 언급하지 않고 있다. 빈 무덤에 대한 누가와 요한의 기사는 각기 별 어긋남이 없다고 할 수 있다.

엠마오로 가는 길에서 부활의 예수를 만나다(24:13-35)

빈 무덤을 보고 죽은 사람이 부활한 증거임을 믿을 사람이 있을까? "셋째 날에 다시 살아나리라."(18:33)라고 한 예수 자신의 예언을 직접 들은 제자들조차 믿지 않았다. 그러나 여인들은 "그는 여기 계시지 않고 일으켜지셨다!"라는 천사들의 부활 선언을 듣고 믿었다. 필경 믿은 후에야 예수의 부활 예언을 기억해냈을 것이지만, 부활은 오로지 믿음으로써 믿을 수 있을 따름이다.

엄격히 따지면, 부활 이후의 첫 번째 이야기는 여인들의 빈 무덤 방문이고 두 번째 이야기는 베드로의 빈 무덤 방문이다. 따라서 이제 누가는 엠마오로 가는 두 사람에게 부활한 예수가 나타난 대단히 극적인 장면을 세 번째 이야기로 기술하고 있다. 누가는 이 부활 예수의 현현(顯現)의 이야기를 계시적이 아니라 사실적으로 묘사하고 있지만, 부활의 증거에 관한 일화를 각색한 솜씨가 너무도 치밀하기 때문에 오히려 "엠마오의 전설"이라 비판하는 학자들도 있다(예를 들어 불트만이 그러하다). 이는 이야기 구성이 너무나 치밀하여 마치 사실이라 믿어달라고 강요하는 듯한 인상을 주기 때문에 비롯된 것으로, 그럴만한 비판이기도 하다. 제자들조차 빈 무덤을 부활의 증거라 믿지 않았기 때문에 의심과 회의와 불신에 대한 예수의 (일종의) 충격요법이 이처럼 치밀한 서술양식을 연출한 것이라 생각된다. 달리 말하자면, 누가의 예수는 당신의 부활을 강요해서라도 믿게 하고 싶었던 것이 아닌가 싶다.

이야기의 각색이 너무도 치밀하다고 했지만, 실은 부활한 예수 자신이 제자들이 부활의 사실을 억지로라도 믿어주기를 바랐던 것 같다. 본서에서는 이 단원을 네 단락으로 나누어 읽음으로써 엠마오로 가는 길에서 부활의 예수를 만난 이야기가 갖는 서술양식의 전략적인 특징을 부각하겠다. 그 전략적인 특징이 예수 자신의 부활 증언이라 감히 생각해보면서 말이다.

■ 부활의 예수를 보지 못하는 불신의 눈(24:13-16) 이 첫 단락이 "저희 중 둘이" 엠마오로 가는 길에 부활한 예수를 우연히 만나 동행하게 되는 사건이다. 배경 설명이 생략되어 있어 읽는 이들은 어리둥절한 채 모든 것을 추측해야 할 따름이다.

> 13그 날에 저희 중 둘이 예루살렘에서 이십오 리 되는 엠마오라 하는 촌으로
> 가면서 14이 모든 된 일을 서로 이야기하더라 15저희가 서로 이야기하며 문
> 의할 때에 예수께서 가까이 이르러 저희와 동행하시나 16저희의 눈이 가려
> 워져서 그인 줄 알아보지 못하거늘

"보라, 저희들 중의 둘이 그 날에 예루살렘에서 이십오 리 떨어진 엠마오라 이름하는 마을에 가고 있었다."라는 첫 13절에서 "저희들 중의 둘"이 누구인지부터 석연치 않지만 다행히 학자들의 추측이 제각기 다르지 않아 합의점을 찾아 읽을 수 있다. 우선 "저희들 중 둘"은 24:9에 적힌 빈 무덤에서 돌아온 여인들의 보고를 사도들과 함께 들은 사람들일 거라고 추측한다. 그들이 "그 날", 즉 예수가 부활한 같은 날에 엠마오에 있는 집으로 가는 귀갓길에 오른 것은 아마도 제자들의 공동체가 해체 중에 있던 것이 아니냐는 추측을 낳기도 한다. 다만, 엠마오의 위치에 대해 이설이 있고 예루살렘과의 거리에 대한 기록도 서로 다른 사본이 있어 논란의 대상이다. 개역성경에 "이십오 리"라 적힌 거리는 "60스타디아"라 적힌 사본에 따르는 환산 거리다.

이들이 일어난 모든 일에 관해 서로 이야기하며 논의할 때 예수가

가까이 이르러 그들과 동행하였다. "그러나 그들의 눈이 그를 알아보지 못하도록 붙잡혀졌다."라고 16절에 전한다. 생전에 예수를 따랐던 그들이 부활한 예수를 보고 알아보지 못하였다는 것이다. 겉모습이 달라진 것은 아닐진대, 부활을 믿지 못하는 그들의 불신이 눈을 어둡게 만들어 예수를 알아보지 못하는 눈 뜬 장님이 된 것이다. (요 20:14-15에 의하면 부활한 예수의 성체(聖體)가 막달라 마리아에게 처음 나타났는데 그녀도 예수인 줄 알아보지 못하였다.)

■ **노상에서의 대화**(24:17-27) 예수가 먼저 말을 건넴으로써 그들과 예수와의 대화가 이루어진다. 그들은 심중에 있는 고뇌를 솔직하게 아뢰고, 그리하여 그들이 아직 예수를 알아보지 못하는 상황에서 예수가 "메시아가 이 일들에 수난을 겪고 그의 영광에 들어가는 것이 필연적인 것이 아니겠느냐?"라는 통렬한 깨우침을 준다.

> **17**예수께서 이르시되 너희가 길 가면서 서로 주고받고 하는 이야기가 무엇이
> 냐 하시니 두 사람이 슬픈 빛을 띠고 머물러 서더라 **18**그 한 사람인 글로바
> 라 하는 자가 대답하여 가로되 당신이 예루살렘에 우거하면서 근일 거기서
> 된 일을 홀로 알지 못하느뇨 **19**가라사대 무슨 일이뇨 가로되 나사렛 예수의
> 일이니 그는 하나님과 모든 백성 앞에서 말과 일에 능하신 선지자여늘 **20**우
> 리 대제사장들과 관원들이 사형 판결에 넘겨주어 십자가에 못박았느니라 **21**
> 우리는 이 사람이 이스라엘을 구속할 자라고 바랐노라 이뿐 아니라 이 일이
> 된 지가 사흘째요 **22**또한 우리 중에 어떤 여자들이 우리로 놀라게 하였으니
> 이는 저희가 새벽에 무덤에 갔다가 **23**그의 시체는 보지 못하고 와서 그가 살
> 으셨다 하는 천사들의 나타남을 보았다 함이라 **24**또 우리와 함께 한 자 중에
> 두어 사람이 무덤에 가 과연 여자들의 말한 바와 같음을 보았으나 예수는

보지 못하였느니라 하거늘 25가라사대 미련하고 선지자들의 말한 모든 것을
마음에 더디 믿는 자들이여 26그리스도가 이런 고난을 받고 자기의 영광에
들어가야 할 것이 아니냐 하시고 27이에 모세와 및 모든 선지자의 글로 시작
하여 모든 성경에 쓴 바 자기에 관한 것을 자세히 설명하시니라

예수가 그들의 대화에 끼어들어 "너희가 걸어가며 서로 주고받는 말들이 무엇이냐?"라고 묻자 그들이 침울한 표정으로 머물러 선다. 둘 중에 글로바라는 이름의 사람이 오히려 반문하기를 "당신이 예루살렘에 살면서 거기서 근일 일어난 일들에 대해 알지 못하는 유일한 사람인 게로군요?"라고 하고, 예수가 다시 "무슨 일들 말이냐?"라고 되받아 긴 대화가 이루어진다. 열한 제자가 아닌 제자 글로바가 "나사렛 예수에 관한 일들" 즉 "그가 하나님과 모든 백성 앞에서 행위와 말씀에 능력 있는 예언자셨다."라는 고백을 19절에 앞세우지만, 능력의 예언자라는 말로 미루어 예수가 메시아라는 통찰에는 아직 그들이 이르지 못한 것 같다(Garland, 2011, p. 951).

글로바는 대제사장들과 지도자들이 어떻게 예수를 십자가에 못 박아 죽였는지 얘기한다. 그런 다음에 "우리는 예수가 이스라엘을 구속할 사람이라 소망하고 있었다."라고 예수의 추종자들이 평소에 가졌던 신념을 21a절에 고백한다. 이 이실직고의 의미는 예수가 이스라엘을 적국에서 구속할 사람이라 소망하였다는 것이다. 그리고 22-23절에 우리 무리 중 몇 여인이 그 무덤에 갔더니 예수의 몸은 없고 "그가 살아나셨다고 말하는 천사들의 환상을 보았다."라고 하고, 우리 중 몇 사람 역시 무덤에 가서 여인들이 말한 것을 확인했지만 예수를 본 것은 아니라는 점을 덧붙인다. 이 자상한 20-24절 설명의 밑바탕에는 예수의 부활을 차마 믿을 수도 또 믿지 않을 수도 없는 두 사람의 소망

과 비탄의 갈등이 깔려 있는 듯하다.

두 사람의 침울한 고백에 대해 예수가 문답식의 훈계로 가르친다. "오, 너희들이 얼마나 어리석고, 예언자들이 언명해온 모든 것을 믿기에 늦깍이의 심정인가! 메시아가 고난을 겪은 뒤에 그의 영광에 필히 들어가야 하는 것이 당연하지 않느냐?"라고 25-26절에 말씀한다. 이어서 "그러고 나서 그는 모세와 모든 예언자들을 비롯해 모든 성서에 있는 그 자신에 관한 일을 그들에게 해설하셨다."가 27절이다. "어리석다"와 "늦깍이"라는 말로 예수는 그들 마음의 우둔함을 한탄한다. 수난 후에 메시아가 영광에 들어간다는 필연성은 성서에 밝히 쓰여 있는 예언이다. 빈 무덤을 확인하고도 부활을 믿지 않는 그들에게 이제, 부활한 예수가 성서를 풀이해 새삼 가르침을 전한다. 그것이 성서의 어떤 내용인지 누가가 명세하지는 않고 있지만 "자신에 관한 모든 성서"를 해설해주었다라는 구절을 "자신에 관련된 성서에 적힌 모든 부분을" 그들에게 설명해주었다고 번역하기도 한다(Fitzmyer, 1985, p. 1567).

그러니 메시아의 수난과 구원의 완성을 성서의 기반 위에서 가르쳤다는 것이 여기서 중요하다. 다시 말해, 메시아의 수난과 부활이 구약의 기반 위에 서 있다는 것이 중요하다. 부활한 예수의 이 가르침은 예루살렘 여행 끝마무리에서 예수가 하나님 나라의 완성에 관해 선언적인 논변으로 일관했던 사실과는 완연히 다르다. 메시아의 수난과 영광으로 들어감을 부활한 성체의 예수가 소상히 가르침으로써 부활의 필연성을 설교한 것이다. 그보다 으뜸으로 중요한 가르침은 수난의 예수를 통해 성서에 적힌 모든 일이 다 이루어진다는 것이다(Green, 1997, p. 848).

■ **엠마오의 식사**(24:28-32) 엠마오로 가는 두 사람은 예수의 가르침에 마음에 불이 지펴지듯 큰 감동을 받았던 것이 틀림없다. 함께 있으며 가르침을 더 받고 싶은 마음에 그들은 예수에게 더불어 숙박하기를 청한다.

> 28저희의 가는 촌에 가까이 가매 예수는 더 가려 하는 것같이 하시니 29저희
> 가 강권하여 가로되 우리와 함께 유하사이다 때가 저물어 가고 날이 이미 기
> 울었나이다 하니 이에 저희와 함께 유하러 들어가시니라 30저희와 함께 음
> 식 잡수실 때에 떡을 가지고 축사하시고 떼어 저희에게 주시매 31저희 눈이
> 밝아져 그인 줄 알아보더니 예수는 저희에게 보이지 아니하시는지라 32저희
> 가 서로 말하되 길에서 우리에게 말씀하시고 우리에게 성경을 풀어 주실 때
> 에 우리 속에서 마음이 뜨겁지 아니하더냐 하고

"그들이 가고자 하던 마을에 가까이 왔더니, 예수는 마치 더 가려 하시는 것 같았다. 그러나 그들이 '저희와 함께 머무소서, 때가 오후이고 해가 저물 때가 가까워 옵니다.'라고 말하여 예수를 강하게 설득하였다. 그러자 그가 그들과 함께 머무르려고 안으로 들어갔다."가 28-29절이다. 일행은 엠마오 초입에 들어섰고 저녁 해가 저물 때라 기록되어 있지만 실상 당시 시간 개념으로 따지면 저녁이라기보다 정오가 지난 오후 세 시경이었다고 한다. 학자들은 이 엠마오로 가는 길의 시각에 상징적인 의의를 부여한다. 두 제자가 부활한 예수를 노상에서 만난 시각이 정오(天頂)라 추리하며, 이 시각이 이를테면 창 18:1뿐만 아니라 행 22:1-21과 26:1-23에서처럼 하나님이 당신의 영광을 계시하는 시각이라고 본다(Garland, 2011, p. 954).

그리고 어디에 유숙하거나 저녁 식사하기에는 이른 오후 세 시경

인데도 불구하고, 그들이 예수를 강권하여 함께 머물며 식사하는 장면이 펼쳐진다. "예수께서 그들과 함께 식탁에 기대어 있으면서, 그가 떡을 가지사 축사하시고 떡을 떼어 그들에게 주셨다."라는 장면을 묘사하고 있다. 학자들은 이 묘사가 오천 명을 배불리 먹인 9:16의 기적이나 예수가 체포되기 직전 유월절 22:19의 최후의 만찬을 연상하게 한다고 해석한다. 부활한 예수의 계시가 식탁의 자리라는 사실은 성서 기록의 상례적인 일이라 생각하기 때문이다. 한편, 이 식탁이 최후의 만찬과 같은 맥락을 갖는다는 해석을 극구 반대하는 학자들도 있으나(앞의 책, p. 955; Bock, 1996, p. 1919), 이들 역시 엠마오의 식사와 오천 명을 먹인 기적과의 유사성은 인정하는 편이다. 오천 명을 위한 식사와 엠마오의 식사 모두 예수의 메시아성의 정체를 드러내는 상징적인 사건이기 때문이다. 더불어, 학자들은 초대받은 예수가 어찌하여 손님을 대접하는 주인의 예를 갖추었는지를 의아해한다. 이때 30절 "그가 떡을 가지사 축사하시고 떡을 떼어 그들에게 주셨다."라는 것은 예수가 드린 식탁 기도라는 점이 중요하다. 이 30절을 "기도드렸다"라 읽고 31a절 "그리고 그들의 눈이 열렸다."를 함께 읽으면, 기도로 말미암아 혹은 기도 도중에 눈이 열렸음을 알 수 있다(Liefeld and Pao, 2007, p. 350).

"그리고 그들의 눈이 열려 예수를 알아보았다. 그리고 그가 그들의 시야에서 사라졌다."가 31절이다. "그들의 눈이 그를 알아보지 못하도록 붙잡혀졌다."라는 16절에서 벗어나 이제 31절에 이르러 부활한 예수를 알아본 기적이 일어난다. "그들이 예수를 알아본 것은 바라봄으로써(주시함으로써)가 아니라 믿음의 눈으로 말미암아"(Fitzmyer, 1985, p. 1558) 알아본 것이다. 그리고 그들이 알아보자마자 예수의 성체는 홀연히 사라진다. "예수가 살아 있음을 계시함으로써 눈에 보이는 그의 현존은 더 이상 필요하지 않게 된 것이다"(Bock, 1996, p. 1920). 누가는 이런 홀연한 일을 행 8:39에도 적고 있다. 빌립이 에디오피아의 내시에게 세례를 주었을 때 "주의 영"이 홀연히 빌립을 데려갔다. 실상 "그는 모세와 모든 예언자를 비롯해 모든 성경에 있는 그 자신에 관한 일을 그들에게 해설하셨다."라는 24:27과 행 8:26-40과의 유사성은 엠마오로 향하는 두 사람도 에디오피아의 내시도 각각 성서를 알고 있고 읽고 있었지만 예수의 해설을 들은 다음에야 비로소 "예언자들이 언명해온 모든 것"(24:25)이 어떻게 실현되는지를 깨달았다는 사실이다(Garland, 2011, p. 959). 독자들은 여기서 바울의 증언을 상기하게 된다. "이는 성경대로 그리스도께서 우리 죄를 위하여 죽으시고 장사 지낸 바 되었다가 성경대로 사흘 만에 다시 살아나사"(고전 15:3-4)라는 말씀이 그것이다. "성경대로"는 '구약에 적혀 있는 바대로'라는 뜻으로 신약 곳곳에 구약과의 연계성이 적혀 있다.

십자가에 죽은 예수는 영광 속에 들어올려졌기 때문에 여기서는 부활 예수의 몸을 성체(聖體)라 하였지만, 영체(靈體)라 하는 것이 더욱 적합할지도 모르겠다. 부활한 영체를 보는 일은 믿음의 눈으로만 가능하다. 믿음의 눈이 밝아진 계기를 32절에 "그가 성서를 열어 길에서 우리에게 말씀하실 때 우리 안에서 마음이 불타지 않았느냐?"라고 두 사람이 대화한다. 이는 필경 성령이 임했다는 고백이다(행 2:3 참고). 결국 믿음의 눈이 열린 것은 성령이 임했기 때문이다. 여기서 또다시 바울의 말씀을 떠올리게 되는데, "우리가 세상의 영을 받지 아니하고 오직 하나님께로 온 영을 받았으니 이는 우리로 하여금 하나님께서 우리에게 은혜로 주신 것을 알게 하려 하심이니라."(고전 2:12)가 그것이다.

■ **예루살렘으로 되돌아와 부활의 증거를 전하다**(24:33-35) 두 사람이 자리를 박차고 일어나 예루살렘에 있는 열한 사도에게 달려간다. 그런데 자신들이 목격한 부활의 증거를 말하기도 전에 "예수께서 시몬에게 나타나셨다!"라는 또 다른 놀라운 소식을 접하게 된다.

> **33**곧 그 시로 일어나 예루살렘에 돌아가 보니 열한 사도와 및 그와 함께한
> 자들이 모여 있어 **34**말하기를 주께서 과연 살아나시고 시몬에게 나타나셨다
> 하는지라 **35**두 사람도 길에서 된 일과 예수께서 떡을 떼심으로 자기들에게
> 알려지신 것을 말하더라

"곧 그 시로 일어나"라는 구절은 "같은 시각에 일어나"라는 의미로, 유대 시간으로 해지기 전에 당일로 예루살렘으로 되돌아갔다는 표현이다. 즉 지체 없이 일어났다는 뜻이다. 두 사람이 예루살렘으로 돌아가 열한 사도들과 그들과 함께 있는 사람들을 만났더니 "진정, 주께서 일으켜지셨고 시몬에게 나타나셨다!"라고 그들이 말한다. 이 말을 한 사람은 베드로가 아니라 사도들, 그리고 그들과 함께 있던 사람들이다. "진정, 주께서 일으켜지셨다."라는 말은 신념과 경외심의 표현이므로 이들 모두의 심령이 비탄에서 환희로 변했음을 알 수 있다. 더욱 놀라운 일은 엠마오로 가는 길의 두 사람에게 나타난 예수가 (그 때가 같은 시각인지 아닌지는 불문곡직하고) 베드로에게도 나타난 것이다. "그때 그들이 길에서 일어난 일과 예수께서 어떻게 떡을 떼시며 그들에게 알게 하셨는지를 말하였다."라고 하니, 예루살렘에 모여 있던 모든 사람이 얼마나 놀라고 환희에 찼을지 짐작이 간다.

빈 무덤을 보고 예수의 부활을 믿은 사람이 몇몇 여인뿐이라는 사실, 사도들도 다른 제자들도 처음에는 믿지 못했다는 사실은 어쩌면

지극히 당연하다. 예수가 십자가에 못박혔다, 죽었다, 그리고 장사지냈다가 움직일 수 없는 현실일진대 어찌 이와 같은 불가사의를 믿을 수 있겠는가. 제자들의 "어리석고" 또 "늦깍이"인 믿음을 누구보다 잘 알고 있던 분은 예수였다. 예수에게 "영광에 들어가는" 일 못지않게 더욱 중요한 일은 하나님의 인류 구원의 계획을 이루는 일이었을 것이다. 그리하여 그의 불가사의의 부활이 결코 유령의 출현이 아니라는 사실을 증거하기 위해 그리스도가 제자들 앞에 직접 몸으로 나타나는 비상(砒霜)의 처방을 내렸을 것이다. 이 처방이 엠마오의 길에서, 그리고 다시 다음 단원에서 제자들 한가운데 나타나는 것이다.

부활 예수의 현현과 위탁, 그리고 승천(24:36-53)

예수의 부활 소식을 듣고 함께 있던 모든 사람이 놀라움과 환희에 넘쳐 있을 때 그 자리 한가운데 부활한 예수가 나타난다. 그럼에도 불구하고, 그들은 유령을 본 것이 아닌가 싶어 겁에 질려 두려움의 상태에 빠져든다. 환희에서 다시 공황으로 전위된 그들의 심리 상태는 어찌 할 수 없는 현실이었을 것이다. 예수의 부활을 믿은 후라 할지라도 실제로 부활한 예수를 눈으로 보는 일은 기쁨보다는 충격이 앞서는 사건이다. 이번 현현(顯現)의 현저한 특이성은 영체가 아니라 살과 뼈가 있는 육체의 모습을 그대로 지녔다는 것이다. 한편, 이보다 더더욱 중요한 부활 예수의 현현의 의의가 기술되어 있는데, 이는 죄의 회개와 용서를 모든 국가에 선언하라는 세계화 선교의 위탁이다. 부활한 예수가 재차 삼차 제자들에게 나타난 이유는 하나님의 인류 구원 계획의 사역을 제자들에게 위탁하기 위함일 것이다.

내 손과 내 발을 보라(24:36-43)

■ **제자들 한가운데에 나타나다**(24:36-43) 누가의 부활 이야기는 엠마오로 향하던 두 사람이 예루살렘에 돌아와 다른 제자들과 합류했을 때, 예수가 그 가정 집회에 다시 나타나는 사건으로 이어진다. 열한 사도를 포함한 이들이 아마도 예수를 추종하는 핵심 구성원들일 테다. 이들에게 나타난 부활의 모습은 대단히 구체적인데, 믿지 않으려 해도 그럴 수 없도록 십자가에 달렸던 몸 그대로 현현한 것이다.

> 36이 말을 할 때에 예수께서 친히 그 가운데 서서 가라사대 너희에게 평강이
> 있을지어다 하시니 37저희가 놀라고 무서워하여 그 보는 것을 영으로 생각
> 하는지라 38예수께서 가라사대 어찌하여 두려워하며 어찌하여 마음에 의심
> 이 일어나느냐 39내 손과 발을 보고 나인 줄 알라 또 나를 만져보라 영은 살
> 과 뼈가 없으되 너희 보는 바와 같이 나는 있느니라 40이 말씀을 하시고 손
> 과 발을 보이시나 41저희가 너무 기쁘므로 오히려 믿지 못하고 기이히 여길
> 때에 이르시되 여기 무슨 먹을 것이 있느냐 하시니 42이에 구운 생선 한 토막
> 을 드리매 43받으사 그 앞에서 잡수시더라

"그들이 이 말들을 하고 있는 도중에 예수께서 친히 그들 한가운데 서 계셨고 그들에게 '너희에게 평화가 있을지어다.'라고 말씀하셨다." 이처럼 예수의 현현은 자유로우니 "그들이 겁에 질리고 깜짝 놀라 자신들이 영을 보고 있는 줄 생각했다."라는 반응은 오히려 자연스럽다. "영을 보고 있는 줄 생각했다."라는 말은 육신이 없는 영의 나타남이라 생각했다는 것이다. 무덤에서 천사가 "그는 여기 계시지 않고 일으켜지셨다!"(24:6)라고 했을 때 부활을 "일으켜지셨다"라고 표현한

것은 글자 그대로 몸이 살아 일어났다는 뜻이다.

예수가 그의 부활이 어떤 성격을 지니는지를 자상하게 말씀한다. "어찌하여 너희들은 두려워하며, 어찌하여 너희들 마음에 의심이 일어나느냐? 내 손과 나의 발을 보라. 이것이 나 자신이다! 너희가 보고 있는 내가 가지고 있는 육신과 뼈를 영은 가지고 있지 않다."라고 38-39절에 일러준다. 그뿐만 아니라 "이 말씀을 하신 후 그는 그의 손과 발을 그들에게 보여주셨다."라고 40절이 전한다. "이것이 나 자신이다!"라는 말은 갈릴리에서 제자들과 함께 있던 나, 십자가에 못박혔던 나, 바로 그 나라는 의미다(Garland, 2011, p. 966). 그럼에도 불구하고, "크게 기뻐하며 경이로워하면서 그들이 의심에서 벗어나지 못하기 때문에"라고 41a절에 적혀 있다. 직역하면 "기쁨과 경이로움에서 아직 못 미더워하며"이다. 여러 학자들이 "아직 못 미더워하며"라는 구절을 강조하여 제자들의 불신이 아직 가시지 않았음에 무게를 둔다. 하지만, 이 구절을 크게 놀랐을 때의 감정을 수사적으로 표현한 것으로 보아 부활의 믿음 증대를 나타낸 것이라고 해석하는 학자도 있다(Bock, 1996, p. 1934). 본서에서는 이 해석을 취하여 "너희들 마음"에 "못 미더워"라는 구절보다 이들의 "기쁨과 경이로움"이라는 구절에 더욱 무게가 실려 있다고 보겠다. 예수가 "내 손과 내 발을 보라!" 함은 못 자국을 보라는 말씀임이 분명하기 때문이다. 예수가 제자들에게 건넨 "너희가 이 모든 일의 증인이다."(24:48)라는 위탁의 말씀의 기반 위에서 이 단락의 맥락적 의미를 해석해야겠다.

예수가 "너희가 여기 무슨 먹을 것을 갖고 있느냐?"라고 묻고 "그들이 구운 생선 한 토막을 드리니, 그것을 취하여 그가 그들 앞에서 잡수셨다."가 41-43절이다. 부활한 몸이 유령이 아니라 육신이 일으켜진 몸이라는 사실을 실증해 보인 것이다. 그리하여 마침내 행전에서 보는 바처럼 예수의 부활이 제자들의 신앙이 된다.

모든 국가에 전파하라(24:44-49)

위탁과 약속(24:44-49) 이제 부활한 예수의 지상에서의 마지막 장면이다. 제자들에게 모든 국가에 "너희가 이 모든 일의 증인이다."라는 위탁을 하고 "내 아버지께서 약속하신 것을 내가 너희에게 보내고 있다."라는 약속을 한다. 그리고 마침내 승천한다. 복음서의 이 모든 진술이 누가의 행 1:1-11의 반복임도 흥미롭다.

> **44**또 이르시되 내가 너희와 함께 있을 때에 너희에게 말한 바 곧 모세의 율법
> 과 선지자의 글과 시편에 나를 가르켜 기록된 모든 것이 이루어져야 하리라
> 한 말이 이것이라 하시고 **45**이에 저희 마음을 열어 성경을 깨닫게 하시고 **46**
> 또 이르시되 이같이 그리스도가 고난을 받고 제삼일에 죽은 자 가운데서 살
> 아날 것과 **47**또 그이 이름으로 죄 사함을 얻게 하는 회개가 예루살렘으로부
> 터 시작하여 모든 족속에게 전파될 것이 기록되었으니 **48**너희는 이 모든 일
> 의 증인이라 **49**볼지어다 내가 내 아버지의 약속하신 것을 너희에게 보내리니
> 너희는 위로부터 능력을 입히울 때까지 이 성에 유하라 하시니라

엠마오로 가는 두 사람에게 예수는 성서에 있는 그 자신에 관한 모든 일을 해설하였거니와(24:27) 여기서 다시 그 설명을 반복한다. "이것들이 내가 너희와 함께 있었을 때 너희에게 말한 나의 말들이다."라고 운을 뗀 것처럼 평소에 예수는 성서를 인용하여 스스로를 증언하였다(4:16-21). 그리고 "모세의 율법, 예언서들 그리고 시편에 있는 나에 관해 적혀 있는 것들이 필히 다 이루어져야 한다."라고 이어

나간다. 나사렛 예수에게서 예언서들이 다 이루어진다는 진술을 읽으면 다른 누구보다 누가가 구약에 대해 보수적인 입장을 취하고 있음을 알 수 있다(Schreiner, 2008, p. 632). 또 학자들은 시편이야말로 예수의 수난과 부활의 예언서이기 때문에 45절에 적힌 대로 "예수께서 그들의 마음을 열어주어 성서를 이해하는" 일과 46절의 "그리스도가 고난을 받고 제3일에 죽은 자 가운데서 일어나야만 하리라."라는 말씀을 이해하는 데 적합하다고 해설한다. 배경은 좀 다르지만 요 12:16의 진술 "제자들은 처음에 이 일을 깨닫지 못하였다가 예수께서 영광을 얻으신 후에야 이것이 예수께 대하여 기록된 것인 줄 생각났더라." 라고 구약성서의 주제가 예수라는 입장을 명료하게 밝힌다.

수난과 부활과 더불어, 누가는 47a-b절에 성서가 "죄의 회개와 용서가 예수의 이름으로 모든 국가에 전파되어야 한다."라는 말씀을 가르치고 있다고 전한다. 앞 46절과 함께 읽으면, 예수의 죽음과 부활이 죄의 용서의 근거라는 것이다. 그리고 바로 이 주제가 실상 누가와 행전의 기본 주제다(행 2:38; 3:19; 5:31; 10:43; 11:17; 13:38-39; 16:31; 19:4; 20:21; 22:16; 24:24; 26:18). 무엇보다, 베드로가 성령이 충만하여 대제사장 안나스와 가야바에게 한 증언, "그 말고는 다른 이로서는 구원을 얻을 수 없나니, 그로 말미암아 우리가 구원받아야만 할 이름은 사람들 중에 주어진 다른 이름은 천하에 없기 때문이다."(행 4:12)가 대전제다. 달리 말하면, "너희가 십자가에 못박은 이 예수를 하나님이 주와 그리스도가 되게 하셨느니라."(행 2:36)라는 베드로의 고백이 그 요지이기도 하다. "예수는 하나님의 저주를 짊어졌고, 용서란 십자가 위에서의 예수의 역사(役事)와 그의 부활 내지 들어올려짐에 근거한다는 것이"(앞의 책, pp. 301-302) 누가가 전하는 베드로의 고백이라면, 누가의 이 진술이 다름아닌 소위 형벌대수설(刑罰代受設)의 교의라 보아야 할 것이다.

요컨대, 수난과 부활과 함께 죄의 용서를 위한 회개에 관해 성서에 적혀 있음을 밝히고(Green, 1997, p. 856), 이들 세 목표가 "예수의 이름으로 모든 국가에 선포될 것이다."라는 성서의 말씀을 47절에 인용한다. 그리고 47c-48절에 "예루살렘으로부터 시작하여, 너희들은 이 일들에 증인이다."라는 사역을 제자들에게 위탁한다(Garland, 2011, p. 968). 그러므로 제자들의 사역의 목표는 수난과 부활 및 죄의 용서를 위한 회개를 증거하는 일이어야 한다. "예수의 수난과 죽음은 죄의 용서와 불가분의 신성의 결합관계이고, 죄의 용서이어야 한다. 그래야 하나님 앞에서 무죄를 선고받고 하나님에게서 분리된 우리의 적대의 반목에 종지부를 찍을 수 있다"(앞의 책, p. 971).

행전에서도 승천하기 직전 예수가 제자들에게 "내 증인"이 되라고 하였다. "오직 성령이 너희에게 임하시면 너희가 권능을 받고 예루살렘과 온 유대와 사마리아와 땅 끝까지 이르러 내 증인이 되리라."(행 1:8)라는 말씀이 그것이다. 제자들이 증인일 수 있는 것은 그들이 목격자이기 때문이다. 하나님의 구원의 역사(役事)의 역사적인 사실을 선언하는 일이 제자들의 사역이다. 다른 무엇보다 십자가와 부활의 목격자다. 그리하여 행전을 보면 가룟 유다를 대체할 "예수의 부활하심을 증거할"(행 1:22) 다른 증인을 선출하였다(Bock, 1996, p. 1942). 앞에서 예수의 죽음과 부활 그리고 죄의 용서를 위한 회개와 관련하여 형벌대수설을 언급했다. 누가에서 부활한 예수는 제자들에게 당신의 부활을 굳게 믿게 한 후에야 증언하는 일을 위탁한다. 프로테스탄트의 의신칭의(依信稱義)에서 예수를 주라 부르게 하는 부활의 믿음이 구원의 본질일 것이다. 십자가의 대속과 부활의 믿음이 형벌대수의 회개를 수반하여 의롭게 되기 때문이다.

승천하기 직전 예수는 "그리고 보라, 내가 내 아버지의 약속을 너희들에게 보내고 있다. 너희들은 위로부터의 능력을 입히울 때까지 이 성에 머물라."(24:49)라는 약속을 덧보탠다. 선교를 위탁하였으니 사역의 능력인 성령을 준다는 약속이다. 성령은 아버지의 약속이지만 예수가 직접 보낸다고 말씀한다. 성령은 바울에게 있어 "모든 믿는 자에게 구원을 주시는 하나님의 능력이고"(롬 1:16) 십자가에 못박힌 그리스도이니(고전 1:18-31), "내가 네 아버지의 약속을 너희에게 보내고 있다."라는 것이다. 특기할 사실은 47c절에 "예루살렘으로부터 시작하여"라 하였고 여기서 다시 "이 성에 머물라."라고 한 것이다. 세계 전도의 중심은 여전히 예루살렘이고 이것은 예언서에 적힌 바 대로이다(사 2:3; 겔 5:5). 예루살렘 여행에서 "가까이 오사 성을 보시고 우셨던"(19:41) 예수, 예루살렘은 예수를 버렸지만 예수는 예루살렘을 버리지 않았다.

하늘로 올리어지다(24:50-53)

■ **승천**(24:50-53) 누가는 예수의 승천 기사를 아주 간략하게 적고 있다. 제자들이 성서를 이해할 수 있도록 예수가 그들의 마음을 열어주었다는 24:45로 미루어 보아, 부활한 예수가 안심하고 제자들에게 위탁과 약속을 하였으니 여타 이야기는 압축해도 좋다고 생각한 모양이다. 본문에 특별히 주해할 점도 없으니 승천에 관한 논점들을 두루 개관하겠다.

> **50**예수께서 저희를 데리고 베다니 앞까지 나가사 손을 들어 저희에게 축복
> 하시더니 **51**축복하실 때에 저희를 떠나 (하늘로 올리우)시니 **52**저희가 (그에

게 경배하고) 큰 기쁨으로 예루살렘에 돌아가 53늘 성전에 있어 하나님을 찬
송하니라

누가는 이 기사에서 예수 승천의 때를 명기하고 있지 않으나 앞 맥락에 비추어 부활한 당일인 일요일 늦은 시간이라 짐작케 한다. 그런데 그의 행전 기사에서는 부활한 예수가 "40일 동안 저희에게 보이시며"(행 1:3)라고 하여 오랜 기간 제자들과 함께한 사실을 구체적으로 적고 있다. 게다가 승천 장소도 복음서에서는 "베다니만큼 멀리(베다니 앞까지)"라고 하고 행전에서는 감람산이라 달리 적고 있다. 대체로 학자들은 이러한 차이가 나는 이유를 누가복음의 기술이 부활한 예수의 나타남을 일괄해 압축했기 때문이라고 본다. 승천 장소에 대해서도 베다니냐 감람산이냐의 여부를 따지기보다 베다니가 감람산 동쪽에 위치해 있으므로 "베다니 근처"(NIV)라 번역하기도 한다. 그리고 개역성경에 괄호 속에 적힌 구절들은 어떤 교본에는 생략되어 있기 때문이지만, 근래 번역본들에서는 괄호 표기를 하지 않는 것이 보통이다.

부활한 예수가 제자들을 베다니 근처로 이끌었다. 그곳에서 "그의 손을 들어 그들을 축복하셨다. 그가 그들을 축복하고 있는 동안 그가 그들에게서 떠나셨고 하늘에 올리어지셨다."라는 50b-51절이 승천 장면이다. 우선 "그들을 축복하셨다."라고 하는데 이 예수의 축복은 죄를 용서하는 권위를 가지고 있음을 앞세운 것일 터이다(Ryken, 2009, p. 698). 이 누가만의 승천 기사는, 좀 더 자상한 행 1:9에서와 마찬가지로, 예수가 부활한 육신의 몸으로 승천하는 것을 제자들이 직접 눈으로 보았다는 현실감을 생생히 드러내고 있다. 승천은 "이제 후로는 인자가 하나님의 권능의 우편에 앉아 있으리라."(22:69)라고 말씀한 하늘의 통치에 대한 당신의 예언을 이룬 것이다. 하지만 "그들에게서 떠나

셨고"이니, 행 1:11에 적힌 대로 다시 온다는 의미를 함축하고 있을 것이다(Bock, 1996, p. 1945).

예수가 승천한 후에 52-53절 "그들이 그에게 예배하였고 큰 기쁨으로 예루살렘에 돌아갔고 그들이 계속해 하나님을 찬양하며 성전에 머물렀다."라는 송영으로 누가복음은 끝난다. "그를 예배하였고"라는 구절은 유일신 하나님을 예배하던 이스라엘의 예배가 이제 승천한 예수를 예배하는 제자들의 예배로 변화했다는 것을 나타낸다(Garland, 2011, p. 970.) 그리고 "하나님을 찬양하며"는 51절의 "축복하다"와 같은 어휘이지만, 예수에게서 축복을 받았으니 "하나님을 찬양하며"라는 번역을 취하는 것이 보통이다. 예수를 예배하고 하나님을 찬양하는 것이야말로 성전의 진정한 목표이다(Schreiner, 2008, p. 128). 예수의 개선의 승천을 본 제자들은 아버지의 약속인 성령의 충만함을 예수가 보내주기를 기다리기 위해 큰 기쁨을 안고 예루살렘으로 돌아간다.

누가는 예수의 부활과 승천이 진정 움직일 수 없는 명료한 사실임을 기술하고 복음서를 끝낸다. "처음부터 목격자였고 말씀의 사역자들이었던 사람들에 의해서 전해진 바"(행 1:2)를 누가는 예수의 부활과 승천에서 예수에 관한 다른 어떤 이야기들보다 더욱 냉정하게 기술한다. 이는 아마도 믿을 수밖에 없는 진실임을 냉철하게 보이기 위함일 것이다. 앞서 누가가 52-53절을 송영으로 끝냈다고 하였지만 특히 53절의 해석에는 자칫 오해가 있을 수 있으므로 누가의 복음과 행전의 연속성에 관해 발문의 후기를 덧붙이겠다.

누가는 그의 복음서 마지막 53절을 "제자들이 계속해 하나님을 찬양하며 성전에 머물렀다."로 끝낸다. 한데 실은, 여러 번역본이 개역성경과 같이 "늘(계속해) 성전에 있어 하나님을 찬송하니라."라고 적고 있다. 누가에 있어 이 53절의 끝은 종료가 아니라 두 가지 면에서 새로운 시작을 의미한다. 첫째, 예수는 제자들을 떠났으나 이제 그들에게 성령을 보낸다. 둘째, 누가복음의 끝은 사도행전의 시작이다. 누가복음의 마지막 여섯 장은 예루살렘에서 일어난 기사이고, 사도행전의 첫 일곱 장은 예루살렘에서 일어난 기사다. "예언자가 예루살렘 밖에서 죽는 일은 있을 수 없다."(13:33)라는 말씀이 전하듯 예루살렘은 예수가 생을 마감하는 "출애굽"(9:31)이 이루어진 곳이다. 제자들이 이 예루살렘으로 되돌아간 것은 "성전에 계속해 머물기" 위한 것이 아니다. 여러 번역본과 주해서가 이 53절을 오해하고 있다. "내가 내 아버지의 약속을 너희에게 보내고 있다. 너희는 위로부터의 능력을 입히울 때까지 이 성에 머물라."라고 49b절에 명시한 대로 53절의 "성전에 머물라."라는 구절의 의미는 '성령을 받을 때까지'라고 읽어야 한다. "계속해"라는 53절의 어휘도 "성전에 머물렀다."를 수식한다면 "규칙적으로(꼬박꼬박)"라고 번역해야 하고 49b절의 "이 성에 머물라."라는 말씀은 선교의 명령을 예루살렘에서 받으라는 것이지 "계속해 성전에 머물러" 있기를 권한 것이 아니라고 해석(Garland, 2011, p. 970)해야 한다.

여기서 맥락을 바꾸어 행 7:44-50을 인용해보겠다. 스데반은 이스라엘의 패역과 불신을 꾸짖으며 "지극히 높으신 이는 손으로 지은 곳(예루살렘 성전)에 계시지 아니하시나니"라고 꾸짖으며 사 66:1-2a을 인용하여 "하늘은 나의 보좌요 땅은 나의 발등상이니 너희가 나를 위하여 무슨 집을 짓겠으며 나의 안식할 처소가 어디뇨?"(행 7:48-49)라고 반성전의 논변을 피력하였다. 그리스계 유대인이던 스데반은 하나님이 제도화된 이스라엘 종교의 성전에 국한해 계시는 분이 아니시라고 굳게 믿었다(Longeneker, 2007, p. 826). 당연히 예수의 제자들도 마찬가지였을 것이다. 하나님의 능력이신 성령의 옷을 입히심을 받은 제자들은 율법과 예언자들에게 약속하였던 메시아의 구원의 복음을 이후에 예루살렘을 넘어서 땅 끝까지 전파한다. 예수는 죽음과 부활로 이 지상의 사역을 끝낸 것이 아니다. 부활 후 곧장 승천한 것이 아니라 "죄의 회개와 용서가 예수의 이름으로 모든 국가에 전파되어야 한다."라는 47a-b절을 위탁하기 위해 부활의 몸으로 다시 제자들에게 나타났고, 그리고 승천하였다.

누가가 그의 복음서를 저술한 목표는 "그 모든 일을 시초부터 면밀하게 살핀 나 역시…… 차례대로 써 보내는 것이 좋을 줄 알았으니 그리하여 당신이 전해 들은 가르침의 확실함을 온전히 깨닫게 하기 위함이다."(1:3-4)라는 말씀에 있다. 실상 이 목표를 위해 부활 후에도 예수는 사역을 계속하였다. 제자들로 하여금 부활을 믿도록 증언하고 성령을 보내었다. 예수의 사후 그의 제자는 대략 일백이십 명이었다. 부활을 믿고 성령을 받은 그들은 오늘날과 같은 기독교의 세계화를 이룩하였다. 대표적인 본보기가 예수의 부활을 의심했던 도마다. 그는 지금의 시리아와 이란을 거쳐 인도로 건너가 여러 교회를 세우고 다른 제자들과 마찬가지로 순교하였다(National Geographic, 2012). 하나님은 그리스도 안에서 찬양받으신다. 완성의 날을 고대하며, 마라나 타(Marana tha)!

□ 정선 참고문헌

Darrell L. Bock(1994&1996), *Baker Exegetical Comments on the New Testament*(2 volumes), Grand Rapids: Baker.

R. Alan Culpepper(1995), "The Gospel of Luke," volume 9, *The New Interpreter's Bible*, Edited by Leander E. Keck, Nashville: Abingdon.

Joseph A. Fitzmyer(1970&1985), *The Gospel According to Luke*, volume 2, Anchor Bible. Garden City, NY: Doubleday.

J. Norval Geldenhuys(1951), *Commentary on the Gospel of Luke*, WM. B. Freedman Publishing Company, Grand Rapids: Michigan.

Joel B. Green(1997), *The Gospel of Luke*, New International Commentary on the New Testament, Grand Rapids: Erdmans.

Walter L. Liefeld and David W. Pao(2007), "Luke", *The Expositor's Bible Commentary*, Volume 10, revised edition. Edited by Tremper Longman and David E. Garland, Grand Rapids: Zondervan.

Richard N. Longenecker(2007), Acts, *The Expositor's Bible Commentary*, Volume 10, revised edition. Edited by Tremper Longman and David E. Garland, Grand Rapids: Zondervan.

Heinrich August WilhelmMeyer(1884), *Critical and Exegetical Hand-book to the Gospels of Gospels of Mark and Luke*, Translated from the fifth by R. E. Wallis, Indiana: Winoa Lake.

Philip G. Ryken(2009), *Luke*, Reformed Expository Commentary Volume 2, NJ: P&R Publishing.

Thomas R. Schreiner(2001), *Paul, Apostle of God's glory in Christ: A Paulian Theology*, Downers Grove, IL: Inter-Varsity Press.

Thomas R. Schreiner(2008), *New Testament Theology: Magnifying God in Christ*, Michigan: Baker Academic.

고병려(1981), ≪마가복음의 이해≫, 서울: 종로서적.

노평구(1998), ≪마태복음서≫ 상하권 노평구 전집, 서울: 성서연구사.

유희세(2010), ≪신약연구≫ 상권, 서울: 성경말씀사.